혼자 공부하는 철학

부하는 이들을 위한 최소한의 지식

혼 · 공 · 철 · 학

남경태 지음

혼자
공
부하는 이들을 위한
최소한의 지식:

지식의 고수 남경태의
철학사 가이드

철학

Ⓗ

'사유의 예술', 철학을 즐기자

역사라고 하면 보통 여러 가지 사건들과 수많은 인물이 나오는 학문으로 생각한다. 전쟁, 건국, 외교, 동맹, 각종 제도 등이 얽힌 사건들, 여러 나라의 지배자, 성직자, 병사, 위인들과 무명씨들을 다루는 게 역사다. 하지만 이것이 역사의 전부는 아니다.

역사는 크게 둘로 나뉜다. 흔히 말하는 역사가 현실의 역사라면 그 밖에 또 한 보따리의 역사가 있다. 그것은 바로 생각의 역사, 즉 지성사다. 현실의 전개는 생각에 반영되고 생각의 전개는 현실로 구현된다. 지금까지 인류 문명사회는 늘 현실과 생각이 교호하는 역사를 일구어왔고 앞으로도 그럴 것이다. 따라서 현실의 역사만 역사의 전부라고 여기면 역사의 나머지 반쪽을 놓치는 셈이다.

생각과 현실은 앞서거니 뒤서거니 하면서 밀접히 연관되지만, 서로 거울처럼 반사하는 관계는 아니다. 때로는 생각이 현실을 수용하는 데 시간이 걸리기도 하고, 현실이 생각의 변화를 미처 쫓아가지 못하는 경우도 흔하다. 또한 생각과 현실이 동시적으로 같은 방향의 변화를 보이는 시기가 있는가 하면, 생각은 생각대로, 현실은 현실대로 고유의 내적 논리에 따라 전개되는 시기도 있다.

현실과 생각은 서로 대응성 correspondence의 관계에 있으면서도 각각의 전개 과정은 일관성 coherence의 논리에 따른다. "인쇄술의 발달로 《성서》의 대량생산이 가능해져 종교개혁의 물결이 더욱 거세졌다." "성지 탈환이라는 종교적 명제가 십자군 원정의 명분이 되었다." 이것은 대응성의 사례로, 전자는 현실의 변화가 생각에 영향을 준 경우이고, 후자는 생각의 변화가 새로운 현실을 낳은 경우다. "포에니전쟁에서 승리한 덕분에 로마는 지중해의 패자가 되었다." "스토아철학이라는 지적 배경이 있었기에 그리스도교가 성립할 수 있었다." 이것은 일관성의 사례로, 전자는 현실의 역사에서 보는 일관성, 후자는 생각의 역사에서 보는 일관성이다.

이처럼 생각과 현실의 두 역사는 대응성을 중심으로 보면 함께 어우러져 문명사를 이루지만, 일관성을 중심으로 보면 별개의 진행 과정을 가진다. 생각의 역사만 따로 떼어놓은 것을 보통 철학사라고 부른다. 서양 철학사를 다룬 이 책은 서양 문명사를 구성하는 절반의 역사, 즉 생각의 역사를 일관성의 측면에서 정리하고 있다.

생각과 현실이 늘 붙어 다녔다면 역사와 철학사는 출발점이 같아야 할 것이다. 그런데 교과서에 나오는 철학사는 고대 그리스 문명권이었던 이오니아에서 시작한다. 기원전 6세기에 살았던 탈레스를 철학의 시조로 보는 게 철학사의 일반적인 견해다. 그러나 문자의 발명과 더불어 시작된 인류 문명의 역사는 그보다 최소한 3천 년은 더 거슬러 올라가므로 철학사도 이때를 기원으로 잡아야 옳다.

그것을 사실로 인정한다 해도 문제는 남는다. 역사의 기록은 고대 이집트의 것도 전해지지만 탈레스 이전의 철학사에 관한 기록은 없기 때문이다. 하지만 과연 그럴까? 곰곰이 따져보면 철학사의 기록이 전혀 없는 것도 아니다. 인류 문명의 역사만큼이나 오랜 것이 종교의 역사다. 초기의 철학은 종교의 형태를 취했다. 고대의 종교는 오늘날처럼 단지 올바른 삶을 영위하기 위해 '선택'하는 믿음 체계가 아니라 사회의 조직 원리, 생활 방식, 세계관이었으므로 철학의 한 부분이 될 자격이 충분했다. 그래서 이 책은 탈레스가 아니라 문명의 출범부터 시작한다.

마찬가지 논리에서, 지금도 문명사가 지속되고 있으므로 현재의 지적 지형과 변화 과정 역시 '진행 중인' 철학사에 속한다. 보통의 서양 철학사는 19세기나 20세기 초까지를 다루는 데 그치지만, 이 책은 20세기 후반 오늘의 철학까지, 구체적으로는 현재 생존한 철학자들의 사상까지 다룬다. 그래서 이 책은 인류의 문명 시대 전체를 아우르는 철학의 전 역사를 주제로 삼는다.

이 책은 생각의 역사를 다루면서도 내내 현실의 역사와 연결된 끈을 놓지 않고 있다. 특히 현실의 역사가 중대한 모멘트를 맞았을 경우 그 영향과 의미는 생각의 역사에서도 생략될 수 없는 부분이다. 이 책의 곳곳에 현실의 역사로 시선을 옮기는 대목이 있는 것은 그 때문이다. 그중에서도 특히 중요한 시기인 르네상스기와 프랑스혁명기는 별개의 'Interlude(간주곡)' 장으로 묶었다.

한 사람의 전모를 가장 잘 파악할 수 있는 방법은 그 사람이 살아온 내력을 아는 것이다. 한 나라의 성격을 한눈에 파악하려면 그 나라가 걸어온 자취를 아는 것이 최선이다. 한 사람의 내력과 한 나라의 자취가 곧 역사다. 이 역사란 현실의 역사와 생각의 역사, 즉 역사와 철학을 가리킨다. 역사와 철학은 바로 인문학의 대표적인 학문이다.

흔히 인문학은 학문으로서는 가치가 있을지 몰라도 현실적 쓸모가 떨어진다고 생각하지만, 실은 가장 효과적이고 경제적인 방식으로 대상에 관한 이해를 얻을 수 있는 상당히 유용한 학문이다. 응용 학문의 '응용성'은 폭이 제한되어 있다. 대표적인 응용 학문인 법학과 의학은 한계가 분명하다. 법학은 법을 알게 해주고 의학은 질병을 알게 해줄 뿐 그 이상은 없다. 높이 나는 새가 멀리 보듯이 기반이 넓은 학문일수록 다방면에 걸친 쓰임새가 있다. 이 책이 그런 인문학 고유의 장점을 제대로 전달할 수 있기를 기대한다. 만약 이 책에서 그런 인문학의 실용성을 읽어내기 어렵다면, 최소한 철학을 '사유의 예술'로 즐길 수 있는 계기가 되었으면 싶다.

차례에서부터 등장하는 수많은 철학자와 철학의 갈래들을 보고 지레 겁먹을 필요는 없다. 철학 전문가를 위한 책이 아니기 때문에 이 책은 각각의 철학자나 철학의 갈래를 깊이 파고드는 데 주안점을 두지 않았다. 이 책의 미덕은 구슬을 꿰듯 철학사의 '재료'들을 꿰맞추었다는 데 있다. 독자가 이 책의 각 부분을 고리로 삼아 철학사 전체를 관통하는 사슬을 스스로 만들게 되기를 바라는 마음이다.

끝으로, 이 책은 5년 전에 출간된 것을 다른 출판사에서 약간의 내용 수정을 거쳐 재출간한 것임을 밝혀둔다.

2012년 9월
남경태

| 차례 |

3부 스스로 일어선 철학

4부 철학의 토대가 흔들리다

13장 미완성의 '포스트' 579
푸코, 들뢰즈/가타리, 데리다, 리오타르, 보드리야르, 하버마스

철학사의 세 줄기

나무를 보고 숲을 보지 못하는 것은 어리석은 짓이지만 숲을 보고 나무를 보지 못하는 것도 마찬가지로 어리석다. 최선의 방법은 나무를 보면서 자연스럽게 숲을 아는 것이다. 그게 과연 가능할까? 나무들이 각기 제멋대로 서 있는 게 아니라 일정한 규칙 혹은 '진법'에 따라 배열되어 있다면 충분히 가능하다.

철학자의 수만큼 다양하고 복잡해 보이는 게 철학이지만 배열의 규칙을 알면 쉽게 이해하지 못할 것도 아니다. 가장 편리하고 유용한 방식은 구분이다. 고대 그리스에서 현대까지 2500년의 철학 시대—종교와 구분되지 않았던 그 이전 시대까지 합하면 5천 년이 넘는다—를 구분할 때 흔히 쓰는 방식은 시대별로 나누는 것이다. 역사가 고대-중세-근대-현대로 나뉘듯이 철학사도 그 시대 구분을 따르면 알기 쉽다. 심지어 어떤 철학사 교과서에서는 고지식하게 세기별로 구분하기도 한다.

그런 방법도 나름대로 의미가 없지는 않지만, 지나치게 편의적이고 각 시대가 따로 논다는 단점이 있다. 나무만 보고 숲은 못 보게 될 가능성이 크다.

뭔가를 구분할 때는 세심한 주의가 필요하다. 현실의 역사도 그렇지만 생각의 역사도 시간의 순서에 고분고분 따르지는 않는다. 연속적인 게 있는가 하면 단속적인 것도 있고 불연속적인 것도 있다. 따라서 연속은 연속으로, 단절은 단절로 분류해야 하며, 이어짐과 끊어짐의 기준이 명확해야 한다. 예를 들어 로마 시대의 철학자인 오리게네스는 플로티노스보다 수십 년 앞선 인물이지만 철학의 내용으로는 훨씬 후대에 속한다. 이 경우 두 사람의 철학은 연속이 아니라 단절의 관계에 있다고 봐야 한다.

수천 년에 걸친 서양 철학사를 가장 이해하기 쉬우면서도 정확하게 구분하는 방식은 철학적 문제를 기준으로 나누는 것이다. 그렇게 보면 철학사는 크게 세 단계로 구분되는데, 시간 순서라기보다는 논리적인 순서에 따른다.

인간이 철학적 사유를 하기 시작한 무렵을 상상해보자(플라톤이 말한 동굴의 비유에서 처음 동굴 밖으로 나온 죄수를 연상해도 좋다). 최초의 철학자는 어떤 생각을 했을까? 그는 먼저 자신의 주변을 살폈을 것이다. 눈부신 햇빛, 우뚝한 산봉우리와 너른 들판, 굽이치는 강물, 나아가 풀을 뜯는 동물들, 이들을 노리는 맹수들, 풀잎 사이에 숨은 작은 벌레들……. 한마디로 그는 자연 세계에 관심을 집중했다.

호기심이 지식을 낳고 지식이 쌓여 체계화된다. 시간이 지나자 인간은 세계에 관해 어느 정도 알게 되었다. 해는 매일 동쪽에서 뜨고, 물은 산봉우리에서 들판으로 흐르며, 맹수가 초식동물을 잡아먹고, 작은 벌레들은 짐승의 사체를 분해한다. 여기에 답을 준 것은 과학이다. 과학에 힘입어 세계를 알 만큼 알았다면 그다음은 뭘 알아야 할까? 바로 자기 자신이다.

세계의 일부인 나는 어디서 온 존재일까? 어떻게 생겨났고 앞으로 어떻게 살아가야 할까? 죽고 나면 어떻게 되는 걸까? 더 추상적이고 보편적인 형식의 질문으로 바꾸면, "인간이란 무엇일까?"의 문제가 제기된다. 인간 자신에 관한 의문은 세계에 관한 의문만큼 쉽게 답이 얻어지지는 않지만 그에 못지않게 절실하다. 여기에 답을 준 것은 종교다. 종교의 답은 누구나 금세 수긍할 만큼 정확하지는 않아도 절실한 지적 욕구를 상당히 해소해준다.

인간은 이제 세계도 알고 자신도 알았다. 그다음은 뭘까? 마지막은 바로 앎 자체에 관한 의문이다. 세계와 자신에 관해 어느 정도 알았는데, 이 앎이 옳은지 그른지는 어떻게 판단할 수 있을까? 또 이 앎은 어떻게 해서 가능한 걸까? 지금까지는 비교적 간단했으나 여기서부터 사태는 아주 복잡해진다. 앎에 관한 질문에 답하려면 세계와 자신에 관한 앞선 질문들도 함께 새로이 고려해야 한다. 여기에 답을 주는 것은 철학이다. 예전의 철학은 과학과 종교를 포함했으나 지적 사고가 발달하면서 고대가 지난 뒤 과학이, 중세가 지난 뒤 종교가 떨어져 나가 현대에는 거의 순수한 철학만 남았다. 이 단계는 현재까지 진행 중이다.

철학사 전체를 관통하는 이 세 단계는 한 개인의 의식에서도 확인할 수 있다. 누구나 어린 시절이 있었으니 기억을 떠올려보자. 막 의식이 싹틀 무렵 아이는 먼저 주변 세계에 관심을 가진다. 주변 세계에 관한 지식이 어느 정도 쌓이면 사춘기가 되어 자신의 존재에 관해 묻기 시작한다. 그리고 마지막에는 내가 세계를 바라보고 대하는 방식이 과연 옳은지 어떤지 고민하게 된다.

철학 용어로 포장하면 첫째 단계는 세계론의 단계다. 고대 그리스의 초기 철학자들은 "세상 만물의 공통적인 요소는 무엇인가?"를 물었다. 최초의 철학적 질문은 자연 세계에 관한 것이었다. 그래서 초기 철학자를 자연철학자라고 부르는데, 이때는 딱히 철학이라고 할 것 없이 철학과 일반 지식이 혼재된 상태였다. 혹자는 그 답을 물이거나 불이라고 했고 몇 가지 원소를 말하기도 했으나, 중요한 것은 답보다 세계에 관한 의문을 품었다는 사실이다.

둘째는 인간론의 단계다. 비록 세계에 관한 물음이 남김없이 해결된 것은 아니지만 세계에 관한 앎이 쌓인 결과 인간은 자기 자신의 존재를 의문시하기에 이르렀다. 자신이 세계의 일부이면서 세계에 관한 질문을 던지는 유일한 주체라는 사실을 자각한 것이다. 이런 질문의 답은 예나 지금이나 종교적일 수밖에 없다. 이 단계에서 인간은 종교를 필요로 했고 마침내 만들어냈다. 서양 철학사에 가장 큰 영향을 미친 종교는 바로 그리스도교다.

인간은 신을 발명했고 신은 자신의 존재를 몰라 고민하는 인간에게 답을 주었다. 그것은 인간이 신의 피조물이라는 답이었다. 인간이 만든 신이 인간을 만들었다? 황당한 일이기는 하지만 그 단계의 철학적 사유와 관련해서는 나름대로 훌륭한 답이었다. 만족한 인간은 신의 피조물답게 세상을 살기 위해 종교를 강화했고, 윤리학을 철학의 한 분과로 삼았다.

셋째는 인식론의 단계다. 사실 첫째와 둘째 단계는 셋째 단계의 본격적인 철학적 사유를 위한 준비 과정이었다. 인식이란 곧 인간이 세계를 아는 것을 가리킨다. 즉 세계는 인식의 대상이고 인간은 인식의 주체다. 대상과 주체가 설명되었으니 그다음으로 "주체가 대상을 어떻게 인식하는가?", "주체가 대상을 인식한 결과가 옳은가, 그른가?"를 묻게 될 것은 당연한 순서다. 앞의 질문은 인식의 구체적 과정을 묻는 좁은 의미의 인식론이 되고, 뒤의 질문은 인식의 기준을 묻는 논리학이 된다.

자동차로 모르는 길을 가려면 내비게이션이 필수다. 방대한 서양 철학

혼자 공부하는 이들을 위한 최소한의 지식: 철학

사에는 수많은 간선도로가 있지만 큰 줄기는 이 세 개의 대로를 자연스럽게 거치면서 오늘날로 이어진다. 이 대강의 내비게이션을 염두에 두고 철학사에 등장하는 수많은 철학자와 철학의 갈래들을 접하면 길을 잃을 염려는 별로 없을 것이다.

이 책의 구성에 비추어보면 첫째 단계는 1부, 둘째 단계는 2부, 셋째 단계는 3부에 해당한다. 4부는 세 단계의 결론이자 기존의 인식론이 파국으로 내달리는 과정이고, 마지막 5부는 목적지에 가까이 와서 무수하게 갈라지는 철학적 노선들 속에서 새로운 방향을 모색하는 현재의 단계다. 나무들을 보면서도 숲의 전체 모습을 놓치지 않고, 거리를 마음껏 구경하면서도 목적지로 향하는 대로에서 이탈하지 않도록 주의하면서 철학적 사유의 여행을 떠나보자.

고대 자연철학	소피스트와 소크라테스 이후의 철학	제국의 철학
밀레투스학파 | 헤라클레이토스 | 엘레아학파 | 피타고라스 | 엠페도클레스 | 데모크리토스	소피스트 | 소크라테스 | 플라톤 | 아리스토텔레스	회의주의 | 에피쿠로스 | 견유학파 | 스토아학파 | 플로티노스

철학은 바깥에서
시작되었다

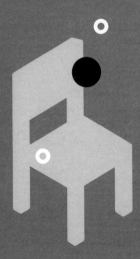

1장

세계의 **근원**을 찾아서

밀레투스학파, 헤라클레이토스, 엘레아학파, 피타고라스, 엠페도클레스, 데모크리토스

기원전 3000년경 어느 날 메소포타미아 우루크에 있는 부유한 상인의 저택에서 하인을 부르는 소리가 들린다.

"사라크야, 어디 있느냐?"

하인이 부리나케 달려오자 상인은 그에게 사금파리를 건넨다. 사금파리에는 꽤나 복잡한 모양의 잔금이 새겨져 있다.

"이걸 가지고 가서 칼바의 훔타르에게 보여주려무나."

칼바는 밥 한 그릇 먹을 시간이면 갈 수 있는 윗동네이고 훔타르는 그 동네에 사는 상인이다.

집을 나선 사라크는 느긋한 걸음으로 칼바를 향한다. 어차피 오늘 일과는 이걸로 끝이니까 서둘 이유가 없다. 오후 늦게야 그는 사금파리를 훔타르에게 전한다. 동료의 전갈을 받은 훔타르는 빙그레 미소를 짓더니 집 안으로 들어가 작은 단지를 가지고 나온다.

"네 주인에게 전하거라."

냄새를 맡아보니 꿀이다. 새삼스러운 일도 아니건만 사라크는 늘 그렇듯이 놀람과 감탄에 찬 시선으로 홈타르를 올려다본다.

단지를 가지고 돌아오는 길에 사라크는 잠시 생각에 잠긴다.

'깨진 그릇 조각만 보고 어찌 주인님의 뜻을 그리도 잘 알까? 주인님과 홈타르님은 마법사가 분명해!'

사라크는 이내 사금파리 따위는 잊고 오늘 밤 모처럼 한 모금 얻어 마실 맥주를 생각한다.

물론 두 상인은 사라크가 생각하는 것처럼 마법사가 아니다. 사금파리의 '잔금'은 갈대 펜으로 쓴 쐐기문자다. 사라크의 주인은 홈타르에게 지난번에 꾸어간 꿀을 갚으라는 '편지'를 보낸 것이다.

이렇듯 같은 공간에 살아도 주인과 하인은 다른 세계에 속했다. 하인은 현실의 세계, 주인은 마법의 세계……

문자가 소수의 전유물이던 시대에 문자를 아는 사람은 문자를 모르는 사람에게 마법사와 같은 존재였다. 주인은 자신의 세계와 하인의 세계를 둘 다 알았지만 하인은 자신의 세계만 알 뿐 주인의 세계는 넘볼 수 없는 마법의 세계로 여겼다. 사실 하인으로서는 알 수도 없고 알 필요도 없는 세계였다. 주인의 세계는 하인의 세계보다 지적으로 더 높았고 그 세계를 완전히 포함했다. 그러나 높낮이야 어찌 되었든 주인이나 하인이나 자신의 세계를 나름대로 해석하고, 또 어느 정도 구성한다는 점에서는 마찬가지였다.

이렇듯 인간이 세계를 해석하고 구성한 것은 아주 오래전부터의 일이다. 그렇다면 철학적인 사고를 한 것도 아주 오래전부터의 일일 것이다. 5000년 뒤에 카를 마르크스는 지금까지 철학자들이 세계를 해석하기만 했으나 중요한 것은 세계를 변화시키는 일이라고 분통을 터뜨리지만, 실

1부 철학은 바깥에서 시작되었다

은 그 5000년 동안 세계를 해석해온 역사도 결코 만만치 않다.

불멸을 찾아서

처음부터 마법의 세계를 짊어지고 출발한 철학은 좀처럼 그 숙명의 짐을 내려놓지 못했다. 사라크와 주인의 세계가 평행선을 이루듯이 현실과 마법은 나란히 손을 잡고 갔다. 사라크가 훔타르에게 주인의 전갈을 전하던 무렵, 실은 그의 주인보다 훨씬 강력한 어느 군주-마법사가 비탄에 잠겨 있었다. 그는 바로 인류 최초의 신화, 최초의 서사시에 주인공으로 등장하는 우루크의 왕 길가메시다. 아버지는 인간이었으나 여신을 어머니로 둔 만큼 그는 태생부터 마법사의 혈통이었다.

그러나 연인보다도 더 사랑하는 친구 엔키두의 죽음은 길가메시를 마법사에서 철학자로 탈바꿈시킨다(철학자-왕이 다스리는 플라톤의 이상 국가는 이미 그의 시대보다 2600년 전에 있었던 셈이다). 누구나 죽음을 피할 수 없다는 짙은 허무는 그의 가슴을 갈가리 찢어놓는다. 철학적 심성이 탄생하는 순간이다. 하지만 마냥 넋을 놓고 있기에는 아직 왕의 심장이 너무도 젊다. 게다가 그는 숲의 괴물과 신이 보낸 황소를 잡아 죽인 화려한 경력의 소유자가 아니던가? 이내 길가메시는 마음을 다잡고 다시금 결의를 불태운다. 아직 누구도 정복하지 못한 것을 정복하리라. 죽음을 극복하고 불멸을 얻으리라. '슬픔의 문'을 빗장으로 잠그고 '송진과 역청'으로 봉하리라!

죽음을 극복하고 영생을 얻는다. …… 마침 그 꿈을 이룬 선배가 있다. 바빌로니아의 대홍수에서 살아남아 일약 슈퍼스타로 떠오른 우트나피슈

팀이다. 길가메시는 어렵사리 죽음의 바다를 건너가 그 노인을 만난다. 영생의 비법을 묻는 길가메시에게 노인은 알쏭달쏭한 이야기로 핵심을 요리조리 피해가면서 일주일 동안 잠을 자지 말아야 한다는 심술궂은 숙제를 내지만, 노인의 자애로운 아내는 누구나 알아들을 수 있는 확실한 비법을 알려준다. 바로 불로초다.

늙지 않게 해주는 풀, 늙지 않으니 당연히 죽음도 없다. 그러나 길가메시보다 훨씬 강력한 제국의 주인이었고 '첨단'의 테크놀로지를 소유했던 2800년 뒤 중국의 진시황도 끝내 손에 넣지 못한 불로초를 얻는다는 게 어디 쉬운 일인가? 우리의 길가메시, 용감하게 바닷속으로 뛰어들어 불로초를 손에 넣었으나 안타깝게도 뱀에게 빼앗기고 만다. 뱀을 악의 화신으로 여기는 태도는 그리스도교의 《성서》나 해리 포터보다도 훨씬 더 오래된 셈이다(연금술사와 해리 포터가 열심히 찾았던 '현자의 돌'도 불멸의 것을 찾으려는 노력을 표현한다. 공교롭게도 현자의 돌은 영어로 philosopher's stone이다. 마법사의 돌이라고도 말하는데, '마법사＝철학자'의 한 흔적이다).

최초의 신화에서 보듯이, 인간은 아득한 옛날부터 불멸의 것을 찾으려고 노력했다. 물론 쉽지 않은 일이다. 그 이유는 불멸이라는 속성 자체에 있다. 눈에 보이는 모든 것은 탄생과 소멸이 있으므로 불멸의 것이란 모름지기 쉽게 찾을 수 없어야 할 것이다. 아니, 실은 애초부터 눈에 보이지 않는 것일 수도 있다. 명색이 불멸인데 누구나 볼 수 있는 거라면 어디 폼이 나겠는가? 해서, 불멸의 것은 (적어도 속인들의 눈에는) 보이지 않는다. 그럼, 보이는 것은? 당연히 불멸이 아니다. 누구나 볼 수 있는 눈앞의 것들은 결국 썩어 문드러질 세계다.

보이는 것은 얕고 속되고 변화하고 소멸하지만, 보이지 않는 것은 깊고 거룩하고 불변이고 영원하다. 생텍쥐페리의 어린 왕자가 말하기 훨씬 전부터 정작으로 중요한 것은 눈에 보이지 않았다. 진리는 보이지 않는다. 미토스(mythos, 신화)가 지배하던 시대에 진리는 바로 마법의 세계에 속했다. 사라크에게 주인의 문자가 마법이었듯이.

고대 메소포타미아에서는 아직 진리가 마법과 구분되지 않았고 철학이 주술에서 풀려나지 못했다. 하인에게는 문자를 사용하는 주인이 마법사였으나 주인에게는 신들이 마법사였다(아마 하인은 집 안의 가축들에게 또 다른 마법사였을 것이다). 하인과 주인은 서로 나름대로 자신의 세계를 해석했으나 그 해석이 과연 참인지는 따져볼 겨를도 없었거니와 필요도 없었다. 마법사의 최고 위계에 신들이 득시글거리고 있었기 때문이다. 메소포타미아의 많은 신들은 인간이 의문을 품을 여지를 허용하지 않았고 질문을 던질 여유를 허락하지 않았다. 물론 그 신들을 숭배하는 인간은 그런 신의 구속에 저항하기는커녕 환영하고 기꺼이 따랐다(인간이 언제나 자유를 꿈꾸었던 것은 아니다). 굳이 골머리를 싸매지 않아도 신들에게서 모든 해답을 얻을 수 있었으니까.

그런데 그 신들이 없다면? 혹은 신들을 인정하지 않는다면? 미토스를 버리고 로고스(logos, 이성)를 추구한다면? 그렇다면 모든 걸 인간이 스스로의 힘으로 해결해야 한다. 불멸의 것, 불변의 것을 찾으려는 노력은 계승하되 마법과 주술은 벗어던져야 한다. 그 결과는 철학의 해방이요, 참된 의미에서 철학의 탄생이다. 하지만 이 철학의 해방과 탄생이 현실화된 것은 길가메시의 시대보다 2400년이나 지난 뒤의 일이었고 그 무대도 메소포타미아가 아니라 더 서쪽의 소아시아, 당시 이오니아라고 불리던 터키의 서해안이었다.

최초의 철학적 물음

메소포타미아의 고대인들이 불멸의 것, 불변의 것에 그렇게 큰 가치를 부여한 이유는 현세 이외에 또 다른 세상인 내세가 있다는 종교적 믿음 때문이다. 같은 시기의 이집트인들이 죽은 사람의 무덤에 내세의 길잡이인 〈사자의 서〉를 넣은 것과 같은 이유다. 고대인들에게는 그만큼 내세가 중요했다. 물론 현세가 고달프기만 한 세상이기 때문은 아니다. 현세의 삶에도 여러 가지 즐거움과 행복이 있다. 그러나 적어도 현세가 최고의 완벽한 세상이 아닌 건 분명하다. 만약 현세가 이상적인 세계라면 현세 이외에 다른 세계는 상상할 필요도 없고 상상할 수도 없어야만 한다. 그래야만 완벽한 세계라고 말할 수 있다.

다른 세계를 꿈꾼다는 것은 현세가 불완전하다는 뜻이고 어딘가 완전한 세계가 따로 있다고 믿는다는 뜻이다. 그렇다면 그 완전한 세계는 당연히 눈에 보이는 현세와는 다를 것이다. 그러므로 더 완전한 세계, 불멸과 불변의 세계는 눈에 보이지 않는 세계로 규정된다. 그 세계는 세속의 원리가 통하지 않는 종교의 세계다. 역설적인 표현이지만 '보이지 않는 것에 대한 미학'은 이렇게 종교에 뿌리를 두고 있다. 그렇게 보면 로고스는 바로 미토스에서 나왔다고 해야 할지도 모른다.

고대의 모든 사회에서 그런 종교적 심성이 보편적으로 존재했던 것은 아니다. 오리엔트 문명이 전성기를 누릴 무렵 그에 못지않게 문명의 빛이 밝았던 지역은 한 군데 더 있었다. 동아시아의 중심인 중국이었다. 이곳에도 종교가 있었으나 그 전개 양상은 사뭇 달랐다. 오리엔트와는 반대로 중국에서는 내세가 현세를 위해 존재했다. 이 점을 극명하게 보여주는 것은 이집트 파라오의 무덤과 중국 황제의 능이다. 이집트인들이 파

1부 철학은 바깥에서 시작되었다

라오의 무덤을 쌓고 미라를 만든 이유는 죽은 파라오에게 현세보다 더 중요한 내세에서의 새로운 삶을 준비해주려는 것이었으나, 중국인들이 조상의 묘에서 제사를 지낸 이유는 죽은 조상의 내세를 위해서가 아니라 조상의 음덕으로 자신들의 현세를 더 행복하게 만들기 위해서였다. 고대 중국에서는 보이지 않는 세계보다 보이는 세계가 더 중요했다.

따라서 중국인들이 생각하는 진리 역시 메소포타미아와 이집트 고대 인들의 생각과는 달리 보이지 않는 것이 아니라 보이는 것이었다. 진리 는 마법의 세계에 있지 않았으므로 진리를 알기 위해 굳이 주술(철학)을 동원할 필요는 없었다. 그저 고개를 들어 하늘을 보면 충분했다. 하늘의 뜻, 즉 천리天理가 바로 진리였으니까. 게다가 천리는 언제나 정해져 있었 으므로 인간은 다만 그 뜻에 따라 살기만 하면 되었다. 진리는 구해서 얻 는 것도, 억지로 만들어내는 것도 아니고, 이미 존재하는 것을 발견하는 것이었다. 나중에 보겠지만 그리스철학이 자연철학으로 출발한 것과 달 리 중국철학이 처음부터 인간과 국가의 경영을 위한 정치 이데올로기로 개발된 이유는 바로 그런 차이에 있다. 진리라면 학문적으로 '탐구'해야 할 대상이지만, 천리라면 지배자가 정치적 의도에서 얼마든지 '규정'할 수 있으니까.

한편 메소포타미아와 이집트가 오리엔트 문명을 한창 일구고 있을 즈 음 동부 지중해 문명권의 한 귀퉁이에 살고 있던 그리스 사람들은 철학 이나 종교는 언감생심이고 당장 먹고살기에도 급급한 처지였다. 당시 그 리스는 문명의 오지에 가까웠다. 그나마 다행인 것은 무역 경쟁력이 있 다는 점이었다. 탁 트인 평야라고는 눈을 씻고 봐도 없는 데다 토질마저 건조하고 척박했다. 그러나 쌀농사는 망해도 고추 농사는 망하지 않는 법 이다. 주식은 수입하지만 우리의 강점은 부식이다! 그리스의 수출 역군들은 비교 우위가 확실한 포도와 올리브를 가지고 일찍부터 동부 지중해를 부지런히 누비고 다녔다. 그 결과 무역 거점으로 세웠던 소아시아 서해안의 작은 식민시들이 점차 그리스 본토보다 더 발달하게 되었다. 당시 세계에서 문명의 빛이 가장 밝은 곳은 바로 오리엔트 지역이었으므로 그곳에 한 걸음이라도 더 가까운 이오니아는 그리스 본토보다 먼저 문명의 혜택을 누릴 수 있었다.

그런 탓에, 비록 후대에는 그리스철학으로 분류되지만 최초의 철학은 그리스가 아닌 이오니아의 여러 식민시에서 탄생했다. 종교와 마법의 굴레에 묶인 오리엔트와, 아직 사회적 하부구조를 구축하기에 여념이 없는 그리스 본토의 사이에 위치한 덕분에 이오니아에서 등장한 세계 최초의 철학자들은 두 세계의 정확한 교집합을 이루었다. 즉 그들은 보이지 않는 세계와 보이는 세계, 미토스와 로고스에 한 발씩 담그고 최초의 철학적 물음을 제기했다. 바꿔 말하면 신과 마법이 없는 상태에서의 보이지 않는 것, 다시 말해 '보이면서도 보이지 않는 것'에 대한 물음이었다.

"세상 만물의 공통적인 요소는 무엇인가?"

이오니아 철학자들은 모든 것의 근본, 본질, 시원, 즉 아르케$^{arch\bar{e}}$를 물었다. 아르케란 원래 시작이나 기원을 뜻하지만 반드시 시간적인 의미만 가지는 게 아니라 모든 것을 있게 한 원인, 원질^{原質}을 가리킨다.

미토스의 세계에서는 굳이 아르케를 물을 이유가 없었다. 모든 것의 근원은 신이니까. 고대 중국에서도 역시 아르케는 문제시되지 않았다. 모든 것의 근원은 하늘이니까. 이 두 세계에서 아르케는 설령 존재한다 해도 찾고 캐고 밝혀야 할 대상이 아니라 처음부터 '주어진 것', 눈을 씻고 보면 저절로 보이는 것이었다. 하지만 그런 편리한 사고의 틀에서 벗어난 이오니아의 철학자들은 편리함을 버린 대가로 시원과 근원을 캐묻고

1부 철학은 바깥에서 시작되었다

찾아야 했다.

만물을 무한히 쪼개면

세상 만물은 눈에 보이지만 '세상 만물의 공통적인 요소'는 보이지 않는다. 예를 들어 개별적인 책상은 보이는 사물이지만 '책상 일반—그런 것이 있다면—은 여느 사물과 달리 눈에 보이지 않는다. 그러나 사실 엄밀히 말하면 보이지 않는 것도 아니다. 다만 보여도 식별할 수 없을 따름이다. 이를테면 세균이 근본적으로 보이지 않는 게 아니라 너무 작아서 보이지 않는 것과 마찬가지다. 최초의 철학자들은 아르케도 역시 쉽게 식별되지 않을 뿐 분명히 실재한다고 믿었다.

그렇다면 이 아르케를 어떻게 찾을까? 그들의 방법은 일단 세상 만물을 쪼개고 또 쪼개는 것이었다. 모든 사물은 실체이므로 아무리 잘게 쪼개도 없어지지는 않는다. 따라서 하나의 사물을 무한히 나눈다면 그 사물의 성질을 지닌 최소 단위가 남지 않겠는가? 또한 그것은 모든 사물을 이루는 궁극적인 최소 단위가 되지 않겠는가? 이것이 그들의 사고방식이었다. 그러나 워낙 바닷가에서 모래알 찾기와 비슷한 탓에 이론은 같아도 결론은 가지각색이었다.

이오니아의 초기 철학자들은 만물을 구성하는 기본 원소를 공기, 불, 물, 흙의 네 가지로 보았다(후대에 아리스토텔레스는 그 4대 원소 이외에 불변의 완전한 원소라는 의미로 '제5원소'를 제안했다). 어떤 근거에서 그렇게 생각했을까? 최초의 철학적 사유는 경험적이고 귀납적이었을 게다. 이오니아의 철학자는 우선 주변의 사물들을 둘러보면서 사유를 시작했으리

라. 아침에 일어나 맨 먼저 눈에 들어오는 침상과 이불에서 시작해 옷, 식탁, 음식을 둘러본다. 그리고 하인을 불러 외출할 채비를 갖춘다(고대에는 노예를 '말하는 짐승'이라고 불렀으므로 신분적으로도 하인은 '인간'이 아니지만, 인식론적으로도 내가 아닌 다른 인간은 일단 사물 존재로 간주될 수 있다). 집 밖에 나오면 보이는 사물은 더 많다. 간밤에 내린 비(물)로 질척해진 시장 바닥(흙)에는 수레바퀴 자국이 어지럽고, 식당 주인은 화덕에 꼬치를 구워 판다(불). 멀리 보이는 신전의 지붕이 따스한 햇살과 부드러운 바람(공기) 속에 희미하게 흔들리는 듯하다.

침상, 이불, 옷, 식탁, 음식의 재료는 동식물이다. 지금처럼 동식물의 몸을 이루는 주성분이 탄소라는 것은 전혀 몰랐겠지만 최소한 자연의 산물이라는 것은 당시에도 누구나 알았다. 자연을 이루는 원소들은 극히 다양한 듯해도 따지고 보면—즉 약간의 단순화와 추상화를 거치면—몇 가지로 환원할 수 있다. 비, 그리고 빗물이 적신 흙, 햇살, 바람, 이 정도 아니겠는가? 추리고 추리면 결국 네 가지가 남는다. 천변만화하는 사물들의 외양에 속지 않는다면 그 배후에 감춰진 불변의 실체는 물, 흙, 불, 공기 중 하나다. 아니면 네 가지 모두이거나.

이 사지선다형 문제를 놓고 최초의 철학자들 중에서도 가장 최초의 철학자로 알려지게 되는 밀레투스의 탈레스(Thalēs, 기원전 624?~기원전 548?)는 물을 정답으로 찍었다. 그리고 "모든 사물의 일차적인 원리와 근본적인 본성은 물"이라고 단언했다. 대담한 추론이다. 명백히 물이 아닌 것, 이를테면 식탁, 수레, 신전까지도 물로 이루어져 있다고 말한다면 미쳤거나 시력이 대단히 나쁜 게 아닐까? 하지만 탈레스의 근거는 나름대로 명쾌했다.

다양한 사물의 근본에 한 가지 공통 요소가 있다면 그 요소는 최대한 다양한 모습을 취해야 할 것이다. 그래야만 온갖 사물을 형성하는 재료가 될 수 있을 테니까. 그런데 물이야말로 바로 그렇지 않은가? 물은 생명을 유지하게 해주는 필수 물질일 뿐 아니라—따라서 모든 생명체의 근본이다—끓이면 공기와 한 몸이 되고(수증기) 날이 추우면 얼음이 된다. 게다가 형태도 무척 다양하다. 네모난 그릇에 담으면 네모가 되고 동그란 그릇에 담으면 동그래지는 게 물이다. 미토스에서 답을 찾지 않고, 즉 신에게 근거를 의존하지 않고 네 가지 원소 중에서 답을 고른다면 당연히 물이다.

물론 지금 우리는 그 답이 틀렸다는 것을 안다. 사실 정답은 그 네 가지 중에서 하나도, 네 가지 모두도 아니고, 그렇다고 제5원소 같은 것도 아니다. 알다시피 물(H_2O)은 수소 원자 두 개와 산소 원자 하나로 이루어진 화합물이다. 만물은 수소와 산소로만 이루어진 게 아니다. 그러나 철학적 물음은 대학 입시나 취직 시험 문제와 달리 답보다 문제 자체가 훨씬 더 중요하다. 우리가 탈레스를 기억해야 하는 이유는 그가 만물의 근본 물질이 물이라는 이론을 말했기 때문이 아니라 눈에 보이는 현상의 배후에 뭔가 공통적인 실체가 있으리라는 관점을 가졌기 때문이다. 탈레스도 나무로 만들어진 단단한 의자가 물과 똑같다고 보지는 않았다. 다만 궁극적으로, 즉 아르케의 차원에서 물과 동질적이라고 보았을 따름이다.

하지만 수천 년 전의 철학사를 통틀어 관조하는 지금 우리와는 달리 당대인들에게는 문제보다 답이 더 중요했다. 그래서 이오니아 철학자들은 탈레스의 답에 만족하지 않고 추론을 계속해야 했다. 다음 타자는 탈레스의 제자로 추측되는 아낙시만드로스(Anaximandros, 기원전 610?~기원전 546?)다.

청출어람이랄까? 아낙시만드로스는 최초의 철학자라는 명예를 빼고는 모든 면에서 스승을 능가했다. 사실 어떤 의미에서는 그 명예마저도 스승이 제자에게 양보해야 할 듯싶다. 스승에 비해 훨씬 더 전문적인 철학자였기 때문이다. 탈레스는 흉년에 올리브 압착기를 모조리 임대해두었다가 이듬해 풍년이 들자 매점매석으로 돈을 버는 세속적인 재주를 과시한 바 있었다. 철학자도 현실적인 사고를 할 수 있다는 증거를 보여주기 위해서라지만, 달리 생각하면 탈레스에게는 철학이 취미나 아르바이트 수준이었다는 이야기도 된다(실제로 탈레스는 법학, 토목학, 천문학, 수학 등 여러 학문에 두루 관심이 컸다).

하긴, 최초의 철학자가 철학을 얼마나 중시할 수 있었겠는가? 그에 비해 아낙시만드로스는 스승의 노력으로 철학의 단초가 마련된 환경에서 공부할 수 있었을 것이다. 그래서 스승만큼 학문적 오지랖이 넓지는 않았어도 학구적인 자세에서는 스승보다 한층 진지했던 듯하다. 탈레스처럼 그도 철학만이 아니라 과학에 관심이 컸지만 가장 깊이 있는 사고를 보인 분야는 역시 철학이었다.

진지하고 신중했던 아낙시만드로스는 탈레스의 결론이 독창적이기는 해도 지나치게 단순하고 유치하다고 여겼다. 만물의 근원이 물이라면 모든 것은 결국 물의 상태로 돌아가고 말 것이다. 그런데 어떻게 세상 만물이 제 모습을 견고하게 유지하고 있는가? 더구나 다른 거라면 몰라도 불은 물과 상극인데, 그 불마저도 물로 이루어져 있다는 주장은 도저히 인정할 수 없었다.

물은 아니다. 그렇다면 뭘까? 공기? 흙? 불? 그러나 아낙시만드로스는 네 가지 원소 중 어느 하나를 다른 세 가지보다 더 근원적이라고 볼 수 있다는 발상 자체를 거부한다. 그 네 원소는 서로 융합될 수 없고 환원될 수 없기에 가장 근본적인 원소라고 규정된 게 아닌가? 그중 하나가

1부 철학은 바깥에서 시작되었다

더 근본적이라고 가정한다면 '네 가지 근본적인 원소'라는 말 자체가 성립하지 않는다. 그렇다면 만물의 근원을 네 원소에서 찾을 수는 없다. 사실 네 원소는 서로 독립적이면서도 서로가 서로를 침해하려는 경향이 있다. 즉 물, 불, 흙, 공기는 각자 자체의 영역을 팽창하려 한다. 때로는 특정한 시기에 네 가지 중 하나가 우세해지는 경우도 있다. 탈레스의 착각은 이 점을 보지 못한 데 있었다.

따라서 아낙시만드로스는 네 가지 원소의 배후에서 그것들의 조화와 균형을 유지하도록 해주는(바꿔 말하면 세상 만물의 존재를 가능하게 해주는) 더 궁극적이고 근원적인 원소를 따로 상정해야 한다고 보았다. 그것을 그는 무한자無限者, 즉 아페이론apeiron이라고 불렀다. 물론 아페이론은 세상 만물처럼 우리 곁에 존재하지는 않는다. 세상 만물의 하나라면 그 네 원소로 이루어져야 할 테니까.

이리하여 탈레스가 눈에 보이는 것으로 규정했던 아르케는 아낙시만드로스에게서 다시 보이지 않는 것으로 돌아갔다. 아페이론에서 모종의 신적인 이미지를 연상하는 것도 무리는 아니다. 그렇다면 신의 존재를 가정하는 오리엔트적 사고방식으로 퇴보한 걸까? 그러나 중요한 차이가 있다. 여기서의 신은 미토스적인 마법사라기보다는 로고스적인 인격신의 이미지다. 세계의 궁극적인 답으로서 존재하는 게 아니라 간섭과 개입으로 세계를 주재하는 역할이기 때문이다(사실 이 점이 바로 그리스 신화에 나오는 올림포스의 신들과 메소포타미아 신들의 차이다). 이렇게 보면 그리스도교의 탄생은 이미 이때부터 예고되고 있었던 셈이다. 눈에 보이지 않으면서(세속에 존재하지 않으면서) 인간사에 개입하는 신의 관념은 이때 이미 생겨난 것이다.

애초에 만물을 쪼개고 쪼개서 근원을 찾으려는 노력 자체에 이미 무한의 개념(신의 전 단계)은 전제되어 있었다. 일단 궁극적인 원소에 주목할 경우에는, 그것이 무엇이라고 규정을 내리면 곧바로 더 궁극적인 것을 생각하게 마련이다. 우주에 한계가 있다면 그 한계 너머를 상상하고, 우주의 탄생이 빅뱅이라면 빅뱅 이전을 상상하는 것이 자연스러운 사고의 흐름이듯이. 그래서 아낙시만드로스의 제자 아낙시메네스(Anaximenes, 기원전 586?~기원전 526?)는 눈에 보이는 실체(탈레스의 '물')와 보이지 않는 실체(아낙시만드로스의 '무한자')를 모두 거부하고 더 추상적인 관점에서 아르케를 찾고자 한다. 그렇다면 네 원소의 관념으로 돌아가야 한다. 철학은 또다시 사지선다형 문제가 되었다.

네 가지 중에서 일단 그가 제시한 답은 공기 쪽으로 기운다. 그는 공기가 만물의 궁극적인 재료이며, 동시에 세계의 통일성을 유지하는 궁극적인 힘이라고 생각한다. 하지만 그가 말하는 공기는 탈레스의 물이나 아낙시만드로스의 무한자와 같은 위상이 아니다. 아낙시메네스는 공기라는 실체보다 공기 특유의 성질에 주목한다. 다른 세 원소들과 달리 공기에는 밀도가 있다. 이 점에 착안한 그는 공기가 다른 세 원소보다 더 근원적이라고 주장한다. 일반적인 공기는 밀도가 희박하지만 이것이 농후해지면 바람과 구름은 물론이고 흙과 바위도 될 수 있으며, 밀도가 더 희박해지면 불이 된다는 것이다.

물론 탈레스의 답도 그렇듯이 아낙시메네스의 답도 엉터리다. 하지만 그가 말하는 공기는 탈레스의 물에 비해 진일보한 해석이 가능하다. 보이는 것과 보이지 않는 것의 구분에서 공기는 독특한 위치에 있다. 공기는 눈에 보이지 않지만 그 존재감은 누구나 느낄 수 있다. 숨을 쉬는 것도 공기요, 피부에 와 닿는 바람도 공기다. 탈레스의 답(물)이 눈에 보이는 것이고 아낙시만드로스의 답(무한자)이 보이지 않는 것이라면 아낙시

1부 철학은 바깥에서 시작되었다

메네스의 답(공기)은 보이지 않지만 분명히 인지되는 것이다. 보이는 것과 보이지 않는 것의 통일, 이리하여 나름의 종합이 이루어졌다. 답은 여전히 틀렸을지언정 철학은 이제 미토스에서 확실히 해방되었다.

이 성과를 이룬 세 철학자는 모두 밀레투스에서 활동했기 때문에 밀레투스학파라고 부른다. 하지만 이오니아의 철학자들이 그들뿐이라면 굳이 이오니아라는 지명을 들먹일 필요가 없을 것이다. 밀레투스의 철학적 정신을 이어받아, 거기서 조금 떨어진 또 다른 그리스 식민시인 에페소스의 헤라클레이토스(Hērákleitos, 기원전 535?~기원전 475?)는 한 번 더 변화를 구한다.

헤라클레이토스 역시 만물의 근원, 아르케를 찾으려는 의도는 변함이 없다. 하지만 그는 철학적 물음의 초점을 바꾸어 실체보다 관계를 묻는다. 아르케를 물질적 실체(물)→비물질적 실체(무한자)→실체의 속성(공기)으로 간주하는 것이 밀레투스학파의 흐름이었다면, 헤라클레이토스는 아르케에서 실체의 이미지를 떼어내고 변화 자체에 관심을 가진다.

네 원소 중 물이 변화를 대표한다고 본 탈레스의 생각은 잘못이다. 헤라클레이토스는 불이 더 극적인 변화를 일으킨다고 본다. 하지만 그가 말하는 불은 실체적 성질을 지니지 않는다. "불은 만물을 변화시키고 만물은 불을 변화시킨다." 불은 고정된 외양이라는 게 없다. 그런 점은 물과 비슷하지만 불은 물과 전혀 다른 특징을 가진다. 다른 물질을 취함으로써만 존재한다는 점이다. 달리 말하면 불은 다른 물질을 파괴함으로써 자신을 창조한다. 바로 이런 불의 속성에서 헤라클레이토스는 창조와 파괴의 개념을 이끌어내고 변화의 대상보다 과정을 주시한다. 그에게 불은 물질적 실체라기보다 형이상학적 관념에 가깝다.

불이 그렇듯이 모든 것은 변한다. 변하지 않는 것은 오로지 변한다는 사실뿐이다. 어찌 보면 형식논리적이고 어찌 보면 허무주의적인 입장을 취했기 때문에 헤라클레이토스는 훗날 '어둠의 철학자'라는 별명을 얻었다. 그러나 그의 이론은 여기서 한 걸음 더 나아가 세상 만물은 대립과 통일의 이중적 관계를 가진다는 주장으로 발전하면서 2500년 뒤 헤겔과 마르크스가 주창한 변증법적 논리의 선구자가 된다.

운동과 변화는 없다

"같은 강물에 발을 두 번 담글 수는 없다." 만물이 변화한다고 본 헤라클레이토스에게는 지극히 당연한 말이다. 처음에 발을 담근 강물은 다시 올 수 없는 곳으로 가버렸으니까. 그런데 그리스의 동쪽에서 헤라클레이토스가 이렇게 외쳤을 때 멀리 그리스 서쪽의 이탈리아에서 파르메니데스(Parmenides, 기원전 515?~기원전 450?)는 그 말을 한 번 더 비틀었다. "같은 강물에 발을 한 번도 담글 수 없다." 파르메니데스는 더 나아가 "모든 것이 변한다."라는 헤라클레이토스의 명제도 가차 없이 짓밟고 "아무것도 변하지 않는다."라고 말했다.

일부러 딴죽을 걸기 위해서가 아니라면 나름대로 근거가 있을 터이다. 더구나 파르메니데스는 변증법을 주요한 논리적 무기로 사용한다는 점에서 헤라클레이토스와 동류인 입장이다. 그런데도 그가 존재란 변화하지 않으며 운동이란 없다고 서슴없이 주장한 이유는 뭘까?

20세기 독일의 철학자 하이데거는 'sein 동사'(영어의 be동사, 프랑스어의 être 동사에 해당한다)가 없는 언어로는 철학이 불가능하다고 말한 적이 있다. 좋게 봐주면, be동사의 역할을 '술어'가 대신하는 우리말이나 일본어를 몰랐기 때문에 그런 해괴한 주장을 펼쳤을 텐데, 실제로 be동사가 꽤 재미있는 역할을 하는 경우가 있다. 예컨대 "There is nothing."이라는 문장은 일반적으로는 "아무것도 없다."라는 뜻이지만 말 그대로 옮기면 "없는 것이 있다."라는 뜻이 된다. 파르메니데스는 바로 이런 것을 모순이라고 본다.

존재하지 않는 것^{nothing}이 존재한다^{is}는 말은 어불성설이다. 따라서 모든 것은 존재해야 한다. 모든 것이 존재한다면 빈 구멍이나 틈이 있을 여지가 없다. 빈 구멍이 없다면 운동도 있을 수 없다. 운동이란 꽉 찬 곳에서 빈 곳으로의 움직임을 뜻하기 때문이다(내가 100미터 트랙을 달릴 때 '꽉 찬' 내 몸은 '텅 빈' 공간을 향해 전진하는 것이다). 그런데 이런 운동이 없으면 당연히 변화도 없다(내가 100미터 트랙을 달릴 때 내 앞에 밀도가 성긴 공기가 있지 않고 '꽉 찬' 벽이 있다면 내 몸은 운동할 수도 없고 전진이라는 변화도 불가능하다). 결국 존재는 불변이요 불멸이 된다. 생성과 파괴 같은 건 없다.

이런 파르메니데스의 주장은 다소 억지스러운 데가 있다. 좋게 말해 형이상학이지만 나쁘게 말하면 상식과 경험의 부정이며 극한에 이른 관념적 사유다. 하지만 파르메니데스의 고향 후배인 제논(Zenon, 기원전 495?~기원전 430?)은 선배의 이론을 교활한 방법으로 증명하려 한다.

파르메니데스를 옹호하기 위해 제논이 택한 수단은 여러 가지 교묘한 역설이다. 가장 유명한 것은 두 가지인데, 그중 하나는 화살의 역설이다. 파르메니데스의 완강한 입장에서 한 걸음 물러나 운동이 가능하다고 가정해보자. 무릇 운동이라면 출발점과 목적지가 있어야 할 것이다. 화살의 경우 출발점은 활이고 목적지는 과녁이다. 시위를 떠난 화살은 우선 과녁과의 거리에서 절반에 해당하는 지점을 통과할 것이다. 그다음에는 나머지 거리의 절반에 이를 것이다. 또 그다음에는 남은 거리의 절반까지 갈 것이다. 이런 식으로 추론하면 화살은 계속 앞으로 나아가지만 결국 과녁에는 닿을 수 없다는 묘한 결론이 나온다. 어떤 지점이든 남은 거리의 절반을 끊임없이 지나쳐야 하기 때문이다.

다른 역설은 아킬레우스와 거북의 경주다. 이것도 내용은 비슷하다. 아킬레우스는 고대의 만능 스포츠맨이고 거북은 느림보의 대명사다. 하지만 거북이 아킬레우스보다 한 걸음만 먼저 출발해도 아킬레우스는 영원히 거북을 따라잡지 못한다. 아킬레우스가 거북이 있던 곳까지 가면 거북은 거기서 조금이라도 앞으로 더 가 있다. 다시 아킬레우스가 접근하면 거북은 걸음을 아예 멈추지 않는 한 아주 조금이라도 앞서간다. 이런 식이라면 운동이 아무리 되풀이되어도 아킬레우스는 언제나 거북에 뒤처질 수밖에 없는 운명이다. 차이는 점점 좁혀져도 거북을 앞서지는 못한다.

제논의 두 역설은 목적지까지 갈 수 없는 운동을 나타낸다. 그런 운동이라면 이미 운동이 아니다. 그러므로 운동은 불가능하다!

물론 현실적으로 보면 터무니없는 이야기다. 실제로 화살이 과녁에 닿지 않는 경우는 없으며, 아킬레우스는 도저히 거북에게 질 수 없다. 그러나 바보가 아닌 다음에야 화살이 실제로 과녁에 닿지 못하리라는 말을 제논이 액면 그대로 하지는 않았을 것이다. 제논의 초점은 화살과 과녁이라는 실체가 아니라 화살의 운동에 내재하는 논리에 있다. 철학적 논증으로부터 실체를 완전히 떼어냈다는 점에서 파르메니데스와 제논은, 설사 같은 이탈리아 남부의 엘레아 출신이 아니라 해도 엘레아학파로 묶일 근거가 충분하다.

두 사람은 운동하는 실체가 아니라 실체들 간의 관계에 주목했다. 앞서 이오니아의 철학자들은 처음에 아르케를 실체로 보았다가(탈레스) 점차 실체적 성격을 떨쳐내는 양상을 보여주었다. 그런데 엘레아학파에 이르러서는 실체 자체가 사라져버리고 관계만이 남았다. 그 과정에서 철학적 사유는 점점 일상적 경험으로부터 멀어졌다. 하지만 애초에 세상 만물의 배후에 있는 근원을 묻고자 한 게 철학의 출발점이었다면 철학적 진리로부터 더 멀어졌다고 할 수는 없을 것이다.

지금까지 본 철학적 사유는 실체에서 관계로, 감각에서 논리로 궤도를 선회하고 있다. 제논의 사유를 단순한 말장난이라거나 지나치게 관념적이라고 몰아붙이고 싶기도 하지만, 그러려면 감각에서 벗어난 것은 모조리 무의미하다는 무리수를 두게 된다. 게다가 현대 고등 수학에 나오는 무한의 개념은 바로 제논을 기원으로 한다. 또한 중학 과정의 수학에서 가르치는 점근선의 개념($y=\frac{1}{x}$의 그래프에서는 x축과 y축이 점근선인데, 그 래프의 곡선은 점근선에 무한히 접근할 뿐 점근선을 넘지는 못한다)도 기본적으로 제논의 역설과 같은 논리다.

수에서 끌어낸 미학, 철학, 윤리학

수학 이야기가 나왔으니 여기서 다른 철학 학파와 동떨어진 신비의 철학자 피타고라스(Pythagoras, 기원전 570?~기원전 495?)를 짚고 넘어가는 게 좋겠다. 그는 에게 해의 사모스 섬에서 태어나 이탈리아 남부로 이주했지만 이오니아는 물론 이탈리아의 철학자들과도 거의 교류가 없었다.

예나 지금이나 뿌리 뽑힌 코스모폴리탄은 고독한 법이고, 고독한 철학자는 종교와 친화력을 보이게 마련이다. 피타고라스 역시 철학자보다는 종교의 창시자에 어울리는 인물이었다. 그는 이탈리아에 학교를 세우고 많은 제자들을 받아들였다. 그러나 그 학교는 종교 단체와 비슷했고 학생들은 신도나 다름없었다. 그가 생활 윤리로 채택한 엄격한 금욕주의와 채식주의는 학교의 교칙이라기보다는 교단의 계율에 가까웠다. 게다가 그 교칙 또는 계율 중에는 땅에 떨어진 물건을 줍지 말라든가 성적 순결을 지켜야 한다는 평범한 조항이 있는가 하면 채식주의를 채택했음에도 유독 콩만은 먹지 말라는 묘한 조항도 있었다.

피타고라스가 추구한 아르케는 수數였다. 직각삼각형을 이루는 세 변의 관계를 밝힌 유명한 피타고라스의 정리도 있지만, 그는 수를 단순히 수학적인 의미가 아닌 생활의 모든 측면에 두루 적용했다. 이를테면 정의는 4이고, 결혼은 5이며, 인간은 250이라는 식이다. 그의 이런 가르침은 허황하고 신비주의의 냄새도 풍기지만 수를 이용한 점술까지 개발한 것을 보면 한 가지 요소로 만물을 해명하려는 그의 노력(혹은 강박증)이 어느 정도였는지 짐작할 수 있다.

그런 점에서 피타고라스는 이오니아 철학 초기 단계의 문제의식에서 크게 벗어나지 못한 것처럼 보인다. 그러나 거의 같은 세대인 밀레투스의 아낙시메네스가 아르케에서 물질적 실체를 떼어내려 했듯이, 피타고라스가 아르케로 삼은 수도 보이지 않는 것이라는 점에서 물질적 실체와는 다르다. 수의 배후에는 조화의 개념이 있다. 그가 중시한 것은 바로 그 수적 조화다. 말하자면 피타고라스의 철학에서 수는 얼굴마담에 불과하고 실제 주인은 조화인 셈이다.

피타고라스는 각각의 수가 지닌 의미를 규정하는 데 머물지 않고 수적인 비율과 비례로 모든 것을 설명하고자 했다. 물론 수적 비율이 맞는 것은 조화요 틀린 것은 부조화다. 예를 들면 음식은 더운 것과 찬 것, 젖은

1부 철학은 바깥에서 시작되었다

것과 마른 것이 조화를 이루어야 한다. 음식들 간의 수적 비율이 맞지 않으면 부조화의 상태에 빠져 신체가 건강을 잃게 된다. 또한 피타고라스는 천체의 운동도 수적 비율이 빚어내는 조화의 산물이라고 보았으며, 음악의 화음도 수적 비율로 결정된다고 생각했다. 태양계를 열 개의 천체로 본 것은 우연히 실제와 맞아떨어진 것이겠지만(그것도 2006년에 명왕성이 소행성으로 분류됨에 따라 태양계의 천체는 아홉 개로 줄었다), 현악기에서 한 현의 길이를 절반으로 하면 정확히 한 옥타브 위의 음이 나온다는 것은 수와 음악의 관계를 올바르게 고찰한 결과다. 심지어 그는 열 개의 천체가 운동하면서 신성한 '우주의 음악'이 나온다고 말했는데, 훗날 인류가 태양계 바깥으로 진출한다면 한번쯤 귀를 기울여 검증해봐야 할 주장일지도 모른다.

충분히 짐작할 수 있듯이, 피타고라스는 감각의 세계를 전혀 고려하지 않았다. 우선 수 자체가 대표적인 연역적 요소이므로 감각과 무관했으며, 그가 보기에는 감각에서 수적 조화가 나오는 게 아니라 오히려 감각이 수적 조화를 추종해야 했다. 말하자면 감각의 세계, 나아가 실체의 세계는 수의 세계, 수적 비례라는 관계의 세계에 종속된 것이었다. 더욱이 그는 명확하지 못한 것, 불확실한 것을 부조화로 간주하고 명확한 것, 확실한 것을 조화로 간주함으로써 수를 바탕으로 윤리학까지 전개했다.

이런 윤리학이 목적론으로 넘어가는 데는 하나의 계단만 필요하다. 아니나 다를까, 피타고라스는 세상 만물이 최선의 형태를 지니기 위해서는 적당한 수적 비례를 이루어야 한다고 보았으며, 인간도 예외로 두지 않았다. 수적 비례를 통한 조화가 삶의 목표라고 규정한 것이다. 공교롭게도 인도의 고대 종교(자이나교, 불교)와 거의 같은 시대에 피타고라스가 영혼의 불멸과 삶의 윤회를 주창한 것 역시 수적 조화에 바탕을 둔 목적론과 무관하지 않다. 이처럼 조화를 근본적인 원리로 삼았으니, 나누어 지지 않는 무리수라는 걸 발견했을 때 피타고라스가 얼마나 당혹스러워 했을지는 보지 않아도 뻔하다.

세계를 수에, 현실을 논리에 맞추려 한 피타고라스는 수의 미학에 빠진 사람이었다. 하지만 철학사적으로 그는 묘한 위치에 있다. 탈레스보다 후대의 사람이지만 그보다 더욱 아르케의 단일성에 매달렸으며, 제논보다 선대의 사람이지만 그보다 더욱 실체로부터 멀어졌다. 그렇게 보면 피타고라스는 뒷북도 치고 선구자의 역할도 한 셈이다. 하지만 그가 감각을 부정하고 순수이성의 영역인 수학을 철학적 토대로 삼은 것은 당대 철학의 진로를 요약하고 있다. 탈레스와 아낙시만드로스에서 피타고라스와 제논까지의 철학 사상은 전반적으로 감각(실체에 대한 관심, 경험적 사유)에서 이성(관계에 대한 관심, 논리적 사유)으로 초점이 이동하는 흐름을 보여준다. 마치 그로부터 2천 년 뒤에 생겨날 경험론과 합리론이라는 양대 철학적 조류를 아주 멀리서 예고하는 듯하다.

본격적인 철학의 시대

최초의 철학자들이 제기했던 철학의 근본 문제—세상 만물의 공통적인 요소는 무엇인가?—는 점차 변형되고 복잡해졌다. 초기에는 경험, 감각, 논리, 이성 등 철학 외부에 '비빌 언덕'을 마련해놓고 철학적 논의가 진행되었으나 점차 '기존의 철학적 토대'가 쌓이면서 철학자들은 현실 세계와 어느 정도 거리를 둔 채 기존의 철학을 바탕으로 새로운 철학을 전개하기에 이르렀다(그래서 이때부터 '철학사'가 전개되기 시작했다고 볼 수 있

1부 철학은 바깥에서 시작되었다

다). 어떤 의미에서는 추측이나 상상에 가까운 철학적 논의라고도 할 수 있고, 달리 말하면 아래로부터의 철학(현실적 철학)에서 위로부터의 철학(추상적 철학)으로 전환하기 시작했다고도 할 수 있다.

엘레아학파가 남부 이탈리아에서 활동했고 피타고라스도 그곳으로 이주한 데는 그럴 만한 까닭이 있었다. 일찍이 이오니아에서도 그랬듯이 남부 이탈리아에는 그리스 본토를 능가하는 대형 무역 식민지가 조성되어 있었다. 시칠리아와 이탈리아 남부 일대에는 기원전 8세기부터 그리스 무역업자들이 진출하기 시작해 기원전 6세기 무렵에는 이오니아에 버금가는 경제와 문화 수준을 자랑하기에 이르렀다. 역사적으로 이 시기의 이 지역을 마그나그라이키아, 즉 대★그리스라고 부른다. 식민지에 '마그나'라는 수식어를 붙일 만큼 정작 그리스 본토는 아직 문화의 중심이 못 되었다. 물론 문명의 추세는 서서히 한복판의 그리스로 수렴하는 양태를 보였지만.

이렇게 동부 지중해에는 서쪽으로 마그나그라이키아에서 동쪽으로 이오니아에 이르기까지 본격적인 그리스 세계라고 일컬을 만한 방대한 문명권이 형성되었다. 이 문명권은 어느덧 문명의 발상지인 이집트와 메소포타미아를 넘어서는 수준에 이르렀다. 이런 배경에서, 초창기에 수줍고 소심한 태도로 아르케를 모색하던 철학자들은 자신감을 얻고 어깨에 힘을 주게 된다. 우선 그리스 문명권이 팽창하면서 지식의 양이 비약적으로 팽창했다. 그에 따라 그리스의 동쪽(이오니아의 밀레투스학파와 엘레아학파)과 서쪽(남부 이탈리아의 피타고라스)에서 간헐적으로 들려오던 철학적 메아리가 점점 커지면서 그리스 세계 전역으로 확산되었다.

게다가 이 시기에 그리스 세계는 결정적인 문화의 세례를 받았다. 이 변화는 파괴적인 전쟁의 양상을 취했으므로 당대인들에게는 큰 고통이었겠지만 장기적으로는 철학을 포함한 그리스 문화의 수준을 한 단계 업그레이드시키는 결과를 낳았다. 그 변화는 바로 역사에 페르시아 전쟁이라고 기록된 사건이다.

동부 지중해의 무역을 바탕으로 그리스 세계가 팽창하는 것을 시샘과 두려움으로 바라보는 시선이 있었다. 당대 세계 최강국인 동방의 페르시아 제국이었다. 일단 힘에서 앞선 페르시아는 이오니아 일대를 무력으로 점령했는데, 그리스의 전통적인 식민지였던 땅을 강제로 지배하는 게 순조로울 리 없었다. 과연 얼마 안 가 이오니아에서 반란이 일어났다. 이를 진압하기 위해 서쪽으로 파견된 막강한 페르시아 제국의 다국적군은 내친 김에 그리스 본토를 정복하려고 했다. 이리하여 기원전 490년에 아시아와 유럽은 최초의 전쟁을 벌였다. 그리스인들은 마라톤 전투의 승리로 힘겹게 방어에 성공했고 복수를 다짐한 페르시아는 10년 뒤에 무려 500만이 넘는 인력을 동원해 그리스를 재차 침략했다. 하지만 지는 해가 뜨는 해보다 밝을 수는 없는 법이다. 늙은 제국 페르시아는 결국 도시를 포기하면서 살라미스에서 해전으로 맞붙은 아테네의 전략에 휘말려 결정타를 맞았다.

이 전쟁은 규모도 컸지만 의의는 더욱 컸다. 오리엔트 문명의 계승자인 그리스 세계가 스승 격인 동방의 대국을 물리치고 동부 지중해의 경제적 패권과 아울러 문명의 빛마저도 가져온 셈이었다. 그뿐 아니라 이 전쟁을 계기로 오리엔트와의 교류가 더욱 활발해진 덕분에 그리스 세계는 아직 아시아에 남아 있는 선진 문물과 지식마저 흡수할 수 있었다. 현실 세계의 변화가 지적인 변화로 이어지는 것은 필연이다. 그 덕분에 전후 세대 철학의 선두 주자인 엠페도클레스(Empedoklēs, 기원전 494?~기원전 434?)는 전보다 훨씬 풍부해진 지식과 넓어진 시야, 커진 자신감으로 원대한 철학적 논의를 구성할 수 있었다.

엠페도클레스는 단순한 철학자라기보다 철학과 과학, 종교를 아우르는 당대 최고의 종합 지식인이었다. 또한 시칠리아 태생이면서도 그리스 남부의 펠로폰네소스에서 활동한 데서 알 수 있듯이 그는 범그리스적 지식인이기도 했다(그런 점에서 그의 개인적 이주는 철학의 중심 이동을 상징한다). 공기가 단지 빈 공간이 아니라 입자로 이루어진 독립적 물질이라는 것을 발견했는가 하면, 식물에 암수가 있다는 사실도 알아냈고, 심지어 19세기에야 과학적 상식으로 편입되는 빛의 속도라는 개념도 일찌감치 제기했다.

엠페도클레스는 물, 불, 흙, 공기의 네 원소를 '뿌리'라고 부르며 만물이 그것들의 조합으로 이루어졌다고 주장했는데, 여기까지는 새로울 게 없다. 그러나 그는 시대의 지적 흐름에 걸맞게 네 원소 자체보다 그것들 사이에 작용하는 힘, 즉 관계에 초점을 맞추었다. 그가 생각한 힘은 두 가지, 사랑과 미움이었다. 물론 인간관계에서 말하는 사랑과 미움의 감정과는 다르다. 그가 말하는 사랑은 원소들을 모이게 해서 사물을 이루게 하는 힘이고, 미움은 그 반대로 사물을 도로 분해해 원소가 되게 하는 힘이다. 어찌 보면 헤라클레이토스가 주장한 대립과 통일의 변증법과 비슷한 것 같지만 그보다 훨씬 실체로부터 멀어졌고 관계에 가까워졌다(헤라클레이토스의 대립물은 실체적 속성에서 벗어나지 못했으니까).

사랑과 미움은 항상 고르게 작용하지는 않는다. 사랑이 우세한 시기는 통합이 이루어지고 조화와 평화가 깃드는 황금시대다. 반대로 미움이 지배하는 시기는 모든 것이 분열되고 무질서와 혼돈이 팽만해진다. 이렇게 두 가지 힘은 주기적으로 끊임없이 변화한다. 그런 점에서 엠페도클레스는 기본적으로 만물이 변화한다는 관점을 택하고 있다.

사실 이런 철학적 논의는 그리 대단한 게 아니고 오히려 유치하다 할 만큼 소박해 보인다. 하지만 그의 철학 이론보다 중요한 것은 그가 감각이나 이성에서 나온 정보를 토대로 하지 않고, 순전히 자의적으로 사랑과 미움이라는 규준을 제시했다는 점이다. 이제 철학은 특별한 근거를 내세우지 않고도 철학자가 자신의 뜻대로—어찌 보면 순전히 관념적으로—(재)구성할 수 있게 된 것이다.

최초로 자유롭게 자신의 철학을 구성한 것에 자만한 탓일까? 평소에도 성인^{聖人}으로 추앙받고자 했고 여러 가지 기적과 마술, 예언을 보여주었던 엠페도클레스는 결국 자신이 신이라는 것을 입증하기 위해 시칠리아의 에트나 화산의 분화구에 뛰어들어 죽었다고 전한다(18세기의 독일 시인 휠덜린은 엠페도클레스가 신에게 지은 죄를 보상하기 위해 자살했다면서 그의 죽음을 시대의 운명으로 격상시켰지만, 믿거나 말거나다).

밀레투스의 아낙사고라스(Anaxagoras, 기원전 510?~기원전 428?)는 엠페도클레스의 이론에 약간의 변화를 준다(이오니아에서 시칠리아 철학자에게 화답할 만큼 그리스 세계는 이미 국제화되었다). 우선 그는 엠페도클레스의 '뿌리'를 '씨앗'으로 바꿔 부르며 네 씨앗에는 모든 사물의 일부가 들어 있다고 말한다. 또한 엠페도클레스의 사랑과 미움을 누스(nous, 정신)라는 하나의 힘으로 대체한다. 그의 독창적인 측면은 최초로 살아 있는 물질과 죽은 물질을 구분했다는 점이다. 누스는 인간을 포함한 모든 살아 있는 물질을 움직이는 힘이다.

실체에서 관계로 논의의 초점이 이동하면서 철학에서 전통적인 네 원소의 힘은 점차 약화되었다. 엠페도클레스나 아낙사고라스는 여전히 그것들을 끌어안기는 했으나 그것들 자체보다는 그 배후에서 작용하는 힘에 관심을 가졌다. 급기야 그다음에 등장하는 데모크리토스(Dēmókritos,

기원전 460?~기원전 370?)는 아예 네 원소를 제거해버린다.

데모크리토스가 네 원소 대신 아르케의 후보로 제시한 것은 원자atomon라는 새로운 개념이다. 원자는 그 말뜻 자체가 그렇듯이 더 이상 분할할 수 없는 궁극적인 요소, 물질의 최소 단위를 가리킨다('a'는 부정을 뜻하고 'tom'은 분할이라는 뜻이다). 네 가지를 하나로 통합(혹은 대체)한 이상 데모크리토스의 입장은 엠페도클레스와 아낙사고라스의 다원론과는 근본적으로 다르다.

그런데 원자라니? 다시금 옛날의 실체론으로 돌아간 것일까? 그렇지 않다. 데모크리토스가 말하는 원자는 분명히 실체적인 속성을 지니지만 탈레스의 물 같은 의미의 실체는 아니다. 탈레스의 물은 눈으로 볼 수 있고 일상적으로 경험할 수 있는 실체인 데 반해 데모크리토스의 원자는 감각이나 경험의 대상이 아니며 물질의 기본 성질을 지닌 '원리적'인—어떤 의미에서는 가정되고 추상화된—실체다. 그래서 원자는 실체로서의 장점(사물을 구성하기에 용이하다는 점)을 강화하는 동시에 실체로서의 단점(여러 가지 사물을 하나로 환원하기 어렵다는 점)을 극복한다.

이렇게 원자의 개념을 가정하면 사물의 성질을 결정하는 데 중요한 것은 질보다 양이 된다. 실제로 데모크리토스는 모든 사물이 단지 양적인 면에서만 서로 다르다고 말했다. 양은 질보다 더 궁극적이며, 질은 양의 작용으로 인해 생겨난다. 비록 원자보다 작은 단위에서 적용되기는 하지만, 현대 과학에서 밝혀진 것처럼 양성자나 전자의 '수(양)'가 달라질 때 원소의 화학적 '성질(질)'이 달라진다는 사실을 고려하면, 데모크리토스의 원자론은 시대를 무려 2500년이나 뛰어넘은 선견지명을 보여준다. 또한 철학적으로도 그는 19세기에야 널리 알려지게 되는 유물론의 때 이른 선구자였다.

데모크리토스를 끝으로 철학은 초창기의 자연철학에서 벗어나기 시작한다. 이제부터는 철학의 근본적인 물음 자체가 달라진다. 그와 더불어 철학의 공간도 이동한다. 이때까지 그리스 세계의 동서 양쪽 변방에서 철학의 메아리가 울려 퍼졌다면, 이제부터는 그리스의 본토, 그중에서도 페르시아 전쟁을 승리로 이끌어 그리스 세계 전체의 중심지가 된 아테네로 자리를 옮긴 것이다.

2장

인간이란 무엇인가

소피스트, 소크라테스, 플라톤, 아리스토텔레스

공교롭게도 동양 사상과 서양 사상은 거의 비슷한 시기에 뿌리를 내리고 가지를 뻗었다. 물론 사상의 씨앗은 그 이전부터 찾을 수 있지만, 적어도 기원전 6~기원전 4세기에 이르러, 향후 수천 년 동안 서서히 성장하면서 꽃을 피우게 될 철학의 나무가 싹을 틔운 것은 동양과 서양이 마찬가지다. 그래서 19세기의 철학자 야스퍼스는 동·서양의 사상적 토대가 형성된 이 시기를 '차축시대Achsenzeit'라고 불렀다.

그런데 마치 두 문명의 근본적인 차이를 예고하듯이 두 사상의 싹수는 사뭇 달랐다. 자연철학으로 출발한 그리스 세계의 사상과 달리 동양 사상은 인간을 출발점으로 삼았다. 서양 사상에서 처음 제기된 물음이 "세상 만물의 공통적인 요소는 무엇인가?", 즉 "자연이란 무엇인가?"였다면 동양 사상의 첫 질문은 "사람은 어떻게 살아야 하는가?"였다. 그리스 초기 철학자들이 문제의 답을 놓고 의견이 분분했던 것과 달리 중국의 초기 철학자들이 쉽게 의견 일치를 본 이유는 문제의 성격이 다르기 때문이었다. 자연이 무엇이냐는 문제는 답이 여럿일 수밖에 없지만 사람이 어떻게 살아야 하는지는 확실한 정답이 이미 주어져 있었다. 그것은 바로 천리, 즉 하늘의 뜻에 따라야 한다는 것이었다(물론 무엇이 천리인지를 놓고 다양한 견해가 등장하지만 지배자에 의해 정치적으로 결정되었다는 점에서 보면 다양한 견해라고 할 수 없다).

기원전 13세기에 성립한 주나라 시대부터 중국에는 이미 조상을 숭배하는 예禮의 관념이 있었다. 기원전 6세기, 이오니아의 탈레스가 만물의 근원이 물이라고 주장할 무렵 중국의 공자는 전통적인 예의 관념에 인仁을 더해 유학을 창시했다. 인이란 왕이 백성들을 대하는 자세를 가리키는 개념이므로 쉽게 말해 나라를 경영하는 원리이며, "사람은 어떻게 살아야 하는가?"의 물음과 직결된다(인의 정치 이데올로기적 속성은 왕도 정치를 주장한 후대의 맹자에게서 더 확실히 드러난다). 중국의 초기 철학자들, 이른바 제자백가라고 불린 사람들은 처음부터 정치사상, 정치 이데올로기를 철학의 내용으로 삼았던 것이다.

그런데 그리스인들은 왜 자연에 대한 의문으로 시작했을까? 실은 그보다 먼저 중국인들은 왜 처음부터 인간을 문제 삼았을까를 물어야 할 듯하다. 주체보다 대상에 일차적 관심을 가지는 것이 본능적인 철학적 자세라고 보면 중국의 물음보다는 그리스의 물음이 더 원초적이다. 의식이 형성되는 시기의 어린아이도 자기 자신보다는 먼저 주변 사물에 관심을 가지는 게 당연한 순서다. 그런 점에서, 단순 비교를 한다면 일찍부터 인간 주체의 삶을 문제시한 고대 중국인들은 그리스인들보다 처음부터 한 차원 높은 사고를 한 것인지도 모른다.

중국인들이 그런 사고를 하게 된 이유는 철학 자체보다는 철학을 둘러싼 지리적·정치적 환경에서 찾아야 할 것이다. 중원이라는 확고한 지리적 중심을 가지고 출발한 중국 문명은 이후 동심원적으로 영역을 확대해 갔으며, 그 과정에서 중원을 쟁탈하는 것이 천하를 얻기 위한 결정적 포인트가 되었다. 그래서 중국에서는 일찍부터 영토 국가의 개념이 싹텄고 경쟁하는 국가들 간에 국제 관계가 발달했다. 요컨대 중국 문명권에서는 자연을 운위하기 이전에 이미 사회와 정치가 고도의 짜임새를 갖추었던 것이다. 이런 환경에서는 자연보다 인간을 대상으로 삼는 철학이 탄생할 수밖에 없다. 아닌 게 아니라 그리스 철학자들도 자연에 대한 문제에 나름대로 해답을 얻은 뒤에는 인간에 대한 관심으로 초점이 옮아가게 된다.

직업이 된 학문

'큰 거 한 방'의 힘은 야구장이나 도박판에서만 볼 수 있는 게 아니다. 승산이 전혀 없다는 여론을 뒤엎고 통쾌한 역전승으로 세계 최강 페르시아를 잡은 아테네는 비록 전란으로 폐허가 되었어도 잃은 것보다 얻은 게 많았다. 그리스 본토의 도시국가들 중 최고의 군사력을 자랑하던 스파르타는 막상 전쟁이 터지자 몸을 사렸으나, 아테네는 처음부터 이오니아 도시들의 반란을 지원하고 전쟁을 주도함으로써 일약 그리스 세계의 리더로 떠올랐다. 페르시아 전쟁에서 치른 희생과 최종 승리를 일궈낸 업적으로 아테네는 전쟁 시기에 결성된 델로스 동맹의 맹주 자리를 차지했고, 델로스의 아폴론 신전에 보관된 공동 금고를 관리하게 되었다.

지적인 중심이 사회경제적 중심으로 발돋움하기는 어려워도 그 반대는 훨씬 수월하다. 견고해진 하드웨어를 바탕으로 아테네는 그리스 세계의 다양한 소프트웨어들을 끌어모으기 시작했다. 그리스 본토의 동편(이오니아)과 서편(마그나그라이키아)에서 싹을 틔우고 줄기가 굵어진 철학적 논의는 이제 아테네에서 풍성한 열매를 맺을 단계에 이르렀다.

새 술은 새 부대에 담는 게 옳다. 지리적 중심이 이동하자 철학의 초점도 달라졌다. 앞서 살펴본 대로 그리스 세계에서 처음 탄생한 철학은 기본적으로 자연철학이었다. 최초의 철학자들은 만물의 근원인 아르케를 물었고 자연 세계에서 그 해답을 찾았다. 탈레스의 물, 헤라클레이토스의 불은 물론이고 피타고라스의 수, 데모크리토스의 원자도 비록 직접적으로 존재를 확인할 수 있는 것은 아니었지만 자연 세계에서 유추된 개념이라는 점에서는 크게 다를 바 없었다.

그러나 아테네로 자리를 옮긴 철학은 새 무대에 어울리는 새 모습을 선보인다. '자연에서 인간으로!' 이것이 새로운 철학의 모토다. 물론 자연철학의 모든 문제에 답을 달지는 못했지만, 궁극의 물질이 추상적인 원자—당시에는 원자가 추상적 물질일 수밖에 없었다—라는 단계까지 올라온 뒤에는 관심의 초점이 인간으로 이동하는 것도 자연스러운 흐름이다.

새로운 지적 환경을 이끈 첫 주자는 소피스트들이다. 철학의 어원이 'philo' + 'sophia', 즉 '지혜의 사랑'이니까 뒷부분을 딴 소피스트Sophist라는 말은 '지혜로운 자'라는 뜻이 될 터이다. 여기에 직업적 의미를 보태면 '지혜를 가르치는 자'가 된다. 실제로 소피스트는 대중에게 지혜를 가르치는 일을 직업으로 삼은 사람들이었다.

문제는 이들이 그냥 지혜를 워낙 사랑한 탓에 널리 전파하고자 사람들에게 가르친 게 아니라 돈을 받고 가르쳤다는 것이고, 이들이 말하는 지혜란 순수한 진리라기보다는 세상을 살아가는 방법, 논쟁에서 승리하는 방법이라는 것이었다. 요즘으로 말하면 처세술과 비슷한데, 같은 시기 중국 철학과 닮은 데가 있다. 하지만 중국의 제자백가처럼 정치 이데올로기로 사용되지 않고 지식 장사의 수단으로 사용되었다는 점이 다르다. 더욱이 그 점을 문제 삼은 사람들이 소크라테스, 플라톤, 아리스토텔레스 등 후대에 그리스 고전 철학의 태두로 알려진 인물들이었으므로 소피스트는 학문과 무관한 '지식 장사꾼' 같은 이미지로 철학사에 남게 되었다.

사실 오늘날의 교사나 교수도 지식을 가르치는 일을 직업으로 삼는다고 보면 소피스트들을 그렇게 폄하할 것은 아니다. 노골적으로 지식과 돈을 맞교환한다면 모양은 좀 사납겠지만, 지식을 전파하는 일 자체가 직업이 되어서는 안 된다는 논리는 동서고금에 없다. 소피스트들이 필요 이상으로 도덕적인 비난을 받은 이유는 그들이 자신의 사상을 체계화해 저작으로 남기는 노력을 게을리 했고, 무엇보다 그리스철학의 삼총사—소크라테스, 플라톤, 아리스토텔레스—처럼 제자를 육성하지 않은 탓이 크다(공교롭게도 소피스트들의 사상을 후대에 전하는 주요 문헌은 그 삼총사 가운데 플라톤의 저작이다). 역사를 통틀어 제자와 학파야말로 학자의 위명을 높여주고 오명을 덮어주는 데는 최고의 수단이 아니던가?

학문이든 예술이든 '순수'라는 수식어만큼 빛 좋은 개살구도 없다. 진리가 순수하다면, 다시 말해 현실의 이해타산에 얽매이지 않고 고결한 것이라면 오히려 그 진리의 가치는 지적 게임의 쓰임새밖에 없을 것이다. 흔히 근대 서양의 예술을 '고전'이라며 찬양하지만, 미켈란젤로의 〈최후의 심판〉은 교황청의 의뢰를 받아 제작한 '하청 작품'이며, 바흐의 〈브란덴부르크 협주곡〉은 브란덴부르크 후작의 의뢰를 받고 작곡한 '상업 음악'에 불과하다. 이탈리아에서 르네상스 미술이 발달하고 독일과 오스트리아에서 근대 음악이 싹튼 이유는 다른 지역과 달리 로마 교황과 신성

로마제국의 황제, 제후들이 예술의 든든한 '후원자=고객'이었다는 사실과 밀접한 관계가 있다.

마찬가지로, 고대 아테네에서 소피스트가 탄생하고 활동했던 것도 수요가 있으면 공급이 있다는 원칙에서 벗어나지 않는 정상적인 현상이다. 더구나 아테네의 젊은이들이 볼썽사납게 돈을 지불하며 한 수 배우기 위해 모여든 것을 보면 소피스트는 마치 서울의 강남 학원들처럼 꽤나 유명세를 누렸던 모양이다. 또한 소피스트는 논쟁이나 소송에서 승리하는 데 꼭 필요한 웅변술을 가르치고 연설문을 써주는 대가로 돈을 벌었다(지금으로 치면 유명 학원 강사, 혹은 더 격상시키면 변호사인 셈이다). 정작 소피스트의 문제점은 학문을 상업화했다는 것보다 오늘날도 그렇듯이 법학 같은 응용 학문이 철학 같은 기초 학문보다 더 큰 세속적 인기를 끄는 사실을 적나라하게 보여준 데 있다.

파국이 빚은 철학의 새 출발

소피스트들이 철학사에서 홀대받은 또 다른 이유는 고상하고 '철학적인' 불변의 진리를 추구하지 않았다는 데 있다. 자연 세계에서 아르케를 찾는다면 그럴 수밖에 없겠지만, 자연철학은 처음부터 진리가 불변이고 불멸이라는 전제에서 출발했다. 세상 만물이 모두 변해도 그 배후에는 결코 변하지 않는 만물의 근본이 있다는 게 초기 철학자들의 굳은 믿음이었다(불변의 단일한 아르케를 찾으려는 노력은 종교의 유일 신앙과 연관되는데, 그런 점에서 그리스철학은 그리스도교의 지적 토양이라고 볼 수 있다).

하지만 세상 만물에 일차적인 관심을 가지지 않는다면 굳이 추상적이

1부 철학은 바깥에서 시작되었다

고 모호한 진리를 찾느라 법석을 떨 필요가 없다. 그깟 진리가 인간이 사는 데 무슨 의미가 있을까? 소피스트들은 만물의 근본 같은 게 있을 리 없으며, 설사 있다고 해도 눈에 보이지 않으면 아무런 소용이 없다고 주장했다. 요즘의 연예인 못지않게 인기 스타였던 프로타고라스(Protagoras, 기원전 490?~기원전 420?)는 그런 입장을 단 한 문구로 명쾌하게 정리했다. 호모 멘수라homo mensura, 즉 "인간은 만물의 척도다."라는 유명한 문구다.

"있는 것은 있고 없는 것은 없다." "신들이 존재하는지, 존재하지 않는지 나로서는 알 도리가 없다." 이렇게 말하는 프로타고라스의 의도는 신들의 존재, 혹은 진리의 존재 자체를 문제 삼지 않겠다는 태도다. 신이나 진리는 물론이고 일상적인 감각에도 객관적이고 절대적인 것은 없다. 고된 일과를 마치고 마시는 술은 쓴 소주라도 달지만 실연하고 마시는 술은 달콤한 와인이라도 쓰다. 사람마다 다르고 때마다 다른 게 감각이요 경험이다. 사실이 이런데 뭐가 절대적이고 객관적이라는 건가? 누구나 아는 만큼 보고 보는 만큼 아는 거 아닌가? 따라서 모든 것의 기준, 척도는 인간일 수밖에 없다.

이렇듯 노골적이고, 심지어 오만하게도 보이는 극단적 상대주의는 고르기아스(Gorgias, 기원전 483?~기원전 375?)에 이르러 극단적 회의론과 결합한다. "1. 아무것도 존재하지 않는다. 2. 뭔가가 존재한다 해도 아무도 그것을 알 수 없다. 3. 누군가가 그것을 안다 해도 아무도 그것을 전달할 수 없다." 이런 고르기아스의 주장은 어찌 보면 짜증나는 이야기다. 사고와 대화 자체를 거부하는 입장인데, 그렇다면 철학이라는 게 필요 없어진다. 실제로 바로 그런 이유에서 고르기아스는 철학을 버리고 수사학을 학문의 왕좌에 앉혔다.

철학의 파국일까? 일시적으로는 그렇겠지만 장기적으로는 그렇지 않다. 오히려 그런 철학적 '심통'은 새로운 철학을 낳는 풍요로운 토양이 될 수도 있다. 나중에 보겠지만 18세기 영국의 철학자 흄은 "어젯밤 책상 위에 놓아둔 연필을 아무도 건드리지 않았다 해도 그것이 오늘 이 연필과 같은 것인지 확신할 수 없다."는 극단적 회의론을 펼쳐 파국을 빚는 듯했으나 그 파국이 거름의 역할을 한 덕분에 칸트의 철학이 탄생할 수 있었다. 그렇다면 고르기아스의 파괴적 사상은 어떤 철학을 낳는 거름이 되었을까?

자연철학의 문제들은 기본적으로 존재론이었다. 아르케라는 것, 진리라는 것이 자연계에 존재한다는 가정에서 과연 그것을 어떻게 찾을 것이냐가 과제였다. 하지만 소피스트들은 그런 존재론적 입장을 아예 포기한다. 없는 걸 찾느니 있는 거라도 잘 간수하자. 너무 현실적이고 실용적이어서 속된 느낌마저 주지만(실제로 그런 느낌 때문에 철학사에서도 평판이 좋지는 않다), 그런 관점은 철학의 흐름이 존재론에서 인식론으로 서서히 옮겨가는 과정을 보여준다. 자연에서 인식으로! 이렇게 시작된 인식론적 입장은 중세에 이르러 신의 존재를 놓고 갑론을박을 벌이게 될 때까지 서양 철학사의 주류를 형성하게 된다. 물론 늘 실용성을 앞세우며 미래보다 당대에 충실했던 소피스트들이 후대의 철학적 담론까지 염두에 두지는 않았으므로 결과적으로 그렇다는 이야기다.

또한 소피스트들의 '절대적 상대주의'는 윤리학이라는 철학의 또 다른 지평을 열었다. 인간이 만물의 척도이고 웅변과 수사학이 철학을 대신한다면, 나아가 신이 존재하지 않거나 적어도 그 존재를 알 수 없다면, 모든 것은 인간이 결정할 수밖에 없다. 이럴 때 필요한 것은 판단의 기준인데, 그것이 바로 도덕의 역할이다. 그런데 도덕에서도 소피스트들은 상대주의적 자세를 버리지 않는다. 트라시마코스는 "정의란 강자의 것"이

1부 철학은 바깥에서 시작되었다

라고 부르짖었고, 칼리클레스는 전통적인 도덕이란 약자가 강자를 구속하기 위한 것이라고 강변했다. 2천 년 뒤 니체가 주장한 '강자의 도덕'과 어쩌면 그리도 닮았을까? 니체는 19세기의 자유주의 도덕을 바보와 노예의 도덕이라며 비난했던 것이다.

비록 파괴적인 도덕이기는 하나 기존의 도덕을 부인하는 것 역시 나름의 도덕적 견해임에는 틀림없다. 인간이 세상의 중심으로 나선 이상 어떤 방식으로든 도덕이 문제시되는 것은 당연하다. 따라서 소피스트의 도덕적 내용과는 무관하게, 그들의 덕택으로 도덕은 철학의 한 분야로 편입되었다. 이렇게 자연철학에 국한되어 있던 그리스철학은 아테네 시대를 맞아 소피스트 철학의 단계를 거치면서 인식론과 윤리학 등 철학의 기본 골격을 갖추었다. 그다음부터 전개되는 철학적 흐름은 철학이라는 이름에 걸맞은 체계적인 면모를 보이게 된다.

어떻게 살 것인가?

사회경제적 번영과 지성의 발달은 대체로 일치하지만 시기적으로 보면 불균형할 때가 있다. 이것은 인문학의 불가피한 숙명인지도 모른다. 예를 들어 역사학은 역사의 굴곡과 부침이 심할 때 더욱 발달하게 마련이고, 사회과학은 사회적 모순과 문제가 복잡할 때 특히 후각이 예민해지는 법이다. 심지어 화가나 시인 같은 예술가도 전쟁이나 사회 격변이 일어나는 혼란기에 더욱 첨예한 문제의식을 작품에 담아내지 않던가? 물론 예술을 위해 현실의 비극이 존재하는 것은 아니지만.

페르시아 전쟁을 승리로 이끈 뒤 아테네가 맞이한 풍요와 번영의 시기는 흔히 페리클레스(Periklēs, 기원전 495?~기원전 429) 시대라고 부른다. 기원전 461년에 아테네의 지도자가 된 페리클레스는 전란으로 얼룩진 아테네의 복구를 진두지휘하고(유명한 파르테논 신전과 아테나 여신상이 그 시대의 산물이다), 후대에 길이 빛날 그리스의 민주정치를 발전시켰을 뿐 아니라 아낙사고라스나 제논과 두터운 친분을 쌓을 만큼 아테네의 지성계와도 호흡이 잘 맞았던 인물이다. 그러나 호랑이가 물러간 숲에서 왕 노릇을 하려는 여우는 아테네만이 아니었다. 승리의 도취감이 좀 가시자 스파르타가 다시금 랭킹 1위 자리를 노리고 아테네에 도전했다. 두 숙명적 라이벌의 갈등이 펠로폰네소스 전쟁으로 비화될 즈음 페리클레스의 죽음과 더불어 아테네의 짧았던 황금기도 끝난다. 아테네로 무대를 옮긴 철학이 본격적으로 만개하는 것은 바로 이렇게 어려운 때를 맞으면서부터다.

소피스트 철학에 뒤이어 아테네 철학의 새 시대를 연 선두 주자는 소크라테스(Sōkrátēs, 기원전 470?~기원전 399)다. 그는 30년 가까이 벌어진 펠로폰네소스 전쟁에 직접 참여했고 공교롭게도 전쟁 기간과 활동 기간이 거의 일치한다. 젊은 시절 소피스트의 시대를 보낸 탓인지 아쉽게도 소크라테스는 소피스트들처럼 자신의 저작을 남기지 않았다. 그러나 소피스트들과 크게 다른 점이 한 가지 있었는데, 그것은 바로 출중한 제자들을 두었다는 사실이다. 그중 한 사람인 플라톤은 스승의 사상에 자신의 견해를 버무려 소크라테스의 철학을 후대에 전했다. 그 때문에 어디까지가 소크라테스의 사상이고 어디부터가 플라톤 자신의 사상인지 모호해졌지만—대화 형식을 취한 플라톤의 저작에서는 대부분 소크라테스가 대화를 주도하는 인물로 등장한다—철학에서 저작권을 내세우는 것은 예나 지금이나 우스운 짓이다.

제자인 크세노폰조차도 늘 술에 취해 지내는 늙은 요정 실레노스보다 보기 흉하다고 평했을 만큼 소크라테스는 추남의 대명사였을 뿐 아니라 들창코와 앞짱구에다 배불뚝이였으니 '몸짱'과도 거리가 멀었다. 그뿐이랴? 부인인 크산티페가 역사에 유명한 악처로 회자될 만큼 여복도 지지리 없었다. 게다가 늘 낡은 옷을 입고 맨발로 거리를 누비며 만나는 사람마다 닥치는 대로 당신이 아는 게 뭐냐고 따지고 들었으니, 어떤 의미에서 소크라테스는 '철학자'라는 말에서 연상되는 통속적인 이미지를 골고루 갖춘 인물이라고 할 수 있겠다.

소피스트의 시대를 살았다는 점을 염두에 두면 소크라테스에게서 소피스트와의 유사점을 찾는 것은 그리 어려운 일이 아니다. 우선 소크라테스는 자연에서 인간으로 초점을 옮긴 철학의 새로운 조류를 완전히 흡수했다. 또한 소피스트들이 그랬듯이 소크라테스도 윤리학을 철학의 핵심으로 삼았다. 하지만 닮은 점은 여기까지다. 철저한 상대주의를 주장했던 소피스트들과 달리 그는 객관적인 진리가 있다는 믿음을 버리지 않았다. 그런 점에서 소크라테스는 자연철학의 전통을 완전히 포기하지는 않았다.

아무리 인간이 만물의 척도라고 외쳐봤자 인간 자체가 어떤 존재인지 알지 못한다면 무슨 소용이 있겠는가? 아무리 논쟁에서 승리하고 세속적으로 출세하는 게 중요하다 해도 객관적인 진리와 정의가 없다면 삶의 목표를 어디서 찾겠는가? 물론 그 진리와 정의가 무엇인지는 소크라테스도 정확히 말할 수 없었다. 사실 종교가 아닌 다음에야 모두가 믿을 수 있는 진리와 정의를 구성하기는 불가능할 터이다. 그래서 소크라테스는 대화를 통해 상대방이 스스로 진리와 정의를 찾아낼 수 있도록 하는 게 최선이라고 보았다. 객관적인 진리를 각자가 알아서(주관적으로?) 찾는다는 것은 어딘가 아귀가 맞지 않는 이야기지만, 그것은 모순이라기보다는 소크라테스가 자연철학과 소피스트의 전통을 둘 다 이어받아 조화시킨 결과라고 봐야 한다.

소크라테스의 어머니는 산파였고 아버지는 조각가였다. 철학자 아들을 위해 이렇게 절묘한 조합이 또 있을까? 소크라테스는 지식을 가르치기보다 대화의 상대방에게 재료를 주고 스스로 지식을 조각할 수 있도록 이끌어주는 산파의 역할을 하고자 했다. 대화를 통해, 질문과 답변을 통해 지식을 찾는 방법을 변증법이라고 부르는데, 소크라테스는 변증법 자체를 창안하지는 않았으나 변증법을 가장 효과적으로 사용한 철학자였다.

"성찰하지 않는 삶은 살 가치가 없다." 여기서 소크라테스가 말하는 성찰은 진리를 추구하는 과정이다. 그런데 객관적 진리가 있다고 믿은 그의 기준에 따르면 지식에는 참된 지식과 억측이 있다. 참된 지식을 얻기 위해서는 먼저 억측을 버려야 한다. 그래서 그는 대화를 통해 지식을 유도하기 위한 전 단계로, 먼저 스스로 자신의 무지를 깨달아야 한다고 보았다. 하지만 말이 쉽지 자신의 무지를 깨닫는 게 어디 쉬운 일인가? 이를 위해서는 특별한 방법이 필요했다.

소크라테스가 주 무기로 구사한 변증법은 우선 상대방의 논리 안으로 들어가 거기서 결함을 찾아내고 그것을 집요하게 추궁해 상대방이 스스로 두 손을 들지 않을 수 없도록 만드는 방법이었다. 이것이 유명한 "너 자신을 알라."의 논법이다(이 말은 원래 아폴론 신전에 새겨져 있는 문구였으나 소크라테스가 많이 사용해 유명해졌다). 그런 추궁을 당한 사람은 눈물까지 흘렸다고 하는데, 변증법도 변증법이지만 소크라테스의 설득력과 끈기도 어지간했던 모양이다.

1부 철학은 바깥에서 시작되었다

사실 객관적 진리가 누구나 쉽게 볼 수 있는 것이라면 그렇듯 어렵사리 설득하는 과정은 필요하지 않을 것이다. 하지만 소크라테스는 인간의 욕망이나 감정, 감각을 신뢰하지 않았으므로 일상적인 경험, 예컨대 관찰 따위를 통해 진리를 얻을 수는 없다고 보았다(이것은 자연철학의 전통이다). 그렇다고 해서 진리가 인간의 경험과 감각이 미치지 못하는 곳에 있다면 그것도 난처한 일이다(진리의 실용성을 중시한 것은 소피스트의 전통이다). 그래서 그는 절묘한 해법을 구상했다. 즉 개별 사물이나 행위는 관찰할 수 있어도 정의 내릴 수 없으며, 반대로 보편적인 것은 정의 내릴 수 있어도 관찰할 수 없다고 주장한 것이다. 이 알쏭달쏭한 입장은 나중에 플라톤의 이데아론을 위한 토대가 되며, 더 나중에는 중세철학사 전체를 관류하는 주요 쟁점—보편자와 개별자의 관계—이 된다.

하지만 소크라테스의 시대에 그 문제는 제기되는 데까지만 가능했을 뿐 계속 추구할 만한 철학적 토양은 마련되어 있지 않았다. 스스로를 가리켜 아테네라는 '굼뜬 짐승'을 자극하는 등에라고 규정했듯이, 소크라테스는 해답을 내는 역할보다 해답을 유도하도록 등에의 침으로 찌르는 역할에 충실했다(임산부가 아니라 산파였으니까 직접 해답을 '낳을' 수는 없다).

어떻게 살 것인가? 이전의 어느 철학자도 묻지 않았던, 그러나 이후의 모든 철학자가 묻는 이 질문을 소크라테스는 철학의 근본 문제로 꼽았다. 그리고 비록 철학적으로는 답을 내지 못했어도 행동으로써 답을 보여주었다. 그는 신을 모독하고 젊은이들을 타락시켰다는 아테네 시민들의 여론에 굴복하지 않고, 오히려 법정의 판관들에게 무지를 깨달으라고 호통쳤다. 그 결과는 엉뚱하게도 '죄'에 비해 지나치게 무거운 사형이라는 형벌이었으나 소크라테스는 항의하지 않고 스스로 독배를 마셨다.

스승이 남긴 숙제

소크라테스의 제자들에게 스승의 억울한 죽음은 충격적인 사건이었다. 그중에서도 특히 서른두 살의 크세노폰(Xenophōn, 기원전 431?~기원전 354)과 스물아홉 살의 플라톤(Plátōn, 기원전 428?~기원전 348?)은 크나큰 상실감과 분노를 느꼈다. 아테네 최고의 현인을 죽음으로 내몬 불합리한 체제는 분명히 바로잡아야 했다. 하지만 같은 과제를 두고 두 열혈 청년은 서로 다른 방식의 해법을 추구했다.

크세노폰은 아테네 민주주의에 염증을 느끼고 멀리 동방으로 떠났다. 전쟁에서 패배했다지만 아직 페르시아 제국은 건재했다. 다만 예전처럼 대제국의 면모를 과시하지는 못했다. 무엇보다 무능한 황제(아르타크세르크세스 2세)가 걸림돌이었다. 펠로폰네소스 전쟁으로 숙적 그리스가 힘을 잃었는데도 황제는 자신의 권력을 다지는 데만 급급했다. 그 반면 그의 동생 키루스는 소아시아의 총독으로 있는 동안 스파르타를 도와 아테네를 약화시키는 성과를 거두었다. 그리스의 구심점을 제거했으니 이제 제위를 손에 넣는다면 예전의 페르시아를 재건하는 건 문제도 아니었다.

키루스가 휘하 군대를 총동원해 반란을 도모할 즈음 크세노폰은 그의 휘하로 들어갔다. 지금으로 치면 매국노인 셈이지만, 조국 그리스에 실망한 그에게 그런 사실 따위는 중요치 않았다. 아마 그는 키루스의 사람됨에 매료되었고 군대의 주력이 그리스인이라는 데서 자신의 역할을 찾았을 것이다. 이렇게 젊은 효웅 키루스의 원정에 참여하게 된 크세노폰은 그 경험을 바탕으로 《소아시아 원정기^{Anabasis}》를 써서 후대에 역사가이자 문필가로 이름을 남기게 되었으며, 아울러 플라톤의 몇 개 저작에도 등장인물로 출연했다. 만년에는 결국 그리스로 돌아왔지만 그는 고대의 코스모폴리탄으로 살았던 셈이다.

크세노폰과 달리 플라톤은 아테네에 계속 머물면서 민주주의를 대신할 만한 다른 사회 체제를 꿈꾸었다. 그러기 위해 무엇보다 시급한 것은 윤리학이었다. 스승 소크라테스가 그 필요성만 제기하고 내용은 제시하지 못한 채 숙제로 남긴 윤리의 문제를 해결해야 했다. 그래야만 도덕적 혼란에 빠진 아테네에 새로운 활기를 불어넣을 수 있었다.

앞서 말했듯이 소크라테스는 인간이 어떻게 살아야 하는지에 관해 객관적인 진리가 있다고만 말했을 뿐 그게 뭔지는 구체적으로 밝히지 못했다. 플라톤은 우선 그 답부터 찾아야 했다. 사람에게 있어 가장 훌륭한 삶이란 무엇인가? 선善에 이르는 길은 어디에 있는가? 만약 그 훌륭한 삶의 방도가 인간의 외부에 있다면 그것은 곧 신에게서 찾아야 한다는 이야기다. 하지만 그럴 경우 윤리학은 종교가 되어 철학의 무대에서 퇴장해버린다. 이제 막 철학의 분과로 편입된 윤리학이 꽃을 피우지도 못하고 시들 것인가?

신화에서 보듯 그리스의 신들은 인간처럼 사랑하고 싸우고 질투한다. 그런 신들의 뜻을 어떻게 알까? 아무나 올림포스 산에 올라가 물어본다고 알 수 있는 것은 아니다. 그리스인들은 신전의 무녀에게 신탁을 구해 신의 뜻을 파악했다. 하지만 무녀가 언제나 일관성 있고 합리적인 대답을 해줄 리 없다. 그리스의 종교에는 신이 있어도 신의 말씀을 객관적으로 전해줄 경전이 없었다. 경전이 없는 종교는 체계화될 수 없으며, 체계화되지 못한 종교는 조직화될 수 없고 인간의 윤리를 대신하지 못한다.

그러므로 훌륭한 삶의 방도는 인간의 내부에서 찾아야 한다. 마침 소크라테스는 감각과 감정을 부정하고 이성을 강조한 바 있으므로 거기서 대안을 찾을 수 있다. 이성적으로 보면 모든 사물의 가장 완전한 상태는 그 사물이 가장 발전하고 성숙한 상태다. 그렇다면 인간도 가장 성숙한 상태를 그 안에 가지고 있을 것이다. 이것을 플라톤은 아레테^{arete}, 즉 덕^{德}이라고 불렀다. 훌륭한 삶이란 자신의 내부에 있는 아레테를 되살리는 것, 즉 자기 자신의 참모습을 되찾는 것이다(이것은 중국의 제자백가 시대에 제기된 성선설과는 다르다. 플라톤은 인간의 본성이 선하거나 악하다고 본 게 아니라 중립적으로, 말하자면 일종의 가공되지 않은 재료로 보았다).

이러한 플라톤의 윤리학은 소크라테스의 사상을 충실히 계승하고 있다. 일찍이 소크라테스는 알면서도 죄를 범하는 사람은 없다고 말했다(그가 평생 동안 사람들의 '무지'를 깨우쳐주기 위해 노력한 것은 그 때문이다). 선이 무엇인지 아는 사람은 누구나 선을 실현하기 위해 바르게 살아갈 것이다. 물론 이 말을 액면 그대로 믿으면 안 된다. 말이 그렇다는 것이지 현실적으로 모든 사람이 언제나 그렇게 행한다는 뜻은 아니다. 많이 아는 자가 더 큰 죄를 저지를 수도 있다는 사실은 소크라테스나 플라톤도 모르지 않았다. 다만 플라톤의 의도는 덕을 찾고 선을 이루려면 지성이 필요하다는 점을 강조하려는 데 있었다.

지성은 감각 또는 경험의 영역이 아니라 이성의 영역에 속한다. 감각은 오히려 이성을 마비시키는 경향이 있다. 외양에 속으면 안 된다. 이런 생각 역시 초기 철학의 영향이지만 플라톤에게서 더욱 구체화되고 체계화되었다. 이렇듯 이성을 중시하는 태도는 플라톤의 철학에서 핵심을 이룰 뿐 아니라 이후 수천 년 동안 서양 철학의 전통 속에서 이원론의 형태로 되풀이된다.

내 안의 진리

"모든 문제는 이미 해답을 그 안에 품고 있다." 마르크스의 이 말은 해답을 다른 데서 찾을 게 아니라 문제 자체에서 찾아야 한다는 의미다. 예를 들어 $ax^2+bx+c=0$이라는 이차방정식의 근은 유명한 근의 공식으로 얻어진다. 그 답은 $x=\left(\dfrac{-b\pm\sqrt{b^2-4ac}}{2a}\right)$라는 꽤나 복잡한 형태다. 하지만 공식을 도출해내는 과정은 아주 단순하다. x만 좌변에 남기고 나머지 모든 부분을 우변으로 이항시키면 되니까. 비록 여러 가지 수학 기호가 사용되었지만 답은 애초부터 이차방정식 속에 숨어 있다. 다만 쉽게 눈에 띄지 않을 뿐이다. 즉 답은 뭔가 새로운 것을 발견한 게 아니라 문제 속에서 찾아진다. 어찌 보면 모든 문제와 답은 동어반복^{tautology}인지도 모른다.

물론 수학적 문제가 아니라면 그렇지 않을 수도 있다. 예컨대 "지금 대한민국의 대통령이 누구냐?"라는 문제라면 문제 자체에 답이 내재하지는 않는다. 이것은 19세기의 논리실증주의에서 다루는 명제 분석의 사례가 되겠지만, 이런 문제도 따지고 보면 동어반복적인 측면이 있다. 결국 그 문제는 대한민국의 대통령에 해당하는 '기존의' 인물을 말하라는 것이지 새로운 인물을 발명하라는 것은 아니기 때문이다. 흔히 사전적인 정의는 동어반복의 구조를 취한다. 예를 들어 백과사전에서 '자본주의'라는 항목을 찾아보면 아무리 상세한 설명이 있다 해도 근본적으로는 자본주의라는 표제어로 '요약'될 수 있는 풀이에서 벗어나지 못한다(그래서 모든 개념은 요약이며 이름이다). 동어반복의 논리 구조에서는 근본적인 의미에서 지식의 '생산'이 이루어질 수 없다.

문제 속에 답이 있다는 것은 곧 누구나 문제를 풀 수 있다는 이야기다.

소크라테스는 그 사실을 직접 검증했다. 아무런 교육도 받지 못한 노예 소년에게 단순한 질문들을 던져 '예'와 '아니오'로만 대답하게 했는데, 그 결과 소년은 까다로운 기하의 문제를 풀어냈다(앞의 이차방정식도 선생님이 소크라테스처럼 좋은 산파의 역할을 해준다면 반에서 꼴등 하는 학생도 풀 수 있다. 그러면 그 학생은 자신이 그렇게 복잡하고 엄청난 형태의 근을 풀어냈다는 것에 크게 놀라고 수학에 안목을 틔울 수 있을 것이다). 이것은 무엇을 의미할까? 소년은 이미 답을 알고 있었으나 다만 자신이 안다는 사실을 미처 깨닫지 못했을 뿐이다.

처음에는 문제를 풀지 못하던 소년이 나중에는 문제를 풀었다. 외부에서 어떤 지식도 투입되지 않았고 다만 산파가 내부의 지식을 끌어내주었을 뿐이다. 그렇다면 그 소년의 내부에 잠자고 있던 뭔가가 깨어났다는 것인데, 그게 과연 무엇일까? 플라톤은 그것이 영혼이라고 말한다. 소크라테스는 죽음을 영혼과 육신이 분리되는 것이라고 보았다. 플라톤은 스승의 이 가르침을 더욱 발전시킨다.

감각은 믿을 수 없고 이성을 신뢰해야 한다고 주장한 것을 감안하면, 플라톤이 영혼과 육신 중에서 어느 것을 근본으로 삼았을지는 뻔하다. 육신은 지식을 얻는 데 방해만 될 뿐이며, 감각은 아무것도 입증하지 못한다. 이렇게 육신과 감각을 부정하면 남는 것은 영혼과 이성이다. 진리는 이미 내 안에 있으므로 이성으로써 찾아야 한다. 이것이 플라톤의 결론이다.

감각과 이성 이외에 다시 육신과 영혼의 이원론이 나왔다. 지금 보면 별로 새로울 게 없다고 느낄 수 있지만, 그것은 우리가 그만큼 플라톤식 이원론에 익숙해졌다는 뜻이다. 나아가 플라톤은 육신이 죽더라도 영혼은 불멸이라고 말했다. 윤리학과 진리관이 결합하는 순간이다. 그것까지

1부 철학은 바깥에서 시작되었다

는 좋은데 영혼이 불멸이라면 죄를 지은 사람은 육신이 죽어서도 죄를 씻을 길이 없어진다. 아니나 다를까, 플라톤은 인간이 삶에서 악행을 저지를 때 내세에 치르게 되는 대가를 열거한다. 우선 악인은 다음 세상에 여자로 태어난다(왜 여기서 느닷없이 여자를 언급하는지 궁금하다면 여성의 참정권이 허용된 게 20세기의 일이라는 사실을 기억하라). 여성으로서도 실패하면 그다음에는 짐승이 된다. 이런 '윤회'는 영혼이 이성의 본모습을 회복할 때까지 계속된다. 앞서 보았듯이 피타고라스도 윤회를 믿었는데, 플라톤이 스승 이외에 가장 큰 영향을 받은 사람은 바로 피타고라스다.

초기 철학자들도 눈에 보이지 않는 것에서 진리를 찾았지만 플라톤은 여기서 더 나아가 영혼이 진리를 찾는 주체이고 이성이 그 도구라고 보았다. 또한 그 영혼은 불멸하며, 현세에서의 삶이 내세에 영향을 준다고 믿었다. 이런 논의는 이미 철학의 범위를 벗어난 느낌이다. 사실 윤리학에 객관적 진리관이 덧붙으면 거의 종교나 다름없다. 다만 플라톤은 신들이 별로 힘을 쓰지 못하는 시대에 살았기에 종교라는 외피를 두르지 못하고 이성이 상대적으로 부각되었을 따름이다. 그러나 거기에 유일신의 날개가 달리면 그리스도교가 등장하는 건 시간문제다.

이렇듯 그리스도교는 플라톤의 사상과 직접적인 관련이 있다. 그러나 플라톤이 힘을 실어준 이성은 그리스도교 시대에도 발언권을 잃지 않고, 인간의 모든 지성이 종교로 몰입하지 않도록 제어하는 기능을 한다. 이성과 신앙의 관계는 중세 내내 핵심적인 종교적 쟁점으로 작용하며, 결국 이성은 종교의 통제를 벗어나 완전한 독립을 선언하게 된다.

철학이 지배하는 나라

스승 소크라테스의 어이없는 죽음을 목격한 탓일까? 이탈리아에 갔다가 친구의 배신으로 노예로 팔렸던 경험 때문일까? 아니면 나날이 과거의 영광을 잃어가는 아테네의 현실을 개탄해서일까? 플라톤은 스승의 가르침만 추종했을 뿐 나머지는 모조리 스승과 반대의 길을 걸었다. 스승과 달리 많은 저작을 남겼고, 아카데메이아라는 철학 학교를 세워 제자들을 육성했으며, 윤리학과 같은 인간 개인에 관한 사상에 머물지 않고 국가와 정치도 철학의 범주 안에 포함시켰다.

소크라테스의 죽음을 계기로 플라톤은 아테네 민주주의의 허와 실을 뼈저리게 느꼈다. 페리클레스 시대만 해도 최선의 제도라고 여겨졌던 민주주의는 각종 폐단을 조장했다. 민주주의의 이면에서 무제한적인 자유가 방종으로 이어졌고 평등은 무정부 상태와 영혼의 무절제를 낳았다. 이래서야 제대로 된 나라의 꼴이 날 리 없었다. 펠로폰네소스 전쟁에서 아테네가 스파르타에 패배한 것도 잘못된 제도가 국력을 갉아먹은 탓이었다.

국가는 개인들의 단순한 집합이 아니다. 플라톤은 여기서 출발했다. 국가는 오히려 하나의 '커다란 개인'과 같다. 인간의 가장 성숙한 상태는 덕이므로 국가도 덕을 기본으로 구성되어야 한다. 플라톤은 국가에 필요한 덕을 네 가지로 보았다. 우선 국가를 이끌어가는 지배자는 지혜를 덕으로 삼는다. 지배자는 법을 제정하고 국정을 수행하므로 무엇보다 지혜로워야 한다. 그다음에는 국가를 보호하고 질서를 유지하는 계층, 즉 전사가 있어야 한다. 이들은 규율과 복종을 의무로 하고 때로는 전쟁도 불사해야 하므로 이들에게 요구되는 덕은 용기다. 마지막으로 국가의 경제를 떠받치는 생산자 집단(일꾼과 기술자)이 필요하다. 이들의 역할에서 자연스럽게 파생되는 덕은 절제다(하지만 플라톤은 앞의 두 덕과 달리 절제는 생산자 집단만이 아니라 국민 전체가 지녀야 할 덕이라고 말했다).

이렇게 국가를 구성하는 세 계층에 알맞은 세 가지 덕이 부여되면 그 국가는 네 번째 가장 중요한 덕인 정의를 가지게 된다. 정의는 각자가 본분에 맞게 살며 주어진 역할을 수행할 때 이루어진다. 앞의 세 가지 덕이 모여서 조화를 이룬 상태가 곧 정의의 덕이 구현된 국가다. 지혜, 용기, 절제는 다 중요하지만 따로따로 놀면 제 효과를 내지 못한다. 이를테면 용기와 절제가 없는 지혜는 애초부터 생겨날 수 없고, 절제가 없는 용기는 도발적 만용에 불과하며, 용기가 없는 절제는 초라한 궁핍일 뿐이다. 이 세 가지 덕이 제 역할을 올바로 수행할 수 있게 해주는 것이 바로 정의다. 그런 점에서 정의는 국가를 전제로 해야만 성립할 수 있는 덕이다.

플라톤은 지혜, 용기, 절제의 덕으로 국가에 속하는 세 집단의 본성을 설명했다. 생산자는 감정이나 욕망에 휩쓸리기 쉽다. 따라서 훈련과 지도가 없으면 방종과 무질서로 치닫게 된다. 이들에게 절제가 으뜸의 덕목인 이유는 바로 이 때문이다. 또한 전사의 용기는 단지 신체적인 용맹만을 뜻하는 게 아니라 유혹이나 향락을 물리치고 고통을 이겨내는 기운이나 기백, 기개를 가리킨다. 생산자의 감정, 전사의 기개에 해당하는 지배자의 본성은 판단하고 예측하고 비판하는 능력, 즉 이성이다.

플라톤은 그 세 집단에 속하는 사람들의 직업은 가급적 세습되는 게 좋다고 말했다. 한마디로, 인간은 누구나 날 때부터 할 일이 정해져 있으니 딴생각일랑 하지 말라는 거다. 지금 보면 인종차별보다 용납할 수 없는 '인간 차별'의 사고방식이지만, 모든 사상은 그 시대의 산물이라는 점을 감안한다면 이해하지 못할 것도 아니다(오히려 본격적인 신분제 사회가 정착되기 전에 신분제를 주장했으니 당시로서는 '진보적'이라 할 만하다).

플라톤의 정의는 평등을 지향하는 게 아니라 오히려 계층 간의 차별을 기반으로 한다. 권력이나 재산의 불평등은 불의가 아니다. 오히려 권력과 재산을 마땅히 가져야 할 사람이 가지는 게 정의다(제대로 쓸 줄 모르는 사람에게 권력과 재산이 집중되어 있다는 건 오늘날에도 중대한 문제다). 그럼 그게 누굴까? 말할 것도 없이 지혜를 덕목으로 삼는 지배자다.

이쯤 되면 플라톤이 생각하는 이상 국가理想國家가 무엇인지 확실해진다. 그것은 절제를 아는 사람이 경제를 맡고, 용감한 사람이 국방을 담당하고, 지혜로운 사람이 정치를 책임지는 국가다. 국가의 수뇌가 되는 지혜로운 사람은 지혜sophia를 사랑하는philo 사람, 즉 철학자다. 플라톤은 철학자가 다스리는 국가, 즉 철인哲人 국가를 꿈꾼다.

놀랍게도 그 국가는 공산주의 체제를 취한다. 물론 당분간은 공산주의의 이념인 완전한 평등을 기대할 수 없겠지만 궁극적으로는 평등의 이념마저 실현될 것이다. 국민들은 모든 것을 공유한다. 부자도 가난한 자도 없을 뿐 아니라 심지어 아내나 자식들까지도 공유의 대상이다(또다시 그의 여성관이 드러난다). 특히 상위에 있는 두 계층인 지배자와 전사는 늘 공동생활을 하고, 봉급도 받지 않으며, 성관계조차도 정해진 일정에 따른다. 또한 모든 국민은 검약하고 간소한 생활을 한다. 물질적 만족에 제약이 있을 것 같지만 절제를 바탕으로 하며 이성이 관철되는 사회이기에 누구나 행복감을 느낄 것이다. 사람은 빵만으로 행복해지는 게 아니니까.

이상 국가는 교육의 주안점을 음악과 체육에 둔다. 이 두 과목은 오늘날에 비해 훨씬 넓은 의미를 가지고 있다. 음악은 인간의 감정적 본성과 관련된 예술 전반을 가리키며, 체육은 인간의 신체적 본성과 관련된 모든 활동을 가리킨다. 물론 예술도 도덕적인 효용이 있다. 다만 예술은 잘 통제되어 사람들의 마음에 절제의 덕을 일깨워주는 역할을 담당해야 한다. 자칫하면 음악은 향락과 타락을 부를 수 있으므로 반드시 검열을 거쳐야 한다. 심지어 음조도 복잡하지 않아야 하고 화음을 사용해서도 안 된다. 호메로스나 헤시오도스의 문학은 교육상 좋지 못하며, 연극은 아예 폐지해야 할 예술 장르다. 체육도 단순한 운동이 아니라 엄격한 극기 훈련을 뜻한다. 체육의 목적은 신체만이 아니라 영혼을 튼튼히 하고 강한 기질과 굳센 의지를 배양하는 데 있기 때문이다.

비록 외관상으로는 '철학자의 나라'일지 몰라도 플라톤의 이상 국가는 사실 스파르타를 모델로 한 군국주의 국가다. 온 국민에게 국민교육헌장이라는 해괴한 통치 이데올로기를 외우게 하고 대중가요의 음반에도 반드시 이른바 건전 가요를 수록하도록 강요한 1970년대 우리 사회의 유신 독재 정권을 떠올리면 이해하기 쉬울 것이다. 박정희가 철학자와 거리가 멀듯이 플라톤의 이상 국가도 이상과는 무관하다. 조지 오웰의 빅브라더도 울고 갈 만한 이 엄격한 체제는 모든 욕망을 통제하고 오로지 냉철한 이성만을 사회조직의 원리로 삼는다. 이런 점 때문에 후대의 지식인들, 특히 근대의 자유주의자들은 플라톤을 전체주의 이데올로기의 원형으로 못 박았다(플라톤과 마르크스를 '열린사회의 적'으로 규정한 카를 포퍼가 대표적이다). 플라톤은 후대의 평가보다도 당대의 현실에 천착한 탓에 그런 국가론을 제시했지만, 스스로도 좀 심했다고 생각한 모양이다. 그는 1만 년 전 지중해 서쪽 너머 대서양 입구의 아틀란티스라는 섬에 이상적인 국가가 존재했다는 전설을 유포하며 논의의 초점을 흐리고 만다.

이원론의 원조

윤리학과 진리관의 결합이 종교를 낳았다면 윤리학과 정치학의 결합은 괴물 같은 국가론을 낳았다. 그러나 플라톤 철학의 본령은 윤리학이나 정치학, 사회철학에 있지 않다. 당대에는 아테네식 민주주의의 문제점이 유발한 현실적인 요구에서 그런 논의가 철학적 담론의 줄기를 형성했지만, 후대의 철학과 사상에 훨씬 중대한 영향을 미친 것은 플라톤의 인식론이었고, 그중에서도 이데아의 개념이었다.

철학자를 통치자의 지위로까지 끌어올렸다면 당연히 철학자란 어떤 사람인가, 아니 그보다 철학이란 무엇인가에 관해 더 상세한 설명이 필요해진다. 자신이 정립한 정치학과 이상 국가론을 정당화하기 위해서도 플라톤으로서는 본격적인 철학적 논의를 전개할 필요가 있었다.

소피스트들에 의해 인간 중심의 철학이 환기되었고, 그들을 비판하면서 소크라테스와 플라톤은 도덕철학과 사회철학에 초점을 맞추었지만, 그 와중에도 초기 자연철학자들이 추구했던 아르케에 대한 관심이 완전히 사라진 것은 아니었다. 그러나 플라톤이 보기에 초기 철학자들은 첫 단추부터 잘못 꿰었다. 그들은 눈에 보이는 사물들의 배후에서 궁극적이고 근본적인 원질, 본질, 진리를 찾으려 했으나 정작으로 중요한 문제는 제기하지 않았다. 그것은 바로 그런 본질이 존재한다고 해도 어떻게 그것을 알 수 있느냐는 인식론적 문제였다. 자연철학의 존재론에서 인식론으로 철학적 전환을 꾀한 것은 소피스트들이었으므로 플라톤은 그들을 한편으로는 백안시하면서도 다른 편으로는 그들의 문제의식을 계승하지 않을 수 없었다.

플라톤은 먼저 인식 과정을 상세히 분석한다. 인간이 사물을 인식하는

1부 철학은 바깥에서 시작되었다

방법은 두 가지다. 하나는 감각기관을 통해 받아들이는 것이고, 다른 하나는 이성을 통해 사유하는 것이다. 둘 중 어느 것이 참일까? 물론 뒤의 것이다. 하지만 앞의 것도 나름대로 의미를 가지며, 잘 활용하면 뒤의 방법으로 가는 준비 단계가 될 수 있다. 플라톤은 앞의 것을 견해, 뒤의 것을 지식이라고 불렀다. 그리고 이것을 더 세분하여 선분의 비유를 구성했다. 명칭이 선분이니까 우선 시각적으로 살펴보자.

감각계		지식계	
허상	감각 대상	개념	이데아
추측	신념	오성	이성
견해		지식	

선분의 비유

일단 인간은 사물의 외양을 보는데, 사실 그것은 허상이다. 허상은 기껏해야 추측(억측)밖에 낳을 수 없다. 이렇게 같은 사물을 여러 번 보면서 추측하다보면 점차 그 사물은 감각 대상이 되고 추측은 신념으로 바뀐다. 여기까지가 감각계에서 얻을 수 있는 인식이며, 사물에 대한 견해를 구성하는 과정이다.

그다음은 감각으로 받아들인 사물에 관해 곱씹어 사유하는 이차적인 과정이다. 이 지식계에서 벌어지는 인식 과정을 제조업으로 표현하면 감각계에서 취한 원료를 가공하는 공정이라고 할 수 있다. 이것도 두 부분으로 나뉘는데, 우선은 오성(이해)을 통해 그 사물에 대한 개념을 구성한다. 하지만 이것은 지식의 도입부일 뿐 아직 참된 지식은 아니다. 이성이 발동하여 그 사물의 형상을 파악했을 때에야 비로소 인식은 지식이 된다.

복잡한 것 같지만 원리는 간단하다. 플라톤이 감각을 부정한다는 것은 앞에서 충분히 살펴보았다(그래서 일차적 인식의 결과는 허상이었다). 그러나 감각이 없으면 사물을 인식하고 말고 할 것도 없다. 원료가 없으면 공장을 돌릴 수 없는 것과 마찬가지다. 그런데 원료만으로 완제품을 만들수는 없듯이 감각 자료를 지식으로 만들기 위해서는 이성이라는 기계를 돌려야 한다. 그 완제품이 바로 참된 지식, 곧 진리다. 진리에 이르는 길은 이처럼 멀고 험하다.

이 전체 과정을 설명하기 위해 플라톤은 유명한 동굴의 비유를 제시한다. 어느 동굴에 죄수들이 사슬에 묶여 있다. 종신형을 받은 그들은 동굴의 안쪽 벽만을 바라보며 평생을 살 수밖에 없다. 다행히 동굴 안에는 불이 밝혀져 있어 어둡지는 않다. 다만 그 불은 죄수들의 뒤편에 있기 때문에 그들은 불 자체를 바라보지 못하고 벽에 비치는 자신의 그림자만 본다. 그들은 당연히 그 그림자가 자신의 본모습이라고 생각한다. 처음에는 막연히 그렇게 여겼다가(추측) 점차 그 생활이 익숙해지니까 굳게 믿기에 이른다(신념). 즉 이들은 그림자를 감각 자료로 삼아 그것이 바로 자신이라는 견해를 구성한 것이다.

그런데 어느 날 죄수 한 명이 사슬에서 풀려나 뒤를 돌아본다. 처음에 그는 밝은 빛에 눈이 부셔 오히려 고통을 느낀다. 뒷모습으로 본 몸매에 반했다가 얼굴을 보고 실망한 격이랄까? 이럴 거라면 차라리 묶여서 사는 편이 나으리라. 하지만 여태 내가 봤던 세상은 기껏해야 저 불이 비쳐준 그림자가 아닌가. 그는 용기를 내서 눈을 질끈 감고 동굴 밖으로 나

1부 철학은 바깥에서 시작되었다

간다. 거기에는 동굴 안의 불빛보다 훨씬 강렬한 햇빛이 내리쬐고 있다. 아무것도 볼 수 없고 눈조차 뜰 수 없다. 일단 그늘에 들어가 간신히 눈을 뜬 그는 점차 햇빛 속의 풍경에 익숙해진다(오성). 나무와 산과 들과 시내가 모두 보인다. 이내 그는 동굴 안의 세계가 모두 허상이고 바깥세상이 진짜라는 걸 알게 된다(이성).

만약 그 죄수가 동굴 안으로 돌아가 다른 죄수들에게 자기가 본 것을 말해주고 모두 밖으로 나가자고 말한다면 그들은 어떤 반응을 보일까? 그림자를 실제로 알고 살아온 그들이 그의 말을 쉽게 받아들일 리 없다. 손가락이 여섯 개인 사람들만 사는 마을에서 손가락이 다섯 개인 사람은 비정상으로 취급된다. 죄수들은 선각자인 그를 바보로 여기고 경멸한다. 심지어 마음 산란하게 쓸데없는 말을 지껄이는 그를 죽이려 들지도 모른다(소크라테스는 그래서 죽었고, 역사상 무수한 선각자들이 그렇게 해서 죽거나 탄압을 받았다).

감각에 바탕을 둔 견해는 지식이 아니다. 그러나 대부분의 사람들은 그것을 지식이라고 믿는 착각 속에서 살아간다(철인정치의 정당성은 여기서 나온다. 몽매한 대중을 계몽해야 하니까). 참된 지식은 그런 미망을 떨치고 동굴 밖으로 나와야 얻을 수 있다. 이런 사유를 바탕으로 플라톤은 이데아론을 구성했다.

에이도스^{eidos}라는 그리스어에서 나온 이데아^{idea}는 보통 '형상'이라고 번역한다. 선분의 비유에서 이성으로 인식할 수 있는 최고의 지식이 바로 이데아다. 초기 철학자들이 그토록 찾았던 아르케는 물도 아니요 불도 아니요 흙이나 공기와도 무관한 이데아다. 그러나 이 이데아는 감각기관을 통해 직접적으로 인식할 수 있는 대상이 아니다. 그래서 플라톤은 이후 2500년의 서양 철학사에 지대한 영향을 미치는 견고한 이원론을 개발했다. 바로 실재와 현상의 이원론이다.

실재, 즉 이데아는 감각되지 않는다. 그렇기 때문에 초기 철학자들은 아르케를 놓고 논란이 분분했던 것이다. 감각될 수 있는 것은 현상일 뿐 실재가 아니다. 하지만 현상을 알지 못하면 실재도 인식할 수 없다. 현상은 우리가 들어가려는 방 안이 아니라 방문에 불과하지만 그 방문을 열고 들어가지 않으면 우리는 방 안의 실재를 볼 수 없다. 즉 실재는 현상을 통해서만 모습을 드러내며, 현상은 실재가 있어야만 존재가 가능하다. 이런 공생적 구조의 이원론은 이후 서양 철학사 전반에 걸쳐 끊임없이 모습을 바꾸며 등장한다. 그런 점에서 플라톤은 이원론의 '원조'라고 할 수 있다.

사본에 불과한 현실 세계

책상 위에 책이 한 권 있다. 그런데 책이란 뭘까? 책에는 철학책도 있고, 소설책도 있고, 그림책도 있고, 교과서도 있다. 또 노란책도 있고, 빨간책도 있고, 여러 가지 색이 뒤섞인 책도 있다. 그뿐이랴? 크기도 제각각이라서 손바닥만 한 게 있는가 하면 신문만 한 것도 있다. 심지어 요즘에는 e-북이라고 부르는 전자책도 있다. 이렇듯 용도와 색과 재료와 크기와 형식이 다양한 사물들을 가리켜 우리는 책이라고 부른다. 그 모든 사물을 싸잡아 책이라고 부르는 이유는 뭘까? 책을 책이도록 해주는 건 뭘까? 뭔가 책의 본질이라는 게 있는 건 아닐까? 어떤 개별적인 책과는 다르지만 그 책들을 모두 책이라고 부를 수 있게 해주는 공통의 근거가 존재하는 게 아닐까?

1부 철학은 바깥에서 시작되었다

만약 그런 게 있다면 가히 책의 '원본'이라고 부를 수 있을 것이다. 그렇다면 눈에 보이는 책들은 모두 그 책의 '사본'이 될 것이다(영어에서는 인쇄된 책 낱권을 가리켜 'copy'라고 부르는데, 마침 이 단어에는 '사본'이라는 뜻도 있다). 하지만 그 원본은 실제로 존재하지 않는다. 〈아바타〉나 〈괴물〉이라는 영화는 있어도 〈영화〉라는 영화는 없다(하긴 나중에는 그런 영화가 나올지도 모르겠다). 설령 영화의 본질 같은 게 존재한다 해도 그건 상영할 수 없으므로 눈으로 볼 수는 없다. 적어도 다른 사본들이 존재하는 세계에 원본도 함께 존재하지는 않을 것이다.

플라톤은 모든 개별 사물, 개별자가 사본이고 이 사본을 가능케 해주는 원본이 따로 존재한다고 보았다. 이 원본이 바로 이데아다. 즉 개별자는 이데아의 모방이다. 우리는 책이라는 구체적인 사물을 예로 들었지만 추상적인 '사물'로 넘어가면 이데아의 역할은 더욱 뚜렷해진다. 예컨대 아름다운 꽃, 아름다운 여인, 아름다운 행동은 있어도 아름다움 자체는 없다. 꽃, 여인, 행동은 감각으로 느낄 수 있지만 아름다움 자체는 지각할 수 없다. 하지만 달리 생각하면 아름다움 자체, 즉 아름다움의 이데아가 있기 때문에 각각의 아름다운 개별자들이 존재하는 게 아닐까? 플라톤은 그렇게 생각했다.

이 이데아는 초기 자연철학자들이 찾던 아르케와 닮은 점도 있고 다른 점도 있다. 눈에 보이지 않는 세상 만물의 근원이라는 점에서는 같다. 그러나 이데아의 존재를 받아들이면 아르케의 경우처럼 하나나 몇 개의 요소로 만물을 환원하려는 무리한 시도를 할 필요가 없다. 게다가 아낙시만드로스의 무한자나 데모크리토스의 원자처럼 지각될 수 없는 추상적인 존재를 가정할 필요도 없다. 이데아는 인간이 영원히 인식하지 못하는 신의 세계에 존재하는 사물과 같은 게 아니기 때문이다.

앞에 제시한 선분의 그림에서 본 것처럼 이데아는 이성(순수이성)으로 인식할 수 있다(동굴을 뛰쳐나온 죄수). 그림자를 보고 사물의 윤곽을 어렴풋이 짐작할 수 있듯이, 이데아는 개별자와 닮았기 때문에 개별자를 재료로 삼아 추측-신념-오성-이성의 단계를 거치면 이데아를 깨달을 수 있다. "네 시작은 미약하였으나 네 나중은 심히 창대하리라." 미약한 개별자는 바로 그 창대한 이데아로 안내해주는 창구다.

이데아를 인식하는 단계에 오른 사람은 당연히 모든 개별자를 쉽게 이해한다. 개를 완전히 파악한 조련사는 진돗개든 셰퍼드든 요크셔테리어든 모조리 훈련시킬 수 있다. 운동신경이 뛰어난 사람은 축구든 체조든 육상이든 두루 다 잘한다. 원본을 잘 아는데 사본을 못 다루랴? 하지만 개 조련사도 처음에는 푸들을 가지고 훈련을 시작했고 만능 운동선수도 어릴 때는 동네 축구로 운동을 시작했다. 궁극적인 존재는 이데아라 해도 이데아로 가는 관문에는 개별자가 있다.

이데아의 세계에도 위상의 차이는 있다. 하기야 재떨이처럼 하찮은 사물의 이데아와 아름다움처럼 고상한 관념의 이데아를 같은 층위에서 논할 수는 없는 노릇이다. 현실에 존재하는 모든 사물에 이데아가 있다면 이데아들 중에도 고급과 저급이 나누어지는 것은 당연하다. 모든 이데아 중에 가장 높은 이데아는 '선^善의 이데아'다. "선의 이데아는 다른 모든 대상을 인식 가능하게 해주며, 그것들에 참다운 본질적 존재를 부여한다." 이 '선'이 '신'으로 둔갑하는 것은 '선'이라는 글자에서 점 하나를 빼거나, 'Good'에서 o 하나를 빼는 것만큼이나 손쉬운 일이다. 실제로 플라톤은 선을 신과 같은 위상으로 보았다. 이런 궁극적인 선의 개념은 플라톤 철학의 목적론적인 성격을 말해주지만, 다른 한편으로는 그의 철학이 종교와 얼마나 유사한지 보여준다.

현상의 세계는 피상적이지만 실재의 세계는 심원하다. 우리의 현실 세계는 불완전하지만 이데아의 세계는 완전하다. 이데아를 창안함으로써 초기 자연철학자들의 고민을 해결했다고 자신한 플라톤은 더욱 과감한 주장을 펼친다. 인간의 영혼은 원래 천상에서 살다가 '육체라는 감옥' 속으로 들어와 개별자의 세계에서 살게 되었다. 그런데 속세에서 때 묻은 삶을 살다보니 타성에 젖어 이데아를 망각하게 된 것이다. 따라서 이데아를 인식하는 것은 곧 본래의 영혼을 되찾는 것이다(훌륭한 삶에 이르는 방도는 자신의 내부에 있다고 본 관점과 일치한다). 이렇게 플라톤의 이데아론은 그의 정치학과 윤리학을 정당화하고 있다.

'내 안의 진리'를 찾고 이데아의 세계를 볼 줄 알게 된 사람은 완전한 인간이다. 물론 철학자만이 그렇게 할 수 있다. 이렇게 완전한 철학자라면 한 국가를 다스릴 자격이 충분하지 않을까? 또 그런 국가라면 바로 이상 국가가 아닐까? 플라톤은 자신이 이데아를 인식하는 경지에 올랐다고 드러내놓고 말하지 않았지만, 적어도 한 국가를 다스리려는 꿈은 꾸었다(젊은 시절에 그는 시칠리아의 시라쿠사로 가서 자신이 꿈꾼 정치를 실현하려는 희망을 품었으나 그의 명성을 질시한 폭군 디오니시오스가 그를 노예로 팔아버렸다).

서양 철학의 두 기둥

플라톤의 이데아론은 묘하게도 일원론의 성질을 가진 이원론이다. 이데아를 궁극적인 본질로 간주했다는 점에서는 일원론이라고 볼 수도 있지만, 기본적으로는 이데아의 세계와 현실의 세계를 양립시키고 있으므로 이원론이라고 보는 게 옳다. 이 원조 이원론에서 훗날 여러 가지 이원론이 파생되어 나왔다. 보편자와 개별자, 실재와 현상, 본질과 현상, 보편과 특수 등 쌍을 이루는 이 범주들은 조금씩 의미가 다르지만 대체로 플라톤의 이데아와 개별자를 모태로 하고 있다. 이런 이원론적 개념들은 중세에 들어서면 실재론과 유명론의 대립으로 이어진다.

그러나 모두가 플라톤의 이원론을 환영한 것은 아니다. 그의 이데아론은 바로 그의 제자인 아리스토텔레스(Aristotélēs, 기원전 384~기원전 322)의 강력한 도전을 받는다. 플라톤이 스승 소크라테스의 사상을 충실히 계승하고 살을 붙여 더욱 발전시킨 것과 달리 아리스토텔레스는 스승의 사상을 이어받으면서도 다른 한편으로는 오히려 스승과 반대되는 학설을 펼쳤다. 이후 2천여 년의 서양 철학사는 플라톤과 아리스토텔레스의 사상이 다양하게 재해석되면서 대립하는 역사에 다름 아니다.

사실 두 사람은 사제지간이라는 게 의심스러울 정도로 철학적 토대부터 달랐다. 소크라테스의 가르침에 따라 플라톤은 인간을 철학적 출발점으로 삼고 자연을 인간이 자신의 이상을 추구하는 배경으로 본 데 반해, 소크라테스가 죽은 뒤에 태어난 아리스토텔레스는 거꾸로 자연에서 출발해 인간을 자연의 특수한 한 형태로 보았다. 그래서 플라톤은 인식론에 치중한 반면 아리스토텔레스는 존재론으로 나아갔다. 도식적인 분류에 따르게 마련인 위험성을 잠시 무시하고 단순하게 구분한다면, 그런 출발점의 차이 때문에 플라톤은 윤리학과 정치학에 강점이 있었고 아리스토텔레스는 논리학과 형이상학에서 독창적인 성과를 이루었다. 플라톤이 연역을 중시하고 아리스토텔레스가 귀납을 중시한 것이라든가, 플라톤의 이성 지상주의와 달리 아리스토텔레스가 감각적 세계의 비중을 끌어올린 것도 대척적인 사례에 속한다.

전반적으로 플라톤은 전형적인 강단 철학자의 고매한 기품을 풍기는 데 비해 아리스토텔레스는 부지런히 발품을 팔고 돌아다니면서 건드리지 않는 학문 분야가 없을 정도로 박식을 과시하는 백과사전적 박물학자의 이미지다. 물론 두 사람은 두터운 사제의 정을 나누었겠지만, 상상해보면 플라톤은 이따금 제자의 속됨을 못마땅하게 여겼을 테고 아리스토텔레스는 내심 스승이 지나치게 고답적이라고 고개를 저었을지도 모른다. 그러나 아무리 스승의 학설에 대립각을 세웠다고 해도 배워서 좋은 것조차 팽개칠 만큼 어리석은 아리스토텔레스가 아니었다. 그는 플라톤의 아카데메이아를 본떠 리케이온이라는 학교를 세웠으며, 스승의 철학 체계에서 주요한 부분, 예컨대 윤리학과 정치학은 거의 100퍼센트 받아들여 더욱 심화시켰다.

다만 아쉬운 것은 플라톤과 마찬가지로 아리스토텔레스도 시대의 조류를 제대로 읽어내지 못했다는 점이다. 이미 소크라테스의 시대에 아테네는 쇠퇴하고 있었으며, 플라톤의 시대에는 그리스의 도시국가 체제 전체가 과거의 번영과 멀어진 상태였다. 그러니 아리스토텔레스의 시대는 더 말할 필요도 없었다. 이렇게 시대가 변했는데도 그는 여전히 도시국가의 관념에서 벗어나지 못했다.

차라리 플라톤은 암울한 현실에 경종을 울리기 위해 이상 국가론을 주창했다는 변명의 여지라도 있지만, 아리스토텔레스가 스승의 정치학에서 별로 나아가지 못했다는 것은 그의 현실 감각이 어지간히 무뎠다는 점을 말해준다. 그는 마흔한 살 때 장차 세계 제국을 창건하게 될 마케도니아의 왕자 알렉산드로스의 교육을 맡은 적이 있었다. 열세 살의 왕자를 3년 동안 가르쳤으나 그 내용에 관한 상세한 기록이 없는 것으로 미루어보면 스승과 제자 간에 별다른 교호는 없었던 듯하다(그래도 알렉산드로스는 왕위에 오른 뒤 동물들을 모아 아리스토텔레스가 세계 최초의 동물원을 만드는 데 도움을 주었다).

아리스토텔레스의 시대에 이미 그리스 세계, 나아가 지중해 세계는 도시국가 체제에서 벗어나 제국 체제로 향하는 과도기를 맞고 있었다(이 움직임의 완성태가 로마제국이다). 하지만 정치학에서 아리스토텔레스는 플라톤을 그대로 답습하면서 도시국가를 탐구의 대상으로 삼았다. 심지어 그는 한 국가의 국민이 1만 명을 넘으면 안 된다고까지 생각했다. 후대의 역사는 물론 당시의 현실에 비추어봐도 커다란 시대착오였다(아리스토텔레스는 기원전 322년까지 살았지만 기원전 334년부터 알렉산드로스가 장차 세계 역사의 판도를 바꿀 동방 원정을 벌인 사실에 관해서도 잘 알지 못했다).

철학은 상식을 설명해야 한다

스승을 닮지 않은 제자가 있을 리 없지만 굳이 두 사람의 차이를 강조하는 이유는 아리스토텔레스가 스승의 철학에서 핵심을 이루는 이데아론을 반박했기 때문이다. 천국을 연상시키는 이데아의 참되고 고결한 세계와 그 이데아의 초라한 모방에 불과한 현실 세계를 병치시킨 플라톤의 이원론에 맞서 아리스토텔레스는 단호하게 존재하는 세계는 단 하나, 우리가 살아가는 현실 세계뿐이라고 주장했다.

물론 플라톤은 이데아를 전혀 인식할 수 없다고 주장하지는 않았으나 그의 이데아론 전체를 보면 이데아의 세계는 차안에 속한다고 보기 어렵다. 그런데 그런 이데아가 사물의 근원이라면 우리의 현실 세계와는 어떤 관련이 있는 걸까? 어떻게 이데아가 현실의 사물과 분리되어 존재할 수 있을까? 사실 지극히 상식적인 의문이지만 플라톤의 권위가 하늘을 찌를 무렵에는 감히 어느 누구도 임금님이 벌거벗었다고 말하지 못했다. 그러나 아리스토텔레스의 철학적 출발점은 자연이었으므로 지식은 무엇보다 상식을 제대로 설명할 수 있어야 했다.

아리스토텔레스는 우선 눈에 보이는 구체적인 사물들—바위, 나무, 산, 강, 해, 별, 사람까지—이 모두 실재한다고 보았다. 도대체 감각을 통해 경험할 수 있는 사물들이 모조리 가짜이고 뭔가의 모방이라는 쓸데없는 주장을 하는 근거가 뭔가? 그렇게 말하는 사람은 돌멩이의 '사본'에 얻어맞으면 아픔을 느끼지 않는다는 건가? 과연 아리스토텔레스는 그런 아픔, 즉 사물의 여러 성질이나 관계, 다양한 양태도 모두 실재한다고 여겼다.

그렇다면 개별 사물은 어떻게 만들어진 걸까? 사물은 이데아의 모방이 아니라 형상과 질료로 구성된다(플라톤의 이데아를 보통 형상이라고 번역하기도 하는데, 아리스토텔레스가 말하는 형상은 idea가 아니라 form을 뜻한다). 쉽게 말해 형상은 사물의 본질(외양과 기능을 포함한다)이고 질료는 사물의 재료다. 예를 들어 조각가가 대리석을 깎아 신상을 제작한다면 신상의 모습은 형상이고 대리석은 질료가 된다. 그렇다면 형상은 플라톤이 말하는 이데아와 비슷한 게 아닐까? 전혀 그렇지 않다. 형상은 따로 존재하는 게 아니라 질료와 함께 사물의 실체를 이룬다. 플라톤의 이데아는 개별 사물과 분리되어 있지만 아리스토텔레스의 형상은 독자적인 실체가 아니라 사물 속에 내재해 있다. 대리석이라는 재료가 없는데 대리석 신상이 존재할 수는 없다. 거꾸로, 신상으로 다듬어지지 않은 대리석은 그냥 돌덩이에 불과하다. 이것이 형상과 질료의 관계다. 이렇게 형상은 피안이 아니라 차안의 세계 속에 있다!

모든 실체는 형상, 즉 본질을 포함하지만 그 형상은 이데아처럼 개별 사물과 분리되지는 않는다. 물론 때로는 형상과 질료를 구분할 필요도 있으나 그 구분은 현실 속에서 이루어지는 게 아니라 철학자의 사유 속에서 이루어질 뿐이다. 사물의 본질인 형상은 개별화의 기능을 한다. 즉 해당 사물을 다른 것이 아닌 바로 그 사물로 만들어주는 게 형상이다. 이를테면 의자가 의자일 수 있는 것은 의자의 형상을 포함하고 있기 때문이다(이런 점에서 이데아와 통한다). 반면에 질료는 구체화의 기능을 한다. 같은 의자라도 나무 의자가 있고 철제 의자가 있듯이 질료는 각 개별 사물을 구체화시킨다.

그러므로 형상은 여러 실체에 반복적으로 포함될 수 있다. 이 점에서 형상과 질료의 구분은 이데아와 개별 사물을 양립시키는 플라톤의 이원론과 다르다. 오히려 아리스토텔레스는 형상의 복수적 기능을 바탕으로 다원론을 전개한다. 말하자면 개별 사물로 보면 일원론이고 현실 세계 전반으로 보면 다원론인 셈이다.

나아가 아리스토텔레스는 현실에 존재하는 여러 실체들을 인식하는 데 필요한 범주를 열 가지—실체, 질, 양, 관계, 공간, 시간, 능동, 수동, 자세, 상태—로 제시한다. 앞서 초기 철학에서도 답보다 중요한 게 문제라고 말했듯이 이 경우에도 범주의 내용 자체보다는 아리스토텔레스가 범주를 만들어 존재론을 전개했다는 사실 자체가 중요하다. 그래도 그 범주들을 그냥 건너뛰고 넘어가면 꺼림칙할 수 있으니까, 좀 억지스럽다 해도 그 내용을 한 문장으로 뭉뚱그려보자. "다른 사람보다(관계) 두 배는 더 머리가 벗겨진(양) 전직 대통령(질) 전두환이(실체) 오늘 오후에(시간) 자기 집에서(공간) 나오다가(능동) 자동차에 태워져(수동) 꼼짝하지 못하고(자세) 잡혀간다(상태)."

아리스토텔레스는 서로 환원 불가능한 범주들을 제시했다고 주장했지만, 굳이 딱 떨어지는 열 개의 범주를 꼽은 것은 아마도 10이라는 숫자가 주는 미학적 효과를 감안한 탓일 것이다. 하지만 이렇게 공들여 장치를 마련했어도 아직 해결되지 않은 문제가 있다. 플라톤의 이데아는 극복했으나 초기 철학자들을 괴롭혔던 문제는 여전히 남아 있다. 그것은 바로 변화와 운동의 문제다.

목적론의 원조

변화와 운동의 문제가 중요한 이유는 플라톤이 이데아론으로도 끝내 그것을 해결하지 못했기 때문이다. 1장에서 보았듯이 헤라클레이토스는 만물이 변화한다고 믿었고 파르메니데스는 변화란 없다고 여겼다. 바꿔 말하면 헤라클레이토스는 감각 세계의 구체적인 사물에 주목한 데 비해 파르메니데스는 말하자면 이데아의 개념을 지적 세계에 적용한 것으로 볼 수 있다. 양측의 주장이 정면으로 대립하는 이 사안에 대해 플라톤은 당연히 파르메니데스의 손을 들어주고 싶었으나, 그렇다고 운동과 변화가 아예 존재하지 않는다는 억지를 수용할 수는 없었다. 결국 그는 헤라클레이토스의 견해를 적당히 가미하는 절충안으로 어물쩍 넘어갔다.

그런데 아리스토텔레스의 형상과 질료는 그 문제를 어렵지 않게 해결해주었다. 형상과 질료는 끊임없이 서로를 갈구하는 연인과 같다. 형상은 질료가 없이는 존재할 수 없고, 질료는 형상이 되어야만 의미가 있다. 사물은 형상을 가져야만 현실성을 얻으며, 형상이 없는 질료는 아직 가능성에 불과하다. 이런 측면에 착안해 아리스토텔레스는 형상과 질료에서 현실태와 가능태라는 개념을 끌어낸다.

이 개념들을 설명하기 위해 아리스토텔레스는 도토리와 참나무의 예를 든다. 도토리라는 질료는 장차 참나무라는 형상이 되기 위한 가능태이고, 참나무라는 형상은 도토리라는 질료의 현실태다. 플라톤의 이데아론에서는 개별 사물과 이데아가 가까이 하기 어려운 사이였지만—따라서 운동과 변화를 설명할 수 없었지만—서로 깊이 사랑하는 형상과 질료는 마치 요(凹)와 철(凸)처럼 찰떡궁합을 자랑한다. 가능태가 현실태로 발전하는 과정이 곧 운동이며 변화다.

여기서 아리스토텔레스의 철학에 내포된 한 가지 근본적인 특징이 드러난다. 후대의 여러 철학에서도 늘 중요한 역할을 하게 되는 목적론이 바로 그것이다. 도토리→참나무의 변화에서 참나무는 도토리의 목적이다. 앞에서 본 것처럼 플라톤도 선의 개념을 제시하면서 목적론의 지향을 보였지만 아리스토텔레스는 아예 목적을 운동의 원인으로 설정하고 있다. 그런 점에서 플라톤의 철학보다 아리스토텔레스의 철학이 원조 목적론이라고 말할 수 있다.

형상과 질료의 예기치 않은 용도에 고무된 아리스토텔레스는 거기에 두 가지 개념을 더해 운동의 4인자론을 확립한다. 질료인은 사물의 재료이고 형상인은 질료가 되고자 하는 형상, 즉 사물의 본질이다. 그렇다면 사물을 실제로 변화시키는 힘이 필요해지는데, 이것이 세 번째 인자인 동력인이다. 이 세 가지 인자가 종합적으로 작용하여 사물의 궁극적인 목적을 실현하도록 하는 것은 네 번째 인자인 목적인이다. 이 네 인자의 역할은 조각가가 작품을 제작하는 과정을 연상하면 알기 쉽다. 조각가는 대리석(질료인)을 깎아서(동력인) 조각상(형상인)을 만들어 아름다움(목적인)을 구현한다.

도토리가 참나무로 자라는 걸 이상하게 여길 사람은 아무도 없다. 또 조각가가 작품으로 아름다움을 실현하겠다는데 뭐라 할 사람도 없다. 그런데 도토리가 참나무를 꿈꾸고 조각가가 조각상을 만드는 과정을 약간 더 연장하면 추상적인 영역에도 어렵지 않게 적용할 수 있다. 운동과 변화란 원래부터 방향성을 가진 개념이므로 모종의 궁극적인 목적을 취하기가 쉽다. 아리스토텔레스는 모든 사물이 네 가지 인자의 작용을 통해 운동하고 변화하는 체계가 제대로 작동하려면 구체적인 완전태가 존재해야 한다고 믿었다. 그 완전태, 궁극적인 목적을 그는 부동의 원동자[prime mover]라고 불렀다. 이것은 스스로는 운동하지 않으면서 다른 모든 사물을 운동하게 하는 궁극적인 원인이다.

그 원동자에서 신의 관념을 유추하는 것은 아주 쉬운 추리다. 물론 올림포스 산의 그리스 신들처럼 인격적인 신은 아니지만, 모든 운동과 변화의 궁극적인 목적이자 원인이라는 점에서 일단 신의 자격은 충분하다. 여기에 인격(신격)마저 부여하고 적절한 이름을 붙여준다면 후대에 익숙한 신의 관념이 자연스럽게 생겨난다(물론 인간이 신을 만든 게 아니라 신이 인간을 만들었다고 보는 사람은 생각이 다를 수 있다).

플라톤이 철학적 목적으로 삼았던 선의 이데아가 그랬듯이 아리스토텔레스의 원동자도 명백히 신을 지향하고 있었다. 그것도 당시 지중해 세계 여러 문명권에서와 같은 복수複數의 신이 아니라 유일신이었다. 그 시대에 일신교를 가지고 있었던 민족은 세계적으로 거의 유대인밖에 없었다. 흔히 종교적으로 그리스도교는 유대교에서 유일 신앙을 차용했다고 말하지만, 실은 플라톤과 아리스토텔레스가 이미 일신교의 철학적 토대를 다져놓았던 것이다. 이와 같이 플라톤의 이원론과 아리스토텔레스의 목적론은 이후 서양 철학사 전체에 지대한 영향을 미친 것은 물론 종교적으로는 그리스도교의 탄생에 중요한 밑거름이 되었다.

행복은 성적순

인간이 신을 만들어낸 의도는 두 가지다. 하나는 자연 세계를 설명하기 위해서이고, 다른 하나는 삶의 목적이 필요하기 때문이다. 우선 자연 세계에 관해서는 이미 경험을 통해 얻은 지식이 있으므로 전혀 모르는 것은 아니다. 그래서 처음에는 깜냥대로 이해하고 설명한다. 이를테면 물이 높은 데서 낮은 데로 흐르는 것은 인간의 지식으로도 충분히 이해할 수 있다. 하지만 한 문제를 해결하면 더 어려운 문제가 생기고, 결국에는 이해와 설명이 불가능한 자연현상과 맞닥뜨리게 된다. 물이 높은 데서 낮은 데로 흐르는 현상은 기존의 경험으로도 충분히 이해할 수 있고 중력의 개념으로 설명할 수 있으나 논의가 더 세밀해져 중력이 존재하는 이유에까지 이르면 인간의 지식으로는 설명할 수 없다. 신이 필요해지는 상황이다. 초기 자연철학자들이 나름대로 자연 세계를 설명하다가 플라톤과 아리스토텔레스에 와서 사실상 신의 개념을 상정하게 되는 것은 그런 과정을 잘 보여주고 있다.

어쨌거나 아리스토텔레스가, 스스로는 운동하지 않으면서 다른 만물의 운동을 가능케 하고 그 운동의 목적이 되는 원동자를 발명함으로써 적어도 자연 세계에 관해서는 신적인 절대자가 존재하게 되었다. 이제 인간이 알 수 있는 범위 너머의 자연 세계는 모조리 그것으로 설명할 수 있다. 그다음 과제는 삶의 목적을 설정하는 일이다. 인간은 무엇을 위해 사는 걸까? 아리스토텔레스는 철학의 출발점을 자연에 둔 만큼 자연 세계

1부 철학은 바깥에서 시작되었다

에 관해서는 일가견이 있었으나 그에게 인간세계는 아무래도 생소한 느낌이다. 잠시 고민하던 그는 어렵지 않게 해결책을 찾아낸다. 스승의 성과를 원용하는 거다.

소크라테스가 주장했고 플라톤이 격상시킨 이념, 즉 궁극적인 선이 해답이다. 물론 플라톤이 주장한 것처럼 현실 세계와 유리된 이데아의 세계에서 고독한 태양처럼 빛나는 선은 아니다. 그런 선은 관상용으로는 좋을지 몰라도 현실에서는 아무런 쓸모가 없다. 선은 인간이 일상적으로 하는 모든 행동의 기준이 되어야 하고, 모든 인간의 삶에서 목적으로 기능해야 한다. 스승과 달리 현실적이고 실용적인 측면이야말로 아리스토텔레스의 강점이 아닌가? 그래서 아리스토텔레스는 인간이 궁극적으로 추구하는 선의 모델로 행복의 관념을 제시한다. 인간은 행복하기 위해 산다.

그런데 안타깝지만 아리스토텔레스가 말하는 행복은 일상적인 의미의 행복과는 조금 다르다. 그리스어로 말하면 '에우다이모니아eudaimonia'인데, 이 말은 정서적인 행복이라기보다는 플라톤이 말하는 '정의'에 가깝다. 아리스토텔레스의 행복은 욕망을 충족시키거나 의도를 실현하는 데서 오는 게 아니라 인간의 모든 삶을 규정하는 궁극적인 가치다. 즉 인간은 행복을 선택하는 게 아니라 처음부터 행복을 추구하도록 정해진 존재다. 그러므로 행복은 주관적인 평가의 대상이 될 수 없으며, 흔히 말하는 것처럼 사람마다 행복의 기준과 조건이 다르다는 이야기는 통하지 않는다.

행복이 그냥 누리는 게 아니라 어렵게 도달해야 할 가치라면 약간 김이 새는 건 사실이다. 그래서인지 아리스토텔레스는 행복에 이르는 방법도 친절하게 제시한다. 그에 의하면 행복이란 "덕(아레테)에 부합하는 영혼의 행동"이다. 이는 플라톤이 밝힌 인간의 가장 성숙한 단계와 정확히 일치한다(결국 윤리학에 관한 한 소크라테스-플라톤-아리스토텔레스의 삼총사가 똑같은 견해를 제시한 셈이다). 아리스토텔레스는 인간성의 두 부분에 따라 덕을 두 가지로 구분한다.

인간의 절반은 동물이다. 아무리 고매한 인격자나 지혜로운 철학자라해도 숨을 쉬고, 밥을 먹고, 잠을 자야 한다는 면에서는 동물이나 다를 바 없다. 감정, 욕망, 충동, 본능 등이 지배하는 영역인데, 여기에는 도덕적인 덕이 적용된다. 철학자가 다스리는 나라를 이상 국가로 본 스승에게서 배웠으니, 이성이 통하지 않는 인간성의 영역을 아리스토텔레스가 어떻게 보았을지는 뻔하다. 감정이나 욕망은 무조건 억제해야 한다. 그 방법은 지혜로운 행위를 모방하고 실천해서 습관으로 만드는 것이다. 아직 무의식이라는 용어가 탄생하려면 수천 년을 더 기다려야 하지만, 비이성적인 부분은 무의식에 가까운 영역이므로 무의식적인 습관으로 개선한다는 전략이다.

이 대목에서 플라톤은 절제라는 덕으로 문제를 단순화시켰으나 아리스토텔레스는 한 단계 업그레이드시켜 중용이라는 개념을 제안한다. 그가 말하는 중용은 과유불급過猶不及, "지나친 것은 미치지 못함과 같다."라는 《논어論語》의 가르침과 통한다. 거리의 폭력배를 보고 그냥 지나친다면 비겁이요, 그렇다고 해서 1대 17로 싸우는 건 만용이다. 비겁과 만용의 중용에 해당하는 게 바로 진정한 용기다. 이런 식으로 여러 가지 중용의 덕을 생각할 수 있다. 우정은 비정과 아부의 중용이고, 관대함은 인색함과 낭비의 중용이며, 예의는 오만과 굴종의 중용이고, 절제는 금욕과 탐닉의 중용이다.

여기서 어려운 점은 어디부터가 지나침이고 어디까지가 미치지 못함인지를 정확히 아는 일이다. 말이 쉽지 중용을 실천하기란 쉽지 않다. 그래서 아리스토텔레스는 중용의 덕을 어릴 때부터 몸에 익혀 습관화해야 한다고 주장했다. 게다가 중용은 사람에 따라 다를 수 있으므로—진짜 1 대 17의 싸움이 가능한 사람도 있을지 모르니까—자신의 상태에 맞는 중용을 파악하는 것도 습관의 몫이다.

도덕적인 덕보다 한 급 높은 것은 지적인 덕이다. 도덕적인 덕은 생활 습관을 고치는 것만으로도 체득할 수 있지만 지적인 덕을 익히려면 별도의 학습과 성찰이 필요하다. 균형 감각을 지닌 사람이라면 누구나 쉽게 중용을 깨우칠 수 있다. 그러나 지적인 덕은 현실의 이해관계와 무관하며, 학문을 익히고 고도의 사색을 생활화해야 얻을 수 있다. 같은 《논어》의 내용이라 해도 과유불급의 도덕은 하인에게 가르칠 수 있지만 배우고 때로 익히는 일에서 즐거움을 느끼는 도덕은 아리스토텔레스가 '살아 있는 도구'라고 말한 노예—로마 시대에는 '말하는 짐승'으로 바뀌었다—로서는 도저히 배울 수 없는 덕이다.

지적인 덕의 최고봉은 바로 철학이다. 철학자를 군주 급으로 끌어올린 플라톤만큼은 아니지만, 아리스토텔레스도 역시 철학적 지혜를 이성의 가장 높은 능력으로 보는 데 이견이 없었다. 그가 "덕에 부합하는 영혼의 행동"이라고 정의한 행복의 개념에 가장 적합한 것은 성찰하고 사색하는 철학적 삶이다.

누가 행복은 성적순이 아니라고 했던가? 적어도 아리스토텔레스에게 행복은 (철학의) 성적순이다. "철학자는 신들에게서 가장 큰 사랑을 받을 것이며, 어느 누구보다도 행복하다." 철학자는 궁극적인 선에 가장 가까이 있고 신을 가장 닮은 인간이라는 이야기다. 지금 같으면 주지주의적 관점, 엘리트적 사고라는 비방을 받기 십상이겠지만, 찬란했던 그리스 도시국가의 문명이 자기 세대에 속절없이 무너져가는 것을 보면서 아리스토텔레스로서는 그것에라도 매달리지 않을 수 없는 심정이 아니었을까?

국가는 본능이다

플라톤이 철학자가 다스리는 나라를 꿈꾸었다면 아리스토텔레스는 철학자들이 사는 나라를 꿈꾼 걸까? 물론 현실적으로는 불가능한 이야기다. 철학적 출발점부터 달리 잡은 만큼 그는 늘 스승에 비해 훨씬 현실적인 입장을 취했다. 누구나 철학자가 될 수는 없다. 비록 성찰과 사색이 행복으로 가는 지름길이라 해도 그것은 어디까지나 개인적인 탈출구일 뿐이다. 그렇다면 뭔가 집단에 적용할 수 있는 행복의 방정식이 필요해진다.

인간 개인의 목적이 행복이라면 인간들이 모여서 이루는 국가의 목적도 다를 바 없을 것이다. 더구나 집단은 개인에 비해 강점이 있다. "개개인으로 보면 보통 사람에 불과하다 하더라도 집단 전체로 보면 소수의 선한 사람들보다 한데 뭉친 다수가 얼마든지 더 나을 수 있다." "인간은 정치적 동물 zoon politikon"이라는 유명한 말을 남겼듯이 아리스토텔레스가 보기에 국가는 국민들의 행복을 극대화할 수 있는 자연스러운 조직이었다. 국가의 목적은 행복의 추구다. 목적론의 원조답게 형이상학과 윤리학에 이어 정치학에서도 아리스토텔레스는 목적론을 토대로 삼는다.

윤리학도 그렇듯이 아리스토텔레스의 국가론은 플라톤과 대동소이하다. 그러나 결론은 정반대에 가깝다. 국가를 하나의 '커다란 개인'으로 본 플라톤처럼 아리스토텔레스도 단순한 개인들의 집합이 아니라 일종의 유기체로 간주했다. 또한 국가에도 개인의 덕이 통용되고 정치에도 철학적 지혜가 중요하다고 본 것도 플라톤과 같았다. 하지만 궁극적으로 현인이 지배하는 '왕국'을 이상으로 삼았던 스승과는 반대로 아리스토텔레스는 공화정을 최고의 정치 체제로 보았다.

그는 현실적으로 가능한—그렇다면 철학자 왕국은 제외된다—국가 형태를 세 가지로 분류했다. 첫째는 한 사람이 정치를 담당하는 군주정이고, 둘째는 덕을 가진 소수 엘리트 집단이 다스리는 귀족정이며, 셋째는 시민들이 직접 국정을 운영하는 공화정이다. 뛰어난 정치적 역량과 덕을 갖춘 한 사람이 있다면 그를 군주로 하는 군주정도 괜찮다. 그러나 그것은 언제나 가능한 것이 아닐뿐더러 그 개인의 삶과 더불어 나라의 운명도 좌우되므로 아무래도 위험한 구석이 있다(군주정은 아니지만 페리클레스가 이끌던 아테네가 그런 경우다). 그러므로 현실적으로 최선의 국가 형태는 가급적 많은 사람들의 의견을 수용할 수 있는 공화정이다. 귀족정은 최선의 군주정과 공화정이 불가능할 때 취하는 차선의 형태다.

이 세 가지 체제는 모두 나름대로 장점이 있고 바람직한 것이지만 일이 잘못 풀리면 '못난이 삼형제'가 될 수도 있다. 군주정이 잘못되면 전제정치가 된다. 말할 것도 없이 폭군이 권력을 마음대로 휘두르는 경우다. 귀족정이 왜곡되면 과두정치를 낳는다. "재물을 필요 이상으로 소유하면서 품격은 결여된 자들"이 정치를 맡는 경우다(부와 인격이 반비례하는 건 동서고금의 공통적인 현상이다). 또 공화정이 삐딱선을 타면 민주정치로 변질될 수 있다. 민주정치에 왜 '변질'이라는 말을 쓸까? 오늘날의 민주정치 관념과는 다르기 때문이다. 아리스토텔레스에 따르면, 민주정치는 대개 가난한 도시국가에서 다수의 지배 체제가 성립한 결과다. 시민들은 가난의 한을 풀기 위해 권력으로 부자들의 재산을 약탈하는데, 이것은 도덕적으로나 정치적으로 큰 문제를 야기한다는 논리다. 가난하게 자란 사람이 공산주의에 물든다는 냉전 시대의 천박한 반공주의를 연상케 하지만 물론 공산주의와는 무관한 주장이다.

국가의 기능에 관해서는 플라톤의 경우처럼 아리스토텔레스도 교육을 중시했고 예술에 대한 관점도 비슷했다. 정치학과 마찬가지로 여기서도 스승과 유사한 측면이 있으나 강조점은 사뭇 다르다. 적어도 지나친 도덕의식과 엄숙주의로 어깨에 힘이 잔뜩 들어간 탓에 음악으로 대표되는 예술 전체를 질식시키려 했던 플라톤보다는 한결 유연한 태도를 보인다. "술에 취한 경우가 아니면 노래를 하거나 악기를 연주하지 말아야 한다."라는 발언은 여전히 음악을 폄하하는 사고방식을 보여주지만, 그래도 아리스토텔레스는 예술의 순기능을 완전히 무시하지는 않았다.

플라톤이 예술을 억압한 근거는 예술 역시 원본(이데아)의 조잡한 사본일 뿐 아니라 예술에 내포된 열정이 이성적 성찰을 저해한다고 보았기 때문이다. 그러나 아리스토텔레스는 무엇을 모방하느냐에 따라 예술에도 긍정적인 가치를 부여할 수 있다고 여겼으며, 심지어 "시는 역사보다 더 철학적이고 진지하며 중요하다."라고 말했다. 플라톤에게서 단죄를 받았던 호메로스와 헤시오도스는 제자의 대에 이르러 사면을 받은 셈이다.

한마디로 아리스토텔레스는 예술도 예술 나름이라는 입장이다. 위대한 예술은 무익한 열정을 불러일으키는 게 아니라 오히려 열정을 정화하는 기능을 한다. 아리스토텔레스가 특히 공감한 것은 비극이었는데, 여기에는 아마 아이스킬로스, 소포클레스, 에우리피데스의 3대 비극 작가가 활약했던 아테네의 황금기(페리클레스 시대)에 대한 아쉬움도 작용했을 것이다.

하나의 몸짓에서 꽃이 되기까지

전문 철학자라고 할 만한 플라톤에 비해 아리스토텔레스는 다재다능한 전형적인 르네상스형 인간이었다(시대의 순서를 맞추려면 후대의 르네상스형 인간을 아리스토텔레스형 인간이라고 불러야겠지만). 뱀과 거미의 생태까지도 관찰하고 연구한 철학자였으니 오히려 실제 르네상스형 인간들이 울고 갈 법한 팔방미인이었다. 그런 탓에 그가 남긴 저술은 주요 학문적 분과에 속하는 것 이외에도 잡다한 게 많았다. 오죽하면 중요한 저작에 서지학적으로 붙인 명칭이 후대에 새로운 학문의 이름으로 자리 잡았을까?

기원전 1세기에 안드로니코스는 아리스토텔레스의 전집을 발간하기 위해 그의 저술을 정리하던 중 표제가 없는 저작을 발견했다. 앞에서 다룬 형상과 질료, 그리고 네 가지 인자를 설명하는 문헌이었으니 철학적 비중은 결코 작지 않은 문헌이었다. 안드로니코스는 그것이 물리학^{physica}과 관련이 있다고 여겨 물리학 다음에 위치시키고 잠정적으로 '물리학 다음'이라는 뜻의 메타피지카^{metaphysica}라는 이름을 붙였는데, 그것이 후대에 형이상학^{metaphysics}이라는 독자적인 명칭으로 발전했다.

이런 에피소드를 보면 형이상학이 아리스토텔레스의 가장 독창적인 학문 분야라고 해야겠지만 내용적으로 그의 독창성이 가장 돋보인 분야는 논리학이다(오히려 형이상학의 대부라면 플라톤을 꼽아야 할 것이다). 그의 윤리학과 정치학은 스승의 사상으로부터 별다른 진척을 보이지 못했다. 또한 뱀에게 고환이 없는 이유를 다리가 없기 때문이라고 보았다든가 거미를 곤충으로 분류할 정도로 그의 동물학에도 틀린 내용이 많았다. 게다가 그의 형이상학도 중세까지만 통용되었을 뿐 근대에는 거의 폐기되었다. 그러나 아리스토텔레스의 논리학만큼은 19세기까지도 학문적 가치를 지녔으며, 오늘날에도 쟁점이 될 만큼 유구한 연혁과 빛나는 권위를 자랑한다.

그가 논리학의 필요성을 느낀 이유는 말할 것도 없이 올바른 지식을 얻기 위해서다. 지식은 말로 구성되며, 말은 사물을 대상으로 한다. 그렇다면 여기서 인류 문명만큼이나 해묵은 의문을 제기할 수 있다. 말이 먼저인가, 사물이 먼저인가? 어찌 보면 닭과 달걀 같은 질문이 아닌가 싶겠지만 존재론적으로는 사물이 먼저라고 봐야 할 것이다. 바위라는 말이 실제의 바위보다 먼저 생겼을 수는 없을 테니까. 하지만 그건 그냥 존재의 우선순위일 뿐이고 인식론적으로 보면 달라질 수 있다. "내가 그의 이름을 불러주었을 때/그는 나에게로 와서/꽃이 되었다." 이렇게 읊은 김춘수가 아니더라도 사물이 내게 유의미한 존재가 되려면 그 이름을 불러주어야 한다. 이런 관점에서 아리스토텔레스는 형상이 실체와 관련된 술어로 진술될 경우에만 그 형상을 인식한다고 말할 수 있다는 입장을 취한다. 문장으로 말하면 실체는 명제의 주어이고 형상이나 형상의 일부는 술어가 된다. 이렇게 올바르게 명제화된 인식이 지식을 이루는 것이다.

그런데 그 지식이 참인지는 아직 알 수 없다. 사물에 대한 명제가 구성되고 지식이 만들어졌다고는 말할 수 있어도 그 지식이 참이라는 판단까지 가능한 것은 아니다. 지식의 진위를 판단하려면 어떻게 해야 할까? 그 과정은 둘로 나뉜다. 우선 지식을 구성하는 명제가 해당 사물을 올바르게 지칭하는가를 봐야 한다. "개가 달린다."라는 명제는 실제로 개가 달린다는 사물(사건)을 바르게 표현하고 있는가? 이 판단은 쉽다. 마당을 내다보고 과연 개가 달리는지 보면 된다. 이것은 철학의 대상도, 논리학의 대상도 아니다. 2천여 년 뒤에 프랑스의 언어학자 소쉬르는 단어가 사물을 올바로 지칭한다는 사실을 부정하고, 오스트리아의 철학자 비트겐슈타인은 문장이 사건을 그림처럼 반영하는 것은 아니라고 말하지만, 그건 훨씬 나중의 이야기다(이에 관해서는 5부에서 다룰 것이다).

명제와 사물의 관계를 파악한 뒤에는 명제들의 관계를 조사해야 한다. 논리학이 필요해지는 곳은 바로 여기다. 그는 여러 가지 명제들의 유형과 그 명제들이 지식 체계 내에서 가지는 연관을 따져보면 지식의 진위를 판단할 수 있다고 보았다. 그래서 개발된 것이 바로 유명한 삼단논법이다.

> 대전제: 모든 사람은 죽는다.
> 소전제: 소크라테스는 사람이다.
> 결론: 따라서 소크라테스는 죽는다.

여기서 대전제와 소전제의 명제는 '마당을 내다보고' 진위를 판단해야 한다. 하지만 결론은 마당을 내다보지 않고도 알 수 있다. 대전제와 소전제의 관계만 가지고도 지식이 올바르다는 판단을 내릴 수 있다. 아리스토텔레스는 이 삼단논법을 가장 완전한 논증의 형식이라고 보았다. 사물과의 관계를 고려하지 않고 순전히 명제들 간의 관계로만 지식을 판단하기 때문에 이를 형식논리학이라고 부른다.

그런데 언뜻 보면 그럴듯하지만 사실 삼단논법은 아리스토텔레스가 확신한 것처럼 완전한 논증은 아니다. 앞의 예에서 소전제, 즉 "소크라테스는 사람이다."라는 명제는 의심의 여지가 없지만 대전제, 즉 "모든 사람은 죽는다."라는 명제는 엄밀하게 말해서 참이라고 볼 수 없다. 소크라테스는 특칭特稱이지만 모든 사람은 전칭全稱이기 때문이다. 소크라테스와 모든 사람은 같은 위상에 있지 않다. 소크라테스가 사람이라는 것은 소크라테스 한 개인만 보면 알 수 있는 사실이지만, '모든 사람'을 다 만나 볼 수는 없으므로 모든 사람이 진짜 전부 죽는지는 알 수 없다.

누구나 죽는 건 사실인데 괜히 말꼬리를 잡으려는 게 아닌가 싶겠지만 그렇지는 않다. 적어도 형식논리학이라면 형식적으로 완벽한 논증 구조를 가져야 하므로 그것은 논리학상의 중대한 문제가 된다(형식논리학에서는 마당을 내다보지 않아도 어떤 명제가 참임을 알 수 있어야 한다). 비록 아리스토텔레스는 미처 그런 구분까지 착안하지는 못했으나, 그래도 그가 형식논리학과 삼단논법의 창시자라는 자격에 관해서는 의문의 여지가 없다.

이왕이면 소피스트들이 아테네를 활보할 때 그런 논리학이 창시되었더라면 얼마나 좋았을까? 거는 소송마다 모조리 이기고 아리스토텔레스는 의학에서 히포크라테스가 그런 것처럼 후대에 위대한 변호사들의 영원한 스승으로 길이 명성을 떨쳤을 것이다. 하지만 그는 논리학의 용도가 단지 지식의 판단에만 있다고 생각하지 않았다. 물론 그것은 논리학의 주요 기능이지만 아리스토텔레스는 논리학을 이용하여 새로운 진리를 발견하고 지식의 폭을 확장할 수 있다고 믿었다.

만약 첨단의 형이상학으로 무장한 그가 자신의 장담대로 논리학의 효용성을 입증했더라면 300년 뒤 그리스도교 메시아는 출현하지 못했을지도 모른다. 또 본격적인 인간 이성의 시대는 실제(17세기 데카르트의 시대)보다 2천 년 앞서 도래했을지도 모른다. 그러나 당시는 신흥 학문인 논리학이 힘을 쓰기에는 너무도 혼탁한 시대였고, 그리스는 새로운 진리를 발견하기에 너무 낡은 무대였다. 아리스토텔레스의 제자였던 알렉산드로스의 동방 원정을 계기로 동부 지중해 문명권은 메소포타미아, 이집트와 완전히 한 몸뚱이가 되었다. 이렇게 무대가 넓어진 결과 세계 문명이 탄생하는 문화적 대사건도 일어났지만 그것을 계기로 현실의 역사는 엄청난 격변기에 돌입했다.

3장

신에게로 가는 길

회의주의, 에피쿠로스, 견유학파, 스토아학파, 플로티노스

오늘날 플라톤과 아리스토텔레스의 정치학과 국가론은 정치사상의 고전으로 간주될 수는 있어도 현실적인 용도는 별로 없다. 그나마 두 사람의 철학사적 공헌이 아니었다면 훨씬 더 일찍 잊혔을 것이다. 당대에는 그들의 사회과학이 더 중요했겠지만 역사적으로 오래 남은 것은 형이상학과 인식론, 존재론, 논리학 등 순수 철학에 가까운 학문적 성과였다.

엄밀히 따져보면 두 사람의 정치사상이 과연 한 세대 동안이라도 쓸모가 있었는지조차 의문이다. 그 무렵 그리스 세계의 정치적 환경이 급변하고 있었기 때문이다. 플라톤과 아리스토텔레스는 인구 1만 명 이하의 도시국가를 모델로 삼고 정치학을 전개했지만 당시에는 이미 도시국가를 넘어 제국의 시대로 접어들고 있었다. 새 시대를 연 중요한 계기는 바로 알렉산드로스의 동방 원정이다.

장거리 원정군 치고는 그다지 대규모라고 볼 수 없는 4만 명의 병력으로 원정을 시작한 알렉산드로스는 그리스 세계의 숙적인 페르시아의 심

장부까지 파죽지세로 쳐들어가 삽시간에 제국의 문패를 바꿔 달았다. 원정의 부산물로 그는 이집트와 동부 지중해 연안의 도시들을 정복하고 멀리 중앙아시아와 인도 북서부까지 진출해 곳곳에 자신의 이름을 딴 알렉산드리아라는 도시를 수십 개나 건설했다(지금까지 도시 명칭이 그대로 남은 곳은 이집트의 알렉산드리아뿐이다). 그는 내심 당시 유럽인들에게 알려진 세계의 서쪽 끝, 즉 대서양 연안까지 원정할 계획이었는데, 이것이 실행되었더라면 지브롤터에서 인도까지가 하나의 제국으로 통합되었을지도 모른다.

알렉산드로스가 뜻하지 않게 젊은 나이로 죽자 그의 제국은 곧바로 휘하 장군들에 의해 세 개의 왕국으로 분해되었다. 그리스와 소아시아에는 마케도니아 왕국이 들어섰고, 메소포타미아는 시리아 왕국이 차지했으며, 이집트도 별도의 왕국으로 딴살림을 차렸다. 정치적으로는 잠시 존속했던 알렉산드로스의 세계 제국은 문화의 영역에서 굵은 족적을 남겼다.

제국을 건설하는 과정에서 그리스 문명은 커다란 변화를 겪었다. 팽창은 회석화를 낳게 마련이다. 양적으로만 보면 권역이 크게 확대되었고 다른 문명과 융합되었으나 질적으로 보면 본래의 성격은 한층 희미해졌다. 어쨌거나 그리스 문명은 이제 세계 문명으로 격상되었다. 이렇게 위상이 변했으니 명칭이 바뀌는 것은 당연하다. 그리스라는 명칭은 후대의 로마인들이 붙인 이름이고, 원래 그리스인들은 자신들을 헬렌의 자손이라는 뜻으로 헬레네스라고 불렀고 그리스를 헬라스라고 불렀다. 그래서 새로 탄생한 세계 문명은 후대에 헬레니즘 문명이라고 알려졌다.

불확실성의 시대

초기 자연철학에서 인간 중심의 도덕철학으로 초점이 옮겨지면 철학의 영역은 더 확장되어야 마땅할 것이다. 하지만 소피스트에서 아리스토텔레스까지 아테네를 중심으로 한 그리스 세계의 추이를 보면 철학의 영역은 넓어지기는커녕 오히려 축소된 감이 있다. 그 이유는 뭘까? 일단 펠로폰네소스 전쟁으로 아테네가 몰락하고 나아가 마케도니아가 그리스 반도 전체를 장악하면서 그리스 세계가 혼돈에 빠진 탓이 크다. 플라톤과 아리스토텔레스가 윤리학과 정치학에 큰 비중을 할애한 것은 그런 추세의 반영이라고 볼 수 있다. 하지만 다른 이유도 있다. 그전까지 철학에 포함되었던 과학이나 수학 등의 학문들이 분화되면서 철학의 고유 영역이 인식론과 윤리학으로 제한된 것도 철학의 영역을 축소시키는 결과를 빚었다. 이 경우에는 축소되었다기보다 철학이 그만큼 전문화되었다고 말해야 할 것이다.

지식은 발전하고 분화되었지만 혼란의 시대에 지식이란 일종의 사치다. 그럴 때는 흔히 지적 냉소주의가 팽배한다. 지식인들은 마치 부자들의 사치스러운 생활을 비꼬듯이 자신들의 전문 분야인 지식을 풍자하게 되었다. 이제는 그리스 같은 안정된 사회도 없고 플라톤이나 아리스토텔레스 같은 지적 카리스마도 없다. 사회를 통합하는 구심점과 더불어 상상력을 저해하는 지적 권위마저 사라진 헬레니즘 시대에는 풍자와 불신의 지적 풍조가 더욱 뚜렷해졌다. 지식이란 게 대체 무슨 필요가 있는가? 절대적이고 확실한 건 아무것도 없다!

언뜻 보면 이런 회의주의의 경향은 불확실성의 시대를 틈타 돌연변이처럼 생겨난 듯하다. 그러나 실은 그리스 고전 철학의 본류에서 그 연원을 찾을 수 있다. 소크라테스는 무지한 너 자신을 알라며 노골적으로 외치고 다녔으니 당연히 지식에 반기를 들었다고 볼 수 있지만, 모든 면에서 엄숙주의에다 주지주의적 풍모를 가졌던 플라톤도 이데아론으로 현세의 지식을 깔아뭉갠 것은 마찬가지였다. 하기야 이데아의 조잡한 사본이 곧 현실이니 그 현실을 이해하는 도구를 참 지식이라고 말할 수는 없다. 더구나 플라톤은 감각을 통한 추측이 올바른 인식으로 발전하기가 얼마나 어려운지를 몸소 보여주지 않았던가? 그런데 마침 아리스토텔레스가 플라톤의 이데아론을 부정한 것은 회의주의자들에게 더욱 만만한 근거를 주었다. 플라톤의 인식론에서 이데아의 개념만 떼어버리면 결국 참지식은 불가능하다는 이야기가 되니까!

하지만 회의주의자들은 감각이나 인식만 불확실하다는 주장에 멈추지 않았다. 그들이 보기에는 도덕이나 논리학도 겉만 번드르르할 뿐 속 빈 강정인 것은 마찬가지였다. 회의주의의 원조 격인 피론(Pyrrhōn, 기원전 360?~기원전 270?)은 어떤 행위가 다른 행위보다 옳다고 주장할 만한 근거가 대체 어디 있느냐고 따졌다. 도덕? 종교? 그런 건 마치 뭔가 대단한 내적 가치의 기준이 있는 척 가장하고 있지만 실은 사람들의 생활 습관에 불과하다. 착한 사람은 착하게 사는 습관이 있을 뿐이고 악한 자는 비행을 생활화하는 못된 버릇이 있을 뿐이다. "윤리요? 그건 나이롱 빤쓰 같은 것이지요. 입으나 마나 속살이 비쳐 보이기는 매한가지죠." 한국 전쟁이 끝난 직후의 피폐한 삶을 묘사한 〈오발탄〉의 등장인물이 내뱉는 이런 대사는 알렉산드로스의 동방 원정이 끝난 직후의 헬레니즘 시대에도 통했다.

객관적 진리의 확실한 기준 같은 건 없다. 누구나 자기 생각에 불과한 것을 이론으로 포장해 제시할 따름이다. 피론의 제자인 티몬(Tímōn, 기원전 320?~기원전 235?)은 엄정한 지식을 추구하는 방법으로 알려진 연역과 귀납을 무자비하게 난도질한다. 무릇 연역은 자명한 원리를 전제로 한다. 하지만 그런 원리를 과연 발견할 수 있을까? 모든 것은 늘 다른 것에 의해 증명되어야 하는데, 이런 방식은 결국 무한한 순환 논증을 낳을 뿐이다. 이른바 '사전식 정의'가 다 그렇지 않은가? 국어사전에서 '진리'라는 낱말을 찾아보면 "어떤 명제가 사실과 일치하거나 논리의 법칙에 맞는 것"이라는 풀이가 나온다. 따라서 진리라는 낱말의 정의를 알기 위해서는 명제, 사실, 논리, 법칙 등의 낱말을 알아야 한다는 이야기다. 그런데 그것들 역시 정의를 알려면 사전에 의존할 수밖에 없다. 결국 말의 의미는 돌고 돌 뿐 고정된 게 없다.

그렇다면 귀납이 올바른 방법일까? 천만의 말씀! 귀납은 개인적인 경험을 토대로 하는 추론이기에 애초에 절대적으로 믿을 게 못 된다. 아무리 많은 경험을 모은다 해도 그것은 어디까지나 경험의 집합일 뿐 자명한 원리, 진리는 되지 못한다. 그래서 티몬은 말 한마디도 엄밀하게 해야 한다고 주장했다. "사람들은 꿀이 달다고 말하는데 나는 반대한다. 꿀이 단 것처럼 느껴진다고 말하는 것만을 인정할 수 있을 뿐이다." 모든 걸 이런 식으로 말해야 한다면 일상적인 대화조차 불가능해질 지경이다. 아마 모든 말 앞에 'I think'를 붙여야 할지도 모른다. 이렇게 얄밉도록 까다로운 회의주의에서 소피스트의 상대주의를 연상하는 것은 무리가 아니다. 소피스트처럼 회의주의자도 감각적 경험의 상대성을 강조한 바 있다. 아무도 자신의 감각기관이 남보다 더 낫다고 자신할 수는 없다. 그러므로 귀납을 통해 지식을 얻는 것은 불가능하다.

객관적 진리에 집착하는 한 지식은 모조리 헛소리일 뿐이다. "진리를 묻기 전에 누가 진리를 묻는지를 물어라." 이런 니체의 반反지식적 입장은 이미 2천 년 전에 배태된 것이었다. 말이 나온 김에 덧붙이면 "신은 죽었다."라는 말도 니체가 원조는 아니다. 회의주의가 지배하는 지적 풍토에서는 플라톤과 아리스토텔레스를 거치며 점점 구체화된 신의 존재마저도 잠시 유보될 수밖에 없다. 카르네아데스(Karneadēs, 기원전 214?~기원전 129?)는 난세를 맞아 신흥 지적 상품인 신의 품에 안주하려는 사람들에게 신 같은 건 없다고 일침을 날렸다. 신을 못 믿겠다는 말을 못 믿겠다고? 그렇다면 아예 신이 없다는 걸 증명해주겠다며 그는 소매를 걷어붙인다.

만약 신이 있다면 무형의 존재이든가 유형의 존재일 것이며, 전능한 존재이든가 능력에 한계가 있는 존재이든가 둘 중 하나일 것이다. 신이 무형의 존재라면 감각을 통해서 지식을 구할 수밖에 없는 인간은 신의 존재를 결코 알 수 없다. 또 신이 유형의 존재라면 다른 사물들처럼 생성과 소멸이 있을 테고 변화를 겪을 텐데, 그런 성질은 영구불변이라는 신의 속성에 맞지 않는다. 또 신이 전능하다면 온갖 악과 비행이 난무하는 이러한 난세를 볼 때 도덕적인 존재가 아님은 분명하다. 신의 능력에 한계가 있다면 더 높은 힘에 예속되어 있다는 이야기인데, 그것은 세상 만물을 관장한다는 신으로서는 자격 미달이다. 아무리 몸부림쳐봐도 신은 꼼짝없이 덫에 걸려버렸다!

쾌락을 통해 행복의 나라로

신이 없다니. ······ 신을 삶의 지표로 삼는 사람들에게는 억장이 무너지는 소리다. 그렇다면 뭘 믿고 뭘 위해 살아야 하나? 해결책은 두 가지밖에 없다. 신에 의존하지 않고도 행복하게 살거나, 아니면 묵묵히 고통을 견디거나 둘 중 하나다. 앞의 방법을 선택한 사람이 바로 에피쿠로스(Epíkouros, 기원전 341~기원전 270)다.

신을 대신할 만한 가치의 기준을 찾아라. 에피쿠로스가 생각한 기준은 쾌락이었다. "쾌락은 축복 받은 삶의 시작이요 끝이다." 쾌락이 바로 선이다. 맛있는 음식이 주는 쾌락, 즐거운 노래에서 얻는 쾌락, 아름다운 장면을 보고 느끼는 쾌락이 없다면 행복은 대체 어디에 있으며 선이란 무엇이겠는가? 에피쿠로스는 이렇게 반문하면서 식욕에서 모든 선이 시작된다고 보았다.

그 때문에 에피쿠로스는 후대에 쾌락주의자라는 별명을 얻었지만 만약 그가 자기 별명을 알았더라면 펄쩍 뛰었을 것이다. 그의 학설이 쾌락주의라는 부정적인 이미지를 취하게 된 것은 그를 곡해한 로마인들의 탓이 크다. 에피쿠로스의 생애를 봐도 사실 부도덕한 쾌락주의와는 거리가 멀다. 그는 내내 절제를 삶의 기조로 삼고 소박하게 살았으며, 아테네의 유명한 정원에 학교를 세워 산책하면서 고상한 대화를 즐겼다. 비록 만년은 우아하게 보내지 못하고 오랜 투병 생활에 시달렸으나 그때도 고매한 학자로서의 풍모와 위엄을 전혀 잃지 않았다.

그가 강조한 쾌락은 육체적 쾌락이 아니다. 쾌락을 행복의 나라로 가는 지름길이라고 여긴 것은 사실이지만, 그는 적극적으로 쾌락을 좇는 능동적 쾌락을 강조한 게 아니라 소극적인 의미의 쾌락, 즉 고통을 피하는 데서 진정한 쾌락을 찾았다. 그가 "고문대 위에서도 행복할 수 있다."라고 주장한 근거는 바로 거기에 있다. 행복의 '수학적' 공식이 성취/욕망이라면 에피쿠로스는 분자인 성취를 늘리는 게 아니라 분모인 욕망을 줄임으로써 행복의 양을 늘리는 방도를 채택했다(그래서 그는 육체적 쾌락보

1부 철학은 바깥에서 시작되었다

다 정신적 쾌락을 더 중시했고, 가장 지혜롭고 안전한 쾌락은 우정이라고 보았다). 고통을 피하고 쾌락이 충족된 차분한 상태를 그는 아타락시아^{ataraxia}, 즉 평정한 상태라고 불렀다. 쾌락이 가져다주는 행복은 결핍된 것이 다 충족된 정적인 균형 상태였다.

욕구는 결핍에서 나온다. 자신에게 없는 걸 바라는 게 욕구다. 욕구가 많다면 그만큼 빈 구멍이 많다는 뜻이므로 완전할 수 없다. 따라서 쾌락을 추구한다는 것은 바로 그런 욕구, 빈 구멍을 채우는 것이다. 여기서 에피쿠로스는 자연스러운 욕구와 헛된 욕구를 구분한다. 위장이 비면 배가 고프고 졸리면 자고 싶은 것은 자연스러운 생리적 욕구다. 이런 욕구를 충족시키는 것은 선하고 이상적인 쾌락이다. 그에 비해 세계를 정복하고 싶다거나 사치를 누리고 싶은 것은 헛된 욕구이므로 피해야 한다. 이런 욕구는 충족시킬수록 더욱더 커지기 때문에 근원적으로 충족시킬 수 없으며, 때로는 욕구의 충족이 오히려 고통을 낳기도 한다.

자연스러운 욕구 중에서도 불필요한 것이 있다. 예컨대 성욕 같은 것이다. 에피쿠로스는 성욕이란 지나치게 강렬한 것이기 때문에 가급적 피해야 한다고 보았다. 극과 극은 통한다고 할까? 성욕의 충족은 강렬한 만큼 자칫하면 강렬한 고통으로 이어지므로 성욕은 궁극적으로 쾌락이라 할 수 없다. "선한 사람은 성교를 하지 않는다." 실제로 에피쿠로스가 그 말을 몸소 실천했는지는 알 수 없지만, 그에게 성욕이란 헛된 욕구에 못지않게 아타락시아를 방해하는 최대의 적이었다.

사실 욕구를 결핍으로 보는 관점은 플라톤도 마찬가지였고, 이후 19세기까지의 서양 철학에서도 변하지 않았다. 20세기의 실존철학에서도 욕구는 인간존재의 무근거성을 나타내는 징표다. 그러나 5부에서 살펴보겠지만 니체는 욕구에 긍정적인 의미를 부여했으며, 프랑스 현대 철학자 들뢰즈는 '욕망하는 생산'이라는 관념을 바탕으로 독특하고 감동적인 혁명론까지 제시한다. 비록 초점은 정반대라고 해도 욕구라는 '천박한' 주제를 철학 체계 내로 수용한 에피쿠로스가 아니었다면 욕망의 철학은 빛을 보지 못했을지도 모른다.

쾌락을 중시한 데서 짐작할 수 있듯이 에피쿠로스는 기본적으로 유물론자였다. 19세기의 대표적인 유물론자인 마르크스는 에피쿠로스의 그 점에 착안해 젊은 시절에 〈데모크리토스와 에피쿠로스 자연철학의 차이〉라는 제목의 박사 학위논문을 썼다. 왜 데모크리토스까지 끌어들였을까? 일찍이 데모크리토스도 감각적이고 일시적인 쾌락을 넘어 영원하고 평정한 쾌락을 주장했으며, 지적인 삶을 영위하는 사람들만이 그런 쾌락을 누릴 수 있다고 말한 바 있다. 이런 관점은 에피쿠로스와 정확히 일치한다. 또한 에피쿠로스도 데모크리토스처럼 세계가 원자로 이루어졌다고 보았으므로 두 사람의 사상은 대체로 동색이다.

그러나 에피쿠로스는 세계가 원자만이 아니라 빈 공간으로도 이루어졌으며, 원자도 불멸의 실체가 아니라 생겨나고 사라지는 물질이라고 보았다. 세계가 원자로만 가득 차 있다면 운동 자체가 불가능하다. 원자는 빈 공간을 따라서 움직이며, 때로는 서로 충돌하기도 하면서 여러 가지 운동을 낳는다. 그런 점에서 에피쿠로스의 원자론은 데모크리토스처럼 초지일관한 유물론이 아니라 유심론적 요소를 포함하고 있다. 인간의 영혼도 원자로 구성되어 있다고 본 것이 유물론적 관점이라면, 신체를 둘러싼 얇은 막에 영혼의 원자가 부딪혀 감각이 발생한다고 본 것은 유심론적 관점이다. 하지만 달리 보면 에피쿠로스가 데모크리토스보다 더 철저한 유물론을 추구했다고 간주할 수도 있다. 유물론자에 걸맞게 무신론을 견지했던 것이 그 점을 말해준다.

신 따위는 필요 없다

쾌락이 인간을 행복의 나라로 안내한다는 주장이 충분한 설득력을 가지려면 한 가지 커다란 공포를 제거해야 한다. 그것은 바로 죽음의 공포다. 죽음이라는 게 인간의 앞길에 도사리고 있는 한 근본적인 행복을 얻기란 불가능하다. 죽음을 극복하라! 이를 위해서는 일단 종교적인 해법을 생각할 수 있다. 그러나 에피쿠로스는 종교란 죽음을 더 두렵게 만들 뿐이라며 코웃음을 쳤다. 신이 없어도 행복에 이를 수 있듯이 종교가 없어도 죽음의 공포에서 벗어날 수 있다. 종교를 배제한 채 죽음을 설명하고 그 공포를 떨치는 방법은 바로 유물론의 입장을 강화하는 것이다.

데모크리토스의 원자론을 토대로 에피쿠로스는 죽음이란 단지 감각과 의식이 없는 상태일 뿐이라고 말했다. 영혼도 원자라는 물질로 이루어져 있으므로 신체의 죽음과 함께 사라지게 된다. 따라서 내세에까지 살아남아 고통을 겪을 영혼이란 없다(영혼이 죽는다면 종교의 가능성은 완전히 사라진다). 이를테면 죽음이란 태어나지 않은 상태로 돌아가는 것과 같다. 태어나지 않은 상태를 두려워하지 않듯이 죽음도 하등 두려워할 필요가 없는 것이다. 그 반면에 신을 섬기고 종교를 원하고 영혼의 불멸을 믿으면 결코 죽음의 공포를 떨칠 수 없으며, 따라서 행복을 얻기란 불가능하다.

이렇게 신과 무관하게 행복을 추구하는 길을 찾았고 유물론의 입장을 취했지만, 에피쿠로스는 사실 신의 존재를 부정하지는 않았다. 다만 신도 역시 자신의 쾌락을 추구하는 존재이므로 굳이 말썽 많은 인간사에 일일이 개입함으로써 그 쾌락을 잃고 싶어 하지 않는다고 보았을 뿐이다. 신을 인격신 정도가 아니라 거의 인간과 다름없는 존재로 설정한 것이다. 신이 이렇게 만만한 존재라면 인간은 행여 신의 노여움을 사지 않을까 노심초사할 필요도 없고 사후에 내세에서 고통을 당하지 않을까 걱정할 필요도 없다. 죽음을 피할 수는 없지만 이해하면 죽음도 공포의 대상이 아니라 수용의 대상이 된다.

에피쿠로스보다 신과 종교를 더 증오한 사람은, 에피쿠로스를 한 번도 만나지 못했으면서도 그의 사상을 열렬히 추종한 루크레티우스 (Lucretius, 기원전 99?~기원전 55?)였다. 300년이나 후대의 로마인이므로 에피쿠로스를 직접 만나지 못한 것은 당연하지만, 루크레티우스는 그를 스승으로 삼고 존경하면서 그의 철학을 시로 표현해 후대에 전달했다. 그런 이유로 루크레티우스는 에피쿠로스학파의 일원으로 분류된다.

스승인 에피쿠로스도 종교를 폄하한 것 때문에 로마인들의 입방아에 오르내렸고 심지어 천박한 쾌락주의자로 낙인찍혔으니 루크레티우스가 어떤 평판을 받았는지는 짐작하기 어렵지 않다. 그래도 그는 철학자였으되 무늬는 시인이었던 덕분에 직접적인 탄압은 면했다. 하지만 안타깝게도 그는 주기적으로 발작을 일으키는 정신 질환자였고 결국 한창 나이에 자살로 삶을 마감했다.

루크레티우스는 에피쿠로스에게 병도 주고 약도 준 인물이다. 우선 에피쿠로스가 로마인들에게 매도된 데는 얼굴도 모르는 제자의 탓이 컸다. "인간의 생명이 …… 종교의 잔인한 발부리 아래 짓밟히고 더럽혀졌을 때 …… 그리스의 한 사람이 처음으로 종교에 맞섰으니 …… 그는 종교에 반항하고 도전한 첫 사람이었다." 여기서 '그'란 말할 것도 없이 에피쿠로스다. 비록 유일 신앙은 없었어도 종교적 신심이 돈독했던 로마인들이 '종교의 잔인한 발부리'라는 표현에 얼마나 큰 모욕을 느꼈을지는 불을 보듯 뻔하다. 그래도 훗날 르네상스 시대에 널리 읽힌 루크레티우스의 유일한 저작인 철학적 장시 〈사물의 본성에 관하여^{De rerum natura}〉가 아니었다면 에피쿠로스의 철학은 널리 전파되지 못했을 것이다. 그렇다면 죽은 스승도 그리 불평할 일은 없지 않았을까?

종교를 배척하는 태도에서 루크레티우스는 스승보다 한술 더 떴다. 그는 시 첫머리에서부터 자연에는 아무런 목적도 없다고 말한다. 만물이 생겨난 것은 물질 자체의 법칙 또는 예측할 수 없는 맹목적인 우연 때문이다. 존재하는 것은 에피쿠로스가 말한 것처럼 원자와 빈 공간뿐이다. 여기에 원자도 빈 공간도 아닌 신이 점유할 공간은 전혀 없다. 종교란 인간에게 위로를 주기는커녕 오히려 불안을 조장하고 공포를 심어주는 최대의 원인이므로 인간이 겪는 최악의 불행이다!

에피쿠로스는 당시 철학에서 막 분화되기 시작한 과학은 물론이고 논리학 같은 철학의 분과조차 필요가 없다고 여기고 전혀 다루지 않았다 (하기야 논리학에서 쾌락을 얻고자 하는 사람은 드물 테니까). 그러나 루크레티우스는 시의 형식을 빌려 사상을 전개하면서도 과학적 자세를 견지했다. 이를테면 그는 인간이 불을 사용하게 된 것은 신화에서 말하듯 프로메테우스가 신의 세계에서 가져다주었기 때문이 아니라 번개가 일으킨 화재나 건조한 들판에 내리쬐는 강렬한 햇볕 덕분이라고 설명했다. 에피쿠로스의 사상에 과학적 요소를 추가한 점에서 루크레티우스는 에피쿠로스보다 한층 더 철저한 유물론자라고 볼 수 있다.

하지만 당시의 지적 경향은 뜨거움이 아니라 차가움이 대세였다. 아리스토텔레스 이후로 혼돈의 시대에 걸맞게 모든 사상가는 어떤 형식으로든 은둔의 철학을 전개했다. 아타락시아를 삶의 목표로 삼은 에피쿠로스와 마찬가지로 루크레티우스도 마음의 동요 없이, 아무런 결핍도 없이 살아가는 것을 최대의 행복이라고 여겼다. "경건한 삶이란 …… 제단 앞에 무릎을 꿇는 게 아니라 …… 평화로운 마음으로 모든 것을 바라볼 수 있게 되는 상태를 말한다."

개 같은 내 인생

에피쿠로스가 신에 의존하지 않고도 행복하게 사는 법을 주장했다면, 같은 시대의 다른 철학자들은 고통을 견디며 사는 법을 가르쳤다. 언뜻 서로 정반대처럼 보이지만 실은 그리 다를 것도 없다. 행복과 고통은 통하는 면이 있다. 혼돈과 무질서가 지배하는 시대의 화두는 고통이었다. 에피쿠로스의 행복도 결국 어떻게 하면 고통을 면할 수 있을까 하는 고민의 소산이었으니까.

고통에 의연히 맞서자는 입장은 에피쿠로스보다 시대를 좀 더 거슬러 올라간다. 소크라테스의 제자였던 안티스테네스(Antisthenes, 기원전 446?~기원전 366?)는 유복한 가문 출신이었으나 시대의 어둠은 빈부를 구별하지 않았다. 이런 난세에 철학이 무슨 의미가 있고 교육이 무슨 소용이랴? 그는 아테네의 무지렁이와 스스럼없이 어울리면서 "자연으로 돌아가라."고 외쳤다. 지식은 물론이고 정부도 쓸모가 없다. 심지어 그는 결혼도 하지 말고 재산도 갖지 말라고 가르쳤다. 그렇다고 에피쿠로스처럼 마음의 평정을 얻어 진정한 쾌락을 누리려는 의도 같은 것도 없었다. "쾌락의 노예가 되느니 차라리 미치광이가 되겠다."라는 게 그의 모토였다.

어찌 보면 반지성주의, 무정부주의, 허무주의는 지식인의 전매특허이기도 하다. 그렇다면 혹시 안티스테네스는 지식인의 먹물 근성을 버리지 못한 탓에 좌충우돌했던 것인지도 모른다. 그러나 그의 제자 디오게네스

1부 철학은 바깥에서 시작되었다

(Diogénēs, 기원전 412?~기원전 323)에 이르면 사정은 또 달라진다. 버젓한 가문 출신의 스승과 달리 그는 고대에도 멸시를 받은 환전상의 아들이었으며, 아버지와 함께 흑해 연안의 고향에서 추방되어 아테네로 온 처지였다. 돈이라면 치가 떨렸던 탓일까? 디오게네스는 화폐를 훼손한 범죄로 처벌을 받은 아버지의 이력 때문인지 아예 세상의 돈을 모두 없애자고 외쳤다. 화폐로 대표되는 온갖 인습, 제도, 미신, 나아가 문명 전반도 타파의 대상이었다.

문명이 없다면 인간은 짐승과 다를 바 없다. 디오게네스는 내놓고 짐승의 탈을 뒤집어쓴다. "개처럼 살자!" 개는 위선을 떨지 않고 수치도 모른다. 개의 생활 방식을 찬양한 탓에 디오게네스는 스승 안티스테네스와 함께 개^{canine}라는 말에서 비롯된 키니코스학파, 즉 견유학파犬儒學派로 분류되었다. 세상사를 비웃는 태도를 가리키는 냉소주의^{cynicism}라는 말도 여기서 나왔다.

돈에 관한 원한을 품고 개같이 살았다면, "개같이 벌으랬다, 돈만 벌어라."라고 풍자했던 1970년대에 김민기의 노래극 〈공장의 불빛〉을 연상시킨다. 그러나 디오게네스는 아예 돈을 없애자고 했으니 풍자를 의도한 것도 아니다. 실제로 그는 아테네의 아크로폴리스에서 커다란 항아리를 집으로 삼고 개처럼 살았다. 알렉산드로스 대왕이 그에게서 지혜를 한 수배우기 위해 항아리를 찾아왔다가 햇빛이나 가리지 말아달라는 그의 말에 황망히 물러갔다는 이야기는 유명한 일화다.

물론 생활이 그랬다는 것뿐이지 디오게네스의 사상이 실제로 개 같았던 건 아니다. 집으로 상징되는 문명의 모든 편의를 버림으로써 그는 욕망으로부터 해방된 도덕적 자유를 찾고자 했다. "소유물에 무관심하면 공포를 떨칠 수 있다." 이런 점에서 보면 디오게네스는 에피쿠로스와도 상

통한다. 쾌락을 반대하는 사상과 쾌락을 삶의 목표로 삼는 사상이 서로 통할 수 있는 것은 둘 다 혼탁한 난세에 대처하는 방법이라는 공통점을 가졌기 때문이다.

공교롭게도 아테네의 디오게네스가 항아리 안에서 노숙자 생활을 할 무렵 중국에서는 장자莊子가 거지 옷차림에 이름뿐인 신발을 끈으로 묶어 신고 도가 사상을 가르치고 있었다. 디오게네스처럼 그도 인습과 욕망과 집착을 버려야 자유를 얻을 수 있다고 말했다. 디오게네스가 헬레니즘의 거친 시대를 살아가는 '도道'를 제시했다면 장자는 전국시대의 혼란기를 살아가는 '견유학'을 설파했다고나 할까? 색깔과 개성의 차이는 있다 해도 모든 사상은 시대의 산물이다.

제국의 역습

견유학파의 가르침은 의외로 큰 인기를 끌었고 순식간에 첨단 유행으로 자리 잡았다. 하지만 특별한 체계 없이 특정한 생활 습관만 강조하는 사상이 지속적인 영향력을 행사하기는 어렵다. 사실 회의주의, 에피쿠로스학파, 견유학파가 사람들의 심금을 울린 이유는 시절이 워낙 어수선했던 탓이 컸다. 그러나 시대는 변화하고 있었다. 기원전 4세기부터 200여 년 동안 혼란에 시달렸던 동부 지중해 세계는 서서히 질서를 되찾아가고 있었다. 새로운 질서의 주체로 떠오른 것은 로마다.

헬레니즘 시대에 테베레 강변에서 점점 힘을 키운 도시국가 로마는 에피쿠로스가 죽을 무렵 마침내 이탈리아 반도 최대 블루칩으로 떠올랐다. "빛은 동방에서" 로마인들이 스스로 이렇게 털어놓았듯이 당시 유럽에서

1부 철학은 바깥에서 시작되었다

문명의 빛이 가장 밝은 지역은 단연 동부 지중해의 그리스 세계였다. 로마인들은 동방에서 수입한 빛나는 광선검으로 제다이의 군단을 만드는 기적을 보여주었다.

지리적 여건상 무역을 중시할 수밖에 없었던 그리스와 달리 이탈리아는 농지가 풍부했다. 그래서 로마는 처음부터 농업 국가로 출발했고 장차 제국의 핵으로 자라날 씨앗을 키울 수 있었다. 로마가 방아쇠의 역할을 하면서 서양 문명은 바야흐로 동부 지중해를 벗어나 지중해 세계 전역을 무대로 삼기 시작했다.

물론 지중해 세계가 무주공산인 것은 아니었다. 페니키아의 식민지로 출발했으나 오히려 본국보다 더 강해진 북아프리카의 카르타고가 지역의 패자로 군림하고 있었다. 카르타고는 자원의 보고인 에스파냐 속주를 밑천으로 삼아 지중해 무역을 거의 독점함으로써 막강한 경제력을 과시했다. 한 가지 약점이라면 자체 군사력이 보잘것없는 탓에 군사 부문을 용병에 의존한다는 것이었다(이 점이 농업 국가와 상업 국가의 차이다). 로마의 제다이 기사들은 바로 그 아킬레스건을 찔렀다.

기원전 264년부터 기원전 146년까지 세 차례에 걸쳐 벌어진 포에니 전쟁에서 로마는 카르타고를 완파하고 마침내 지중해 세계의 단독 패자가 되었다. 이미 원로원을 중심으로 하는 공화정으로는 감당하기 어려운 규모가 된 로마는 사실상 제국 체제를 갖추었다(공화정이 왕정이나 제정보다 진보적이라는 주장은 근대사회에서나 통용된다). 그걸 명칭상으로도 제국으로 만들고자 했던 카이사르의 시도는 시기상조로 실패했으나 어차피 제국으로 가는 행보는 누구도 막을 수 없었다. 밖으로 지중해 세계를 차례차례 정복해가면서 안으로 치열한 권력투쟁을 벌인 결과, 마침내 기원전 31년 옥타비아누스가 이집트를 정복함으로써 로마는 지중해를 빙 두르는 반지형 제국으로 환골탈태했다(그 기념으로 로마인들은 지중해를 마레 노스트룸mare nostrum, 즉 '우리 바다'라고 불렀다). 비록 옥타비아누스는 '최고 시민'이라는 지위에 만족했고 원로원은 그에게 '존엄한 분(아우구스투스)' 이라는 존칭을 선사하는 데 그쳤지만, 로마가 사실상의 제국이고 아우구 스투스가 사실상의 황제라는 데는 의문의 여지가 없었다. 그래서 공식 역 사에는 이때부터 로마의 제정이 시작된 것으로 기록된다.

로마를 중심으로 지중해 세계의 질서가 재편된 것을 계기로 그리스는 유일하게 명맥을 보존하던 철학 분야에서도 리더의 자리를 내놓게 된다. 그 점을 단적으로 보여주는 것은 제국적 질서에 발맞춰 새로이 등장한 스토아철학에 그리스인의 이름이 보이지 않는다는 사실이다. 이탈리아 남부와 시칠리아에 마그나그라이키아를 설치하고 문명의 빛을 서방으로 보내기 시작한 지 어언 7세기가 지날 무렵, 그리스는 문명의 중심에서 완 전히 밀려났다.

스토아학파는 키프로스 태생의 제논(Zēnōn, 기원전 334?~기원전 262?, 1장에 나온 엘레아학파의 제논과는 동명이인이다)에서 발단을 찾을 수 있다. 기원으로 보면 로마의 철학은 아니지만 체계와 영향력을 갖추게 된 것은 로마 시대의 로마 학자들 덕분이니까 로마의 철학이라고 봐도 무방하다 (철학이나 사상에 나라 이름을 붙이기는 좀 우습지만 서양 역사상 처음으로 수 립된 제국 체제에 걸맞은 철학이라는 의미는 강조할 필요가 있다). 아직 아테 네가 그리스 세계의 지적 중심이던 시기였으므로 제논은 아테네에 학원 을 세우고 학생들을 가르쳤는데, 그 학원의 주랑 현관 이름이 스토아였 던 데서 스토아철학이라는 이름이 생겼다.

제논은 같은 시대의 에피쿠로스나 회의주의자들과 같으면서도 다른 사 상을 펼쳤다. 우선 일체의 소유를 버리고 세속의 욕망에서 해방되어야 완전한 자유를 누릴 수 있다고 본 점은 대동소이하다. 그는 덕을 삶의 유일한 선으로 보았으나 그가 말하는 덕은 에피쿠로스의 행복과 비슷한 데가 있다. 또한 감각을 부정하고 냉철한 이성을 숭상하며 현인 스타일의 금욕적 생활 방식을 주장한 것은 회의주의와 별반 다르지 않다. 그 밖에 영혼까지 물질로 본 유물론적 관점이라든가 자연 법칙을 강조한 결정론적 사고는 그 이전의 철학에 비해 큰 진전이라고 할 수 없으며, 우주의 근본적 요소를 불로 보고 우주가 주기적으로 순환한다고 본 것은 오히려 퇴보한 감이 있다. 게다가 아무리 난세라지만 제논은 이미 오래전에 철학적 효용을 다한 점성술까지 신봉했다. 이렇듯 평범한 철학자에 불과해 보이는 제논이 후대의 로마 철학자들에게 크게 어필한 것은 같은 시대의 철학자들과 전혀 다른 요소를 특장으로 내세웠기 때문이다.

에피쿠로스학파와 회의주의자들은 기본적으로 무신론자였다. 에피쿠로스는 신의 존재를 인정했으나 신의 역할을 부정했으므로 무신론자나 다름없었다. 하지만 제논은 유대인으로서 유대 신앙에 익숙했던 탓일까? 그는 신을 만물의 근원으로 복귀시킴으로써 당시로서는 이색적인(어떤 의미에서는 시대착오적인) 유신론을 주장했다. 유물론적 성향을 가진 데다(유물론적 유신론이라니!) 아직 유일 신앙이 자리 잡지 못한 시대였으므로 그는 신을 거대한 물질적 실체로 보는 일종의 범신론을 주장했으나, 어쨌든 신을 최고의 절대 존재로 파악한 것은 장차 종교가 부활할 때 의지할 수 있는 훌륭한 받침대가 될 터였다.

그로서는 단지 값비싼 골동품을 복원한다는 가벼운 마음이었을지 몰라도 2세기 뒤의 로마 철학자들은 심봤다는 환호성을 지를 만한 기분이 들었을 것이다. 무질서의 시대에 무신론이 어울렸다면 이제 갓 태어난 위대한 제국의 지적 알맹이는 유신론이어야 한다. 없던 전통도 만들어야 할

판에 제논의 시대착오적이면서도 시대를 앞서간 철학은 로마 철학자들이 알맞게 활용할 수 있는 전거였다. 더구나 때는 바야흐로 그리스도교가 탄생하기 직전이었다.

신이 없는 신학

공교롭게도 로마제국에서 꽃을 피운 스토아철학을 제국에 처음 소개한 인물은 제정에 반대하고 공화정을 수호하려다가 목숨까지 잃은 키케로(Marcus Tullius Cicero, 기원전 106~기원후 43)였다. 황제가 되려는 카이사르에게 반대했고 그의 후계자인 젊은 옥타비아누스와 결탁하면서 끝까지 공화정의 대의와 원로원의 입장을 대변하려 했던 키케로가 스토아철학을 받아들인 이유는 뭘까? 그는 젊은 시절에 로도스에 갔다가 스토아 철학자인 포세이도니오스에게서 학문을 배웠지만, 그보다는 아마 스토아철학에서 플라톤의 냄새를 맡았기 때문일 것이다.

앞서 플라톤과 아리스토텔레스는 고대 그리스만이 아니라 후대에까지도 서양 철학의 양대 거봉이 되었다고 말한 바 있지만, 두 사람의 사상이 현실에 접목되는 계기는 묘한 차이를 보인다. 대략적으로 보면, 이상 국가를 제시하고 정연한 체계를 갖춘 플라톤의 철학은 안정과 질서가 자리 잡은 체제에서 환영을 받은 데 비해, 감각적 현실 세계를 인정하고 인간의 개성을 중시한 아리스토텔레스의 철학은 변화와 혼란이 지배하는 시대에 성행하는 경향이 있다(이런 양상은 후대에도 되풀이된다). 그런 점에서 플라톤의 사상은 다소 보수적으로 해석되는 데 비해 아리스토텔레스의 사상은 상대적으로 진보성을 띤다.

그렇다면 '좋았던 옛날'을 꿈꾸며 로마의 공화정을 복원시키려 한 키케로에게 스토아철학의 보수성은 여러 가지로 입맛에 맞는 사상이었을 것이다. 아울러 키케로는 로마 시대 전체를 통틀어 위대한 웅변가와 수사학자로 꼽힌 인물이자 당대의 양심적 지식인이었던 만큼—그는 콘술(집정관)의 지위에까지 올랐지만 권력욕은 없었다—스토아철학의 금욕주의적 윤리도 매우 마음에 들었을 것이다.

스토아철학의 묘목을 로마에 가져온 사람이 키케로였다면 그것을 키워 열매를 맺게 한 사람은 세네카(Lucius Annaeus Seneca, 기원전 4?~기원후 65)였다. 역설적이지만 그것은 세네카가 철학자 이전에 권력자였기에 가능했다. 그는 기원후 54년 열일곱 살의 어린 나이에 황제가 된 네로의 치세 초기에 8년 동안 로마제국을 사실상 다스렸던 것이다. 그는 여러모로 키케로와 닮은 인물이다. 명문가 출신에다 웅변으로 이름을 떨친 것도 그렇고, 공화정에 대한 신념으로 원로원에 힘을 실어주려 노력한 것도 마찬가지였다. 비극적인 최후마저 닮은 게 안타깝다고나 할까? 아우구스투스에게 살해당한 키케로처럼 세네카도 폭군으로 변해가는 네로를 암살하려 했다가 발각되어 자살로 삶을 마감했다.

키케로와 세네카처럼 지체 높은 귀족들이 스토아철학을 적극적으로 지원한 이유는 뭘까? 일단 귀족들의 집단 권력 체제인 공화정에 대한 향수를 꼽을 수 있다. 하지만 그게 아니더라도 스토아철학의 주지주의는 무척 매력적이었다. 스토아철학에서는 이성이 곧 선이다. 감정은 냉철한 판단력을 저해하는 도덕적인 병이므로 현명한 사람은 일체의 감정과 욕망을 버리고 평정 속에서 차분한 태도를 취해야 한다.

"자연으로 돌아가라!" 견유학파의 이 가르침은 스토아철학에도 그대로 통한다. 다만 여기서 말하는 자연은 자연 세계라기보다는 인간의 본성,

즉 이성에 부합하는 자연 상태를 가리킨다(자연 상태에 관한 견유학파와 스토아철학의 차이는 6장에서 살펴볼 17세기 영국 경험론에서 홉스와 로크의 차이와 같다. 이처럼 철학적 문제는 돌고 돈다). 스토아철학은 기본적으로 플라톤의 사상의 영향을 많이 받았지만 아리스토텔레스의 사상도 적절히 배합했다. 아리스토텔레스라면 바로 목적론의 원조가 아닌가. 이 점에 착안한 스토아 철학자들은 우주가 이성적인 목적에 의해 형성되어 있고 세상 만물도 역시 예지적인 계획 속에 포함되어 있다고 주장했다.

그렇다면 아쉽게도 인간이 할 수 있는 일은 별로 없다. 인간은 세계를 변화시키지 못한다. 지혜로운 인간은 세계를 자기 뜻대로 구성하려는 무모한 시도를 꾀할 게 아니라 세계가 구성된 초월적인 계획에 부합하여 살아가는 법을 배워야 한다. 바꿔 말해 자신의 욕망을 우주의 총체적인 섭리에 일치시키는 게 중요하다. 욕망하는 것을 얻으려 하지 말고 얻을 수 있는 것을 욕망해야 한다. 원하는 것과 얻는 것이 같아질 때 진정한 자유와 행복을 누릴 수 있다. 금욕주의의 동기는 이렇듯 명백한 '체념의 철학' 속에 내재해 있다.

노예 출신에다 다리가 불편한 장애인으로 스토아철학을 추구한 에픽테토스(Epíktētos, 50?~135)의 말에 따르면, 인간은 육신이라는 감옥에 갇힌 죄수와 같은 처지다. 육신은 한없이 초라하고 무기력하다. 심지어 인간은 "시체를 메고 다니는 작은 영혼이다." 그러므로 신분이나 재산 따위는 전혀 중요한 게 아니다. 에픽테토스는 노예도 여느 사람과 다를 바 없이 동등한 존재라는 혁명적인 주장을 펼친다. 그러나 '말하는 짐승'이라고 불렸던 노예가 자랑스러운 로마 시민과 똑같다는 주장을 로마 황제가 용인할 리 없다. 제정 초기에 복고 지향적 귀족들의 적극적인 지원으로 탄력을 받았던 스토아철학은 급기야 탄압의 대상이 되고 만다.

그러나 도미티아누스 황제의 추방령이 내려져도 에픽테토스는 눈 하나 까딱하지 않았다. 그에게는 황제보다 더 막강한 배경이 있었기 때문이다. 황제보다 든든한 '빽'이라면 …… 신밖에는 없다. 그가 노예를 격상시킨 근거도 바로 신 앞에서는 누구나 평등하다는 믿음에 있었다. 심지어 그는 원수를 사랑하라고 가르쳤는가 하면, 이 세상은 신이 각자에게 일일이 역할을 지정해준 연극과도 같으며, 그 역할을 충실히 이행하는 것이 인간의 의무라고 말했다. 그리스도교의 기본 교리는 이미 여기서 다 나왔다.

금욕, 목적론, 체념, 예지적 계획, 평등, 신의 연극 등의 주장들을 종합해보면, 스토아철학의 성격은 한결 분명해진다. 그것은 바로 신학이다. 에픽테토스의 태도는 종교의 신도와 거의 비슷하고, 그가 말하는 윤리는 복음과 전혀 다를 바 없다. 다만 그 복음은 희망의 복음이 아니라 인내의 복음이다. 희망의 복음이 되기 위해서는 구체적인 신, 즉 구세주가 필요하다. 그런 의미에서 스토아철학은 신이 부재한 신학이었다. 하지만 에픽테토스가 미처 모르는 가운데 그 신은 수십 년 전에 외아들 그리스도를 이미 인간세계로 보내주었다.

철학자 황제의 치명적인 실수

에픽테토스가 당시 로마제국의 동쪽 변방인 유대의 땅에서 탄생한 그리스도교라는 신흥 종교를 믿었다면 자살을 찬양하지는 않았을 것이다. 사실 그는 특수한 상황에서는 자살을 택하는 것도 그리 나쁘지 않다는 입장이었다. 비록 강요된 자살이기는 하지만 실제로 자살로 삶을 마감한 세네카도 "좋은 죽음은 나쁜 위험에서 벗어나는 것"이라고 말했다. 자살에 대한 관점을 제외하면 스토아철학과 그리스도교는 놀랄 만큼 닮았다.

그러나 그리스도교가 로마제국에 널리 퍼지려면 아직 수백 년이 더 지나야 한다. 제정 초기의 불안정하던 권력과 혼탁하던 사회 분위기도 제국이 안정을 찾으면서 점차 사라졌으므로 스토아철학도 굳이 자살 따위를 강조할 입장은 아니었다. 96년부터 180년까지 100년 가까운 기간 동안 로마제국은 최전성기를 맞았다. 이 무렵에 로마는 최대 영토로 팽창했고 강력한 군사력과 경제력을 바탕으로 풍요와 번영을 누렸다. 마침 그때 로마제국을 다스린 다섯 황제는 모두 현군이었으므로 그 시기를 5현제 시대라고 부르는데, 후대에는 로마의 평화^{Pax Romana}라는 명칭으로 더 잘 알려지게 된다. 5현제의 마지막 황제인 마르쿠스 아우렐리우스 (Marcus Aurelius Antoninus, 121~180)가 바로 스토아 철학자였다.

귀족, 노예에 이어 황제마저 합류했다면 스토아철학은 가히 신분 해방과 인류 평등의 철학이라 부를 만하다. 아닌 게 아니라 황제 철학자는 노예 철학자인 에픽테토스처럼 원수를 사랑하라고 가르쳤다. "자신에게 악을 행하는 사람까지 사랑할 수 있는 것은 인간의 고유한 능력이다. …… 인간을 사랑하고 신을 따르라." 비록 그리스도교가 특유의 평등사상으로 서민들 속에 파고들 무렵이긴 하지만, 로마제국의 황제가 《성서》의 가르침을 그대로 설파한다는 것은 그리스도교의 기본 논리가 이미 스토아철학에 구현되어 있음을 말해준다. 이렇게 보면 예수는 잘 차려진 밥상에 숟가락만 얹었을 뿐이다. 그런데도 후대의 교도들이 역사적 산물을 예수 개인의 발명품으로 둔갑시킨 이유는 무릇 종교라면 숭배의 대상으로서 창시자가 있어야 한다는 필요성 때문이었을 것이다. 엄밀히 말하면 그리스도교라는 종교의 저작권자는 한 명이 아니다.

1부 철학은 바깥에서 시작되었다

에픽테토스와 마찬가지로 마르쿠스 아우렐리우스도 목적론을 주장한다. 그가 보는 우주는 생물 유기체처럼 꽉 짜인 체계다. 우주는 하나의 실체이며 자체의 영혼을 지니고 있다. 우주 안의 모든 사물과 현상은 처음부터 예정되어 있다. "우리에게 일어나는 모든 일은 오래전부터 준비된 것이며, 원인들의 상호 연관은 오래전부터 우리의 존재를 규정하고 있었다." 이렇게 인격화된 우주는 곧 인격화된 신의 이미지다. 만약 마르쿠스 아우렐리우스의 치세에 그가 믿던 로마의 '신들'이 그리스도교의 '신'으로 바뀌었다면 그의 《명상록Ton eis heauton biblia》은 초기 그리스도교도들이 숨어서 읽던 《성서》의 또 다른 복음으로 격상되었을 것이다.

철학자 황제라면 대뜸 연상되는 게 플라톤이다. 철인 왕이 다스리는 나라는 바로 플라톤이 말한 이상 국가가 아닌가? 물론 당시 로마제국이 처한 현실은 전혀 이상을 따라주지 못한다. 5현제 시대가 끝나갈 무렵 제국은 더 이상의 영토를 획득하지 못하고—트라야누스의 치세(98~117)에 제국은 최대 영토에 이르렀다—국력이 약화되기 시작했다. 원래 로마제국은 자전거처럼 정복을 계속하지 못하면 쓰러질 수밖에 없는 체제였다. 그 틈을 타서 변방에서는 강성해진 이민족들이 제국을 호시탐탐 노리고 있었다.

이런 상황이었으니 스토아철학에서 최고의 선으로 치는, 욕망으로부터 해방된 평정한 삶의 자세—이것을 아파테이아라고 말하는데, 에피쿠로스의 아타락시아와 비슷하다—는 철학자 황제라도 언감생심이었다. 검투 경기의 잔인한 측면을 억제하기 위해 검투사들에게 날이 없는 검을 사용하도록 할 정도로 평화를 사랑했던 마르쿠스 아우렐리우스였으나, 정작 그 자신은 동방의 숙적 파르티아를 정복하기 위해 불철주야 원정에 나서야 했다. 그마저 안타깝게도 군대가 페스트에 전염된 탓에 원정이 실패하면서 모든 일이 꼬이기 시작했다. 급기야 황후 파우스티나의 죽음으로 실의에 빠진 황제는 아들 코모두스를 후계자로 삼았는데, 이것이 최대의 실착이었다.

권력 구조로 볼 때 로마제국의 취약점은 제위 계승에 있었다. 황제의 아들이 대를 이으면 되지 않나 싶겠지만 그걸 보장할 수 없다는 게 문제였다. 제정 초기부터 역대 로마 황제는 좀처럼 아들을 낳지 못했다. 그래서 생겨난 게 양자 상속제였는데, 휘하 장군들 중에서 충성심이 강하고 유능한 자를 양자로 삼아 제위를 물려주는 방식이었다. 초대 황제인 아우구스투스부터 딸밖에 낳지 못해 양자를 들였으니 처음부터 로마제국은 중앙 권력의 불안정에 시달릴 수밖에 없었다. 로마 황제들이 그 무렵 중국의 동업자들을 알았더라면 몹시 부러워했을 법하다. 중국의 황제들은 애초부터 그런 걱정을 할 필요가 없었다. 황후가 아들을 낳지 못한다 해도 대기 중인 수많은 후궁들 가운데 아무나 아들을 낳으면 된다. 로마 황제는 죽고 나서야 신으로 추앙 받았지만 중국 황제는 살아 있을 때부터 하늘의 아들, 즉 천자天子였으니까 가능한 이야기다. 고대로부터 대우혼對偶婚의 전통이 강력했던 서양에서 동양식의 강력한 전제군주 체제는 원천적으로 불가능했던 걸까?

로마의 평화를 이끈 5현제 중 4현제도 역시 아들을 두지 못했다. 근 100년 만에 처음으로 아들을 낳은 사람이 바로 마르쿠스 아우렐리우스였다. 그러나 그 경사는 아들이 아버지의 능력과 인품을 물려받지 못하는 유전적인 한계로 결국 비극으로 치달았다. 코모두스는 로마 역사를 얼룩지게 만든 숱한 폭군들 중 상위 랭커에 속하는 인물이었던 것이다.

굳이 라틴어가 아닌 그리스어로 《명상록》을 쓴 것으로 보아 마르쿠스 아우렐리우스는 그리스 문화에 대한 향수가 대단했던 듯하다(실제로 당시

1부 철학은 바깥에서 시작되었다

로마 상류층 가정에서는 그리스 출신의 노예를 자식의 가정교사로 삼는 경우가 많았다). 그래서 그의 사상은 여느 스토아철학보다도 더욱 플라톤의 사상에 가깝다. 이런 지적 배경에 힘입어 로마에서 플라톤은 화려하게 부활한다.

Cosmos in Chaos

로마인들이 모두 라틴어 대신 영어를 능숙하게 구사하는 할리우드 영화 〈글래디에이터〉에서 코모두스는 광기에 사로잡혔으면서도 그런대로 감성과 매력을 지닌 인물로 등장한다. 실제 인품이 어땠는지는 알 수 없으나 칼로 흥한 자 칼로 망한다는 속설대로 그는 방탕과 사치를 일삼다가 결국 암살로 최후를 맞이했다. 곧이어 제위를 둘러싼 치열한 내전이 벌어졌고 세베루스라는 장군이 권좌를 차지했다. 그 뒤부터 제국이 멸망할 때까지, 즉 3~5세기에 로마는 권력 구조만이 아니라 사회 전반이 혼란에 휩싸이고 밖으로는 라틴 문명의 세례를 받아 힘을 키운 게르만 이민족들의 침탈에 호된 몸살을 앓았다. 심지어 235년부터 284년까지, 후대에 군인황제 시대라고 알려진 50년 동안에는 제위에 오른 인물만도 무려 26명이었으니―그 대부분이 코모두스와 같은 운명을 따랐다―평균 재위 기간이 2년도 채 못 되는 셈이다.

학문은 어떤 방식으로든 시대상을 반영하게 마련이다. 앞의 '머리말'에서 밝혔듯이 일반적으로 하나의 학문 체계가 탄생하는 데 작용하는 계기는 두 가지다. 첫째는 그전까지의 학문적 배경이다(예컨대 소피스트가 없었다면 소크라테스는 나오지 않았을 것이다). 하나의 학문과 지적 환경은 일관성의 관계를 가진다. 둘째는 학문이 배태된 당시의 시대상이다(예컨대 플라톤의 사상은 펠로폰네소스 전쟁에서 패배한 이후 아테네의 문명적 몰락을 반영한다). 하나의 학문과 현실적 환경은 대응성의 관계로 묶인다.

이렇게 본다면 극도의 혼란기에 접어든 로마제국의 지적 지형은 후기 스토아철학의 플라톤적 경향을 계승하면서 동시에 제국의 사회적 혼란상을 반영해야 할 것이다. 물론 그랬다. 그런데 일관성의 측면은 충실했어도 대응성의 측면은 좀 특이했다(그런 점이 플라톤 철학의 특성이기도 하다). 부활한 플라톤, 즉 신新플라톤주의를 이끈 플로티노스(Plōtinos, 204?~270)는 가뜩이나 이데아 세계의 조잡한 반영인 현실 세계를 더욱 조잡하게 보았다(때는 마침 군인황제 시대였다). 그래서 그는 황폐한 현실을 외면하고 선만이 존재하는 영원한 세계를 동경했다.

플로티노스는 플라톤의 철학을 부활시키려 했을 뿐 새로운 학파를 창시한다는 생각은 전혀 하지 않았다. 100퍼센트 그의 의도대로만 되었더라면 후대의 학자들이 굳이 그의 철학에 신플라톤주의라는 명칭을 붙일 이유가 없었을 테고, 플로티노스의 이름은 오히려 묻히고 말았을 것이다. 600년에 가까운 시차에도 불구하고 그가 플라톤의 충실한 제자였던 것은 사실이다. 정작 플라톤의 제자였던 아리스토텔레스가 자연주의적이고 다원론적인 철학으로 스승과 길을 달리한 데 비해 플로티노스는 플라톤 특유의 관념론과 일원론적 이원론을 극한까지 밀고 나갔다(플라톤 철학은 이데아 세계와 현실 세계를 병립시킨 점에서는 이원론의 형태를 취하지만 이데아가 실재한다고 본 점에서는 일원론이다). 그런 점에서 플로티노스는 플라톤 철학을 부활시켰다기보다는 완성했다고 해야 할 듯싶다.

타락한 현실에서는 때로 관념이 훌륭한 도피처가 될 수 있다. 플로티노스가 주관주의와 신비주의에 경도되고 낡은 플라톤의 관념론을 채택한 동기는 거기에 있었다. 그러나 비록 동기는 좀 속될지라도 한 겹씩 옷을 만들어 입히다보면 더러 괜찮은 체계가 나오기도 한다. 아리스토텔레스와 스토아철학에서는 영혼도 하나의 물질이라고 보았고, 따라서 영혼은 육신의 한 형상이었다. 하지만 플로티노스는 영혼이 물질이자 육신이라면 지적 활동이 어떻게 가능하겠느냐고 묻는다. 그러므로 물질에서 영혼이 나오는 게 아니라 반대로 영혼이 물질을 만든다. 이것이 플로티노스의 생각이다. 영혼은 해와 달과 별 등 가시적인 세계 전체를 창조한다.

영혼이 물질을 만들었다고 말한다면 관념론 치고도 좀 지나친 게 아닌가 싶다. 그러나 플로티노스가 말하는 영혼은 반드시 인간의 영혼만을 뜻하지 않는다. 자연을 만든 것도 역시 영혼이다. 그는 이것을 세계영혼이라고 불렀다. 인간의 영혼이 인간의 신체를 만들고 신체의 여러 부분들을 관장하듯이 세계영혼은 자연의 여러 부분을 종합하여 하나의 유기체처럼 기능하도록 만든다. 자연은 맹목적인 힘들이 기계적으로 작용해서 생성된 게 아니라 영혼이 특정한 목적에 따라 구성한 피조물이다.

그러나 영혼은 플로티노스가 말하는 존재의 3위 가운데 서열 3위에 불과하다. 사실 영혼이 물질을 창조할 수 있는 이유도 상급의 존재가 영혼에 일부 깃들어 있기 때문이다. 서열 2위에 해당하는 존재는 정신, 즉 누스nous다. 누스라면 일찍이 초기 철학자인 아낙사고라스가 물질을 움직이는 힘으로 정의한 개념이 아닌가? 플로티노스의 누스도 기본적으로는 그것과 다르지 않다. 다만 아낙사고라스와 달리 플로티노스가 말하는 누스는 물질이 아니라 영혼을 움직이는 힘이다. 누스는 영혼으로 하여금 누스를 본받아 물질과 세계를 창조하게 한다.

용어와 의미는 약간 달라도 여기까지 보면 플로티노스는 과연 플라톤을 충실히 계승했다고 할 수 있다. 가시적인 세계를 만드는 영혼이 개별자라면 영혼을 움직이는 누스는 바로 예지적인 세계, 즉 이데아다. 실제로 플로티노스는 영혼과 누스를 말하면서 플라톤의 이데아론을 답습한다고 믿었다. 개별자가 이데아의 모방이듯이 영혼은 누스의 모방이다. 하지만 그는 여기에 또 한 가지를 덧붙이는데, 이것은 플라톤 철학과 그리스도교를 잇는 결정적인 가교의 역할을 한다.

서열 1위의 존재, 모든 존재 가운데 가장 완전하고 궁극적인 존재는 일자一者다. 플라톤의 이데아는 비록 영원불변의 성격을 지니지만 단일한 존재는 아니다. 책상이라는 개별자에는 책상의 이데아가 있고 고양이라는 개별자에는 고양이의 이데아가 있는 식이다. 그렇다면 거의 개별자의 수만큼 많은 이데아가 존재하는 셈인데, 이래서야 이데아에서 완벽한 존재로서의 품위를 느낄 수 있을까? 그에 비해 플로티노스의 일자는 격이 사뭇 다르다.

일자는 강력한 카리스마를 지니는 개념으로서 말 그대로 일체의 형용을 불허한다. 플로티노스는 일자에 관해서 말할 수 있는 것이라고는 다만 그것이 존재한다는 것밖에 없다고 주장한다. 말할 수 없는 것을 말하려 해서는 안 된다. "말할 수 있는 것에 관해서는 명료하게 말하라. 그러나 말할 수 없는 것에 관해서는 침묵하라." 20세기 비트겐슈타인의 이 독백은 앞서 플로티노스가 있었기에 고독하지 않다. 고독한 것은 그들이 아니라 일자다. 일자는 찬양과 찬미의 대상일 뿐 설명과 형용의 대상이 아니다. 모든 것을 초월하고 어느 것과도 관계하지 않는 절대 지존, 그것이 곧 일자다.

물론 일자가 그렇게만 존재한다면 나머지 2, 3위 랭커들과의 촌수가 모호해진다. 누스가 영혼을 움직이듯이 일자는 누스를 움직이는 걸까? 아니면 일자는 누스를 창조한 존재일까? 그렇지 않다. 일자는 동인動因으로 작용하지도 않고 무엇을 창조하지도 않는다. 일자가 나머지 존재들에, 나아가 세계에 영향을 주는 방식은 작용이나 창조가 아니라 '유출'이다. 빛이 강하면 자연스럽게 다른 곳을 밝혀주듯이 일자는 자체적으로 충만한 존재이므로 저절로 차고 넘쳐 유출된다. 이 유출은 어떤 행위에 의한 산출이 아니므로 작용이나 창조와는 다르다. 작용이라면 원인과 결과를 논하는 인과성의 원리가 적용될 테고, 창조라면 모종의 결핍이 있기에 생겨나는 변화라고 보아야 할 테지만, 유출은 순수한 본질에 의한 산출이므로 인과성도 아니고 결핍도 아니다. 일자는 창조의 의도를 가지지 않았으나 세계는 일자에 의해 창조되었다.

이렇듯 플로티노스는 (영혼이 물질을 창조한다고 봄으로써) 플라톤의 관념론을 극한까지 추구했고, (일자를 상정함으로써) 플라톤의 일원론적 이원론을 완전한 일원론으로 정비했다. 세상은 온통 어지러워도 일자는 고고한 향기를 풍겼다. 수렁에 핀 연꽃일까? 아니, 그보다 일자는 혼탁한 카오스의 세상에 고매하게 홀로 핀 코스모스였다.

신에게로 한 걸음 더

일자에 관해서는 어떤 사유도 불가능하고 어떤 언어로도 표현할 수 없다. 일자를 알기 위해서는 오로지 일자와 합일을 이루어야 하며, 일자를 내 안에 모셔야 한다. 현실 세계에서 일자와의 합일은 찰나적으로 경험하는 신비스러운 희열이다. 실제로 플로티노스의 문헌을 편찬하고 그의 사상을 후대에 소개하는 데 결정적인 역할을 한 그의 제자 포르피리오스(Porphýrios, 234?~305?)에 따르면, 플로티노스는 생애에 네 차례나 일자와의 합일을 이루는 경지에 도달했다고 한다. 그렇게 보면 플로티노스는 학자라기보다 일종의 도인을 연상케 한다.

일자로부터의 유출은 마치 높은 곳의 물이 낮은 곳으로 흐르는 것처럼 자연스러운 과정이다. 즉 의식하지도, 의도하지도 않은 현상이다. 가장 높이 있는 존재이기에 저절로 낮은 단계에 있는 존재들로 투사되고 분화될 뿐이다. 그래서 일자는 다른 모든 존재를 가능케 하는 존재론적인 필수 조건이며, 다른 모든 존재를 파생할 만큼 완벽하고, 어떤 의미에서는 유일한 존재다. 플로티노스는 일자에서 파생된 존재를 비존재非存在라고 부른다. 물질은 역설적이게도 비존재다.

그렇다면 영혼이 물질을 창조한다는 그의 발상이 (비록 관념론일지언정) 터무니없는 억지는 아니라고 볼 수 있다. 플로티노스가 말하는 물질이란 현실적으로 존재하는 사물이라기보다는 일자를 제외한 모든 것, 일체의 불완전한 존재를 가리키는 개념이다. 불완전은 완전을 모사하고 지향한다. 비존재는 존재를 꿈꾸고 사랑한다. 그러나 찰나적으로 일자와 합일을 이룰 수는 있어도 완전한 합일은 궁극적으로 죽음을 통해서만 가능하다.

낙관론일까, 비관론일까? 일자와의 합일을 이룰 가능성이 있다는 것은 낙관론이지만 죽어야 완전한 합일이 가능하다는 것은 비관론이다. 시절이 시절인지라 당시에는 플로티노스의 일원론과 전혀 다른 이원론을 주장하면서도 비관론적 결론에 관해서는 일치하는 지적 흐름이 있었다. 초기 그리스도교에도 큰 영향을 미쳤으나 결국 이단으로 단죄된 그노시스파(영지주의)가 그 예다. 그노시스gnosis란 원래 '지식'을 뜻하는 그리스어인데, 여기서 말하는 지식이란 세속적인 지식이 아니라 어지러운 현세로부터 구원을 받을 수 있는 신비로운 지식을 가리킨다.

그노시스파의 사상가들은 세계를 정신계와 물질계로 이분하고, 선과 악으로 분명하게 낙인을 찍었다. 즉 정신계는 선이 지배하는 세계지만 물질계는 악신이 창조하고 악신의 지배를 받는 세계라는 것이다. 육신이라는 '물질'을 지닌 인간은 살아 있는 한 물질계에서 벗어날 수 없다. 선의 세계는 오직 죽어야만 갈 수 있으며, 영혼이 충분히 정화된 이후에야 영원히 물질의 구속에서 해방되어 정령의 세계에서 행복을 구현할 수 있다.

신플라톤주의와 마찬가지로 그노시스파 역시 플라톤에 사상적 근원을 두고 있다. 그렇게 보면 이 두 가지 사상의 조류는 플라톤의 일원론적 이원론이 낳은 이란성 쌍둥이인 셈이다. 공교롭게도 서로 다른 특질을 지닌 이 쌍둥이의 두 가지 개성이 혼합되어 그리스도교의 사상적 밑거름이 된다. 그노시스파는 신플라톤주의보다 더 현실을 완전히 부정했지만 그 과정에서 구원의 관념이 형성되었다. 죽음을 통해서만 구원을 얻을 수 있다는 강성 이미지만 제거한다면 훌륭한 대중적 종교의 토양이 될 수 있다. 그렇다면 남은 것은 그 구원을 가져다줄 신의 존재인데, 그것은 플로티노스의 일자가 해결한다.

일자가 그리스도교의 신으로 탈바꿈하기 위해서는 사다리의 한 계단만 더 오르면 된다. 앞서 보았듯이 스토아철학은 신의 존재를 충분히 예견했으나 그 신은 아직 복수의 '신들'이었다. 그래서 스토아철학(스토아신학?)은 기본적으로 범신론에 머물렀다. 그러나 플로티노스의 일자는 명칭 자체가 시사하듯이 이미 유일신이다. 그럼 마지막 남은 계단은 뭘까? 그것은 일자에게 없는 것, 즉 인격신의 이미지다. 인격신이어야만 인간이 에덴동산을 나온 이래로 가장 타락한 이 세상을 구원할 수 있는 구세주가 될 수 있었다.

다음 장에서 살펴볼 4세기의 그리스도교 철학자인 아우구스티누스는 플로티노스에 관해 이렇게 말했다. "조금 더 후대에 살았다면, 그리고 몇 개 낱말과 구절만 고친다면 그는 그리스도교도가 될 수 있었을 것이다." 그러나 플로티노스가 그리스도교에 귀의하지 못한 것은 입장의 차이보다는 아마 그의 시대에 그리스도교가 아직 충분히 교세를 확장하지 못했기 때문일 것이다(어쩌면 플로티노스는 신흥 종교인 그리스도교를 잘 알지 못했을지도 모른다). 그와 달리 아우구스티누스는 그리스도교가 공인된 시대에 살았다.

초기 교부 철학자들이 신플라톤주의에서 여러 가지 신학적 내용을 취한 것은 당연하다. 플로티노스의 일자는 우주의 절대자로서 사실상 그리스도교의 신과 같다. 또한 플로티노스가 직접 경험한 일자와의 합일은 종교적 엑스터시와 다를 바 없다. 일체의 욕망도, 영혼도, 이성도 쓸데없고 오로지 신의 품으로 귀의하려는 의지만 중요하다. 하느님 나라는 돈으로도 힘으로도 못 가고, 어여뻐도 맘 착해도 못 가며, 오로지 믿음으로만 가는 곳이다. "신의 삶이나 신과 같이 축복 받은 사람들의 삶이란 이 속세의 모든 것으로부터 해탈하고 모든 현세적 쾌락을 벗어난, 고독한 자가 고독한 자에게로 비상飛翔하는 것이다."

군인황제 시대에 보기 드물게 오래 재위했고 암살의 운명을 겪는 대신 반란군을 진압하다 전사한 갈리에누스 황제의 치세(253~268)에 플로티노스는 이탈리아 남부의 캄파니아에 도시국가를 세우려 한 적이 있었다. 처음에는 갈리에누스도 신도시 계획에 찬성했다가 나중에 마음을 바꾸는 바람에 결국 성사되지는 못했는데, 플로티노스가 생각한 도시의 이름은 플라토노폴리스, 즉 플라톤의 도시국가였다. 물론 그는 플라톤의 이상 국가 이념에 충실한 계획도시를 꿈꾸었지만 만약 이 도시가 실제로

1부 철학은 바깥에서 시작되었다

건립되었더라면 이곳이야말로 바티칸 대신 최초의 교황청이 들어설 장소였을 것이다.

로마제국의 혼란기를 살았던 플로티노스를 마지막으로, 이오니아에서 시작된 고대 철학은 문을 닫았다. 결과론적인 해석이기는 하지만 그 과정은 어찌 보면 그리스도교를 낳기 위한 오랜 과정이었는지도 모른다. 처음에 자연철학으로 출발한 그리스 세계의 철학은 곧이어 인간 중심의 철학으로 넘어갔으며, 플라톤과 아리스토텔레스의 시대에 인간의 이성이 최대한 끌어올려진 뒤부터는 신을 영접할 준비를 하기 시작했다. 로마 시대에 들어서는 구세주로서의 신(정확히는 '신의 아들을 자칭하는 자')이 탄생했고, 그 신이 남기고 간 종교는 로마제국의 힘이 약화되는 것과 때를 같이하여 힘을 키웠다.

신을 얻기 전까지는 철학이었어도 신이 내린 뒤부터는 철학이 아니라 신학의 문패를 걸어야 한다. 바야흐로 인간이 발명한 신이 인간을 거꾸로 규정하는 시대가 다가오고 있었다.

삼위일체 논쟁과 교부 철학	중세 신학과 이슬람 세계의 철학
	에리우게나
	|
	스콜라철학
	|
	안셀무스
	|
아리우스	아벨라르
|	|
오리게네스	이븐 시나
|	|
펠라기우스	이븐 루슈드
|	|
아우구스티누스	토마스 아퀴나스
	|
	둔스 스코투스
	|
	윌리엄 오컴

신이라는
궁극적인 질문

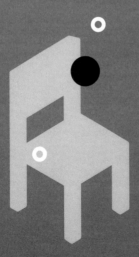

4장

신을 위한 변명

아리우스, 오리게네스, 펠라기우스, 아우구스티누스

로마제국은 3세기에 명패를 내렸어야 했다. 번영의 2세기 이후에 닥친 카오스의 3세기는 로마제국에 돌이킬 수 없는 치명타를 가했다. 미리 집필된 역사의 각본이 있다면 아마 3세기 말 무렵 로마제국은 무대에서 퇴장하기로 설정되어 있었을 것이다. 늙은 코끼리처럼 시름시름 죽어가는 제국의 수명을 5세기까지 200년이나 더 연장시킨 것은 두 명의 명의가 출현한 덕분이었다. 한 명은 수술에 능한 외과 의사였고 또 한 명은 체질 개선을 시도한 내과 의사였다.

먼저 수술로 제국을 살려내려 한 의사는 디오클레티아누스 황제(재위 286~305)다. 그는 유럽, 아시아, 아프리카에 걸친 제국의 영토를 세로로 싹둑 잘라 동방과 서방으로 나누었다. 그러나 병이 깊은 만큼 수술은 한 차례로 끝나지 않았다. 재수술을 위해 집도한 그는 두 개의 제국을 다시 각각 둘로 갈라 모두 넷으로 만들었다. 그리고 거기서 노른자위에 해당하는 동유럽과 소아시아의 동방 제국은 자신이 황제를 맡았고, 부하인 갈

레리우스를 부제副帝로 임명해 지금의 헝가리 일대를 맡겼다. 서방 황제로 임명된 막시미아누스는 이탈리아와 북아프리카를 맡았고, 서방부제인 콘스탄티우스는 에스파냐, 갈리아, 브리타니아를 다스렸다. 나아가 디오클레티아누스는 변방의 속주들도 세분해서 중앙정부가 관할하기 쉽도록 했으며, 황제의 권위를 신격화시켜 절대 권력을 수립했다.

일단 수술은 성공적이었다. 그러나 환부를 도려내는 것으로 건강을 되찾을 환자가 아니라는 게 문제였다. 더욱이 수술의 효력은 카리스마를 가진 의사가 살아 있을 때뿐이었다. 오랜만에 등장한 황제다운 황제였던 디오클레티아누스가 권좌에서 물러나자 로마의 병은 금세 도졌다(그는 말년에 스스로 권력을 내놓고 달마티아의 해변에서 은거 생활을 했다). 곧이어 등장한 또 다른 명의는 서방 부제 콘스탄티우스의 아들인 콘스탄티누스(재위 306~337)였다. 그의 치료 방법은 외과 수술의 효력을 유지하는 한편 종교라는 '아편'을 투입해 환자의 체질을 바꾸는 것이었다.

313년 6월에 콘스탄티누스는 당대의 모든 사람을 깜짝 놀라게 할 명령을 내렸다. 바로 그리스도교를 공인한 밀라노 칙령이었다. 그전 해 10월에 반란군을 진압하기 위한 전투를 앞두었을 때 그는 석양을 배경으로 하늘에 커다란 십자가가 나타난 것을 보았다. 사실인지 거짓인지, 아니면 무의식적 환상인지 의식적 사기극인지 아무도 모를 일이지만, 그 사건을 계기로 콘스탄티누스는 그리스도교로 전격 전향했으며, 불과 20년 전에 디오클레티아누스가 극심하게 탄압한 그리스도교를 공인했다. 신흥 종교를 지배 이데올로기로 채택한 그 대담한 조치에는 아마 갓 장악한 권력의 정통성을 확보하려는 의도도 숨어 있었으리라. 어쨌든 그 과감한 결단 덕분에 그는 후대의 그리스도교 역사가들에게서 '대제大帝'라는 영광스러운 칭호를 얻었다.

신흥 권력과 신흥 종교

14세기 말 이성계가 조선을 건국한 뒤 맨 먼저 한 일은 모든 토지를 국유화해 고려 왕조를 사실상 지배했던 권문세가의 물적 기반을 해체한 것이었다. 20세기 초 스탈린은 소비에트러시아의 권력을 장악하자마자 트로츠키를 비롯한 정적들을 몰아내고 대대적인 숙청을 전개했다. 무릇 신흥 권력이라면 무엇보다 먼저 자체의 생존을 위해 라이벌의 제거를 가장 시급한 과제로 설정하게 마련이다. 로마제국 후기의 어수선한 수백 년 동안 서서히 힘을 키운 신흥 종교 그리스도교에서 '숙청'이란 이단을 뿌리 뽑는 과정이었다. 그리고 그 수단은 종교회의였다.

로마 시대 내내 그리스도교가 탄압을 받은 것은 아니었으므로 교도의 수는 꾸준히 증가했다. 하지만 박해가 있을 때마다 상당수의 교도가 대열에서 이탈한 것은 사실이었다. 여기서 최초의 종교적인 쟁점이 생겨났다. 박해의 거센 파도가 지나간 뒤 다시 복귀하려는 예전의 교도들을 어떻게 해야 할 것인가? 도덕적인 문제, 혹은 기존 교도들과의 형평상의 문제를 감수하고서라도 세를 불려야 할까, 아니면 그들을 내치고 소수 정예의 원칙을 취해야 할까?

아직 양적으로 세가 부족하다고 판단한 가톨릭교회는 전자를 선택했다. 그에 따라 강경책을 주장하던 3세기의 노바티아누스파, 4세기의 도나투스파는 순수파와 청정파를 자처했음에도 불구하고 이단으로 몰리게 되었다. 우리 현대사로 비유하면 해방 직후 친일 잔재를 청산하자는 목소리가 오히려 단죄를 받은 격이다. 친일파 가운데 고위 공직자들이 상당수 포함되었듯이, 랍시lapsi라고 불린 변절자들 가운데는 주교 급의 고위 성직자도 꽤 있었으므로 교회가 이들을 내치지 않으리라는 예상은 충분히 가능한 상황이었다. 또한 친일파를 청산하지 않은 '근거'가 도덕과 기능을 구분해야 한다는 것이었듯이, 랍시들을 끌어안는 데도 성직자의 도덕성과 성사聖事는 별개의 문제라는 해괴한 '근거'가 작용했다(훗날 아우구스티누스는 "성직자란 단지 그리스도를 대리할 뿐"이라는 주장으로 그 근거에 힘을 실어준다).

어쨌거나 양적인 팽창에는 질적인 저하가 따르게 마련이다. 세 불리기 방책으로 양적인 문제가 어느 정도 해소되자 결국 교회는 질적인 문제를 고려하지 않을 수 없다고 판단했다. 밀라노 칙령에 이어 콘스탄티누스가 두 번째로 그리스도교 발전에 결정적인 기여를 한 것은 바로 이때다. 특정한 교파를 끌어들이거나 내치는 것이 외과적인 치료라면 교리상의 쟁점을 정비해 내실을 기하는 것은 내과적인 치료에 해당한다. 로마제국을 치료할 때도 내과적인 수단을 동원했던 콘스탄티누스는 그리스도교를 치료할 때도 역시 내과 의사의 역할을 담당한다. 차이가 있다면 로마제국은 죽어가는 환자였던 데 비해 그리스도교는 영양제가 필요한 한창 자라나는 청소년이라 할까?

사실 문제는 수백 년 전 그리스도가 현역으로 활동하던 시대부터 비롯되었다. 메시아(구세주)라는 히브리어를 그리스어로 번역한 호칭이 그리스도이듯이, 예수 그리스도는 처음부터 구세주로서 이 땅에 내려왔다. 그런데 그냥 구세주였다면 적어도 교리상으로는 아무 문제도 없었겠지만 그는 신의 아들이라고 자칭했다. 그렇다면 아버지 신이 따로 있다는 이야기가 되는데, 이건 신흥 종교가 최대의 무기로 내세운 유일 신앙에 정면으로 위배되는 커다란 모순이었다. 그리스도교의 종교적 모태인 유대교는 이미 1천여 년 전부터 야훼라는 유일신을 섬기지 않았던가?

그래도 아버지와 아들의 관계란 워낙 각별한지라 그리스도교의 초기에는 그런대로 그 점이 부각되지 않고 넘어갔다. 하지만 교세가 확장되고 교회가 안정되면서 어떻게든 그 모순을 해결하지 않고서는 더 이상의 발전을 꾀하기 어려운 상황에 이르렀다. 그리스도교를 로마제국의 공식 종교로 삼은 지 불과 몇 년 만에 콘스탄티누스는 사태의 심각성을 깨달았다.

그 무렵 알렉산드리아의 장로인 아리우스(Arius, 250?~336)는 신플라톤주의자답게 유일 신앙에 매우 철저한 인물이었다. 풍부한 학식과 당당한 풍모로 많은 추종자들을 거느렸던 그는 예수 그리스도를 신이라고 보지 않았다. 무릇 신이라면 영원불변의 단일한 실체여야 하지만 그리스도에게는 그런 속성이 없다. 비록 신의 아들이라지만 그리스도는 인간처럼 고뇌했으며, 비록 부활했다지만 적어도 사흘 동안은 인간처럼 죽었다. 물론 그리스도가 신의 말씀을 전하러 왔고 인간이 지은 원죄를 대속代贖한 사실에 대해서는 부인할 수 없다. 그래서 아리우스는 신이 인간 세상을 구원하기 위해 그리스도를 창조했다고 해석했다. 이를테면 그리스도는 높게 보면 신의 사자이고 낮게 보면 신의 도구다. 설사 신의 아들이라 해도 아들은 아버지에게 복종해야 하므로 그리스도는 신의 심부름꾼일 뿐 절대 동격은 될 수 없다.

그런 아리우스의 주장을 공박한 사람은 그의 직계 상사인 알렉산드리아의 대주교 알렉산드로스였다. 성직상의 위계에서 밀린 아리우스는 320년에 추종자들과 함께 파문을 당했으나 굴하지 않고 굳건히 버텼다. 그도 그럴 것이, 수많은 교도 대중이 그를 지지해주었던 것이다. 당시 신흥 종교에 대한 관심은 놀라울 만큼 뜨거웠다. 도시마다 대자보가 나붙고 시장마다 난상 토론이 벌어졌다. 더욱이 아리우스는 타고난 선동가의 기질을 가지고 있어 언론 플레이에 능했다. 그는 자신의 입장을 널리 홍보하기 위해 많은 노래를 지어 사람들에게 퍼뜨렸다. 그 덕분에 후대의 교회 사가들은 아리우스를 '종교음악의 아버지'로 존경했을 정도다.

사태가 걷잡을 수 없는 단계에 이르자 콘스탄티누스도 더 이상 방관할 수 없었다. 하지만 아무리 황제라 해도 신성의 문제를 세속의 군주가 마음대로 결정할 수는 없는 노릇이다. 그래서 그는 니케아로 주교들을 전부 불러 모아 이 문제를 매듭짓기로 했다. 325년 5월 20일부터 한 달 동안 역사상 최초의 대규모 종교회의인 니케아 공의회가 열렸다.

사실 콘스탄티누스의 관심은 종교적 쟁점에 있지 않았다. 로마제국의 치료에 여념이 없었던 그로서는 자신이 위험을 무릅쓰고 공인한 그리스도교가 어떻게든 한목소리로 단결해 제국의 분열을 치유할 수 있는 특효약으로 기능하기만을 바라는 마음이었다. 제국의 통일만을 염두에 두었기 때문에 그는 그리스도교를 공인한 뒤에도 굳이 이교의 신앙을 박해하려 하지 않았다. 이런 심정은 그의 기도문에서도 충분히 읽을 수 있다. "모든 사람이 자신의 마음에 따라 자유롭게 신앙을 가질 수 있도록 하소서. …… 자발적으로 불멸성을 추구하는 행위와 징벌을 받을 것이 두려워 남들에게 그렇게 강요하는 행위는 전혀 다르기 때문입니다." 종교 전문가가 아님에도 불구하고 그가 직접 해법까지 제시한 데는 그런 사연이 있었다.

콘스탄티누스는 공의회에 모인 300여 명의 주교들에게 신과 그리스도의 관계를 호모우시오스 homoousios라고 표현하는 게 어떻겠느냐고 제안했다. 그 용어는 '동일 본질'이라는 뜻이므로 아버지와 아들이 같다는 주장에 은근슬쩍 힘을 실어주려는 의도였다. 아리우스파의 주교들은 당연히 반발했으나 황제는 한편으로 어르고 다른 한편으로 으르면서 참석자 다수에게서 동의의 서명을 받아내는 데 성공했다. 책략의 측면에서는 종교인이 정치인을 당해낼 수 없는 법이다. 결국 아리우스파는 이단으로 규정되었고 아리우스는 추방령을 받았다. 하지만 정치인의 책략이란 언제나 미봉책일 뿐 근본적인 해결책이 될 수는 없는 법이다. 그것으로 사태가 완전히 해결되었다는 것은 커다란 오산이었다.

또 하나의 세계종교

콘스탄티누스는 모든 논란이 해소되었다고 여기고 다시 의사-황제라는 본분으로 돌아갔지만, 그 문제가 어느 정도 해결되기까지는 이후에도 수백 년에 걸쳐 몇 차례의 공의회가 더 필요했다. 아리우스는 죽었어도 그의 논리는 살아남았다. 그리스도의 신성神性을 부정하는 논리는 단성론單性論으로 옷을 갈아입고 여전히 적지 않은 지지자들을 거느렸다. 단성론의 위세를 우려한 교회는 어떻게 해서든 그들을 이단으로 몰아붙여야 했고, 그러기 위해서는 니케아 공의회의 결정을 밀어붙여야 했다. 결국 이런 입장은 성부(신)와 성자(그리스도)가 동등한 지위이고 양자 사이를 성령이 이어주며 이 세 가지 위격의 본질은 하나라고 보는 삼위일체론Trinity으로 정비되어 오늘날까지 이어진다.

성부-성자-성령의 삼위三位가 '따로 또 같이'라면 다소 억지스러운 타협안이지만, 애초에 그리스도교의 창시자인 그리스도가 신의 아들이라고 말한 데서 비롯된 문제였으므로 어차피 그런 정도의 해결책이 고작이었다. 그러나 사안의 본질이 모호한 만큼 그 파문도 쉽게 가라앉지 않았다. 서방교회는 로마제국이 476년에 멸망한 이후 황제가 없는 대신 교황이 있었지만 비교적 교세가 약했으므로—당시 가톨릭교회에서 총대주교가 있는 도시는 로마, 콘스탄티노플, 안티오크, 예루살렘, 알렉산드리아였는데, 로마를 제외한 네 교구가 동방 제국에 속한 데서 알 수 있듯이 서방 교회의 힘은 동방에 크게 밀렸다—그 문제가 크게 대두되지 않았다. 그러나 동방교회는 삼위일체론이 확립된 이후에도 내내 격렬한 논쟁에 시달렸다.

그 문제는 엉뚱한 곳에서 엉뚱한, 그러나 역사적으로는 대단히 중대한 두 가지 결과를 낳았다. 텃밭을 빼앗기면 새 땅을 개간하려 들게 마련인데, 아리우스파가 바로 그랬다. 교회에서 파문을 당하고 이단의 판결을 받았지만 아리우스파는 오히려 로마제국의 변방에서 더욱 세를 부풀렸다. 제국의 변방이라면 북쪽과 동쪽, 다시 말해 게르만족이 사는 유럽의 심장부와 사막 유목민들의 고향인 아라비아다. 이 두 지역에는 나름의 전통 종교도 있었으나 그리스도교라면 아리우스파 하나밖에 없었다.

로마제국이 멸망한 뒤 지금의 프랑스에 해당하는 갈리아 땅은 게르만족의 몇 개 분파가 점한 상태였다. 무주공산의 상태는 오래가지 않았다. 얼마 안 가 갈리아에서는 클로비스가 지배하는 프랑크족이 발언권을 얻기 시작했다. 그러나 문제는 남서부의 아키텐에 자리 잡은 서고트족의 툴루즈 왕국이었다. 정면 대결로는 만만치 않다고 본 클로비스는 특단의 방책을 구상했다. 세속의 힘 대신 신성의 힘을 빌리기로 한 것이다. 그래서 그는 496년에 자발적으로 세례를 받고 로마가톨릭으로 개종했다. 그런데 놀라운 것은 서고트족의 지배층을 포함한 주변의 모든 게르만족이 이미 이단으로 판정 받은 아리우스파였다는 사실이다.

승부수일까, 무리수일까? 어쨌든 클로비스의 모험은 멋지게 성공했다. 툴루즈 왕국의 지배층이 갈리아 원주민들과 분열되었고 여기에 주교들이 가세하면서 클로비스는 서고트족을 이베리아 반도로 말끔하게 축출

2부 신이라는 궁극적인 질문

할 수 있었다. 이렇게 해서 반석에 오른 프랑크 왕국은 이후 로마 교황청과 찰떡궁합을 이루어 일약 로마제국의 계승자로 발돋움했다. 이 시너지 효과의 절정은 800년 크리스마스에 프랑크의 왕 샤를마뉴가 로마로 가서 교황이 집전하는 대관식을 치른 일이다. 비록 완전한 로마제국의 부활은 아니지만 이로써 서방 황제가 다시 탄생했고 이는 나중에 생겨나는 신성로마제국의 원형이 된다.

한편 동쪽 변방에서도 아리우스파는 그에 못지않은 세계사적 역할을 담당했다. 철학적으로 신플라톤주의에다 종교적으로 단성론인 아리우스파가 유대교의 고향이 가까운 지역에 어떤 영향을 미쳤을지는 예상하기 어렵지 않다. 철저한 유일 신앙이면서(신플라톤주의+유대교) 예수 그리스도를 신으로 간주하지 않는 입장(아리우스파)일 것이다. 물론 그 세 가지 사상이 곧바로 종교화되지는 않았지만 7세기에 이 지역에서 또 하나의 세계종교가 탄생하는 데 결정적인 기여를 한 것은 분명하다. 그 종교란 바로 이슬람교다.

중동 분쟁이 오늘날까지도 해결되지 않았고 2001년에는 9·11 사태까지 발생한 탓에 흔히 이슬람교와 그리스도교는 처음부터 배타적이었을 것으로 생각하지만, 원래의 배경을 보면 그렇지 않다. 예를 들어 예수의 어머니인 마리아에게 잉태를 알린 대천사 가브리엘은 이슬람교에서도 마호메트에게 계시를 내려 예루살렘으로 인도하는 역할을 한다(아라비아식 이름은 지브릴이다). 아리우스파의 영향력을 더 확실히 보여주는 사실은 이슬람교에서 그리스도를 마호메트와 동급인 예언자로 본다는 점이다. 비록 신의 아들은 아니지만 이슬람교에서도 그리스도는 마호메트처럼 신의 강림을 예언하는 역할을 맡고 있다.

이렇듯 아리우스파와 단성론은 동방정교에서 수세기 동안 치열한 쟁

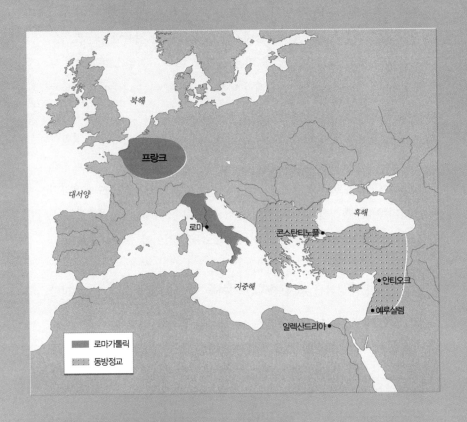

5~6세기 유럽의 종교적 지형 동방교회와 서방교회가 완전히 분리된 것은 11세기의 일이지만, 두 교회는 사실상 이때부터 분립의 조짐이 역력했다. 이탈리아에 국한되어 있던 로마가톨릭은 프랑크족의 개종에 힘입어 서유럽에서 발언권이 크게 강화되었다. 지도에서 표시되지 않은 유럽 지역은 거의 대부분 이단으로 규정된 아리우스파 그리스도교였다.

점이 되었고, 서방교회의 로마가톨릭을 위해서는 교회가 세속의 힘을 얻는 배경으로 작용했으며, 이슬람교의 탄생에도 밑거름이 되었다. 그렇다면 종교적으로 실패한 것이 오히려 세계사적으로는 더 막중한 역할을 했다고 볼 수 있다. 더 거시적으로 보면 동방 제국(비잔티움 제국)은 이후에도 내내 종교 논쟁에서 벗어나지 못한 탓에 국력이 크게 약화되어 11세기에는 서방의 십자군에게 수모를 당하고 결국 15세기에는 오스만튀르크에 의해 1천여 년에 걸친 역사의 문을 닫게 된다.

종교도 철학의 일부라고 볼 수 있고, 특히 서양의 중세는 그리스도교의 세계라고 말할 수 있기 때문에, 지금까지 그리스도교의 탄생과 교리에 관련된 역사와 지성사를 개략적으로 살펴보았다. 이제 다시 3세기로 거슬러 올라가 본래의 철학사를 추적해보자.

신앙이냐 이성이냐

플로티노스가 이끈 신플라톤주의는 철학과 신학의 중간에 위치한 만큼 어차피 일부분은 버려지고 나머지는 그리스도교 신학에 수용될 운명이었다. 신플라톤주의의 철학적 슬로건이 이성이라면 신학적 슬로건은 신앙에 해당한다. 이성과 신앙! 쉽게 말하면 알고 믿을 것이냐, 믿고 알 것이냐는 문제라고도 할 수 있는데, 이 문제는 훗날 중세 전체를 통틀어 보편자의 개념과 함께 철학과 신학상의 양대 쟁점을 이루게 된다. 이 이성과 신앙의 문제를 최초로 고민한 사람은 플로티노스보다 한 세대쯤 앞선 오리게네스(Origenes, 184?~253?)다.

오리게네스는 플로티노스와 함께 암모니우스 사카스라는 스승에게서 학문을 배웠으므로 기본적으로는 신플라톤주의와 궤를 같이한다. 그러나 플로티노스는 그리스도교도가 아니었고―그래서 신앙에 관해 고민할 필요가 없었다―순수 철학을 전개한 데 비해, 오리게네스는 《구약성서》의 원문을 연구하고 해석한 성과로 후대에 그리스도교의 성인으로 추증을 받았다. 그는 교부 철학자(그리스도교 철학자)로 분류될 만큼 신학 쪽에 비중을 두었던 사람이다. 실제로 그는 평생에 걸쳐 그노시스파를 비롯하여 그리스도교에 반대하는 학자들과 치열한 논쟁을 벌이면서 초기 그리스도교를 철학적으로 옹호하는 데 크게 기여했다. 그 과정에서 삼위일체론의 원형이 생겨났으므로 그의 학문적 성과는 후대의 니케아 공의회에도 적지 않은 지적 영향을 미쳤다.

유대교처럼 교도와 민족이 일치하는 '닫힌 종교'가 아니라면 유일 신앙에는 까다로운 걸림돌이 있다. 이것은 예수에게 신격이 있느냐 없느냐는 교리상의 문제보다도 훨씬 중요하고 근본적인 문제다. 우주의 절대자인 신이 모든 것을 결정한다면 인간의 이성이나 자유의지는 신의 뜻과 어떤 관계에 있을까? 신은 왜 애초부터 모든 인간을 자신의 교도로 만들지 않고 인간에게 선택의 자유를 부여했을까? 또 신은 왜 이교도까지 창조해서 사태를 골치 아프게 만들었을까? 이것은 사실 오늘날에도 종교를 가진 사람과 그렇지 않은 사람 사이에 깊은 골을 만드는 문제다.

플로티노스의 일자는 절대적이고 궁극적인 존재라는 점에서 신과 같은 위상이지만, 세계는 일자로부터의 유출을 통해 생성되었을 뿐 일자의 피조물은 아니다. 그러나 오리게네스는 창조주로서의 신을 인정하고 신의 전능함을 믿는다. 여기서 의문이 솟는다. 무릇 전능한 존재라면 자기 자신 이외에 어떤 것도 필요로 하지 않을 것이다. 즉 신은 완전히 자족적이고 자유로운 존재다. 그런데 그런 신이 세계를 창조했다면 신은 세계를 필요로 하는 게 아닐까? 뭔가를 필요로 한다면 완전히 자족적이고 자유로운 존재라고 할 수 없다. 그렇다면 신과 세계의 관계는 도대체 뭘까? 자유와 필연은 신에게서 어떻게 연관되어 있을까?

일자라면 의지로 세계를 만든 게 아니니까 답은 쉬워진다. 그래서 플로티노스는 그런 고민을 하지 않아도 되었다. 그러나 일자를 신으로 대체한 오리게네스는 문제만 제기하고 끝내 답을 내지 못했다. 아마 신의 뜻을 인간이 전부 알 수는 없다고 자위하는 데 그쳤으리라. 그가 답을 낼 수 있었던 것은 이성과 신앙의 문제다. 신의 피조물인 인간이 모두 신에게 복종하지 않는 이유는 뭔가? 그것도 신의 뜻이라고 보면 답을 찾을 수 있다. 오리게네스는 현실의 물질적 세계를 일종의 '훈련장'이라고 보았다. 인간은 이 세계에서 기본 훈련을 마치고 성적에 따라 근무지를 배치 받는 존재다. 지진, 홍수, 전염병 같은 재앙은 신이 내린 구체적인 시험 과목에 해당한다. 성적 우수자는 천사가 될 수 있지만 성적이 불량한 자는 지옥에 떨어져 마귀가 된다. 이렇게 분명한 메리트 시스템을 상정하면 이성과 신앙을 놓고 갈등할 필요가 없어진다. 요컨대 이성은 올바른 신앙을 찾아가는 길잡이의 역할이다.

나름대로 명쾌하기는 하나 지나치게 단순하고 어딘가 허전하다. 왜 그럴까? 설명은 되었으되 설득력이 떨어지기 때문이다. 인간이 자신의 이성과 자유의지를 가지고 신의 뜻을 따라야 한다는 것은 적어도 그리스도교도라면 누구나 인정할 수 있지만, 만약 그렇다면 교도는 모조리 성직자가 되어야 할 것이다. 밭에서 농사를 짓고 채석장에서 돌을 캐고 시장에서 장사하는 보통 사람들의 일상생활은 어찌할 것인가? 사람들은 자신의 직업이 신의 뜻을 찾기 위한 활동이 아니고 단지 생계를 위한 것임을 안다. 그 모든 일상사가 신이 정해놓은 훈련 과정이라면 아무래도 고개가 갸우뚱거려질 수밖에 없다. 또 지식인들은 그들대로 불만이다. 인간의 이성이 오로지 신의 뜻만을 헤아리는 용도라면 그 숱한 지식은 대체 어떤 필요를 가지는가? 신학 이외에 다른 학문은 전부 무의미한 걸까?

그래서 오리게네스의 단순명쾌한 도식을 거부하는 사람들은 자유의지와 신앙을 좀 더 세련된 방식으로 연관시키고자 했다. 신이 지고의 절대자이고 만물의 창조자라는 것을 부인하지는 않는다. 다만 신을 믿는 데 만족하고 다른 모든 도덕을 태만히 하는 태도는 용납할 수 없다. 로마제국의 먼 변방 속주였던 브리타니아 태생의 펠라기우스(Pelagius, 354?~418?)는 그렇게 주장했다.

로마를 선진 문명권이라 믿고 유학을 왔다가 로마 그리스도교도들의 타락한 도덕상을 보고 깜짝 놀란 그는 신앙이 모든 문제를 쉽게 해결해주는 데서 그 원인을 발견했다. 신에게 지나치게 의존하는 태도를 버리고 자신의 의지에 따라 도덕적으로 생활하면서 올바른 신의 뜻을 찾아라. 이런 그의 가르침은 난세의 양심적 지식인들에게 큰 반향을 불러일으켰다. 펠라기우스는 사제가 아니었음에도 불구하고—하긴 사제라면 그런 주장을 폈을 리 없지만—순식간에 수많은 추종자들을 모았다.

이들 펠라기우스파는 신이 인간에게 무조건적인 신앙을 요구한 게 아니라 선택의 여지를 주었다고 보았다. 따라서 원죄라는 것은 없다. 죄란 인간이 자신의 의지에 따라 신의 뜻을 저버리고 저지르는 행위다. 거꾸로 말하면 죄에서 벗어나는 일도 인간의 의지에 달렸다는 이야기다. 원죄가 없다면 갓난아기에게 세례를 줄 필요도 없어진다. 오히려 아이가 자라서 나중에 자발적으로 선한 길을 택하도록 해야 한다.

펠라기우스파의 주장은 교회에 엄청난 충격을 주었다. 그리스도교 교리의 핵심인 원죄와 세례가 필요 없다면 그걸로 먹고사는 교회도 더 이상 존재할 필요가 없다. 신의 은총이 없이 인간이 자유의지로 신의 뜻을 찾고 따를 수 있다면 교회가 무슨 소용일까? 교회는 다급해졌다. 밀라노 칙령으로 탄력을 받아 파죽지세로 교세가 뻗어 나가고 있는 판에 급브레이크가 걸렸다. 누군가 주교들 가운데 입심 좋은 사람이 나타나 저 불경스럽고 뻔뻔스러운 펠라기우스파를 격파해야만 했다. 대량 실점의 위기에 처한 교회의 구원투수로 나선 사람은 아우구스티누스(Augustinus, 354~430)였다. 그러나 그는 한 게임을 건지는 데 그치지 않고 이후 1천 년 동안이나 최고의 권위를 자랑하는 그리스도교 신학을 정립한 빛나는 구원투수가 된다.

종합과 타협의 기교

북아프리카의 히포 태생이라면 아우구스티누스가 젊은 시절에 어떤 종교적 배경을 가졌을지 짐작하기 어렵지 않다. 아리우스파의 이단이 한바탕 휘젓고 간 터라 로마제국의 변방에는 아직 로마가톨릭이 튼튼히 뿌리를 내리지 못한 상태였다. 비록 열성 신도였던 어머니의 영향으로 아우구스투스는 그리스도교에 입문하기는 했으나 유아 세례도 받지 않았고 확고한 신앙심도 없었다. 게다가 호색적인 기질을 타고난 탓에 그는 한동안 방탕한 생활에 빠져들었던 경험도 있었다.

만약 이 무렵에 그가 펠라기우스파를 알았더라면 맞서 싸우기는커녕 오히려 그 논리에 매료되었을지도 모른다. 당시 그는 종교적 권위만 앞세우는 가톨릭교회의 논리에 철학적인 측면이 부족하다고 여기고 이성과 자유의지를 강조하는 '이단적' 사고에 물들어 있었기 때문이다. 그러나 젊은 아우구스티누스가 접한 이단은 펠라기우스파가 아니라 마니교였다.

3세기에 페르시아의 마니가 창시한 마니교는 사실 그리스도교의 한 종파라기보다는 별개의 종교였다. 마니는 자신이 부처, 조로아스터, 예수의 뒤를 잇는 예언자라고 주장했다(이런 점에서 나중에 탄생하는 이슬람교와 닮은 데가 있다). 그의 세계관은 단순한 이원론이었다. 이 세상은 빛(선)과 어둠(악)으로 나뉘며, 이 양자는 끊임없이 투쟁을 벌인다. 여기서 영혼과 정신은 선이고 물질과 신체는 악이다. 철학적인 깊이는 로마가톨릭에도 못 미쳤으나 이 도식화된 교리는 아우구스티누스에게 위안을 주었다. 방탕한 생활이 빚은 죄의식을 떨칠 수 있는 전거가 되어주었기 때문이다. 악을 저지른 것은 나의 영혼이 아니라 본래 사악한 속성을 지닌 신체일 뿐이다!

그래, 내 잘못이 아니야. 이 못난 손발과 욕망을 참지 못하는 몸뚱이가 죄를 지은 거야. 잠시 동안은 그런 논리에서 위안을 얻었겠지만 그런 조잡한 미봉책이 오래갈 리 없다. 결국 마니교의 위로에 만족하지 못한 아우구스티누스는 로마 유학 시절에 접한 신플라톤주의에서 자신의 죄를 해명할 방도를 찾아냈다(역시 플라톤주의는 그리스도교의 든든한 철학적 배경이다). 악은 신체의 속성이 아니라 존재의 결핍이자 불완전성이다. 따라서 악은 인간의 의지로써 벗어날 수 없는 근본적인 죄로부터 비롯된다. 근본적인 죄라면 바로 원죄가 아닌가? "신은 인간을 올바르게 창조하셨으나 인간은 스스로 타락했고 저주 받은 자손들을 낳았다." 인간의 조상인 아담이 지은 원죄는 인간의 힘으로는 어찌할 수 없고 오로지 신의 은총을 받아야만 해소될 수 있다.

이런 깨달음에서 그는 어둡고 긴 터널을 지나 어머니의 종교로 컴백했다(그의 어머니인 모니카는 잘난 아들을 둔 덕에 훗날 성인으로 추증되었다). 온갖 풍파를 헤치며 긴 우회로를 돌아온 만큼 그는 단순한 평신도에 만족하지 않았다. 그래서 그는 사제 서품을 받고 396년에 히포의 주교로 임명되었다. 펠라기우스파와의 대결에서 가톨릭교회 측의 구원투수로 투입된 것은 바로 그 무렵이다.

산전수전 다 겪으면서 마니교, 신플라톤주의, 그리스도교 등 다양한 구질을 익힌 아우구스티누스였으니, 비록 데뷔전이지만 신인이 아니라 엄연한 베테랑 선수다. 원죄가 없다는 펠라기우스파의 주장에 대해 그는 최초의 인간 아담이 지은 죄는 인간이 자신의 행위로 인해 스스로 타락했다는 것을 뜻한다고 반박했다. 또한 그는 육욕에 빠졌던 자신의 체험을 바탕으로 그 원죄는 인간이 성교를 통해 출생한다는 점에서 부모에게서 물려받을 수밖에 없다고 말했다. 성욕이 수치스러운 이유는 의지로 그것을 어찌할 수 없기 때문이다. 타락하기 전에 아담과 이브는 성욕이 없이도 성교를 했을 것이다. 성교에 성욕이 필요해진 것은 아담의 죄에 대한 신의 형벌이다. 성교가 성적 충동에서 비롯된다는 것은 곧 영혼이 육체를 제대로 다스리지 못한다는 의미다. 따라서 인간은 영혼이 육체에 예속된 존재이며, 이런 노예 상태의 인간은 노예의 의지밖에 없으므로 자신의 노력만으로 자신을 구원할 수는 없다. 참된 구원을 위해서는 반드시 신의 은총이 필요하다.

특급 구원투수답게 그는 이런 논리로 인간만이 아니라 교회도 구원했다. 편지를 통한 치열한 설전이 오간 끝에 결국 펠라기우스파는 418년에 파문을 당하고 이단으로 규정되었다. 사실 파문과 이단은 교회만이 사용할 수 있는 무기였으므로 어차피 교회를 등에 업은 아우구스티누스가 승리할 수밖에 없는 게임이었다.

그러나 비록 승리했어도 아우구스티누스는 속으로 찜찜한 마음을 달래지 못했다. 원죄는 교회의 존립 여부와 직결된 문제이므로 전력을 기울여 펠라기우스파의 주장을 일축하는 데 성공했지만, 그들이 제기한 또다른 문제인 신앙과 자유의지의 관계에 관해서는 아직 해결책을 찾지 못했기 때문이다. 만약 신이 전능한 존재라면 모든 일을 다 알아야 한다. 또 모든 일을 다 안다면 신의 뜻대로 전개되지 않는 일은 없어야 한다. 그런데 만약 모든 일이 신이 기획한 대로 전개된다면 그것은 곧 필연적이라는 의미이므로 인간의 자유가 개입할 여지가 없어진다. 만약 자유가 없다면 인간은 자신의 행위에 대해 전혀 책임질 필요가 없다. 그렇다면 죄인을 비난하거나 징벌하는 것은 사리에 맞지 않는다. 가히 총체적인 난국이다.

결국 신은 전능하지만 사리에 맞지 않는 존재이거나, 합리적이지만 무능한 존재라는 결론이 나온다. 물론 둘 다 결코 받아들일 수 없는 결론이다(앞서 오리게네스도 비슷한 문제를 제기했다가 결국 해명하지 못한 바 있다). 이 딜레마를 어떻게 극복해야 할까? 공적으로는 펠라기우스파를 단죄하는 사안이 더 중요했지만 사적으로는 이 문제가 아우구스티누스에게 더 중요했다. 또한 당대에는 이단을 척결하는 게 더 시급한 일이었으나 지성사 전반을 통틀어볼 때는 신앙과 자유의지의 관계를 설정하는 게 더 근본적인 일이었다.

궁하면 통한다. 한참을 고민하던 아우구스티누스는 그때까지 수집한 모든 지적 수단을 종합하고, 여기에 적절한 타협을 가미해 해결책을 발견했다('발견'이라기보다는 '고안'이라고 해야겠지만). 그는 신이 세계를 창조한 과정을 새로이 해석했다. 전능하면서도 사리에 맞지 않는 신의 개념이 나온 이유는 신의 일에 시간의 개념을 결부시켰기 때문이다. 이를 테면 신이 어떤 목적을 먼저 상정한 뒤 인간과 세계를 창조했고 그 뒤에 인간이 자유의지를 가지게 되었다는 식으로 생각했기 때문에 모순이 빚어진 것이다.

"태초에 하느님이 천지를 창조하셨다." 《구약성서》의 첫 구절이다. 이 말은 곧 신이 무無의 상태에서 세계를 창조했다는 뜻이다. 그런데 이런 무로부터의 창조는 그리스철학의 전통에서 보면 생뚱맞은 발상이었다. 플라톤이 말한 창조는 근원적인 물질에 신이 이데아를 부여하는 것이었으며, 아리스토텔레스의 경우도 역시 질료는 창조된 것이 아니고 형상만이 신의 뜻에 따라 생성되는 것이었다. 따라서 그리스철학은 신을 조물주나 창조주가 아니라—재료는 늘 존재했다는 의미에서—일종의 기술자나 조각가로 보았고, 그런 탓에 늘 범신론으로 기우는 경향을 떨쳐내지 못했다.

하지만 아우구스티누스는 그들과 달리 신이 무에서 세계를 창조했다는 《구약성서》의 내용을 그대로 믿었다. 어떻게 가능할까? 신과 세계를 확실히 구별하면 된다. 신이 세계의 구석구석에 존재하는 게 아니라 세계의 외부에 존재한다고 보면 되는 것이다. 이런 관점을 취하면 신이 세계를 창조하는 과정을 시간적인 의미로 보지 않을 수 있다. 신은 시간을 초월해 있다. 아니, 시간조차도 세계와 더불어 창조된 피조물이다. 그렇다면 시간은 무엇인가? 흔히 생각하듯이 시간은 과거, 현재, 미래로 나뉘는 게 아니다. 존재하는 것은 오로지 현재뿐이다. 과거는 기억일 뿐이고 미래는 기대일 뿐이다. 기억은 과거의 현재이고 기대는 미래의 현재다. 과거, 현재, 미래는 단지 편의상의 구분에 지나지 않는다.

그렇다면 신앙과 자유의지의 관계도 거뜬히 해명할 수 있다. 신은 시간을 초월하므로 모든 것을 아는 신의 예지는 '나중에' 일어날 사건을 미리 안다는 의미가 아니다. 신의 예지와 인간의 자유는 시간적인 차이가 있는 게 아니라 논리적인 차이, 즉 영원한 것과 일시적인 것이라는 차이만 있을 뿐이다. 물론 신은 처음부터 인간을 자신의 행위에 책임을 지도록 창조했다. 그럼에도 불구하고 인간은 신의 의도와 다르게 행동할 수 있다. 즉 인간이 어떤 일을 하려 하는지 신이 알든 모르든, 다시 말해 신의 예지와 무관하게 인간은 자신이 원하는 일을 할 수 있는 것이다. 인간은 필연성의 제물이 아니며 언제나 선택의 자유를 행사할 수 있다.

신이 보내는 지혜의 빛

아우구스티누스의 해법은 전대의 사상과 종교적 고찰을 종합하고 신의 기획과 인간의 자유의지를 적절하게 타협시킨 결과물이었다. 사실 그의 설명이 그다지 깔끔하다고 볼 수는 없다. 오히려 어떻게든 《성서》의 내용을 그대로 보존하면서 인간의 이성과 자유의지 때문에 야기되는 문제를 봉합하기 위해서 애를 쓴 기색이 역력하다. 그의 말대로라면 신은 전능하고 세계를 창조했으면서도 막상 인간의 문제에 관해서는 아무런 개입도 하지 못하는 처지다. 신은 인간과 세계의 존재론적 근거로서 없으면 안 되지만 그래도 인간 생활은 신과 무관하게 돌아간다는 이야기다. 이제 신은 세계 바깥에서 팔짱을 낀 채 유리구슬 속의 인간 세상을 들여다보는 존재가 되었다.

어쨌든 그렇듯 얼기설기 꿰맞춘 덕분에 인간의 고유한 영역은 그럭저럭 보존되었다. 신의 존재나 역할과는 별도로 인간 이성에 관해 탐구할 수 있는 토양이 구축된 셈이다. 이를 바탕으로 아우구스티누스는 신학과 거리를 둔 순수 철학을 추구했다. 그는 중세 내내 신학적 권위로 널리 알려졌지만 정작 독창성과 철학적 감각을 보여주는 것은 이 분야에서다.

그는 인간이 자신의 존재에 관해 직관적인 지식을 가질 수 있다고 말한다. 물론 그 지식의 내용은 옳을 수도 있고 그를 수도 있다. 그러나 그를 때조차도 인간은 최소한 자기 자신이 존재한다는 확신은 얻을 수 있다. 그것은 감각적인 경험을 통해서가 아니라 직접적인 방식으로 자명하게 얻는 확신이다. 이런 견해를 아우구스티누스는 "설사 내가 틀릴지라도 나는 존재한다."라는 말로 표현했다. 라틴어로는 "Si fallor sum."인데, 1200년 뒤 데카르트가 말하게 되는 "나는 생각한다, 그러므로 나는 존재한다^{Cogito ergo sum}."라는 유명한 명제와 놀랄 만큼 유사한 발상이다.

그렇다면 인간의 인식은 어떤 과정을 통해서 이루어지는가? 이 문제에 관해 아우구스티누스는 플라톤 철학과 신플라톤주의를 적절히 활용하고 변형시킨다. 플라톤이 말한 대로 이데아는 실재하는 실체다. 그러나 플라톤과 달리 아우구스티누스는 이데아를 직관적으로 인식할 수 있다고 말한다. 다만 이데아 자체는 인간이 인식하든 못하든 아무런 영향도 받지 않는다. 신의 존재에 관한 설명—신은 세계를 창조했으나 세계 바깥에 머문다—과 어딘가 비슷한 분위기다. 그는 이데아가—마치 신처럼—시간과 공간을 초월하며 여느 사물과는 달리 영원불변이라고 주장한다. 플라톤은 소수의 특정한 사람만이 이데아를 인식할 수 있다고 보았지만, 아우구스티누스는 신에게서 오는 '빛'을 받을 때 이데아를 볼 수 있고 영원불변의 진리를 얻을 수 있다면서 이것을 지혜라고 불렀다.

지혜보다 하위의 지식은 과학이다. 지혜가 이데아를 볼 줄 아는 힘이라면 과학은 개별자, 사물들을 인식하는 힘이다. 그러나 흔히 생각하는 것처럼 그 과정은 관찰 따위의 감각적인 경험이 아니다. 감각은 지식을 얻는 도구지만 그 감각을 조종하는 것은 정신이다. 정신은 신체를 관장하므로 무엇을 어떻게 감각할지를 결정하고 통제한다. 정신이 신체의 산물이 아니라 신체가 오히려 정신의 산물이다. 스토아철학은 윤리학을 골간으로 하고 인식론이 없지만 만약 스토아철학에 인식론이 있었다면 필경 아우구스티누스와 같은 유심론의 형태를 취했을 것이다.

그러나 이런 인식론에서도 아우구스티누스는 가톨릭교회의 입장을 최대한 수용한다. 신이 주는 빛을 받을 때 인간은 이데아를 볼 수 있는 지혜를 얻는다는 그의 주장은 바꿔 말하면 이성에 비해 신앙이 우위에 있다는 뜻이다. 일단 신을 믿고 신앙을 가져야만 신에게서 빛을 받을 수 있기 때문이다. 하지만 그 점만 고집하면 다시 신앙과 이성의 딜레마에 빠질 수 있다. 그러므로 완전한 확신을 얻기 위해서는 이성을 통한 이해, 즉 과학적 지식도 필요하다는 주장으로 보완해야 한다. 알고 믿어야 할까, 믿고 알아야 할까? 그가 제시한 답은 일단 믿고 나서 알아야 한다는 것이다. 그의 말에 따르면 이렇다. "신앙은 보이지 않는 것을 믿게 해주고 신앙의 대가는 믿는 것을 보게 해준다." 교묘하고도 교활한 말이다! 아우구스티누스는 가톨릭교회의 손을 분명히 들어주면서 반발을 최소화하는 효과적인 타협의 솜씨를 선보였다.

중세의 틀

중국의 진시황이 만리장성을 쌓은 것은 그때까지 중원을 중심으로 동심원적으로 확장된 중화 문명권의 영역을 더 이상 넓히지 않겠다는 의도였다. 황허 유역에서 시작된 중화 세계는 춘추시대에 양쯔 강 이남의 강남을 아울렀고 전국시대에 만리장성을 쌓는 것으로 남과 북의 문을 굳게 닫아걸었다. 이때부터 동서남북으로 이 세계의 바깥에 사는 민족들은 모두 '오랑캐'로 분류되었다.

오랑캐의 개념은 공자가 유학의 기틀을 마련할 때부터 생겨났다. 고향인 노나라의 역사를 기록한 《춘추春秋》에서 공자는 중국만을 문명국으로 규정하고 중국 중심의 관점에서 역사를 바라보는 이른바 '춘추필법'을 선보였고, 《논어》에서는 "이적夷狄에 임금 있음이 중화에 임금 없음만 못하다."라는 노골적인 중화주의를 전개했다. 이후 중국의 역대 한족 왕조들은 예외 없이 북방 이민족들을 오랑캐라고 부르며 멸시하게 된다.

흥미로운 점은 문명의 빛이 강한 중심에서는 언제나 굳이 주변 민족들의 다양성에 주목하지 않고 한 묶음으로 싸잡아 바라본다는 사실이다. 중국보다는 강도가 덜하지만 로마제국 역시 북방 이민족들을 게르만족(중국의 오랑캐에 해당한다)이라고 통칭하며 경멸했다. 게르만족에도 고트족, 반달족, 프랑크족, 앵글족 등 여러 민족이 있었으나 제국이 한창 전성기에 있을 때는 아무도 그런 구분을 하려 하지 않았다. 그런 사실이 부각된 것은 로마제국 후기에 문명의 세례를 받은 게르만족이 제국을 위협하면서 역사의 차세대 주역으로 떠오르는 조짐을 보이기 시작할 때부터였다.

이이제이以夷制夷의 방책은 중국에만 있는 게 아니다. 오랑캐로 오랑캐를 제압한다. …… 말은 그럴듯해도 사실 중심의 힘이 약하면 거꾸로 당할 위험이 있는 전략이다. 그러나 물과 불을 가리기에도 너무 허약해진 로마는 게르만족의 군사력을 이용해 변방을 방어하는 방식을 취했다. 결국 그것이 로마제국의 최종적인 몰락을 불러오게 된다. 하지만 아직 제국이 명맥을 유지하고 있던 아우구스티누스의 시대에 게르만족이 로마 문명권에 편입되기 시작한 것은 정치군사적인 측면 이외에 새로운 종교적 문제를 야기했다.

그리스도교를 공인하고 국민들의 상당수가 그리스도교로 개종했는데도 왜 로마제국은 갈수록 쇠락하는 것일까? 신은 왜 신의 뜻을 따르는 나라를 외면할까? 게르만족의 침략으로 그리스도교도들이 희생된 것은 어떻게 봐야 할까? 이런 의문들 때문에 사람들은 그리스도교의 힘을 완전히 믿지 못했다. 심지어는 그리스도교가 오히려 재앙을 불러온 게 아니냐고 수군거렸다. 당대의 지성이자 교회의 최고 논객인 아우구스티누스는 그 문제들에 대해 어떻게든 대답해야만 그리스도교를 변호할 수 있다고 판단했다.

그는 우선 그리스도교가 로마의 전통 종교들보다 상대적으로 우위에 있다는 점을 보여주려 했다. 예전에도 재난은 많았으나 그에 비하면 지금은 덜하지 않은가? 트로이가 함락될 때 트로이의 수호신들은 뭘 했는가? 고트족은 로마를 침략했어도 교회로 피하는 교도들의 생명을 살려주지 않았던가? 이만 해도 신의 은총이 작용했다고 볼 수 있지 않은가? 상당수의 그리스도교도들이 희생된 것은 사실이지만 그들은 천국에서 부활할 것이고, 이교도 침략자들은 결국 최후의 심판에서 단죄될 것이다.

아우구스티누스는 영혼과 육체를 분리했듯이 현세와 내세도 구분했다. 현세의 고락을 논하지 마라. 중요한 것은 장차 신의 나라에서 자신이 어디에 속할 것이냐의 문제다. 다소 상투적인 논리지만 그의 설명은 현실적인 영향력이 있었다. 예컨대 게르만족의 침략으로 겁탈을 당한 로마 여성들의 명예를 회복시켜주는 데는 그런 주장이 상당한 역할을 했다. 사람들이 손가락질할 때 아우구스티누스는 순결이란 정신의 덕이므로 육체가 유린당했다고 해서 훼손되는 게 아니라고 역설했다.

1636년 후금이 조선을 침략했을 때 조선의 많은 여성들도 로마 여성들과 같은 수난을 당했다. 그때 조선의 대신들 가운데 아우구스티누스 같은 사람이 있었다면 비극은 일어나지 않았을 것이다. 조선의 못난 사대부들은 자기 집안의 여자들을 지키지 못한 수치도 깨닫지 못하고 오히려 전란 통에 외적에게 겁탈을 당한 여자들에게 심한 모욕을 주었다. 오죽하면 적에게 끌려갔다가 돌아온 환향녀還鄕女가 나중에 '화냥년'이라는 욕으로 둔갑하고 그들이 낳은 자식을 가리키는 호로胡虜자식에서 후레자식이라는 욕이 나왔을까? 결국 조선의 많은 여성들은 주변의 따가운 시선을 이기지 못해 자살을 택했다.

조선의 사대부들에게는 없고 아우구스티누스에게 있었던 것은 내세관이다. 아우구스티누스는 현세와 내세를 분리하는 논리를 연장해 이 세계를 지상의 나라와 천상의 나라로 나누었다. 지상의 나라는 곧 국가를 가리킨다. 국가는 세속적인 탐욕과 야심을 추구한다. 그에 비해 교회로 대표되는 천상의 나라는 신의 선택을 받은 선인들이 거처하는 신성한 곳이다.

물론 국가가 무조건 악의 화신인 것은 아니다. 국가는 번영을 도모하고 악한 자들을 다스리기 위해 필요한 기구다. 현실 세계에 악이 존재하는 한 국가는 반드시 있어야 한다. 한 예로 교회가 어느 종파를 이단으로 규정한다 해도 국가가 나서주지 않으면 그들을 실제로 추방할 수 없다. 이 세상에 필요악으로 생겨난 국가가 진짜 악한 기구로 둔갑하는 것은 방향타가 없을 때다. 그 방향타의 역할을 하는 게 바로 교회다. 로마 제국에 처음부터 교회가 있었다면 지금과 같은 비참한 꼴은 보이지 않았을 것이다. 달리 말하면 지금부터라도 교회의 영도를 받는다면 제국은 예전의 영화를 되찾을 수 있을 것이다.

　이렇게 서유럽 중세사의 기본 틀은 교회와 국가가 공존하면서 각각 신성과 세속을 분담하는 일종의 협업 체제였다. 800년 샤를마뉴의 대관식에서 보듯이 로마 교황이 황제를 임명하는 형식이 관례로 자리 잡은 사실은 그 점을 단적으로 증명하는 예다. 로마제국이 멸망한 5세기부터 종교개혁이 일어나는 16세기까지 1천여 년 동안 지속된 중세는 신성의 영역을 관장하는 교황과 유럽 각지를 정치적으로 지배하는 세속 군주들 간의 조화와 갈등으로 점철된 시대였다. 종교적인 통일과 정치적인 분립은 때로 아귀가 맞지 않아 삐거덕거리기도 했지만 전반적으로는 균형 있는 분업을 이루면서 번영에 필요한 안정과 도약에 필요한 역동성을 주었다. 이런 중세의 틀에 사상의 측면에서 결정적으로 기여한 사람이 바로 아우구스티누스다.

5장

신학의 절정에서 마주한 철학

에리우게나, 스콜라철학, 안셀무스, 아벨라르, 이븐 시나, 이븐 루슈드, 토마스 아퀴나스,
둔스 스코투스, 윌리엄 오컴

만약 서유럽 중세를 지배한 교황과 황제, 봉건 군주들이 중국 황제의 위상을 알았더라면 자신들의 처지에 크게 실망했으리라. 교황은 신이 임명한 지상의 대리인이었으나 현실의 정치권력이 아쉬웠고, 세속 군주들은 자기 지역의 정치에서 막강한 권력을 행사했어도 막상 큰일이라도 도모할라 치면 사사건건 교회의 간섭을 받았다. 그에 비해 중국 황제는 천자라는 닉네임에 어울리게 제국의 정신계와 물질계를 모두 지배했다.

조상(국가로 치면 사직)을 섬기는 것 이외에 특별한 신을 모시지 않는 중국 황제는 무소불위의 절대 권력자였으며, 서양식 개념으로 말하면 제정일치 사회의 단독 지배자였다. 일찍이 한나라 시대의 역사가인 사마천司馬遷은 천자를 하늘의 북극성에 비유하고 제후들을 별자리에 비유하면서, 북극성은 언제나 제자리에 있고 스물여덟 개의 별자리들[二十八宿]이 그 주변을 도는 것과 같은 천자 중심의 수직적 세계관을 제시했다. 이런 구

도는 1911년 신해혁명으로 제국 체제가 무너질 때까지 무려 2천여 년이나 유지되었다.

고대 세계에는 전제군주 체제가 선진적인 국가 제도였다. 하지만 사회가 발달하고 복합도가 증대할수록 그 체제의 효율성은 떨어지게 된다. 전제군주는 관료제를 강화하는 방식으로 그 단점을 극복하려 애쓰지만 관료제는 오히려 사회의 생래적인 역동성을 저해하는 역기능을 하기 쉽다. 그래서 동양과 서양의 역관계가 역전되기 시작한 계기는 서유럽의 역사에서 암흑시대라고 불리며 정체기로 규정되는 중세 초기에서 찾을 수 있다(그래도 중세 1천 년 동안 동양 세계는 문명의 힘에서 서양 세계를 내내 앞섰다).

전해지는 문헌 자료가 워낙 빈약한 탓에 흔히 500~1000년의 기간을 암흑시대라고 말하지만, 실은 이 무렵 서유럽 세계는 현실의 역사에서나 지성의 역사에서나 마냥 어둡지만은 않았다. 신학이 다른 모든 학문의 발전을 억압한 것은 명백한 부작용이지만, 이 시기에는 어렵사리 이룩한 종교적 통일의 기반을 더욱 확고히 다지는 데 지성의 모든 힘이 집중되어야 했다. 그런 암중모색기가 있었기에 중세 후기에 유럽 세계는 도약의 발판을 마련할 수 있었다.

교황과 예언자

학설이든 교리든 정설canon이 생기면 이단heresy도 생기게 마련이다. 하나의 이론을 정립하면 그 체계에서 벗어나는 것은 모두 배제되기 때문이다. 미셸 푸코가 말했듯이, 지식은 구분이요 배제이며, 그렇기 때문에 권력을 전제로 한다. 그리스도교의 경우도 교리상의 정설이 자리 잡기 전까지는 이단이 존재하지 않았다. 정설이 자리 잡으면 교조^{dogma}가 되며, 이 교조에 따라 특정한 종파를 이단으로 구분하고 배제하고 추방할 수 있다. 그러려면 먼저 정설을 만드는 주체가 필요하다. 그 주체가 바로 가톨릭교회였고 그 수뇌는 교황이었다.

오늘날 가톨릭교회에서는 초대 교황을 예수의 수제자인 베드로라고 간주한다. 동방교회에 비해 교세가 약했음에도 다섯 개 총대주교구 중에서 로마가 교회 서열상 1위로 간주되었던 이유는 베드로가 그곳에서 순교했기 때문이다. 하지만 굳이 연원을 따지자면 그렇다는 이야기일 뿐, 실제로 교황이 제 역할을 하기 시작한 것은 3세기부터였고 평신도들이 교황을 권위 있는 존재로 인식하기 시작한 것은 5세기부터였다. 여기에는 그럴 만한 계기가 있다. 시대가 인물을 낳는다는 말을 증명하듯이, 로마 제국이 안팎으로 말기적 증상을 보이던 5세기에 사실상의 초대 교황이라 할 만한 인물이 출현했다.

440년에 교황이 된 레오 1세는 451년의 칼케돈 공의회에서 당시 세력을 떨치던 단성론자들을 물리치고 삼위일체론을 정설로 확립함으로써 교회의 종교적 입장을 확고히 정리했다. 그러나 그보다 더 큰 공적은 제국을 수호하는 데 결정적인 기여를 했다는 점이다. 452년에 게르만족의 대이동을 야기한 훈족이 이탈리아를 침공해 로마 시를 약탈하려고 했을 때, 레오는 훈족의 왕 아틸라—이 침략 때문에 이후 중세 유럽의 설화와 민담에서 무시무시한 악의 대마왕으로 등장한다—를 설득해 로마를 절체절명의 위기에서 구했다. 또 3년 뒤에 반달족이 쳐들어왔을 때도 그는 뛰어난 외교술로 적을 물러가게 했다. 이렇게 레오가 교회와 국가를 모두 구한 것은 교황의 입지를 크게 강화시켜 후대의 교황들이 활동할 수 있는 영역을 크게 넓혔다. 교황이라는 종교적 직위가 현실적 정치력을 가지기 시작한 것은 바로 이때부터다.

그런 배경에서 6세기에 교황이 된 그레고리우스 1세는 처음부터 정치적 성향을 강하게 내보였고 실제로 교회의 운영에서도 뛰어난 정치적 수완을 발휘했다. 그는 젊은 시절 로마 시의 행정장관을 지냈고 그 뒤 콘스탄티노플에 주재하면서 점점 사이가 벌어지기 시작하는 가톨릭교회와 동방교회의 균열을 봉합하기 위해 힘썼다. 훗날 그가 '대교황'이라는 존칭을 받은 것도 종교적·신학적 기여보다는 특유의 정치적 수완 덕분이다. 교황이 된 뒤 그는 아리우스파의 잔재를 일소하고 동방교회에서 이단으로 규정된 네스토리우스파의 이론적 근거인 세 학자—모프수에스티아의 테오도루스, 키루스의 테오도레투스, 에데사의 이바스—의 저작(종교사에서는 '삼장三章'이라고 불린다)을 탄압하는 데 앞장섰으며, 미사의 절차를 손보았고, 성직자의 부패와 성직 매매를 근절하기 위해 애썼다.

이처럼 이단을 잡는 데 혈안이었던 그레고리우스가 자신의 사후 불과 몇 년 뒤에 동방교회의 더 동쪽에서 어마어마한 '이단'이 등장하리라는 것을 미리 알았더라면 대경실색했을 것이다. 610년 마흔 살의 마호메트는 혼자 산에서 기도를 드리던 중 대천사 지브릴(가브리엘)이 전하는 신의 계시를 받고 이슬람교를 창시한다. 유일신을 받들고, 아브라함을 조상으로 섬기고, 《구약성서》에 등장하는 많은 예언자들을 공유하고, 종말과 부활과 심판을 강조하고, 천국과 지옥을 설정하고, 믿지 않는 자를 징벌한다는 이슬람교의 기본 교리는 그리스도교와 놀랄 만큼 닮은꼴이다. 하지만 예수 그리스도의 신격을 부정하는 단성론보다 한 걸음 더 나아가 아예 그리스도를 (마호메트와 동급인) 예언자의 지위로 격하시켰으므로 그리스도교 입장에서 보면 엄청난 이단이 아닐 수 없다.

당시 가톨릭교회와 동방교회는 각각 내부를 정비하면서 서로 끗발 싸움을 벌이느라 아라비아에서 거세게 부는 신흥 종교의 모래 바람에 전혀 신경을 쓰지 못했다. 정치적으로나 영토적으로 이 지역을 제압할 수 있는 로마제국이 살아 있었더라면 아마 이슬람교는 탄생하자마자 그리스도교의 고만고만한 이단으로 몰려 추방되었을지도 모를 일이다. 유대교의 고향에서 힘의 공백을 틈타 순식간에 뿌리를 내린 이 신흥 종교는 곧 사막을 벗어나 서쪽으로 북아프리카 전역을 정복하면서 불과 100년 만에 유럽의 문턱까지 다가갔다. 이제 이슬람교는 명실상부한 세계종교로 떠올랐다.

내친 김에 유럽까지 쳐들어갈 수 있었다면 유럽의 중세는 없었을 테고 세계 역사는 크게 바뀌었으리라. 하지만 거침없이 질주하던 이슬람 폭주 기관차는 유럽의 동서 관문에서 가로막혔다. 동쪽에서는 717년에 콘스탄티노플을 공략하던 이슬람 함대가 '그리스의 불'이라는 신무기에 걸려 전멸을 당했고, 서쪽에서는 에스파냐를 넘어 프랑스 남부까지 진출했다가 732년 투르 부근에서 카를 마르텔이 이끄는 프랑크군에게 무릎을 꿇었다(800년에 마르텔의 손자 샤를마뉴가 로마에서 교황의 집전으로 대관식을 치를 수 있었던 데는 조상의 그 위업이 한몫했다).

비록 이슬람교는 유럽의 심장부까지 뚫고 들어가는 데 실패했지만 에스파냐 남부는 15세기까지 800년 가까이 아라비아의 지배를 받았다. 이런 사정은 유럽의 지성계에 중대한 영향을 미쳤다. 당시 그라나다와 코르도바에서는 세 유일신 종교인 이슬람교, 그리스도교, 유대교의 학자들이 세계 최대의 도서관을 세우고 그리스철학을 연구했다. 이 연구 성과가 조금씩 유럽으로 전해지면서, 종교에 밀려 지적으로 척박했던 중세 유럽의 지성계는 점차 비옥해졌고, 급기야 중세 후기에는 르네상스로 만개하게 된다. 특히 중세 내내 유럽에서 맥이 끊기다시피 했던 아리스토텔레스의 철학이 르네상스기에 유럽에서 다시 알려지게 된 데는 아랍 문화권의 역할이 결정적이었다. 심지어 유럽의 학자들은 아리스토텔레스의 저작도 그리스어 원본을 직접 번역한 게 아니라 아랍어 번역본을 중역해 유럽 세계에 소개할 정도였다. 앞에서 보았듯이 중세 유럽에서 플라톤 철학은 존중되고 계승되었으나 아리스토텔레스 철학은 묻히고 잊히고 배척되었던 것이다. 그랬으니 움베르토 에코의 소설 《장미의 이름》에서 호르헤 신부가 아리스토텔레스의 (가상의) 저작을 수도사들이 보지 못하도록 하기 위해 책에 독약까지 바른 심정도 이해하지 못할 바가 아니다.

아는 만큼 믿자

고대 그리스에서 철학이 탄생하기 전에도 '철학적 사유'는 존재했다. 인류 문명의 탄생기에 황허 문명의 발상지인 동아시아의 중국과 더불어 세계에서 문명의 빛이 가장 밝았던 곳은 오리엔트 지역이었다. 그런데도 이곳에서는 왜 철학이 탄생하지 못했을까? 그 이유는 철학적 사유가 종교에 억눌려 있었기 때문이다. 1장에서 말했듯이 철학에서 중요한 것은 답보다 문제다. 탈레스가 최초의 철학자로 간주되는 이유도 철학적 문제("세상 만물의 공통적인 요소는 무엇인가?")를 구성했기 때문이지 그 답("물")을 제시했기 때문이 아니다. 그러나 강력한 종교가 지배할 경우 철학적 문제는 사라진다. 신이 모든 문제의 답으로서 이미 존재하기 때문이다. 더욱이 다신교가 아닌 일신교라면 종교의 규정력은 더 말할 것도 없다.

2부 신이라는 궁극적인 질문

암흑시대로 불리는 중세 초기 수백 년 동안 철학이 거의 부재했던 이유도 고대의 오리엔트처럼 그리스도교가 지배적인 사상으로 군림하던 시기라는 점에서 찾을 수 있다. 신앙이 일상적인 삶 전체를 지배했고 신학이 여타의 모든 학문을 압도하던 시절이었다. 굳이 그 무렵의 철학적 사유를 찾는다면 종교회의를 중심으로 벌어진 종교 논쟁에 주목해야겠지만, 실은 그 쟁점들도 지금 보면 유치하기 짝이 없다. 이를테면 미사를 올릴 때 어느 대목에서 할렐루야를 외쳐야 하는가, 혹은 사람의 엄지손톱 위에 천사가 몇 명이나 올라앉을 수 있는가 하는 게 진지한 토론 주제였으니까. 비교적 수준 높은 쟁점이라면 부활절을 확정하는 문제라든가, 성상을 제작하는 게 교리에 부합하는가를 따진 정도였으나 이것도 역시 철학적 쟁점이라고는 볼 수 없다(부활절은 춘분 이후 첫 번째 보름이 지난 뒤의 일요일이라고 정의되는데, 태양력(춘분)과 태음력(보름)과 자의적인 기준(요일)이 혼재되어 있어 오늘날까지도 확정되지 못한 상태다. 또 성상에 관해서는 우상을 섬기지 말라는 십계명의 계율과 우상이 대중의 신앙심을 북돋기에 유용하다는 주장이 첨예하게 맞섰다. 특히 동방교회에서 치열한 논쟁이 벌어졌고, 교세가 미약한 서방교회에서는 성상이 그리스도교의 확산에 도움이 되었으므로 대체로 성상을 받아들이는 분위기였다).

밤이 깊으면 새벽이 가깝다. 교회가 전일적인 지배력을 행사하고 신학이 최고도로 발달했을 무렵 수백 년 동안 잠자고 있던 철학이 이윽고 고개를 내밀기 시작했다. 균열은 가장자리부터 생기는 법이다. 단단한 신학의 빙판에 처음으로 철학적 균열을 낸 인물은 유럽의 변방이었던 아일랜드 출신의 학자였다. 그러나 그가 사상적 모태로 삼은 것은 공교롭게도 훗날 가짜로 판명된 문헌이었다.

요하네스 스코투스 에리우게나(Johannes Scotus Eriugena, 815?~877?)

라는 괴상한 이름은 원래 '아일랜드 태생의 스코틀랜드 사람 요하네스'라는 뜻이다. 하지만 9세기에 스코투스라는 말은 아일랜드 사람을 뜻했으므로 그냥 '아일랜드의 요하네스'라고 생각하면 된다. 그는 유럽의 오지에서 태어났으나 일찍부터 학문에 밝아 프랑크 궁정으로 초빙되었다. 당시 유럽의 지식인들 중에서는 드물게 그리스어에 능했던 그는 그리스 문헌을 라틴어로 번역하게 되었고 그 과정에서 큰 깨달음을 얻었다. 그러나 3~5세기의 어느 시기에 사도 바울의 제자로 알려진 디오니시우스가 썼다는 그 그리스 문헌은 훗날 위서僞書로 드러난다. 그럴 만도 한 것이, 겉으로는 그리스도교 문헌인 듯 위장했지만 실은 신플라톤주의 학설을 담고 있었기 때문이다.

신플라톤주의에서 보는 그리스도교라면 내용이 어떨지 짐작할 수 있다. 과연 그 문헌은 그리스도교를 내세우면서도 인간의 이성과 자유의지를 신앙보다 중시하는 입장을 취하고 있었다. 이리하여 중세 초기에 제기된 신학과 철학의 쟁점이 다시금 부활했다. 알고 믿을 것이냐, 믿고 알 것이냐? 신은 모든 것을 예정해놓았는가, 아니면 인간에게 해석이 가능할 만큼 자유의지를 허용했는가? 지겨울 만큼 반복된 논제였으나 여전히 답은 오리무중이었다. 수백 년 전이라면 그리스도교의 이단을 뿌리 뽑기 위해 총력을 기울이던 때였으므로 신앙에 좀 더 비중을 두는 아우구스티누스의 적당한 절충으로도 충분히 넘어갈 수 있는 사안이었다. 그러나 이제는 사정이 달라졌다. 이미 그리스도교가 신흥 종교의 껍질을 벗고 지배 종교가 된 이상 쟁점은 한층 첨예한 대립각을 형성할 수밖에 없었다.

그 문헌에서 영향을 받은 요하네스는 인간의 이성과 신의 계시가 둘 다 진리의 근원이며 서로 근본적으로 상충하는 경우는 없다고 단정했다.

물론 현실적으로 어느 정도의 갈등이 있다는 것은 부인할 수 없는 사실이다. 중세가 안정기에 접어든 이후 이교도의 문제는 제거되었으므로 이제 "반드시 알아야만 믿겠다."라고 노골적으로 주장하는 사람은 없다. 그러나 아무리 독실한 신도라 해도 신의 뜻을 파악하려 할 때 어느 선까지 이성의 기능을 사용해야 할지 판단이 어려운 경우가 많다. 신앙과 이성 중 양자택일을 해야 하는 상황이라면 모종의 기준이 필요하다.

놀랍게도 요하네스는 양자가 상충하는 듯이 보일 때는 이성을 중시해야 한다는 입장을 취했다. 나아가 그 입장을 강화하기 위해 진정한 신학은 진정한 철학이요, 진정한 철학은 진정한 신학이라고 주장했다. 교회는 당연히 열을 받았다. 감히 신학을 철학과 동일시하다니! 이미 400년 전에 아우구스티누스 교부께서 교시하신 바 있거늘. …… 요하네스는 즉각 종교회의에서 문책을 받았으나 프랑크의 대머리왕 샤를(샤를마뉴의 손자)이 보호해준 덕분에 벌은 면했다. 샤를이야 자신이 초빙한 학자였으니 책임과 체면을 지켜야 했겠지만, 어쨌든 세속 군주가 교회의 의사를 거스를 정도로 시대는 이미 크게 변했다.

이런 배경에 힘을 얻어 요하네스는 자신의 이론을 한층 정교하게 다듬기 시작했다. 신플라톤주의로 여과된 플라톤 철학에 따라 그는 보편자가 개별자에 앞선다고 주장했다. 모든 실재를 존재와 비존재로 나누어보자. 여기서 비존재란 문자 그대로 존재하지 않는 것이 아니라 존재에 비해 실재성이 덜한 것을 가리킨다. 그렇다면 존재란 뭘까? 그것은 바로 플라톤이 말한 이데아다!

이데아는 모든 개별자의 존재를 가능케 하는 보편자이며, 모든 개별자는 보편자의 모방이다. 이것은 플라톤을 계승한 플로티노스도 주장했던 내용이지만, 그와 달리 그리스도교도였던 요하네스는 세부에서 약간 비틀렸다(굳이 말하면 독창성을 발휘했다고 할 수도 있겠다). 플로티노스는 개별자들이 일자에서 '유출'되어 생성되었다고 보았으나 요하네스는 그 과정을 '분리'라고 본 것이다. 유출이 아니라 분리라면 일자(요하네스에게는 신)의 속성이 만물에 깃들어야 한다. 그런데 신의 속성이 개별자들에게 부분적으로 담겨 있다면 그것은 바로 범신론이다(그의 저작이 《자연의 구분에 관하여De divisione naturae》라는 제목을 취한 것은 그런 연유가 있다). 범신론은 그리스도교에서 결코 용납되지 않는 사상이다. 요하네스는 교회와 분명히 엇각을 타고 있다.

어쨌든 신학으로서는 어떨지 몰라도 철학의 학설로서는 충분히 성립한다. 그런데 여기서 문제가 발생한다. 일찍이 플라톤은 순수이성으로 이데아를 인식할 수 있다고 말했다. 요하네스는 그 이론을 전폭적으로 수용하고 싶지만 마음에 걸리는 게 있다. 순수이성으로 신을 인식할 수는 없다. 종교적으로 그건 불가능한 일이다. 그렇다면 요하네스의 구도에서 신은 비존재가 되어버리기 때문이다.

이 문제를 해결하기 위해서 요하네스는 자연을 좀 더 정교하게 세분한다.

(1) 창조하면서 창조되지는 않는 자연
(2) 창조하면서 창조되기도 하는 자연
(3) 창조되면서 창조하지는 않는 자연
(4) 창조되지도 않고 창조하지도 않는 자연

여기서 (1)은 신이고, (2)는 플라톤의 이데아다(요하네스는 이데아를 신안에 실재하는 것으로 본 셈이다). 또 (3)은 물리적 세계, 곧 개별자들이며,

(4)는 또다시 신이다. 굳이 구분하자면 (1)은 그리스도교의 신이고(아리스토텔레스가 말한 부동의 원동자와도 비슷하다), (4)는 일자의 속성을 지닌 신이다. 요컨대 신은 모든 것의 시작이면서 모든 것의 끝이며, 모든 것의 원인이면서 모든 것의 목적이라는 이야기다.

단일한 신을 (1)과 (4)의 둘로 나눠놓으면 전자의 신은 인간의 이성으로 바라볼 수 있는 대상이 되며, 후자의 신은 이성이 범접할 수 없는 초월적인 존재가 된다. 즉 신은 존재하지 않으면서 초월적으로 존재한다는 주장이 가능해지는 것이다.

이렇게 요하네스는 이성과 신앙의 문제를 나름대로 멋지게 해결했으나 이것 역시 교회의 반발을 부를 것은 불을 보듯 뻔했다. 하지만 그의 운은 다하지 않아 그는 또다시 교회의 단죄를 받는 사태를 모면했다. 도리어 그의 이론을 지지하는 세력이 날로 늘어갔는데, 이 때문에 요하네스의 학설은 13세기에 이르러서야 뒤늦게 위기감을 느낀 호노리우스 교황에 의해 이단으로 규정되었다(교황은 그의 저작을 모조리 불태우라고 명했으나 다행히 그대로 집행되지 않은 덕분에 후대에 전해질 수 있었다).

스콜라에서 스쿨까지

요하네스가 교회의 격렬한 반응을 예상하면서도 그렇듯 과감한 학설을 전개할 수 있었던 데는 대머리왕 샤를의 보호막 이외에도 새로 조성된 지적 배경이 있었다. 때는 바야흐로 '카롤링거 르네상스'라고 불리는 문예 부흥기였던 것이다. 카롤링거라면 바로 샤를이 속한 왕조의 이름이다. 이 문예 부흥의 토대를 놓은 사람은 샤를이 아니라 그의 할아버지인 샤를마뉴였다.

샤를마뉴는 비록 제국이 사라진 상황에서 이름만의 로마 황제로 임명되었지만, 워낙 출중한 인물이었기에 황제의 이름값을 톡톡히 해냈다. 야만족의 왕이 그렇듯이 샤를마뉴는 명문가 출신이었으면서도 일자무식이었다. 큰 키에 당당한 풍채, 금발의 미남에다 군사와 행정 능력이 뛰어났고 인품도 훌륭했으나 아쉽게도 글을 몰랐던 탓에 그는 서류에 서명할 때도 미리 글자를 새겨놓은 판에다 대고 금대로 따라 그려야 했다. 하지만 그는 침대 밑에 펜과 양피지를 넣어두고 틈틈이 글씨 쓰는 것을 연습했을 만큼 문화에 대한 기본적인 감수성을 가진 인물이었다. 그리스도교 신앙을 전파하고 문화와 예술을 부흥시키려 노력한 그의 공적을 높이 산 후대의 역사가들은 그의 지배기를 가리켜 카롤링거 르네상스라고 불러주었다.

그런 샤를마뉴였으니 학자들을 우대한 건 기본이다. 그는 많은 유능한 학자들을 궁궐로 초빙해(요하네스가 초빙된 것도 그런 전통 덕분이다) 거처를 마련해주고 경제적인 지원을 아끼지 않았다. 또한 그들이 지닌 지식의 맥이 끊어지지 않도록 하기 위해 그들에게 상류층, 중류층, 하류층에서 골고루 제자들을 뽑아 가르치게 했다. 그런 전폭적인 후원에 힘입어 학자들은 저마다 학원을 세웠다. 고대 아테네 철학자들의 학원이 사설 학원이었다면 이것은 일종의 공립 학원인 셈이다. 이 학원을 스콜라(schola: 학교를 뜻하는 school이라는 영어 단어의 어원이다)라고 부른 데서 중세철학을 통칭하는 스콜라철학이라는 명칭이 비롯되었다(즉 스콜라철학은 특정한 철학 유파를 지칭하는 게 아니라 교육제도에서 나온 용어다).

학원이 늘어나자 자연히 학문의 체계화가 필요해진다. 사교육이 공교육으로 발전하는 셈인데, 이를 위해서는 무엇보다 교과 과목이 통일되어야 한다. 그래서 스콜라 학자들은 기본 과목 세 가지와 고급 과목 네 가지를 분류했다. 문법, 수사학, 논리학의 세 과목(3학)은 교양에 속했고, 산수, 기하, 음악, 천문학의 네 과목(4과)은 전공에 속했다(신학적 관점에서 볼 때 3학은 이단적인 성격이 있었으므로 다소 소홀한 취급을 받았다가 중세 후기와 르네상스 시대에 부활했다). 이 일곱 개 학문을 중세 7과라고 부르는데, 지금 우리에게 더 잘 알려진 명칭은 인문학liberal arts이다. 예나 지금이나 인문학의 여왕인 철학은 그 모든 학문의 정수이자 종합으로 간주되었다.

시대적으로는 아직 중세의 여름이 오기 전이지만 학문적 분위기상으로는 이미 중세의 가을이 성큼 다가오고 있었다. 수백 년 동안 정치와 정신세계에서 일상생활에 이르기까지 유럽 사회의 모든 부문을 강력히 틀어쥐었던 교회의 손아귀는 정작 본령인 지적인 영역에서부터 서서히 힘이 풀리고 있었다. 역사적으로 르네상스가 오려면 5세기나 더 기다려야 했으나 신학은 이미 철학에 조금씩 자리를 내주는 중이었다. 이 시대의 문헌들이 주로 대화와 주석의 형식을 취한 이유는 스콜라에서의 강의를 모태로 했기 때문인데, 이런 글쓰기의 형식은 바로 르네상스 시대에 부활하게 될 고대 그리스의 인문주의를 예고한 게 아니었을까?

스콜라가 다양한 학문들을 다루게 되자 교회의 지적 권위는 상대적으로 저하될 수밖에 없었다. 신학에서는 여전히 교회가 최고의 카리스마를 자랑했으나 인문학이라면 스콜라 학자들 앞에서 교회의 말발이 서지 않았다. 물론 초기 스콜라들은 교회와 수도원의 부속기관으로 설립되는 경우가 많았고—샤를마뉴도 그것을 장려했다—대체로 그리스도교의 교리에서 크게 벗어나지 않았지만, 교회가 스콜라의 학문의 내용까지 세세히 감독하기는 어려웠다. 요하네스의 시대는 비록 스콜라의 초창기이기는 하나 이런 지적 토양이 있었기 때문에 그는 교회의 눈치를 보지 않고 독자적이고 독창적인 학설을 전개할 수 있었던 것이다.

출발은 공립 학원이었어도 수요가 있는 한 민간 교육기관이 설립되는 것은 필연적인 흐름이다. 이런 시대적 추세에 따라 11세기 이탈리아에는 최초의 대학인 볼로냐 대학교가 탄생했고, 곧이어 12세기에는 파리 대학교가 설립되었으며, 뒤이어 옥스퍼드, 케임브리지, 소르본 등의 대학들이 우후죽순처럼 생겨났다.

권위가 지식을 낳는다?

스콜라철학이 교회가 지배하는 중세의 지적 세계에 균열을 만들어낸 것은 사실이지만 아직 신학에 종속된 상태에서 완전히 벗어나지는 못했다. 교회에 비해 상대적으로 진보적이었을 뿐 스콜라철학 자체가 진보적이라고 할 수는 없었다. 후대에 베이컨, 데카르트, 로크 등 근대 계몽주의 사상가들이 스콜라철학을 폄하한 이유도 바로 그 때문이다.

하지만 후대의 관점에서 전대의 것을 비판할 때는 항상 주의해야 한다. 현재의 시점에서 과거의 역사를 볼 때 흔히 저지를 수 있는 잘못이 있기 때문이다. 오늘날의 한국과 일본이 존재하지 않았을 때, 한반도 남부에 있었던 일본과의 무역 거점을 놓고 일본이 한반도 남부를 경영했다는 주장이나 한반도가 그곳을 창구로 삼아 일본을 지배했다는 주장은 둘 다 터무니없는 이야기다. 또 대한민국과 중화인민공화국이 없었을 때, 두 나라에 걸쳐 존재했던 고구려라는 고대 국가를 놓고 서로 자기 나라의 역사라고 배타적으로 주장하는 것도 어불성설이다.

2부 신이라는 궁극적인 질문

역사에서도 그렇지만 지적인 분야에서도 마찬가지다. 해당 시대의 맥락을 고려하지 않고 학문의 내용만을 문제 삼으면 올바른 비판이 되지 못할뿐더러 그 비판도 결국 후대에 똑같은 방식으로 비판의 대상이 될 뿐이다. 버트런드 러셀이 2500년의 서양 철학사를 저술하면서 자신의 철학적 토양인 분석철학적 관점에서 과거의 철학을 비평한 것은 그의 명성을 무색케 하며, 왜 그 저작이 서양 철학사의 고전으로 꼽히는지 의아하게 만든다(국내 번역서가 눈 뜨고 볼 수 없을 정도로 엉망인 것은 러셀이 노벨 문학상을 받았다는 사실마저 의심하게 한다). 그것보다 더 고전에 속하는《삼국사기三國史記》에서 김부식이 수백 년 전의 역사를 서술하면서 곳곳에서 '논하여 가로되論曰'라는 문구 아래 자신의 진부한 유교 사관에 바탕을 둔 민망한 비평을 달고 있는 것도 문제다.

사실 후대 철학자들의 눈에 스콜라철학이 못마땅하게 비친 것은 이해할 수 없는 일이 아니다. 스콜라철학은 지나치게 훈고학적이며 지적 권위에 의존했다. 스콜라의 교사들은 학생들을 가르칠 때 매번 플라톤을 비롯한 고대 그리스 철학자들, 아우구스티누스를 비롯한 초기 그리스도교의 교부 신학자들을 인용했고, 비빌 언덕만 있으면 무조건《성서》의 구절을 끌어댔다.

비록 요하네스 스코투스 에리우게나가 신앙에 비해 이성과 자유의지를 우위에 두었다고는 하지만 아직은 아우구스티누스가 정립한 부등식(신앙 > 이성)이 대세였다. 그래서 스콜라 철학자들은 권위에 복종하는 것을 비판하기는커녕 오히려 올바른 학문적 자세라고 여겼다. 그들이 보기에 권위는 지성을 구속하는 게 아니라 제대로 사용할 경우 지성을 해방시키는 수단이었다. 아마 그들은 이성을 제대로 쓰면 신앙에 도움이 되는 것과 마찬가지라고 정당화했을 법하다.

권위를 중시하는 풍조는 당시의 지적 추세이기도 했지만 여기에는 학문 외적인 요인도 작용했다. 15세기에 인쇄술이 본격적으로 사용되기까지 유럽 세계에서 서적은 거의 다 수도원에서 제작한 필사본이었다. 당연히 물량이 적고 값도 비쌌다. 그런 탓에 학원과 대학들은 소장한 문헌이 그다지 많지 않았다. 특별한 서적을 보유하고 있다는 사실이 학생을 모집할 때 좋은 광고가 될 정도였다. 교과서가 턱없이 부족한 상황에서 학생들의 교육은 그 귀한 교과서를 읽고 풀이하는 방식으로 진행될 수밖에 없었다. 심지어 학생들은 자신이 원하는 문헌이 학원에 없을 경우 그것을 찾아 다른 학원으로 전학을 가기도 했다. 이런 분위기를 고려하면, 중세 학원의 강의실을 묘사한 그림에서 교사와 학생들이 옹기종기 모여 어렵사리 구한 문헌을 놓고 토론하는 모습은 진지하다 못해 자못 엄숙해 보인다.

푸코가 말하기 훨씬 전부터 지식은 권력이었다. 스콜라철학의 관점으로 보면 《성서》는 말할 것도 없거니와 옛 성현들의 말씀도 비판의 대상이 아니라 오로지 존경의 대상이었다. 지식은 전승되는 것이지 연구와 토론을 통해 생산되는 게 아니었다. 만약 스콜라 철학자가 당시 중국의 송나라나 한반도의 고려에서 시행되기 시작한 공무원 임용시험(과거)에 응시했더라면 합격은 떼놓은 당상이었을 게다. 과거의 주요 과목인 명경과는 유학의 경전을 얼마나 읽었는지를 보는 것이었고 제술과는 경전의 문구들을 적절히 인용해서 글을 짓는 것이었으니까(아닌 게 아니라 중세 후기 스콜라철학은 당시 동양 세계를 지배한 성리학과 비슷한 데가 있는데, 그 이유는 지배 이데올로기가 확고하다는 공통점이 있었기 때문일 것이다).

비판 정신이 결여되었다는 점에서 지금 보면 둘 다 올바른 학문적 자세가 아니다. 그러나 고전의 지적 권위가 하늘을 찌르던 시대에는 불가피한 일이었을 뿐 아니라 아마 유일하게 가능한 학문의 길이었을 것이다. 다만 서양의 스콜라철학은 그래도 순수한 학문이었던 데 비해 동양의 학문은 과거를 통해 관직에 진출하기 위한 수단이었으므로 지식=권력의 등식이 더 노골적으로 드러난 경우다.

부활한 사제 대결

오랜 암흑시대를 보내고 신학의 지배로부터 갓 벗어났다는 점에서 스콜라 시대는 철학이 탄생한 고대 그리스 이후 철학적으로 가장 중요한 시점이었다. 그런 탓에 고대의 철학적 쟁점도 다시 부활했다. 신앙 대 이성의 문제가 중세적 쟁점이라면 이 때문에 잠시 잠수했다가 새 시대를 맞아 되살아난 전통적인 철학적 쟁점은 바로 보편자 대 개별자의 문제였다. 특정한 종교가 없던 시대와 그리스도교의 시대가 엄연히 다른 만큼 이 고전적 문제도 스콜라철학에서는 또 다른 양상을 보였다.

"개라는 낱말은 짖지 않는다." 스피노자가 처음 언급했고 현대 구조주의 언어학의 특징을 단적으로 드러내주는 이 명제의 의미는 사실 무척이나 오랜 역사를 가지고 있다. 우리가 일상적으로 보는 개는 아파트에서 숨죽여 기르느라 성대를 제거한 경우가 아니라면 모두 짖을 줄 안다. 그러나 개라는 낱말이 짖는 것은 아니다. 19세기 언어학자 소쉬르는 누구나 서로 대응하는 것으로 당연시했던 언어('개'라는 말)와 지시 대상(실제의 개), 즉 기표와 기의가 무관하다는 점을 강조하기 위해 이런 예를 들었지만, 이것은 보편자의 문제에도 그대로 적용할 수 있다. 개별자인 개는 당연히 짖지만 보편자인 개는 짖을까, 안 짖을까?

개고기 이외에는 개에 별로 관심이 없는 사람들을 위해 다른 예를 들어보자. 국산 영화를 보호하기 위해 문화체육관광부에서 영화 육성 정책을 계획한다고 하자. 이 경우 논의의 대상은 개별 영화 작품이 아니라 영화 일반, 즉 '영화의 보편자'일 것이다. 하지만 그런 게 과연 실제로 있을까? 그 정책은 결국 〈올드 보이〉나 〈왕의 남자〉 같은 '영화의 개별자'들을 지원하는 것으로 귀결되지 않을까? 최종적으로 구체적인 개별 영화에 도움을 주지 못하는 정책이라면 별로 소용이 없다. 아마 거기에 투여된 자금은 중간에서 누군가의 호주머니로 들어갈지도 모른다. 이렇듯 개별자를 염두에 두지 않은 보편자는 사기성이 농후하다. 같은 맥락에서, 전통적으로 보편자와 친화력이 있는 종교는 대부분 사기극이라고 보면 된다. 그러므로 개별자보다 보편자를 앞세우려면 의도가 성실해야 하고 논의가 튼실해야 한다.

보편자와 개별자가 다르다는 점은 플라톤이 전개한 이데아론의 핵심이다. 2장에서 보았듯이 플라톤은 이 문제에 천착한 끝에 결국 보편자, 즉 이데아가 실재하며, 그것도 개별자보다 훨씬 더 실재적이라는 결론에 이르렀다. 여기서 더 나아가 그는 모든 개별자가 이데아라는 보편자의 모방이며, 그것도 조잡한 짝퉁이라고 보았다. 다시 말해 보편자는 논리적으로나 존재론적으로나 개별자에 앞선다고 본 것이다. 이에 대해 플라톤의 제자인 아리스토텔레스는 개별자의 속성을 형상과 질료로 구분하고 양자는 한 실체의 두 측면이라고 주장했다. 그에 따르면 이데아라는 보편자가 별도로 존재하지는 않으며, 보편자와 개별자는 존재론적으로 통합되어 있다. 개별자는 보편자 없이 존재할 수 없지만 보편자도 개별자를 통해서만 존재할 수 있다.

이 고대의 사제 대결이 1500년 만에 스콜라철학에서 화려하게 부활했다. 보편자가 실재한다고 보는 입장은 실재론realism으로 불렸으며, 보편자는 오로지 이름뿐이고 개별자만이 실재한다고 보는 입장은 유명론nominalism으로 정리되었다. 이 분립은 후대에 초점과 의미가 약간 달라지지만 합리론과 경험론의 분립으로 이어지는 측면이 있으므로 수세기의 서양 철학사를 관류하는 중요한 철학적 쟁점이라고 할 수 있다(물론 유명론자라고 해서 보편자의 존재 자체를 부인하는 것은 아니고 다만 보편자가 별도로 실재하는 것이 아니라 개별자 속에 깃들어 있다고 볼 뿐이다).

중세 초기에 두 가지 입장 중 어느 것이 우세했을지는 충분히 예상할 수 있다. 보편자는 실재한다 해도 감각기관으로 쉽게 인식할 수 있는 대상이 아니기 때문에 지금 우리가 보기에는 실재론이 다소 무리 또는 억지처럼 여겨질 수도 있다. 그러나 중세의 정서와 학문적 분위기에서 보면 다르다. 우선 일상적인 느낌의 개별자보다는 추상적이고 근엄한 이미지의 보편자가 신학의 분위기에 더 잘 어울린다. 또한 참된 지식은 이데아를 아는 데 있다고 말한 플라톤이 아니더라도, 진리를 영원불변한 것이라고 여긴다면 보편자의 실재를 부인하기란 어렵다. 개별자란 덧없이 변하게 마련이고 우리의 감각기관이 우리를 속이는 일은 다반사가 아닌가? 푸슈킨이 옳았다. 삶이 그대를 속일지라도 슬퍼하거나 노여워하지 말라고.

플라톤의 이데아, 플로티노스의 일자가 신과 같은 절대자의 속성을 지닌 것은 보편자의 개념을 바탕에 깔고 있기 때문이다. 즉 보편자의 최고봉은 바로 신이다. 보편자를 부인한다면 개별자의 경험적이고 가시적인 세계만을 인정한다는 것인데, 그럴 경우 자칫하면 무신론의 덫에 빠질 수 있고 최소한 범신론의 오류를 빚게 된다. 가톨릭catholic이란 말 자체가 바로 '보편적'이라는 뜻이 아닌가? 눈에 보이는 물질계만 존재한다고 믿는다면 모든 인간이 원죄를 가졌다는 그리스도교의 기본 교리도 부인해야 한다. 태어나기 전부터 지은 죄라면 현세와 무관하기 때문이다. 원죄가 없다면 세례도 필요 없을 테니 교회의 거센 반발을 받을 게 뻔하다. 로마제국 후기에 펠라기우스파가 그렇게 주장했다가 교회의 호된 응징을 받지 않았던가? 더욱이 그때의 교회와 중세의 교회는 권력의 강도에서 비교할 수조차 없다.

이렇게 여러 가지 이유로 실재론은 그리스도교와 궁합이 잘 맞았다. 중세 전성기까지도 실재론이 지배적이었고, 유명론자들은 언감생심 겉으로 내색할 처지가 못 되었다. 에코의 소설 《장미의 이름》의 주인공인 윌리엄 수도사가 여러 수도원에서 배척을 당한 이유도 그가 유명론을 지지했기 때문이다. 실제 역사가 아닌 가공의 소설이지만 시대적 배경이 14세기인데도 그럴 정도였다면 중세의 봄과 여름에는 어땠을지 말할 필요도 없을 것이다(시대로 보나, 이름으로 보나, 성향으로 보나 윌리엄의 실제 모델은 나중에 살펴볼 영국의 유명론자인 윌리엄 오컴이 분명하다).

신의 존재를 논증하라

유명론이라고 해서 신의 존재를 전면적으로 부인하는 입장은 아니었고 또 그럴 처지도 못 되었다. 하지만 실재론과 유명론의 차이가 부각되면서 실재론자들의 과제는 점차 분명해졌다. 그것은 바로 유명론자들도 수긍하지 않을 수 없는 완벽한 방식으로 신의 존재를 증명하는 것이었다.

논쟁에서 승리하는 가장 올바른 방법은 자신의 주장을 힘으로 밀어붙이는 게 아니라 상대방의 논리를 인정하면서 설득하는 것이다. 그래야만 상대방도 논쟁의 결과를 흔쾌히 받아들일 수 있고 논쟁의 양측이 모두 다치지 않는다. 그것이 가장 완벽한 승리이자 '윈윈 전략'이다. 자동차 접촉 사고를 놓고 다툴 때처럼 목소리 큰 사람이 이기는 천박한 정치 토론장에서는 찾아보기 어렵지만, 900년 전의 수도사인 안셀무스(Anselmus, 1033?~1109)는 바로 그런 논쟁의 모범을 보여준다.

실재론자인 데다 아우구스티누스를 좇아 신앙이 이성에 앞선다는 입장을 취한 안셀무스라면 11세기 유럽의 지성계와 종교계에서 분명한 볼셰비키(다수파)다. 하지만 1905년 혁명에서 러시아의 볼셰비키가 멘셰비키(소수파)를 수의 힘으로 몰아붙이지 않았듯이, 안셀무스는 다수의 세를 몰아 소수를 압도하려 하지 않았다. 그런 경박한 짓은 스콜라철학의 창시자라는 그의 위상에도 걸맞지 않았다. 그는 유명론자들도 꼼짝할 수 없게 만드는 방식으로 신의 존재를 논증하고자 했는데, 공교롭게도 그 논증은 그의 본래 입장과는 달리 이성을 통해 신앙에 접근하는 방식이었다 (사실 신의 존재를 '논증'한다는 것 자체가 이미 이성적이라고 할 수 있다).

신은 보편자의 최고봉이므로 감각이나 관찰을 통해 신의 존재를 입증할 수는 없다. 그렇다면 순수한 이성의 힘만으로 신의 존재를 증명해야 한다는 이야기다. 바꿔 말하면, 이 증명은 순전히 논리적인 논증으로만 이루어져야 한다. 거의 수학적인 증명 방식을 취해야만 누가 보기에도 신의 존재를 자명하게 믿을 수 있다. 그렇게 완벽한 방식이 가능할까? 충분히 가능하다. 신은 원래부터 완벽한 존재니까. '신은 완벽한 존재'라는 정의상의 진리가 바로 안셀무스의 대전제이자 키포인트다.

안셀무스의 논리는 아날로그에서도 앤티크에 속하는 시대에 걸맞지 않게 1과 0만 사용하는 디지털 방식을 취한다. 모든 존재는 뭔가(1)에 의존하거나 무(0)에 의존하거나 둘 중 하나다(세상 만물을 '나'와 '내가 아닌 것'으로 이분하는 구도와 같다). 그런데 무와 존재는 서로 정반대의 뜻이므로 무에 의존하는 존재란 어불성설이고 형용모순이다. 따라서 모든 존재는 뭔가에 의존한다. 그런데 이 '뭔가'는 궁극적으로 다수일 수 없다. 만약 존재를 가능하게 하는 원인이 다수라면 그 원인의 존재를 가능하게 하는 원인이 또 필요해진다. 이런 식으로 계속 원인의 연쇄를 추적해가면 결국에는 하나의 궁극적인 원인, 즉 "다른 모든 존재를 지탱하고, 능가하고, 포함하고, 침투하는" 존재만이 남게 된다. 이 존재가 바로 신이다.

안셀무스에 따르면 "하느님은 모든 장소와 시간에 계시며, 동시에 어떤 장소와 어떤 시간에도 계시지 않는다." 시간과 공간의 방식으로 존재하는 것은 개별 사물들의 존재 방식이고 신과 같은 절대자의 존재 방식은 별개라는 이야기다. 나름대로 훌륭하지만 그다지 독창적인 논증이라고 할 수는 없다. 200년 전 요하네스가 자연을 네 가지로 구분할 때 써먹었던 도식과도 비슷하다. 더욱이 그런 논증은 유명론자들처럼 어느 정도 '먹물'이 든 지식인이라면 모를까 무지렁이나 무신론자들까지 설득하기는 어렵다. 그래서 안셀무스는 누구나 이해할 수 있는 존재론적 논증을 시도한다.

"어리석은 자 마음속으로 '하느님은 없다' 말하네." 그는 《구약성서》의 〈시편〉에 나오는 이 구절을 논의의 출발점으로 삼는다. 뭔가를 부정한다는 것은 역설적으로 그 뭔가가 존재한다는 뜻이다. 일단 존재하는 게 아니라면 그것을 부정하는 것도 불가능하기 때문이다(나중에 데카르트가 선보이는 방법적 회의의 원형이다). 따라서 어리석은 자가 신을 부정하는 것은 곧 자기모순을 빚게 된다. 신은 다른 어떤 존재보다도 완벽하고 위대하다는 대전제에 유념하면서 안셀무스의 설명을 들어보자.

아무리 바보라 할지라도, 상상할 수 있는 어느 것보다도 위대한 존재가 최소한 관념 속에서라도 존재한다는 사실은 납득할 수 있다. …… 그런데 그 위대한 존재는 관념 속에서만 존재할 수는 없다. 만약 관념 속에서만 존재한다면 실재 속에서 그보다 더 위대한 존재를 상상할 수 있기 때문이다. …… 따라서 상상할 수 있는 가장 위대한 존재는 분명히 존재할뿐더러, 그것도 관념 속에서만이 아니라 실재 속에서도 존재한다.

역시 1과 0의 디지털 논리다. 모든 존재는 내 마음속에 존재하거나 내 마음 밖에 존재한다. 둘 중 하나니까 신도 여기에 들어간다. 그런데 만약 신이 내 마음속에만 존재한다면 완벽한 존재라고 할 수 없다. 완벽한 존재라면 내 마음의 속과 밖에 두루 존재해야만 한다. 완벽한 존재라는 정의 자체가 이미 그런 속성을 포함하고 있다. 따라서 신은 내 마음속만이 아니라 밖에도, 즉 현실 세계에도 실재한다.

교묘한 추론이지만 허점은 있다. 상상할 수 있다고 해서 다 실재한다고 말할 수 있는 걸까? 마음속으로 뭔가를 부정한다면 곧 그 뭔가가 실재하는 것이라는 논리는 궤변이 아닐까? 완벽한 이론은 반증을 허용하지 않아야 한다. 예를 들어 "사람의 손가락은 열 개"라는 이론이 참이려면 "시퍼런 절단기에 뚝뚝 잘려서 손가락이 여섯 개가 되어버린 서방님"이 있어서는 안 된다. 다리가 달린 뱀을 상상할 수는 있어도 그런 뱀이 실재하는 것은 아니다. 이미 안셀무스의 시대에 가우닐론이라는 수도사는 그런 근거를 들어 안셀무스의 존재론적 논증을 비판했다.

가우닐론이 실제로 든 예는 이상적인 섬이다. 우리는 인간이 사는 어떤 곳보다도 아름답고 훌륭한 섬의 관념을 마음속에 가질 수 있다. 그러나 그렇다고 해서 그 섬이 실제로 존재한다고 믿는다면 어리석은 사람이다. 그럴듯한 반론이지만 안셀무스에게는 준비된 대비책이 있다. 그는 가우닐론이 만약 신의 관념과 이상적인 섬의 관념 사이의 유사성을 증명할 수 있다면 "내가 당신에게 그런 섬을 주겠노라."라고 응수했다. 물론 부동산 투기의 관점에서 논증하자는 게 아니다. 이상적인 섬은 정확히 정의할 수 없지만 신은 완벽한 존재라는 정의가 있으므로 양자를 같은 논리로 추론할 수는 없다. 현대 분석철학의 용어를 빌리면 가우닐론은 '범주 착오categorical mistake'를 저질렀다는 이야기다. 사실 가우닐론은 관념이라는 용어를 마음속의 한 상태라고 보았으므로 애초부터 마음 밖으로는 나올 수 없다. 그에 비해 안셀무스의 관념은 엄연히 실재하는 플라톤의 이데아를 상정한 것이다. 그런 점에서 가우닐론의 주장은 '개념 착오conceptual mistake'이기도 하다.

안셀무스의 존재론적 논증에 관해서는 당대에도 그랬지만 후대에도 찬반양론이 들끓었다. 후대의 철학자들도 마찬가지였다. 토마스 아퀴나스가 반대했고, 데카르트가 부활시켰으며, 라이프니츠가 수정했는가 하면 칸트가 다시 뒤집는 등 다양한 견해가 제시되었다. 그만큼 안셀무스의 논증은 롱런한 셈인데, 지금 우리에게 중요한 것은 찬성이냐 반대냐가 아니라 이성보다 신앙을 우선시한 실재론자가 이성적으로 신의 존재를 증명하려 했다는 사실이다.

"나는 알기 위해 믿는다." 이렇게 이성이 신앙에 예속된다고 분명히 입장을 밝힌 수도사가 신의 존재론적 논증을 시도했다면 이미 그 시대에 중세의 가을이 문턱까지 왔다는 의미다. 역사적으로 중세가 해체의 기미를 보이는 시기는 안셀무스보다 2세기 뒤인 13세기부터이므로 여기서도 역시 철학과 지성은 현실의 역사보다 늘 앞서간다는 사실을 확인할 수 있다.

아리스토텔레스의 컴백

20세기 러시아에서 레닌이 이끄는 볼셰비키가 위로부터의 정치혁명을 주장했을 때, 과거에 레닌의 동지였던 멘셰비키의 지도자 마르토프는 대중 정당을 결성해 아래로부터의 대중 혁명을 시도해야 한다고 맞섰다. 결국 볼셰비키가 논쟁(정치투쟁)에서 승리하고 1917년에 최초의 사회주의 공화국을 수립했지만, 다수파가 소수에 의한 혁명을 주장하고 소수파가 다수에 의한 혁명을 주장했다는 사실은 역사의 재미있는 아이러니다. 공교롭게도 12세기 서유럽의 철학적 볼셰비키는 위로부터의, 즉 신에게서 출발하는 논증을 시도했고, 멘셰비키에 해당하는 유명론자들은 아래로부터의, 즉 개별자로부터의 추론을 시도했다. 그러나 이들은 러시아의 멘셰비키처럼 호락호락하지 않았다.

12세기의 때 이른 '볼-멘' 대결에서 마르토프의 역할을 한 사람은 아벨라르(Pierre Abélard, 1079~1142)였다. 그는 우선 레닌에 해당하는 안셀무스가 화려한 논증에 비해 실속이 없다고 비난하면서 포문을 열었다. "안셀무스는 잎은 무성하지만 열매가 없는 나무, 연기는 많이 나지만 열기가 없는 난로와 같다." 젊은 시절에 아벨라르는 당시 실재론과 유명론의 대표적인 두 논객이었던 샹포의 기욤과 로스켈리누스(Roscellinus, 1050?~1125?)에게서 학문을 배웠으므로 아군과 적군을 두루 잘 알고 있었다.

물론 기욤은 극복해야 할 스승이었고—실제로 기욤은 나중에 제자의 지적을 받고 실재론의 입장을 버렸다—로스켈리누스는 본받아야 할 스승이었다. 다만 로스켈리누스는 당시 사정에 비추어 지나칠 정도로 과감했다. 강경한 유명론자였던 그는 보편자를 '목소리의 울림'에 불과하다고 몰아붙였다. 보편자라는 낱말만 존재할 뿐 실체로서의 보편자는 없다는 것이다. 그가 보기에 실재하는 것은 감각 가능한 개별자뿐이며, 심지어 인간마저도 통일적인 실체가 아니라 단지 인간이라는 공통적인 이름을 가졌을 뿐이다. 여기서 멈췄다면 그냥 극단적인 유명론자로 분류되고 말았겠지만, 그는 한술 더 떠 수백 년 동안 성역이나 다름없었던 문제까지 건드렸다. 성부-성자-성령의 삼위를 하나의 본질이라고 보는 삼위일체론은 잘못이고, 삼위는 별개의 세 실체라고 주장한 것이다. 결국 그는 교회의 문책을 받고 입장을 철회해야 했다.

너무 강하면 부러지듯이 로스켈리누스는 강경하다 못해 우직한 논리를 내세운 탓에 본전도 건지지 못했다. 그러나 감수성이 뛰어난 그의 제자는 스승의 단순한 이론에서 중요한 신무기를 발견했다. 그것은 바로 언어적인 관점이다. 안셀무스에게 섣불리 도전했다가 오히려 농락당한 가우닐론이 범주 착오를 범했다면, 아벨라르는 안셀무스가 언어적인 착오를 범했다고 보았다. 모든 실재는 개별자일 뿐이고 보편자 같은 것은 없다. 굳이 보편자를 말한다면 그것은 실체가 아니라 낱말일 뿐이다. 실재론자들은 개별자를 가리키는 낱말, 즉 이름을 실체로 착각한 것이다.

"개는 짖어도 개라는 낱말은 짖지 않는다." 다시금 이 말에 주목할 필요가 있다. 실재론자들은 달리는 개, 무는 개, 미친 개 같은 개의 개별자들을 보고 개의 보편자를 상상했지만, 그것은 개의 보편적 명사, 즉 개념일 뿐 실재하는 개는 아니다. 만약 세상의 모든 개를 하나씩 따로 다루어 정의할 수 있다면 그런 명사나 개념 따위는 필요 없을 것이다. 현실적으로 그렇게 할 수 없기 때문에 개라는 명사를 사용하는 것뿐이다. 보편자를 실재인 것처럼 여기는 태도는 우리가 언어생활에서 '편의'를 위해 하나의 술어를 많은 개체에 동시에 적용하는 습관(니체 식으로 표현하면 문법의 환상) 때문에 생긴 착각이다. 그러므로 보편자에 관한 탐구는 많은 개별자들에 관한 논의 방식, 즉 언어와 논리를 분석하는 것에 불과하다.

이렇게 언어와 논리로 초점을 옮기자 아벨라르의 관심은 자연히 인간의 사유로 넘어간다. 그가 보기에 사유는 지각의 대용물에 불과하다. 감각기관을 이용하는 지각은 개별자에 관한 구체적인 지식을 주지만 사유는 존재론적으로 그런 구실을 하지 못한다. 다만 사유는 논리적으로 지각에 선행하므로 지각을 통해 알 수 없는 대상을 설명할 수 있게 해준다. 즉 사유는 지각을 재료로 삼아 상상 속에서 개별자에 관한 관념적 표상을 구성하는 것이다. 실재론자들의 착각은 바로 이 표상 자체가 실재한다고 본 데 있다.

요컨대 실체적 존재와 개념적 존재를 구분해야 한다는 게 아벨라르의 입장이다. 이는 가까운 후대에 등장하는 경험론 철학의 내용과 기본적으로 다를 바 없을 뿐 아니라, 멀리 보면 언어를 가장 주요한 철학적 테마로 삼는 20세기의 현대 철학을 훨씬 앞서 예견한 느낌이다. 그러나 아벨라르의 진정한 의도는 중세에 오랜 기간 그리스도교권에서 구박을 당했던 아리스토텔레스의 명예를 회복시키려는 데 있었다. 실제로 그의 주장은 플라톤의 이데아론을 통박한 아리스토텔레스의 논지와 상당히 비슷하다. 일찍이 아리스토텔레스도 이데아 세계가 별개로 존재한다는 스승의 사상을 거부하고 구체적인 개별 사물들만이 존재한다고 갈파하지 않았던가? 이리하여 고대 그리스에서 대립했던 플라톤과 아리스토텔레스는 1500년 뒤 서유럽 무대에서 다시 한 번 선의의 대결을 벌이게 되었다.

그런데 수백 년 동안 서유럽에서 자취를 감췄던 아리스토텔레스의 철학을 프랑스의 아벨라르가 어떻게 접할 수 있었을까? 사실 그도 아리스토텔레스의 원 저작을 읽은 것은 아니었고 로마제국 말기의 학자들인 포르피리오스와 보이티우스가 남긴 아리스토텔레스 철학의 주석본을 읽은 것뿐이었다. 그런 지적 세례를 받은 것만으로도 아리스토텔레스의 이름을 직접 언급한 아벨라르였으니 얼마나 원본을 읽고 싶었을까? 앞서도 말했듯이 중세의 암흑시대에 아리스토텔레스의 저작을 번역하고 주해하고 연구한 사람들은 아라비아 학자들이었다. 이슬람 문명권과 서유럽을 잇는 두 개의 통로 중에 동유럽 방면은 말 그대로 정통 신앙, 즉 로마가톨릭보다 완고한 동방정교의 세계가 자리 잡고 있었으므로 사실상 막혀 있는 것이나 다름없었다. 따라서 남은 길은 서쪽의 에스파냐 남부뿐이었다. 아벨라르가 아쉬워한 아리스토텔레스의 저작은 바로 이곳을 통해 서유럽에 유입되었다.

이슬람 세계의 아리스토텔레스

오늘날에는 서유럽 세계를 중심으로 서양사가 서술되기 때문에 흔히 서유럽 문명은 아주 일찍부터 물질적으로나 지적으로 발달했다고 생각하기 쉽다. 그러나 아리스토텔레스를 비롯한 고대 그리스 학문의 연구가 이슬람 세계에서 주로 진행되었다는 사실에서 보듯이, 12세기까지도 동아시아를 제외한 세계 문명의 중심은 지중해 동부, 즉 비잔티움 제국과 이슬람 문명권이었다. 그래서 당시 서쪽 끝의 서유럽과 동쪽 끝의 중동은 대척적인 종교적 상황을 보였다.

중세 서유럽에서 중동까지의 지도를 펼쳐놓고 보면 종교와 사상의 일

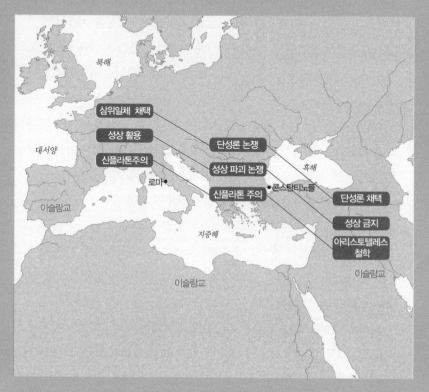

7~9세기 유럽과 근동의 종교·철학적 지형 서유럽에서는 삼위일체론을 받아들이고 성상을 적극적으로 활용했으며, 철학적인 베이스는 신플라톤주의였다. 이에 비해 이슬람권에서는 단성론이 지배적이고 성상이 아예 금지되었으며, 아리스토텔레스의 철학이 상세히 연구되었다. 그 가운데 낀 비잔티움 제국은 모든 면에서 양자의 중간이었다.

정한 스펙트럼이 형성되는 것을 한눈에 파악할 수 있다. 로마제국이 멸망한 뒤 본격적으로 전개된 이단 논쟁에서 서유럽은 삼위일체론으로 정리했고, 가운데 비잔티움 제국의 정교회는 오랫동안 단성론 논쟁에 시달렸으며, 동쪽의 오리엔트 세계는 단성론 일색이었고 그 토양을 바탕으로 이슬람교가 탄생했다. 8~9세기에 정교회의 핫이슈였던 성상파괴운동 iconoclasm은 서방 교회에서는 거의 일어나지 않았던 반면, 동쪽의 이슬람권에서는 처음부터 마호메트가 인간의 손으로 만든 우상을 섬기지 말라고 단단히 못 박았다. 또 서쪽의 로마가톨릭교회는 플라톤을 부활시켜 신플라톤주의로 그리스도교의 철학적 기반을 삼은 데 비해 동방정교회는 신플라톤주의의 영향을 상대적으로 덜 받았으며, 이슬람권에서는 플라톤이 완전히 무시되고 아리스토텔레스 일색이었다.

신학과 철학의 관계에서도 이 스펙트럼은 그대로 유지된다. 서유럽에서는 아우구스티누스 이래로 그리스도교 신학과 플라톤 철학이 상호 영향을 주고받으면서 발달했다. 그와 달리 황제가 서방처럼 이름만의 존재가 아니라 실제로 절대 권력자였던 동방 제국에서는 정교일치의 체제를 유지했고 철학이 거의 배제된 순수한 신학 논쟁만 벌어졌다. 그 동쪽의 이슬람 세계에서는 이슬람교와 아리스토텔레스 철학의 관계가 주요 쟁점이었다.

하지만 이 지역에서도 처음부터 아리스토텔레스가 주목을 받았던 것은 아니다. 플라톤 이외의 그리스철학이 아예 실종된 서유럽과 달리 이슬람권에서 아리스토텔레스의 연구가 지속적으로 진행된 것은 사실이다. 그러나 그리스도교의 경우에도 그랬듯이, 신흥 종교의 초기에는 아무래도 아리스토텔레스보다는 플라톤이 더 잘 먹히게 마련이다(이데아론이야말로 신학의 훌륭한 예비 단계니까). 그래서 8~9세기에는 갓 태어난 이슬람교를 철학적으로 변호하기 위해 신플라톤주의가 우세했다.

　이런 구도를 처음으로 깨뜨린 사람은 후대에 의사로서 더 큰 명성을 누리게 되는 이븐 시나(Ibn Sina, 980~1037, 라틴어 이름은 아비세나)였다. 페르시아에서 활동한 그는 모든 개별자가 신으로부터 '유출'되었다는 신플라톤주의의 기본 줄기를 받아들이면서도 사유와 유리된 보편자가 별도로 존재한다고 보지는 않았다(앞에서 보았듯이 서유럽의 스콜라철학에서 보편자에 관한 논쟁이 본격화되는 시기가 11세기라고 보면 당시 이슬람권은 지적 유행에서 서유럽보다 적어도 100년은 앞섰다고 말할 수 있다). 그가 생각하는 보편자는 개별자와 통일된 형식으로 존재하는 것이었는데, 이는 아리스토텔레스의 형상과 질료의 논리를 거의 그대로 적용한 견해다.

　"보편자는 개별자에 앞서 존재하고, 개별자의 속에 존재하고, 개별자의 뒤에 존재한다." 이븐 시나의 이 말에는 신-자연-인간의 세 가지 관점이 종합되어 있다. 세 개의 문구 가운데 첫째는 신, 둘째는 자연, 셋째는 인간과 연관된다. 첫째, 보편자가 개별자에 앞선다는 것은 신의 관점이다. 예컨대 신이 개라는 동물을 창조할 때는 삽살개나 테리어 같은 개별 종을 생각한 게 아니라 개의 보편 개념을 먼저 상상했을 것이다. 둘째, 자연에서는 보편자와 개별자가 합일되어 있다. 이를테면 한 마리의 특정한 삽살개는 개의 보편적인 성질과 고유한 개성이 통일된 개체다. 셋째, 인간은 보편자를 직접 인식하는 게 아니라 개별자들을 통해서 인식한다. 수많은 삽살개와 테리어를 경험한 뒤에 비로소 개에 관한 보편적인 인식을 가질 수 있는 것이다.

　탁월한 종합이 아닐 수 없다. 이런 구도에서는 보편자와 개별자의 역할이 깔끔하게 정리되며, 동시에 플라톤과 아리스토텔레스도 한 지붕 아래 편히 쉴 수 있다. 이븐 시나의 이 교통정리를 제대로 커닝했더라면 서유럽에서 실재론과 유명론의 논쟁은 사뭇 다르게 전개되었을 테고, 최소한 그 과정이 크게 단축되었을 것이다.

이븐 시나가 제시한 구도는 플라톤과 아리스토텔레스를 화해시켰으나 아무래도 비중은 후자에게 더 두고 있다. 보편자의 존재를 인정하기는 했어도 신의 영역으로 국한시켰고, 인간에게 의미 있는 것은 역시 개별자밖에 없다고 보았기 때문이다. 일찍이 아리스토텔레스는 신이 존재한다 해도 인간사에는 관심이 없다고 말하지 않았던가? 대세는 아리스토텔레스로 기울었다.

이런 추세를 역전시키려는 노력도 있었다. 그리스도교의 경우처럼 이슬람교의 초기에도 금욕주의적이고 근본주의적인 '정통파'의 발언권이 강했다. 이런 입장에서 본다면 이븐 시나의 학설은 학문이라기보다 신앙을 흩뜨리는 교설巧說에 가깝다. 그래서 알가잘리(Al-Ghazali, 1058?~1111)는 다시금 신앙의 고삐를 죄어야겠다고 마음먹고, 수피즘(이슬람 금욕주의자들이 입었던 '수프'라는 옷에서 나온 명칭)의 정신으로 돌아가야 한다고 주장했다. 당연히 아리스토텔레스는 배척의 대상이었으며, 그의 철학을 이어받은 이븐 시나의 학설은 명백한 이단이었다. 12~13세기 서유럽에서 아리스토텔레스를 이단시한 것과 비슷한 맥락이다. 이렇게 플라톤은 늘 종교의 짝사랑을 받았고 아리스토텔레스는 늘 종교와 소원했다.

하지만 이슬람교는 그리스도교와 근본적으로 다른 점이 있다. 더 정확히 말하면 이슬람교가 일반적인 종교에 가깝고 서유럽의 그리스도교가 대단히 특이하다고 해야 할지도 모른다. 서유럽은 로마 교황이 신성의 영역을 관장하고 그가 임명하는 서방 황제가 세속의 영역을 지배하는 체제였다. 즉 신성과 세속이 (적어도 겉으로는) 분리되어 있었다(그리스도교의 교리에 따르면, 교회와 교황은 지상에서 신을 대리하는 역할을 할 뿐 정치적 지배자는 아니다). 게다가 황제는 명함상으로만 황제일 뿐 실제로는 여느 봉건 군주와 크게 다를 바 없는 처지였다. 그와 달리 동유럽의 비잔티움 제국은 콘스탄티노플 총대주교가 사실상 황제의 휘하에 있는 거의 정교일치적인 체제였고, 더 동쪽의 이슬람 제국은 칼리프가 정치와 종교 두 부문의 수장이므로 더 완벽한 정교일치를 구현했다. 이렇게 신성과 세속의 권력이 하나로 통합되어 있었기 때문에 이슬람교는 서유럽의 교회처럼 아리스토텔레스를 추종하는 경향에 그다지 민감하게 반응할 필요가 없었다.

이븐 루슈드(Ibn Rushd, 1126~1198)가 이븐 시나보다 한 걸음 더 아리스토텔레스에 다가갈 수 있었던 데는 그런 배경이 있었다. 아베로에스Averroës라는 라틴어 이름으로 더 잘 알려졌을 정도로 그는 서유럽에 아리스토텔레스를 소개하는 데 결정적인 역할을 했다(아벨라르가 아리스토텔레스를 알게 된 것은 그의 주석본을 통해서일 것이다). 그럴 만도 한 것이, 그는 이븐 시나가 활동하던 지역과는 정반대인 이슬람 제국의 서쪽 끝, 즉 서유럽 세계의 관문에 해당하는 에스파냐 태생의 아랍인이었다.

이븐 루슈드는 알가잘리만이 아니라 이븐 시나도 아리스토텔레스를 잘못 이해했다고 주장했다. 그러나 그의 사상은 이븐 시나의 연속 선상에 있었다. 정확히 말하면 이븐 루슈드는 아리스토텔레스를 제대로 이해했다기보다 아리스토텔레스의 광적인 팬이었다고 보는 게 옳을 듯하다. 그는 아리스토텔레스의 모든 철학이 이슬람교와 잘 어울릴 뿐 아니라 신앙을 연구하는 데 큰 도움이 된다고 보았으며, 심지어 일부 교리를 거스르면서까지 아리스토텔레스를 옹호했다. 이를테면 그는 그리스도교에서 내세우는 창조의 개념에 반대하고, 물질의 불멸성을 주장하고, 영혼이 사멸한다고 강조했는데, 모두 아리스토텔레스의 철학을 충실히 따른 자연주의적 관점이다.

하지만 기본적으로 종교와 친하지 않은 아리스토텔레스의 사상을 신봉한 만큼, 그에게 무엇보다 중요한 과제는 아리스토텔레스의 철학과 이슬람 신학의 친화적 관계를 설정하는 일이었다. 그 방법은 뭘까? 고민하던 그는 이븐 시나의 탁월한 종합에 착안했다. 이븐 시나는 보편자의 문제를 해결하기 위해 신, 자연, 인간을 '분업 관계'로 엮지 않았던가? 해결책은 바로 거기에 있다. 아리스토텔레스의 철학과 이슬람교의 신앙에 서로 다른 역할과 기능을 부여하는 것이다. 진리는 철학적 진리와 신학적 진리의 두 가지가 있다. 철학과 종교를 배타적으로만 보는 사람들은 그 양자를 혼동하고 있는 것이다. 두 가지 진리는 서로 명확히 다른 것이므로 동시에 받아들일 수 있고 연구될 수 있다. 보편자는 신의 영역에 속하고 개별자는 인간의 영역에 있다고 본 이븐 시나의 종합과 연관시키면, 전자는 종교적 진리이고 후자는 철학적 진리에 해당한다.

이렇게 종교와 철학이 분리될 수 있다는 이븐 루슈드의 이중 진리론은 서유럽의 학자들에게 큰 혼란을 주었다. 그를 통해 아리스토텔레스의 철학을 알게 된 것은 좋지만 이슬람교보다 배타성이 강했던 그리스도교의 교리상 그의 견해는 결코 수용할 수 없었기 때문이다. 이븐 루슈드는 종교와 철학을 절충시켰지만, 말이 절충이지 내용으로는 이븐 시나와 마찬가지로 철학의 손을 들어준 것이나 다름없었다. 그의 견해를 거칠게 표현하면 이렇다. "신이라고? 그래, 신의 존재를 인정은 해주지. 하지만 그뿐이야. 신은 신의 진리를 추구하고 인간은 인간의 진리를 추구하면 되는 거 아니겠어?"

서유럽의 대다수 학자들은 이븐 루슈드의 추종자들을 '라틴아베로에스파'라고 부르며 맹렬히 비난했다. 심지어 그를 괘씸하게 여긴 그리스

도교 화가들은 그림에서 그와 유다, 아리우스를 그리스도교 성인들의 발
밑에 엎드려 있는 모습으로 표현했다. 그러나 시대의 흐름은 이미 아리
스토텔레스의 철학을 수용할 수밖에 없는 상황으로 가고 있었다. 다만 아
리스토텔레스의 철학을 종교와 조화시키려면 누구도 결코 절충을 피할
수 없다. 중요한 것은 얼마나 교묘하게 절충하느냐의 문제다. 누가 고양
이 목에 방울을 달까? 과연 서유럽에서도 이븐 시나와 이븐 루슈드가 선
보인 절충의 솜씨를 더욱 업그레이드시킨 인물이 등장하게 된다.

지적 절충이 시대의 추세였을까? 당시 아라비아와 서유럽의 학자들 못
지않게 절충의 기량을 화려하게 과시한 철학자는 중국에도 있었다. 서유
럽 중세의 신학-철학이 큰 폭의 변모를 겪을 무렵 중국 철학도 공자 이
래 최대의 전환점에 서 있었는데, 먼저 그 과정을 간략하게 살펴보면서
서유럽의 사상과 비교해보자.

절충과 종합의 귀재

1장에서 보았듯이 고대 그리스에서 서양 철학이 탄생할 무렵 동아시아
의 중국에서도 제자백가 시대를 맞아 다양한 사상이 싹을 틔웠다. 공자-
소크라테스-플라톤-아리스토텔레스-맹자-장자. 활동 연대순으로 열거
한 기원전 6~기원전 4세기 동·서양의 대표적인 사상가들이다. 이들은
각자 자기 시대의 사회적·지적 위기를 타개하기 위해 새로운 철학 사상
을 전개했다는 공통점을 가진다. 하지만 배경과 의도에서는 차이가 있다.
중국 철학자들은 춘추전국시대의 어지러운 현실을 극복하려는 필요성이
주요 동기였던 반면—중국 철학이 순수 학문이라기보다 정치 이데올로

기에 가까웠던 것은 그 때문이다—그리스 철학자들은 소피스트들이 야기한 지적 혼란을 바로잡으려는 의도가 강했다. 이런 현상은 동·서양의 사상에서 또다시 큰 변화가 일어난 12~13세기에도 재현된다.

서유럽에서 실재론과 유명론의 대립이 어떤 방식으로든 정리되어야 할 시점에 이르렀다면, 당시 중국에서는 역사상 최약체의 한족 제국인 송나라가 처한 현실적 위기 때문에 사상적 개혁의 필요성이 대두되었다. 10세기에 중국 대륙을 재통일하고 송나라를 세운 절도사 출신의 조광윤은 무관인 자신의 신분과 반대로 처음부터 문치주의를 내세웠다. 아마도 당말오대의 정치적 혼란기에 무관들이 천하를 쥐락펴락했던 경험에 치를 떤 탓이겠지만 그것은 권력을 유지하기 위해 대세를 그르친 판단 착오였다.

쌈짓돈을 아낀 대가는 얼마 뒤 목돈으로 치러야 했다. 1004년에 거란족의 요나라가 수도 인근까지 쳐들어오자 송나라는 굴욕적인 화친 조약을 맺고 '오랑캐'에게 조공을 바치는 신세로 전락했다. 급기야 1127년에는 요나라에 이어 북방의 새 주인이 된 여진족의 금나라에게 수도를 빼앗기는 변을 당했다. 이때 오리지널 송나라인 북송은 멸망했고 황족의 일부가 강남으로 달아나 남송이라는 이름을 걸고 겨우 제국의 명패만 보존하는 처지가 되었다.

그때까지 중국 역사에서 여러 차례 분열과 혼란에 시달린 적은 있었어도 이처럼 한족의 통일 제국이 북방 이민족 국가에게 허망하게 무릎을 꿇은 적은 없었다. 천자의 나라가 하늘의 버림을 받다니 …… 이 이해할 수 없는 일은 어떤 방식으로든 해명되어야만 했다. 지금 우리는 그 근본 원인이 송나라의 무력함보다는 북방 이민족의 힘이 강성해진 탓이며—로마제국 후기의 게르만족과 같다—그렇기 때문에 얼마 뒤에는 몽골족

2부 신이라는 궁극적인 질문

이 중국을 정복하고 중원 최초의 이민족 왕조를 세운다는 것을 알지만, 당시 남송의 지식인들이 보기에 오랑캐가 중화를 정복하는 것과 같은 천리에 어긋나는 일은 있을 수 없었다. 북방의 바람이 거세진 것은 일시적인 현상일 뿐 천하는 머잖아 중화의 질서를 되찾을 터였다. 이런 희망 섞인 이데올로기에 철학의 옷을 입힌 사람은 주희(朱熹, 1130~1200)였다. 그 결과로 탄생한 성리학은 1600여 년 전 공자가 유학을 창시한 이래 유학 역사상 최대의 개편이었다.

일단 철학적인 측면만 보면 성리학을 정치 이데올로기로 규정하는 것은 다소 부당한 듯하다. 성리학의 이기론理氣論은 플라톤의 이데아론이나 아리스토텔레스의 형상-질료와 비슷한 방식으로 세상 만물을 설명한다.

세상 만물을 보편자와 개별자의 이원론으로 이해하는 관점은 동서고금을 막론하고 인간의 정신에 유전자처럼 각인되어 있는 모양이다. 이기론의 이(理, 이치)는 만물의 존재 원리이고 기(氣, 기운)는 만물의 구성 요소인데, 대체로 이는 보편자, 기는 개별자에 해당한다(물론 개념의 위상이 그렇다는 이야기일 뿐 의미가 정확히 일치하는 것은 아니다). 즉 이는 사물의 보편성과 공통점을 이루며, 기는 사물의 특수성과 차이를 이룬다(이런 이원론적 구조는 유학과 더불어 동양 사상의 한 축을 이루는 도가에서도 확인할 수 있다. 《도덕경道德經》의 1장에는 무無로 묘妙—세상의 오묘함—를 나타내고 유有로 요徼—구체적인 양태—를 나타낸다는 말이 나오는데, 성리학으로 말하면 무는 이와, 유는 기와 통한다).

"이와 기는 서로 분리될 수도 없지만 그렇다고 섞일 수도 없다." 분리될 수 없다는 것은, 이는 기가 있어야 그 존재를 드러낼 수 있고 기는 이에 자신의 존재를 의존한다는 의미다. 또 섞일 수 없다는 것은, 비록 이와 기는 각각의 사물 속에 함께 구현되어 있지만 논리적으로는 다른 실재라는 의미다. 이와 기를 순수하게 병립시킨다면 전형적인 이원론이 되며, 얼추 플라톤과 아리스토텔레스의 중간 지점에 위치하게 된다. 그러나 거기서 논의를 멈출 거라면 주희는 애초에 이기론을 주장하지도 않았을 것이다. 그는 이와 기 가운데 이가 존재론적으로 앞서므로 기보다 더 근본적이라고 보았다. 이를테면 플라톤 쪽으로 약간 저울추를 옮겼다고 할 수 있다.

서유럽의 경우에서 보았듯이 보편자를 앞세우면 종교와의 타협이 더 쉬워지는 것은 사실이다. 하지만 당시 비잔티움이나 이슬람 세계보다도 훨씬 강력한 정교일치의 제국이었던 중국에서는 세속의 권력을 제어할 신성의 권력이 부재했으므로(혹은 황제에게 완전히 통합되어 있었으므로) 종교나 신앙의 문제 때문에 갈등을 빚을 염려가 전혀 없었다. 그렇다면 주희의 의도는 뭘까?

그는 이기론의 구도로 당시 중국(남송)이 처한 현실을 설명하고자 했다. 이기론의 이는 바로 중화 세계이고 기는 오랑캐 세계다. 이가 만물의 근본이지만 기도 만물이 존재하기 위해 필요한 요소다. 천하에 중화의 '문명 민족'만 홀로 살 수는 없다는 이야기다. 그러나 기는 천변만화하지만 이에 존재 근거를 두고 있으므로 궁극적으로는 이에 예속될 수밖에 없다. 이와 기가 분리될 수도, 섞일 수도 없다는 말은 그런 상태를 설명하려는 정치적 뉘앙스를 가진다. 그렇다면 기보다 이가 근본이라는 견해의 정치적 함의는 명백하다. 지금은 비록 중원이 오랑캐의 손에 넘어갔지만 결국에는 세상 만물의 이치에 따라 다시 한족이 주도하는 중화 세계의 품으로 돌아오리라는 의미다.

2장에서 본 것처럼 공자는 처음부터 유학을 정치사상으로 창시하고 그것을 받아줄 나라를 찾아 천하를 주유했다. 결국 제자들을 잘 길러낸 덕분에 후대에 학문적 명성을 떨쳤으나 당대에 그의 정치학은 현실로 구현되지 못했다. 그런 반면 주희는 황제에게 여러 차례 상소를 올려 성리학을 정치에 반영하고자 노력했고 서원과 저술 활동을 통해 차세대 정치인들을 육성했다. 이처럼 서유럽과 달리 중국의 철학이 늘 정치적 지향성을 보였던 이유는 유학 자체의 속성에 기인하는 바가 크지만 실용적인 목적 이외에 순수한 학문의 목적이 없었던 탓이기도 하다(이런 측면은 조선 사회에도 반영되어 세계적으로 보기 드문 학자-관료 집단을 낳았다). 같은 시기 동양 세계와 비교하면 서유럽 중세에서 종교가 반드시 철학의 발전을 저해한 것만도 아니다. 신을 해명하거나 변명하는 것—중국의 철학에서는 없는 과제—이 철학의 훌륭한 목적이 되어주었기 때문이다.

주희가 바랐던 '성리학의 나라'는 그의 시대에 오지 않았고, 더욱이 중국에서 탄생하지도 않았다. 그것은 엉뚱하게도 수백 년의 시차를 두고 한반도의 조선에서 실현되었다. 한반도의 왕조들은 전통적으로 중국의 한족 왕조들과 사대 관계를 맺어왔지만, 특히 조선은 건국이념부터 사대적이었다(조선 초기에 명나라와 대립한 것은 둘 다 신생국의 처지였기에 관계를 정립하기 위한 제스처에 불과하다). 그랬기에 조선은 처음부터 성리학을 지배 이데올로기로 삼고 출발했으며, 무늬만 왕국이었을 뿐 사실상 사대부들이 학자-관료 집단으로서 실권을 장악한 체제였다. 이들이 왕을 꼭두각시처럼 다루기 위해서는 조선의 왕을 중국 황제의 일개 제후로 간주할 수 있는 중화적 질서가 절실하게 필요했던 것이다.

성리학의 이기론은 이후 15~16세기 조선의 학계에서 이기이원론과 이기일원론으로 분립되고 두 입장 간에 치열한 논쟁이 벌어지는데, 그 논점은 묘하게도 12~13세기에 서유럽에서 벌어진 실재론과 유명론의 논쟁과 상당히 비슷하다. 특히 이황과 이이의 논쟁은 쟁점에서나, 학자들의 인물됨에서나 마치 플라톤과 아리스토텔레스의 대립을 보는 것 같아 흥미롭다. 주희의 가르침 중에서 불상잡^{不相雜}, 즉 이와 기가 섞일 수 없다는 점을 강조하는 이황의 이기이원론은 사물의 존재 근거인 이가 기와 독립적으로 실재한다고 보았는데, 여기서의 이는 플라톤의 이데아와 비슷하다. 또한 불상리^{不相離}, 즉 이와 기가 분리될 수 없다는 점에 주목한 이이의 이기일원론은 기가 이에 종속된다고 본 주희의 주장을 반복하는 측면이 있지만, 다른 한편으로는 아리스토텔레스의 형상-질료 관계를 연상케 한다.

주희의 성리학은 그다지 독창적이라고 볼 수 없다. 실은 주돈이, 정호, 정이 등 11세기 송의 철학자들이 정립한 이와 기의 개념을 재료로 삼아 주희가 적절한 절충과 종합으로 가공한 결과가 성리학이다. 하지만 그 과정에서 주희는 유학의 고전들을 바탕으로 《소학》과 《근사록》이라는 유학의 기본 교재들을 편찬했고, 《논어》, 《맹자》, 《중용》, 《대학》의 4서^{四書}를 전공 교재로 정했다.

마침 약속이라도 한 듯이 13세기의 서유럽에도 중국의 주희처럼 당대의 학문적 성과를 집대성하고 교과서를 편찬한 석학이 등장한다. 그는 바로 절충과 종합의 황태자이자 스콜라철학의 최고봉인 토마스 아퀴나스(Thomas Aquinas, 1225~1274)다. 당시 서유럽은 중국처럼 십자군 전쟁으로 문명의 권역이 크게 넓어짐으로써 지적 혼란을 겪고 있었다. 이렇게 비슷한 시기와 비슷한 환경에서 동·서양의 사상적 틀이 크게 개조된 것을 보면 13세기는 가히 제2의 차축시대라고 부를 만하다.

시대가 요청한 그리스도교의 변호사

어느 분야나 그렇겠지만 철학자들 중에도 선도적으로 치고 나가는 스타일과 차근차근 요령 있게 정리하는 스타일이 있다. 전자는 창의적이지만 뒷감당을 못해 나가떨어지는 경우가 많고, 후자는 체계적이지만 좀처럼 새로운 것을 내놓지 못한다. 또 전자는 당대에는 푸대접을 받아도 미래에 끊임없는 주석과 재해석의 대상으로 남아 영광을 누리지만, 후자는 당대에 많은 제자들을 길러내고 지적 권위를 인정받는 데 만족해야 한다. 좀 도식적이기는 하지만 전자가 고독한 천재형의 철학자라면 후자는 직업적 철학자라고 할까? 중세 철학자들 중에서 전자에 속하는 인물로는 아우구스티누스를 꼽을 수 있고, 후자로는 토마스 아퀴나스를 들어야 할 것이다.

12~13세기에 아리스토텔레스의 저작은 거의 전부 라틴어로 번역되었다. 이처럼 아리스토텔레스가 서유럽에서 완전히 부활한 데는 토마스의 공로가 결정적이었다. 실은 토마스 개인의 노력보다 이성으로 신앙을 이해할 수 있어야 한다는 시대적 요청이 더 큰 몫을 했다고 봐야 할 것이다(토마스의 노력도 그런 시대적 배경이 있었기에 가능했다). 이것은 필연적인 추세였다. 교회의 구속력이 점점 약화되고 그에 반비례해 지성의 폭이 점차 확대되는 상황에서는 중세 초기처럼 이성이 신앙의 보조 수단에 머물 수 없었다. 그러나 시대의 지적 지형을 변화시킨 요인은 외부에도 있었다.

11세기부터 십자군 원정이 시작되면서 서유럽인들은 이 세상에 자신들만 살고 있는 게 아니라는 사실을 실감했다. 전혀 예상치 못했던 것은 아니지만 과연 세상은 이교도들로 가득했다. 더구나 그 이교도들은 문명의 수준이나 물리적인 힘에서 서유럽을 능가하는 수준이었다. 그나마 1차 십자군은 성지를 탈환하는 목적을 달성했으나 그 뒤부터는 수차례 십자군을 파견해도 좀처럼 '신의 뜻'이 실현되지 않았다. 게다가 13세기 초에는 상상할 수도 없을 만큼 강력한 이교도들이 유럽을 침공했다. 로마제국의 멸망을 초래한 훈족보다도 더 힘센 몽골족의 군대였다.

역사에는 칭기즈 칸이 정복 군주의 대명사로 등재되어 있지만 실은 그의 아들 오고타이 칸의 시대에 이루어진 정복이 더 많다. 가장 대표적인 것이 유럽 침략이다. 토마스가 열 살이던 1235년에 몽골제국의 새 수도 카라코룸에서 오고타이는 역사적인 유럽 원정을 결정한다. 바투가 이끄는 20만 명의 몽골군은 특유의 기동력으로 킵차크와 키예프를 비롯한 러시아 일대를 점령하고 동유럽의 폴란드와 헝가리에까지 이르렀다. 만약 파죽지세의 몽골군이 거기서 고삐를 늦추지 않았다면 이후 세계사는 크게 달라졌을 것이다. 유럽의 어느 군주도 막지 못한 몽골 원정군의 말머리를 돌리게 한 것은 오고타이의 사망이었다. 몽골제국은 장자 상속제를 취하지 않고 쿠릴타이라는 회의를 열어 제위 계승자를 정했으므로 원정군의 총사령관이자 오고타이의 조카인 바투는 자신의 발언권을 행사하기 위해 몽골로 돌아갔다.

5세기 초 로마제국이 행운으로 아틸라의 침략을 막았듯이 13세기의 서유럽도 억세게 운이 좋았다. 그러나 위기는 모면했어도 서유럽인들은 이런 사태의 전개에 아연실색하지 않을 수 없었다. 세상의 창조주인 신을 믿고 지상에서 신을 대리하는 교황이 있는 세계에 어찌 이런 끔찍한 일이 닥칠 수 있단 말인가? 로마제국은 그리스도교를 공인하고도 멸망했지만 그건 교회의 힘이 미약했던 1천 년 전의 일이 아닌가? 완벽하게 신이 다스리는 세계가 된 지금도 그런 일이 벌어진다면 뭔가 이유가 있을 것이다. 그렇다고 지고의 존재인 신의 탓으로 돌릴 순 없으니 지상에서 신을 섬기는 인간에게 뭔가 잘못이 있음에 틀림없다. 아리스토텔레스의 도입은 그런 반성에서 정당성을 얻었다.

그러나 그보다 먼저 설명해야 할 게 있다. 서유럽 세계를 공포에 떨게 한 저 이교도의 힘은 대체 뭐란 말인가? 십자군이 겪은 이슬람 세력은 그래도 유일신을 믿었다. 하지만 그리스도교의 신은커녕 아예 신을 섬기지 않는 저 괴물 같은 '인간들'은 어떻게 봐야 할까? 노예조차 '살아 있는 도구'나 '말하는 짐승'으로 간주했던 때도 있었지만 지금은 고대 그리스나 로마 시대가 아니다. 신이 세상 만물의 진정한 창조주라면 몽골족도 당연히 창조했을진대 신의 안배는 과연 뭘까?

어린 시절에 동방에서 무시무시한 군대가 쳐들어온다는 소문을 들었고 세상의 종말을 앞둔 듯 두려움에 떠는 어른들의 태도를 보고 자란 토마스는 시대의 요구에 부응해 그리스도교의 변호사가 되기로 결심했다. 필요한 과제는 두 가지, 첫째는 이교도의 문제를 이론적으로 해명하는 일이었고, 그다음 과제는 새로운 시대를 맞아 신학을 새로 정비하는 일, 특히 재발견된 아리스토텔레스의 철학을 신학과 조화시키는 일이었다. 첫째 과제는 《대對이교도 대전Summa contra Gentiles》, 둘째 과제는 《신학 대전Summa Theologica》으로 구체화된다.

토마스의 해법—중용 실재론

가톨릭 신학의 과제는 예나 지금이나 그리스도교 신앙의 진리를 밝히는 데 있다. 이 점을 부인하지는 않지만 토마스는 교회를 상대로 할 때와 이교도를 상대로 할 때 초점이 다르다고 여겼다. 현명한 판단이었다. 신앙에 관해 공통분모를 가진 경우와 그렇지 않은 경우는 다를 수밖에 없기 때문이다. 이교도에게 그리스도교를 설명할 경우에는 단순히 신앙을 강조하는 것만으로는 불충분하다.

그 경우에는 어떤 원칙을 적용해야 할까? 신앙과 무관하게 인간이라면 누구나 수긍할 수 있는 보편적인—그동안 보편적이라는 뜻으로 가톨릭이라는 용어를 썼으니 얼마나 오만했던가!—도구를 활용하지 않으면 안 된다. 그것은 바로 인간이라면 누구나 가지고 있는 이성이다.

이교도는 그리스도교 《성서》의 권위를 인정하기는커녕 《성서》를 읽지도 않으므로 그들을 그리스도교로 이끌기 위해서는 먼저 이성을 동원해야 한다. 이 방법을 쓰면 이교도만이 아니라 신앙의 초보자들도 참된 신앙으로 이끌 수 있다. 게다가 잘되면 신앙과 이성의 해묵은 쟁점도 해결할 수 있으니 일석삼조의 전략이다. 마침 출발점으로 삼기에 좋은 한 이교도의 사상이 있다. 그것은 바로 이븐 루슈드, 즉 아베로에스의 철학이다.

물론 토마스는 아베로에스의 이중 진리론을 전폭적으로 수용할 의도가 없었다. 오히려 그는 신학과 철학을 분리하는 게 아니라 결합시켜 하나의 체계 속에서 단일한 진리를 끌어낼 수 있다고 믿는 입장이었다. 실은 설사 이중 진리론을 믿는다 해도 노골적으로 표방할 처지는 못 되었다. 종교적 진리와 철학적 진리가 서로 별개라는 논리는 이교도나 말할 수 있는 과감한 주장이었다. 하지만 아베로에스의 방식이 훌륭한 논의의 출발점이 되는 것은 사실이었다.

신학은 계시를 통해 얻은 교리를 전거로 하고, 철학은 관찰을 통해 얻은 경험을 전거로 삼는다. 또한 신학은 계시된 전제로부터 연역을 통해

2부 신이라는 궁극적인 질문

진리를 찾고, 철학은 관찰된 사실로부터 귀납을 통해 진리를 추구한다. 이렇게 보면 신학과 철학은 서로 배리적인 게 아니라 상보적이며, 각기 다른 방식으로 진리를 향해 접근한다고 볼 수 있다. 게다가 영역도 서로 다르다. 철학은 신학에서 다루는 삼위일체, 성육신, 최후의 심판, 영혼의 불멸성 같은 종교적 주제들에 관해 견해를 구성할 수 없다. 그 반면에 신학은 빛, 열, 소리, 색 등 자연계의 속성에 관해 원론적인 한계를 넘어 상세히 설명할 수 없다. 결국 신학과 철학은 자연스러운 분업 관계를 이룰 수 있고 사이좋은 역할 분담이 가능하다는 이야기다. 실제로 토마스는 그런 원리를 종교 교육에 적용하자고 주장했다. 이를테면 학식을 가진 사람들에게는 신앙에 관한 철학적 증명이 필요하지만 신앙의 초보자나 어린이들에게는 계시로도 충분하다는 것이다. 오늘날의 어린이를 대상으로 하는 그리스도교 교육도 그런 원리에 따라 전개되고 있다.

철학 중에도 순수한 철학으로만 해결될 수 없는 영역이 있고 신학 중에도 철학의 도움이 필요한 영역이 있다. 이것이 신학과 철학의 교집합을 이루는데, 여기서는 두 학문의 방식이 함께 사용된다. 토마스는 이성으로 증명될 수 있는 신학의 영역을 자연신학으로, 오로지 신앙에만 의지하는 영역을 계시신학으로 구분했다. 탁월한 절충이다. 이렇게 구분해 놓으면 이중 진리 같은 해괴하고 말썽 많은 개념을 도입하지 않아도 신앙과 이성의 문제를 극복할 수 있는 길이 열린다. 아울러 나날이 비중이 커지는 인간 이성을 신학이 흡수하는 데도 큰 도움이 된다.

그 자신도 수도사의 신분이었으나 토마스는 순수한 신앙의 영역, 즉 계시신학을 사제들의 몫으로 돌리고 자신은 자연신학에 관한 연구에 집중했다. 사제는 누구나 할 수 있어도 철학자는 그렇지 않다는 생각이었을 것이다. 복고풍 첨단 학문인 아리스토텔레스 철학이 빛을 발한 곳은 바로 이 영역이다. 여기서도 역시 아베로에스처럼 활용할 만한 소재가 풍부했다.

앞에서 보았듯이, 절충과 타협에서 일가견을 가졌던 아랍 철학자 이븐 시나는 보편자와 개별자의 관계를 이렇게 설명한 바 있다. "보편자는 개별자에 앞서 존재하고, 개별자의 속에 존재하고, 개별자의 뒤에 존재한다." 이 멋진 종합은 토마스의 스승인 알베르투스 마그누스(Albertus Magnus, 1200?~1280)가 "ante rem, in rem, post rem"이라는 라틴어 문구로 번역했는데, 토마스는 바로 여기서 해법을 찾는다(라틴어 구절에서 rem은 그냥 '사물thing'이라는 뜻일 뿐 반드시 개별자를 가리키지는 않으므로 번역하면 "사물의 앞과 안과 뒤"라는 뜻이다). 실재론과 유명론의 간극을 아슬아슬하게 잇는 이 구절은 후대에 중용 실재론이라는 이름을 얻는다. 스승의 커닝을 토마스가 알았는지, 아니면 스승의 발명품으로 믿었는지는 확인할 길이 없지만, 어차피 그 원류는 아리스토텔레스였으니 저작권 문제로 고민할 필요는 없었을 것이다.

보편자를 플라톤의 이데아처럼 보는 한 보편자-개별자의 문제는 결코 해결할 수 없다. 개별자의 존재 근거인 보편자가 각각의 개별자처럼 별도로 실재한다면 결국 보편자를 어떻게 인식할 것이냐의 문제가 생기는 것은 필연이다. 그래서 플라톤도 그 문제를 완전히 해결하지 못하고, 특별한 훈련을 거친 순수이성만이 이데아를 인식할 수 있다는 모호한 결론을 내릴 수밖에 없었다(플로티노스는 일자와 합일되는 엑스터시를 경험했다지만 그건 어디까지나 개인적인 영적 체험으로 봐야 한다). 사실 그동안 신학자-철학자들이 보편자의 문제로 고민했던 이유는 아리스토텔레스가 별로 알려지지 않았던 탓이 크다.

형상과 질료가 각각의 사물 속에 합일되어 있다는 아리스토텔레스의 논리를 취하면 문제 해결에 성큼 다가설 수 있다. 다만 보편자의 존재 자체를 부인하는 발상은 자칫 무신론이나 범신론으로 이어질 위험이 있으므로 배제한다. 모든 사항을 신중히 고려한 토마스의 결론은 이렇다. 보편자는 개별자 속에 분리될 수 없는 방식으로 통합되어 있으며—논리적인 구분만 가능하다—인간의 정신은 그 개별자들을 경험적으로 인식해 유사성을 추출하고 대상에 관한 관념을 구성할 수 있다.

토마스가 이 결론에 이른 과정을 분해해보자. (1) 플라톤의 실재론을 받아들인다. (2) 그중에서 이데아가 별도로 실재한다는 견해를 버린다. (3) 이 실재관에 아리스토텔레스의 형상-질료 도식을 도입한다. (4) 실재는 불가해한 존재가 아니라 인간이 인식할 수 있다는 견해를 덧붙인다. 중용 실재론은 이렇게 기존의 주장들을 선택적으로 취합함으로써 만들어진 체계다. 독창성에서는 그다지 높은 평점을 주기 어렵지만 나름대로의 안목과 혜안이 없었다면 그만한 절충도 쉽지는 않았을 것이다.

존재의 사다리

묵을수록 매워지는 게 생강만은 아니다. 무엇이든 오래되면 독소가 강해지고 스스로 생명력을 얻어 쉽게 제거되지 않는다. 보편자의 논쟁도 마찬가지다. 실재론-유명론의 대립이 한 세기 이상 끌어오면서 깊이 뿌리를 내린 탓에 이제 가지만 쳐서는 논쟁을 종식시킬 수 없는 상태가 되었다. 사실 토마스의 결론도 논쟁의 중간 중간에 여러 차례 비슷한 형태로 제시되었던 답들 가운데 하나에 불과했다. 이 문제를 완전히 매듭짓기 위해서는 결론만 제시하는 것으로는 부족하고, 체계적인 입론 과정이 필요했다. 토마스가 자연신학에 주력한 것도 그 때문이다.

자연신학으로 탐구의 영역을 확정한 것은 확실히 효과적이었다. 내용적으로는 세속 학문이라고 해야겠지만 '신학'의 명칭을 취한 만큼 신의 존재와 역할을 전제하고 있으므로 신앙을 철학 속에 담아내야 한다는 부담이 없다. 또한 '자연'이라는 수식어가 붙었으므로 신앙이 부당하게 개입할 근거도 없다. 이제 그는 중세 철학자들 가운데 처음으로 신학의 눈치를 보지 않고 순수 철학을 전개할 수 있게 되었다. 이런 배경에서 토마스의 또 한 가지 절충이자 종합이 나온다. 그것은 바로 플라톤과 아리스토텔레스의 절충이다.

플라톤과 아리스토텔레스는 여러 면에서 대립적이지만 잘만 활용하면 서로 보완적인 역할을 하면서 시너지 효과를 일으킬 수 있다. 두 사람의 상대적인 장점은 뭘까? 형이상학이라는 용어는 아리스토텔레스에게서 비롯되었지만 그 개념은 사실 플라톤의 철학에 더 가깝다. 플라톤의 철학은 체계성과 형식성이 뛰어난 반면 아리스토텔레스는 경험적이고 상식적인 철학적 내용에 일가견이 있다. 플라톤의 형식과 아리스토텔레스의 내용을 결합하면 어떨까?

이 점에 착안한 토마스는 우선 플라톤의 이데아론에서 존재를 위계화하는 형식을 차용했다. 물질세계 혹은 가시적인 세계의 존재들은 서로 등가적인 것이 아니다. 극단적인 예로 신의 존재와 이름 모를 풀 한 포기의 존재를 같은 위상으로 파악할 수는 없다. 그러므로 존재들은 그물처럼 수평적인 게 아니라 사다리처럼 높낮이가 있는 것으로 봐야 한다. 즉 모든 존재는 무기물에서부터 식물과 동물을 거쳐 인간과 신에 이르는 사다리 모양으로 배치할 수 있다. 여기까지가 플라톤이라면 다음부터는 아리스토텔레스다. 플라톤은 이데아를 맨 위에 위치시키기 위해 존재들을 서열화했지만, 이데아의 개념을 뚝 잘라버리고 나면 존재의 형이상학적 속성은 사라지고 자연적 속성만 남는다. 여기서 토마스는 아리스토텔레스의 개념적 장치를 직접 끌어다 사용한다.

사다리의 맨 밑바닥에 있는 존재는 현실태보다 가능태의 성격을 더 크게 가진다. 예컨대 돌은 아이들의 장난감으로 사용될 수도 있고, 난방용 온돌이 될 수도 있으며, 석재라는 건축자재로 탈바꿈될 수도 있다. 반면에 맨 위의 존재, 즉 신은 다른 모든 것을 운동케 하되 자신은 운동하지 않는 아리스토텔레스의 원동자처럼 순수한 현실태다. 달리 말하면 사다리의 맨 아래에 있는 존재는 형상이 완전히 질료 속에 파묻혀 거의 질료로서만 존재하며, 맨 위의 존재는 질료가 전혀 없고 오로지 형상으로만 존재한다. 신도 여기에 속하지만 토마스는 천사를 예로 들었다. 그는 천사를 비물질적 실체로 보고 천사의 종류와 속성을 정성껏 세분했는데, 그의 독창성이 가장 잘 드러난 이 분야의 연구 덕분에 추종자들에게서 '천사학 박사'라는 존칭을 얻었다. 신 대신 천사를 고등한 존재의 예로 든 것 역시 교회의 반감을 사지 않기 위한 교묘한 장치임에 틀림없다.

사다리의 아래 부분에 있는 존재는 그 위의 존재를 인식할 수 없다. 돌멩이(무기물)는 풀(식물)의 존재 방식을 모르고, 풀은 사슴(동물)의 존재 방식을 모른다. 그럼 인간은? 영혼을 가진 인간 존재는 신의 존재 방식을 알 수 있을까? 답은 이미 나와 있다. 인간은 신의 영역 중에서 일부분은 알 수 있으나 전부는 알 수 없다(자연신학과 계시신학의 구분은 여기서도 유용하다). 인간이 상위 존재에 관해 일부분이나마 알 수 있는 이유는 특별한 존재이기 때문이다.

인간은 태어였을 때 식물의 영혼을 가지고 있다가 점차 동물의 영혼으로 성장하는데, 인간이 되는 마지막 단계에서 신이 개입한다. 신이 인간에게 이성적인 영혼을 불어넣어주는 것이다. 《성서》의 〈창세기〉에는 그 장면을 확실하게 표현한 구절이 있다. "하느님이 땅의 흙으로 사람을 지으시고 생기를 그 코에 불어넣으시니 사람이 생령이 되니라." 그런가 하면 신이 인간을 처음부터 특별한 존재로 만들었다는 점도 《성서》에 명시되어 있다. "하느님이 그들[인간]에게 이르시되 생육하고 번성하여 땅에 충만하라, 땅을 정복하라, 바다의 물고기와 하늘의 새와 땅에 움직이는 모든 생물을 다스리라 하시니라."

인간의 영혼을 신이 넣어준 것이라면 육신은 소멸한다 해도 영혼은 불멸일 것이다. 여기서 토마스는 아리스토텔레스와 갈라지지만(아리스토텔레스는 영혼이 소멸한다고 믿었다), 이 점은 예수 그리스도가 등장하기 이전과 이후의 차이이므로 이제는 무시해도 상관없다. 영혼이 불멸한다는 논리를 조금만 더 밀고 나가면 육체가 부활한다는 논리로 이어진다. 삼위일체론과 더불어 오랫동안 신학적 논쟁의 대상이었던 그리스도의 성육화는 그것으로 설명이 가능하다.

모든 문제를 풀었으니 이제 남은 것은 계시신학의 영역이다. 자연신학, 즉 철학으로 자연 세계의 대부분을 설명할 수 있지만 그래도 궁극적인 철학적 문제들은 자연신학만으로는 답을 낼 수 없다. 예를 들면 자연 세계는 언제부터 존속했고 언제까지 존속할 것인가, 자연 세계가 시간에 종속되어 있다면 시간이란 대체 무엇인가 하는 등의 문제다. 아베로에스는 물질세계가 영원히 존재해왔고 앞으로도 그럴 것이라고 주장했지만 토마스는 인간 이성으로 그것을 알 수는 없다고 말했다. 그에 따르면 이런 문제들은 오직 믿음으로만 알 수 있다. "세계가 시초를 가지고 있다는 명제는 믿음에 의거할 뿐 증시되거나 증명될 수 없다."

이성으로 설명되는 것은 신앙이 개입하지 못하도록 하고 그렇지 않은 것은 모조리 신앙에 맡긴다. 어디 한 군데도 트집을 잡을 수 없을 만큼 완벽한 절충이며 거의 예술적인 종합이다. 반박을 받을 만한 여지를 미리 알아서 세심하게 제거한 그의 솜씨는, 엄청난 거구에다 식사량도 대단했다는 그의 외모와는 어울리지 않게 미꾸라지처럼 날씬하고 매끈하다. 그렇게 조심했는데도 그는 사후에 격렬한 비판을 받았고 50년이 지난 뒤에야 성인으로 추증되었으니, 당시 서유럽의 교회가 얼마나 보수적이었는지 짐작할 수 있다.

다시 신의 논증으로

중세 초반 약 700년 동안 그리스도교는 바깥세상을 몰랐던 탓에 거침없는 전진이 가능했다. 유럽 문명에서도 변두리에 불과했던 서유럽 세계는 비잔티움 제국이 동쪽 관문을 막아주는 동안 온실 속에서 힘을 키울 수 있었고, 그 넘치는 힘의 자연스러운 분출이 곧 십자군 원정으로 나타났다. 처음으로 접한 동부 지중해 세계, 그리고 곧이어 닥친 아시아 세력과의 충돌은 서유럽의 현실만이 아니라 지적 지형도 바꿔놓았다. 그리스도교가 생긴 게 어제오늘의 일이 아닌데도 토마스 아퀴나스가 새삼 그리스도교의 변호사로 나선 이유는 브레이크를 모르고 질주하던 서유럽 문명에 처음으로 반성의 계기가 생겨났기 때문이다(그런 점에서 달라진 세상을 철학적으로 반영해야 했던 송나라 주희의 고민과 일치한다).

모든 것을 쇄신할 필요가 있었다. 그동안 기능해온 지적 장치들은 너무 낡아 이리저리 손볼 데가 많아졌다. 게다가 드문드문 새로 발명된 장치들도 꽤 있었다. 토마스는 유능한 자동차 정비공이었다. 팬벨트는 새

것으로 갈았고, 브레이크는 유격을 조정했으며, 바퀴는 아예 신형 광폭 타이어로 바꿨고, GPS와 내비게이션도 달았다. 이제 자동차는 다시 예전처럼 잘 달릴까? 토마스는 아직 충분하지 않다고 생각한다. 외관만 바꿔 신형 자동차인 양하고 싶지는 않다. 지금까지는 탄탄한 포장도로만 달렸으니 괜찮았으나 앞으로 가야 할 길은 험한 오프로드다. 따라서 무엇보다 중요한 건 자동차의 핵심인 엔진이다.

11세기에 안셀무스가 신의 존재론적 논증을 시도한 이래 아무도 그 핵심적인 논제에 손을 대려 하지 않았다. 말하자면 신의 존재에 관한 증명은 200년 동안 써온 낡아빠진 자동차 엔진에 해당한다. 그리스도교를 믿지 않는, 아니 전혀 모르는 넓은 세계가 존재한다는 게 확실해졌으니 이제 그 논증도 근본적으로 달라져야 한다. 이 주제야말로 신학 논쟁의 정점이므로 동원할 수 있는 모든 지적 수단을 사용해야 할 것이다. 토마스는 이 주제를 놓고 가장 절묘한 절충과 종합의 기술을 선보인다. 안셀무스의 존재론적 논증보다 이름도 훨씬 거창해져 이른바 우주론적 논증이다.

앞서 말했듯이 존재의 사다리에서 아래의 존재는 위의 존재를 알 수 없다. 간혹 알게 되는 것도 직접적으로가 아니라, 위의 존재가 아래에 영향을 주는 한에서만 간접적으로 이해할 뿐이다. 그런 점에서 보면 인간이 신의 존재를 알지 못하는 것은 사실 정상적인 일이다. 그래서 기본적으로는 토마스도, 일부 축복받은 사람만이 믿음을 통해 신의 본질을 알 수 있다는 아우구스티누스의 입장을 답습하고 있다(특별한 능력을 가진 사람만이 이데아를 인식할 수 있다는 플라톤의 입장과도 통한다).

하지만 새 시대에 맞게 평범한 인간(혹은 이교도)에게 신의 존재를 납득시킬 수 있는 방도가 절실히 필요하다고 느낀 토마스는 자연 세계를 바탕으로 신의 존재를 증명하려는 원대한 기획을 시도한다. 그것을 우주론적 논증이라고 부르는 이유는 신의 존재를 종교 내에서 증명하려 한 안셀무스의 기획과 달리 자연 세계를 출발점으로 삼았기 때문이다(물론 아리스토텔레스라는 지적 배경이 있었기에 가능한 시도다).

이 우주론적 논증은 다섯 단계로 전개되는데, 먼저 그 내용을 간단히 요약해보자. 소문난 잔치에 먹을 게 없다는 말처럼 그의 논증도 알고 보면 명칭에 걸맞지 않게 소박하다. 실은 굳이 다섯 가지로 구분할 필요조차 없다.

(1) 모든 사물은 다른 사물에 의해 움직인다. 이 움직임을 추적하면 마지막에 부동의 원동자가 있는데, 이것이 곧 신이다.

(2) 감각적 세계에 존재하는 여러 원인들의 질서를 더듬어가면 최초의 원인이 나오는데, 이것이 곧 신이다.

(3) 우연의 배후에는 필연이 있고 최종적으로는 궁극적인 필연이 있는데, 이것이 곧 신이다.

(4) 세상 만물은 완전성의 면에서 여러 가지 등급이 있는데, 궁극적으로 완전한 것이 곧 신이다.

(5) 생명이 있는 사물은 내적 목적을 가지며, 생명이 없는 사물은 외적 목적을 가지는데, 그 궁극적인 목적은 신을 향한다.

앞의 세 가지는 내용이 거의 같고 특별히 새로운 느낌은 없다. 다만 '신은 완벽한 존재'라는 전제이자 정의로만 논증을 구성한 안셀무스의 존재론적 논증에 비해 다섯 가지 논증 모두가 자연 세계의 관찰 가능한 개별 사물에서 출발한다는 점이 색다른데, 바로 이것이 우주론적 논증의 특징이다. 안셀무스가 연역적 추론을 전개한 데 비해 토마스는 철저히 귀납적인 논의를 보이고 있다. 후대에 유행한 철학적 개념어를 쓰면 안셀무스의 논증은 아프리오리$^{a\ priori}$에 속하고 토마스의 논증은 아포스테리오리$^{a\ posteriori}$에 속한다.

다섯 가지 논증 가운데 넷째는 플라톤의 냄새를 살짝 풍긴다. 존재의 위계를 설정하고 완전성이라는 가치적 개념을 닮은 정도에 따라 사물들의 등급을 매기고 있기 때문이다. 그러나 전반적으로는 아리스토텔레스의 영향이 압도적이다. 원동자나 최초의 원인 같은 개념들이 그렇고, 특히 다섯째 논증은 아리스토텔레스 특유의 목적론을 보여준다.

최초의 원인이라고 말했지만 시간적인 의미에서 최초라는 것은 아니다. 신은 시간성에 속박되지 않는 무시간적 존재다. 이 점은 아우구스티누스 이래로 의문의 여지가 없다. 따라서 세상이 언제부터 존재했다고 말할 수는 있어도 신이 언제부터 존재했다고 말할 수는 없다. 또한 달리 표현할 길이 없어 원인들이 이루는 질서의 끝에 신이 있는 것처럼 말했지만, 신은 그렇게 존재하는 게 아니라 그 질서의 연쇄 자체로부터 벗어나 있다. 모든 것은 우연이고 오로지 신만이 순수한 필연이다. 신은 완전한 선을 구현한 존재이며, 모든 것을 운동하게 하는 동시에 그 운동의 목적이기도 하다. 모든 것은 신에게서 비롯되어 신에게로 돌아간다.

역시 평범한 것 같으면서도 교묘한 종합이다. 결국 토마스가 정의한 신은 세상 만물을 창조한 창조주이며(교회가 만족한다), 자연 세계를 가능케 하는 궁극적이고 존재론적인 근거이자(플라톤도 만족한다), 자연 세계에 일일이 간섭하지 않는 초연한 존재라는 이야기다(아리스토텔레스도 만족한다). 이렇게 중세 내내 신학과 철학을 괴롭히던 모든 문제를 해결했으니 마지막으로 용의 눈을 찍어 그림을 완성할 차례. 아우구스티누스 이래로 중세 철학자들은 그동안 신학과 철학, 구체적으로는 신앙-이성, 보편자-개별자 논쟁에 힘을 소진하느라 철학의 다른 영역에는 소홀했다. 이제 고대의 플라톤과 아리스토텔레스가 했듯이 윤리학과 정치학을 덧붙여 종합 철학의 총체적 본모습을 되찾아야 한다(토마스가 중세철학사의 태두로 간주되는 이유는 스콜라철학을 완성했기 때문만이 아니라 중세에 맥이 끊긴 고대의 철학적 전통을 되살렸기 때문이기도 하다).

종합 철학의 부활

신이 모든 것의 원인이자 목적이라면 인간의 모든 행위도 신에게서 비롯되어 신에게로 돌아가야 할 것이다. 그것이 합목적적인 행위다. 이를 위해 인간은 우선 무엇이 궁극적인 목적인지 알아야 한다. 아리스토텔레스는 그 목적을 에우다이모니아, 즉 행복이라고 규정한 바 있다(앞서 말했듯이 이 행복은 플라톤이 말하는 정의나 선의 개념에 가깝다). 아리스토텔레스의 거의 모든 것을 받아들인 토마스는 기본적으로 그의 규정이 여전히 유효하다고 보았다. 하지만 아리스토텔레스의 시대에는 그리스도가 등장하기 이전이라 다소 공허한 느낌이었는데, 이제는 그 빈 곳을 채울 수 있게 되었다.

　무릇 궁극적인 목적이라면 다른 무엇에도 의존하지 않는 절대적인 것이어야 한다. 하지만 아리스토텔레스의 행복에는 그런 요소가 없다. 바로 신을 지향하지 않기 때문이다. 모든 행복 가운데 최고의 행복, 즉 지복至福은 신을 명상하는 데서 얻어진다. 지복의 상태에 도달하면 신의 뜻을 깨달을 수 있다. 토마스는 이것을 자연법칙이라 부르며, 자연법칙에 복종하는 것을 "신의 영원한 법칙에 이성적으로 참여하는 것"이라고 말한다.

그런데 '이성적으로'라는 말은 뭘까? 말 그대로라면 경우에 따라, 혹은 사람에 따라 자연법칙을 거부할 수도 있다는 뜻이다. 그렇다면 토마스는 도덕에 관한 자유방임주의를 주장하는 걸까? 그렇다면 레세페르 Laissez-faire일까? 케세라세라 Qué será será일까? 하지만 토마스는 그런 사안으로 교회의 비난을 무릅쓸 위인이 아니었다. 그는 인간 개인들이 본성에 따라 무엇이 옳은지 알 수 있고 자신의 행동을 통제할 수 있다고 보았다. 물론 모든 인간을 도덕적으로 본다는 의미가 아니라 모든 인간 행위가 합목적적이라는 의미다. 바꿔 말해 그는 신앙에 종속되는 한에서 이성의 힘을 최대한 강조한 것이다. 모든 부분에서 균형과 절충을 유지하려 애쓴 토마스도 신앙의 기계적 결정론을 거부할 만큼 시대는 달라졌다.

하지만 아직 신앙과 이성의 역관계는 불변이다. 그렇기 때문에 토마스는 윤리학에서도 대체로 아리스토텔레스를 따르지만 근본적인 면에서는 결별한다. 이성의 힘이 아무리 커져도 궁극적으로 인간이 어찌할 수 없는 영역이 있다. 나면서부터 지닌 원죄만큼은 누구도 극복할 수 없는 것이다. 신에게로 향할 때 지복에 이른다는 주장의 근거는 여기에 있다. 애초에 완벽한 도덕을 가질 수 없는 인간 존재이기에 신의 은총이 반드시 필요하다. 절충의 황제답게 토마스는 아리스토텔레스의 행복 이외에 플라톤의 네 가지 도덕─지혜, 용기, 절제, 정의─도 끌어안고, 《성서》에 나오는 믿음, 소망, 사랑이라는 초자연적인 덕도 권장한다. 이렇게 원죄와 은총을 강조하는 입장은 아우구스티누스를 절충한 결과이기도 하다.

국가를 교회의 하위에 놓는 것도 역시 아우구스티누스의 답습이다. 국가는 질서를 유지하고, 일부 일탈의 경향이 있는 구성원들을 통제하며,

2부 신이라는 궁극적인 질문

덕의 교육을 담당하는 필수 불가결한 도구다. 다만 아우구스티누스와의 차이는 국가를 부정적인 이미지로 보지 않았다는 점이다. 오히려 토마스는 국가에 더 적극적인 의미를 부여하고 국가가 이성의 표현이며 이상적인 목적을 가진다고 주장했는데, 이는 중세 후기로 접어들면서 서유럽에서 영토 국가의 맹아가 싹트기 시작하는 당시의 정황을 반영한다.

인간의 법을 구현하는 국가와 신의 법을 대리하는 교회가 같은 위상일 수는 없다. 그래서 토마스는 국가의 통치자가 나쁜 인물일 경우 국민들이 국법을 거부하고 통치자에 대항해서 반란을 일으킬 권리와 의무를 가진다고 주장한다. 하지만 교회에 관해서는 여전히 신성불가침으로 일관한다. 이를테면 교회의 성사는 설령 성정이 악한 성직자가 집전한다 해도 유효하다고 말했는데, 이것 역시 당시의 시대상을 반영하는 논리다. 중세의 전성기인 13세기 서유럽에서는 이미 교회가 세속의 권력과 재산을 완전히 장악하고 있었으며(당시 로마 교황청의 수입은 서유럽 모든 군주의 수입을 합한 것보다도 많았다), 그와 동시에 성직자 매매를 비롯한 온갖 부패가 서슴없이 자행되고 있었기 때문이다. 이런 상황이었으니 교회로서는 토마스가 그리스도교를 새 시대에 맞는 방식으로 변호해준 것은 물론 교회 자체를 옹호해준 것도 반갑기 그지없었을 것이다.

이성을 인정하면서 신앙을 우위에 놓고, 국가를 옹호하면서 교회에 지상의 최고 권력을 부여하는 토마스 아퀴나스의 노련한 수법은 중세의 절정기에 어울리는 균형 감각을 보여준다. 어차피 종교가 인간의 정신세계를 전일적으로 지배하는 시대에 철학이나 예술에서 온전한 독창성을 발휘하기는 어려웠다고 보면, 토마스의 철학적 종합과 절충은 그 자체가 대표적인 중세 '예술'이었는지도 모른다.

변방에서 제기된 비판

여러모로 교회의 점수를 딴 토마스 아퀴나스가 사후 50년이 지나서야 성인으로 추증된 데는 그럴 만한 사유가 있었다. 13세기 초에 생겨나 순식간에 서유럽의 양대 수도회로 자리 잡은 도미니쿠스파와 프란체스코파의 대립이 작용했던 것이다. 둘 다 탁발수도회로서 신앙생활과 신학 연구에 주력한 것은 비슷하지만 성격에서는 약간의 차이가 있었다. 도미니쿠스파는 처음부터 이단을 뿌리 뽑는 활동에 치중한 만큼 정치적 성향이 강했으며, 프란체스코파는 설립자인 프란체스코(프란키스쿠스)가 금욕주의의 대명사로 통하는 만큼 생활 속에서 청빈과 자선을 강조했다. 부패하기 시작한 교회 쪽에서는 아무래도 프란체스코파가 부담이 될 수밖에 없었다. 그래서 전반적으로는 도미니쿠스파를 더 정통으로 보는 견해가 우세했다.

토마스는 도미니쿠스파에 속했으므로 어떤 사상을 주장하든 프란체스코파의 반발을 피할 수는 없었다. 게다가 그는 오로지 절충으로 일관한 탓에 실재론과 유명론의 어느 쪽도 만족시키지 못했으니 이래저래 비판의 여지는 충분했다. 그가 당대 서유럽의 중심인 이탈리아 태생인 데다 유복한 가정에서 자란 '범털'인 것도 관계가 있었을까? 그를 가장 거세게 비판하고 나선 사람은 프란체스코파 소속이면서도 먼 변방인 영국 출신에다 초기 생애는 전하지 않으나 아마도 '개털'의 신분이었을 것으로 추측되는 인물이었다.

당시 프란체스코파에서 토마스 아퀴나스보다 큰 영향력을 행사한 사람은 둔스 스코투스(Johannes Duns Scotus, 1266?~1308)였다. 그는 토마스와 많은 논쟁을 벌였으나 사실 그와 토마스는 공통점이 많았다. 그는

2부 신이라는 궁극적인 질문

중용 실재론자였으면서도 플라톤을 부활시키려 하지는 않았고, 오히려 아리스토텔레스를 더 충실히 따르고자 했다(다만 아우구스티누스를 통해 전해진 플라톤의 영향까지 저버리지는 않았다). 실제로 그가 공부한 옥스퍼드는 아리스토텔레스에 관한 한 당대 최고의 권위를 자랑하는 대학이었다. 또한 둔스는 신학과 철학을 구분하자는 토마스의 주장(실은 아베로에스의 주장)에도 기본적으로 동의했으며, 고대의 이단인 펠라기우스파에 동조할 정도로 인간의 이성과 자유의지를 신봉했다.

그러나 각론이 같아도 총론에서 다르면 이론의 성격 전체가 달라지는 법이다. 둔스와 토마스는 근본적인 차이가 있었다. 이성의 능력은 인정하지만 이성이 힘을 발휘하는 영역에는 엄연한 한계가 있다. 토마스가 저지른 잘못은 자연신학의 범위를 한껏 넓혀 본래 계시신학의 영역에 속하는 부분까지 이성으로 다루려 한 것이다. 신은 그 일부분조차 이성으로 설명할 수 있는 대상이 아니다. 이러한 둔스의 입장은 토마스와 근본적으로 다르다기보다는 강조점의 차이가 아닌가 싶기도 하다. 하지만 두 사람의 차이는 단순히 이성이 적용되는 영역에 있는 게 아니라 신의 뜻을 이해하는 관점에 있었다.

조심스럽게 이성을 다루었다고는 하지만 토마스는 확고한 이성 중심주의와 주지주의의 노선이었다. 그에 반해 둔스는 신의 뜻을 이성이 아니라 의지로 파악하는 의지주의의 입장을 택했다. 신은 이성적으로 무엇을 판단한 뒤 창조에 임하지 않았다. 다시 말해 미리 계획을 짜고 그에 따라 차근차근 세계를 창조한 게 아니다. 신은 어떤 일의 목적을 정하고 실행하는 게 아니라—그것은 인간의 행위다—자유로이 욕망하고 자유로이 실행할 따름이다.

여기서 다시 이븐 시나가 고안하고 토마스도 받아들인 논리를 떠올려

보면 그 맥락을 이해하기가 훨씬 쉬워진다. "보편자는 개별자에 앞서 존재하고, 개별자의 속에 존재하고, 개별자의 뒤에 존재한다^{ante rem, in rem, post rem}." 이에 따라 토마스는 신이 미리 보편자를 상상한 뒤 개별자를 창조했다고 생각했으나 그것은 인간 이성이 작용하는 원리를 신에게 그대로 적용한 것에 불과하다(따라서 불경스러운 주장이기도 하다!). 둔스는 신의 정신에 'ante rem'이란 없다고 말한다. 즉 신은 '사물에 앞서' 아무런 관념도 가지지 않았다. 따라서 신이 창조한 세계는 영원한 이성의 표현이 아니라 신의 자유로운 욕망과 의지의 표현이다.

그렇다면 철학적 수단을 동원해 신학의 영역을 부분적으로 설명하려는 토마스의 구도는 완전히 실패다. 철학과 신학을 분업으로 화해시키려는 발상까지는 괜찮지만, 토마스가 자신 있게 내놓은 핵심 개념인 자연신학의 고유한 영역은 사실상 존재하지 않는 것이나 다름없다. 신학의 모든 부분은 계시에 의해 성립하는 것이며, 이성을 통한 인식은 자연 세계에만 국한되어야 한다. 자연 세계의 실체들을 관찰함으로써 자연에 관한 인식을 얻는다고 본 토마스의 입장은 인정할 수 있어도, 둔스는 관찰과 이성을 만능의 무기로 여기지 않았고 본래적인 제약을 피할 수 없다고 보았다. 자연에 관한 인식과 지식은 충분히 가능하지만 그 자연적 이성으로 감각을 초월한 대상의 인식에 도달하는 것은 애초에 불가능하다.

여기서 토마스는 꼭지가 돌 수밖에 없다. 그가 이룩한 최대의 철학적 성과는 뭐니 뭐니 해도 우주론적 논증인데, 그것은 바로 자연 세계를 출발점으로 삼아 신을 논증하려는 기획이 아니었던가? 그가 애써 이뤄놓은 성과를 둔스는 한마디로 헛수고였다고 일축해버린 것이다. 실제로 둔스는 토마스의 우주론적 논증을 조목조목 비판한다. 우주론적 논증의 (3)번, 그러니까 세계를 우연으로 보고 궁극적인 필연을 신으로 본 것은

2부 신이라는 궁극적인 질문

인정할 수 있다. 그러나 (1)번과 (2)번처럼 운동이나 원인들의 질서로 신을 논증하려는 시도는 엉터리다. 토마스는 모든 사물이 다른 사물에 의해 움직인다고 말하면서도 느닷없이 부동의 원동자를 들이대는데, 이 것은 전제에 의한 증명이 불가능하므로 자체 모순이다. 설사 백번 양보해 그런 원동자가 있다고 본다 해도 그 존재가 신이라고 단정할 수는 없다. 더욱이 (5)번처럼 목적을 설정하는 것은 애초에 목적도 계획도 없는 신의 자유로운 욕망을 인간이 멋대로 이성적으로 판단한 데 따르는 잘못이다.

그런데 토마스가 그나마 힘을 실어준 이성을 그렇게 체면 없이 깎아내렸다면 퇴행이 아닐까? 토마스와 둔스의 논쟁은 철학적인 진보와 보수의 대결일까? 인간의 이성으로는 신을 터럭만큼도 이해하지 못하는 걸까? 하지만 1천 년 전 아우구스티누스도 그렇게 생각하지 않았는데 둔스가 그토록 꽉 막힌 사고를 했을 리는 없다. 오히려 둔스는 '체계의 파괴자'라는 별명을 얻을 만큼 혁신적이었으며, 익살로 여러 사람을 감탄케 하기도 하고 가끔 엉뚱한 생각도 하는 재치 만점의 학자였다.

둔스는 이성을 무시한 게 아니라 의지가 이성에 앞선다고 본 것이다. 신은 물론이지만 인간도 마찬가지다. 신의 의지가 세계를 창조했고 인간은 피조물의 세계를 이성으로 인식한다. 이런 점에서 인간의 이성은 신의 의지에 종속된다. 그러나 인간의 측면에서만 생각하면 의지가 반드시이성을 따를 필요는 없다. 즉 인간은 자신의 의지에 의해 이성을 따를 수도 있고 반대로 할 수도 있다. 배가 고파도 밥을 안 먹을 의지는 누구나발휘할 수 있는 게 아닌가? 이렇게 보면 철학적 진보주의자는 오히려 둔스이고 토마스는 보수주의자가 된다.

사실 욕망과 의지 같은 말들은 중세 철학자가 함부로 쓸 수 있는 게 아니었다. 인간에게 이성의 측면만이 아니라 생물학적이고 본능적인 측면이 있다는 것은 철학의 발생 때부터 알려졌지만, 그것들은 스콜라철학 같은 '점잖은' 사상 체계가 다룰 주제가 아니었다. 중세를 넘어 19세기까지도 그랬다. 형이상학이 붕괴의 조짐을 보이고 감정, 욕망, 무의식 등 전통 철학에서 금기시해왔던 개념들이 새삼 조명되기 시작하는 현대 철학의 시대에 이르러서야 비로소 그 주제들은 철학의 테두리 안으로 들어오게 된다. 그런데 비록 신에 대한 예속을 탈피하지는 못했어도 700년 전에 그런 관점을 가졌다면 둔스 스코투스는 얼마나 시대를 앞서간 걸까?

면도날을 무기로

둔스 스코투스의 결정타 한 방을 맞고 절정을 구가하던 토마스 아퀴나스는 물론 스콜라철학 전체는 휘청거렸다. 언뜻 보면 둔스의 사상은 이성이 신앙에 개입할 여지를 없앰으로써 신학적 입장을 강화해준 것처럼 여겨지기도 한다. 그런데 왜 신의 변명을 최우선 과제로 삼았고 무엇보다도 신학과 교회에 친했던 스콜라철학과 대립각을 세운 걸까? 그 이유는 둔스의 사상이 양면적이기 때문이다. 계시와 의지를 확고히 구분한 것은 신학만 강화한 게 아니라 철학도 강화하는 결과를 빚었다. 철학은 신을 설명하려는 의도를 버려야 했으나 그 이외의 모든 것을 설명할 수 있는 근거를 얻었다. 바야흐로 철학은 서서히 신학의 그늘에서 벗어나고 있었다. 둔스 스코투스와 같은 영국 출신에다 옥스퍼드 대학의 후배이기도 한 윌리엄 오컴(William of Ockham, 1285?~1347?)은 막 달리는 법을 깨우친

철학의 말에 더욱 박차를 가한다.

같은 수도회 소속에다 같은 대학의 동문이었고, 토마스의 주지주의에 반대하여 의지주의를 받아들였으며, 신학과 철학을 분리해야 한다고 믿는 등 거의 모든 면에서 선배의 견해와 같았던 윌리엄이지만, 그의 철학적 입장은 둔스 스코투스와는 정반대인 극단적 유명론이다(토마스는 양쪽 뺨을 다 얻어맞은 격이다). 과연 그는 이븐 시나의 도식을 둔스보다 더 철저하게 부인한다. 앞서 둔스는 'ante rem'만을 반대했지만 윌리엄은 'in rem'마저 반대하고 마지막의 'post rem'만을 인정했다. 즉 보편자는 '사물에 앞서' 존재하지도 않고, '사물 속에' 존재하지도 않으며, 오로지 '사물의 뒤'에만 존재한다는 것이다. 그래도 보편자의 존재 자체는 인정하는구나, 하고 손으로 가슴을 쓸어내린 실재론자가 있다면 곧 그 손으로 땅바닥을 쳐야 할 것이다. 윌리엄은 그 보편자마저도 현실 세계 속에 실재하는 게 아니라 단지 관념으로만 존재할 뿐이라고 말했으니까.

관념으로만 존재한다는 것은 곧 실체는 없고 말로만 존재한다는 의미다. 윌리엄은 보편자란 세계의 속성이 아니라 언어의 속성이라고 말한다. 예를 들면 나무는 참나무, 대나무, 물푸레나무 등 여러 가지 개별자들이 존재하지만 나무라는 보편자는 없다. 그럼에도 불구하고 우리가 나무라는 보편적 개념을 사용하는 이유는 보편자가 실재하기 때문이 아니라 언어적 범주 속에 나무의 보편자가 내재하기 때문이다. 또한 그 나무의 보편자—이 경우에는 나무의 '정의定義'라고 해도 좋겠다—가 생기는 이유는 우리가 나무의 개별자들을 보고 유사성을 유추하기 때문이다.

더 추상적인 개념을 봐도 마찬가지다. 사랑이라는 보편자는 우리가 부모와 자식 간의 사랑, 남녀 간의 사랑, 주인과 애완견의 사랑 등의 '사건들'—이것들도 얼마든지 '개별자'들로 더 세분될 수 있다—을 보고 마음속에서 구성한 것이다. 물론 이러한 사건들의 유사성과 차이를 분류하여 인과성 같은 관계를 추출할 수도 있다. 그렇다고 해서 세계 내의 대상이나 사건들 간에 필연성이 존재한다고 착각해서는 안 된다. 그것은 순전히 마음속에서 꾸며낸 필연성일 뿐이다. 이렇듯 실재 세계에서 필연성을 찾을 수 없는 이유는 세계가 신의 (이성이 아니라) 의지에 따라 만들어졌기 때문이다. 신은 전능한 존재이므로 우리가 필연적이라고 생각하는 사건들도 얼마든지, 또 언제든지 필연성의 사슬을 끊어버릴 수 있다. 윌리엄은 예수가 물 위를 걸었다든가, 빵 다섯 개와 생선 두 마리로 5천 명을 먹였다는 《성서》에 나오는 기적들이 바로 그런 사례라고 말한다.

이제 토마스는 완전히 그로기 상태다. 둔스만 해도 우주론적 논증에서 필연성의 관념만큼은 인정했는데, 윌리엄은 그마저도 부인한다. 둔스는 토마스에게 자연신학의 영역을 줄여야 한다고 충고했는데, 윌리엄은 아예 모든 신학이 계시신학이라고 말한다. 그가 보기에 신의 존재에 관한 일체의 논증은 무의미하다. 신학적 가설을 세우는 것까지 굳이 막을 생각은 없다. 그러나 그 명제는 믿을 수는 있어도 결코 증명될 수는 없다. 둔스와 마찬가지로 윌리엄은 신의 이성보다 의지를 중시했다. 신의 의지는 우리 인간이 분석하거나 이해할 수 없고, 다만 계시로 우리에게 드러날 따름이다. 신이 인간을 사랑한다는 것은 이성이나 논리로 따져서 아는 게 아니라 오로지 계시로만 알 수 있다.

신의 뜻에 따라 살아가는 법을 가르치려는 도덕도 마찬가지다. 인간이 보기에 신의 의지가 우연적일 수밖에 없다면 이른바 신의 가르침을 근거로 한다는 도덕적 원칙들도 마냥 합리적인 것이라고 믿을 수는 없다. 살인, 간음, 도둑질, 거짓말을 금지하는 십계명의 도덕은 순전히 자의적인 것이다. 물론 그 도덕을 무시해야 한다는 것은 아니다. 다만 그것을 신의 뜻이라며 필연적이라고 여기는 태도는 견강부회牽强附會다. 이와 같은 과격한 입장을 교회에서 환영할 리 없다. 윌리엄은 교회의 배척을 받았고 급기야 파문까지 당했다. 아드소라는 청년 수도사를 데리고 수도원들을 전전하는 《장미의 이름》의 주인공은 그의 그런 처지를 말해준다.

결국 중세철학에서 가장 중요한 부분을 차지했던 신학과 윤리학은 계시의 영역이며 철학이 다룰 수 없는 분야가 되었다. 이제 철학의 영역은 작아졌으나 동시에 명확해졌다. 철학은 신의 존재를 증명하거나 신의 의지를 파악하는 게 아니라 신이 창조한 자연 세계, 즉 감각적 세계를 대상으로 하는 학문이다. 즉 계시로 얻은 지식 이외의 모든 지식은 철학이 관장한다. 둔스의 경우에도 그랬듯이 이런 윌리엄의 입장은—그의 의도와는 달리—신학만이 아니라 철학도 강화해준다.

그렇다면 그의 철학이 어떤 성격을 취할지 충분히 짐작할 수 있다. 신이나 보편자와 연관된 것은 전부 철학의 주제가 되지 못한다. 바꿔 말하면 형이상학적 지식, 즉 피지카를 넘어서는 메타피지카 같은 것은 존재하지 않는다. 이런 입장을 잘 요약한 그의 유명한 문구는 오늘날에도 학문적 고사성어처럼 사용되고 있다. 그가 직접 쓴 라틴어 문구는 "Entia non multiplicanda sunt praeter necessitatem."인데, "필요 이상으로 많은 것이 존재해서는 안 된다."라는 뜻이다. 그렇다면 필요 이상의 것들은 가급적 예리하게 잘라내야 할 것이다. 이때 어울리는 도구는 면도날이므로 이 문구는 흔히 '오컴의 면도날'이라고 부른다.

그 원리는, 적은 요소만으로 구성된 이론이 대상을 충분히 설명할 수 있다면 굳이 더 복잡한 이론을 세울 필요가 없다는 의미로 확장된다. 복잡한 수학 공식을 사용하기보다 간단한 사고실험을 선호했고, 또 실제로 $E = mC^2$이라는 간결한 공식으로 세계를 놀라게 한 아인슈타인이라면 당연히 두 손을 들어 환영했을 것이다. 그러나 그보다 먼저 오컴의 면도날을 즐겨 쓴 사람들은 후대의 경험론 철학자들이다. 그 면도날은 보편자나 본질 같은 경험과 무관한 요소들과 형이상학적 논의를 잘라내는 데 매우 유용했기 때문이다.

신학, 윤리학에 이어 형이상학마저 면도날로 철학의 그림에서 오려냈으니 이제 남은 건 뭘까? 철학 중에서도 가장 순수한 철학, 바로 논리학이다. 지금까지의 철학이 추구했던 지식과 진리는 처음부터 도달할 수 없는 불가능한 목표였다. 이제부터의 철학은 진리를 대상으로 하는 게 아니라 타당성을 문제로 삼는 논리학을 중심으로 전개되어야 한다. 윌리엄은 아리스토텔레스가 정립한 이래 1천여 년 동안 별다른 변화 없이 전승되어온 논리학을 철학의 핵심으로 부각시켰다. 멀리 보면 현대 철학의 한 갈래인 논리실증주의, 분석철학의 등장을 알리는 셈이다.

논리학에서 다루는 대상은 세계 속에 존재하는 실재가 아니라 언어로 구성된 명제다. 그래서 윌리엄은 감각 명제와 논리 명제를 구분한다. 감각 명제는 개별자들을 관찰하고 경험한 결과로 성립하는 것이기에 지식을 낳을 수 있다. 그러나 논리 명제는 실재 자체가 아니라 실재가 관념화된 보편자들을 기술하는 것이므로 새로운 지식을 낳지도 않고 진리를 검증할 수 있는 것도 아니다. 논리학은 실재들의 관계가 아니라 관념들의 관계를 해명하는 방식으로 명제의 타당성을 검증하는 학문이다. 그 관념들의 관계가 실재들의 관계와 일치하느냐의 여부는 결코 장담할 수 없으며, 또 논리학과 철학의 과제도 아니다.

경제학이 없던 시대였으니 윌리엄이 사상이나 이론의 경제적 효과를 노리고 면도날을 발명한 것은 아니다. 비록 그는 옥스퍼드에서 받은 학위조차 박탈될 정도로 학계와 교회의 비난을 받았으나 정작 그의 의도는 신학을 무시하려는 게 아니라 신학과 철학을 명쾌히 구분하려는 것뿐이었다. 불필요한 부분을 정교하게 잘라내야 했기에 가위보다는 면도날이 적격이었을 뿐이다. 그러나 함부로 면도날을 휘두른다면 철학자보다 조폭에 가까워진다. 그 흉악한 무기를 만들어낸 윌리엄의 취지도 거기에 있지는 않았다. 현대사회 이론에 따르면, 이론이 다루는 대상이 복잡할 경우에는 이론도 그에 걸맞게 복잡해야만 이해하고 적용하기에 더 쉽다고 한다. 그렇지 않으면 자칫 속된 선문답 같은 이론이 나올 수도 있다. 조잡한 선문답이 권위를 얻으면 주석으로 먹고사는 입들만 많아지게 된다. 지금까지 대부분의 종교가 그랬듯이.

Interlude I

근대의 문턱에서 ── 르네상스와 종교개혁

미란돌라, 에라스뮈스, 끌레톤, 코페르니쿠스, 베이컨

서양의 역사에서 커다란 행운은 중대한 변화가 거의 비슷한 시대에 일어났다는 점이다. 14세기부터 16세기까지 근대로 넘어오는 시점에 마치 봇물이 터지듯이 서유럽에서는 내부의 지적 개혁과 외부로의 진출이 동시에 이루어졌다. 중세 1천 년 동안이나 가두었던 봇물이니 터지는 기세가 대단한 것은 당연했지만, 대규모의 변화가 한꺼번에 일어난 덕분에 후유증과 부작용이 최소화될 수 있었다. 누가 목적의식적으로 변화를 기획하고 주도한 게 아니었으니까 그 과정은 의도적이라기보다는 오랜 기간에 걸쳐 쌓이고 덧쌓인 모순이 폭발한 결과라고 보는 게 올바른 해석일 것이다. 그러나 정신적 변화와 물질적 변화가 함께 어우러지면서 시너지 효과를 이루어 서유럽 문명의 발전에 기여한 데는 행운도 한몫했다고 봐야한다.

유럽의 역동적인 분위기는 세 가지 변화로 요약된다. 우선 아라비아 세계의 지배력이 약화된 틈을 타서 유럽의 서쪽 끝 이베리아 지역이 서유럽 문화권의 막내로 동참했다. 그러나 달걀노른자에 해당하는 지중해 무역을 북이탈리아의 도시들이 장악하고 있었던 탓에 신생국 포르투갈과 에스파냐는 대서양으로 진출할 수밖에 없었는데, 여기서 예기치 않은 대박이 터졌다. 아프리카를 도는 항로와 신대륙을 발견한 것이다. 또한 지중해 무역으로 경제력이 풍부해진 북이탈리아의 도시들은 북쪽의 신성로마제국과 남쪽의 교황청 사이에 생겨난 힘의 공백을 틈타 새로운 인문주의의 시대로 향하는 문을 열었다. 마지막으로 교회 권력이 13세기를 정점으로 내리막길을 걷기 시작하면서 심화된 종교적 모순은 결국 독일에서 대규모 개혁 운동을 불렀고 이내 이 물결은 전 유럽을 휩쓸었다. 이러한 격변들은 지리상의 발견, 르네상스, 종교개혁이라고 알려져 있다.

특이한 점은 이 200년의 기간 동안 별다른 철학적 운동이 없었다는 것이다. 특별히 이름을 붙일 만한 철학 사조도 없었고 걸출한 철학자도 등장하지 않았다. 모든 지식은 현실을 반영하게 마련인데, 그 격변의 시대에 왜 철학이 침묵했을까? 고대 아테네의 시대적 혼란은 플라톤과 아리스토텔레스라는 서양 철학의 양대 산맥을 낳지 않았던가?

그 이유는 우선 철학의 개념이 달라진 데서 찾을 수 있다. 중세 말기에 신학과 분리되면서 철학의 영역은 대폭 축소되었고, 그 직후 다양한 과학 운동이 일어나면서 예전에 철학에 포함되었던 학문 분과들이 우수수 떨어져 나갔다. 앞뒤로 쪼그라든 철학은 이제 존립마저 위태로운 처지였다. 또한 현실적 환경이 전례를 찾아볼 수 없을 정도로 크게 달라졌다. 특히 교회가 세속의 영역을 장악하는 힘이 약해짐에 따라 중세까지 통합적이었던 유럽 세계는 수많은 나라로 정치적인 분립을 이루었고, 이들은 곧바로 치열한 경쟁과 갈등을 벌이기 시작했다. 여느 혼란기와는 다른 특징으로 인해 현실적인 쟁점들이 중요하게 부각되면서 철학은 상대적으로 위축될 수밖에 없었다. 말하자면 순수 학문이 뒷전으로 물러나고 당장에 시급한 응용 학문이 대두된 격이다. 르네상스 시대의 인문주의자들 가운데 전문적인 철학자라 할 만한 사람이 거의 없고 대부분 정치가나 시인, 교육자였던 것도 그런 사실과 무관하지 않다.

어쨌든 중세까지 철학을 시녀로 삼았던 신학은 현실적으로나 지적으로나 철학과 완전히 결별했다. 하지만 위기는 기회라 했다. 비록 철학은 실 끊어진 연처럼 처량한 신세가 되었지만 어쩌면 이참에 하늘 높이 비상할 수 있는 계기를 마련할 수 있을지도 모른다. 신앙의 굴레에서 벗어난 인간의 이성은 철학을 오랜 전통만 자랑거리로 삼는 학문에서 새 시대의 첨단 학문으로 환골탈태시킬 수도 있을 것이다.

지는 해와 뜨는 해

잘났든 못났든 주인은 주인이었나 보다. 신학을 공주처럼 받들어 섬기던 처지에서 졸지에 궁궐 밖으로 쫓겨난 스콜라철학은 주인 없는 저잣거리의 거친 환경에 적응하지 못하고 허둥댔다. 정권이 바뀌면 무조건 예전 정권을 성토하면서 살아남으려는 현대의 쭉정이 정치인들처럼 구태를 벗지 못한 스콜라 철학자들은 과거에 신학과 인연이 있었다는 걸 부정하기에 급급했다. 심지어 어떤 사람은 신학에서 옳은 것은 철학에서 그르고 철학에서 옳은 것은 신학에서 그르다고 주장하는가 하면, 또 어떤 사람은 그리스도교가 이성의 착각을 권위적으로 고착화시켰다고까지 말했다. 헛다리 짚는 것도 유분수지, 이쯤 되면 신학과 철학의 분리를 외쳤던 둔스 스코투스나 윌리엄 오컴이라 해도 고개를 절레절레 흔들었을 법하다.

2부 신이라는 궁극적인 질문

스콜라 철학자들은 마치 1700년 전 고대 그리스의 소피스트들처럼 현학적인 궤변만을 일삼았다. 의지주의를 신무기로 내세워 스콜라철학을 비판했던 그룹도 마찬가지였다. 신학적 필연성을 거부할 때까지는 기세가 등등했으나 아무런 대안도 내놓지 못한 그들은 현실 세계의 모든 것을 우연으로 보았고, 급기야 세계 전체를 하나의 환상으로 보는 환상적인 견해까지 내세우기에 이르렀다. 이제 철학의 체면은 말이 아니었다.

철학이 평가절하되자 신비주의가 그 지적 공백을 비집고 들어왔다. 성배 이야기, 트로이의 신화, 아서 왕의 전설이 새로 꾸며져 각광을 받은 것도 이 시기의 일이다. 중세 연금술사의 대명사인 파라켈수스가 한 이야기는 당시의 지적 분위기를 단적으로 전해준다. "대학교에서 모든 것을 가르치지 않으므로 할머니, 집시, 마법사, 방랑자, 늙은 도둑 같은 사람들에게서 배워야 한다. …… 학자들의 무미건조한 형식주의보다는 여인숙 주인, 이발사, 짐승 부리는 사람 등의 조잡한 언어가 훨씬 더 위엄 있고 상식적이다."

그러나 지는 해가 있으면 뜨는 해도 있는 법이다. 스콜라철학이 저무는 것과 때를 같이하여 인간 이성을 철학적 사고의 출발점으로 삼는 인문주의라는 새로운 지적 흐름이 혼란을 뚫고 어둠을 밝히기 시작했다. 어떤 측면에서 인문주의는 스콜라철학의 쓴맛을 버리고 단맛만을 취했다고 볼 수 있다. 스콜라철학은 이성의 위상을 크게 높여놓았으면서도 신학과의 관계 설정에 실패한 탓으로 그 성과를 이어가지 못했으나, 인문주의는 처음부터 교회에 뿌리를 두지 않은 덕분에 스콜라철학이 애써 가꾼 열매를 고스란히 받아먹었기 때문이다.

지적 권위를 먹고사는 스콜라철학에서 권위가 사라지면 그야말로 팥없는 단팥빵이나 다름없다. 게다가 신학도 철학이 딴살림을 차려 나가면서 신앙 이외에 다른 영역에서는 권위를 잃었다. 1천 년 동안 서유럽 세계를 지배해왔던 전통과 권위가 하루아침에 무너졌다. 하지만 과거의 관행마저 하루아침에 사라지는 것은 아니다. 전통이야 단기간에 만들 수 없다 해도 이성이 새 시대의 출발점이 되기 위해서는 새로운 권위가 필요했다. 신이 모든 것의 시작이자 원인이자 목적이었던 중세를 갓 벗어난 상황에서 신을 대체할 권위의 근거는 대체 어디서 찾아야 할까?

신이 없었던 시대를 연상하면 답이 쉽게 나온다. 신학이 지배할 때 철학이 시녀의 역할을 했다면, 이제 신학의 궁궐에서 나온 철학이 제대로 독립하기 위해서는 신학이 생겨나기 이전으로 돌아가야 할 것이다. 신학 이전의 시대, 즉 철학이 탄생할 때부터 그리스도가 탄생할 때까지의 철학적 권위라면 바로 그리스 고전 철학이 아닌가? 인문주의자들은 1500년 전의 고전을 탐독하기 시작했다. 고전의 부활, 그래서 이 시대의 역사적 명칭은 르네상스(부활)다. 물론 스콜라 철학자들도 플라톤과 아리스토텔레스의 사상을 열심히 연구했고 전거로 삼았다. 그러나 그들은 신을 변호하고 신학의 근거를 찾기 위해 고전 철학을 활용했을 뿐이므로 그것을 온전한 고전 연구라고 볼 수는 없다.

사실 순수하게 고전을 연구한 게 아니라는 점에서는 인문주의자들도 마찬가지였다. 그들이 다시금 그리스 고전 철학에 주목한 의도는 새로운 철학을 정립하기 위해서가 아니었다. 원래 르네상스의 발원지인 북이탈리아는 북쪽의 신성로마제국과 남쪽의 교황령 사이에 위치한 지리적 여건 때문에 중세에도 명확한 국가의 형태를 취하지 못하고 피렌체, 피사, 제노바, 베네치아 등 많은 자치도시로 나뉘어 있었다.

신성과 세속을 관장하는 서유럽의 두 강대 세력이 서로 분업적 질서를 유지하며 대체로 사이가 좋았던 중세에는 아무 문제가 없었다. 북이탈리아의 도시들이 지중해 무역을 독점하며 번영을 누렸던 것도 그런 배경이 있었기에 가능했다. 그러나 십자군 원정을 신호탄으로 중세의 분권적 질서가 해체되면서 황제와 교황은 세속의 정치권력을 놓고 으르렁거리기 시작했다. 두 마리 고래 사이에 긴 새우의 처지가 된 북이탈리아의 도시들은 등이 터져 죽지 않으려면 어느 한 측에 붙어야 했다.

강한 쪽에 줄을 서야 살아남는다는 것은 모두들 알고 있지만 어느 쪽이 강자인지에 관해서는 의견이 엇갈릴 수밖에 없다. 그래서 북이탈리아의 도시들은 구엘프파(교황파)와 기벨린파(황제파)로 나뉘어 다투었고 심지어 한 도시 안에서 세력이 갈려 내전을 벌이기도 했다. 피렌체의 기벨린파에 속했던 단테(Dante Alighieri, 1265?~1321)는 결국 정쟁의 희생자가 되어 망명하던 시절에 근대 문학의 효시로 꼽히는《신곡La divina commedia》을 썼다. '신의 희곡'이라는 제목에서 알 수 있듯이 이 작품은 신의 세계인 지옥, 연옥, 천국을 단테가 차례로 여행하면서 참된 신앙을 찾는 SF 같은 서사시다. 비록 상상 속에서나마 인간이 신의 영역을 넘나들 수 있다는 발상은 이미 중세적 사고를 넘어선 것을 말해준다. 더욱이《신곡》의 첫 부분에서 지옥의 안내자로 등장하는 인물이 트로이 전쟁을 서사시로 묘사한 고대 로마의 시인 베르길리우스라는 점은 단테가 사상적 뿌리를 고전에 두고 있음을 분명히 드러낸다.

북이탈리아의 인문주의자들이 고전 연구에 사활을 건 현실적 의도는 단테의 의도와 같았다. 서유럽 세계가 개별 왕국들로 분립되는 근대 문턱의 혼란스러운 질서 속에서 그들은 고대 그리스의 민주주의와 로마의 공화정을 꿈꾸었다. 북이탈리아의 도시들은 두 강대국 사이에 끼어 있는데다 어차피 독립적인 자치도시로 살아온 오랜 역사가 있으니, 한데 뭉쳐 별도의 왕국을 이루기란 불가능하다. 그들이 취할 수 있는 현실적인 대안은 각 도시가 고대 그리스의 폴리스처럼 도시국가를 이루든가, 아니면 로마제국 이전의 로마처럼 원로원이 집단 지도 체제로 국정을 수행하는 공화정밖에 없었던 것이다. 하지만 아무리 옛것이 좋은 것이라고 외쳐도 1500년 전의 낡은 약으로 오늘의 병을 고칠 수 있을까? 지성적으로는 진보적이었으나 현실적으로는 퇴행적이었던 북이탈리아 인문주의자들의 정치적 슬로건은 결국 송나라 주희의 성리학처럼 공염불이 되고 만다.

부활한 플라톤

그리스 고전 철학에서 새로운 권위를 찾는다는 데는 이견이 없다 해도 그 방법이 하나뿐일 리가 없다. 고대 철학자가 한둘인 건 아니니까. 그러나 복잡한 다지선다 문제는 곧 간단한 이지선다 문제로 바뀐다. 잔가지를 쳐내고 나면 결국 플라톤과 아리스토텔레스의 커다란 나무 두 그루만 남게 된다. 그래서 르네상스 초기의 철학적 쟁점은 두 사람 중 누구에게서 진정한 철학적 권위를 찾을 것이냐는 문제로 집중되었다.

객관적인 전력은 후기 스콜라철학이 스타로 만든 아리스토텔레스가 우위에 있다. 그러나 적의 적은 나의 친구라고 했던가? 일단 스콜라철학을 매도하게 되면 자연히 아리스토텔레스도 곱게 보이지 않는다. 스콜라철학자들은 아리스토텔레스를 이름조차 입에 올리지 않고 그냥 '철학자'라고만 부를 정도로 존경했다. 권위가 해체되는 시대에 지적 권위에 맹종하는 것을 보고 후대의 역사가들이 '최초의 근대인'이라고 부른 페트라르카(Francesco Petrarca, 1304~1374)는 심기가 뒤틀렸다. 그는 스콜라

철학을 "논쟁 자체만을 위한 논쟁을 일삼는 수다스러운 학문"으로 여기며 극도의 경멸을 나타냈다. 물론 그가 그런 조잡한 이유만으로 아리스토텔레스를 폄하한 것은 아니지만, 적어도 두 사람 가운데 자유로이 선택할 권리가 부활한 상황이라면 그가 진정한 권위로 간주하고 싶은 사람은 플라톤이었다. 이리하여 2세기가량 아리스토텔레스에게 눌려 지냈던 플라톤은 중세가 끝나는 순간 다시 서유럽의 지적 무대에 화려하게 복귀했다.

그래도 페트라르카는 아직 종교의 끈을 완전히 놓으려 하지는 않았다. 그가 그리스-로마의 고전을 연구한 목적은 고전을 통해 그리스도교의 교의를 정밀하게 다듬으려는 데 있었다. 단테의 《신곡》처럼 인간의 이성으로 신의 세계를 이해하려는 노력의 연장이었다. 그러나 때는 바야흐로 격변의 시대, 곧이어 등장하는 인문주의자들은 아예 신앙이 이성에 개입하지 못하도록 하는 지적 장치를 마련했다. 그 대표적인 예가 미란돌라(Pico della Mirandola, 1463~1494)의 이론이다.

서른한 살에 요절한 미란돌라는 불과 스물세 살 때 플라톤주의와 인간 이성을 찬양하는 책을 썼다. 만약 그가 더 오래 살았더라면 틀림없이 르네상스 시대의 가장 위대한 철학자가 되었을 것이다. "자비로운 신은 인간이 무엇이든 스스로 선택한 것을 가질 수 있고, 스스로 원하는 것이 될 수 있도록 허락하셨다." 이렇게 신이 인간에게 자유를 허락했다고 보면, 전통적인 가치인 신을 내치지 않으면서 새 시대의 가치인 자유를 수용할 수 있다.

신이 인간에게 이성을 주고 자유롭게 사용하라고 명했다면 인간은 당연히 그에 따라야 할 것이다. 그런데 신이 부여한 이성이 원한다면 신을 비판할 수도 있을까? 차마 그럴 수야 없겠지만 최소한 지상에서 신의 대리자를 자처하는 교회를 비판할 수는 있을 것이다. 이탈리아 출신이 아니면서도 르네상스 인문주의의 대표자로 간주되는 에라스뮈스(Desiderius Erasmus, 1466~1536)는 그렇게 해석했다.

그의 고향은 르네상스 시대에 북이탈리아와 여러 가지로 닮은꼴이었던 플랑드르였다. 북이탈리아가 그렇듯이 이 지역에도 영국, 프랑스, 신성로마제국 등 강대국의 틈바구니에 낀 힘의 공백 지대라는 점 때문에 자치도시들이 발달했다. 이 도시들은 북이탈리아의 상인들이 지중해 무역으로 이탈리아까지 가져온 동방의 물품들을 북유럽에 공급하는 무역을 바탕으로 번영을 일구었다. 그 무역로를 따라 이탈리아 르네상스가 알프스를 넘어 플랑드르에서 북유럽 르네상스로 재현되었다(당시 독일과 이탈리아 남부는 황제와 교황의 영토였고, 프랑스와 영국은 이미 강력한 통일 왕국을 이루었으며, 에스파냐와 포르투갈은 아직 아랍 세력을 이베리아에서 완전히 몰아내지 못한 상태였다).

학자라기보다는 문필가였던 에라스뮈스는 예리한 붓을 휘둘러 교황과 세속 군주, 일반 신도들을 싸잡아 비판했다. 그가 보기에 교황은 그리스도보다 카이사르를 추종했고, 군주들은 걸핏하면 개인적인 이해관계로 전쟁을 벌였으며, 낡은 사고방식에 젖은 그리스도교도들은 군주의 전쟁을 국민의 전쟁으로 착각했다. 후대에 유명해진 저서인 《우신 예찬^{Moriae} ^{encomium}》에서 에라스뮈스는 어리석은 여신 모리아를 주인공으로 등장시켜 부패한 교회와 위선적인 성직자, 탐욕스러운 군주들을 신랄하게 풍자했다.

《우신 예찬》과 떼려야 뗄 수 없이 연관된 인물은 영국의 인문주의자인 토머스 모어(Thomas More, 1478~1535)다. 에라스뮈스는 그 책을 친구인 모어의 집에서 불과 한 주일 만에 썼고(모리아 여신은 바로 모어의 이름에서 땄다), 몇 년 뒤인 1516년에 모어는 에라스뮈스의 도움을 받아 《유토피아^{Utopia}》를 출간했다. '존재하지 않는^{ou} 곳^{topos}'인 동시에 '멋진^{eu} 곳^{topos}'이기도 한 모어의 신조어 유토피아는 사유재산과 돈, 범죄와 악, 빈곤이 없는 공산주의적 공동체를 가리키는데, 플라톤의 이상 국가에 대한 르네상스 버전에 해당한다.

이제 플라톤은 유럽의 서쪽 끝에서도 완벽하게 부활했다. 여기에는 스콜라철학에 대한 반감으로 인해 상대적으로 아리스토텔레스가 위축되었다는 배경도 있지만, 플라톤 철학이 본래 지닌 종교와의 친화성도 한몫했다. 인문주의자들은 시대가 바뀐 줄 모르고 여전히 낡은 전통과 권위를 앞세우는 스콜라철학과 날이 갈수록 부패를 더해가는 교회와 성직자들을 혐오했을 뿐이지 신앙 자체를 저버린 것은 아니었다.

서유럽의 플라톤주의자들이 대부분 전문 철학자가 아닌 데서 보듯이, 플라톤은 부활했어도 플라톤 철학 전체가 부활한 것은 아니었다. 오히려 당시 플라톤 철학의 권위자는 유럽의 동쪽 끝인 콘스탄티노플에 있었다. 이름부터 플라톤과 닮은 플레톤(Georgius Plethon, 1355?~1452?)은 비잔티움 황제의 자문관으로 일하면서 플라톤의 사상을 연구했다. 1453년 오스만튀르크에 의해 1100년의 역사를 마감하게 될 비잔티움 제국은 이미 말기적 증상을 뚜렷하게 드러내고 있었다. 좋았던 옛날이 생각나지 않을 수 없을 터, 플레톤은 플라톤만이 아니라 고대 그리스의 모든 문화를 동경했으며(비잔티움 제국은 동로마라고도 불리지만 8세기부터 그리스어를 공용어로 쓸 만큼 고대 그리스의 후예로 자처한 탓에 그리스 제국이라고도 불린다), 스토아철학과 이슬람교를 비롯한 동방의 사상과 종교에도 조예가 깊었다.

플레톤은 1438~1445년에 서유럽에서 열린 페라라-피렌체 공의회에 참석해 서방 학자들에게 아리스토텔레스와 플라톤의 차이를 밝힌 자신의 논문을 전해주었다. 이것은 피렌체에 플라톤 붐을 조성하는 데 큰 역할을 했고 피렌체의 지배자인 코시모 데 메디치가 플라톤 아카데미를 세우는 계기가 되었다. 페라라-피렌체 공의회는 오랜만에 동방교회와 서방교회가 통합을 모색하기 위해 추진되었지만—자존심을 굽히고 서방에 협조를 요청할 만큼 당시 동방 제국은 위기에 처해 있었다—안타깝게도 논의 주제는 여전히 삼위일체론이었고 동방교회 대표단은 여전히 성부만을 인정하는 입장에서 물러나지 않아 결국 아무런 성과도 내지 못했다. 격변하는 주변 환경을 외면하고, 모두가 교회를 배척하는 분위기를 전혀 모른 채 딱하게도 동서 두 교회는 교리를 가지고 고담준론을 나누고 있었던 것이다. 임진왜란을 앞두고 조선의 사대부들이 동인과 서인으로 갈려 정쟁을 일삼은 것을 연상케 하는 장면이다(실제로 중세 유럽의 종교회의는 흔히 붕당정치로 미화되는 조선의 당쟁과 닮은 데가 많다. 좋게 보면 철학 논쟁이고 나쁘게 보면 현실을 등진 관념의 표백이다).

그렇잖아도 아리스토텔레스에 대한 반감이 고조되는 판에 서유럽에서 플라톤주의자가 양산된 데는 플레톤의 영향이 적지 않았다. 특히 플라톤 아카데미의 원장이었던 피치노(Marsilio Ficino, 1433~1499)는 메디치가의 후원을 받아 플라톤과 그리스 고전 철학, 플로티노스의 저작을 번역하고 연구하는 데 힘썼다. 그는 플라톤의 철학이 역사상 그 어느 철학보다 우수하고 그리스도교의 진리에 버금간다고 말했으며, 신을 향한 영혼의 사랑을 강조한다는 점에서 양자가 일치한다고 보았다. 이런 사랑 개념이 당시 서유럽에 널리 퍼진 결과 오늘날까지 사용되는 '플라토닉 러브'라는 말이 생기기도 했다.

가장 흥미로운 인물은 독일의 플라톤주의자인 니콜라우스 쿠자누스

(Nicolaus Cusanus, 1401~1464)다. 철학자이기에 앞서 수학자이자 과학자였던 그는 일찍부터 지구가 우주의 중심이 아니라고 생각했으며, 공기에도 무게가 있다는 사실을 최초로 실험을 통해 밝힌 전형적인 르네상스맨이었다. 중세 초기의 플라톤주의자들처럼 그는 플라톤의 사상에서 《성서》와 관련되는 부분을 추려내는 것은 물론이고 동성애나 윤회론 같은 쉽게 용납하기 어려운 측면까지도 그리스도교와 화해시키려 노력했다.

종교개혁? 교회 개혁!

이성이 날개를 활짝 폈으나 인문주의자들도 신앙을 팽개치지는 않았다. 그러나 교회가 개혁되어야 한다는 사실은 분명했다. 세속의 탐욕에 눈이 어두운 나머지 가톨릭교회는 두 가지 사실을 모르거나 간과하고 있었다. 하나는 평신도들이 성직자들을 불신하고 있다는 점이고, 다른 하나는 그 평신도들 자체도 예전과는 크게 달라졌다는 점이었다. 교회의 부패가 어제오늘의 일이 아닌 만큼 성직자들이 대중의 손가락질을 받고 있다는 사실은 충분히 이해할 수 있지만 평신도들이 예전과 달라졌다는 건 뭘까?

중세에 교회가 지상에서 신을 대리하는 역할을 했다는 것은 곧 교회가 없으면 일반 그리스도교도들이 참된 신앙생활을 영위할 수 없다는 뜻이다. 여기에는 교리상의 이유도 있다. 중세 초기부터 교회가 전가의 보도처럼 휘둘렀던 원죄의 개념이 그 대표적인 예다. 누구나 원죄를 가지고 태어나기 때문에 세례를 받아야만 했는데, 세례는 예나 지금이나 교회의 독점 상품이다. 그런데 교회가 독점하는 상품에는 또 다른 중요한 것이 있었다. 그것은 바로 《성서》였다.

중세 수도사들이 일일이 손으로 베껴 책을 만들어야 했다면 책이 얼마나 귀하고 값비싼 물건이었는지 짐작할 수 있다. 게다가 종이가 보급되기 전까지 책의 재료였던 양피지를 만드는 일부터 장인의 솜씨가 필요했다. 그래서 당시 책은 첨단 기술로 제작되는 고급 물건이었다. 《성서》라고 예외는 아니었으므로 어지간한 부자가 아니면 집 안에 《성서》를 갖춰놓기가 힘들었다. 그리스도교의 시대답지 않게 중세 1천 년 동안 수많은 그리스도교도가 《성서》를 접해보지도 못한 것이다(실은 《성서》를 가졌다 해도 거의 대다수가 문맹이었으므로 라틴어 《성서》를 읽을 줄 아는 사람은 거의 없었다). 《성서》를 직접 읽어보지 못한 사람들은 교회의 가르침이 곧 신의 말씀이라고 믿고 복종할 수밖에 없었다.

그러나 교회가 정보를 독점하는 상황은 15세기로 끝났다. 1440년대에 활판인쇄술을 발명한 구텐베르크가 최초로 인쇄한 서적이 《성서》라는 사실은 50년 뒤에 닥칠 종교개혁을 예고하고 있었다. 15세기 말에 이르자 서유럽에는 수백 군데의 인쇄소-출판사가 우후죽순처럼 설립되었고 인류 역사상 최고의 베스트셀러로 꼽히는 《성서》를 대량으로 인쇄했다. 이제 신의 가르침은 교회만 알 수 있는 게 아니었다. 아직까지는 라틴어 《성서》밖에 없었으므로 《성서》가 완전히 대중화된 것은 아니었으나 교회와 수도원의 서고에 비치되어 있던 《성서》가 세속의 세계로 나온 것은 대단히 의미심장한 사건이었다. 적어도 라틴어를 아는 사람이라면 얼마든지 교회와 달리 독자적인 《성서》 해석을 할 수 있게 된 것이다. 1517년 마르틴 루터(Martin Luther, 1483~1546)가 비텐베르크 교회의 정문에 대자보를 붙이면서 불을 지핀 종교개혁이 루터 자신의 의도와도 무관하게 삽시간에 들불처럼 유럽 전역으로 번져간 데는 그런 배경이 있었다.

종교개혁은 실상 종교를 개혁하려 했다기보다 교회를 개혁하려 한 것이었다. 종교개혁을 부르짖은 사람들은 모두 한목소리로 《성서》에 나온 그대로 신의 말씀에 따르자고 주장했다. 불과 얼마 전까지만 해도 르네상스의 인문주의자들은 가톨릭 신앙으로 돌아가자고 주장했으나 어느새 가톨릭 신앙 자체를 바꾸자는 노선으로 전환했다. "그리스도교도는 모든 사람의 가장 자유로운 왕이며 누구의 신하도 아니다." 루터의 이 말은 신 앞에서 모두가 평등하다는 뜻이었다. 그렇다면 온갖 비리의 온상이 된 교회가 무슨 소용이란 말인가? 심지어 교회는 'Stairway to Heaven'의 티켓, 즉 면죄부까지 팔면서 제 잇속만 챙기려 하지 않는가?

앞서 르네상스의 인문주의자들이 지적으로는 진보적이어도 현실적으로는 복고적이라고 말했지만, 종교개혁으로 탄생한 프로테스탄티즘, 신교는 그 반대로 현실적으로는 진보적이면서도 철학과 종교의 측면에서는 보수적이었다. 부패한 교회와 성직자들에게 개혁을 촉구한 것은 지극히 정당한 요구였으나 《성서》로 돌아가자는 슬로건은 인문주의자들이 이룬 성과마저도 부정하는 것이었기 때문이다. 신교의 지도자들은 이성을 신뢰하는 태도가 인간의 오만을 나타내는 증거라고 보았으며, 이것도 일종의 원죄라고 거세게 몰아붙였다.

루터의 평생 동지였던 멜란히톤(Philipp Melanchthon, 1497~1560)은 신교의 신학적 근거를 확립하는 데 크게 기여한 인물이지만, 원죄를 타고나는 것으로 보는 점에서는 구교의 입장과 다를 바 없었다. 그에 따르면, 죄는 이성만의 문제가 아니라 의지나 정서와도 관련되므로 신의 은총이 아니면 결코 극복할 수 없는 것이었다. 그러면서도 멜란히톤은 인간의 영혼에 관해 설명할 때는 "신은 인간을 인도할 때 인간이 원하는 방향으로 인도한다."라고 말했는데, 이것은 앞에서 본 인간의 자유와 이성을 변호한 미란돌라의 주장과 거의 다를 바 없다. 이처럼 종교개혁의 지도자들은 사상적 일관성을 견지하지 못하고 갈팡질팡했다. 하기야 루터 본인도 종교개혁의 기세가 걷잡을 수 없이 커지자 겁을 잔뜩 집어먹고 오히려 개혁 운동에 제동을 걸었으니 갈피를 못 잡긴 마찬가지였다.

이성이 신앙에서 벗어나긴 한 걸까? 철학이 신학에서 독립하긴 한 걸까? 인문주의자도, 종교개혁가도, 그 누구도 아직 모르는 일이었다. 서유럽의 지적 지형은 바야흐로 혼돈의 도가니에 있었다. 이성의 시대, 철학의 시대가 도래하기 위해서는 어떻게든 이런 무질서가 정돈되어야 했다. 그런데 이성이 첫 번째 파트너로 택한 것은 철학이 아니라 과학이었다.

과학적 이성의 목소리

서유럽 전체가 신교로 개종한 것은 아니지만 어쨌든 가톨릭교회는 종교개혁으로 치명상을 입었다. 게다가 종교개혁의 폭풍은 유럽의 기후만 변동시킨 게 아니었다. 16세기부터 중국으로 건너간 유럽의 선교사들은 전부가 구교의 사제였고, 대부분 교황청이 허가한 에스파냐의 예수회 소속이었다. 그 이유는 뭘까? 신교의 강력한 편치를 맞고 비틀거리던 구교는 그 무렵 합스부르크 왕조의 새 터전이 된 에스파냐로 무대를 옮겼다. 에스파냐는 오랜 아라비아의 지배에서 벗어난 탓에 가톨릭에 대한 충성도가 높은 데다 아메리카를 발견한 덕분에 신흥 부국으로 성장하고 있었다. 거센 신교의 바람에 밀린 구교는 교황청이 있는 이탈리아와 에스파냐에서 겨우 명맥을 유지하고 있었다. 이 위기를 타개하기 위해 가톨릭교회는 에스파냐와 포르투갈의 상선에 선교사들을 태워 아메리카와 아시아로 보내기 시작했다. 말하자면 새로운 종교 시장의 개척인 셈이다.

유럽에서 실패한 가톨릭을 중국의 방대한 인구에 전파할 수만 있다면 구교가 부활하는 든든한 터전이 생길 것이다. 하지만 영악한 예수회 선교사들은 중국인들의 거부감을 예상해 처음부터 종교를 들이대지는 않았다. 명나라 말기인 16세기 말에 중국에 온 마테오 리치의 말에서도 그런 노회함을 읽을 수 있다. "처음에는 우리의 교회법에 대해 분명하게 가르치려 하지 않았다. 사람들을 방문한 뒤 남는 시간에 중국의 언어·문학·관습·예절을 배우면서 중국인들의 호감을 사려고 애썼으며, 고결한 생활을 솔선수범하여 그들을 감동시킴으로써 전도하는 전략을 썼다." 중국의 황제와 귀족들이 특히 좋아한 것은 선교사들이 가져온 서양의 새로운 과학 문물이었다. 세계지도와 각종 과학 서적, 망원경과 지구의를 비롯한 과학 기구들을 보고 감탄을 금치 못한 중국인들의 태도는 중세 세계 4대 발명품(종이, 나침반, 화약, 인쇄술)이 모두 중국에서 먼저 발명되었다는 역사적 사실마저 무색케 했다.

언제부터 서양의 힘이 동양에 앞섰는지 묻는 것은 약간 유치한 질문이지만 적어도 16세기부터 그랬다는 것은 분명하다. 거기에는 아메리카에서 흘러드는 경제적 부도 큰 몫을 했지만 근대의 과학적 이성도 중요한 역할을 했다. 종교의 굴레에서 벗어났다 해도 인간 이성은 아직 옛 주인인 신앙 앞에서는 여전히 몸을 움츠렸다. 그 대신으로 이성의 에너지가 분출구를 찾은 곳이 바로 과학의 영역이었다(과학과 철학은 18세기까지도 명확히 구분되지 않았고 그때까지 과학을 자연철학이라고 불렀으나 여기서는 편의상 그냥 과학이라는 말을 사용하기로 하자). 물론 모든 학문의 여왕은 여전히 신학이었다.

사물은 늘 그대로인데 사물을 규정하는 말(담론)은 시대에 따라 달라진다. 태양계라는 '사물'을 설명하는 '말'도 마찬가지다. 지구가 태양의 주위를 돈다는 이론은 이미 기원전 3세기 그리스의 아리스타르코스가 제기한 바 있었으나 그 뒤 슬그머니 사라지고 2세기에 프톨레마이오스가 정립한 천동설이 1천여 년 동안 올바른 담론으로 간주되어왔다.

사물이 단순할 경우에는 일차적 경험에 의해 비교적 객관적인 담론을 확보할 수 있다. 이를테면 "돼지는 다리가 넷이다."라는 담론을 반박하기는 어렵다. 그러나 사물이 복잡할 경우에는 한 시대에도 여러 가지 담론이 형성될 수 있다. 그 담론들의 경쟁을 통해 지배적인 담론이 구성되고 이것이 다음 담론과의 경쟁에서 이기면 계속해서 그 위치를 유지하면서 지식-권력을 행사하게 된다. 천동설은 이후에 등장한 여러 담론들과의 경쟁에서 연전연승을 거둔 막강한 챔피언이었다. 그러나 1천 년의 중세가 해체된 뒤 르네상스 시대에 천동설에 결투를 신청한 새 도전자는 결코 만만한 상대가 아니었다.

1543년 폴란드의 천문학자 코페르니쿠스(Nicolaus Copernicus, 1473~1543)는 임종을 앞둔 상태에서 갓 출판된 자신의 저서 《천구의 회전에 관하여De revolutionibus orbium coelestium》를 받아 보았다. 원고는 이미 오래전에 탈고한 상태였으나 뒤늦게(즉 죽기 직전에) 발간한 이유는 그 내용에 대한 교회의 문책을 피하려는 의도였다. 때는 바야흐로 프로테스탄트 종교개혁과 가톨릭 반종교개혁의 갈등 속에서 종교재판이 마지막 기승을 부리던 엄혹한 시대였다. 과연 칠순 노인의 혜안은 자신의 운명과 더불어 그 책에서 제기한 지동설이라는 담론의 운명도 구해냈다. 적어도 코페르니쿠스는 갈릴레이나 브루노 같은 후학들이 지동설을 주장했다가 파문이나 화형을 당하는 비극을 피할 수 있었고, 자신의 생전에 책이 발간됨으로써 귀중한 원고가 사장되는 것을 막을 수 있었다.

2부 신이라는 궁극적인 질문

후대에 그의 지동설은 '코페르니쿠스의 혁명'이라는 영광스러운 별명을 얻게 되지만 정작 그 자신은 매우 신중하게 처신했다. 서문에서 지동설을 '하나의 가설'이라고 격하시킨 것이라든가 책을 교황에게 헌정한 것은 조심스럽다 못해 소심할 정도다. 그러나 엄청난 혁명인 것은 틀림없었다. 그전까지 천동설이 지배적 담론으로 군림할 수 있었던 것은 그리스도교가 지배하는 세계였기에 가능했다. 〈창세기〉에 나오듯이 신은 인간을 자신의 형상으로 창조했으며, 인간에게 "바다의 물고기와 하늘의 새와 땅에 움직이는 모든 생물을 다스리라."라고 명했다. 이렇게 신의 마지막 피조물인 인간은 신을 대신하여 지상을 관리하고 지배하는 세계의 주인공, 즉 중심이었다. 해와 달을 비롯한 모든 천체가 지구를 중심으로 도는 것은 지극히 당연하고 자연스러운 일이었다.

그런데 그 훌륭한 담론이 실은 모두 거짓이었던 것이다. 인간이 지구라는 세계의 중심일지는 몰라도—그것조차 19세기에 진화론이 등장하면서 항상 그랬다는 것은 아니라는 점이 밝혀졌지만—지구는 우주의 중심이 아니었다. 우주는커녕 태양계에서도 지구를 중심으로 천체들이 운행하는 것은 아니었다. 지구는 천구에서 고정된 위치를 점하는 게 아니라 끊임없이 태양의 둘레를 도는 한갓 행성에 지나지 않았다. 훗날 20세기 구조주의 사상에서 인간은 철학적 인식의 주체라는 위치에서도 밀려나게 되지만, 나중에 맞는 매보다는 당장 꼬집히는 게 더 아픈 법이다. 역사상 최초로 탈중심화의 처지에 빠지게 된 것은 적지 않은 아픔이었다. 교회가 먼저 발끈하고 나선 것도 그 때문이었다.

성서적 세계관을 논외로 하면, 그동안 지동설이 담론의 경쟁에서 패배한 이유는 경험적으로 납득하기 어렵다는 점 때문이었다. 천체 현상을 더 잘 설명해주는 것은 오히려 천동설이었다. 해와 달과 뭇 별들은 지구를 중심으로 해서 규칙적으로 회전하는 것처럼 보였으므로 상식적으로나 학문적으로 천동설을 부인하기는 어려웠다. 다만 천동설의 초창기에도 행성의 밝기가 달라진다든가 이따금씩 일부 행성들이 역행 운동을 하는 문제가 제기되었으나 프톨레마이오스는 주전원의 개념을 도입해 수많은 부수적 중심, 즉 이심異心이 존재한다는 가설로 그런 현상들도 천동설 체계에 꿰맞추었다.

신앙으로 보든 이성으로 보든 천동설의 진리성에는 전혀 의심의 여지가 없었다. 하지만 신앙은 변하지 않아도 이성은 성장한다. 과학적 관측이 정밀해짐에 따라 천동설이 계속 효력을 유지하기 위해서는 점점 더 많은 주전원과 이심이 필요해졌다. 일식과 월식 같은 천체 현상도 처음에는 천동설로 그럭저럭 설명할 수 있었으나 점차 오차가 커져 나중에는 예측 자체가 불가능해져버렸다. 결국 양의 증대가 질의 변화를 유발하는 임계점에 이르렀다. 이 변화의 물꼬를 튼 것이 바로 코페르니쿠스의 지동설이다.

그러나 아직 중세적 사고는 잔존했다. 우주가 기하학적으로 구성되어 있다는 피타고라스의 관점에서 완전히 벗어나지 못한 코페르니쿠스는 지구를 비롯한 모든 행성의 궤도가 원형이라고 믿었다. 원은 예로부터 가장 완벽한 기하학적 도형이었으며, 천체는 본래 신을 상징하는 것이었기에 원형의 운동을 한다는 게 자연스러운 생각이었다. 그러나 다음 세대의 천문학자인 케플러(Johannes Kepler, 1571~1630)는 행성의 궤도가 타원형이라는 사실을 순전히 관찰의 힘으로 알아냈다. 지구가 우주의 고정된 중심이 아니라는 사실에 이어 우주가 완벽한 원형의 구조를 취하지 않는다는 사실이 밝혀지자 신학적 우주관은 더욱 체면을 구겼다.

지배적인 담론이 권위를 잃으면 코미디가 된다. 1616년에 갈릴레이

(Galileo Galilei, 1564~1642)는 종교재판소에 소환되었다. 죄목은 엉뚱하게도 망원경으로 목성의 위성 네 개를 발견했다는 것이다(이 네 위성은 오늘날 갈릴레이 위성이라고 불린다). 지동설이라면 몰라도 그게 왜 종교적인 죄가 될까? 이유인즉슨 신이 정한 신성한 우주관을 어겼다는 것이었다. 예로부터 천체는 고정된 별들을 제외하면 해와 달을 위시해 수성, 금성, 화성, 목성, 토성 등 일곱 개만이 움직이는 것으로 여겨졌다. 조선에서도 세종 때 만들어진 《칠정산七政算》〈내·외편〉은 바로 그 일곱 개 천체의 운행을 바탕으로 한 역서曆書다. 오늘날 행운의 수로 여기는 7은 원래 신성한 숫자였다. 신도 엿새 동안 천지를 창조하고 일곱째 날 쉬었다. 그래서 요일이 일곱 개가 아닌가? 그런데 목성의 위성이 네 개라면(실은 더 많지만) 움직이는 천체는 모두 열한 개가 된다. 교회는 물론 철학을 연구하는 대학의 교수들도 갈릴레이의 발견을 터무니없다며 비웃었으니 지금 보면 그런 코미디도 없다.

중세 이성과 근대의 과학적 이성이 본질에서 크게 달라진 것은 아니다. "감관을 통해 얻은 경험적 지식과 일치하지 않는 것은 원리가 아니다." 일찍이 알베르투스 마그누스가 이렇게 말했듯이 중세 이성은 관찰된 사실에 준거해야 한다는 확고한 믿음을 가지고 있었으며, 이 점에서는 근대 이성도 다르지 않았다. 변한 것은 오히려 '감관을 통해 얻은 경험적 지식'의 내용이다. 천동설이든 지동설이든 경험적 지식을 추구해야 한다는 원칙은 마찬가지다. 다만 천동설에서는 천체가 지구를 중심으로 운동한다는 게 경험적 지식이었고, 지동설에서는 그 반대가 경험적 지식이었을 따름이다. 누구에게나 똑같고 마냥 객관적인 줄로만 알았던 관찰과 경험이라는 개념도 불안하게 흔들리기 시작한다. 지동설은 지구만 흔든 게 아니었다.

과학의 보조로 전락한 철학

과학이 치고 나올 때 철학은 무기력했다. 과학적 이성이 제 목소리를 찾는 동안 철학적 이성은 사춘기의 변성기에서 벗어나지 못했다. 그래서일까? 엄혹한 종교재판에서 과학자는 더러 화형을 당했어도 철학자는 아무도 희생된 사람이 없었다. 철학자가 '타고난 반골'이라는 말은 옛말이 되었다. 문예부흥이라는 화려한 시대의 명칭에 걸맞지 않게 철학은 짧은 암흑기 속에 침잠해 있었다.

오랫동안 신학의 시녀로만 존재해온 탓에 아직 철학은 멍석을 깔아줘도 재주를 부릴 줄 몰랐다. 홀로서기에 익숙지 않은 철학이 살아남으려면 일단 뭔가에 의존해야만 한다. 물론 그 뭔가가 지긋지긋한 신학일 수는 없다. 그건 다시 스콜라철학으로 되돌아가자는 이야기니까. 결국 철학은 과학을 파트너로 골랐다. 철학자로서 그다지 돋보이는 인물이 아닌 영국의 프랜시스 베이컨(Francis Bacon, 1561~1626)이 후대에 위대한 철학자의 반열에 오른 것은 절대평가라기보다 상대평가의 결과다. 그는 과학적 방법론의 초석을 놓았고 "아는 것이 힘이다."라는 말로 철학사에 이름을 남겼으나, 르네상스라는 시대의 특성과 영국의 특수한 사정—철학이 약했고 철학자가 희소했다—이 아니었다면 그런 명성은 불가능했을 것이다.

당시 서유럽의 종교적 지형은 크게 남북으로 전선이 갈리는 형세였다. 종교개혁의 진원지인 독일에서 신교가 우세해지자 합스부르크 왕실이 에스파냐로 도피성 이주를 한 뒤 남유럽 일대는 구교 세력권이 되었고, 프랑스에서는 구교와 신교(위그노)가 치열한 경합을 벌이는 중이었다. 그런데 영국은 좀 특수한 상황이었다. 가톨릭의 힘이 약화되는 틈을 타서 헨리 8세가 수장령을 내려 정치와 종교의 수장이 되는 기묘한 정교일치의 종교개혁이 이루어진 것이다. 이것이 오늘날까지 존속하는 영국국교회—우리나라에서는 성공회聖公會라고 부른다—의 기원이다. 근대의 문턱에서 종교적 독립을 선언한 영국은 이후 정치에서도 독자적인 의회민주주의의 노선을 걸었고 철학에서도 유럽 대륙과 뚜렷이 구분되는 경험론적 전통을 확립하게 된다.

베이컨은 헨리 8세의 종교개혁과 정책을 계승한 엘리자베스 1세의 치세에 대법관으로 재직하다가 부패 혐의를 받아 법복을 벗고 철학자로 변신한 인물이었다. 당대에는 법관의 권력이 더 컸겠지만 역사에 철학자로 등재됨으로써 그는 더 큰 명성을 얻은 셈이다.

가톨릭의 권위가 더 이상 통하지 않는 영국이었기에 베이컨은 교회나 스콜라철학의 눈치를 볼 필요 없이 과감한 입장을 취할 수 있었다. 신학을 부정하지는 않았으나 그가 보기에 신학적-계시적 진리와 철학적-이성적 진리는 명백히 다른 것이었다. 따라서 토마스 아퀴나스를 망설이게 했던 아베로에스의 이중 진리 역시 그에게는 너무도 당연했다.

이렇게 법복만이 아니라 신학의 부담마저 간단히 벗어던진 베이컨은 새로이 지적 유행의 초점으로 떠오른 과학적 사고를 위한 방법론을 정립하는 데 전념했다. 그의 이름이 귀납법의 대명사가 된 것은 그런 단순명쾌한 사고방식 덕분이다. 그렇다고 해서 그가 소박한 열거식 귀납법을 주장한 것은 아니다. 그런 귀납법은 금세 오류의 함정에 빠질 뿐이다. 주민센터 직원의 업무를 예로 들어보자. 그의 업무는 마을에 사는 모든 세대주의 성姓을 기록하는 일이다. 그는 마을 사람 전부를 만나 성을 묻겠다는 야심 찬 계획을 세운다. 그런데 마침 그 마을은 집성촌이었다. 한 사람을 만나니 김씨라고 한다. 다음 사람도 역시 김씨다. 그다음 사람도,

또 그다음도 …… 모두 김씨다. 더 이상 조사할 필요가 없다고 판단한 그는 서류에 "이 마을 사람들의 성은 모두 김씨"라고 적는다. 그런데 아뿔싸, 그 마을에는 정씨가 한 사람 있었다.

어제까지 해가 동쪽에서 떴다고 해서 내일도 동쪽에서 뜨리라는 '논리적인' 근거는 없다. 단순 귀납법은 주민 센터 직원의 경우처럼 현실적인 오류도 빚지만 논리적인 오류에도 견디지 못한다. 귀납법이 연역법에 늘 패배하는 이유도 그 때문이다. 귀납법은 하나의 반증에도 쉽게 무너지지만 연역법을 부정하려면 무한의 반증이 필요하다. 예를 들어 "모든 장미는 붉은색이다."라는 귀납적 명제는 흰 장미 한 송이만 보여줘도 오류가 입증된다. 그러나 "파란색의 장미가 있다."라는 연역적 명제를 부정하려면 세상의 모든 장미가 파랗지 않다는 것을 증명해야 한다.

그래서 베이컨은 분류의 개념을 도입해 지식을 체계화하는 업그레이드 귀납법을 구상했다. 지식을 추구하려면 거미처럼 자기 것을 내놓기만 해서도 안 되고(연역법), 개미처럼 그저 모든 것을 끌어모으기만 해서도 안 되며(단순 귀납법), 벌처럼 수집과 정리를 병행해야 한다(업그레이드 귀납법). 이를테면 열의 성질을 연구한다고 하자. 우선 열을 가진 물체의 목록(햇빛, 번개), 그와 비슷하면서도 열이 없는 물체의 목록(달빛, 물고기의 비늘), 조건에 따라 변화하는 열의 정도에 관한 목록(체온, 말라리아의 열)을 작성한다. 그리고 열을 가진 물체에는 존재하지만 열이 없는 물체에는 존재하지 않는 성질이 무엇인지 파악한다. 이를 토대로 베이컨은 열이 중심에서 주변으로 퍼지며, 사물의 미세한 부분이 불규칙적으로 운동하는 것이 열이라는 결론을 내렸다. 이런 식으로 연구를 진행하면 일정한 법칙을 얻을 수 있고, 목록이 늘어날 때마다 그 법칙은 보편성을 더해간다. 또한 법칙을 새로운 환경에 적용함으로써 검증의 수준도 점차 높여갈 수 있다.

하지만 그 업그레이드 귀납법에도 문제가 있다. 아무리 목록을 많이 작성하고 검증을 자주 한다 해도 최종적으로 남는 법칙이 단 하나뿐이라고 단정할 수는 없다. 그것을 궁극적이고 필연적인 법칙으로 만들기 위해서는 선택이 필요한데, 이 과정에서 다소 논리의 비약이 불가피하다. 그래서 이 최종적인 추리의 단계에서 베이컨은 '특권적 판단'이라는 직관적 개념을 도입해야 했다. 이런 문제점은 있지만, 그래도 과학적 법칙을 찾기 위한 기법으로 귀납법을 최대한 추구한 것은 베이컨의 독자적인 업적이다.

귀납법에서 가장 문제가 되는 것은 오류를 제거하는 방법이다. 가급적 많은 데이터를 수집해야 하는 귀납법의 특성을 고려할 때 오류를 포함한 데이터가 하나라도 있으면 논리에 치명적인 결함이 발생한다. 그래서 베이컨은 과학적 이성이 빠지기 쉬운 오류를 네 가지로 정리했다. 이것은 흔히 네 가지 우상이라고 불린다.

첫째, 종족의 우상은 인간이기에 피할 수 없는 지적 편견이다. 인간의 오성은 항상 감정과 의지에 이끌려 그릇된 판단으로 향할 소지를 가지고 있다. 둘째, 동굴의 우상은 개인의 성향에 따른 고유한 편견이다. 모든 사람은 각자 자기만의 동굴을 가지고 있는데, 자연의 빛이 동굴 안에 들어가면 그 안의 환경에 따라 변하게 된다. 셋째, 시장의 우상은 언어의 한계에 내재한 편견이다. 이는 시장에서 오가는 잡담을 염두에 둔 비유로서, 인간에게 언어에 일치하는 대상이 존재한다는 착각을 심어준다(베이컨이 특히 혐오한 아리스토텔레스의 원동자 같은 개념이 그런 예다). 넷째, 극장의 우상은 스콜라철학과 같은 잘못된 기존 철학 체계의 편견을 가리킨다. 당대의 유명 극작가인 셰익스피어의 연극에 나오는 정치가들의 당쟁을 겨냥한 비유다.

철학의 목표가 과학적 방법론을 모색하는 데 있다고 본 베이컨의 관점은 르네상스 이후 또 한차례 과학의 시대를 맞게 되는 19세기에 이르러 실증주의적 과학철학으로 부활하게 된다. 그러나 남의 잘못을 지적하기는 쉬워도 내 눈 안의 티는 잘 보지 못하는 법이다. 여러 가지 편견을 우상idol으로 규정한 베이컨은 과연 자신이 또 하나의 오만한 '아이돌 스타'가 아닌지 귀납적으로 검증해봤을까?

미술적 감각의 목소리

철학이 제 역할을 못하던 시절에 변화의 목소리를 높인 것은 과학적 이성만이 아니었다. 과학과도, 이성과도 거리가 먼 예술의 영역에서 같은 성격의 변화가 일어난 것은 동시대성이란 과연 무엇인지 여실히 보여준다. 철학은 때로 시대를 앞서기도 하지만 시대착오에 빠져 허우적거릴 때도 있는데, 르네상스는 철학이 늘 뒷북을 친 대표적인 시대라고 할 수 있다. 문예가 앞서 나갔다는 점에서 보면 르네상스를 문예부흥이라고 부르는 것은 꽤나 적절한 의역이다.

중세의 전반적 특성이 그렇듯이 중세 미술도 역시 신앙에 예속되어 있었다. 과학이 관찰을 주 무기로 삼는다면 재현 예술을 대표하는 미술에서는 사실성이 핵심이다. 미술이라면 무엇보다 대상을 올바로 묘사하는 데서 존재의 의미를 찾을 수 있기 때문이다. 더욱이 사진 같은 현대적 발명품이 없던 시절이었으므로 미술의 재현적 특성은 예술성에 앞서 실용성과 관련되었다. 조선의 화원이 그린 영정이나 에스파냐 궁정화가가 그린 초상화는 당시 왕과 귀족의 증명사진이나 다름없었으니까.

그런데 말과 사물이 엇갈리는 현상은 과학만이 아니라 미술에서도 마찬가지다. 사실성이라는 '사물'은 늘 변함이 없었으나 어떤 것이 사실성이냐는 담론은 시대에 따라 달랐다. 중세 유럽의 미술 작품에서는 흥미로운 요소를 발견할 수 있다. 풍경은 입체감이 없고 인물들은 크기가 제각각이다. 왜 그럴까? 당시 화가들이 사실성의 개념을 몰랐던 걸까? 물론 아니다. 설사 사실성이라는 용어를 사용하지는 않았다 해도 사실성의 개념은 분명히 있었다. 기원전 15000년경에 원시인들이 그린 라스코 동굴벽화에서도 놀랄 만큼 사실적인 들소가 묘사되어 있는데, 중세의 화가들에게 그런 관념이 없었을 리 만무하다(라스코 동굴벽화는 20세기에야 발견되지 않았느냐고 항의하는 사람은 고대 그리스의 암포라에 그려진 그림이나 로마 시대 트라야누스 기둥에 새겨진 부조를 봐도 된다).

중세 미술의 그 불균형은 실수가 아니라 의도적인 것이었다. 당시 화가들이 자신의 작품을 통해 표현하고자 한 것은 대상이나 주제가 아니라 신앙이었다. 그래서 그들은 인물화에서 중요한 인물(주로 종교적 배분이 높은 사람)을 크게 그리고 중요하지 않은 인물을 작게 그리는 것을 원칙으로 삼았다. 예를 들어 예수가 등장하는 장면에서는 예수의 그림이 가장 크고—때로는 절반 가까이 차지하기도 한다—사도들이나 천사들은 그보다 작으며, 한 귀퉁이에 작품 의뢰인의 초상이 조그맣게 그려지는 식이었다. 물론 화가들이 실제로 예수의 몸집이 그렇게 컸다고 믿은 것은 아니다. 다만 그들은 예수를 일반인과 같이 보지 않았기 때문에 '당연히' 크게 그려야 한다고 여겼을 뿐이다. 눈에 보이는 대로 그리는 게 아니라 이미 알고 있는 대로 그리는 것, 이것이 그 시대의 사실성을 표현하는 방식이었다.

라스코 동굴벽화와 중세 유럽의 성화 도판 기원전 15000년경에 그려진 동굴벽화(위)와 기원후 1280년경에 그려진 성모상(아래)는 사실성의 관점에서 크게 다르다. 원시시대의 그림에서는 들소의 모습이 사실적인 비례를 취하지만, 사실성의 개념이 종교에 예속된 중세의 그림은 성모(중요한 인물)에 비해 주변 인물들이 지나치게 작게 그려져 있다.

그러나 르네상스 시대에 접어들면 그 관념이 180도 달라진다. 풍경에는 입체감이 뚜렷해지고 인물들 역시 신분과 무관하게 가까이 있는 사람은 크게, 멀리 있는 사람은 작게 묘사되기 시작한다. 지금 우리가 생각하는 사실성과 다를 바 없다. 요컨대 근대적 사실성의 관념이 자리 잡기 시작한 것이다(중세를 넘어 고대의 사실성과 통한다는 점에서도 르네상스 시대에는 고대 그리스-로마를 동경했다는 것을 알 수 있다). 미술의 주제도 아직까지는 주로《성서》에서 찾고 있지만 점차 그리스 신화를 묘사한 작품이 많아졌다. 특히 신화의 장면에서는 신과 인간의 차이를 거의 구분하기 힘들다. 중세의 엄숙주의에서 벗어나자 새삼 신이 만만하게 보이기라도 한 걸까?

더 놀라운 것은 풍경이다. 중세 회화와 달리 르네상스 시대의 회화에서는 건물이나 들판 같은 배경이 주제에 못지않게 생생하고 매우 사실적으로 표현되어 있다. 특히 인물과 마찬가지로 배경도 역시 가까운 곳은 크게, 먼 곳은 작게 그렸다. 당연하지 않느냐고? 물론 지금 생각하면 그렇다. 오늘날에는 아는 대로 그리는 게 아니라 눈에 보이는 대로 그려야 한다는 원칙이 있기 때문에 그게 당연해 보이는 것이다. 그런데 여기에는 사실성과 관련된 중대한 역설이 숨어 있다.

먼 곳일수록 점점 작아지게 그리는 기법, 이미 알고 있는 대로 그리는 게 아니라 눈에 보이는 대로 그리는 방식을 원근법이라 부른다. 원근법은 르네상스 시대에 처음 개발된 게 아니라 고대에도 사용되었던 기법이다. 그러나 15세기 초에 이탈리아의 건축가 브루넬레스키는 원근법의 비례를 수학적으로 정립하고 소실점消失點의 개념을 생각해냈다. 곧이어 마사초가 그 기법을 벽화에 적용해 새로운 화법을 실험했고, 다른 화가들도 원근법을 2차원의 평면에 구현해 전보다 한층 심도 있는 작품을 그렸다.

원근법이란 한 차원 높은 사실성을 표현하기 위해 개발된 기법이다. 우리 눈 자체가 원근법적으로, 즉 입체적으로 사물을 바라보기 때문에 원근법은 자연스러운 것이다. 그러나 원근법은 인식론적으로 중요한 시사점을 던져준다. 원근법은 사실성을 추구하는 동시에 사실을 왜곡하는 측면이 있다.

예를 들어 원근법을 적용하면 가까이 있는 나무를 크게 그리고 먼 곳에 있는 나무를 작게 그려야 한다. 그러나 실제로 두 나무의 크기 비례가 그런 것은 아니다. 두 나무의 높이를 직접 재보면 먼 곳의 나무가 가까운 곳의 나무보다 오히려 더 클 수도 있다. 이 경우 화가는 더 큰 나무를 더 작게 그려야 한다는 역설을 감수해야 한다. 이렇게 보면 원근법이란 사실성을 얻기 위해 진짜 사실을 희생하는 기법인 셈이다.

앞서 사실성에 관한 담론은 시대에 따라 달라진다고 말했는데, 여기에 원근법까지 고려하면 사실성은 관점에 따라서도 달라진다고 할 수 있다. 누가 보기에도 똑같은 사실성이란 없다. 누구나 자기만의 관점에 따라 사물을 바라본다. 르네상스는 개인주의의 출발점이었다.

르네상스의 과학적 이성이 그때까지 누구도 확실성을 의심하지 않았던 관찰과 경험이 실은 다의적이라는 점을 보여주었다면, 르네상스의 미술적 감각은 누구나 객관적으로 여길 것 같았던 사실성의 관념 역시 다의적이라는 점을 보여주었다. 확실성, 동일성, 객관성, 일의성, …… 이런 전통적인 관념들이 이성의 대표 주자인 과학과 감각을 주로 이용하는 미술에서 서서히 붕괴되기 시작한다. 이렇게 보면 탈근대, 탈현대의 관념은 이미 이 시기에 싹이 텄는지도 모른다. 그렇다면 근대 이성이 잠에서 깨어날 때부터 이성의 해체는 예고되어 있었던 걸까? 하지만 아직은

2부 신이라는 궁극적인 질문

한창 성장해야 할 젊은 이성이다. 이제부터 근대 이성은 철학의 옷을 갈아입고 본격적인 이성의 철학을 전개하게 된다.

근대 인식론의 출현	근대 인식론의 극한
데카르트 ― 홉스 ― 로크	스피노자 ― 라이프니츠 ― 버클리 ― 흄

스스로 일어선 철학

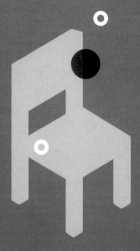

6장

의심이 인식을 낳다

데카르트, 홉스, 로크

유럽의 중세에 로마 교황은 오늘날의 UN과 같은 존재였다. 현대의 UN처럼 중세의 교황은 권위의 상징으로 군림했으며, 세속 군주들의 이해관계가 충돌할 경우 조정자와 같은 역할을 했다. 포르투갈과 에스파냐가 아메리카 신대륙에 관한 권리를 놓고 다투었을 때 교황 알렉산데르 6세가 '경도經度'라는 가상의 선으로 두 나라의 권역을 정해준 것이 그런 예다. 또한 미국 같은 강대국의 입김에 놀아나는 오늘날의 UN처럼 중세의 교황도 막강한 세속 군주의 권력 앞에서는 속수무책이었다. 14세기에 프랑스 왕 필리프 4세가 교황청을 프랑스의 아비뇽으로 옮겨 이후 70년 동안이나 교황청이 이곳에 존재한 사건이 바로 그런 예를 보여준다.

　나름대로 한계는 있지만 그래도 교황의 존재는 중세 유럽을 이끌어온 중심 권력의 한 축이었다. 그러나 종교개혁으로 교황의 권력과 권위가 땅에 떨어지자 세속 군주들은 그동안 숨겨왔던 의도를 거리낌 없이 드러내기 시작했다. 조정자가 부재한 상태의 국제적 갈등, 그 결과는 바로 전쟁이었다. 중세의 해체기인 15세기부터 유럽의 역사가 크고 작은 전쟁으로 얼룩진 것은 그 때문이다. 하지만 같은 전쟁이라도 17세기를 기점으로 그 성격은 판이하게 달라진다. 이전까지는 기본적으로 종교전쟁이었으나 17세기부터는 종교의 명분은 완전히 뒷전으로 물러앉고 영토 전쟁으로 접어든다.

그 신호탄에 해당하는 전쟁이 1618년부터 1648년까지 벌어진 30년전 쟁이다. 그 발단은 종교 갈등이었으나 곧 영토 전쟁으로 변했으므로 이 전쟁은 최초의 근대적 국제전이라고 할 수 있다. 당시 유럽의 오지였던 스칸디나비아까지 포함해 유럽 세계 거의 전역이 전장이었고, 각국의 군 주들이 부와 영토의 획득을 목적으로 삼았으며, 전쟁의 결과로 기존의 유 럽 국가들 이외에 네덜란드, 스위스, 장차 독일의 모태가 되는 프로이센 등의 나라들이 형성되었다는 점에서 30년전쟁은 근대의 시작을 알리는 신호탄이었다. 이렇게 해서 시작된 유럽 세계의 진통은 1945년 제2차 세 계대전으로 막을 내린다(바로 이 해에 중세의 교황이 했던 역할을 담당하는 UN이 설립된 것은 우연의 일치가 아니다).

현실의 역사에서 근대가 시작된 이 시기에 철학도 르네상스의 짧은 암 흑기를 끝내고 잠에서 깨어났다. 30년전쟁에 해당하는 지적 분야의 대사 건은 데카르트의 등장이다. 현대 유럽 세계의 모태가 30년전쟁이었듯이 현대 서양 사상의 모태는 데카르트에서 발원한다. 이때부터 철학적 이성 은 신학은 물론이고 과학의 예속에서도 완전히 벗어나 독자적인 길을 걷 기 시작했으며, 철학을 학문의 왕좌에 올려 선도적인 역할을 부여하게 된 다. 또한 30년전쟁이 구축한 유럽의 질서가 20세기 중반에 마무리되듯 이 데카르트로부터 시작된 근대 철학도 20세기 중반 현대 철학이 등장 할 때까지 기본 골격을 유지한다.

근대 인식론의 출범

1장에서 그리스 고전 철학과 중국 고대 철학의 큰 차이는 진리에 대한 관점이라고 말한 바 있다. 자연철학으로 출발한 그리스철학은 세상 만물을 구성하는 궁극적인 요소가 무엇이냐는 물음으로 철학적 사유를 시작했다. 바꿔 말하면 그것은 곧 진리를 '미지수'로 가정하고 답을 풀고자 하는 '수학적 자세'와 비슷하다. 그에 반해 중국 철학에서는 진리란 하늘의 뜻으로서 이미 존재하는 것이었으며, 인간은 그것을 알아내 정치와 생활의 기준으로 삼아야 했다. 따라서 중국 철학은 문제를 풀어 답을 얻는다기보다 이미 존재하는 답을 발견하는 식이었다(혹은 정치권력으로 답을 '선언'하는 식이거나).

그러나 1천 년의 중세 기간에 서양 철학의 진리관은 선배 격인 그리스 고전 철학보다 동양의 중국 철학과 비슷했다. 하늘의 뜻을 신의 뜻으로 바꾸기만 하면 된다. 신학과 철학이 어우러진 시대에 진리란 신의 뜻으로서 이미 존재하는 것이었다(서유럽의 신학 논쟁과 동아시아의 유학 논쟁이 비슷한 양상을 띠는 것은 그런 공통점 때문일 것이다). 그래서 중세의 철학적 물음은 진리 자체가 아니라 신을 대하는 태도(신앙-이성)와 신이 세계를 창조한 원리(보편자-개별자)를 주제로 삼았다.

그렇다면 중세가 끝나고 르네상스의 철학적 과도기가 지난 뒤 근대의 문턱에 접어든 시점에서 철학의 과제는 어떻게 달라졌을까? 모든 문제에 답을 주던 신학이 철학에서 떨어져 나갔으니 중세에 맥이 끊겼던 진리를 다시 물어야 한다. 그러나 철학만이 아니라 지적 패러다임 전체가 달라졌으므로 이제 고대 그리스철학에서처럼 자연 세계를 설명하려는 입장을 되풀이할 수는 없다. 자연 세계라는 주제는 이미 철학의 경계를 넘어 과학으로 넘어갔으며, 그보다 더 중요하고도 근본적인 철학적 물음이 있다. 그것은 인식론의 물음이다.

중세 철학을 특징지은 두 가지 쟁점은 크게 가름해 존재론의 영역에 속한다. 보편자-개별자의 쟁점은 사물 존재의 존재 방식에 관한 문제이고 신앙-이성의 쟁점은 인간존재의 존재 방식에 관한 문제다. 즉 중세철학은 신이 창조한 두 가지 피조물인 세계와 인간의 존재 방식을 과제로 설정했다고 볼 수 있다. 고대 철학이 세계가 무엇인지를 물었다면 중세 철학은 그 답을 신에게서 찾았으므로(세상 만물은 다 신의 피조물이다) 신의 창조 과정을 이해하는 데 주력했다. 그렇다면 그다음 문제는 인간이 세계를 어떻게 인식하는가, 그리고 인식 주체로서 인간이 지니는 특성은 무엇인가가 될 것이다. 그래서 데카르트에서부터 19세기까지의 근대 철학은 인식론의 양상으로 전개된다. 그 출발점이 된 사람은 데카르트(René Descartes, 1596~1650)다.

철학의 새 출발을 맞아 그는 진리를 물으려면 무엇보다 먼저 확고한 인식의 토대가 필요하다고 판단했다. 진리가 있다 해도 그걸 진리로 인식할 수 있어야만 의미가 있을 게 아닌가? 지반이 약한 땅에 아무리 화려한 건물을 지어봤자 사상누각이듯이 그 인식의 토대는 아주 튼튼해야 했다. 게다가 절대적으로 확실해야 했다. 그런데 그런 게 어디 있을까? 신을 배제하고서 절대성을 언급한다는 게 가당키나 한 말일까?

그런데 데카르트가 생각한 방법은 절대적이라는 거창한 구호에 걸맞지 않게 단순했다. 하긴 단순한 것만큼 확실한 게 또 어디 있을까? 그는 일단 모든 것을 의심하기로 했다. 지금까지 확실하다고 알려진 것까지 포함해 모든 것을 회의하고 또 회의한 뒤 최종적으로 남는 게 있다면 그것이야말로 가장 확실한 것이 아닐까? 문제가 남느냐, 내가 남느냐? 도전

3부 스스로 일어선 철학

골든벨의 모토는 옳았다. 최종적으로 남은 것은 '나'였으니까.

맨 먼저 의심할 것은 감각이다. 일찍이 이오니아의 초기 철학자들이 철학적 탐구의 가장 기본적인 자세로 삼은 것은 "눈에 보이는 것을 믿지 말라."라는 것이었다. 그래서 그들은 눈에 보이지 않는 세상 만물의 궁극적 요소로 원질을 추구하지 않았던가? 아니, 그 이전에 미토스의 시대에도 길가메시는 눈에 보이지 않는 것에서 영원불멸의 것을 찾고자 하지 않았던가? 눈에 보이는 것은 진리가 아니다. 물에 잠긴 곧은 지팡이는 구부러져 보이고, 같은 파란색이라도 보는 사람마다 느낌이 다르다. 그럼 귀로 듣는 건 어떠냐고? 청각도 우리를 속이는 건 마찬가지다. 모차르트를 즐겨 듣는 사람에게 시카고 블루스는 소음일 뿐이고, 인간의 가청주파수인 20~2만 헤르츠에 속하는 소리는 자연계에서 나는 모든 소리의 일부분에 불과하다.

감각은 오류의 가능성을 항상 내포하며, 주관성을 피할 수 없다. 데카르트는 명상과 꿈을 오가며 감각적 현실을 회의했다. 30년전쟁에 장교로 참전한 데카르트는 군대 시절부터 난롯가에서 명상에 잠긴 적이 많았는데, 이 시기에 자기 철학의 절반을 완성했다고 한다. 그때까지의 인류 역사상 가장 비참한 전쟁이 벌어지고 있는 와중에 철학적 명상에 침잠했다는 것은 역사의 아이러니다. 전장에서 《명상록》을 쓴 로마 황제이자 스토아 철학자였던 마르쿠스 아우렐리우스의 기분이 그렇지 않았을까? 하지만 데카르트의 명상은 스토아철학 정도가 아니라 아리스토텔레스 이래로 가장 큰 철학적 변화를 낳았다.

"지금 내가 이렇게 가운을 입고 난롯가에 앉아 있다는 사실을 의심할 수 있을까?" 물론 이것도 감각적 경험인 이상 의심의 대상이 된다. 실은 속옷만 입고 잠든 상태에서 꿈으로 꾼 장면이 아닐까? 실제로 데카르트는 난롯가에서 자기 손을 들여다보는 것을 틀림없는 사실로 믿었다가 나중에 깨어보니 꿈이었더라는 경험을 한 적도 있었다. 내가 나비의 꿈을 꾸는 건지 나비가 내 꿈을 꾸는 건지 모르겠다는 건 장자의 호접몽만이 아니었다. 꿈에서 보는 사물이 반드시 실제로 존재하는 것은 아니다. 예컨대 뿔 달린 말이나 네 발 달린 독수리도 꿈에서는 볼 수 있다. 하지만 현실의 감각이나 꿈속의 감각이나 '마음의 상태'라는 점은 공통적이다. 그렇다면 어느 것이 꿈이고 어느 것이 현실이라고 절대적으로 확실하게 단언할 수 있을까? 감각은 결코 확실한 지식을 줄 수 없다!

감각이야 귀납적 속성을 완전히 떨칠 수 없으니 그렇다 치더라도 연역적인 지식은 어떨까? 이를테면 5+7=12라는 산수의 지식, 사각형의 변이 네 개라는 기하학의 지식은 감각과 무관하므로 확실하다고 볼 수 있지 않을까? 꿈에서도 그 지식은 불변이 아닐까? 데카르트는 원래 수학자 출신이니까 수학적인 예는 더욱 신뢰할 만할 것이다(그는 해석기하학에 조예가 깊었는데, 오늘날 수학 교과서에 나오는 x축과 y축의 좌표로 지점을 표시하는 방법은 바로 그의 발명품이다. 수학에서 미지수를 x로 표기하는 것도 데카르트가 시작했다. 인쇄소에 x 활자가 가장 많이 남아 있어 x를 미지수의 기호로 택했다는 설이 전한다).

그의 말에 따르면 "수학은 인간이 고안한 어느 것보다도 강력한 진리 인식의 도구이며, 다른 모든 도구의 근본이다." 그러나 이런 수학의 지식조차 절대적인 확실성을 가지는 것은 아니다. 이 점을 뒷받침하기 위해 데카르트는 악마의 존재를 가정한다. 오로지 인간을 속이고 곯려주는 데만 관심이 있는 악마가 있다고 하자. 그런 악마라면 고도의 속임수를 통해 인간에게 수학적 지식을 참이라고 믿게 할 수도 있을 것이다.

데카르트가 별로 악하지도 않은 악마의 존재까지 가정하면서 회의를 극한으로 몰고 간 이유는 바로 절대적인 앎을 찾기 위해서다. 무릇 절대적이라는 수식어를 붙이려면 상상할 수 있는 모든 회의를 다 해봐야 할 테니까. 자, 이제 그의 회의는 종착역에 이르렀다. 그럼 뭐가 남았을까? 그 철두철미한 회의에서 최종적으로 누락된 것, 궁극적으로 회의할 수 없는 것은 뭘까?

코기토의 탄생

시각, 청각 등의 감각, 나아가 수학의 연역적 논리마저 진리를 담보할 수 없다면 남는 건 오로지 하나뿐이다. 이 세상 모든 사물을 자를 수 있는 예리하고 강한 칼이 있다고 하자. 그러나 그 칼로도 자를 수 없는 게 하나 있다. 그것은 바로 그 칼 자체다. 마찬가지로 이 세상 모든 것을 회의할 수 있다 해도 단 하나 회의할 수 없는 것은 바로 '회의하는 나 자신'이다. 모든 감각이 착각이요 모든 논리가 오류라 해도 그 착각과 오류를 경험하는 나의 존재만큼은 확실하다. 나의 존재가 없다면 감각, 연역, 회의, 오류, 착각이 모두 불가능하다. 모든 것을 회의하자 과연 확실한 게 남았다! 이런 데카르트의 추론을 방법적 회의라고 부르는데, 그의 최종 결론은 이렇다.

모든 것을 다 의심한다 하더라도 그렇게 생각하는 '나'는 반드시 있을 것이다. 나는 생각한다, 그러므로 나는 존재한다는 이 진리만은 더없이 확실한 것이므로 …… 나는 이것을 철학의 제1원리로서 받아들일 수 있다고 판단했다.

Cogito ergo sum(나는 생각한다. 그러므로 나는 존재한다).

이것은 아마 서양 철학사상 가장 유명한 구절일 것이다. 1637년의 《방법서설^{Discours de la méthode}》에서 그는 프랑스어로 "Je pense, donc je suis."라고 썼지만, 5년 뒤에 나온 《제1철학에 관한 성찰^{Meditationes de Prima Philosophia}》에서는 위의 라틴어 문구를 그대로 썼는데, 오늘날에는 그냥 '코기토^{cogito}'로 줄여 부르기도 한다. 우리에게 좀 더 익숙한 영어로 바꾸면 "I think, therefore I am."이 된다. 4장에서 보았듯이 아우구스티누스는 "Si fallor sum.", 즉 "설사 내가 틀릴지라도 나는 존재한다."라고 말했는데, 데카르트가 이 구절을 커닝했는지는 알 수 없다.

생각하는 존재를 상정한 데서 알 수 있듯이 코기토로서의 자아는 육체로서의 나를 가리키는 개념이 아니다. 따라서 사물 존재와 같은 연장^{延長}의 성질을 가지지 않고 공간을 점유하지 않는다. 하지만 그렇다고 해서 비실체적인 것은 아니다. 자아는 모든 회의를 통과하고 살아남은 실체이며, 직접적 인식이 가능한 유일한 존재다('나'만큼 내게 확실한 존재는 없다). 그러므로 자아는 모든 인식의 주체이자 출발점이 될 자격이 충분하다. 이제 비로소 철학의 시동을 걸 수 있게 되었다.

자아의 절대적 확실성이 확보되었으니 그다음은 이 인식 주체가 담당하는 인식 과정을 설명해야 한다. 자아는 아직 주관성 안에 갇혀 있다. 세계 내에 자기 혼자 존재하는 게 아니라면 자아는 외부 세계와 교감해야 한다. 이것은 어떻게 가능할까? 자아는 의심할 수 없어도 그 바깥은 의심할 수 있다. 우리를 속이는 그 악마는 여전히 주위를 어슬렁거리고 있으므로 외부 세계에 대한 우리의 지식은 그 악마의 장난으로 항상 착각이거나 오류일 가능성이 있다. 내 안에 심상으로 들어온 외부 세계가 실제의 외부 세계와 동일하다는 것은 어떻게 증명할 수 있을까?

여기서 데카르트의 논증은 코기토의 경우처럼 엄밀하지 않다. 결국 다시 신의 손을 빌려야 했기 때문이다. 그는 인식 주체(코기토)와 인식 대상(외부 세계)의 연결을 신이 보장해준다고 말한다. 신은 애초에 인간을 창조할 때 세계를 인식할 수 있도록 하는 능력을 심어주었다. 데카르트는 그것을 가리켜 인간이 처음부터 가지고 태어난 관념, 즉 본유관념이라고 불렀다(이 발상은 훗날 칸트가 확대 발전시킨다). 고대 그리스의 연극도 아니고 느닷없이 '데우스 엑스 마키나(deus ex machina, 기계신)' 같은 해결사가 등장한 셈인데, 한 가지 다행스러운 점은 시대가 달라진 덕분에 데카르트가 도입하는 신은 특정 종교, 예컨대 그리스도교의 신처럼 교리와 불가분한 관계에 있는 존재가 아니라 절대자로서의 비교적 '순수한' 신이라는 사실이다. 어쨌거나 신을 끌어들인 탓에 논리가 약간 엉성해졌지만 데카르트가 외부 세계를 관념으로 파악한 것 역시 철학사적으로 획기적인 해결책이었다.

앞서 말했듯이 중세의 보편자-개별자는 존재론적인 관점에서 세계의 존재 방식을 이해하기 위한 도구였다. 그러나 데카르트는 같은 개념을 인식론에 도입해 새롭게 조명한다. 그가 예로 든 것은 밀랍이다. 손에 쥔 밀랍 덩어리는 일정한 크기와 형태, 특별한 감촉, 온도, 색깔, 냄새 등을 성질로 가지고 있다. 그러나 이것을 난롯가에 가져가면 모든 속성이 변화한다. 밀랍은 녹아서 액체처럼 변하고, 뜨거워지며, 색깔과 냄새도 달라진다. 하지만 우리는 그것도 똑같은 밀랍으로 인식한다. 모양과 속성이 크게 변했는데도 똑같은 밀랍으로 인식된다면 밀랍의 동일성(정체성)은 밀랍 자체에 있지 않다는 이야기다. 밀랍이라는 물질의 본질이 존재하는지 어떤지는 몰라도(이 문제를 놓고 중세에 보편자-개별자 논쟁이 벌어졌다) 분명한 사실은 그 본질을 우리가 직접 감각할 수는 없다는 점이다

(따라서 보편자의 개념에 얽매이지 않을 수 있다).

그 밀랍을 밀랍으로서 인식하는 근거는 바로 우리의 관념 속에서 찾아야 한다. 즉 외부 세계에 대한 지식은 감각에 의해 얻어지는 게 아니라 내 마음속에서 구성되는 것이다. 그래서 데카르트는 물체가 공간 속에 존재한다기보다 물체 자체가 공간의 일부라고 생각한다.

그렇다면 외부 세계의 인식 과정을 설명하기 위해서는 외부 세계 자체에 관한 존재론보다 우리 내부의 관념에 관한 인식론이 더 유용할 것이다. 이를 위해 데카르트는 관념을 세 가지로 구분한다. 첫째는 앞에서 말한 본유관념이다. 신과 자아에 대한 관념, 수학적 공리의 관념, 사물을 시간과 공간 속에서 파악하는 관념—이것은 훗날 칸트가 더 잘 써먹는다—이 본유관념에 해당한다. 둘째는 본래 우리 안에 있는 게 아니라 외부에서 들어온 관념인데, 이것을 외래 관념이라고 부른다. 이것은 외부 사물에 의해 우리 마음속에 생기는 관념으로 빛깔, 소리, 더위 같은 것을 예로 들 수 있다. 셋째는 우리 스스로가 만들어낸 인위 관념이다. 예를 들면 용이나 도깨비처럼 현실 세계에 존재하지 않는 대상에 관한 관념을 말한다.

여기서 가장 중요한 것은 물론 본유관념이다. 본유관념을 태어나면서부터 가졌다면 그것은 곧 신이 부여했다는 뜻이다. 중세철학에서는 신이 인간에게 이성을 부여했다는 것 때문에 신앙과 자유의지의 관계를 설정해야만 했다. 그러나 데카르트는 신이 준 본유관념을 다른 용도로 사용하는데, 이 점에서 중세철학과의 차이가 드러난다. 그가 우려한 것은 신에 의한 결정론이 아니라 다른 방향, 즉 외부 세계에 의한 결정론이었다. 다시 말해 인간의 자유의지가 훼손될 가능성을 신에서가 아닌 외부 세계에서 찾은 것이다.

본유관념이 없고 외래 관념과 인위 관념만 있다면 인간은 외부의 물리적 자극과 내부 신체 기관의 작용에 의해서 기계적으로 행동하는 존재가 될 수 있다. 그렇다면 진리와 지식의 올바른 기준이 존재할 여지는 사라지고 만다. 게다가 비슷한 환경에서 살고 비슷한 성질을 지닌 사람은 누구나 비슷한 사고를 지니게 된다고 봐야 하므로 개성의 여지도 없어진다. 그러나 처음부터 본유관념을 지니고 있다면 인간은 외래 관념과 인위 관념의 영향을 받으면서도 주체적인 세계 해석이 가능해지고, 개성과 독자적인 의지의 영역을 확보할 수 있다.

그렇게 보면 데카르트는 비록 신을 인식 과정에 도입하기는 하지만 어딘가 마지못해 끌어들이는 것 같은 기색이다. 신은 마치 어디 갈 때마다 할 수 없이 데려가는 성가신 꼬마와 같은 신세다. 이렇듯 근대 철학에서 중세적 신은 여러 측면에서 배제되었고, 심지어는 무시되는 것처럼 보일 정도로 권위를 잃었다. 데카르트도 예전처럼 신에게 종속된 상태에서 모든 설명을 내맡기는 게 아니라 신적 존재가 필요한 대목에서 신의 개념을 활용할 뿐이다. 물론 신을 끌어들인 설명이 완벽하게 만족스러울 수는 없다. 그러나 처음으로 철학은 신에게 이용당하는 신세에서 신을 이용하는 위치로 역전을 이루었다.

신과 세계의 존재를 증명하라

신발 같은 처지로 전락했어도 신은 신이었다. 신을 인식 주체와 인식 대상을 이어주는 준거로 삼은 이상 데카르트에게는 다시금 신을 증명해야 하는 과제가 생겼다. 여기서 데카르트의 독창성은 또 한 단계 내려앉는다. 600년 전 안셀무스가 그랬듯이 또다시 신의 정의를 이용해 신의 존재를 논증하려 한 것이다. 차이가 있다면 안셀무스가 존재론적 논증을 시도한 것과 달리 데카르트는 인식 주체의 관점에서 논증하고 있다는 점이다. 달리 말해 안셀무스는 신이 존재한다는 것을 납득시키려 한 반면에 데카르트는 신의 존재를 우리가 인식할 수 있다는 것을 납득시키려 했다는 점에서 초점의 차이가 있다.

신은 세계 자체를 창조한 존재이기 때문에 세계 내의 사물들에 대한 관념인 외래 관념과는 무관하지만 인위 관념과는 닮은 데가 있다. 신은 용이나 도깨비와 마찬가지로 감각의 대상도 아니고 현실 속에 존재하는 유한자와도 다르기 때문이다. 그러나 용이나 도깨비는 인간이 만들어낸 상상의 산물인 데 비해 신은 인간에게 본유관념을 통해 처음부터 주어진 존재다(무신론자라면 신도 인간이 만든 존재로 여길 것이므로 신과 인위 관념을 똑같이 보겠지만). 더욱이 신은 정의상 완벽하고 전지전능한 존재다. 그래서 데카르트는 이렇게 결론짓는다. "최상의 완벽한 존재인 신이 존재(완전성)를 결여하고 있다는 것은 불가능한 일이다." 완전은 불완전을 포함하고 지知는 무지를 포함한다는 게 데카르트의 기본 논거다. 상상할 수 있는 가장 완벽한 존재라면 관념 속에서만이 아니라 실재 속에서도 당연히 존재할 것이라는 안셀무스의 논증 방식과 대동소이하다.

이런 방식이 그 자신도 썩 내키지 않았는지 데카르트는 코기토에서 시작하는 또 다른 논증을 선보인다. 다만 이번에는 코기토의 의미를 살짝 바꾸어 '생각하는 자아' 대신 '의심하는 자아'라는 개념을 내세운다. 내가 뭔가를 의심한다는 사실은 곧 내가 불완전한 존재라는 뜻이다. 완전한 존재라면 아무것도 의심할 필요가 없을 테니까. 그런데 나는 불완전한 존재이기 때문에 내게는 없는 것, 즉 완전성의 관념을 이해할 수 있다. 이렇게 완전성의 관념을 가질 수 있는 이유는 뭔가 나의 외부에 완전한 존재가 있기 때문이다. 그 존재가 바로 신이다. "만약 진정한 무한자로부터 내게 무한자의 관념이 주어지지 않는다면 유한자인 나는 무한자에 관한 관념을 가질 수 없을 것이다."

결국 신이 없다면 신에 대한 생각도 없을 테니 신이 존재하는 건 당연하지 않느냐는 논리인데, 이 방식도 앞의 것처럼 별무신통別無神通이기는 매한가지다. 게다가 이 논증은 앞서 코기토를 확립할 때의 논증과 모순을 빚는다. 코기토의 개념을 끌어내기 위해서는 온갖 사기를 치는 악마까지 동원했으면서도 신의 논증에서는 그런 가정이 생략되어 있는 것이다. 신을 증명할 때는 왜 신의 존재를 믿도록 우리를 교묘하게 속이는 악마가 등장하지 않을까? 데카르트는 실제로 독실한 가톨릭교도였지만, 갈릴레이가 종교재판에서 수모를 당하던 시대였으니 설사 데카르트가 신을 믿지 않았다 하더라도 함부로 속을 내보일 수는 없었을 것이다. 그러므로 그는 신의 논증에서 그 정도쯤의 흠은 충분히 무시할 수 있다고 생각하지 않았을까? 실제로 데카르트는《제1철학에 관한 성찰》을 발간할 때 중간에 출판을 포기할 마음도 먹은 적이 있었으며, 이 책을 종교 문헌인 것처럼 위장하고 "파리 신학 교수단의 현명하고 저명한 박사님들께 헌정한다."라는 비굴한 자세를 보였다.

어쨌든 코기토로 인식 주체를 확립했고 신의 존재를 증명함으로써 인식 주체와 인식 대상을 연결시켰으니 이제 남은 인식론적 과제는 인식 주체가 세계를 올바로 인식할 수 있는가를 증명하는 것이다. 이 작업은 훨씬 쉽다. 인식 행위를 주관하는 우리의 이성도 신이 부여한 것이요, 세계도 신이 창조한 것이기 때문이다. 완전한 존재인 신에게는 속임이나 거짓이 없다. 그런 것들은 불완전한 존재의 속성이다. 우리의 이성을 올바로 사용하기만 하면 우리는 세계를 참되게 인식할 수 있다. 주관적인 감각적 경험은 양면의 칼이다. 한편으로는 인식의 자료를 제공하지만 다른 한편으로는 인식 행위를 오류로 이끌기도 한다. 따라서 맹목적인 감각적 경험을 바른 방향으로 계도할 수 있는 이성의 능력이 필요하다.

다행스러운 점은—플라톤의 이데아를 인식할 때처럼—특별한 수련을 거쳐야만 그런 능력을 획득할 수 있는 게 아니라는 것이다. 이성이 가진 본연의 힘을 활용하는 것으로도 충분하다. 이성은 감각의 교란을 피해 독자적인 힘으로 필연적 법칙을 확정하고 진리에 도달할 수 있는 역량을 가지고 있다. "우리가 지극히 분명하고 명확하게 생각하는 것은 모두 참이다." 지극히 편리한 사고방식이지만 데카르트는 이와 같은 진리 낙관주의를 굳게 믿었다. 그렇기 때문에 후대의 철학자들은 데카르트를 합리론자로 분류했으며—실은 합리론과 대척을 이루는 경험론도 그에게서 출발한다—더 중요한 것은 후대의 과학자들도 그의 방법론과 낙관주의적 신념을 추종했다는 사실이다. 멀리 연관 짓는다면 18세기의 자본주의와 산업혁명, 19세기 자연과학의 발전은 모두 (이성 활동의 소산이라는 점에서) 데카르트 철학의 직·간접적인 산물이라고 볼 수 있다.

완벽한 이원론

'생각하는 자아'라는 철학적 출발점은 관념론과 유물론의 성격을 둘 다가지고 있다. 생각은 관념에 속하지만 자아는 실체적 개념이기 때문이다. 데카르트의 자아는 물리적 실체처럼 연장성과 공간성을 가지지는 않으나 엄연한 실체이며, 유일하게 직접적 인식이 가능하다는 점에서 오히려

3부 스스로 일어선 철학

물리적 실체보다 더 근본적이고 근원적이다. 또한 밀랍의 예에서 보듯이 데카르트는 외부 세계의 사물들도 감각을 통해 인식되는 게 아니라 우리의 마음속에서 정신에 의해 구성된다고 말한다(이런 입장은 나중에 칸트의 철학과 인식론에 수용된다). 이 말은 외부 세계의 사물들이 바로 그렇게 존재한다는 뜻이 아니라—그렇다면 존재론적 사고방식이다—인식의 대상이라는 의미를 강조한다. 그러므로 물질계 자체가 우리의 인식과 별도로 존재한다는 사실을 부정하는 것은 아니다.

그렇다면 인간을 포함해 세계 속의 모든 존재는 정신적 실체이거나 물질적 실체가 된다. 그런데 정신을 물질의 작용으로 환원할 수는 없다. 또 그 반대로 물질이 정신 속에서만 의미를 가지는 것으로 보는 것도 잘못이다. 정신은 사유하고 연장이 없는 실체이며, 물질은 사유하지 않고 연장만 가진 실체다. 이리하여 완벽한 이원론이 탄생했다. 일찍이 플라톤의 이원론은 존재의 위계를 전제했기 때문에 일원론적 성격을 가진 이원론이었지만, 데카르트의 이원론은 정신과 물질이 대등한 실체로서 병립하는 전형적인 이원론이다. 그의 철학이 관념론 쪽으로 치우쳐 보인다면 그것은 인식 주체의 관점을 취하고 인식론에 비중을 두고 있기 때문일 뿐 존재론적으로 그런 것은 아니다.

이렇게 정신과 물질이 확연히 구분되는 것이라면 철학의 영역도 명확하게 확정할 수 있다. 수학자 출신의 철학자답게 데카르트는 철학이 과학의 영역까지 다룰 수는 없다고 믿었다. 철학의 대상은 어디까지나 정신에 국한되며, 나머지 물질계는 과학적 탐구의 몫이다. 그가 생각하는 물질계는 순전히 기계적인 원리에 따라 이루어진 체계다. 지금 보면 당연한 이야기 아니냐고 하겠지만 사실 그 시대에 그런 주장은 소심하고 신중한 데카르트에게 어울리지 않게 대담하고 혁신적이었다. 중세적 세계관에서는 물질계 역시 신이 창조한 세계이므로 신의 의지가 깃들어 있다고 보았다. 자칫 이 입장이 조금 더 강조되어 범신론으로 가면—요하네스 스코투스 에리우게나에게서 보았듯이 종종 그런 경우가 있었다—교회가 용납하지 않았지만, 그래도 적정 수준까지는 자연 세계에도 신의 입김을 불어넣는 게 올바른 해석이었다. 그러나 데카르트는 물질계에 정신적 요소를 도입하는 것은 자연법칙을 훼손할 뿐만 아니라 정신도 모독하는 짓이라고 여겼다. 그가 이렇듯 과감하게 주장할 수 있었던 이유는 신의 존재를 증명한 것으로 교회에 대한 소임은 다했다고 여겼기 때문일지도 모른다. 그래서인지 데카르트 이후로는 신과 자연의 존재를 증명하려 애쓴 철학자가 거의 등장하지 않는다.

그런데 물질계를 수학과 물리학의 법칙이 100퍼센트 적용되는 세계라고 본다면 한 가지 문제가 남는다. 알다시피 인간에게는 정신적 측면만이 아니라 물질적 측면도 있다. 그것은 바로 신체다. 인간의 신체는 정신의 지휘를 받지만 그 자체로는 연장성과 공간성을 가진 하나의 물질이다. 이 신체는 어떻게 설명해야 할까?

이 점에 관해 데카르트의 대답은 확고하다. 그는 동식물도 움직이는 '기계'로 간주했으므로 바위나 구름 같은 여느 사물들처럼 물리학의 법칙에 종속된다고 여겼다(당시에는 생물학이 없었고, 과학이라고는 물리학밖에 없었다는 점을 감안하라). 따라서 오직 인간만이 정신과 신체라는 이중적 구조를 가진 존재였다.

이렇게 해서 정신과 물질의 이원론에 이어 정신과 신체라는 또 다른 이원론이 나왔다. 그러나 두 이원론은 성격이 다르다. 정신과 물질의 경우에는 완전히 별개로 분립시켜 설명할 수 있었지만—따라서 이원론의 상태로 놔두어도 상관이 없지만—정신과 신체는 하나의 인간 개체 속에 합

3부 스스로 일어선 철학

체되어 있기 때문에 반드시 해소해야만 하는 이원론이다. 그러지 못하면 인간은 정신과 신체가 따로 노는 광인이 되어버릴 것이다. 그래서 그는 이 이원론을 제기하자마자 곧바로 해소해야 할 필요성을 느꼈다. 코기토→신의 증명→인식의 정합성을 단계적으로 논증하면서 조금씩 논리가 흐트러진 데카르트는 급기야 여기서는 상당히 엉뚱한 이론을 내놓는다.

정신과 신체의 관계를 설명한다는 것은 곧 정신이 어떻게 신체를 움직이는가를 해명하는 것이다. 한동안 이 문제에 부심하던 데카르트는 이윽고 정신과 신체가 만나는 지점이 물리적으로 존재할 수밖에 없다는 결론에 이르렀다. 말하자면 신체의 어느 부분이 정신과 신체를 교감하도록 해준다는 이야기다. 데카르트가 생각한 그 부분은 간뇌에 붙어 있는 송과선이라는 내분비선이다. 신체적 자극은 송과선을 통해 정신에 전달되고 정신도 이 송과선으로 신체의 운동을 조절한다는 것이다. 지금 보면 터무니없는 견해지만—바로 다음 세대의 스피노자조차 "데카르트만큼 뛰어난 사람이 그따위 생각을 했다고는 믿지 못하겠다."라고 평했다—아마 해부학의 초창기인 당시에는 두뇌의 구조와 기능이 충분히 알려지지 않았기 때문에 그런 이론을 펼 수 있었을 것이다. 어쨌든 이 황당한 이론 덕분에 인간의 의지도 제 구실을 할 수 있게 되었고 신체를 포함한 물질계는 자연법칙이 적용되는 분야로 남게 되었다.

데카르트가 근대 철학의 시발점으로 간주되는 이유는 무엇보다 코기토라는 인식 주체를 확립하고 철학을 인식론으로 전환시킨 데 있지만, 과학을 독립시킨 공로도 작지 않다. 비록 그 바탕에 깔린 이론은 엉터리였으나, 르네상스기에 신학이 철학에서 떨어져 나간 것에 이어 데카르트가 과학을 철학으로부터 분리시킴으로써 근대 철학은 고유한 영역을 확보할 수 있었다.

유물론이 통하는 사회

데카르트가 전장의 난롯가에서 명상에 잠겨 있을 무렵, 그러니까 유럽 대륙에서 30년전쟁이 한창일 무렵 서유럽에서 유일하게 그 전쟁에 개입하지 않은 나라는 영국이었다. 그렇다고 대륙의 전쟁을 바다 건너 불구경하듯이 유유자적한 것은 아니었다. 종교 갈등으로 시작된 전쟁이었으므로 이미 독자적인 종교개혁을 완성한 영국이 끼어들 이유도 없었지만, 그보다는 당시 영국의 처지도 제 코가 석 자였던 것이다.

'영국 르네상스'라고 불리는 엘리자베스 1세의 치세가 끝난 뒤 의회는 왕위 계승 문제로 골머리를 앓았다. 튜더 왕조의 마지막 군주가 처녀 여왕이었으니 후사가 있을 리 없다. 그래서 의회는 튜더 왕조의 핏줄을 이어받은 당시 스코틀랜드 왕 제임스 1세(스코틀랜드 왕계로는 제임스 6세)를 영입해 스튜어트 왕조를 열었다. 문제는 전통적으로 프랑스와 친하고 종교도 가톨릭인 제임스와 영국 의회가 그다지 어울리는 파트너가 아니라는 점이었다. 과연 제임스는 즉각 신교 탄압으로 색깔을 드러냈다(그로 인해 1620년에 한 무리의 신교도들이 아메리카로 이주한 것은 훗날 미국의 기원을 이루었다). 더욱이 그는 프랑스의 절대왕정을 본받아 이른바 왕권신수설을 주창하는 논문까지 쓴 골수 절대주의자였다. 그나마 전 왕조 때 일궈놓은 번영 덕분에 그의 치세는 그런대로 넘어갔으나 서서히 곪아가던 상처는 그의 아들 찰스 1세 때 터졌다.

아버지보다 한술 더 뜬 찰스의 지독한 반동 정치에 견디다 못한 의회는 왕과 사사건건 대립했고, 급기야 양측의 갈등은 1642년에 내전을 불렀다. 청교도혁명으로 기록된 이 사건에서 찰스는 서유럽 최초로 반대파에게 공개 처형을 당하는 비운의 군주가 되었다. 이후 영국은 크롬웰 정

3부 스스로 일어선 철학

권을 거치며 한동안 암중모색기를 보낸 뒤, 1688년에 명예혁명을 통해 왕과 의회가 타협을 이루고 세계 최초로 입헌군주제를 도입한 의회민주주의 국가로 탈바꿈했다.

원래 모순이 첨예한 사회에서는 사회과학이 발달하는 법이다. 혼란스러운 사회에서는 정치·경제·사회 문제가 쌓이게 마련이니까 그만큼 사회과학의 숙제가 많다. 그러나 지나간 사회과학, 즉 역사 속의 사회과학은 철학이 된다. 이 격변기 영국에서, 지금으로 치면 사회과학을 집중적으로 연구한 홉스(Thomas Hobbes, 1588~1679)가 철학자로 분류되는 것은 그 때문이다.

정치적으로 왕당파였던 홉스는 의회의 권력이 커지는 것에 지레 겁을 먹고 내전이 발발하기 직전인 1640년에 프랑스로 탈출해 파리에서 10여 년을 머물며 철학 연구에 몰두했다. 거기서 당시 센세이션을 일으키던 데카르트의 철학을 접한 그는 즉각 반발심을 품었다. 그가 보기에 데카르트가 자신 있게 내놓은 신상품인 코기토는 철학의 출발점이기는커녕 헛된 관념에 불과했고, 정신과 물질을 양립시킨 데카르트의 이원론은 성립할 수 없는 것이었다. "세계에는 오직 물체만이 가득하다." 홉스는 이렇게 단언한다. 생각하는 자아라고? 웃기는 소리다. 어떻게 형태가 없는 생각이 실체로 이루어진 물질과 관계를 맺을 수 있단 말인가? 생각이란 환상에 불과하다. 생각은 두뇌의 활동일 뿐 물질적 세계에 영향을 주지 못하는 부수적 현상에 지나지 않는다.

데카르트가 정신과 신체를 양립시킨 것에 대해서도 홉스는 서슬 퍼런 비판의 칼을 휘두른다. 정신은 신체의 반영이고 신체는 기계와 같은 것이다. 인간은 특수한 종류의 물체일 따름이다. 심지어 그는 삶이란 사지의 운동에 불과하다고 주장하며, 감각도 운동의 한 종류로 설명한다. 감각은 외부 대상의 '압력'이 신체에 작용해서 운동이 일어나도록 하는 현상이다. 이를테면 색깔이나 소리도 대상 자체에 내재한 게 아니라 신체의 운동으로써 만들어지는 감각일 뿐이다. 홉스에 따르면 코기토가 말해 주는 것은 단지 '생각하는 현상'이 일어나고 있다는 사실밖에 없다. 그 따위가 철학의 확고한 출발점이 될 수는 없다. 신체 이외에 자아라는 것은 존재하지 않는다.

홉스가 말하는 물체란 단순히 컵이나 막대기 같은 사물만이 아니라 실체의 존재 방식을 총칭하는 개념이다. 따라서 그는 자연, 인간, 국가 같은 것들도 모두 물체라고 간주한다. 이쯤 되면 고대 그리스의 데모크리토스의 유물론 이래로 처음 보는, 아니 그것을 능가하는 철저한 유물론이라 아니할 수 없다. 예나 지금이나 유물론은 무신론의 대표 주자다. 비록 영국국교회가 로마가톨릭과 결별했다지만 엄연히 그리스도교의 한 갈래일진대 신을 섬기는 입장에서 그렇게 노골적인 유물론을 표방할 수 있을까?

후대에 나오는 세련된 유물론에 비하면 홉스의 사상은 거칠고 조잡한 기계적 유물론에 가깝다. 사실 그는 유물론자라기보다는 난세에 어울리는 현실주의자였다. 아마 그 자신도 인간을 신체로만 환원시키는 논리를 곧이곧대로 믿지는 않았을 것이다. 만약 그렇다면 그가 그렇게 생각한다는 것조차, 즉 그의 철학 자체도 역시 신체의 운동이 되어버릴 테니까. 오해와 비난의 여지를 감수하면서까지 홉스가 철두철미하게 현실주의를 밀고 나간 데는 종교에 대한 불신이 컸다. 그는 전 유럽이 전란의 소용돌이에 휩싸인 시대적 혼돈상의 원인이 무모하고 소모적인 종교 논쟁에 있다고 여겼다. 물론 그도 신의 존재와 창조주로서의 자격을 부인한 것은 아니지만, 전통적인 신학에서 비롯되는 폐단은 도저히 현실의 종교 세력을 용인할 수 없게 만들었다. 그럴 만도 한 것이, 그는 영국국교회의 신봉자였고 종교가 국가(국왕)의 절대적 권위 아래 종속되어야만 무질서를 질서로 바꿀 수 있다고 믿었다. 크게 볼 때 국교회는 신교에 속하지만 대륙의 신교와는 큰 차이가 있고, 또 가톨릭과도 등을 돌린 상태였으니 기존의 종교를 비판하는 것은 그의 신앙과 양심에 크게 거리끼는 일이 아니었다.

자연 상태: 야성이냐, 야만이냐

무형의 실체란 없다. 보이지 않는 것은 존재하지 않는 것이다. 서양 철학이 탄생한 이래 처음으로 '보이지 않는 것의 힘'을 전혀 인정하지 않는 입장이 등장했다. 같은 유물론에 속한다 해도 데모크리토스의 원자는 눈에 보이지 않는 근본적인 물질이었으며, 또 다른 고대의 유물론자인 에피쿠로스도 역시 눈에 보이지 않는 쾌락이라는 심리적 요소를 궁극적인 가치로 삼았다. 그에 비해 홉스는 단순무식하다 할 정도로 소박한 유물론을 주장했다. 더구나 그 두 고대 철학자들과 달리 홉스는 그리스도교의 시대를 살았으므로 그의 입장은 더욱 파괴적으로 보였다.

그러나 무신론자로 몰리지 않으려면 신학과 어느 정도의 화해는 필요하다. 홉스도 신이 존재하지 않는다고 여긴 것은 아니다. 하지만 그의 사상에서 신은 어떻게 설명해야 할까? 그는 신도 무형의 존재라고 보았다. 중세의 실재론자들이 신을 유형의 실재로 파악한 탓에 잘못된 신학이 주류로 받아들여졌다는 게 그의 생각이었다. 신은 세계를 창조했고 지금도 관리하지만 이 세계에 실재하지는 않는다. 심지어 홉스는 보이지 않는 힘에 대한 두려움이 공적으로 인정될 때는 종교이고 그렇지 않을 때는 미신이라고까지 말했다. 예전 같으면, 아니 당시에도 무대가 유럽 대륙이었다면, 그런 불경스러운 입장은 당장 종교재판 감이었으리라. 그러나 신학과 철학이 어느 정도 분리된 시대인 데다 영국의 종교적 상황이 특수한 덕분에, 홉스는 대중의 지지를 별로 얻지 못했다는 것 이외에 신앙 때문에 특별히 탄압을 받지는 않았다.

홉스의 인기가 바닥으로 곤두박질친 것은 그의 신앙보다 오히려 그의 인간관 때문이었다. 인간을 신체로 환원할 수 있다면 인간은 당시 유럽의 귀족들에게 첨단 장난감으로 큰 인기를 끌었던 '자동기계'에 불과해진다. 플라톤이 찬양했고 중세 신학자들도 일정한 가치를 부여했으며 데카르트가 철학의 출발점으로 삼았던 이성은 홉스에 이르러 체면이 크게 깎였다. 홉스는 이성이란 타고나는 게 아니라 노력으로 얻어진다고 말했다. 인간이 이성과 그에 입각한 합리적 판단력을 소유했다는 전통적인 전제를 전면 부정한 것이다.

신체에 예속된 인간, 이성의 능력을 제대로 갖추지 못한 인간이라면 세계 속의 여느 유기체들처럼 오로지 냉혹한 생존의 법칙에 따를 수밖에 없다. 인간의 모든 행동은 자신의 이익을 도모하기 위한 것이다. "모든 사람의 자발적 행동을 살펴보면 자신의 이익에 목적을 두고 있다." 이 말은 곧 이기적인 행동이 지극히 정상적이며 결코 부도덕하지 않다는 의미다. 홉스는 생존을 위해 자신의 이익을 추구할 수 있는 인간의 권리를 자연 상태에서의 권리, 즉 자연권이라고 불렀다. 홉스의 정의에 따르면 자연권이란 "각자가 자신의 본질을 지키기 위해 자신의 힘을 자신의 뜻대로 사용할 수 있는 권리"다. 자칫 부도덕하게 들릴 수 있지만 여기에는 일체의 도덕적인 의미가 없다. 자연 상태에는 생존 이외에 도덕적인 기준 자체가 없기 때문이다. "자연 상태에서는 모든 사람이 무엇을 가지든, 무슨 짓을 하든 나쁠 게 없다."

이런 점에서 홉스의 인간관은 중국 제자백가 시대에 순자苟子가 제기한 성악설과도 다르다. 순자는 인간의 본성이 악하고 이기적이라고 본 반면에 홉스는 이기적인 본성을 자연스러운 것이라고 본다. 이런 차이 때문에 해법도 다르다. 순자는 인간이 본디 악하므로 예의를 배워 선해지기 위해 노력해야 한다는 도덕론을 펼쳤지만, 홉스는 그것을 '자연 상태'로 간주하므로 통제를 위한 장치가 필요하다고 주장했다. 순자가 윤리학자라면 홉스는 사회과학자다.

모든 인간이 각자 자신의 이익을 좇아 마음대로 행동한다면 전쟁이 끊이지 않을 것이다. "만인의 만인에 대한 투쟁The War of all against all"이라는 홉스의 유명한 구절은 여기서 나온다. 모두가 생존하기 위해 모두를 상대로 싸워야 한다면 그것은 곧 무정부 상태다. 이런 상태는 인류가 문명을 일구지 못했던 원시시대에만 있었던 게 아니라 인간의 본성과 생활 속에 깊이 뿌리박힌 일종의 인자 때문에 나타나는 것이므로 언제든 발생할 수 있다(지금 같으면 이기적 유전자라고 말했으리라). 즉 무정부주의는 인간의 본능이다! 홉스는 이런 상태가 마냥 지속된다면 공업, 농업, 상업이 모두 불가능하고 지식도 종말을 맞으리라고 예측한다. "세계에서 일어나는 여러 현상에 대한 지식도 없을 것이며, 시대에 대한 이해도 없을 것이다. 예술도, 문학도, 사교도 없다. 무엇보다 불행한 일은 공포가 늘 가시지 않고 잔인한 죽음의 위협에 시달린다는 사실, 그리고 인생은 외롭고 가난하고 참혹한데 그마저도 더욱 짧아진다는 사실이다."

그런 상태가 지속되었다면 홉스 자신도 90세가 넘도록 장수하지 못했을 것이다. 하지만 다행히도 현실은 비록 우리를 슬프게 하거나 노여워하게 할지언정 공포와 잔인으로 몰아넣지는 않는다. 인간 사회는 자연 상태를 극복하는 방도를 개발했기 때문이다. 홉스는 그것을 '계약'이라 고 부른다. 보통 계약이라는 용어로는 'contract'를 쓰지만 홉스는 신과 인간의 약속을 의미하는 'covenant'라는 용어를 사용했다. 그만큼 계약 을 중시한 걸까? 아니면 무신론자라는 오해를 조금이라도 불식시키려 한 걸까?

모든 사람이 본래 가진 욕망과 의지를 마음껏 풀어놓는다면 인간 사회 는 걷잡을 수 없는 혼란의 소용돌이에서 헤어 나오지 못할 것이며, 결국 에는 누구도 자신의 욕망과 의지를 실현할 수 없게 될 것이다. 강자 위 에는 더 강자가 있게 마련이고, 최강자라 해도 약자가 없으면 살아갈 수 없을 테니까. 게다가 인간 개체의 생존하려는 욕구가 자연스러운 것이라 면 인간 전체가 생존하려는 욕구도 마찬가지로 자연스러운 것이다. 그런 데 인간 전체의 생존을 위해서는 인간 개체의 자연권이 어느 정도 제약 되지 않으면 안 된다. 그래서 홉스는 자연 상태를 통제하는 것을 자연법 이라고 말한다. 그가 정의하는 자연법이란 "생명과 종족을 굳건히 지키 기 위해서 해야 할 일과 해서는 안 될 일에 관해 올바른 이성이 내리는 명령"이다. 이런 우여곡절 끝에 홉스는 이성을 다시 복권시켰다.

자연법의 산물: 국가

의지나 욕망을 제어하는 것은 결국 이성의 힘이다. 그러나 홉스가 복권 시킨 이성도 권력이 없으면 말짱 도루묵이다. 모든 사람이 이성의 힘을 발동시켜 그럴듯한 계약을 맺었다 하더라도 권력이 뒷받침해주지 못한다면 이해관계의 분립을 막을 수 없기 때문이다. 홉스의 표현을 빌리면 "칼sword이 없는 계약은 단지 말word에 지나지 않는다." 물론 이 권력은 물리력 같은 힘에서만 나오는 게 아니다. 권위를 바탕으로 하지 않는 권력은 모두에게서 동의를 얻어낼 수 없다. 그럼 적절한 권위를 겸비한 권력은 뭘까? 그것은 곧 국가권력이다.

홉스는 국가가 성립한 역사적 원인이 계약이라고 주장하는 게 아니다. 만약 실제 역사에서 국민들이 자연 상태를 피하기 위해 자연법에 따라 서로 계약을 맺고 국가를 수립한 '모범적인' 사례를 찾으려 한다면 정신 나간 짓일 것이다. 현실에 존재하는 대부분의 국가들은 강력한 지배 집단이 그 두목을 군주로 옹립하고 국가의 기틀을 세운 뒤 주변 지역을 정복해서 차츰 영토를 늘려 나가는 방식으로 형성되었다. 홉스가 설명하려는 것은 국가의 탄생 과정이 아니라 조직 원리다. 즉 그는 국가권력의 행사가 사회조직과 어떠한 관계를 가지느냐를 말하고 있는 것이다.

홉스처럼 사회계약의 관점을 채택한다면 국가는 도덕적이고 합리적인 것처럼 보인다. 국가는 사람들이 스스로 자신의 자연권을 일부 포기한다는 가정에 따라 성립되었으므로 이성의 버젓한 산물이다. 19세기의 헤겔이나 20세기의 히틀러라면 그런 국가관을 열렬히 환영했으리라. 그러나 홉스가 철저한 현실주의자였다는 점에 다시금 주목할 필요가 있다. 그는 국가가 구성원들 간의 이해 갈등을 조정하기 위해—즉 야만적인 자연 상태에서 벗어나기 위해—필수적이라고 여겼지만 그렇다고 해서 국가를 이상적인 제도라고 생각하지는 않았다. 홉스는 영국이 의회민주주의에 입각한 현대적 국가로 성립되기 직전에 죽었으므로 그가 경험한 현실 속의 국가는 어디까지나 군주국이었다(고대 그리스의 민주주의와 로마의 공화정은 도시국가 규모에나 적합한 것이었으므로 논외다). 실제로 근대의 문턱에 접어든 그의 시대에는 강력한 왕권을 핵으로 삼고 영토와 국민경제의 개념이 확고히 뿌리를 내린 절대주의 군주국(절대왕정)이 첨단의 국가 형태였으며, 홉스 자신의 정치적 성향도 절대왕정을 지지하고 있었다.

하지만 그가 쓴 저작의 제목이자 국가의 별명으로 붙인 '리바이어선 Leviathan'이 《성서》에 등장하는 괴물의 이름이듯이, 홉스는 국가를 이상적이고 도덕적인 통치 기구가 아니라 인간이 불가피하게 선택한 차선책이라고 여겼다. 국가도 국왕이라는 인간이 경영하는 이상 결함이 없을 리 없다. 현명한 군주가 다스린다 해도 항상 도덕적으로 정당한 통치만 행해지리라는 보장이 없는데, 어리석은 군주가 등장할 경우에는 말할 나위도 없을 것이다. 그러나 식민 지배를 겪어본 국민들이라면 알겠지만 비록 못난 정부일지라도 없는 것보다는 있는 게 낫다. 홉스 식으로 바꿔 말하면 무정부적인 자연 상태의 공포를 겪으니 차라리 무능하고 부패한 정부라도 선택해야 하는 것이다.

그래서 홉스는 아무리 부패하고 권력을 남용하는 정부라 해도 국민들이 정부를 타도할 권리는 가지지 않는다고 주장한다. 국민들은 초대 군주를 선택하는 것으로서 정치적 권한을 전부 행사한 것이다. 그 군주가 자식에게 권력을 세습하든, 아니면 다른 후계자를 정하든 그것은 군주가 할 몫이다. 군주의 권한은 무제한이다. 군주는 법을 정하는 지위에 있으므로 법의 제약을 받지 않는다. 설령 군주가 법으로 국민의 자유를 제한한다 해도 어쩔 수 없는 일이다. 홉스가 이렇게까지 우직하게 군주의 권력을 지지하는 이유는 그래도 군주정치가 현실적으로 가장 최선이라고 여겼기 때문이다. 군주의 성적표는 오로지 신만이 작성할 수 있다.

자신의 사후 불과 9년 뒤에 의회민주주의 국가가 성립되리라고 미처 예상하지 못했던 홉스는 의회도 군주의 권력을 제한해서는 안 된다고 못

박았다. 군주도 부패할 수 있듯이 의회도 마찬가지이기 때문이다. 어차피 지배층에게 완벽한 도덕을 기대할 수 없다면 의회처럼 여러 사람이 부패를 저지르는 것보다는 군주 한 사람의 부패가 차라리 덜하지 않겠느냐는 게 홉스의 논리다. 권력은 언제나 남용될 가능성이 있지만 국가권력이 한 사람의 손에 쥐어져 있으면 권력을 남용하는 자는 국왕 한 사람으로 국한될 것이다.

국가가 멸망하는 원인에 관해서도 그의 생각은 특이하다. 외국에 정복당하는 경우를 논외로 친다면, 홉스는 군주의 권력이 너무 작다든가, 국민들이 자유로이 정부를 비판할 수 있다든가, 사유재산을 신성시하는 것조차 국가가 멸망하는 비극을 초래한다고 생각한다. 고대 그리스의 민주정은 국민들에게 지나친 자유를 허용한 탓에 혼란이 끊이지 않았으므로 그 제도를 모방하는 것은 역사의 교훈을 잊은 결과라고 보았다.

특히 교회가 정치에 간섭하는 것은 최악이다. 고대사회가 민주주의로 망했다면 중세 사회는 교회의 지배로 망했다. 그러므로 종교는 신의 대리인이라는 자만을 버리고 국왕을 우두머리로 삼아야 한다. 홉스가 최고의 군주로 꼽은 사람은 당연히 정교일치의 영국국교회를 수립한 헨리 8세다. 그는 청교도들이 헨리 8세의 치적을 망쳐버렸다고 개탄했다.

"도둑질, 살인, 간음은 자연법이 금하는 악이다. 그러나 무엇이 도둑질, 살인, 간음인지를 규정하는 것은 자연이 아니라 국법이다." 현대식 용어로 말하면 가히 국가 지상주의라 할 만한 사상이다. 이런 정치 이론이라면 각국의 모든 군주가 두 손을 들어 환영해야 했을 것이다. 하지만 안타깝게도 홉스는 각국 군주들은커녕 영국 군주에게서도 인정을 받지 못했다. 의회주의자들이 그를 눈엣가시로 여긴 것은 당연하지만 왕은 왜 그랬을까? 국민들의 반란조차 인정하지 않는 홉스의 사상을 왜 지지하지 않았을까?

유럽의 군주들이 진심으로 환영한 것은 자신들의 동업자인 제임스 1세가 주창한 왕권신수설이었다. 그들은 중세의 교황이 무오류^{無誤謬}의 존재로 간주되었다면 이제 근대의 국왕이 그 지위를 차지해야 한다고 믿었다. 하지만 홉스가 생각하는 군주는 그런 신성불가침의 존재가 아니었다. 군주는 백성들과 똑같이 잘못도 저지르며, 도덕적으로도 완벽한 존재가 아니다. 그러므로 현실의 군주들은 군주의 권력이 절대적이라는 것을 인정하면서도 군주를 신성한 존재이기는커녕 결함투성이의 인물로 보는 홉스를 용납할 수 없었던 것이다.

에토스와 파토스

1603년 제임스 1세가 영국의 왕위에 올라 스튜어트 왕조의 문을 열었을 무렵 멀리 극동의 한반도에서는 조선의 사대부들이 몇 년 전에 끝난 임진왜란의 논공행상을 준비하고 있었다. 만약 제임스가 당시 조선의 정정을 알았더라면 자신의 왕권신수설이 완벽하게 실현되고 있는 나라가 있다며 몹시 부러워했을 법하다. 논공행상의 내역을 보면 쉽게 알 수 있다. 1등 무공훈장에 해당하는 호성공신으로는, 전쟁이 발발하자마자 국왕인 선조가 북쪽 멀리 의주까지 안전하게 피란할 수 있도록 노력한 조정의 문신들과 내시들 88명이 임명되었다(호성이라는 말 자체가 임금^聖의 시중을 들었다^扈는 의미다). 실제로 나라를 지키기 위해 목숨까지 바친 무신들—여기에는 이순신도 포함된다—은 2등급에 해당하는 선무공신으로 겨우 18명이 선정되었다.

지금 보면 참으로 어처구니없는 논공행상일뿐더러 일국의 왕이라는 자가 백성들의 안위를 돌보지 않고 맨 먼저 내뺐다는 사실 자체도 용납될 수 없는 일이다. 그러고도 왕조를 타도하려는 혁명이 일어나지 않았으니 백성들의 참을성도 딱할 정도다. 그러나 조선 왕조의 근본이 무엇인지를 감안한다면 도덕적으로는 비난할 수 있을지언정 법적으로 잘못이라고 주장할 수는 없다. 조선을 비롯한 동양식 왕조는 본래 사직社稷의 존립을 최우선으로 하는 국체國體였기 때문이다(사직은 원래 왕실 제사를 뜻하지만 왕은 '살아 있는 사직'이다). 따라서 극단적으로 말하면 온 백성이 죽어 나간다 해도 국왕만큼은 살아남아야 했다. "사직이 있다면 나라가 있고 사직이 없다면 나라도 없다."《후한서後漢書》의 이 구절은 영토와 국민보다도 군주가 우선한다는 뜻이다. 이것이야말로 왕권신수설의 생생한 역사적 실례가 아닐까?

홉스가 절대주의를 지지하면서도 왕권신수설까지 지지하지 못한 것은 어쩌면 절대주의가 시한부로 존속할 체제라는 것을 암시하는지도 모른다. 당시 프랑스, 에스파냐, 오스트리아 등 유럽 대륙의 나라들은 국왕이 절대 권력을 장악하고 군대와 부를 앞세워 주변국들과 패권 다툼을 벌이는 중상주의(절대주의의 경제적 표현) 체제를 발전시키고 있었다. 중세적 신분의 연장인 성직자와 귀족들은 재상이 되어 국왕을 보필했고 새로이 경제의 중심으로 떠오른 근대적 시민계급, 즉 부르주아지는 국가의 경제력을 담당하면서도 권력에서는 소외되었다. 그 자신의 정치사상에도 걸맞지 않게 홉스가 절대주의를 신봉한 이유는 바로 이 부르주아지의 잠재력을 보지 못했기 때문이다. 이 점에서 바로 다음 세대 철학자인 로크(John Locke, 1632~1704)는 홉스와 큰 차이를 보인다.

두 사람은 사뭇 대조적인 인물이었던 듯하다. 우선 둘 다 이상주의자가 아니라는 점은 공통적이다. 그러나 홉스는 욕을 먹어가면서까지 유물론의 소신을 굽히지 않고 공격적이고 저돌적인 정치철학을 전개했다. 그런 점에서 그는 열정을 간직한 파토스적 인간이다. 이에 비해 로크는 늘 균형 감각을 잃지 않고 온건한 사상을 전개한 전형적인 에토스적 인물이다. 니체 식으로 구분한다면 홉스는 디오니소스형 철학자이고 로크는 아폴론형 철학자라고 할까? 그런데 현실의 역사는 대개 디오니소스형 인간을 배척하고 아폴론형 인간을 수용한다. 홉스가 필요 이상의 비난을 받은 것과는 대조적으로 로크가 필요 이상의 존경을 받은 것은 그 때문일 것이다. 홉스가 사실상 경험론의 기반을 확립했음에도 로크가 영국 경험론의 창시자로 인정되는 것도 마찬가지 이유일 것이다.

홉스가 기계적 유물론을 앞세우고 인식론을 거의 무시한 채 곧장 정치철학으로 치달은 것과 달리 로크는 인식론적 기반을 찬찬히 다지는 것부터 시작한다. 인간의 인식은 어떻게 가능한가? 데카르트는 본유관념을 가지고 있기 때문이라고 대답했다. 그러나 로크는 일체의 형이상학을 믿지 않는다. 오히려 그는 데카르트가 본유관념이라는 개념을 도입해 인식의 출발점이라는 난제를 쉽게 해소하려 한 것을 두고 "본유관념은 게으른 자가 겪는 탐구의 고통을 덜어준다."라며 단호하게 비난했다.

본유관념 같은 장치가 없다면 우리는 무엇을 가지고 인식할까? 로크에 따르면 아무것도 가질 필요가 없다. "우리의 마음을 아무런 성질도, 관념도 없는 백지상태라고 가정하자. 그렇다면 이 백지는 어떻게 채워지는가? …… 이 문제에 한마디로 대답한다면 나는 '경험'이라고 하겠다. 경험은 우리 모든 지식의 기초다." 그 백지상태를 가리켜 로크는 유명한 타불라 라사^{tabula rasa}, 즉 흰색의 서판이라는 개념을 사용한다. 글씨로든 그림으로든 그 빈 서판을 메우는 것은 바로 경험이다.

경험의 출발점은 우리 마음 바깥에 존재하는 대상이다. 우선 사물이 있어야 경험이 가능하니까. 그러나 우리가 그 외부 대상을 직접 경험하는 것은 아니다. 외부 대상에 관해 우리가 알 수 있는 것은 그 대상의 본질이 아니라 그것으로 인해 우리의 마음속에 생겨난 관념이다. 예컨대 우리는 정원의 나팔꽃을 볼 때 나팔꽃의 본질을 보는 게 아니라 나팔꽃이 우리 마음에 만들어내는 심상을 보는 것이다. 여기까지는 데카르트의 주장과 다를 바 없지만, 여기서 로크는 한 걸음 더 나아간다. 외부 대상에 대한 관념은 그 대상이 우리 마음속에 반영되어 저절로 형성되는 게 아니라 우리의 마음이 그것을 감각해서 만들어내는 것이다. 데카르트의 인식론이 인식 과정을 수동적으로만 보았다면 로크는 능동적인 인식을 강조하고 있다. 그는 그것을 감각과 구분해 지각 혹은 내적 감각internal sense이라고 부른다. 이 지각은 경험의 완성이자 지식의 시작이다.

외부 대상은 관념의 형태로만 지각된다. 공간으로 비유하면 관념은 우리의 마음과 외부 대상의 중간 위치에 있다. 우리는 관념의 가장자리까지 갈 수는 있어도 그 너머에 있는 대상의 본질에까지 갈 수는 없다. 즉 관념은 마음과 세계의 사이에 드리워진 일종의 불투명한 장막과도 같다. 그 너머는 아무도 알 수 없으며, 실은 우리의 현실적인 인식 과정에 영향을 주지 못하기 때문에 알 필요조차 없다. 한 세기 뒤에 칸트는 이런 로크의 생각을 발전시켜 '물자체物自體'라는 개념을 만드는데, 만약 로크가 칸트의 말을 들었다면 그런 것까지 필요하냐고 되물었을 법하다.

로크의 전략: 모르겠으면 나눠라

중세 식으로 말하면 로크는 철저한 유명론자다. 존재하는 것은 개별자일 뿐 보편자 같은 건 없다. 그는 형이상학에서 보편자에 관한 지식이라고 내세우는 것이 실상은 언어적인 것(이름)에 불과하다고 말한다. 그렇다고 해서 로크가 보편적인 개념의 존재를 부정한 것은 아니다. 하지만 그것은 개별자들을 통해서 얻은 관념의 일반화에 불과하며, 여러 개별자들에 적용될 수 있다는 점에서 개별자들을 이해하는 데 도움을 줄 뿐이지 그 이상의 의미는 없다. 따라서 보편자의 관념도 여느 개별자의 관념과 기본적으로 다를 바 없으므로 똑같이 취급하면 된다.

경험되지 않는 것은 존재하지 않거나 무의미하다! 이런 경험론의 입장은 상식을 바탕으로 한다는 강점을 가진다. 이 집 화분과 저 집 화분이 있는 것이지 '화분 자체'가 별도로 실재하지 않는다는 주장은 상식이다. 이 아파트와 저 아파트를 놓고 분양가를 따지는 것이지 '아파트의 본질' 같은 것을 분양 받을 수는 없다. 그러나 거꾸로 생각해보면, 바보가 아닌 다음에야 그런 상식을 잘 아는데도 보편적 본질 같은 것을 가정할 사람은 아무도 없다. 플라톤이 굳이 눈에 보이지 않는 이데아가 실재한다고 부르짖은 이유는 개별자들의 공통점을 찾아 존재의 위계를 세우려 했기 때문이다. 또 데카르트가 본유관념이라는 장치를 공들여 만든 이유는 인식의 기초로서 신의 존재를 전제할 필요성이 있었기 때문이다. 그런데 로크는 그냥 백지상태의 마음이 외부 사물들의 관념을 받아들여 글씨를 쓰고 그림을 그린다고 말하는 것으로 인식론의 과제를 다 해결했다고 자신할 수 없었다. 홉스처럼 개성이 넘치는 인물이라면 몰라도, 로크처럼 독단을 싫어하고 겸손할 줄 아는 지식인의 대명사 같은 인물이라면 그런 태도는 더더욱 금기 사항이다.

그래서 로크는 경험론의 토대 위에 한층 더 정교한 인식론을 세우기로 한다. 원칙은 간단하다. 모르겠으면 나눠라!

인식 주체(우리의 마음)는 시냇물의 이편에 있고 인식 대상(외부 대상)은 저편에 있다. 멀다면 멀고 가깝다면 가까운 양안 사이를 로크는 징검다리로 잇겠다는 계획을 세운다. 그러려면 디딤돌을 이편에서 하나, 저편에서 하나를 놓아야 할 것이다. 로크는 저편에서 놓는 디딤돌을 제1성질, 이편에서 놓는 디딤돌을 제2성질이라고 불렀다. 제1성질은 외부 대상에 내재하는 특성으로서 연장, 크기, 모양, 위치, 운동 등을 가리킨다. 이것은 누구의 눈에도 거의 같게 보이므로 그만큼 객관적이다. 예컨대 마당에 높이 5미터쯤 되는 이파리가 넓은 나무 한 그루가 서 있다는 사실에 대해서는 누구도 이견을 제시하지 않을 것이다. 그에 비해 제2성질은 외부 대상보다 인식 주체에 더 가까운 성질이다. 말하자면 한 단계의 분석을 거쳐 파악되는 특성으로서 열기, 밝기, 색깔, 소리, 맛 등을 가리킨다. 이것도 비교적 객관적이지만 제1성질보다는 주관적이다. 마당의 나무에 열린 열매가 붉은색인지 주홍색인지, 혹은 그 맛이 달콤한지 텁텁한지는 느끼는 사람에 따라 약간씩 차이가 있을 수 있다.

흔히 이 두 가지 성질이 모두 외부 대상에 속한 것으로 생각하기 쉽지만 둘 사이에는 큰 차이가 있다. 하기야 차이가 없다면 굳이 디딤돌을 이편과 저편에 놓느라 애쓸 필요도 없다. 제1성질은 외부 대상에 속하지만 제2성질은 외부 대상으로 인해 마음속에 생긴 성질이다. 로크의 말에 따르면 제2성질은 '제1성질의 양태'다. 하지만 제1성질과 제2성질은 모사적 관계가 아니라 표상적 관계에 있다. 다시 말해 제2성질은 제1성질을 있는 그대로 나타내는 게 아니라 나름대로 해석한 결과다. 그 해석이 대상의 실제와 일치하는가는 지식으로 해결해야 할 과제다. "지식이란 우리가 지닌 관념들의 연결과 일치 또는 대립과 불일치에 관한 지각 이외에 아무것도 아니다." 결국 우리에게 주어진 것은 어쩌면 외부 대상과 전혀 다를지도 모르는 대상에 대한 관념뿐이라는 이야기다. 그래서 로크는 관념의 분석으로 들어간다. 관념도 역시 모르겠으면 나눠라!

관념은 두 가지로 나눌 수 있다. 우선 감각에서 비롯되는 단순 관념이 있다. 감각은 이성과 지식을 가능케 하는 일차적인 재료다. 색깔, 맛, 온도 등의 기본 감각은 물론 운동, 형상, 욕망처럼 감각기관에서 생기는 각종 관념들, 그리고 쾌락, 힘, 존재성 등 마음의 작용으로 생기는 관념들도 모두 단순 관념이다.

이러한 단순 관념은 이차적으로 복합 관념을 형성한다. 복합 관념은 단순 관념을 결합하고 비교하고 추상함으로써 생겨난다. 로크는 이 복합 관념을 또 세 가지 유형으로 나눈다. 첫째는 독립적으로 존재하지 않고 실체에 의존하는 복합 관념으로 시간, 자유, 거리의 단위 등과 같은 양태의 관념이다. 둘째는 인과성, 동일성, 무한성, 공간-시간, 도덕 등 관념들 간에 이루어지는 관계의 관념이다. 셋째는 여러 가지 실체의 성질들이 결합되어 나타나는 실체의 관념이다. 예를 들면 노란색, 묵직함, 열을 받으면 녹는 성질, 반지, 시계 등의 관념들이 모여 황금에 대한 관념을 형성하는 식이다.

이렇게 로크는 나누고 쪼개 인식 대상과 인식 주체 간의 거리를 최대한 좁히려 애썼다. 사실 제1성질과 제2성질, 단순 관념과 복합 관념의 구분은 그다지 독창적이지도 않고 설득력도 별로 없다. 어떻게 보면 마음과 외부 대상을 직선으로 연결할 수 없기 때문에 로크가 궁여지책으로 연결에 도움이 될 만한 장치들을 이것저것 만들었다는 느낌이 강하다. 원래 창의성이 모자라면 분류의 방식을 생각하게 마련이다. 그래선지 로크가 아무리 애를 써도 인식 주체와 인식 대상의 거리는 그다지 좁혀지지 않는다.

하지만 아무리 그렇다 해도 인식이 외부 대상을 제대로 반영하고 있는지의 여부는 어떻게든 해명해야 한다. 그래야만 참된 앎, 올바른 지식이 가능하다는 확신을 얻을 수 있기 때문이다. 여기서도 로크는 전매특허처럼 분류 기법을 구사한다. 지식을 세 단계로 나누는 것이다. 가장 높은 단계의 지식은 직관이다. 로크는 홉스와 마찬가지로 데카르트의 이원론을 인정하지 않았으나, 그렇다고 해서 모든 것을 신체로만 환원한다면 인식에 관한 더 이상의 설명이 불가능해진다는 것을 깨달았다(아마 홉스처럼 비난을 견딜 만한 용기도 없었으리라). 그 때문에 홉스는 인식론을 사실상 포기하고 조잡한 기계적 유물론으로 전락하지 않았던가? 홉스의 전철을 밟지 않기 위해 로크는 데카르트가 인식의 출발점으로 삼은 코기토 하나만은 슬쩍 받아들이기로 한다. 즉 누구나 자신의 존재에 관해서는 직관으로 알 수 있다고 말한 것이다. 또한 논리적으로 자명한 진리("동일한 두 개의 사물은 서로 같다")나 수학적 공리("삼각형의 내각의 합은 90도이다")도 아무런 관념의 매개 없이 직관으로 파악할 수 있는 지식에 속한다.

다음 단계의 지식은 논증인데, 로크는 이것으로 엉뚱하게도 신을 증명하고자 했다. 이미 한참 철이 지난 신의 논증을 다시 끄집어낸 것은 아마 홉스와의 차별성을 위해 백화점식 종합 철학을 지향한 로크의 몸부림이 아닐까 싶다. 아니나 다를까, 여기서도 역시 로크는 전혀 독창성을 보이지 못하고 데카르트의 엉성한 논증을 그대로 답습한다. 그가 거둔 한 가지 결실이 있다면 직관이나 논증의 방법은 지식의 근거를 확립하는 데만 도움이 될 뿐 정작 필요한 외부 세계에 대한 지식을 주지는 않는다는 사실이다.

결국 로크가 지식의 단계를 지루하게 난도질한 목적은 셋째 단계의 감각적 지식이 필요하다는 주장을 정당화하기 위해서였다. 그러나 여기에도 난점은 있다. "단순 관념은 공상의 산물이 아니라 우리 외부에 존재하는 사물들의 자연스럽고 정상적인 산물이다. 따라서 그것은 우리가 생각하는 일치성을 지니고 있다." 하지만 복합 관념은 우리의 마음이 만든 것인 만큼 잘해야 주관적이고 잘못하면 거짓된 관념으로 빠지기 쉽다. 어차피 사물의 참된 본질을 알 수 없는 것은 인식의 한계이므로 우리는 명목상의 본질을 파악하는 데 만족할 수밖에 없다.

이성이 만개한 시대를 맞아 로크는 일정한 한계 내의 지식으로도 현실적인 문제들을 충분히 해결할 수 있다고 확신했다. 비록 세계의 참된 구조가 어떤지는 알 수 없다 해도—이것은 여전히 계시의 영역이고 신학의 과제다—적어도 인간의 생활을 둘러싼 현실을 이해하고 당면한 과제를 처리하는 것은 인간의 능력 안에 있다. 로크는 그것을 뱃사람의 처지에 비유한다. "배의 닻줄은 바다 밑에까지 닿을 만큼 길지 못하지만 그래도 뱃사람이 닻줄의 길이를 아는 것은 항해를 위해 큰 도움이 된다." '나눔의 철학'은 어느 정도만 도움이 될 뿐 근본적인 해결책이 못 된다는 것을 스스로 토로한 셈이다. 인식론에서 로크의 기획은 대체로 실패했고 경험론의 창시자라는 감투를 얻어 쓴 데 불과했다. 그러나 그 낙관주의적 자세를 바탕으로 삼아 그는 정치철학의 영역으로 나아갔다. 정작 그의 사상이 빛을 본 것은 바로 이 분야에서다.

3부 스스로 일어선 철학

권력 세습과 재산 상속의 차이

젊은 시절부터 정치에 관심이 많았고 실제로 왕당파에 속해 정치 활동을 하다가 망명한 경험도 있었던 홉스는 처음부터 정치철학을 지향했으나, 안타깝게도 영국의 정치가 결정적인 전환점을 맞은 것은 그가 죽은 뒤였다. 1688년 영국 의회는 가톨릭 군주인 제임스 2세를 퇴위시킨 뒤 네덜란드에 시집가 있던 그의 딸 메리와 사위인 오라녜 공 빌렘을 공동 군주로 맞아들이고 그들에게 의회의 권한을 강조하는 권리장전의 서명을 요구했다. 이 사건은 군대를 동원하지 않고 혁명을 성공시켰다는 의미에서 역사에 명예혁명이라고 기록된다. 이로써 영국은 인류 역사상 최초로 의회민주주의 국가를 이루었다.

로크가 정치철학에 관련된 저작들을 펴내기 시작한 것은 이 즈음부터다. 엘리자베스 1세로 튜더 왕조가 끝나고 17세기에 제임스 1세→찰스 1세→찰스 2세→제임스 2세로 이어진 스튜어트 왕조는 굳이 홉스의 군주론을 들먹이지 않아도 군주가 어떤 인물이냐에 따라 국가의 성격이 크게 달라지는 양상을 여실히 보여주었다. 스튜어트 왕조의 군주들은 종교적으로 가톨릭 성향이 강했고 정치적으로는 모든 군주의 꿈인 절대주의를 지향했다. 따라서 여러모로 의회와 대립하지 않을 수 없었고, 이 다툼에서 의회는 결국 명예혁명으로 최종 승리를 얻었다.

홉스도 이런 대역전극을 보았다면 절대주의가 얼마나 시대착오적인지 깨닫지 않았을까? 그는 의회가 정치적 대안이 될 줄 미처 몰랐지만 그의 사회계약론은 절대주의보다는 의회민주주의에 어울리는 정치사상이었다. 홉스와 달리 로크는 새로운 체제에 적극 동조하고 그것을 뒷받침하기 위한 정치철학을 구성했다. 그는 주요 저작인 《정부론Two Treatises of

Government》의 서문에서 "우리의 어진 윌리엄 왕의 왕위를 확립하기 위해서" 책을 썼다는 점을 분명히 밝히고 있다(물론 '입헌' 군주를 찬양한다는 의미다).

새 체제를 지지하기 위해서는 우선 옛 체제를 비판해야 한다. 로크가 첫 타깃으로 삼은 것은 권력의 세습제였다. 명예혁명으로 입헌군주제가 수립되었으므로 왕위의 세습은 그리 중요하지 않은 문제가 되었으나, 아직 의회민주주의의 초창기인 로크의 시대에는 군주의 정치권력이 부활하지 않는다고 보장할 수 없었다. 전대의 왕조들도 그랬지만 특히 스튜어트 왕조의 군주들은 권력의 세습이 국가에 얼마나 해악적인 결과를 가져오는지 만천하에 보여주었다. 영국의 17세기가 내전으로 얼룩지게 된 것은 국왕의 종교적 성향이 국교와 다른 데다 신흥 부르주아지의 입김이 커지고 있는 의회를 무시했기 때문이다.

로크는 당대 영국의 절대주의 논객인 로버트 필머(Robert Filmer, 1588?~1653)를 비판하는 데 주력했다. 필머는 《구약성서》까지 뒤져가며 왕권신수설의 기원을 찾더니, 신이 아담에게 왕권을 내주었고 이때부터 대대로 왕위가 세습되었다는 황당무계한 논리를 펼쳤다. 이에 대해 로크는 설사 아담의 계승자가 있었다 하더라도 현재 지구상에 존재하는 모든 군주가 아담의 직계 상속자는 아닐진대 대다수 군주들을 왕위 찬탈자로 몰려고 하느냐고 맞섰다(물론 영국의 현재 군주도 거기에 해당한다는 압력이다). 그는 백번 양보해 왕권의 절대성을 인정한다 하더라도 권력이 국민의 생명과 재산까지 좌지우지해서는 안 된다고 주장했다.

이렇게 재산을 강조하는 것은 시대적 추세이자 로크 사상의 특징이기도 하다. 홉스의 자연 상태에서는 개인의 재산권이 인정되지 않았으나—서로 얼마든지 싸워서 빼앗을 수 있다는 것을 전제하므로—로크는 누구

　　　3부 스스로 일어선 철학

나 자신의 노동이 투입된 자연의 일부를 재산으로 소유할 자연권을 가지고 있다고 보았다. 예를 들어 내가 숲을 개간해서 밭을 일구고 집을 지으면 그 농장은 내 소유의 재산이 되며 후손에게 상속하는 것도 가능하다. 왕권이 신성불가침으로 인정되던 절대주의 체제에서 개인의 재산권을 부각시킨 로크의 사상은 가히 혁명적이었다.

사실 16~18세기 유럽 역사에서 통용되는 절대주의라는 용어는 극동의 역사로 보면 아무런 의미가 없다. 동아시아에서는 진시황이 중국을 통일한 기원전 3세기 말부터 신해혁명으로 제국 체제가 붕괴하는 20세기 초까지 역사 전체를 절대주의라고 부를 수 있기 때문이다. 서유럽과 동아시아가 겉으로 보기에는 같은 제국·왕국 체제의 역사를 전개해왔음에도 내용적으로 큰 차이를 보이는 이유는 무엇보다 종교와 경제 때문이다. 서유럽은 중세에 종교 권력과 세속 권력이 분리되었으나 동아시아에서는 왕이 곧 제사장인 정교일치 체제가 내내 견고하게 유지되었다.

경제적으로도 서유럽의 군주들은 자신의 왕국 전체를 소유한 게 아니라 왕국 최고의 권력자 혹은 부자라는 지위에 불과했다(때로는 그마저도 아닐 수 있다). 예를 들어 로마제국의 초대 황제인 아우구스투스는 로마의 저택과 자신이 직접 정복한 이집트만을 '부동산'으로 소유했을 뿐이고—그래서 그는 시민들에게 검투 경기 같은 오락거리를 제공하기 위해 '사재'를 털어야 했다—16세기 영국의 여왕 엘리자베스도 개인 재산을 해외 식민지 개척에 '투자'하는 처지였다. 이에 비해 동양식 왕조의 왕들은 나라 안의 모든 것을 소유한 신분이었으니—토지 소유관계에서 이것은 모든 토지가 왕의 소유라는 왕토 사상으로 나타난다—서유럽 군주의 처지와는 차원이 달랐다.

로크가 동아시아의 사정을 소상히 알았더라면 차라리 서유럽의 절대주의 체제가 낫겠다고 꼬리를 내렸을지도 모른다. 하지만 그렇다 해도 군주가 전쟁 비용을 마련하기 위해 마음대로 의회를 소집해서 부르주아지를 쥐어짜는 영국 왕실의 관행은 영 그의 마음에 들지 않았다. "아무리 절대 권력을 가진 사람이라 할지라도 한 개인에게서 그 사람의 승인을 얻지 않고서는 그 재산의 일부분이라도 **빼앗을** 수 없다." 이렇게 사유재산에 정치권력이 개입하는 것을 단호하게 반대한 그의 입장은 대단히 참신했다. 17세기 내내 영국의 정정에 큰 변수로 작용했던 청교도 신앙은 영국식으로 토착화된 칼뱅주의였으므로 로크는 재산권을 적극적으로 보호하는 칼뱅주의의 영향을 받았다. 정치권력의 세습은 반대하면서도 재산의 상속은 인정하는 로크의 사상은 당시 싹트기 시작한 자본주의 시대를 예고하고 있다.

시민혁명의 이념적 근거

권력의 세습을 당연시하는 왕조시대의 국가를 인정하지 않는다면 새 시대에 어울리는 국가 체제는 뭘까? 이 문제에 대한 로크의 견해는 홉스와 같은 용어를 사용하지만 사뭇 의미가 다르다. 로크도 홉스처럼 자연 상태를 논의의 출발점으로 가정하고, 자연 상태에서 관철되는 법을 자연법으로, 자연 상태의 인간이 지니는 권리를 자연권으로 규정했다. 그러나 그가 말하는 자연 상태와 자연법, 자연권의 개념은 홉스의 용어들과 거의 정반대의 의미다.

홉스의 자연 상태는 모든 인간이 각자 자신의 이기적인 욕망을 충족시키기 위해 다투는 야만적인 상태다. 그와 달리 로크는 문화적인 상태를 자연 상태라고 부른다. "인간이 이성에 따라 살아감으로써 지상에 인간을 재판할 권리를 지닌 사람이 아무도 없는 상태가 바로 자연 상태다." 또한 자연법은 곧 신의 명령을 뜻하며, 자연권도 신이 부여한 것으로서 생존, 건강, 자유, 재산에 대한 권리를 뜻한다. 사족처럼 붙어 있는 '신'의 관념을 배제하면 로크가 말하는 자연권은 대체로 현대적 인권의 개념과 비슷하다.

그러므로 홉스의 자연권은 문명사회를 위해 극복해야 하지만 로크의 자연권은 그 반대로 권장해야 한다. 좋은 정치적 상태란 자연권이 극대화되는 상태이며, 나쁜 정치적 상태란 자연권이 보장되지 못하고 심지어 각자의 자연권들이 서로 충돌하는 상태다. 여기서 홉스와 로크의 접점이 생긴다. 로크의 자연 상태는 이상적인 상태지만 홉스의 자연 상태와 똑같은 결함이 있다. 사회를 구성하는 모든 사람은 각자 자신의 자연권을 자신의 힘으로 지켜야 한다. 즉 자연 상태는 보기에 아름답지만 깨지기 쉬운 꽃병과 같다. 각 개인의 자연권이 충돌하는 상황을 그대로 놔두면 사회는 혼란에 휩싸일 것이다. 그런 결함을 보완하기 위해 정부가 필요해진다. 홉스의 경우처럼 이 정부도 역시 개인들 간의 '계약'에 의해 구성된다. 다른 방향에서 추론했지만 결국 로크도 홉스와 같은 사회계약론에 이르렀다.

누구나 자신의 자연권을 최대한 확보하려 애쓴다. 어떤 사람은 그 과정에서 범죄를 저지를 수도 있고 정당한 자연권 행사를 위해 싸움이 벌어질 수도 있다. 로크가 특히 우려한 것은 재산권이 침해되는 경우다. 그는 국가의 임무를 이렇게 규정한다. "정치권력이란 형법을 포함한 법률을 제정하는 권리를 가지는데, 법률의 주요 목적은 재산을 보호하는 데 있다. 또한 국가는 외국이 침략해왔을 때 국가 방위를 위해 공동체의 힘을 운영할 권리가 있다." 국가의 대내적 활동은 국민의 재산을 보호하는 것을 근간으로 삼아야 한다는 이야기다.

이렇게 막중한 책무를 지닌 국가권력에 도전하는 것은 물론 커다란 범죄행위다. 그러나 사회계약론에 따르면 국가 역시 계약의 한 당사자이므로 계약을 위반하면 여느 구성원들처럼 징계의 대상이 된다. 그 징계란 곧 국민의 반역이다. 홉스는 국민이 왕국의 초대 군주를 선택할 권리만 가졌다고 보았으나, 로크는 국민의 동의에 의해 수립된 정부가 아니라면 정당하지 않다고 주장하면서—그는 특히 전제군주정치를 가장 나쁜 정부라고 간주했다—국민에게 혁명의 권리를 부여했다. 그의 이론에 따르면 나쁜 정부를 타도하는 혁명도 역시 자연 상태를 회복하고자 하는 자연법에 따른 자연권이 된다.

그럼 정당하고 올바른 정부의 기준은 뭘까? 일단 중요한 결정은 다수결의 원칙에 따라야 한다. 어차피 모든 사회 구성원의 욕구를 일일이 충족시키는 게 불가능하다면 가급적 대다수 국민들이 선택한 정부가 가장 폭넓은 동의를 얻는 것은 당연하다. 로크의 이런 관점은 한 세기 뒤에 벤담에 의해 공리주의로 발전하게 된다. 그러나 현실 정치에서 다수결의 원칙보다 중요한 것은 권력의 분립이다.

앞서 말했듯이 정부가 존재하는 이유는 자연 상태에서 생기는 결함을 시정하기 위해서다. 자연 상태에서 개인들 간에 이해의 갈등이 발생했을 때는 이를 재판할 수 있는 법적 주체가 필요해진다. 과거에는 군주가 그 역할을 맡았다('court'라는 영어 단어가 '궁정'과 '법정'을 동시에 뜻하는 것은 그 흔적이다). 그러나 군주가 그 갈등의 한 당사자가 될 경우 군주는 재판에서 원고이자 판사가 되므로 문제가 생긴다. 이 때문에 로크는 사법권과 행정권이 분리되어야 하며, 군주는 행정권만 맡아야 한다고 주장했다.

여기에 의회의 전통적인 기능인 입법이 추가되어 근대적 삼권분립의 이념이 탄생했다. 새로 탄생한 의회민주주의 체제를 지원하기 위해 로크는 특히 입법과 행정의 분화를 강조하면서 입법부, 즉 의회를 행정부보다 우위에 두었다. 입법부와 행정부 사이에 갈등이 생길 경우에는 당연히 국민을 대표하는 의회가 잘못된 행정부를 타도하는 데 앞장서야 한다고 보았다.

삼권분립이라니까 언뜻 입법-행정-사법의 세 권력이 대등한 것으로 여기기 쉽지만, 실은 그렇지 않으며, 로크도 그렇게 여기지 않았다. 삼권 가운데 가장 근본적인 것은 입법권이다. 개인의 자연권을 보호하고 개인들의 자연권이 충돌할 때 조정을 담당하는 공적 권력 기구라면 누구나 정부를 떠올리겠지만, 로크는 권력의 측면에서 의회가 정부보다 우선한다고 보았다. 의회는 법을 제정하는 기관이고 권력을 행사하는 기관은 정부인데, 왜 그럴까? 그 이유는 의회가 국민의 권력을 일차적으로 위임받았기 때문이다.

왕정에서는 왕이 최고 권력자로 군림하지만, 공화정에서는 권력의 최종적인 원천이 국민이다. 하지만 도시국가의 규모가 아닌 이상 국민이 직접 권력 행사를 담당할 수는 없기 때문에 국민은 자신의 권력을 자신들이 선출하는 의회에 위임하게 된다. 그렇다면 정부는 뭘까? 정부는 의회로부터 이차적으로 권력을 위임받은 기관이다.

의회가 성립한 초기에는 사회가 그리 복잡하지 않았기 때문에 법을 제정하는 입법기관이 상시적으로 존재할 필요가 없었다(의회는 영국과 프랑스에서 13~14세기에 생겨나지만 이후 수세기 동안 상설 기구로 존속하지 않고 필요에 따라 소집되는 방식이었다). 그런데 최고 권력기관이 상설화되어 있지 않다면 아무래도 문제가 될 수 있다. 그래서 의회는 의회가 소집되지 않은 기간에 권력의 공백을 메울 기관으로서 정부를 구성한 것이다.

시민혁명의 계기를 거치지 않고 왕정에서 곧장 공화정으로 바뀐 나라 (그것도 자체적인 발전의 결과가 아니라 외부에서 민주주의 제도가 이식된 동양 세계의 나라)에서는 국민→의회→정부의 순으로 권력이 위임되는 과정을 제대로 이해하기 어렵다. 특히 우리처럼 처음부터 대통령중심제를 택한 나라의 경우 그 오해는 더욱 심하다. 왕조시대에도 정부는 있었지만 의회는 없었기 때문에 정부나 국민이나 정부의 일방적인 권력 행사를 당연시하게 마련이다. 그러나 의회민주주의의 발생부터 정치의 중심은 늘 의회였고 그 점은 지금도 달라지지 않았다. 행정부가 행사하는 모든 권력은 바로 국민의 권력을 위임 받은 의회가 행정부에 재위임한 것이기 때문이다.

서구에서도 그렇지만 의회의 우선권은 우리 사회에 처음으로 근대적 공화정이 탄생하는 과정에서도 확인할 수 있다. 1948년 대한민국이 수립될 때도 분명히 의회가 먼저 구성되었고 이 제헌의회에서 정부조직법이 제정되어 정부와 대통령이 생겨났다. 날짜로도 그해 5월에 첫 총선이 치러졌고, 7월에 헌법이 제정되었으며, 8월에 정부가 수립된 것에서 분명히 알 수 있다(그럼에도 1948년은 대한민국 의회가 아니라 정부가 수립된 해로만 거의 알려져 있다는 것은 여전히 의회의 진정한 의미에 대해 무지하다는 것을 드러낸다). 사실 그런 순서는 상식으로도 당연하다. 의회가 법을 제정하지 않는다면 정부 기구를 어떻게 할지, 대통령을 뽑을지 말지, 임기는 몇 년으로 할지를 어떻게 정하겠는가?

삼권 가운데 의회가 가장 근본적이라면 나쁜 정부를 타도하는 데 의회가 앞장서는 것은 당연하다. 이렇듯 로크가 정당하지 못한 정부를 전복시키는 혁명의 정당화, 다수결의 원칙, 삼권분립의 개념 등 훗날 근대 시민사회의 기본적인 조직 원리로 간주되는 자유주의 이념을 제시하면서 염두에 둔 나라는 물론 영국이다. 영국은 명예혁명으로 절대왕정을 해체하고 세계 최초로 의회민주주의에 입각한 입헌군주국을 수립했으니 실제로 로크의 사상이 현실화된 나라라고 할 수 있다. 말하자면 플라톤이 꿈만 꾸고 실현하지는 못한 이상 국가의 로크식 버전이라고 할까? 그러나 로크는 알지 못했지만 그의 사후에 영국보다 더 완벽하게 그의 정치철학이 구현된 곳이 있다. 그곳은 바로 1776년에 영국에서 독립한 미국이다.

미국의 탄생 과정은 마치 로크의 사상을 차례차례 실험하는 것처럼 전개되었다. 우선 '나쁜 정부'인 영국 정부에 반대하여 시민혁명이 일어났고, 그다음에는 다수결의 원칙에 따라 연방헌법이 채택되었으며, 처음부터 군주가 없었기에 삼권분립의 이념도 자연스럽게 정착될 수 있었다. 그래서 어떤 학자들은 오늘날 미국의 제도 중에서 최선의 것은 로크의 사상 중 최선의 것에서 비롯되었고 최악의 것도 로크의 사상 중 최악의 것에서 나왔다고 말한다.

순수철학의 면에서 볼 때 로크의 인식론은 이것저것 늘어놓고 잔뜩 분류만 해놓았을 뿐 참신한 내용은 없다. 비록 철학사에는 영국 경험론의 선구자로 등재되었으나 로크에게서 데카르트나 홉스와 같은 창의성은 찾아보기 어렵다. 또한 그의 정치철학도 기존의 철학적 전통과 홉스의 이론, 청교도주의 등을 적절히 버무려 갓 탄생한 영국의 체제를 정당화한 것에 불과하다. 그런데도 로크가 과도하게 대접을 받는 이유는 오늘날 세계 최강국으로 군림하는 미국의 건국이념에 그의 사상이 전폭적으로 반영된 탓이 크다. 현실의 역사가 승자의 기록이듯 지성의 역사도 그 점에서는 마찬가지인 걸까?

7장

끊임없이 운동하며 성장하는 철학

스피노자, 라이프니츠, 버클리, 흄

한동안 영국에 소모적인 내전이 잇따르더니 급기야 듣도 보도 못한 괴상한 의회민주주의 체제가 들어서는 과정을 지켜본 유럽 대륙의 지배자들은 코웃음을 쳤다. 국왕을 바지저고리로 놔두고 의회가 국정을 운영한다면 키잡이를 잃은 선박의 처지가 아닌가? 그들이 보기에 격랑이 몰아치는 유럽 세계에서 영국은 곧 난파선의 운명이 될 게 뻔했다. 당대의 첨단 체제라면 정치적으로는 절대주의요 경제적으로는 중상주의였다. 그것이 근대 국가의 목표이자 지향점이었다. 17세기를 프랑스의 시대라고 부를 수 있는 이유는 루이 14세의 프랑스가 바로 그런 전범을 보였기 때문이다.

그러나 영국의 진통은 난파의 조짐이 아니었다. 유럽 각국이 어지러운 전란과 복잡한 외교에 부심할 때 영국은 대륙 국가들이 거친 그 모든 행정을 단기간에 압축시켰다. 그 결과 영국은 절대주의의 폐단을 최소한으로 줄이고, 사실상의 민주주의적 공화정이나 다름없는 입헌군주정의 단계로 넘어갔다. 중세까지 서유럽의 변방에서 헤매던 영국이 맨 먼저 근대를 탈피하고 일약 현대 국가의 위상을 갖춘 것은 그런 기동력 덕분이다.

하지만 지성의 역사는 현실의 역사와 어긋나는 경우가 종종 있다. 시대의 변화가 빨랐던 만큼 영국의 지성계는 오로지 현실의 전개 과정을 따라잡기에 급급했다. 앞 장에서 살펴본 홉스와 로크가 섣불리 정치철학으로 경사된 것이나, 이 장에서 살펴볼 버클리와 흄이 소박한 경험론을 철학의 본령이라고 착각한 것은 그런 지적 상황의 반영이다. 그 결과, 현실을 직접적으로 설명하지 못하는 지성은 지성이 아니요 경험론이 아닌 철학은 철학이 아니라는 지극히 실용적인 사고가 일찍부터 자리 잡았다. 그런 탓에 영국은 이후 자본주의와 산업혁명을 거치면서 현실의 역사에서 세계사를 이끄는 위치에 서게 되지만, 지성의 역사에서는 늘 뒷북만 치며 창의성과는 담을 쌓게 된다. 영국은 실용적인 나라일지언정 학문적인 나라는 되지 못했다. 응용 학문은 발달했으나 기초 학문의 수준은 늘 유럽의 후진국에 속했다.

그에 비해 대륙의 지성계는 현실 세계가 혼돈에 휩싸여 있는 상황에서도 비록 느린 걸음이나마 뚜렷한 발자국을 남기며 앞으로 나아갔다. 유럽 각국이 국민국가를 수립하고 해외 식민지를 획득하기 위해 치열한 경쟁을 벌인 17세기와 유럽 전체가 하나의 거대한 전장으로 변한 18세기에도 대륙의 철학은 현실과 일정한 거리를 유지하며 황소걸음으로 일관했다. 모든 학문이 그렇듯이 철학 역시 현실을 설명하고 해석하는 과제를 외면할 수는 없다. 그러나 철학은 일종의 메타 학문으로서 여타의 응용 학문들보다 높은 관점과 넓은 시야와 깊은 안목으로 현실을 바라보아야 한다. 이런 측면에서, 17세기 대륙 철학은 철학이 학문의 여왕이라는 지위를 되찾고 본래의 지적 권위를 회복하는 과정을 차분하게 보여준다.

철학과 종교의 이단

철학적 전통을 별로 존중하지 않았던 20세기 철학계의 이단아 들뢰즈는 유독 두 사람의 선배 철학자만은 깍듯이 예우했다. 그런데 그 두 사람은 사뭇 대조적이다. 한 사람은 "신은 죽었다."라고 외치며 광기를 보이다가 실제로 정신이상에 걸린 철학자이고, 다른 한 사람은 "신을 사랑할 수밖에 없다."라고 말하면서 초연하고 금욕적인 짧은 생애를 살았던 철학자다. 그러나 두 사람은 서로 닮은 점도 있다. 그들은 자기 시대의 철학적 전통을 따르지 않고 자기만의 독창적인 철학을 전개했다.

19세기의 니체와 더불어 들뢰즈가 존경했던 스피노자(Baruch de Spinoza, 1632~1677)는 철학을 업으로 삼지도 않았고—그의 본업은 렌즈를 연마하는 일이었다—데카르트와 홉스에게서 약간의 개념을 차용한 것 이외에는 어느 철학자에게서도 별다른 지적 영향을 받지 않았다. 사후에 출판된 잘 알려진 그의 저작도 제목은 《윤리학Ethica》이지만 원래 제목이 '기하학적 방식으로 다룬 윤리학'인 데서 보듯이 전통적인 의미의 윤리학과는 거리가 멀었다. 게다가 스피노자는 유대인이면서도 정통 유대 신앙을 받아들이지 않았으며, 그의 《성서》 해석은 과감하다 못해 이단적이었다. 같은 시기 영국의 로크가 까다로운 인식론의 문제를 가볍게 처리한 뒤 그보다 훨씬 쉽고 실용적이며 지적 명성을 쌓기에도 용이한 정치철학으로 전환했을 때, 스피노자는 "내일 지구가 멸망한다 해도 나는 오늘 한 그루의 사과나무를 심겠다."라고 말하면서 형이상학, 인식론,

심리학, 윤리학에 걸친 방대한 철학 체계를 구축하고자 했다. 하지만 식민지 개척과 혁명으로 유럽 세계가 온통 어지러운 시대에 그처럼 차분하면서도 심오한 철학이 환영을 받을 리 없다(한 세기 뒤의 칸트도 철학적 사색으로 일관했으나, 스피노자와 반대로 전통적인 철학을 종합·정리했기 때문에 철학자로서 명성을 누릴 수 있었다). 심지어 스피노자의 저작 중에는 18세기와 19세기에 들어서야 처음으로 출판된 것도 있다.

이처럼 뿌리도 없고 가지도 없는 철학자였으니 스피노자의 사상이 괴상하고 괴팍하리라는 것은 충분히 예상할 수 있다. 기하학으로 윤리학을 증명하겠다는 것부터가 얼마나 터무니없는 발상인가? 더구나 그는 데카르트처럼 수학자 출신도 아니었다. 스피노자가 문자 그대로 윤리학에 기하학을 접합시키려 한 것은 아니다. 그의 의도는 공리, 정의, 정리 같은 수학적 용어들을 사용한 《윤리학》의 서술 방식에서 드러난다. 신의 존재를 논증하려 했던 중세 스콜라 철학자들은 검증될 수 없는 것을 증명할 수 있다고 믿는 착각에 빠졌다. 또 경험의 대상이 아닌 것은 일체 인정하지 않으려 했던 경험론자들은 감각과 상식에 매몰된 나머지 부분만 보고 전체를 보지 못하는 오류를 범했다. 그래서 스피노자는 순수하게 연역적인 추론을 전개하기 위해 기하학적 발상을 차용한 것이다. 연역적 방식의 으뜸이라면 단연 수학이 아닌가?

그런데 그는 무엇을 연역하려 했을까? 그가 첫 번째 주제로 삼은 것은 신이다. 갑자기 웬 신일까? 하지만 스피노자가 염두에 둔 신은 중세 스콜라철학의 신도 아니고 르네상스 철학자들이나 데카르트가 말하는 신도 아니다. 시대와 배경이 다른 만큼 스피노자의 신은 그런 신과 무관할 뿐더러 심지어 그리스도교의 신도 아니다. 나아가 그가 말하는 신은 세계의 창조자도, 진정한 주인도 아니며, 세계의 다양한 사태에 개입하는 존재도 아니다. 신은 그저 무한성으로서 존재할 따름이다. 그렇기 때문에 신은 아무것도 창조하지 않는다. 만약 신이 세계를 창조했다면 자신이 창조한 세계에 의해 약간이라도 영향과 제약을 받을 수밖에 없다. 그것은 곧 신의 무한성을 해치게 되므로 자기모순이다.

어찌 보면 안셀무스나 데카르트의 논증처럼 신의 정의(안셀무스와 데카르트에게는 '완벽한 존재', 스피노자에게는 '무한성')를 이용해 신을 논증하려는 것처럼 여겨지지만 실은 그렇지 않다. 스피노자에게는 신의 존재를 증명하려는 의도가 아예 없었다. 안셀무스는 신앙을 새 시대에 맞추어 업그레이드하기 위해, 또 데카르트는 철학적 논의의 배경으로서 신을 증명해야 할 '필요'가 있었지만, 스피노자는 이미 완성된 자신의 철학 체계 내에서 신의 위치를 설명할 뿐이다. 또한 안셀무스와 데카르트의 신은 현실 세계와 밀접한 관계를 지니지만 스피노자의 신은 그냥 부처처럼 천상천하 유아독존으로 존재할 뿐이다. 부처는 괴로움으로 가득한 이 세상에 태어나면서 자신이 중생을 구제하기 위해 왔다는 뜻으로 그런 말을 했다지만 스피노자의 신은 그런 의도조차 없다. 대담하게도 스피노자는 유대교와 그리스도교의 신에서 모순을 제거하고 모호한 점을 정리하면 자신이 말하는 신의 개념으로 귀착될 수밖에 없다고 주장한다.

그런 맥락에서 그는 '신=자연'이라고 말한다. 거대하고 무한한 존재, 무념무상 무감하게 흐르는 존재라는 점에서 신과 자연은 같다. 하지만 이 때문에 지금까지 스피노자를 범신론자라고 오해하는 사람들이 많은 것은 무감이 아니라 유감이다. 범신론이란 세상 만물에 신성神性이 깃들어 있다는 주장인데, 스피노자의 신은 신성은커녕 인성조차 없기 때문이다. 다시 말해 그의 신은 그동안 기존의 여러 종교에서 섬겨온 인격적인 신이 아니다.

신이 창조주도 아니고 구세주도 아니며 세계에 아무런 역할도 하지 않는다는 주장에 교회가 발끈한 것은 당연하다. 젊은 시절 그런 독특한 신관神觀 때문에 스피노자는 유대교회에서 파문을 당했으며, 비교적 신앙의 자유가 폭넓게 허용되었던 암스테르담에서도 잠시 추방령을 받았다. 그의 철학이 오랫동안 잊혔던 것은 교회의 반대와 압력에도 원인이 있다. 그는 철학의 이단일 뿐 아니라 종교의 이단이기도 했다(100년 전이었다면 화형을 면치 못했을 것이다). 설사 그의 철학에서 아무것도 배우지 못했다 하더라도 들뢰즈는 충분히 동병상련을 느꼈을 법하다.

신은 세계와 관련된 어떤 활동도 하지 않으므로 신과 동격인 자연도 역시 특정한 목적이나 의도를 가지지 않는다. 아리스토텔레스가 말한 목적인 같은 것은 전혀 없다. 고대 신화의 신들처럼 출랑거리지도 않고 그리스도교의 신처럼 열정적이지도 않은 신, 그리고 인간을 압도하지 않으며 그저 무한하고 초연하게 존재하는 자연이다. 여기까지는 좋다. 그런데 한 가지 의문은 해명해야 한다. 아리스토텔레스가 목적인을 설정한 이유는 필연성과 인과율을 설명하기 위해서였다. 실제로 자연은 필연성과 인과율이 관철되는 세계다. 그저 자족적으로 존재하기만 하는 자연관을 제시하는 스피노자는 대체 그것을 어떻게 설명하려는 걸까?

자연계의 모든 존재는 필연성의 지배를 받는다. 물은 언제나 산에서 계곡으로 흐르고 해는 언제나 동쪽에서 떠서 서쪽으로 진다. 날개가 있는 것도 결국은 추락하며, 바람보다 먼저 누워도 풀은 바람 때문에 흔들린다. 자연에는 법칙과 필연만이 관철될 뿐 자유와 우연의 여지는 없다. 모든 것은 신=자연의 섭리이며, 신=자연의 성질이 표현된 결과다. 이 대목에서 실제로 스피노자는 일종의 예정설이나 결정론을 주장하는 것처럼 보인다. 하지만 비인격적인 신=자연은 아무것도 기획하거나 통제하지 않는다. 따라서 법칙과 필연은 어떤 초월적 존재의 의도나 의지가 아니라 언제나-이미^{always-already} 존재하는 제약이다.

그렇다면 그냥 그렇게 존재하는 신=자연의 의미는 뭘까? 존재한다는 것 이외에 아무런 의미도 없다면 그렇듯 공들여 신=자연을 정의할 필요조차 없는 게 아닐까? 스피노자가 그런 난해하고 신비주의의 색채가 진한 이론을 전개한 이유는 실체의 개념을 도입하기 위해서다. 더 정확히 말하면 실체의 개념을 최소화하기 위해서다.

실체에서 관계로

데카르트의 정의에 따르면 "실체란 그 자체 이외에 다른 어느 것에도 의존하지 않는 독자적인 방식으로 존재하는 것을 가리킨다." 즉 실체는 다른 존재를 끌어들여 이해할 필요 없이 그 자체로 이해가 가능하다. 그래서 그는 신, 정신, 물체의 세 가지를 실체로 보았다. 이런 실체의 정의는 사실 새롭지 않다. 고대부터 실체를 언급한 철학자라면 대부분 그런 식으로 실체를 정의했다. 정의 자체만 보면 나무랄 데 없다. 하지만 후속된 논의에서 고대 철학자들과 데카르트는 모두 자기모순에 빠졌다.

데카르트는 코기토를 정립하면서 정신은 사유의 속성을 가진 실체이고, 신체와 물체는 연장의 속성을 가진 실체라고 보았다. 그런데 그는 신=창조자의 관념을 포기하지 않았기 때문에 결과적으로 정신, 신체, 물체의 실체적 속성을 부인하는 모순을 빚었다. 피조물인 정신, 신체, 물체는 서로 연관될 수밖에 없으므로 독자적으로 존재할 수 없게 된 것이다. 게다가 인식의 주체인 정신과 인식의 대상인 물체를 동등한 실체로 파악한 탓에 데카르트는 양자의 올바른 관계를 설명하지 못하고 결국 이원론의 수렁에 빠져들고 말았다. 비유하자면 단단하고 닫힌 껍질을 가진 정신이 또 다른 단단하고 닫힌 껍질을 가진 물체를 인식해야 했으므로 인식 과정에 관한 섬세한 설명이 불가능해진 것이다. 위기에 몰린 데카르트는 이 장면에서 신을 '해결사'로 등장시켰고, 이 때문에 인식 과정은 근본적으로 미스터리가 될 수밖에 없었다.

스피노자는 일단 데카르트가 정의한 실체의 개념을 그대로 받아들인다. 그러나 그는 데카르트가 자신의 실체 개념에 끝까지 충실하지 못했다는 점을 지적한다. 즉 데카르트는 실체가 아닌 것을 실체로 규정했기 때문에 딜레마에 빠졌고 그 '실체'들의 관계를 설정하는 데 실패했던 것이다. 이 문제를 해결하기 위해 스피노자는 실체와 양태樣態의 개념을 구분한다. 그에 따르면 데카르트가 실체라고 간주한 정신, 신체, 물체는 실상 실체가 아니라 모두 양태에 불과하다.

양태란 실체의 변용이다. 자족적으로 존재하는, 즉 단단하고 닫힌 실체와 달리 양태는 무르고 열려 있기 때문에 다른 존재에 의존하며 다른 존재를 통한 이해가 가능하다. 따라서 양태는 얼마든지 존재할 수 있고 한 실체가 여러 양태를 취할 수도 있다. 이를테면 잭 니콜슨이라는 영화배우는 불변의 한 실체지만 수많은 영화에서 그가 맡은 역할들은 양태다. 〈뻐꾸기 둥지 위로 날아간 새〉에서의 맥머피와 〈배트맨〉의 조커는 잭 니콜슨이라는 실체에 의존하는 부수적인 존재들이다. 데카르트는 잭 니콜슨과 맥머피, 조커를 모두 실체로 간주했기 때문에 그 스스로가 정의한 실체의 개념으로부터 벗어나는 자체 모순을 빚었다.

우리는 실체 자체를 인식하는 게 아니라 실체의 속성을 인식한다. 다시 말해 속성이란 우리가 인식할 수 있는 실체의 측면이며, 양태와 마찬가지로 속성도 하나의 실체에서 여럿이 나올 수 있다. 이렇듯 양태와 속성은 다수로 존재하지만 스피노자는 이 세상에 존재하는 실체는 오직 하나뿐이라고 말한다. 만약 같은 속성을 가진 두 개 이상의 실체가 존재한다면, 그것들은 서로 영향을 주고 제약을 가할 것이기 때문에 실체라는 개념에 위배된다. 데카르트는 정신과 물체를 실체로 보면서도 그것들이 상호작용한다고 여겼기 때문에, 독자적으로 존재하는 실체의 정의와 상충하지 않았던가? 서로 상호작용하는 것은 양태일 뿐 실체가 아니다. 마찬가지로 서로 다른 속성을 가진 두 개 이상의 실체도 존재할 수 없다. 속성이 다른 실체들은 서로 상대의 성질을 부정하게 되므로 실체로서 계속 존재할 수 없게 된다. 그러므로 이것들도 실체가 아니라 양태일 뿐이다.

실체를 이렇게 설명하는 방식은 앞서 살펴본 신의 설명과 거의 비슷하다. 과연 스피노자는 그 유일하게 존재하는 실체가 바로 신이라고 말한다(범신론은 복수의 신을 가정하지만 스피노자는 그렇지 않으므로 흔히 오해하는 것처럼 그의 사상을 범신론으로 보는 것은 잘못이다). 스피노자의 논의를 중세의 대표적인 철학적·신학적 쟁점이었던 보편자와 개별자의 문제에 대입해보면 한결 쉽게 이해할 수 있다. 보편자(실체)는 존재한다. 그것도 세계 속에서 유일하게 무한하고 자족적인 방식으로 존재한다. 개별자는 실체가 아니라 양태일 뿐이다. 세상의 모든 개별자는 실체의 변용이며 파생이다.

스피노자가 이렇듯 복잡해 보이는 과정을 거쳐 실체가 하나뿐이라는 결론을 이끌어낸 의도는 뭘까? 신을 변증하려는 걸까? 중세라면 모르겠으나 17세기에 굳이 그럴 필요는 없다. 실체=무한자=유일자=신=자연의 등식에서 추측할 수 있는 것은 실체를 최소화하겠다는 의도다. 플라톤의 이데아, 중세의 보편자, 데카르트의 실체는 모두 기본적인 정의에서는 옳지만 모두 다수의 실체를 가정한다는 문제가 있다. 이를테면 개의 이데아, 나무의 보편자처럼 실체의 수가 사물의 종류만큼 많았다. 세계 속에 그렇게 많은 등가적 실체들이 빼곡히 존재한다면 운동과 변화가 불가능해진다. 일찍이 고대 그리스의 파르메니데스가 겪었던 자가당착—운동은 불가능하다—을 피할 수 없는 것이다.

이제 스피노자의 기획이 어떤 의도인지 분명해진다. 실체를 최소화시키고 실체 대신 양태의 개념을 도입해 운동과 변화를 설명하려는 것이다. 철학사적으로 볼 때 그의 기획은 수천 년 동안 유지되어온 실체적 사고를 버리고 관계적 사고로 이행하려는 시도다. 실체가 자족적으로 존재하며 단 하나뿐이라는 사실은, 바꿔 말하면 철학적 사유에서 실체를 배제할 수도 있다는 의미다. 마치 스피노자가 세계와 아무런 관련이 없는 신의 존재를 상정한 것과 같다. 게다가 덤으로, 한때 철학을 시녀로 거느렸고 그 뒤로도 내내 철학을 괴롭혀온 신학을 철학에서 말끔히 떼어낼 수도 있다. 비록 신을 창조주의 자격에서 끌어내리고 자연과 신을 동일시한 것은 교회가 보기에 여전히 불경스러운 생각이지만 신을 무한자이자 유일한 실체로 규정했으니 스피노자는 신학에 대한 기본 도리를 다했다고 믿었으리라. 말하자면 신학이라는 개가 더 이상 시끄럽게 짖어대지 않도록 커다란 고깃덩이를 던져준 격이랄까?

생산하는 자연

철학의 탄생 이후 수천 년 동안 철학은 뭔가를 밝히고 설명하는 방식을 취해왔다. 그 뭔가는 항상 고정된 대상이었고 실체였다. 예컨대 "세상 만물의 근본적인 요소는 무엇인가?"라는 초기 철학의 물음, "삶의 궁극적 목적은 무엇인가?"라는 스토아철학의 물음은 모두 모종의 실체 혹은 실체적 진리를 찾고자 하는 시도였고, "신앙과 조화를 이루려면 이성은 어떤 것이어야 하는가?" "세상 만물의 보편자는 실재하는가, 아니면 이름뿐인가?"라는 중세철학의 물음도 역시 실체적인 답을 요구하는 질문이었다. 그런데 스피노자는 처음으로 실체를 한구석에 처박아버리고—즉 더 중요한 논의를 전개하기 위한 '전제' 정도로 국한시켜버리고—양태를 중심으로 하는 철학적 물음을 구성했다. 비록 정신을 하나의 실체로 간주한 데카르트에게서 힌트를 얻기는 했지만, 스피노자는 데카르트의 모순을 날카롭게 지적하면서 수백 년 동안 유지되어온 견고하기 이를 데 없는 실체적 사고의 틀을 깨기에 이르렀다.

실체의 측면에서 보면 자연은 처음도 끝도 없이 그저 무한하게 존재할 따름이지만 양태의 측면에서는 전혀 다른 약동적인 면모를 보여준다. 이 점에서 스피노자는 언뜻 수동적으로 여겨졌던 태도를 버리고 능동적인 면모를 보여준다. 강은 부지런히 산에서 바다로 흐르고 뭇 생물들은 끊임없이 나고 자라고 죽는다. 자연에는 온갖 변화와 운동이 가득하다. 스피노자의 말에 따르면, 자연계에서는 "무한한 종류의 사물들이 무한한 모습을 띠고 생겨난다." 또한 실체로서의 자연은 필연성 이외에 우연성을 전혀 허용하지 않지만, 양태로서의 자연은 숱한 사물들이 다양한 규칙과 법칙을 따라 인과적인 연속성과 우연적 상호 의존성을 무수하게 맺어가는 관계를 보여준다.

이런 자연의 이중적인 존재 방식을 스피노자는 '생산하는 자연^{natura} ^{naturans}'과 '생산되는 자연$^{natura\ naturata}$', 즉 능산적^{能産的} 자연과 소산적^{所産的} 자

3부 스스로 일어선 철학

연으로 구분했다. 자연과 생산이라? 따지고 보면 어색한 접합도 아니다. 자연(natura, 영어의 nature)이라는 말뜻 자체에는 이미 '태어남'과 '생산'의 의미가 포함되어 있지 않은가? 게다가 실체로 오해하면 안 되지만 '본성' 혹은 '본질'이란 뜻도 있다.

데카르트는 정신과 물체를 둘 다 실체라고 규정했고 대칭적인 이원론을 정립했지만 사실 그 양자가 같은 위상에 있는 것은 아니었다. 생각하는 자아, 즉 코기토가 철학의 출발점이라면 인식 대상인 물질계, 즉 자연은 인식 주체가 마음대로 규정하고 이용할 수 있는 실체다. 말하자면 한 실체가 다른 실체를 부리는 관계다. 그런 점에서 데카르트의 이원론은 인간에게 세계를 대상화시키고, 개조하고, 조작하고, 때로는 착취할 수 있는 권한을 부여한 셈이다. 18~19세기에 만개하는 산업혁명과 과학혁명은 그런 철학적 바탕이 있었기에 가능했다(자연을 인간의 '자원'으로만 보는 관점은 오늘날까지도 이어진다). 그러나 스피노자의 자연은 수동적인 대상으로만 머물지 않는다. 자연은 능동적이고 창조적으로 활동하며 자연법칙에 따라 수많은 존재를 끊임없이 생산한다. 데카르트의 사상이 근대 문명의 발전에 기여했다면 스피노자의 사상은 '그 이후'—현재로서도 미래에 속하는 시대—에 기여할 것이다. 들뢰즈가 스피노자에 주목한 이유는 그 점에도 있다.

역사에서 가정이란 허용되지 않지만, 만약 근대 서유럽의 정신세계가 데카르트의 자연관 대신 스피노자의 자연관을 받아들였더라면 실제 역사에서 보는 것처럼 자연을 황폐화시키면서 문명을 발달시키는 방향으로는 가지 않았을지도 모른다. 그랬더라면 지금 컴퓨터와 인터넷을 사용하는 문명의 단계까지는 오지 못했을지라도 최소한 자연 친화적인 문명으로 균형 잡힌 발전을 계속하고 있었을 것이다. 어느 것이 삶의 질에 더 부합하는지는 판단에 따라 다르겠지만.

인간과 자연의 관계를, 전자가 후자를 규정하고 대상화하는 관계라고 본 데카르트와 달리 스피노자의 자연은 인간을 자연의 일부로 포함한다 (그러고 보면 스피노자는 이름만이 아니라 자연관도 중국의 노자와 닮은꼴이다). 스피노자에게서 신은 곧 자연이므로 인간은 신의 일부이기도 하다. 다만 그리스도교의 신처럼 신이 자신의 형상을 본떠 인간을 창조한 것은 아니다. 인간만이 아니라 모든 유한자는 유일한 무한자인 신=자연 안에 잠재하는 가능성이 발현된 결과로 생겨난 존재들이다. 그런 의미에서 신은 비록 만물을 창조하지는 않았더라도 만물의 근원이며, 신은 세계 자체라기보다는 세계를 조직하는 이치, 섭리다.

현대의 환경 운동론에서는 흔히 인간이 자연을 파괴하는 주범이라고 말하는데, 아마 스피노자는 환경 운동의 취지는 충분히 납득하더라도 그 말에는 코웃음을 칠 것이다. 과연 인간에게 자연을 파괴할 만한 능력이 있을까? 데카르트는 정신이 마치 마징가제트 안에 탑재된 조종석처럼 자연의 기계적 운동을 간섭하고 제어할 수 있다고 여겼지만, 인간은 필연성에 따르는 자연의 웅장한 운동을 방해할 수 없다. 인간이 자연의 운동에 영향을 줄 수 있다는 것은 곧 자연에 뭔가 결함이 있다는 이야긴데, 완벽한 실체인 자연은 어떠한 결함도 가지지 않기 때문이다. 자연의 일부인 인간의 모든 활동은 자연의 활동에 포함된다. 또한 자연의 일부인 인간의 모든 생산은 바로 생산하는 자연의 운동이다.

전통적인 그리스도교 사상에서 인간은 비록 신의 피조물이지만 여타의 존재들과는 다른 특권적 피조물이었다. "하느님이 이르시되 내가 온 지면의 씨 맺는 모든 채소와 씨 가진 열매 맺는 모든 나무를 너희에게 주노니 너희의 먹을거리가 되리라." 〈창세기〉의 이 구절처럼 자연은 인간

3부 스스로 일어선 철학

의 '먹을거리'로 신이 마련해준 것에 불과했다. 그리스도교 특유의 인간 중심주의, 그리고 근대 민주주의에서 말하는 이른바 인간의 존엄성이라는 관념은 바로 여기서 비롯되었다. 하지만 스피노자는 인간이 아무런 특권도 가지지 않으며, 자연 속의 다른 존재들보다 더 존엄하거나 덜 존엄하지 않다고 말한다. 그래서 그는 인간의 관점을 탈피해서 자연의 관점을 취할 것, 다시 말해 수브 스페키에 아에테르니타티스^{sub specie aeternitatis}, 즉 '영원의 관점에서' 모든 것을 바라볼 것을 권한다. 어떤 면에서는 무시무시한 이야기다. 인간 활동이 환경을 악화시켜 인류 문명이 파괴된다 해도 '영원의 관점에서' 보면 지구는 인간 아닌 다른 생물의 터전이 될 테니까.

진리기 때문에 진리다

같은 말이 이렇게 달리 쓰일 수도 있을까? 만약 데카르트가 20년만 더 살았더라면 그는 스피노자의 철학을 보고 괘씸한 마음을 넘어 배신감마저 느꼈을지도 모른다. 스피노자는 그가 정성 들여 다듬은 실체의 개념을 그대로 가져다 쓰면서도 전혀 다른 용도로 활용했을 뿐 아니라 어떻게든 최후의 보루로 남겨놓고자 했던 신의 관념을 무참히 짓밟아버리고, 망측하게도 신의 피조물인 자연과 동일시했기 때문이다. 그런데 스피노자의 커닝은 거기서 그치지 않는다.

데카르트의 이원론에서 정신의 속성은 사유였고 신체와 물체의 속성은 연장이었다. 그런데 스피노자는 이 사유와 연장의 개념을 자연의 영역에까지 확장한다. 즉 자연계의 모든 사물도 사유와 연장을 속성으로 가진다는 것이다. 그의 사상을 범신론으로 규정하는 게 잘못이듯이, 사물들이 사유와 연장을 가진다고 해서 저급한 물활론^{animism}이라고 생각하면 곤란하다. 바위와 구름이 인식 능력을 가졌다고 말하는 것은 아니기 때문이다. 데카르트는 사유와 연장의 개념을 인간의 정신과 신체에 각각 따로 적용했지만 스피노자는 두 개념을 서로 동떨어진 것으로 파악하지 않았다. 앞서 구분한 실체와 양태의 의미를 연상하면 알기 쉽다. 하나의 실체는 여러 가지 양태를 가질 수 있다. 따라서 사유와 연장은 같은 실체를 말하는 두 가지 양태일 뿐이다.

그렇다면 그의 인식론적 의도는 명백하다. 알다시피 사유는 정신적인 속성이고 연장은 물체적인 속성이다. 이 두 가지 속성이 같은 실체에 내재한다고 보는 것은 곧 외부의 사물과 내부의 관념 간에 차이를 두지 않는다는 이야기다. 과연 스피노자는 "관념의 순서, 연결은 물체의 순서, 연결과 동일하다."라고 말한다. 존재하는 것은 실체 하나뿐이다. 우리는 이 실체를 사유의 관점에서 인식할 수도 있고 연장의 관점에서 인식할 수도 있다.

데카르트가 코기토를 인식의 출발점으로 하는 이원론을 정립한 이래, 아니 그보다 훨씬 전에 플라톤이 이데아를 중심으로 하는 이원론을 확립한 이래 인간은 늘 정신과 물체, 관념과 존재의 이분법적인 사고에 익숙했다. 그런데 그것은 진정으로 자연스러운 인식 태도일까? 혹시 너무나 익숙해져서 자연스러워진 것은 아닐까? 원래 인간은 외부 존재를 대상화시키지 않고 합일하는 방식으로 인식했는데 언제부턴가 아^{我}와 비아^{非}^{我}를 분리하게 되었고 그런 태도가 자연을 통제하고 지배하기에 용이하다는 생각에서 점차 그것을 체화시킨 게 아닐까? 적어도 스피노자는 그렇게 생각하는 듯하다.

관념과 물체를 구분하지 않으므로 스피노자는 어떤 대상이든 물체로서 이해할 수도 있고 관념으로서 이해할 수도 있다고 말한다. 예를 들어 물이 범람하는 현상과 홍수라는 관념은 동일한 것이며, 땅바닥 위에 그린 동그라미와 좌표축에 그린 $x^2+y^2=1$이라는 원의 공식은 서로 같은 것이다(스피노자의 책 제목에 '기하학'이라는 말이 있는 것을 기억하라). 물론 개는 짖어도 개라는 낱말은 짖지 않듯이—홍수라는 관념이 재앙을 가져오지는 않는다—사물과 관념은 존재론적으로는 다르지만 인식론적으로는 구분되지도 않으며, 굳이 구분하려 애쓸 필요도 없다.

따라서 스피노자에게 참된 지식이란 관념적 지식이다. 감각이 우리를 속일 수 있다는 것에 대해 스피노자는 데카르트와 같은 견해다. 감각은 우리 신체의 제한된 부분이 자연과 접촉함으로써 생겨나는 것에 불과하므로 자연에 관한 올바른 지식을 주지 못한다. 그에 비해 관념적 지식은 사물의 모든 속성, 즉 연장, 운동, 경도, 크기, 모양 등을 알게 해주며, 나아가 연역을 통해 또 다른 관념들도 얻게 해준다.

하지만 스피노자는 관념적 지식보다 한 차원 높은 지식이 있다고 말한다. 그것은 직관적 지식이다. 관념적 지식은 아무리 타당한 것이라 해도 상대적인 타당성에 불과하다. 따라서 대상 자체에 관한 적합한 지식은 줄 수 있어도 대상을 주변 맥락과의 연계 속에서 총체적으로 파악하도록 해주지는 못한다. 이에 비해 직관적 지식은 대상을 전체 체계 속에서 포괄적으로 이해하는 방식이다. 물론 문제는 있다. 말이 쉽지 이런 지식을 실제로 얻기란 결코 쉽지 않으니까. 그러나 스피노자에게는 인식론적 낙관주의를 견지할 만한 근거가 있다. 그는 "진리는 그 자체의 기준"이라고 말한다. "참된 생각을 하는 사람은 그런 생각을 함과 동시에 자신의 생각이 참되다는 것을 알며, 자신의 앎이 참이라는 것을 의심하지 않는다."

비유하자면 진리는 허위보다 본래 '우성인자'라는 말인데, 일단 심정적으로 믿고 싶기는 하지만 어찌 보면 지나치게 독단적인 발상인 듯도 싶다. 그러나 진리 속에 진리를 판별하는 기준이 없다면 결국 진리를 말하는 모든 이야기는 돌고 돌 뿐이고 그 과정에서 궤변만 양산될 뿐이다. 그런 점에서 스피노자의 말은 낙관적이면서도 상당한 용기를 담고 있다. 신을 끌어대지 않고 '맨 정신으로' 하는 말이기에 더더욱 그렇다. "모든 것이 물에 흘러가버려도 오직 진실만은 남는다." 도스토옙스키가 《카라마조프 가의 형제들》에서 한 말도 마찬가지 맥락일 것이다.

그러나 스피노자의 고결한 의도를 이해한다 해도 진리를 저 깊숙한 근저에만 두는 것은 어딘가 공허하다. 벽장 속에 꼭꼭 숨겨둔 가보는 결혼패물처럼 그저 존재한다는 것 이외에는 실용적인 의미가 없다. 앞서 말했듯이 스피노자의 철학이 혼란으로 가득한 17세기 유럽의 현실과 동떨어진 것처럼 보이는 이유는 그런 자세와 무관하지 않다. 그는 지구가 멸망하기 전날에도 태연하게 사과나무를 심을 만한 인물이었겠지만 그런 점이 더욱 그를 1500년 만에 부활한 스토아 철학자처럼 보이게 하는 것도 사실이다.

실체의 인플레이션

언뜻 생각하면 비관적인 사상으로 일관했을 법한 스피노자가 진리 낙관주의를 보인 것은 다소 의외다. 하지만 진짜 낙관주의의 정수를 보여주는 사람은 같은 시대의 철학자인 라이프니츠(Gottfried Wilhelm Leibnitz, 1646~1716)다. 두 사람의 인물됨은 상당히 대조적이다. 스피노자는 부친의 재산 상속을 놓고 누이와 소송까지 벌여 승소했으나 재산을 누이에게 양보하고 렌즈를 만드는 일로 생활한 데 비해, 라이프니츠는 금전 문제에 인색하고 처세에 능한 사람이었다. 그는 1676년에 스피노자를 만나 한 달 동안 함께 지내면서 《윤리학》이 출판되기 전에 이미 그 책의 내용에 관해 많은 것을 배웠다. 그런데도 나중에 스피노자가 종교계와 학계의 비난을 받게 되자 혼자서만 잽싸게 발을 빼버린 것은 라이프니츠의 '인생철학'이 어떤 건지 말해준다. 하지만 이 세상이 가능한 모든 세상 가운데 가장 좋은 세상이라는 그의 주장이 그 약삭빠른 처세술에서 나온 것은 아니다.

라이프니츠도 실체에서부터 철학적 논의를 시작하는 것은 데카르트나 스피노자와 마찬가지다. 그러나 일단 실체의 수에 관해서 그는 두 사람과 달리 무척 손이 크다. 데카르트는 신, 정신, 물체의 세 가지 실체를 인정했고, 스피노자는 신=자연의 단일한 실체를 주장했으나, 라이프니츠는 우주가 무수한 실체들로 이루어졌다고 본다. 말하자면 실체의 인플레이션인 셈이다. 그러나 더 큰 차이는 양보다 질에 있다. 의미는 서로 다르지만 데카르트와 스피노자는 둘 다 연장을 실체의 속성으로 본 데 반해 라이프니츠는 그럴 수는 없다며 펄쩍 뛰었다. 그도 그럴 것이, 그가 생각하는 실체의 속성은 연장과는 정반대의 것이었다.

라이프니츠는 굳이 연장으로 실체를 설명하려면 연장의 개념을 각각의 실체가 아니라 실체의 집합에 적용해야 한다고 말한다. 연장은 현실에서 양量으로 존재하는데, 이는 곧 무수히 많다는 뜻이다(사실 무수히 많은 실체가 존재한다는 그의 전제로 보면 그것은 필연적인 결론이다). 라이프니츠가 연장 대신 실체의 속성으로 내세우는 것은 오히려 불가분성이다. 나누고 나누어 더 이상 나눌 수 없게 된 '마지막 한 조각'이 바로 실체라는 이야기다. 이 대목에서 자연히 데모크리토스의 원자론이 생각나지만, 라이프니츠의 견해는 그것과도 또 다르다. 그가 생각하는 실체는 물리적 단위가 아니라 형이상학적 단위, 즉 정신적 실체다. 그렇다면 그가 연장이라는 속성을 한사코 거부한 입장도 이해할 수 있다. 연장을 가지지 않는 물체란 생각할 수 없으니까.

정신적 실체는 연장이 없는 비물질적 실체지만 라이프니츠는 그것을 물리적 요소처럼 다루어야 한다고 보았다. 연장을 속성으로 가지는 실체라면 외부의 영향을 크게 받는다. 그것과 마찬가지로 연장을 속성으로 가진 다른 실체들과 이리저리 충돌할 수밖에 없기 때문이다(교통정체로 자동차들이 도로를 가득 메운 광경을 생각해보라). 그와 달리 라이프니츠의 실체는 외부의 영향력에 강력하게 저항하는 힘을 지닌 요소다. 정신적 실체라면 아무리 실체라는 말이 붙어도 어딘가 무른 이미지를 벗기 어려운데, 라이프니츠는 그 정신적 실체에 단단한 껍질을 부여한다. 나아가 이름도 걸맞게 그 실체를 홀로 존재하는 요소, 즉 단자(單子, monad)라고 부른다.

단자는 독자적으로 존재하고 자체의 원리 이외에 다른 어느 것에 의해서도 영향을 받지 않는 정신적 실체다. 이런 성질을 강조하기 위해 라이프니츠는 "단자에는 창문이 없다."라고 말한다. 감옥의 독방에도 배식구와 창문이 있는데 그마저 없다면 어떨까? 그러나 어쩔 수 없이 홀로 남겨진 게 아니라 싱글을 택한 것이기에, 고독하다기보다는 눈 높은 노처녀 같은 이미지다. 혹시 라이프니츠는 세포(cell, 독일어로는 Zelle)의 개념에 착안해 단자라는 독방cell을 연상했을지도 모른다. 그의 시대인 1665년에 영국의 로버트 훅이 코르크 조직을 현미경으로 관찰해서 최초로 세포를 발견했기 때문이다.

창이 없는 독방이라 다른 방과 소통하는 통방조차 불가능하다. 그런데 실은 애초에 통방 같은 건 필요도 없다. 라이프니츠는 단자 하나하나가 전 우주를 반영한다고 말한다. 단자는 우주에 존재하는 모든 사물과 사건에 관한 관념들을 내재하고 있으므로 의사소통의 필요성을 느끼지 않는다. 엄청나게 통이 큰 이야기일까, 아니면 터무니없는 거짓말일까? 어쨌든 그의 주장을 그대로 수용한다 해도 한 가지 근본적인 문제는 남는다. 단자끼리 소통하지 않는다는 건 그럴 수 있다고 쳐도 이따금씩 단자들 간에 일어나는 행동의 일치는 어떻게 설명해야 할까? 서로 늘 아웅다웅하는 세정이와 윤영이가 가끔 의기투합하는 이유는 뭘까?

단자를 굳은 실체로 규정하면 활용하기는 꽤 편리할 것 같지만 연장보다 불편한 면이 있다. 연장의 장점은 관계다. 즉 실체가 연장을 가지면 다른 실체와 관계를 설정하기가 쉬워진다. 하지만 각기 따로 노는 단자라면 어떻게 서로 간에 작용하고 영향을 줄 수 있을까? 이에 대한 라이프니츠의 해법은 놀랄 만큼 간단하다. 그런 상호작용과 영향 같은 건 아예 없다는 거다. 물론 현실 세계에서 단자들이 마치 서로 영향을 주고 인과관계를 맺고 있는 것처럼 보이는 것은 사실이다. 하지만 라이프니츠는 그것이 눈속임에 불과하다고 일축한다. 어떻게 이런 과감한 주장이 가능할까?

세포의 경우처럼 여기에도 라이프니츠의 시대에 등장한 선례가 있다. 데카르트의 제자인 휠링크스(Arnold Geulincx, 1624~1669)는 스승의 이원론을 받아들이면서도 정신이 신체를 조종한다는 관념은 인정하지 않았다. 정신과 신체는 본래 별개이며, 서로 영향을 주고받지 않는다는 것이다. 그렇다면 정신의 의지와 신체의 운동이 일치하는 관계를 어떻게든 설명하지 않을 수 없다. 휠링크스의 설명은 아주 기발하다. 그는 시계 두 개를 예로 든다. 두 시계는 물리적으로 연결된 것도 아니고 서로 아무런 연관이 없는데도 늘 같은 시각을 가리킨다. 이런 두 시계의 통일적 행동은 연관에 의해 보장되는 게 아니라 각각의 내적인 메커니즘에 의해 보장된다. 정신과 신체는 바로 이런 관계라는 것이다. 라이프니츠가 무릎을 쳤을 만하다.

아름다운 강산

원래 거짓말은 더 큰 거짓말을 부르게 마련이다. 처음에는 작은 거짓말로 시작했다가 그것을 정당화하기 위해 점점 더 복잡하고 정교한 거짓말을 꾸미게 된다. 라이프니츠의 학설이 순전히 거짓말이라는 뜻이 아니라, 한 가지 이론을 입증하기 위해 다른 이론을 연쇄적으로 구상해 나가는 그의 논의 전개 방식이 거짓말의 구조와 흡사하다는 이야기다. 그는 먼저 실체를 정의했고, 단자를 정신적 실체로 규정했다. 그다음에 단자가 우주를 반영하는 고립된 성격을 지닌다고 말했으며, 단자들의 소통은 우연적이라고 보았다. 여기까지만 해도 '미스터 인크레더블'의 자격이 충분하지만 거짓말의 지존이 되려면 마지막 한 가지 거짓말이 더 필요하다.

인간의 관점에서는 우연일지라도 신의 관점에서는 필연이다. 신은 모든 것의 기획자이기 때문이다. 데카르트가 그랬듯이 라이프니츠도 결정적인 장면에서 데우스 엑스 마키나를 등장시킨다. 두 개의 시계가 늘 같은 시각을 가리키는 것은 신이 그렇게 정해놓았기 때문이다. 인간이 의지로 몸을 움직이는 것은 정신이 신체 기관을 작동시키는 게 아니라 신이 정신과 신체가 일치하도록 예정했기 때문이다. 그래서 이 편리한 학설을 예정조화설이라고 부른다.

라이프니츠가 실례로 든 것은 교향악단이다. 교향악단은 마침 그의 시대인 17세기 초에 탄생했으니까 그는 첨단의 유행을 예로 들어 자신의 학설을 설명한 셈이다. 교향악단은 바이올린, 비올라, 첼로, 베이스 등의 현악기와 각종 관악기, 타악기로 구성된다. 이 수십 명의 연주자들은 각자 자신의 악보를 보고 자신의 악기를 연주하지만 전체적으로는 음악적 조화를 이룬다(교향악^{symphony}이라는 말 자체가 '음^{phony}의 조화^{sym}'라는 뜻이다). 그 조화는 어디서 비롯되는가? 바로 지휘자다. 지휘자가 없다면 연주자마다 리듬과 템포가 달라지므로 개별 연주자들이 아무리 뛰어난 실력을 가지고 있다 해도 결코 교향악을 이루지 못한다.

더 세련되고 말끔한 예복을 입었다는 것 이외에는, '지휘자'라는 신의 관념도 데카르트의 '해결사'에 비해 크게 나아진 것은 아니다. 진일보한 게 있다면 라이프니츠는 신을 등장시키는 데 그치지 않고 나름대로 신을 증명하려 했다는 점이다. 예정조화설 자체가 신의 분명한 역할과 필요성을 말해주고 있으므로 데카르트의 해결사처럼 우지끈뚝딱 나타나서 모든 문제를 해결하는 거친 신의 관념은 아니다(거칠기로 말하면 지휘자보다는 해결사가 제격이다). 신에 관한 논증은 이미 중세에도 여러 차례 있었고―예컨대 안셀무스의 존재론적 논증, 토마스 아퀴나스의 우주론적 논증―라이프니츠도 상당 부분 그런 논증들을 답습하는 정도이므로 그다지 새삼스러울 것은 없다. 다만 한 가지 라이프니츠의 논증에서 참신한 부분은 세계가 존재하는 이유를 세계 안에서 찾을 수는 없다고 본 점이다. 교향악단에서 지휘자는 연주자의 신분이 아니고 연주자들과 반대 방향으로 서 있다. 이와 마찬가지로 신은 이 세계에 속하지 않으면서 이 세계를 기획하고 지휘한다.

　이런 라이프니츠의 입장은 그의 의도와는 달리 신학보다 형이상학에 시사하는 바가 더 크다. 그의 말을 형이상학에 대입하면 형이상학의 존재 근거는 형이상학 내부에 있지 않다는 이야기가 된다. 데카르트로부터 시작된 근대 형이상학의 연혁이 아직 길지 않은 시점인데도 라이프니츠는 이미 형이상학의 한계를 어렴풋이 직감하고 있는 것이다(내부와 외부를 구분한다는 건 끝을 상정한다는 거니까). 이러한 한계는 나중에 형이상학이 많은 가지를 치고 무성하게 이파리들을 단 뒤에야 비로소 뿌리의 부실함으로 드러나게 된다. 형이상학에 자체 근거가 없다는 것 때문에 특히 19세기의 후설과 20세기의 하이데거 같은 사람들이 큰 철학적 고통을 겪게 되는데, 그렇게 보면 형이상학은 탄생 때부터 숙명적으로 문제를 안고 있었는지도 모른다.

　신이 세계의 기획자요 지휘자라면 이 세계는 완벽한 교향곡처럼 조화로울 게 틀림없다. 적어도 라이프니츠는 그렇게 믿었다. 그러나 이 세계에 악이 전혀 없는 것은 아니다. 그 무렵의 시사평론가라면 아마 라이프니츠의 낙관적인 주장에 코웃음을 쳤을 것이다. 시대는 암울했다. 라이프니츠의 고향인 라이프치히도 비록 상업의 중심지로 발돋움하는 중이었으나 암울하기는 마찬가지였다. 서유럽의 다른 나라들이 근대 국가로의 바쁜 행보를 보이는 가운데 독일은 지역의 이름일 뿐 아직 나라의 이름조차 되지 못한 실정이었다(독일의 통일은 19세기 후반에야 이루어진다). 바야흐로 30년전쟁이 끝나고 재편된 유럽 세계에 또다시 대규모 국제전의 조짐이 역력하게 드러나기 시작했다(이 조짐은 17세기 말의 아우크스부르크 동맹 전쟁으로 가시화되며, 이후 유럽 세계는 20세기 중반까지 극심한 전란에 휘말린다).

그런데 라이프니츠는 세계의 악조차 조화의 일부라고 생각했다. 교향곡으로 말하면 악은 불협화음에 해당하므로 그 자체로 보면 부조화지만 곡 전체로 보면 조화의 일부다. 마찬가지로, 이 세상에 존재하는 악은 인간의 관점에서 보면 악이지만 신의 관점에서 보면 세계의 어엿한 구성 요소에 속하거나 최소한 필요악이다. 일찍이 신도 아담이 선악과를 먹으면 후손들에게 원죄를 안겨줄 것임을 예견했으나 그래도 인간에게 자유의 여지를 허용하기 위해 놔두었다. 이렇게 간단히 해결될 문제를 놓고 중세의 철학자-신학자들은 그토록 골머리를 앓았던가? 우직하다 못해 무식해 보이는 해결책이다. 그러나 알렉산드로스가 아니었다면 고르디우스의 매듭은 풀리지 않았을 테고, 콜럼버스가 아니었다면 달걀을 모로 세울 수 없었으리라.

이렇게 해서 이 세상은 신이 창조한 최선의 세상이 되었다. 비록 약간의 문제점은 있지만, 그리고 모두가 신을 믿는 건 아니지만, 그 문제점 또한 신의 발명품이고 신앙을 거스를 자유 또한 신의 선물이다. 사필귀정事必歸正! 신은 조화로운 세상을 만들었고 라이프니츠는 유쾌한 낙관주의로 해설했다. 저자와 편집자의 절묘한 팀워크로 '아름다운 강산'이라는 멋진 책이 발간된 격이다. 스피노자와는 또 다른 의미에서 현실 도피가 아닐까 하는 의심이 라이프니츠의 예정표에는 들어 있지 않았다.

예정조화의 논리학

재승박덕才勝薄德의 전형적인 인물이라면 장점은 덕보다 재주에 있을 터이다. 과연 라이프니츠는 스피노자만큼의 깊이는 보여주지 못했어도 스피노자보다 훨씬 넓은 활동의 폭을 보여준다. 미분법의 발명을 놓고 뉴턴과 경쟁한 유명한 일화에서 보듯이 수학적 재능도 뛰어났으며, 비록 생애 중에는 한 권의 저서밖에 출간되지 않았으나 과학, 법, 신학 등 다방면의 분야에서 두루 저작을 남겼다. 특히 라이프니츠가 여러 지식인들에게 보낸 3만 통에 달하는 편지들과 유고는 19세기에야 일반에 공표되었는데, 여기서 그는 조잡한 형이상학에 걸맞지 않게 제법 세련된 논리학을 선보여 체면도 세우고 면모도 일신했다.

  실은 그가 논리학에 관심을 가지게 된 동기에도 조잡한 측면이 있다. 그는 수학의 영역에만 국한되지 않는 일반화된 수학을 발견해서 모든 철학적 논쟁에 종지부를 찍고 싶은 의도를 가지고 있었다. 그런 게 있다면 얼마나 좋을까? "두 철학자 사이에 논쟁이 벌어질 경우 그들은 골머리를 앓을 필요가 없다. 그저 연필과 석판을 가지고 계산만 하면 되기 때문이다. 이때 한 사람을 참관인으로 옆에 앉혀도 좋을 것이다." 수학 문제를 풀듯이 철학적 쟁점을 해결하자는 이야긴데, 너무나 천연덕스러운 생각인지라 조잡하다기보다는 소박해 보인다.

  라이프니츠의 논리학은 두 가지 법칙을 전제로 한다. 하나는 전통적으로 논리학의 중요한 법칙인 모순율이고(아리스토텔레스 이래로 논리학의 세 가지 법칙은 모순율, 배중률, 동일률이었다), 다른 하나는 라이프니츠가 인과율을 대체하는 개념으로 고안한 충족이유율이다. 모순율을 설명하기 위해 그는 명제를 분석명제와 종합명제로 구분한다. 분석명제란 정의상으로 참인 명제, 즉 문장을 구성하는 낱말들에 의해 이미 참이라고 규정할 수 있는 명제를 말한다. 수학적인 명제가 대표적인 예지만 문장의 예를 들면 "모든 분식집은 밀가루를 재료로 쓴다."라는 명제의 경우다. 이 명제는 주어(모든 분식집) 속에 술어(밀가루를 재료로 쓴다)의 의미가 포함되어 있기 때문에 무조건 참이다. 반대로 이것을 부정하면("일부 분식집은 밀가루를 재료로 쓰지 않는다") 무조건 거짓이 된다. 모순율은 한 명제와 그것을 부정하는 명제가 동시에 참일 수는 없다는 법칙이므로 분석명제의 성질을 완벽하게 설명해준다.

그 반면에 종합명제는 문장 자체로 진위가 판별되지 않고 세계 속의 특정한 사실을 끌어들여야만 참인지 거짓인지를 알 수 있다. 예컨대 "박정희는 1979년에 부하에게 총을 맞아 죽었다."라는 것처럼 역사적 사실을 말하는 명제, "길모퉁이 분식집에서는 냉면을 판다."라는 명제가 종합명제에 속한다. 이것은 명제 자체에 판단 기준이 없기 때문에 모순율이 적용될 수 없다. 물론 우리는 박정희가 언제 어떻게 죽었는지 알고 길모퉁이 분식집이 냉면을 파는지 어떤지 알지만, 그것은 명제 자체에서 얻어지는 앎이 아니라 '역사'와 '동네 지리'라는 외부의 요소들을 관찰한 결과다.

그렇다면 분석명제와 종합명제는 서로 환원되거나 중복될 수 없는 별개의 명제일 것이다. 즉 분석적이면서 종합적인 명제는 없다. 그런데 라이프니츠는 여기서도 신의 관점을 도입한다. 앞서 보았듯이 인간의 관점에서 우연으로 보이는 것도 신의 관점에서는 필연이다. 마찬가지로 라이프니츠는 우리에게 종합명제로 여겨지는 것도 신에게는 분석명제라고 말한다. 그의 체계로 보면 당연한 이야기다. 우리는 역사와 동네 지리를 관찰해야만 박정희와 길모퉁이 분식집에 관한 명제의 진위를 판별할 수 있지만, 모든 것을 예정한 신은 외부의 사실을 참고하지 않아도—실은 신에게는 '외부의 사실'이라는 것 자체가 없다—참과 거짓을 알 수 있기 때문이다. 이것은 예정조화설을 논리학에까지 연장한 추론이라고 할 수 있다.

신적인 필연성을 가정하는 데서 충족이유율이 도출된다. 충족이유율이란 세상에 존재하는 것은 다 존재할 만한 이유가 있다는 법칙이다. 박정희는 1979년에 그렇게 죽어야 할 이유가 있고 길모퉁이 분식집은 냉면을 팔아야 할 이유가 있다. 인과율과 비슷하지만 충족이유율은 자연계의 법칙이 아니라 신의 법칙이라는 점에서 다르다. 라이프니츠는 충족이유율을 인정하는 것이 이성에 맞는 태도이며 그렇지 않으면 비합리적이라고 단정한다.

　존재하는 것은 존재하지 않는 것보다 더 좋다. 또한 존재하는 것들도 가급적 많은 양이 존재할수록 더 좋다. 라이프니츠의 말을 빌리면 신은 가능한 한 많은 것을 창조했다. 우주를 최대한 존재로 가득 차게 창조하는 것이 신의 창조 방식이다. 그렇다면 신은 세계도 하나가 아니라 여럿을 창조했을 것이다. 그 많은 세계들 가운데 우리 세계가 지금까지 살아남았다는 것은 곧 이 세계가 최선의 상태라는 것을 말해준다. "어떤 사물이 존재하려면 자체와 모순되는 것보다 모순되지 않는 것의 수가 더 많아야 한다." 악보다 선이 더 많기 때문에 이 세상은 존재할 수 있었다는 뜻이다. 다시 한 번 이 세상은 역시 아름다운 강산임이 '입증'된다. 이 논리에 불만을 품는 사람이 있다면 이보다 못한 다른 세상이 어떨지 상상해보라!

　하지만 현세를 적극적으로 긍정했음에도 불구하고 라이프니츠의 철학은 교회의 환영을 받지 못했다. 아니, 정확히 말하면 라이프니츠는 그런 사태를 미리 예견하고 예정조화설 가운데 지나치게 결정론적인 부분을 죽을 때까지 공개하지 않았다. 중세 교회였다면 열렬히 박수를 보냈겠지만 17세기에는 교회 역시 과거와 달라져서 자유의지의 측면이 위축되는 것을 마냥 달갑게 여기지 않았기 때문이다. 교회 대신 그의 철학을 환영한 것은 프로이센의 군주였다. 30년전쟁 이후 독일 지역의 맹주로 떠오

3부 스스로 일어선 철학

른 프로이센은 당시 루이 14세의 프랑스가 유럽을 석권하려는 야욕을 보이자 부쩍 경계심을 품고 있었다. 그런 상황에서 현상 유지status quo를 학문적으로 뒷받침해주는 라이프니츠가 프리드리히 빌헬름의 눈에 든 것은 당연했다. 그 덕분에 라이프니츠는 19세기에 헤겔이 등장할 때까지 독일의 국익에 기여한 대표적인 국가 철학자로 기억된다.

풍요와 어울리는 상식

사상은 현실을 반영하지만 그 방식이 언제나 직선적이고 직접적인 것은 아니다. 중국의 경우 혼란기였던 춘추전국시대에 공자와 맹자처럼 현실 참여적인 정치철학을 펼친 사람들이 있는가 하면, 노자와 장자처럼 현실 도피적인 순수철학을 전개한 사람들도 있었다(순수철학이 반드시 현실도피적인 것은 아니다). 이처럼 사상은 현실을 그대로 반영하기도 하고 때로는 현실의 역상을 반영하기도 한다. 유럽 대륙이 전란의 소용돌이에 휘말린 17세기에 초연하고 낙관적인 철학을 전개한 스피노자와 라이프니츠도 그런 사례에 속한다.

재미있는 것은 영국의 경우다. 오랜 내전을 거치며 체제를 정비한 17세기에 영국의 지적 흐름은 대륙의 경우와 달리 매우 현실적인 지향을 보였다. 인식론을 거의 생략한 홉스와 조잡한 인식론을 거쳐 정치철학으로 넘어간 로크가 그런 추세를 대변한다. 그런데 18세기에 접어들면서 영국 철학자들은 또다시 대륙의 흐름을 거슬러 순수철학으로 전이하는 양상을 보여준다. 프랑스 계몽주의자들이 절대주의를 분쇄하기 위해 이론-실천적으로 분주할 때 영국의 버클리와 흄은 마치 그렇게 호들갑을 떨 필요가 있느냐는 듯이 천연덕스럽게 근대 철학의 기초인 인식론에 매진한다. 누구도 의도하지는 않았지만 이런 엇박자가 유럽 세계의 전반적인 지적 발전을 가져온 것은 사실이다(단적인 예로 영국의 흄이 없었다면 대륙의 칸트도 없었다). 그런 점에서 영국이라는 작지 않은 섬나라의 존재는 유럽 전체로 볼 때 커다란 행운이었다.

섬이라는 지리적 조건은 역사적으로 보면 양가적인 측면이 있다. 섬은 고립을 가져오지만 다른 한편으로는 차단의 역할도 한다. 물론 섬의 입장에서 가장 좋은 전략은 대륙 문명의 좋은 부분을 흡수하고 나쁜 부분을 차단하는 것이다. 하지만 자칫하면 거꾸로 대륙 문명의 선진적인 요소를 받아들지 못하고 오히려 해악적인 요소를 여과 없이 수용하게 될 수도 있다. 어느 쪽의 노선이 통할지는 섬의 주체적 역량이 좌우한다. 다시 말해 섬의 크기와 주민의 수가 어지간할 경우 섬이라는 조건은 상당히 유리하게 작용하게 된다.

영국보다 우리에게 더 익숙한 일본의 경우가 그렇다. 일본은 고대 국가를 수립할 시기인 6~7세기에 중국과 한반도의 선진 문명을 흡수했고, 당나라와 신라가 비틀거리기 시작하는 9세기부터는 문을 닫아걸어 유해한 영향을 차단했다. 견당사遣唐使의 파견을 중단하고 당풍唐風 대신 이른바 '국풍國風' 운동을 일으켜 가나 문자를 만든 게 바로 이 시기다. 또한 13세기에 막강한 세계 제국 몽골의 침략을 두 차례나 방어한 것도 섬이라는 지리적 조건의 덕분이었으며, 16세기에 내부를 통일하고 자체 역량을 정비한 뒤 대외 진출을 도모할 수 있었던 것도 섬이 아니라면 불가능한 일이었다(그 진출이 하필 한반도 침략이라는 게 문제였지만).

유럽 역사에서 영국도 일본과 매우 비슷한 행보를 보인다. 고대에 로마제국이 브리타니아의 남부까지 지배했지만 그것은 결과적으로 영국에 문명의 불을 지펴준 셈이 되었고, 중세 초기에 게르만과 노르만의 침략도 고대 국가의 성립을 돕는 역할을 했다. 그렇게 축적된 힘을 바탕으로 영국은 변방의 위치에서 벗어나 14세기에 유럽의 중심인 프랑스와 대등한 승부를 펼쳤으며(백년전쟁), 섬이기에 프랑스와 달리 오랜 전쟁의 후유증에서 빨리 회복될 수 있었다. 게다가 16세기에 독자적인 종교개혁으로 종교 갈등을 줄일 수 있었던 것도, 또 유럽 대륙이 30년전쟁으로 몸살을 앓던 17세기에 최소한의 내전을 거쳐 의회민주주의 체제를 수립하고 대외적으로 식민지 개척에 앞장설 수 있었던 것도 섬이라는 조건에 힘입은 바가 컸다.

새로운 정치 실험에 성공한 뒤 18세기부터 영국은 섬나라를 넘어 세계 제국을 향한 힘찬 도약의 길에 나섰다. 이제 상식이 통하는 사회가 되었다는 자신감의 발로일까? 번영의 새 시대에 발맞추기라도 하듯이 이 시기에 영국의 철학은 상식에 뿌리를 둔 극단적 경험론으로 치닫기 시작한다. 첫 타자로 나선 상식의 수호자는 사제의 신분으로 전도를 위해 신생국인 미국에 갔다가 오늘날 캘리포니아의 대학교에 이름을 남긴 버클리(George Berkeley, 1685~1753)였다.

경험론의 실질적인 창시자는 홉스지만, 그는 인식론의 분야에서 별다른 성과를 남기지 못한 탓에 보통 로크, 버클리, 흄을 영국 경험론의 삼총사로 꼽는다. 삼총사의 둘째라면 나머지 둘을 잇는 가교 역할로 봐야 할 것이다. 과연 버클리는 선배인 로크의 사상을 비판·보완하고 후배인 흄에게 발판이 되어주었다. 앞 장에서 보았듯이 로크는 사물을 인식하는 과정을 제1성질과 제2성질로 구분했다. 인식 대상과 인식 주체를 잇는 징검다리에서 제1성질은 대상에 가까운 디딤돌이고 제2성질은 주체에 가까운 디딤돌이었다. 그러나 버클리는 제1성질이 허구라고 주장한다.

설사 제1성질의 개념을 인정한다 해도 우리가 그것을 인식하려면 제2성질을 통하지 않을 수 없다. 즉 사물의 연장, 크기, 모양 등을 알기 위해서는 촉각이나 시각과 같은 일차적 감각기관에 의지할 수밖에 없는 것이다. 그렇다면 제1성질은 실상 우리에게 더 가까운 제2성질을 해석한 결과에 지나지 않는다. 결국 로크의 구분은 무의미해진다. 여기서 버클리는 그의 철학적 명성을 대표하면서도 아울러 그에 대한 여러 가지 오해를 낳은 유명한 구절로 자신의 입장을 요약한다. "존재하는 것은 지각되는 것이다."

원래 경험론자들이 용감하다는 것은 익히 아는 사실이지만 버클리의 그 말은 용감함을 넘어 만용처럼 여겨진다. 일견 그것은 극단적 관념론으로 보인다. 존재하는 것은 지각되는 것이라는 말을 뒤집으면 지각되지 않는 것은 존재하지 않는다는 말이 된다. 그렇다면 세상의 어느 누구도 지각하지 않는 작은 산기슭의 이름 모를 들풀, 그리고 개미도 떠들어보지 않는 그 풀 옆의 아주 작은 돌멩이는 존재하지 않는다는 것인가? 처녀비행에 나선 생텍쥐페리가 지도에 시에라네바다 산맥보다도 더 크게 그려 넣은 과디스 부근의 오렌지 나무 세 그루는 아예 존재의 가치가 없단 말인가?

눈에 보이는 것을 믿어라

자신의 입장을 지나치게 단순화시켜 말하는 경우는 두 가지다. 하나는 자기가 무슨 말을 하는지 자기도 잘 모를 때이고, 다른 하나는 오해의 위험을 무릅쓰고라도 특정한 측면을 강조하려 할 때다. 조잡한 선문답이 전자에 속한다면 버클리는 후자에 속한다. 버클리 같은 사람이 존재하는 것은 지각되는 것이라고 말했을 때는 텍스트 ^{text}만이 아니라 콘텍스트 ^{context}도 충분히 감안해서 이해할 필요가 있다. 바보나 정신병자가 아닌 다음에야 지각되지 않는 것은 모조리 존재하지 않는다고 말할 사람이 어디 있겠는가? 그러나 바보도 정신병자도 아닌 18세기 영국의 새뮤얼 존슨 같은 유명한 문인도 버클리를 저능아처럼 취급한 것을 보면 의사소통의 문제는 20세기의 하버마스 같은 사람만이 가진 고민거리가 아닌 모양이다. 존슨은 버클리가 돌을 한 번 발로 걷어차보면 돌이 하나의 관념이 아니라는 것을 깨닫게 되리라고 빈정거렸다.

버클리가 로크의 제1성질을 부정한 것은 로크의 편의적 발상에 내포된 문제점을 예리하게 드러내고 있다. 로크는 인식 대상과 인식 주체의 간극을 어떻게든 좁혀보려고 두 개의 디딤돌을 놓은 것이지만 사실 거기에는 필연적인 근거가 없다. 우리는 사물의 색깔과 소리를 시각과 청각으로 보고 들을 뿐이지 색깔과 소리의 '근원'을 지각하는 것은 아니다. 디딤돌을 두 개가 아니라 더 많이 놓는다 해도, 어떤 장치를 만든다 해도 인간은 사물 자체를 직접 인식하지 못하고 사물에 대한 관념만을 얻을 수 있을 뿐이다. 로크처럼 그 관념을 이리저리 나누고 갈라봐도 크게 달라지는 건 없다.

예를 들어 열기라는 관념을 보자. 흔히 이 관념은 사물 자체에서 비롯되는 것으로 생각한다. 밥솥에서 나오는 김은 손을 델 정도로 뜨겁고, 냉장고의 냉동실은 갓 구운 빵을 5분이면 꽁꽁 얼려버릴 정도로 차갑다. 그런데 그 감각은 과연 절대적인가? 버클리는 뜨거움과 차가움의 감각이 실은 정신적인 것이라고 말한다. 이 점은 미지근한 물에 손을 넣어보는 실험으로 알 수 있다. 왼손은 미리 밥솥의 김을 살짝 쐬어 데워두고 오른손은 냉장고에 넣어 차게 한다. 그런 다음에 두 손을 동시에 미지근한 물에 넣으면 왼손은 차가움을 느낄 것이고 오른손은 뜨거움을 느낄 것이다. 하지만 미지근한 물이 동시에 차가우면서 뜨거울 수는 없다. 그러므로 차가움과 뜨거움의 감각, 열기라는 관념은 사물이 아니라 내 마음에서 비롯되는 것이다. 그렇다면 우리가 직접적으로 지각한다고 생각하는 사물은 실제로 사물이 아니라 사물의 관념일 따름이다. 그래서 에세(esse, 존재)는 곧 페르키피(percipi, 지각되는 것)일 수밖에 없다.

이리하여 인식의 '유일한 대상'은 관념밖에 없으니까 관념을 분석할 차례다. 버클리는 관념을 세 가지로 구분한다.

(1) 감각기관에 직접적으로 주어지는 감각 자료의 관념
(2) 정신의 활동을 통해 감각 자료를 해석한 관념
(3) 기억과 상상의 힘으로 정신 속에서 만들어낸 관념

그 구분을 쉽게 이해하기 위해 세 가지 관념을 한데 버무려보자. 헤어진 연인이 과거에 보냈던 편지를 다시 꺼내보고(1), 즐거웠던 옛날의 추억에 젖어 마음 한구석이 저려오다가(2), 다시 재회해서 함께 명동 거리를 걷는 상상을 해본다(3). 다분히 감상적인 분위기지만 낭만주의의 전야에 살았던 버클리에게는 이런 예가 어울리지 않을까 싶다.

사람들은 사물의 존재가 일차적이고 사물에 대한 관념이 이차적이라고 보겠지만—심지어 로크 같은 경험론자도 그렇게 생각했다—버클리가 보기에는 오히려 그 반대가 옳다. 즉 그에게는 관념이 일차적이고 실재적이며, 사물은 추상적으로만 존재할 뿐이다. 그래서 그는 사물의 존재를 지각된 내용과 구별하려는 시도를 이해할 수 없다면서 그것은 '추

3부 스스로 일어선 철학

상의 온갖 모순'을 포함한 사고라고 간주한다. 추상적이라는 말은 흔히 구체적이지 않고 약간 비현실적이라는 의미로 사용되지만 버클리는 많은 사람들이 분명하다고 확신하는 것을 오히려 추상적이라고 말한다. 잠시 곱씹어보면 그의 의도가 뭔지 알 수 있다. 지금 내 책상 위에 놓인 연필이라는 사물이 더 추상적일까, 아니면 그 연필에 관한 관념이 더 추상적일까? 우리는 쉽게 사물이 구체적이라고 여기지만 실은 그 사물이 우리 정신 속에 빚어낸 관념이 더 구체적인 게 아닐까?

상식의 경우도 마찬가지다. 버클리는 철저히 상식에 입각해 논의를 전개한다. 눈에 보이는 것을 그대로 믿어라. 왜 감각되지도 않고 감각될 수도 없는 본질 같은 것을 상상하는가? 그러나 경험론의 그 전형적인 주장도 말처럼 쉬운 게 아니다. 비록 눈에 직접 보이지는 않지만 본질을 '상상'하는 이유는 그럴 만한 존재의 근거가 있기 때문이라고 반박할 수도 있으니까. 본질을 부정하는 게 상식일지 인정하는 게 상식일지는 누구도 장담할 수 없다. 게다가 '눈에 보이는 것'이라는 개념도 그다지 엄밀한 의미는 아니다. 예를 들어 파리가 앉았다 간 밥풀 위에는 비록 우리의 눈에는 보이지 않지만 미세한 세균들이 우글거리고 있을 것이다. 이것은 보인다고 해야 할까, 보이지 않는다고 해야 할까?

그러나 존재하는 것은 지각되는 것이라는 버클리의 말을 액면 그대로 조악하게 해석해서는 안 된다. 누군가 고뇌 끝에 결론을 내렸다면 아무리 결론이 단순해 보여도 그것을 쉽사리 부정하거나 반박해서는 안 된다. 버클리는 물질의 존재 자체를 부인한 게 아니다. 상식의 수호자인 그가 존슨의 지극히 상식적이고도 천박한 비판에 속절없이 무너진다면 이미 논리적인 모순이 아니겠는가?

물질의 실재성은 상식이므로 버클리도 그걸 부인할 생각은 없다. 돌로 맞으면 아픈 건 사실이다. 그가 거부한 것은 이른바 물질적 실체다. 플라톤 이래 중세 실재론자들을 거쳐 데카르트까지 상식을 어기면서 물질의 실체가 실재한다고 주장했으며, 경험론의 창시자인 로크조차도 '내가 알지 못하는 어떤 것$^{\text{something-I-know-not-what}}$'이라는 표현을 사용하면서 그런 실체의 실재성을 부정하지 않았다. 실제로 그런 실체가 존재하는지, 존재하지 않는지는 버클리도 명확히 알지 못한다. 그래서 그는 누구도 실체의 실재성을 긍정할 권한이나 부정할 권한을 가지지 않는다고 말한다. 다만 그런 주장은 추측과 짐작에 불과하므로 철학의 출발점이 되어서는 안된다고 지적할 뿐이다.

물론 사물에 관한 일반 관념이 있는 것은 사실이다. 우리는 세정이나 윤영이 같은 특정한 사람을 지칭하지 않고도 일반적인 의미로 '사람'이라는 말을 쓸 수 있으며, 때로는 이런 일반 관념이 유용한 경우도 많다. 이를테면 사전을 편찬할 때 그런 게 없다면 어떻게 한 낱말의 일반적인 정의를 내리겠는가? 버클리는 그런 일반 관념도 역시 부정하지 않는다. 다만 물질을 부정하는 게 아니라 물질의 '실체'를 부정한 것과 같은 맥락에서, 그는 일반 관념이 구체적인 개별 관념들을 표상하는 기능을 할 뿐 특별한 지위를 가지는 것은 아니라고 말한다. 세정이와 윤영이 같은 구체적인 사람이 없이는 사람이라는 일반 관념이 성립할 수는 없다는 주장인데, 이 점에서 버클리는 중세 유명론의 입장을 그대로 따르고 있다.

신을 보증인으로 세우다

같은 경험론자라도 절충과 타협을 통해 이론을 적당히 꿰맞추는 데 급급했던 로크에 비해 버클리는 주저 없이 자신의 색깔을 선명하게 드러낸다. 자기를 후원해줄 귀족을 애타게 찾은 로크와 달리 버클리가 신대륙에서의 모험도 마다하지 않은 것은 아마 사제로서의 신앙심 이외에 그런 진취적 성격을 가지고 있었기 때문일 것이다.

그러나 모난 돌이 정을 먼저 맞듯이 과감하고 선명한 태도는 아무래도 다치기 쉽다. 석학으로 존경 받으며 온갖 명예를 누린 로크와 달리 버클리는 처음부터 격렬한 비판을 받았고, 그래선지 서른 살 이후에는 별다른 철학 저작을 남기지 못했다. 게다가 위태롭게 쌓은 모래성처럼 기반을 다지기보다는 높이를 추구한 탓에 그는 여러 차례 자신의 이론을 수정하고 보강해야 했다. 처음에는 관념의 실재성만을 주장하다가 물질의 실재성을 인정한 것도 그 때문이었으며, 나중에는 그토록 싫어하던 '실체'의 개념을 적어도 하나만은 인정해야 했다. 그 실체는 바로 인식(버클리의 용어로는 지각)의 주체다.

존재하는 것은 지각되는 것이라는 말에 100퍼센트 동의한다 해도 지각하는 주체가 없으면 지각 행위 자체가 성립하지 않는다(데카르트의 코기토는 역시 귀중한 발견이었다!). 그래서 버클리는 관념과 별도로 관념을 형성하는 주체를 설정하지 않을 수 없었다. "지각하는 능동적 존재를 나는 정신, 마음, 영혼, 혹은 나 자신이라고 부른다." 관념이 실재하듯이 정신도 실재한다. 양자는 전혀 다르고 이질적이기 때문에 서로 포함될 수도, 환원될 수도 없다. 오히려 정신은 관념보다 실재성이 더 강하다. 정신은 독자적이고 장기적으로 존재하지만 관념은 정신에 의존하며 단기적으로만 존재하기 때문이다. 결국 모든 실재는 정신과 정신 속에 있는 관념으로 정리될 수 있다.

그런데 지각 주체인 정신이 존재한다는 것은 어떻게 증명할까? 사물의 존재는 그 사물에 대한 관념으로 알 수 있었다. 그러나 관념을 만들어내는 정신의 존재도 그런 식으로 알 수 있다고 말한다면 그건 어불성설語不成說이다. 자동차를 운전하는 기술과 자동차를 제작하는 기술이 서로 같을 수는 없다. '정신에 대한 관념' 따위는 없다. 버클리는 어쩔 수 없이 데카르트식 해법을 채택한다. 자아에 관해서는 누구나 '직접적인 지식'을 가지고 있다는 입장을 취한 것이다. 직관적 인식이라는 개념 자체를 지독히 혐오하는 버클리로서는 고육지책이었으리라.

그래도 지각의 주체는 어차피 필요한 것이었으니 그다지 흉한 꼴은 아니다. 더 큰 문제는 그다음이다. '존재＝지각'의 등식을 고집한다면 아무도 지각하지 않는 존재의 실재성은 어떻게 담보할까? 앞서 말한 들풀, 돌멩이, 오렌지 나무들이 존재한다는 걸 우리는 어떻게 알까? 그것들이 존재한다는 사실은 버클리도 부인하지 않지만 그 존재 방식이 어떠하고 그것들의 존재가 어떤 의미를 가지는지에 관해서는 어떻게든 해명해야만 한다. 당시 버클리를 속되게 비판하는 사람들은 이렇게 비아냥거렸다. "감각의 대상은 인간이 주목할 때마다 존재했다가 고개를 돌리면 곧바로 사라져버리는 간헐적인 존재란 말인가?" 오늘 아침 내 방에 두고 나온 책상과 컴퓨터가 나 없는 동안에도 그대로 있으리라는 사실을 어떻게 확신할까?

처음에 버클리는 신경질적으로 반응했다. "말은 여전히 마구간에 있고 《성서》는 여전히 서재에 있다." 그가 지각하지 않아도 그의 말과 《성서》는 늘 제자리에 있다는 이야기다. 하지만 그 문제를 근본적으로 해결하지 않으면 다른 누구보다 버클리 자신의 심기가 불편해진다. 이 문제는 나중에 흄에게도 고민을 안겨주지만 그래도 버클리는 사제라는 신분이었기에 가능한 해결책이 있었다. 우리의 지각과 무관하게 존재하는 이 방

3부 스스로 일어선 철학

대한 세계가 관념들의 체계라고 주장하려면 항시적으로 세계를 지각하고 있는 주체, 즉 모종의 정신이 필요하다. 인간으로서 감당할 수 없는 그야말로 '철통같은 감시'이므로 그 주체는 인간을 초월한 존재의 정신이 아니면 안 된다. 버클리는 그 존재를 바로 신이라고 규정했다. 세계는 신의 정신이 만들어낸 관념 체계로 이루어져 있다. 그렇기 때문에 내가 없어도 세계의 실재성은 신이 보증한다.

이렇게 신을 존재의 보증인으로 세우면 또 한 가지 장점도 얻을 수 있다. 존재=지각의 입장에서는 지각의 객관성을 주장하는 게 불가능하다. 섭씨 50도의 물은 뜨겁다고 지각하는 사람도 있고 차갑다고 지각하는 사람도 있다. 감각이야 원래 주관적인 성격이 강하니까 그렇다 치더라도 모든 지각이 주관적이고 상대적이라면 지식의 발전도, 학문적 토론도 질곡에 처할 것이다. 하지만 여기서도 신이 있기에 그런 위기에서 벗어날 수 있다. 신이 객관성을 담보해주면 된다.

이리하여 신은 지각의 위기만이 아니라 버클리의 위기도 구해주었다. 데카르트, 라이프니츠에 이어 버클리에게도 데우스 엑스 마키나는 역시 전가의 보도로 사용되었다. 신은 인간이 풀지 못하는 모든 문제를 해결해주는 여집합 같은 존재이며, 만능 맥가이버이며, 영원한 리베로다. 경험론을 극한까지 밀고 나가 정상에 오르려 했던 버클리도 결국 베이스캠프에서 하산을 결심하고 신을 끌어다댔다. 이제 누가 그 극한까지의 간극을 메우고 정상에 깃발을 꽂을 것인가?

자아는 없다!

데카르트는 모든 것을 의심하고 최후까지 남은 '의심하는 자아', 즉 코기토를 인식의 출발점으로 삼았다. 세상 만물을 회의한다 해도 주체는 있어야 그런 회의가 가능하므로 코기토는 존재론적 근거를 가진다는 게 그의 주장이었다. 하지만 그 코기토마저도 데카르트가 생각하는 만큼 확실하고 명증적인 존재가 아니라면 어떨까? 이를테면 그가 상상한 대로 속임수에 통달한 악마가 있어 코기토가 존재하는 것처럼 믿게 만든다면? 그래도 데카르트는 '코기토가 존재하는 것으로 믿는(실은 속는) 코기토'는 분명히 존재한다고 말했을 것이다. 악마에게 속더라도 그렇게 속는 자아의 실재성과 실체성은 부인할 수 없다는 게 데카르트의 생각이었다.

그럴 수도 있다. 생각하는 것도 나요, 회의하는 것도 나요, 속는 것도 나니까 최소한 나는 존재해야 한다. 그런데 엄밀히 말하면, 데카르트의 도식을 따른다 해도 내가 그냥 존재한다는 것만으로는 부족하다. 그보다 더 필수적인 조건은 내가 지속적이고 동일하게 존재해야 한다는 것이다. 예를 들어 내가 순간순간마다 다르게 존재한다면 그 '나'는 확실한 존재라고 해야 할까, 불확실하다고 해야 할까? 어제의 나와 오늘의 나를 동일한 존재라고 볼 근거가 없다면?

이런 의문이 본격적으로 제기되는 것은 20세기에 들어서다. 데카르트는 자아의 존재가 확실하다는 것만 증명했을 뿐—그의 방식을 '증명'이라고 인정한다면—자아의 지속성과 동일성은 증명하지 못했다. 아마 그는 자아가 존재한다면 당연히 지속적이고 동일하게 존재하리라고 여기고 거기에 의문부호를 달지 않았을 것이다. 그러나 그의 코기토는 단일하지도, 통합적이지도 않았으므로 지속적인 존재라고 볼 수 없다. 20세

3부 스스로 일어선 철학

기 현대 철학자들에 훨씬 앞서 그런 의문의 단초를 제기한 사람은 영국 경험론 삼총사의 마지막 인물인 흄(David Hume, 1711~1776)이다.

앞에서 보았듯이 버클리는 유명론의 주 무기였던 오컴의 면도날을 아주 요긴하게 써먹었다. 물질적 실체가 존재하든 존재하지 않든 우리는 어차피 외부 사물에 관한 관념밖에 가질 수 없으므로 그런 실체를 가정할 아무런 이유도 없다. 그래서 버클리는 불필요한 것을 가정해서는 안 된다는 오컴의 원칙에 따라 물질적 실체를 면도날로 잘라버렸다. 그러나 선배에게서 면도날과 그 편리한 기능을 물려받은 흄은 한 가지를 더 잘라내야 한다고 생각한다. 그것은 바로 심리적 실체, 다른 용어로 말하면 데카르트의 자아다. 이것을 왜 잘라내야 하느냐고? 흄에게는 그럴 만한 근거가 있다.

흔히 사람들이 자아라고 부르는 것 속으로 깊이 들어가보면 항상 구체적인 지각, 예컨대 열기나 냉기, 밝음이나 어둠, 사랑이나 미움, 즐거움이나 고통 등의 지각에 접할 뿐이다. 지각을 동반하지 않은 자아를 포착할 수 있었던 적은 한 번도 없었고, 지각 이외에는 아무것도 관찰할 수 없었다. 잠을 잘 때처럼 지각이 중단되면 나는 자아를 인지할 수 없으며, 따라서 지각이 중단되면 자아는 존재하지 않는다고 말하지 않을 수 없다.

흄은 자아를 여러 가지 지각으로 분해할 수 있다고 본다. 그렇다면 굳이 자아라는 말을 써서 헷갈리게 할 이유는 없다. 즉 자아의 실체 같은 건 없다! 플라톤의 이데아가 그저 형식적으로만 존재하듯이, 중세의 보편자가 이름뿐이듯이, 버클리의 물질적 실체가 존재하지 않듯이, 데카르트의 코기토는 존재하지 않는다.

그렇다면 일상생활을 살아가는 우리가 자아의 존재를 당연시하는 이유는 뭘까? 그 여러 가지 지각 내용을 자아가 통제하고 해석하는 역할을 하기 때문이 아닐까? 흄이 보기에 자아는 환상의 발명품이다. 우리가 가진 지각들은 서로 별개인데도 연상 작용에 의해 마치 연속성을 지닌 것 같은 착각이 일어나고 그 결과 동일한 자아라는 환상이 생겨난다. 즉 자아는 우리의 습관이 만들어낸 허구에 불과하다. 흄은 이렇게 호언장담한다. "전 인류에 대해서 감히 단언하건대 인간이란 인식할 수 없을 정도로 급속히 작동하는 계기와 영원한 운동 속에 있는 상이한 지각들의 다발이나 묶음 이외에 아무것도 아니다."

인간이 한낱 지각의 덩어리에 지나지 않는다니! 다음 장에서 보겠지만 유럽 대륙에서 자유·평등·박애의 휴머니즘 정신이 태동하던 18세기에 흄은 이미 반휴머니즘을 외친 셈이다(여기서 반휴머니즘이란 도덕적인 의미가 아니라 철학적 의미다). 인간의 자아마저도 그럴진대 사물 존재라면 더 말할 것도 없다. 우리가 동일하다고 여기는 사물들은 실상 냉정하게 따져보면 동일성을 결여한 존재들이다. 10년 전에 뜰에 심은 감나무 묘목이 어느덧 크게 자라 마당에 큰 그늘을 드리우고 있다. 우리는 이 감나무와 예전의 묘목이 동일하다고 생각한다. 20년 전에 태어난 아이가 지금은 다 자라서 대학생이 되었다(나와 다른 인간도 내게는 사물 존재와 다를 바 없다). 아이의 부모는 이 아이가 그때 태어난 그 아이라고 확신한다. 하지만 그 사실을 당연히 여길 만한 근거는 어디 있을까? 흄에 따르면 그 동일성은 허구이며, 유사성을 동일성으로 착각한 결과다. 그는 어제 책상 위에 놓아둔 연필이 오늘 아침 책상 위의 그 연필이라고 단정할 근거는 없다고 말한다. 하룻밤 동안 아무리 미세한 변화라도 겪었기 때문에 두 연필은 같다고 볼 수 없다는 것이다.

자아의 경우와 마찬가지로 모든 사람은 사물의 존재를 당연시하는 경향이 있다. 흄은 지각의 내용을 인상과 관념으로 구분한다. '첫인상'이라는 말이 있듯이 인상은 대상에 관한 일차적인 느낌, 생생하고 뚜렷한 지각이며, 관념은 이 원초적인 인상을 분석하고 해석한 결과다. 물론 둘 다 정신 활동의 소산이므로 로크가 말하는 제1성질, 제2성질의 구분과는 다르다(로크와 버클리는 인상과 관념을 다 관념으로 일괄했다). 인상은 강렬하나 모호하고, 관념은 명확하나 선명하지 못하다. 관념 중에서 인상의 생생함을 어느 정도 유지하는 것을 기억이라 하고 그렇지 않은 것을 상상이라 한다.

사물의 동일성을 당연하게 여기는 태도는 인상을 관념으로 가공하는 과정에서 생긴다. 인상 자체는 본래 순간적일 뿐 지속적이지 못한 데 반해—따라서 인상의 경우에는 동일성의 여부를 따질 필요조차 없다—관념은 인상에서 비롯되었으나 때로는 인상과 유리된 채 지속되기 때문에 허구로 빠질 개연성이 충분하다. 그래서 우리에게 주어진 것은 관념뿐인데도 우리는 관념의 지속성을 대상의 지속성으로 착각하는 것이다.

원인도 없다!

남들이 당연시하는 것을 따지고 드는 깐깐한 사람이라면 아마 친구가 없을 거다. 책에서는 모두가 '예스'라고 말할 때 혼자서 '노'라고 말하는 사람의 용기를 칭찬할지 몰라도 현실에서 그런 사람은 왕따를 당하기 일쑤다. 그러나 흄은 인품도 훌륭하고 평판도 좋은데다 사교성도 뛰어난 사람이었다. 그는 순수철학을 연구하고 저술 활동에 치중했으면서도 바다 건너 프랑스에서 열정적인 정치철학과 활발한 정치 활동을 펼치는 행동하는 지식인인 루소와 각별한 관계를 유지했다. 하지만 삶과 학문이 반드시 일치하는 것은 아니고 또 그럴 필요도 없다. 물론 물리학이나 공학에 비해 철학의 경우에는 학문적 성과와 학자의 가치관이 더 밀접한 연관을 가진다고 봐야겠지만, 철학도 학문의 한 분과인 이상 학자의 인격이나 품성이 학문에 완전히 반영될 수는 없다(학문과 활동의 지향점이 같고 평생을 불꽃처럼 살았던 마르크스 같은 사람도 있지만 그건 아주 특별한 경우다).

흄도 학문과 생활의 괴리를 쉽게 극복하지 못하는 괴로움을 토로한 적이 있다. "나는 맛있는 음식을 먹고 주사위 놀음을 하고 친구들과 담소를 즐긴다. 그런 다음에 다시 철학적 사색으로 돌아가면 너무나 차갑고 단조롭고 우습게 여겨져 더 이상 사색에 몰두할 생각이 들지 않는다." 남들이 그냥 넘어가는 문제에 일일이 딴죽을 거는 입장이었으니 그는 자신의 철학적 성향과 타고난 성품의 괴리를 더욱 크게 느꼈을 법하다.

하지만 사람은 생긴 대로 살아야 하는 법이다. 괴로움은 괴로움이고 딴죽은 딴죽이다. 흄은 전혀 날카로운 성격이 아니었어도 날카롭기 그지없는 면도날을 계속 휘두른다. 자아를 도려내고 동일성을 잘라낸 뒤에도 그 흉기는 얌전히 칼집으로 들어가지 않았다. 흄이 정한 다음 목표는 놀랍게도 인과관계다. 자아의 실재성, 존재의 동일성과 더불어 자연 세계에서 누구도 의문시할 수 없는 법칙은 바로 필연성이 아닌가? 모두가 당연시하는 것을 의문시하는 흄에게는 딱 맞는 목표 설정이다.

자연계에는 무수한 필연성이 관철되고 있다. 바람이 불면 나뭇가지가 흔들리고 비가 오면 강물이 불어난다. 실은 자연계만 그런 게 아니다. 인간의 행동이나 심리도 상당 부분 필연성의 흐름을 따른다. 연인과 헤어지면 기분이 우울해지고 술을 마시면 취한다. 이 모든 사례에서 앞의 현상은 뒤의 현상이 일어나게 한 원인이다. 즉 두 현상은 서로 인과관계를 가진다. 이 당연한 사실에서 흄은 어떤 문제점을 찾으려 하는 걸까?

우선 예비 작업으로 흄은 라이프니츠가 구분한 분석명제와 종합명제를 되새긴다. 앞서 보았듯이 분석명제란 정의상으로 참이며 부정할 경우 무조건 자기모순을 빚는 명제를 가리킨다. 예를 들면 "모든 어머니는 여자다." 같은 지극히 당연한 문장이다. 그런데 분석명제의 문제점은 그저 옳기만 할 뿐 새로운 내용이 전혀 없다는 데 있다. '어머니'라는 주어 속에 이미 '여자'라는 내용이 포함되어 있기 때문이다. 즉 분석명제는 세계에 관해 아무런 지식도 주지 않는다. 그래서 흄은 분석명제를 동어반복에 불과하다고 본다.

대표적인 분석명제는 신학이나 형이상학에서 볼 수 있다. 그가 보기에 특히 신학과 형이상학은 쓸데없이 장황한 중언부언에 불과하며, 세계에 관한 새로운 정보를 주지 못하고 단지 언어의 의미에 관한 정보만 줄 뿐이다. 이런 말놀음에서 벗어나려면 실재에 관한 지식을 주는 종합명제가 필요하다. 그런데 종합명제는 논리적으로 구성할 수 있는 게 아니라 경험과 관찰을 통해서만 얻을 수 있다. 따라서 원리를 연역해서 얻는 지식, 예컨대 수학적 지식도 역시 동어반복에서 탈피하지 못한다. "5+7=12"라는 등식에서 좌변 항은 이미 우변 항을 포함하고 있으므로—2장에서 말했듯이 "모든 문제는 이미 해답을 그 안에 품고 있다."—새로운 지식을 주는 것은 아니다.

종합명제를 구성하기 위한 가장 강력한 수단이 바로 인과관계다. 인과관계는 세계에 관한 지식을 주면서도 분석명제와 비슷한 정도의 명증적인 진리성을 보장해준다. 흄의 시대에도 인과관계는 자연과학의 비약적인 발전을 이루는 데 지대한 공헌을 했다. 사과가 떨어지는 것을 보고 뉴턴이 만유인력의 법칙을 발견했다는 일화는 믿거나 말거나지만, 뉴턴역학의 핵심을 이루는 운동의 세 법칙, 즉 관성, 가속도, 작용과 반작용의 법칙은 모두 자연 세계에 관철되는 인과관계를 기반으로 하고 있다. 그런데 놀랍게도 흄은 그런 인과관계조차 허구라고 주장한다.

우후면 죽순이요 풍비면 박산인데, 왜 그걸 허구라고 말할까? 그러는 흄은 잠을 덜 자도 졸리지 않고 끼니를 걸러도 배가 고프지 않다는 걸까? 물론 그런 이야기는 아니다. 흄은 실재의 세계에 인과관계가 존재하지 않는다는 게 아니라 그 관계를 필연성으로 인식하는 우리의 관념에 문제가 있다고 지적한 것이다. 우리에게 주어진 것은 실재의 인과관계 자체가 아니라 관념들의 관계일 뿐이다(버클리의 훌륭한 계승이다!). 누구도 관념들의 관계를 가지고 곧장 실재의 문제를 언급할 수는 없다는 게 그의 주장이다. 우리의 지식은 관념에 관한 지식이지 실재에 관한 지식이 아니다. 비록 그 관념이 실재에서 비롯되었다고 해도 우리에게는 실재를 운위할 자격이 없다.

그래서 흄은 인과관계란 없다고 말한다. 원인도 없고 결과도 없다. 자연계에서는 하나의 사건이 다른 사건을 발생시키는 것처럼 보이는 사례가 많이 있지만, 따지고 보면—즉 신이 아니라 인간의 관점에서 보면—사건들의 순서가 그럴 뿐이지 두 사건 사이에 필연적인 연관은 없다. 겨울이 가면 봄이 오는 것은 자연현상이지만 겨울은 그저 봄에 앞서 존재할 뿐 봄의 원인인 것은 아니다. 해는 매일 동쪽에서 떠서 서쪽으로 지지만 무수한 경험을 통해서 그렇게 말할 수 있을 뿐 오늘의 석양이 내일 아침 솟는 해의 원인인 것은 아니다. 스칼렛 오하라가 말하지 않았어도 내일은 내일의 태양이 뜬다.

지금까지 그래왔다고 해서 앞으로도 그러하리라는 보장이 있을까? 설사 현실적으로는 확신할 수 있다 해도 거기에 논리적 필연성을 부여할 수 있을까? 매년 겨울이 지나면 봄이 오는 횟수가 늘어날수록, 매일 해가 동쪽에서 뜨는 사례가 쌓일수록 그 자연현상은 필연적인 법칙이 될 가능성이 높아진다. 그러나 법칙에 가까워지는 것과 법칙이 되는 것은 엄연히 다르다. 아무리 확률이 높아진다 해도 유사 법칙과 진짜 법칙 사이에는 마치 수학의 점근선처럼 넘을 수 없는 벽이 있다. 그렇다면 흄처럼 "우리가 아직 경험하지 못한 사건들은 우리가 이제까지 경험한 사건들과 유사할 것"이라고 말하는 게 결국 최선이 아닐까?

흄은 여기서 더 나아가 우리가 서로 별개인 사건들을 인과관계로 인식하는 것은 전적으로 습관에 기인한다고 말한다. 앞에서도 말했듯이 그는 자아도 우리의 습관이 만들어낸 허구라고 말했으니 다른 존재는 말할 것도 없다. "우리가 어느 존재에서 다른 존재를 추리하는 것은 우리의 상상력에 적용하는 습관 이외에 아무것도 아니다." 이 정도까지 회의적일 필요가 있을까? 하지만 흄의 논리를 말끔하게 극복할 수 있는 해법이 쉽게 나오지 않는 것은 사실이다.

관념과 언어의 범위 내에서 원인과 결과를 논하는 것까지 흄이 반대하는 것은 아니다. 비록 흄은 찬동하지 않지만 그렇게 생각할 자유는 누구에게나 있다. 그러나 원인과 결과라는 개념을 실재의 세계에까지 적용하려는 것은 말하자면 문법으로 자연법을 분석하려는 격이다. 흔히 원인과 결과의 법칙성이 세계 속에 존재하고 인간은 그것을 '발견'한다고 생각하지만 실은 오히려 인간이 그런 법칙성을 인위적으로 '발명'한 것이다. 이런 흄의 입장을 채택하면 인간이 세계와 접속될 수 있는 링크는 사실상 아무것도 남지 않게 된다. 바야흐로 철학은 파국에 이르렀다.

파국은 새로운 탄생의 거름

면도날은 오컴이 발명했지만 그것을 가장 잘 써먹은 사람은 흄이다. 흄은 그 면도날로 자아의 실재성, 자아와 사물의 동일성, 세계의 인과성까지 모조리 잘라버렸으니까 오컴에게 면도날의 로열티를 톡톡히 지불해야 할 것이다. 그러나 그렇게 처참하게 면도날로 난도질한 결과 철학의 뿌리는 다시 싹을 틔우지 못할 정도로 결정적인 상처를 입었다. 이제 철학자들은 실업자 신세를 면하기 위해서라도 새로 씨앗을 뿌리고 토양을 다지지 않으면 안 된다.

특히 데카르트가 철학의 출발점으로 삼은 코기토는 태어난 지 수십 년만에 몰골사납게 짓뭉개졌다. 흄은 데카르트가 애써 마련한 인식의 기초를 간단히 무너뜨렸다. 인간 이성의 그 고도한 인식 작용을 그는 그저 "우리 영혼 속의 놀랍고 이해하기 힘든 메커니즘"이라며 무시해버렸는데, 19세기에 후설이 인식이야말로 "우주에서 가장 큰 수수께끼이자 철학적 경이"라고 말한 것을 들었다면 필경 코웃음을 쳤을 것이다.

하지만 흄은 비록 철학적으로는 황폐한 결과를 남겼어도 인간의 본성에 관해서는 훨씬 애정 어린 관심을 보였다. 경험론의 선배인 로크는 인간의 본성을 타불라 라사, 즉 백지白紙 상태로 간주했으나 흄은 인간이 그런 백치白痴 상태로 출발할 리가 없다고 생각했다. 해협 건너 프랑스에서 친구인 루소가 로크의 이론을 받아들여 계몽주의 사상을 발전시킬 때도—계몽주의에서 중요한 것은 교육이고 교육이 제대로 먹히려면 백치 같은 백지상태가 가장 좋다—흄은 교육으로 인간의 본성을 바꾸는 데는 한계가 있다는 입장을 취했다.

여기에는 흄이 철학자보다 역사가로 이름을 날린 배경이 작용했을 것이다. 20대에 쓴 야심작인 《인성론^{A Treatise of Human Nature}》이 그의 말을 빌리면 '인쇄소에서 사산되자' 그는 《영국사^{History of England}》를 써서 베스트셀러로 만들었다. 역사적 인물들을 통해 흄이 확립한 인간관에 따르면 인간의 특성은 이성보다 열정에 있었다. 그는 특히 자기애, 모욕에 대한 불쾌감, 성적인 열정을 예로 들었는데, 합리주의 시대의 초기에 그런 비합리적인 측면에 관심을 가졌다는 것은 시대와 어긋나는 흄의 탈근대성을 말해준다.

이 점은 흄만이 아니라 경험론의 전반적인 특성이기도 하다. 인간에게 이성 이외의 요소가 있다는 것은 문명 시대 이전부터 알려진 사실이지만—모욕을 당했을 때 불쾌하게 느끼는 건 문명의 산물이 아니다—그것이 언제나 철학의 영역에 포함된 것은 아니었다. 고대 그리스철학에서는 플라톤의 사상을 비롯해 인간의 감정이나 욕망을 철학적으로 해명하려는 노력이 있었으나, 그리스도교 시대로 접어들면서부터는 신앙의 관계를 조율하기 위해서 이성만을 신학-철학의 주제로 삼았을 뿐 다른 요소들은 철학적 주제로 삼기에는 비천한 것으로 간주되었다. 위대한 신학을 섬기는 시녀이자 냉철한 이성을 주요 수단으로 삼는 철학이 어떻게 그때그때 달라지는 비천한 감정이나 욕망을 다루겠는가?

이런 철학의 엄숙주의를 통박한 것이 영국의 경험론이고 그 대표 주자가 흄이다. 원래 경험론은 그 성격상 이성의 권위를 인정하기가 어렵다. 버클리가 상식을 강조하고 흄이 회의를 줄기차게 밀어붙인 의도는 이성 중심의 인식론을 거부하고 이성의 결함을 드러내기 위한 것이었다. 그들이 보기에 인간의 이성은 진리를 찾기 위한 수단이 아니라 불필요한 관념을 만들어내거나 실재를 관념으로 환원하려는 쓸데없는 기능에 불과했다. 경험론자들이 제동을 걸지 않았다면 이성은 일찌감치 독주 태세를 갖추었을 것이다. 따지고 보면 그들도 경험론의 체계를 구축하는 데 이성이라는 수단을 이용했을 테니, 아마 그들에게 이성은 먹기는 싫고 버리기는 아까운 닭갈비가 아니었을까? 하지만 여전히 이성의 권위를 인정하는 게 대세였던 대륙의 지적 풍토에서 칸트를 필두로 반성의 물결이 일기 시작한 데는 영국 경험론, 특히 흄의 영향이 컸다.

흄의 사상에서 시대를 앞서간 측면은 그것만이 아니다. 경험론의 마지막 주자로서 경험론을 극한까지 추구한 결과 흄은 본의 아니게 까다로운 철학적 문제를 드러내기에 이르렀다. 사실 흄은 데카르트, 스피노자, 라이프니츠로 이어지는 이른바 대륙의 합리론—그들을 이런 이름으로 묶는다는 것 자체가 의문이지만 적어도 경험론과는 구분된다는 점에서 수용하기로 하자—을 거의 모두 부정했지만 시대적·지성사적 문제의식에서는 그들과 큰 차이가 없다. 무엇보다도 흄은 가장 확실한 토대를 철학의 출발점으로 삼아야 한다고 생각한 점에서 데카르트와 다를 바 없다. 다만 그 확실한 게 뭐냐는 데서 견해가 상반될 뿐이다.

윌리엄 오컴 같은 중세의 극단적 유명론자도 실재의 존재 자체를 부정하지는 않았다. 경험론의 극단에서 그의 면도날을 계승한 흄도 그 점에서는 마찬가지다. 그렇다면 여기서 선택이 필요하다. 한편에는 실재가 있고 다른 한편에는 실재를 경험함으로써 생겨나는 관념이 있다. 둘 중 어느 것이 더 확실할까? 전통적으로 철학자들은 실재가 존재하기 때문에 관념이 존재할 수 있다는 점에서 실재를 더 근본적이고 확실한 것으로 여겼다. 플라톤이 그랬고 아리스토텔레스도 마찬가지였으며, 중세 철학자들은 아예 실재를 신의 속성으로 떠받들기까지 했다. 실제로 실재는 관념에 비해 존재론적 우월성을 가진다. 실재는 객관적이고 장기간 불변하는 속성을 가지지만 관념은 아무래도 주관적이고 오래가지 못하니까.

3부 스스로 일어선 철학

그러나 경험론은 그 관계를 역전시키고자 했다. 버클리가 새뮤얼 존슨의 천박한 비아냥거림을 감내하면서까지 존재를 오로지 지각뿐이라고 밀어붙인 의도, 흄이 상식을 거슬러가면서까지 자아와 인과성이 허구라고 강변한 의도는, 비록 상대적이고 주관적이라 해도 우리에게 주어진 가장 확실한 것은 관념밖에 없다는 점을 강조하기 위해서였다. 실재가 존재론적으로 우월하다면 인식론적으로 우월한 것은 관념이다. 앞 장에서 보았듯이 데카르트가 근대 철학의 토대를 놓았다고 말할 수 있는 이유는 철학의 초점을 존재론에서 인식론으로 옮겨왔다는 데 있다. 그런데 그 과정에서 경험론이 큰 역할을 한 것은 사실이지만 흄은 인식론을 정립한게 아니라 파괴하지 않았는가? 데카르트가 애써 확립한 인식의 주체마저 해체해버리지 않았는가?

일단 그렇다. 하지만 파괴는 창조의 어머니다. 흄의 파괴는 새 것의 탄생을 위한 소중한 밑거름이었다. 현실의 역사에서 르네상스 시대는 이미 끝났지만 이제 철학은 르네상스를 맞았다. 새로이 탄생할 철학은 단지 인식론에만 그치지 않고 존재론을 아우르는 종합이어야 할 것이다. 이 종합은 데카르트에서 시작되어 경험론으로 다져진 인식론의 줄기를 이어받으면서, 다른 한편으로는 궁극적인 존재의 원천으로 늘 신을 상정해야만 했던 중세 존재론의 한계를 벗어나 새로운 존재론을 지향해야 한다. 누가 해도 해야 할 일이었지만 마침 그 시기에 칸트가 있었다.

세계를 뒤흔든 철학 — 계몽주의와 프랑스혁명

볼테르, 몽테스키외, 루소

17~18세기 유럽 대륙과 영국에서 역사와 지성사가 서로 엇갈리는 현상은 마치 정교한 시나리오에 따라 움직이는 것처럼 절묘한 분업 효과를 낳았다. 역사적으로 내전의 시대였던 17세기에 영국에서는 정치철학이 발달했고, 대륙의 지성계에서는 인식론을 중심으로 한 순수철학이 지배했다. 그러나 18세기에는 상황이 역전되어 영국은 현실의 역사에서 안정을 찾으면서 경험론이 발달했으며, 본격적인 전란의 시대를 맞은 대륙에서는 정치철학이 제 목소리를 내기 시작했다. 실은 이상한 일도 아니다. 17세기는 영국이, 18세기에는 대륙이 격변기를 맞았으니까. 어쨌든 그 엇갈림의 과정에서 양측의 철학자들은 서로 긍정적인 영향을 주고받았다. 17세기에 데카르트의 인식론이 영국의 지식인들에게 좋은 쟁점이 되어주었다면, 18세기에는 로크의 정치철학이 프랑스 지성계에서 큰 환영을 받았다.

흄이 면도날로 철학을 난도질할 무렵 대륙의 전통적 중심인 프랑스는 심한 진통을 앓고 있었다. 진통이라기보다는 산통이라고 해야 할까? 격변의 회오리는 18세기 말에 프랑스 대혁명을 낳았다. 영국 내전에서 찰스 1세가 처형당했다면 프랑스혁명에서 비극의 주인공을 맡은 군주는 루이 16세였다. 그러나 현실과 사상이 얽히는 양상으로 보면 영국과 프랑스의 정치철학은 사뭇 달랐다. 영국의 경우에는 혁명이 먼저 선도하고 사상이 현실의 변화를 좇으며 새 체제가 방향을 정립하는 데 도움을 주었지만, 앙시앵 레짐(구체제)의 힘이 영국보다 훨씬 강했던 프랑스의 경우에는 사상이 혁명을 이끌고 촉발하는 역할을 했다. 그런 탓에 영국의 정치철학은 정치적 지배층과 타협하고 지배 이데올로기로 쉽게 수용된 반면 프랑스의 정치철학은 낡은 지배층을 타도하는 과제를 앞두고 있었으므로 대중을 상대로 하는 계몽주의로 전개될 수밖에 없었다.

흥미로운 것은 당시 동양과 서양의 중심이었던 중국과 프랑스에서 거의 같은 시기에 방대한 백과사전이 편찬되었다는 사실이다. 17세기 중반에 명나라를 타도하고 중국 대륙을 통일한 만주족의 청나라는 300년 만에 들어선 이민족 왕조의 지배를 연착륙시키기 위해 유학을 존중하고 장려했다. 이를 위해 청나라 정부는 학자들을 총동원해서 두 종류의 백과사전을 간행했는데, 하나는 동서고금의 모든 도서를 수집하여 분류한 《고금도서집성^{古今圖書集成}》이었고, 다른 하나는 당대의 모든 학문을 유학, 역사, 사상, 문학의 네 가지로 총정리한 《사고전서^{四庫全書}》였다. 한편 같은 시기인 18세기 중반 프랑스에서는 디드로와 달랑베르가 당대의 석학과 지식인 160명에게 각 항목의 집필을 의뢰해 《백과전서^{L'Encyclopédie}》를 간행했다.

유라시아를 망라하는 계몽의 시대였던 걸까? 하지만 정부 프로젝트와 민간의 출판 사업이라는 차이가 있는 만큼 두 백과사전의 운명은 크게 달랐다. 중국의 《사고전서》는 학문적인 목적 이외에 청나라 황실의 정치적인 의도를 상당히 반영하고 있었다. 그에 따라 만주 시대의 야만성과 후진성이 드러나는 부분과 기존의 중국 역사서들 중에서 이민족 왕조에 관한 부분이 임의적으로 수정되었다. 또한 《사고전서》의 편찬을 기점으로 청나라 황실은 대대적인 금서 정책을 시행했다. 말하자면 종합 백과사전이 간행되었으니 더 이상의 책은 필요 없다는 논리다.

프랑스의 백과사전은 디드로와 달랑베르가 당국의 검열을 피하기 위해 세심한 주의를 기울였으나 총 33권 중 첫 두 권이 출간될 때부터 금서 처분을 받았다. 하기야 권력이 지배 이데올로기를 정당화하기 위해 만든 백과사전과, 권력에 저항하고 부패한 체제를 타도하기 위해 만든 백과사전이 같은 운명일 수는 없다. 정권에 봉사한 영국의 정치철학과 혁명에 기여한 프랑스의 정치철학이 전혀 다른 것처럼.

프랑스의 병

17세기까지, 태양왕이라는 호사스런 닉네임을 가졌던 루이 14세 치세에 프랑스는 아주 잘나갔다. "나는 전쟁을 좋아한다."라는 왕의 말은 곧 프랑스의 대외 정책이 되었고, 실제로 강력한 군대를 바탕으로 프랑스는 전쟁에서 연전연승을 거두어 대륙의 패권을 장악했다. 마침 라이벌인 영국이 내전의 회오리에 휘말려 있던 터라 프랑스는 해외 식민지 경쟁에서도 앞서 나갔으며, 리슐리외-마자랭-콜베르로 이어지는 재상들이 주도한 중상주의 경제 정책이 제대로 먹혀 정치·경제·군사의 모든 부문에서 유럽의 정상으로 군림했다.

그러나 몸이 자라면 옷을 갈아입어야 한다. 이 간단한 사실을 프랑스 왕실은 알지 못했다. 국민국가의 체제에서 비약적으로 성장하는 경제와, 그에 비례해 점점 발언권이 커지는 신흥 부르주아지 세력은 프랑스 왕실에게 그때까지 입고 있던 땀내 나는 절대주의의 옷을 벗어던지라는 압력을 가했다. 절대주의는 유럽 세계가 교회의 손아귀에서 벗어나 국민국가를 형성하던 초기에는 선진적인 체제였으나 어느새 낡은 틀이 되어 있었다. 영국이 내전을 끝내고 안정된 체제를 구축하면서 그 압력은 더욱 거세졌다. 바다 건너 영국을 보라. 군주가 재상들을 거느리고 절대 권력을 행사하던 때보다 의회가 국가를 운영하는 지금이 훨씬 강력하지 않은가.

중상주의 경제에는 절대주의 정치가 잘 어울렸지만 경제의 규모와 질이 자본주의로 이행하는 시기에 절대주의는 더 이상 딱 맞는 옷이 아니었다. 중상주의 시대에는 국가 주도의 발전 전략이 통했으나 민간이 경제를 주도하는 자본주의에서 국가의 역할은 한계가 있었다. 유럽 세계는 바야흐로 시민사회의 단계로 접어드는 중이었다. 문제는 17세기의 영국 내전에서 보듯이 시민사회로 가는 길은 세단차로 쾌적하게 달릴 수 있는 포장도로가 아니라 사륜구동의 랜드로버로도 쉽지 않은 거친 오프로드라는 점이다. 어떠한 형태로든 혁명이라는 거친 과정을 거칠 수밖에 없다는 이야기다.

프랑스의 사정은 영국과 달랐다. 대외적으로는 영국만큼 대륙 국가들의 간섭에서 자유로운 처지가 못 되었고—당시 프랑스는 유럽 각국과 정략결혼을 통한 외교 관계를 주렁주렁 맺고 있었다—대내적으로는 절대주의 체제로 한참 잘나갔던 직후라 앙시앵 레짐의 반발이 만만치 않았다. 태양왕의 증손자로 왕위를 계승한 루이 15세는 심약하고 무기력한 왕이었던 데다가 과거의 지배계급인 성직자와 귀족들은 여전히 권력을 단단히 움켜쥔 상태였다. 다섯 살에 왕위에 오른 루이가 무려 60년이나 재위하는 동안 그런 지배 구조는 꿈쩍도 하지 않았다.

타산지석 他山之石! 프랑스의 지식인들은 영국의 시민혁명에서 한 수 배워야 한다고 여겼다. 전통적으로 프랑스는 영국보다 강국이고 문화적으로도 선진국이라는 자부심이 컸다는 것을 감안하면 놀라운 변화였다. 20 대 청년 시절에 영국으로 건너간 볼테르(Voltaire, 1694~1778)는 두 가지 점에서 깊은 감명을 받았다. 하나는 뉴턴의 과학 이론과 로크의 정치철학으로 대표되는 영국의 사상이었다. 뉴턴의 물리학과 역학은 자연현상을 신에게 의존하지 않고 인간 이성의 힘만으로도 완벽하게 설명할 수 있다는 것을 보여주었으며, 로크의 철학은 군주의 절대 권력이 없어도 얼마든지 사회 발전이 가능하다는 것을 깨닫게 해주었다. 민중의 의식은 각성되었는데도 지배 체제는 여전히 중세적 신분제의 굴레에 얽매여 있는 프랑스와 비교해볼 때 로크가 주장하는 인권과 평등의 관념은 볼테르에게 혁신적이고도 신선한 충격이었다. 그가 영국에서 받은 또 한 가지 깊은 인상은 자유로운 지적 분위기였다. 영국의 지식인들은 정치와 종교의 제약에서 완전히 벗어나 아무런 거리낌 없이 자신의 생각을 공식적으로 발표했고, 철학과 정치에 관한 논쟁에서도 지나치다 싶을 정도로 대담하고 공격적이었다.

프랑스로 돌아온 볼테르는 곧바로 영국의 '선진' 사상과 문화를 보급하기 시작했다. 당시까지 프랑스에 잘 알려져 있지 않던 셰익스피어를 소개한 사람이 바로 볼테르다. 그의 눈에, 영국과 네덜란드 같은 유럽의 신흥 강국들은 일찌감치 종교의 속박을 떨치고 국가 발전에 주력하는데 아직도 가톨릭교회에 휘둘리고 있는 프랑스와 에스파냐 같은 나라들은 한심해 보였다(루이 14세의 통혼 외교로 프랑스의 부르봉 왕조가 에스파냐의 왕

3부 스스로 일어선 철학

위를 계승했으므로 두 나라 왕실은 친척지간이었다). 독일과 이탈리아는 황제와 교황이 완전히 틀어쥐고 있었으니 국민국가의 꿈을 미룰 수밖에 없다고 쳐도, 프랑스는 구태에서 벗어날 수 있었고 또 벗어나야 했다. 그런 의도에서 볼테르는 전대의 종교 철학자로 존경을 받고 있었던 파스칼을 맹렬히 비난하고 이신론理神論을 주장했다.

이신론이란 신이 교회나 계시를 통해 인간에게 접근하지 않는다고 보며, 오히려 인간이 이성의 힘으로 신을 이해하도록 노력해야 한다는 이론이다. 말하자면 온건한 종교적 입장인데, 신이 진리를 계시하지 않는다고 믿는다면 차라리 신의 존재 자체를 부인하는 무신론이 더 선명한 태도가 아닐까? 그런 이유로 디드로 같은 사람은 무신론을 열렬히 지지했다. 하지만 볼테르는 비록 신이 인간사에 개입하지는 않는다 하더라도 신의 존재는 필요하다고 보았다. 어떤 점에서 필요할까? 뉴턴이 그랬듯이 볼테르는 신이 세계의 제1원인으로서 존재해야 한다고 믿었다. 아무일 안 해도 좋으니 모든 존재의 근거로서 있어만 달라는 것인데, 아리스토텔레스를 살짝 커닝했지만 디드로에 비해서는 용기가 부족하다(디드로는 무신론을 주장한 탓에 구속되기까지 했다). 볼테르는 당시 존경받는 계몽주의 철학자들을 가리키던 '필로조프(Philosophe, 철학자)'의 반열에 들기는 했어도 전문 철학자라기보다는 재기가 넘치는 작가였던 탓에 어쩔 수 없는 한계였을지도 모른다.

아직도 철학에서 신이 운위된다는 것 자체가 프랑스의 이중적 위상을 말해주고 있었다. 한편으로 프랑스는 여전히 유럽 세계의 중심이었으나 다른 한편으로는 낡은 체제의 강력한 보루였다. 급변하는 시대에 무척 예민해진 교회는 볼테르의 온건한 이신론에도 발끈했다. 결국 볼테르는 또다시 프랑스를 떠나 망명길에 올랐다. 가장 유명한 작품인 《캉디드Candide》

에서 그는 주인공의 입을 빌려 "이 세계는 신이 창조한 세계들 중에서 가장 좋은 세계"라는 라이프니츠의 낙관주의를 통렬하게 비판했는데, 그 쓰라린 심정이 오죽했을까?

하지만 볼테르는 철학에 천착하기에는 재주가 너무 많았고 이론을 전개하기에는 너무 풍자적이었다. 서사시를 쓰는가 하면 어느새 희곡을 써서 무대에 올리고, 뉴턴의 과학을 프랑스에 소개하는가 싶더니 번개같이 역사서를 집필한 팔방미인이었으나, 정작 철학적인 성과는 크게 이루지 못했다. 그래서 영국의 정치철학을 체계적으로 받아들여 소화하고 소개한 사람은 볼테르보다 몽테스키외(Montesquieu, 1689~1755)였다.

볼테르와 마찬가지로 필로조프로 존경을 받았고 볼테르처럼 재승박덕의 전형적 인물로 알려졌으나 몽테스키외는 몇 가지 학문적 장점을 가지고 있었다. 그는 적어도 한 우물을 팔 줄 알았고, 종교보다 정치를 타깃으로 삼았으며, 발언보다 저술을 통해 자신의 주장을 전개하고자 했다. 그래서 그는 홉스의 자연 상태의 개념을 받아들이고 로크의 정치철학을 거의 그대로 수용해 프랑스의 상황에 적용했다. 또한 그는 정부의 형태를 군주정, 귀족정, 민주정으로 구분하던 전통적인 방식에서 벗어나 그 시대에 맞게 공화정, 군주정, 독재정으로 새로이 분류하고 각각의 통치이념을 각각 덕, 명예, 공포라고 규정했다. 절대주의 체제를 명백하게 공포의 독재정으로 못 박은 것은 영국에서 탄생한 의회민주주의에 고무된 탓일 것이다.

로크가 맹아의 상태로 제시한 삼권분립의 개념을 실현 가능한 형태로 다듬은 것도 몽테스키외의 업적이다. 로크는 막연히 의회와 군주의 권력 분할을 구상했으나 몽테스키외는 입법권, 행정권, 사법권을 명확히 구분하고 이 권리들을 각각 의회, 정부, 법원에 귀속시켜 현대 민주주의의 정치 원리를 확립했다. 특히 인간의 존엄성과 개인의 평등권은 로크보다 더욱 철저하게 밀어붙였는데, 영국의 상황보다 신분제가 훨씬 강력하게 남아 있는 프랑스의 사정을 의식하지 않았을까 싶다.

그러나 남의 약을 가져다 처방하기에는 프랑스의 증세가 너무도 심각했다. 태양왕의 치세 거의 한 세기 동안 안으로 곪아온 앙시앵 레짐은 루이 15세의 18세기에 들어 말기적 증상을 보였다. 게다가 프랑스는 영국과 달리 한차례 내전으로 모든 질환을 말끔히 치료할 수 있는 처지도 못되었다. 영국은 지리적으로 대륙과 어느 정도 차단되어 있었던 데다 30년전쟁과 그 후유증으로 대륙의 나라들이 어지러이 이합집산하는 국제정세에 힘입어 독자적으로 개혁을 이룰 수 있었지만, 프랑스에서 그런 내전이 발발했다가는 대규모 국제전으로 비화될 게 뻔했다. 달랑베르는 《백과전서》 서문에서 지금은 현재의 법률과 관례를 모조리 뜯어고치고 새로운 사회 체제를 수립해야 할 때라고 말했다. 이는 프랑스의 증세가 투약 정도로 치료될 수 없으며, 전신마취 수술이 필요하다는 것을 시사하고 있었다.

sauvage noble

18세기 후반의 프랑스라는 중환자를 대상으로, 비록 상상 속에서나마 대수술을 시도한 사람이 있었다. 그의 상상은 그가 죽고 10여 년 뒤 프랑스 사회의 질환을 근본적으로 치료하는 사상으로 부활한다. 그는 바로 볼테르, 몽테스키외처럼 필로조프였고 볼테르와 더불어 《백과전서》의 주요 집필자로 참여했던 루소(Jean-Jacques Rousseau, 1712~1778)다.

미친 사회에 사는 사람이 미치지 않는다면 정상이 아닐 것이다. 당시 프랑스가 온갖 사회적 모순의 집결지였다면 루소 역시 거기에 걸맞게 모순에 가득 찬 인물이었다. 그는 당시 싹트고 있던 낭만주의에 심취해 극단적인 반^反이성주의를 채택했는가 하면, 다른 한편으로는 냉철한 이성에 입각해 로크의 사회계약론을 완전한 사회 이론으로 정립했다. 사상적으로도 분열증을 보인 데다 개인적으로도 그는 당국의 탄압을 받아 추방과 망명을 거듭하는 파란만장한 삶을 살았다.

홉스처럼 루소도 자연 상태라는 개념에서 논의를 시작한다. 그러나 자연 상태를 바라보는 관점은 홉스와 정반대다. 그렇다고 로크처럼 자연 상태를 사회가 형성되기 전 단계로 보는 것도 아니다. 홉스의 자연 상태는 각 개인이 저마다 자신의 이익을 실현하기 위해 다투는 아비규환 같은 상태였고, 로크의 자연 상태는 각자가 이성을 가지고 자연권을 누리는 상태였다. 이에 비해 루소의 자연 상태는 모든 사람이 소박하고 순진하게 살아가는 목가적인 상태다. 따라서 자연 상태는 홉스처럼 극복해야 할 것도, 로크처럼 보완해야 할 것도 아니다. 오히려 인간다운 삶을 위해서 되돌아가야 하고 회복시켜야 할 대상이다.

문명의 발달은 인간 사회를 향상시킨 게 아니라 반대로 자연 상태를 훼손시켜 무수한 욕망들이 적나라하게 충돌하는 전장으로 만들었다. 게다가 모든 과학과 예술은 그런 맹목적인 욕망을 더욱 조장한다. 루소에 따르면 천문학은 미신에서, 웅변은 야심에서, 기하학은 탐욕에서, 물리학은 게으른 호기심에서, 윤리학은 자만심에서 생겨났다. 종교개혁을 촉발하고 서구의 지성을 발전시키는 데 결정적인 역할을 한 인쇄술도 루소가 보기에는 한탄스러울 뿐이다. 흔히 문명이 없는 상태를 야만상태라고 부르지만, 루소가 보기에 그것을 굳이 야만으로 불러야 한다면 그것은

'고결한 야만^{sauvage noble}'이며, 문명사회보다 훨씬 더 인간적이고 도덕적인 삶이 가능한 사회다. "자연으로 돌아가라."라는 루소의 유명한 말은 그런 맥락에서 나왔다.

자연 상태에서의 도덕은 자신에 관해서는 자기애이고 타인에 관해서는 동정심이다. 즉 '고결한 야만인'은 기본적으로 자기애에 충실하며, 다른 사람들의 불행과 고통을 자신의 것처럼 느낄 줄 아는 선한 마음씨를 가지고 있다. 그런데 문명이 끼어들면서 그 두 가지 도덕은 질적으로 달라진다. 자기애는 교만한 자존심으로 타락하며, 동정심은 남의 행복을 질시하는 시기심으로 전락한다. 루소의 입장에서 홉스의 자연 상태는 평화로운 원초적인 자연 상태가 일차적으로 훼손된 이후를 가리킨다.

"인간은 본래 선하게 태어났으나 제도 때문에 나빠졌다." 이런 루소의 입장이 교회의 환영을 받을 리 없다. 인간은 원죄를 가지고 태어났으나 구원을 받아 선해질 수 있다는 게 교회의 논리이므로 루소는 교리에 정면으로 도전한 셈이다. 불과 한 세기 전이었다면 화형을 당해도 할 말이 없는 죄였다. 하지만 교회가 전일적으로 사회를 지배하는 시대는 이미 끝났다. 교회는 약이 바짝 올랐겠지만 루소가 재빨리 가톨릭에서 신교로 갈아타며 몸을 보전하는 것도 멀뚱히 지켜볼 도리밖에 없었다.

자연 상태라 해도 모든 인간이 평등한 것은 아니다. 각 개인마다 신체의 상태나 건강, 지성의 차이는 불가피하기 때문이다. 차이 자체는 불평등이 아니다. 루소가 문제로 삼은 것은 그런 자연적 불평등이 아니라 사회적으로 생겨나는 인위적 불평등이다. 자연적 불평등만 존재하는 상태라면 자기애와 동정심으로 충분히 불평등을 극복할 수 있다. 그러나 인위적 불평등은 시민사회가 등장하면서 기존의 재산권과 특권을 인정한 데서 발생한 것이므로 그런 식으로 다스려지지 않는다. 루소는 최초의 재산 소유가 인정된 과정을 이렇게 설명한다. "처음에 어떤 사람이 주변의 땅을 자기 것이라고 주장하면 좋겠다고 생각했다. 그러자 그는 다른 사람들이 단순히 자신의 주장을 그대로 믿는다는 것을 알았다. 이 사람이 시민사회의 실질적인 창시자다." 단순하고 소박한 설명이지만 그가 말하는 시민사회의 탄생은 특정한 역사적 시기를 가리키는 게 아니라 그 논리적인 배경을 가리킨다. 게다가 불평등을 해소하는 역할을 해야 할 동정심이 시기심으로 변질된 탓에 시민사회가 발전할수록 인위적 불평등이 줄어들기는커녕 더욱 확대되고 증폭될 뿐이다.

홉스와 로크가 말했듯이 문명사회, 시민사회는 이성의 산물이다. 그런데 그 사회가 애초에 존재했던 도덕을 파괴하고 불평등을 심화시킨다면 이성을 신뢰해야 할 이유가 전혀 없다. 이성의 시대는 끝났다! 루소와 볼테르가 같은 필로조프에다 계몽주의 사상을 확산시키기 위해 매진했으면서도 서로 크게 다른 점은 이성에 대한 태도에 있다. 1755년에 포르투갈의 리스본에서 대지진이 발생했을 때 두 사람의 그런 차이는 공개적인 시사 논쟁으로 번졌다. 그 참사를 두고 볼테르는 신의 섭리를 의심하는 내용의 시를 발표했으나 루소는 그의 태도를 격렬히 비난하면서 그 사고는 문명이 일으킨 인재라고 주장했다. 루소는 참화를 입은 주민들이 7층 집에 살았다는 사실을 강조하고, 만약 그들이 자연 상태로 숲에 흩어져 살았더라면 그런 일을 당하지 않았을 것이라고 말했다. 좀 억지스러운 주장이지만 신의 능력을 제한적으로 본 루소는 자연의 재앙을 모두 신의 책임으로 돌리면 안 된다고 믿었다. 같은 이신론이라도 볼테르보다 훨씬 더 나아간 셈이다. 이 사건을 계기로 루소와 볼테르는 서로 완전히 등을 돌렸다.

계약에서 혁명으로

자연 상태가 아무리 목가적이라 해도 그 상태로 되돌아가는 길마저 목가적이지는 않을 것이다. 어차피 시민사회가 등장할 수밖에 없는 것이라면—혹은 시민사회의 존재가 엄연한 현실이라면—시민사회의 타락한 측면과 모순을 최대한 제거하고 자연 상태의 장점을 살릴 수 있는 사회 체제를 실현하도록 노력해야 한다. 여기서 루소의 또 다른 '이성적인 면모'가 드러난다. "인간은 자유롭게 태어났으나 어디에서나 사슬에 매여 있다."《사회계약론Du contrat social》의 이 유명한 첫 구절은 앞서의 낭만주의적이고 가벼운 루소와는 달리 현실적이고 진지한 루소를 보여준다. 아울러 사회제도를 부정적으로 바라본다는 점에서 '두 루소'가 실은 근본적인 문제의식에서 서로 연결되어 있다는 것도 말해준다.

홉스와 로크가 부딪혔던 문제는 루소도 피해갈 수 없었다. 사회를 구성하는 개인들은 각자 이해관계가 다르므로 이를 조정해주는 제3자가 없을 경우 갈등과 분쟁으로 치닫게 된다. 따라서 개인들은 자신의 권리를 일정 부분 사회에 양도할 수밖에 없는데, 이것이 곧 사회계약의 개념이다. 사회는 법과 제도를 통해 각 개인의 이해관계를 조화시킨다. 중요한 과제는 사회 구성원들의 이익을 도모하는 방식으로 사회의 법과 제도를 운영하는 일이다. 루소는 사회가 공정할 경우 각 개인의 권리가 사회에 양도되는 것으로 불평등이 상당히 해소될 수 있다고 믿었다. "각자가 절대적으로 자신을 양도함으로써 모든 사람은 조건이 동일해진다." 이것만으로 완전한 평등이 이루어지기는 어렵겠지만 적어도 평등 사회로 가는 출발점이 확보되는 것은 가능하다(이렇게 생각한다면 로크의 경우처럼 상속을 문제시하지 않을 수 없지만 루소는 이 문제까지 나아가지는 않았다).

홉스와 로크가 제시한 사회계약의 개념은 이후 한층 정교해졌으나 큰 줄기에서 달라진 것은 거의 없다. 그런데 여기서 루소는 일반의지라는 새로운 개념을 도입한다. "우리는 자신의 모든 권리를 일반의지의 지휘 아래 귀속시키며, 하나의 집합체로서 각 성원을 전체의 분할할 수 없는 일부분으로 인정한다." 루소가 말하는 일반의지란 각 개인의 개별 의지들을 취합하고 공동의 선을 목표로 삼는 도덕적인 의지로서, 법과 제도에 관철되어 있는 의지를 가리킨다. 그는 왜 이런 추상적인 개념을 끌어들였을까?

앞서 홉스와 로크의 사회계약론에서는 시민들 간의 이해를 조정하는 주체로 국가 혹은 정부를 상정했다. 특히 로크는 당시 영국에 의회가 주도하는 만족스러운 현실적인 정치체가 있었으므로 이론이 지나치게 관념적으로 흐르지 않을 수 있었다. 그러나 루소의 시대에 프랑스는 여전히 절대주의 체제였고 시민의 이해를 조정하기는커녕 제대로 대변해줄 만한 기구도 없는 상태였다. 이 단점을 극복하기 위해 루소는 구체적인 국가 대신 일반의지라는 추상화된 권력체를 상정한 것이었다. 물론 그것의 현실적 모델은, 비록 프랑스에는 아직 없다 해도 근대 국가라고 볼 수 있다.

사실 루소는 영국식 의회민주주의를 최선의 사회 체제라고 보지도 않았다. 그 이유는 선거란 시민의 권리인 동시에 약점이기도 하기 때문이다. "영국인들은 스스로 자유롭다고 생각하지만 그것은 커다란 착각이다. 그들은 의회의 의원들을 선거할 동안에만 자유로울 뿐이다. 의원들이 선출되는 즉시 그들은 곧바로 노예가 되어버린다." 영국에 대한 프랑스인 특유의 반발심이 아니라면 루소의 그 주장은 로크와 중대한 측면에서 차이가 있다는 것을 말해준다.

루소 역시 일반의지의 구체적 표현을 선거로 본 것은 마찬가지다. 그는 다수결의 원칙까지도 인정하고 있다. "일반의지는 투표의 집계를 통해 확인된다. 따라서 나 자신의 의견과 반대되는 견해가 우세할 때 그것은 내 판단이 잘못되었음을 증명한다." 즉 투표 결과가 자신의 소망대로 나오지 않았다 하더라도 모든 개별 의지는 다수가 인정한 일반의지에 복종해야 한다는 의미다. 그렇다면 일반의지라는 개념을 만들어 사용했다는 것 이외에 로크와 어떤 점이 다를까?

루소는 시민들이 선출하는 지도자가 항상 지성과 도덕을 겸비한 인물일 수는 없다고 보았다. 일반의지는 추상적이고 도덕적인 수준에서는 언제나 옳지만, 투표라는 구체적인 정치 행위로 표현될 때는 달라질 수 있다. 다수가 선택한 결정이라고 해서 전혀 잘못이 없을 수는 없다. 잘못된 지도자를 선출했을 경우에는 원칙적으로도 문제가 될 뿐 아니라 그 지도자에게 표를 주지 않은 시민들의 반발을 고려하지 않을 수 없다.

다수의 시민들이 잘못된 지도자를 선택한 탓에 빚어지는 문제는 어찌할 수 없다. 그 지도자의 임기가 끝날 때까지 기다렸다가 다른 지도자를 뽑는 게 고작이다. 아니면 정부를 타도하는 방법도 있는데, 이것은 시민들의 자기모순이고 불법이므로 좋은 방향의 변화라고 볼 수 없다. 그러나 반대 의견을 지닌 시민들을 일반의지에 복종하도록 만드는 해결책이 있다. 힘 있는 지도자라면 가능하다. 여기서 힘이란 권위와 물리력을 모두 포함한다. 실제로 루소는 플라톤식의 철인 군주를 이상적으로 생각했지만 현실적으로는 마키아벨리가 말하는 것과 같은 지도자도 좋다고 여겼다.

사실 루소가 최선의 정치제도로 간주한 것은 고대 그리스식 직접민주주의였으며, 그중에서도 그는 특히 군국주의 도시국가인 스파르타를 찬양했다. 그는 아리스토텔레스와 마찬가지로 민주주의가 어울리는 나라는 작은 규모의 나라이고, 중간 크기의 나라는 귀족정, 큰 나라는 군주정이 맞는다고 보았다. 아마 그런 생각에서 그는 영국식 정치제도를 더욱 마뜩잖게 여겼을 것이다.

프랑스의 절대주의에 반대하고, 사회계약론을 주창하고, 스파르타와 마키아벨리를 높이 평가하고, 영국식 의회민주주의를 못마땅하게 여겼다면 루소의 성향이 어떤지는 충분히 짐작할 수 있을 것이다. 현대식으로 말하면 그의 정치사상은 국가주의 혹은 전체주의에 가깝다. 비록 민주주의를 기본 토양으로 하지만, 루소는 강력한 지도자를 받들고 공동체 이념에 튼튼히 뿌리를 내린 국가 체제를 선호한 듯하다. 그가 말하는 일반의지에서 그가 그토록 반대하는 절대주의의 색채가 묻어 나오는 이유는 거기에 있다.

"자연으로 돌아가라."라고 외친 낭만주의의 루소와 사회계약론과 민주주의를 내세운 계몽주의의 루소가 합쳐지면 혁명적인 루소가 탄생한다. 로크가 미국 혁명에 이념적 기반을 제공했다면 루소는 프랑스혁명의 사상적 지주였다. 하지만 그의 정치적 성향을 감안하면 과연 그의 정치철학이 프랑스혁명의 이념과 얼마나 부합되었을지는 미지수다. 비록 그는 혁명의 발발을 보지 못하고 죽었지만, 설령 살아 있을 때 혁명이 일어났다 해도 그는 혁명기에 공포정치를 전개한 로베스피에르, 그리고 혁명의 궤도를 엉뚱하게 탈선시켜 그 열매를 자신의 집권으로 해석한 나폴레옹에게 아낌없는 박수를 보냈을지도 모른다.

루소가 꿈꾼 강력한 지도자상과 민주주의를 결합시키면 영국식 의회민주주의와는 한참 멀어지게 된다. 오히려 그보다는 현대 미국이 취하고 있는 대통령중심제가 루소와 더 가깝다. 오늘날 프랑스의 대통령중심제

는 역사적으로 나폴레옹의 '전제적 공화정'인 통령정부에 기원을 두고 있
다고 해야 할까, 아니면 사상적으로 루소의 정치철학에 뿌리를 두고 있
다고 해야 할까?

독일 관념론의 완성	근대 유물론의 진보와 공리주의	주체와 철학의 위기
칸트 | 피히테 | 셸링 | 헤겔 | 쇼펜하우어 | 키르케고르	포이어바흐 | 마르크스 | 벤담 | 밀	니체 | 프로이트 | 후설 | 베르그송

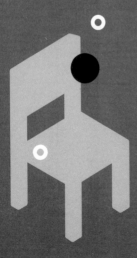

4부

철학의 토대가
흔들리다

8장

형이상학의 완성 그리고 반전

칸트, 피히테, 셸링, 헤겔, 쇼펜하우어, 키르케고르

어쩌면 18세기 영국 사회에는 철학 따위가 필요 없었는지도 모른 다. 원래 학문은 사회의 현실적·지적 문제를 해결하는 과정에서 발달하 게 마련인데, 당시 잘나가던 영국에는 아무런 문제도 없었기 때문이다. 한 세기 내내 영국은 세계 각지에서 벌어진 식민지 쟁탈전에서 거의 전 승을 거두었다. 반대로 전통의 라이벌인 프랑스는 언제 유럽의 기둥이었 던가 싶을 정도로 북아메리카와 인도에서 영국과 맞붙어 족족 참패를 면 치 못했다. 이런 대외적 몰락이 프랑스혁명의 시계추를 더욱 앞당겼을 것 이다. 18세기에 영국이 경험한 유일한 패배는 미국을 독립시킨 것이었으 나 미국 건국 세력의 주체는 영국의 청교도 이주민들이었으므로 말하자 면 '내전'에서 진 것이라고 볼 수 있다.

'해가 지지 않는 나라'라는 명예로운 별칭에 걸맞게 영국은 전 세계에 식민지를 구축하면서 세계 제국으로 뻗어나갔다. 대내적으로는 17세기 말에 이룩한 정치 혁명의 단 열매를 즐기면서 경제적 번영의 도상에 올랐다.

영국과 프랑스의 18세기는 옷을 갈아입는 타이밍에서 갈렸다. 17세기부터 시작된 자본주의라는 새로운 경제 제도는 중상주의 시대의 절대주의와는 궁합이 맞지 않았다. 같은 옷을 두고 영국은 더러워졌다고 보았고 프랑스는 익숙하다고 여겼다. 그 결과 영국은 자본주의로 연착륙할 수 있었지만 프랑스는 무리한 불시착을 감행해야 했다.

탄탄대로에 접어든 18세기 영국 사회에 지적으로 필요한 것은 철학보다 과학과 경제학이라는 새로운 학문이었다. 애덤 스미스는 자본주의의 성공을 경제학이라는 신흥 학문으로 뒷받침했고, 한때 그의 제자였던 제임스 와트는 증기기관을 발명해 자본주의의 동력을 제공했다. 그리고 두 사람과 마찬가지로 스코틀랜드 출신이며 스미스와 친분을 가졌던 데이비드 흄은 철학의 필요성 자체를 의문시했다.

17세기에 데카르트가 제기한 철학적 문제는 대륙보다 오히려 영국에서 지적 반향이 더 컸다. 영국 경험론은 데카르트 철학의 직계 후배는 아닐지라도 데카르트를 화두로 삼아 전개된 것은 틀림없다. 그간 대륙과 영국의 지적 교호를 감안한다면, 이번에는 영국 경험론이 던진 화두를 대륙 측에서 받을 차례였다. 즉 흄이 파국으로 몰고 간 철학을 되살리는 일은 대륙 철학자들의 몫이었다. 사실 흄이 아니었다 해도 근대 철학은 바야흐로 종점에 다다르고 있었다. 이성의 시대가 가고 있는 건지, 아니면 이성의 형질이나 용도가 변경되어야 하는 건지 아직 알 수 없지만 이성을 토대로 한 근대 철학이 커다란 전환기를 맞은 것만은 분명했다.

흄을 돌파하라

흄의 경험론을 극한까지 밀고 가면 인식 자체가 불가능해진다는 결론에 이른다. 인식의 대상은 주관적인 경험밖에 없으며, 인식의 주체인 자아도 허구이고 실재 세계에 관한 지식을 가능케 해주는 인과율도 허구다. 모든 연역적 지식은 객관적인 증명이 불가능하고, 모든 귀납적 지식은 습관에 의한 관념의 연상에 불과할 뿐 진리에 이르지 못한다. 물론 흄이 실재 세계에 관한 경험적 지식 자체를 부정한 것은 아니다. 그는 다만 그 지식이 옳다는 것을 이성적인 방식으로 증명할 수 없다고 보았을 뿐이다. 자, 그대들이 철석같이 믿는 이성의 힘은 실상 엄밀한 지식을 줄 수 없다. 이제 어떻게 할 텐가? 이성은 끝장난 게 아닌가?

실제로 흄의 극단적 회의론에 대해 누구도 제대로 대답할 수 없었다. 모든 극단이 그렇듯이 흄의 논리에는 뭔가 허점이 있어 보이지만 그게 뭔지는 아무도 정확히 알지 못했다. 아마 대다수 철학자들은 흄을 그냥 무시하고 싶었을 게다. 어느 분야에서나 쓸데없이 딴죽을 거는 사람은 있게 마련이라며 애써 웃어넘겼을지도 모른다. 그러나 칸트(Immanuel Kant, 1724~1804)는 흄의 사상이 쓸데없다고 여기지 않았고, 딴죽을 건다고 보지 않았으며, 나아가 흄이 철학적 파국을 빚었다고 생각하지도 않았다. 오히려 칸트는 흄이 지극히 정당한 질문을 던졌다고 인정했고, 그 덕분에 자기가 "독단의 잠에서 깨어날 수 있었다."라고 고백했다. 그렇다고 칸트가 흄의 사상에 적극 동조한 것은 아니다. 그 반대로 그는 그동안 철학이 이성의 영역에 안주한 것을 반성하고, 코너에 몰린 이성을 구원하는 게 자신에게 주어진 철학적 임무라고 여겼다. 잔디는 밟을수록 잘 자라듯 흄의 강편치를 맞고도 살아난다면 이성의 힘은 더욱 강해지리라.

흄을 반박하는 일은 의외로 간단하다. 7장에서 보았듯이 흄에 따르면 모든 분석명제는 동어반복이며, 모든 종합명제는 검증될 수 없다. 따라서 분석명제는 어떤 지식도 가져다주지 못하고, 종합명제는 어떤 지식도 참임을 입증하지 못한다. 알다시피 모든 명제는 분석명제 아니면 종합명제이므로 결국 흄은 어떤 명제도 참된 지식과는 무관하다고 본 것이다. 사실 이런 주장은 좀 위험하다. 기본적으로 일체의 예외를 두지 않고 '모든 것이 어떻다'고 단정하는 논리는 그렇지 않은 게 하나라도 발견될 경우 무참히 부서지게 마련이다. 이런 점에 착안한 20세기의 과학철학자 카를 포퍼는 당시 논리실증주의자들의 단순무식한 귀납적 논리에 반대하는 무기로서 반증 가능성의 개념을 들고 나온 바 있다. 모든 극단적 주장은 반증 가능성이라는 약한 고리를 내포하고 있다(하긴, 이 말조차 위험하다. 약한 고리가 전혀 없는 극단적 주장이 하나라도 발견된다면 무너질 테니까).

칸트는 흄의 논리에서 바로 그 약한 고리를 찾아냈다. 흄의 극단적 회의론을 깨기 위해서는 분석판단 중에도 동어반복이 아닌 게 있고, 종합판단 중에도 검증 가능한 게 있다는 점을 밝히면 된다(그는 논리학의 냄새가 너무 강한 명제라는 말 대신 판단이라는 말을 썼는데, 뜻은 마찬가지다). 우선 칸트는 모든 분석판단이 선천적ª priori이고 모든 종합판단이 후천적ª posteriori이라는 흄의 주장을 그대로 받아들인다. 라이프니츠의 논리학에서 나온 종합명제와 분석명제의 관계와 같다. "5+7=12"와 같은 수학적 명제나 "모든 분식집은 밀가루를 재료로 쓴다." 같은 사전적 정의를 나타내는 판단은 주어 자체에 술어의 의미가 포함되어 있기 때문에 경험과 무관하게, 즉 선험적으로 참이라는 게 증명되는 분석판단이다. 그 반면에 "레몬은 노란색이다."와 같은 사물의 성질을 가리키는 판단─같은 문장이라도 "레몬은 레몬색이다."라고 하면 동어반복적 분석판단이 되니까 주의해야 한다—혹은 "박정희는 1979년에 부하에게 총을 맞아 죽었다."와 같은 역사적 사실을 뜻하는 판단은 실재 세계를 준거로 삼아야만, 즉 후천적으로만 참이라는 점을 알 수 있는 종합판단이다.

여기서 칸트는 중대한 철학적 질문을 던진다. "어떻게 선천적 종합판단이 가능한가?" 그런데 '선천적 종합판단'이라니? 묘한 말이다. 흄의 이론에 따르면 선천적인 것은 분석판단뿐이고 모든 종합판단은 후천적이다. 따라서 선천적 종합판단이란 마치 둥근 사각형이라는 말처럼 결코 있을 수 없는 개념이다. 그런데 바로 그런 의미에서 이 개념은 좋은 시금석이 된다. 즉 선천적 종합판단이 불가능하다면 흄의 주장에 항복할 수밖에 없게 되고—즉 철학은 파국에서 헤어 나오지 못하고—그것이 가능하다면 흄의 논리는 무너질 수밖에 없게 된다. 칸트는 흄에게 정면으로 도전장을 던지고 있다.

원래 분석판단과 종합판단은 질적으로 다르기 때문에 서로 섞일 수 없다. 수학적으로 말하면 두 판단 사이에는 교집합이 전혀 없다. 분석판단은 언제나 참이지만 알맹이가 없으며, 종합판단은 세계에 관해 새로운 지식을 전해주지만 근거가 없어 공허하다. 추리소설로 치면 애거사 크리스티와 엘러리 퀸의 차이라고 할까? 애거사 크리스티는 몇몇 용의자를 제시하면서 이야기를 끌어가다가 느닷없이 종합판단을 끼워 넣어 사건을 해결하는 방식을 즐긴다. 이를테면 알고 보니 범인은 왼손잡이였다거나 죽은 사람과 비밀리에 치정 관계가 있었다는 종합판단의 사실이 소설 중간에 삽입되는 식이다. 이에 비해 엘러리 퀸은 철저히 시간 순서에 따라 이야기를 전개하며, 이따금 소설 중간에 독자에게 지금까지의 단서들을 가지고 범인을 추리해보라고 말하기도 한다. 실제로 단서들을 잘 끼워 맞추면 작가가 밝히기 전에 독자가 범인을 알아낼 수도 있다. 분석판단을 중시하는 엘러리 퀸의 소설은 논리적 정합성이 있고 치밀하지만 극적인 재미가 덜하며, 종합판단을 중시하는 애거사 크리스티의 소설은 매력이 있지만 추리 과정이 다소 황당하다.

주어진 주제를 가지고 글을 써야 할 때, 즉 취직 시험이나 대학 입시의 논술 고사를 치를 경우 문제가 분석판단을 요구하는지, 종합판단을 요구하는지 구분하는 것은 매우 중요하다. 예를 들어 "자본주의와 기업가 정신의 관계를 논하라."라는 문제가 출제되었다면, 응시자는 출제자의 의도가 이미 알고 있는 '자본주의'라는 개념과 '기업가 정신'이라는 개념을 활용해 나름의 논리를 전개하라는 것인지, 아니면 '자본주의와 기업가 정신의 관계'에 관한 기존의 학설을 소개하라는 것인지 구분할 줄 알아야 한다. 앞의 것은 주어진 개념들을 가지고 글을 쓰는 분석판단적 서술이며(이 경우 글의 논리와 구성력이 중요해진다), 뒤의 것은 새로운 지식을 추가해야 하는 종합판단적 서술이다(이 경우 관련 지식의 유무가 중요해진다).

이처럼 분석판단과 종합판단은 여러 가지 면에서 대비되고 서로 배타적이다. 그런데 어떻게 선천적 종합판단, 즉 분석판단의 성질을 가지는 종합판단이 가능할까? 우선 칸트는 분석판단이라고 해서 반드시 동어반복적이지는 않다고 말한다. 5+7에 이미 12라는 답이 들어 있는 것은 사실이다. 하지만 여기서 주어와 술어를 바꿔보면 어떨까? 5+7은 무조건 12지만 12는 무조건 5+7이 아니다. 2+10이나 3+9도 역시 12가 되니까. 또 모든 분식집이 밀가루를 재료로 쓴다는 건 사실이지만 거꾸로 밀가루를 재료로 쓰는 집이 분식집만 있는 것은 아니다. 요컨대 분석판단의 명제에서 주어와 술어는 완전히 같은 게 아니다. 양자가 100퍼센트 같은 것은 "사람은 사람이다."처럼 그 자체로 동어반복인 명제밖에 없다. 그렇다면 모든 분석판단이 동어반복이므로 지식을 가져다줄 수 없다는

4부 철학의 토대가 흔들리다

흄의 논리는 더 이상 지탱될 수 없다.

다음 과제는 종합판단이 검증 가능하다는 점을 밝히는 것인데, 이 문제는 분석판단의 경우처럼 간단하지 않다. 바로 여기서 칸트는 스스로 코페르니쿠스적 전환이라고 부른 극적인 인식의 전환을 꾀한다.

주체와 대상의 극적 화해

모두들 태양이 지구를 돈다고 믿고 있을 때 코페르니쿠스는 거꾸로 지구가 태양을 돈다고 주장했다. 그것은 수천 년 동안 진리로 통한 천동설을 지동설로 바꾸는 대전환이었다. 대체 어떤 인식의 전환 때문에 칸트는 이 우주관의 대전환과 맞먹는다고 자신했을까?

전통적으로 인식 또는 지식은 인식 주체, 즉 정신의 바깥에서 온다는 게 기본적인 믿음이었다. 인식이나 지식은 외부 사물에 대한 앎이므로 그런 태도는 당연했다. 플라톤처럼 사물의 존재를 거의 불가지에 가까운 이데아로 정립하든, 중세 실재론자들처럼 신이 창조하고 질서를 부여한 외부 실체가 별도로 존재한다고 보든, 지식이 외부에서 온다는 점은 변하지 않았다. 심지어 극단적 경험론에서도 실체에 대한 인식이 불가능하다고 여겼을 뿐 실체의 존재 자체는 부정하지 않았다. 앎의 근원은 외부에 있고 모든 앎이 정신 활동의 바깥에서 온다는 것은 불변이었다. 실체는 언제나 그 자체로 존재하고 정신은 외부의 실체를 인식의 대상으로 삼을 뿐이었다.

칸트의 전환은 그런 구도를 완전히 뒤집어 정신이 대상을 구성한다고 본 것이다. 지구가 우주의 중심이라는 견해가 코페르니쿠스에 의해 분쇄

되었듯이 사물이 인식의 중심이라는 전통적인 견해는 정신이 인식의 중심이라는 것으로 바뀌어야 한다. 그래서 칸트는 그것을 코페르니쿠스적 전환이라고 부른 것이다. 그런데 그게 가능할까? 액면 그대로 믿는다면 자칫 버클리처럼 관념론의 함정에 빠질 수도 있다. 그러나 칸트는 새뮤얼 존슨 같은 천박한 자가 또다시 나타나 비아냥거릴 여지를 허용할 생각일랑 없었다. 정신이 대상을 구성한다는 그의 주장은 대상이 일방적으로 정신에 작용해 인식이 발생한다는 게 아니라 정신과 대상이 마치 서로 손을 내밀어 굳게 악수하듯이 쌍방향적으로 작용함으로써 인식이 이루어진다는 의미다.

내가 정신 활동을 통해 대상을 지각한다고 해서 대상 자체가 변하는 건 아닌데, 어떻게 정신이 대상에 영향을 미친다는 걸까? 물론 초능력자가 아니라면 인식만으로 대상을 변형하거나 옮길 수는 없다. 칸트의 말은 대상을 정신이 마음대로 바꾼다는 게 아니라 우리의 정신 안에는 대상을 인식할 수 있도록 해주는 메커니즘이 존재한다는 뜻이다.

경험론자들은 감각을 곧바로 경험과 동일시하는 오류를 저질렀다. 고대부터 근대에 이르기까지 얼마나 많은 사람이 감각을 회의적으로 바라보았던가? 최초의 철학자들이 "눈에 보이는 것을 믿지 말라."라고 가르친 이래로 고대의 플라톤, 중세의 실재론자들, 그리고 데카르트의 속임수에 능한 악마에 이르기까지 철학에서는 늘 감각을 믿지 못할 것으로 여겼다. 감각은 우리를 속이며 결코 객관적일 수 없다. 경험론에서 주장하는 것처럼 '감각=경험'이라면, 경험을 참된 인식이라고 증명하는 방법은 도저히 찾을 수 없게 된다. 바로 그렇기 때문에 흄은 올바른 인식 자체가 불가능하다는 극단적인 주장을 과감하게 할 수 있었던 것이다.

흄의 독단 덕분에 '독단의 잠'에서 깨어난 칸트는 감각과 경험이 서로 다른 것이라고 말한다. 감각은 우리의 정신에 주어지는 자료에 지나지 않는다. 죽은 자와 자료는 말이 없다. 자료는 판단을 하지 않기 때문에, 다시 말해 판단 이전의 것이기 때문에 감각을 놓고 옳다거나 그르다고 말하는 것은 잘못이다. 감각이라는 자료가 경험으로 가공된 뒤에야 그런 판단이 가능하다. 고대 이래 모든 철학자는 감각이 사람마다, 또 때마다 달라지므로 믿을 수 없다고 여겼는데 그것은 감각과 경험을 혼동했기 때문이다.

그럼 칸트의 해법은 뭘까? 그는 인식을 감성과 오성으로 나눈다. 감성은 감각기관을 통해 주어진 자료를 받아들이는 능력이다. 하지만 이것은 인식의 일부일 뿐 인식 전체가 아니고 경험론에서 말하는 경험과도 다르다. 감성이 받아들인 감각 자료가 정신 안에서 개념화될 때 비로소 인식이 완성되고 이것을 경험이라 할 수 있다. 이때 개념화하는 기능은 바로 오성이 담당한다. 즉 인식은 감성이 감각을 받아들이고 오성이 개념을 부여하는 2단계 과정으로 이루어진다. 앞의 단계가 사물이 정신에게 손을 내미는 행위라면 뒤의 단계는 정신이 그 손을 잡고 악수를 완성하는 행위에 해당한다. 그동안 감성만을 인식이자 경험이라고 본 데서 모든 오해가 빚어진 것이다. 나중에 보겠지만, 칸트의 이 위대한 전환은 20세기의 현대 철학자들에게도 지대한 영향을 미치게 된다.

경험은 수동적으로 정신에게 주어진 자료가 아니다(자료인 것은 경험이 아니라 감각이니까). 경험이라는 사건은 언뜻 단순해 보이지만 실은 처음부터 여러 가지 계기와 배경이 얽힌 복합체로서 나타나며, 정신은 그 경험을 경험으로 인식할 수 있는 장치를 처음부터 가지고 있다. 말하자면 경험은 정신에게 주어지는 자료적 요소와 정신이 부여하는 형식적 요소가 요凹와 철凸처럼, 암나사와 수나사처럼 딱 들어맞은 결과다.

감각을 받아들이는 감성과 그것을 개념으로 정리하는 오성은 인간의 정신에 선험적으로 주어진 형식이다. 인간이라면 누구나 감성과 오성을 발동해서 인식 작용을 수행하는 방법을 알고 있다. 그렇다면 그것은 혹시 데카르트가 말하는, 인간이 태어나면서부터 가지고 있는 본유관념 같은 게 아닐까? 그러나 둘은 위상과 의미가 서로 다르다. 데카르트의 본유관념은 그의 체계 내에서 연결될 수 없는 정신과 대상을 억지로 잇기 위해 자의적으로 만든 개념일뿐더러—더구나 그는 본유관념을 신이 준 것이라고 말했다—인식 과정을 설명하기보다는 인식의 주체를 마련하려는 목적을 가지고 있었다. 그에 비해 칸트의 감성과 오성은 정신이 지닌 형식이라는 뚜렷한 역할이 있고 인식 과정을 훨씬 매끄럽게 설명해준다는 점에서 근본적인 차이가 있다.

정신이 인식을 가능케 하는 기본 기능을 가지고 있다면 흄의 회의론을 극복할 수 있는 길이 열린다. 경험을 감각과 동일시한 흄은 경험의 근거를 정신에서 찾을 수 없었기 때문에 파국으로 치닫게 되었다. 그러나 칸트는 정신 내부에 감각을 수용하고 정리하는 인식의 기본 기능이 있다고 보았으므로 정신과 대상의 연관성을 유지할 수 있고, 덤으로 인식의 객관성을 확보할 수 있는 토대도 마련했다. 이를 바탕으로 칸트는 앞에서 제기한 불가능해 보이는 문제, 즉 선천적 종합판단이 가능하다는 점을 입증하고자 했다.

시인과 마도로스

감성이 감각 자료를 받아들이는 기능을 한다면 거기에 맞는 모종의 장치가 필요할 것이다. 그런 장치의 후보로 일단 떠오르는 것은 감각기관이다. 하지만 이것은 존재하고 기능한다는 게 자명할뿐더러 눈에 보이는 신체의 일부이므로 여기서는 논외다. 그럼 어떤 장치가 있을까? 우리의 눈과 귀가 아름다운 그림이나 감미로운 음악을 보고 듣기 위해서는 우리의 정신 내부에 그림과 음악 같은 외부 실재와 동일한 구조의 존재 방식을 가진 형식이 있어야 한다. 텔레비전이 영상을 잡아서 보여줄 수 있는 이유는 영상과 관련된 장치가 내장되어 있기 때문이고, 오디오가 디스크의 음악을 재생해줄 수 있는 이유는 음원을 녹음한 것과 같은 구조의 장치가 오디오 안에 있기 때문이다. 플레이가 있으면 리플레이가 있다. 마찬가지로 정신의 내부에도 대상의 존재 방식을 닮은 장치가 있을 터이다. 그게 뭘까?

존재와 인식의 공통적인 형식, 칸트는 그것이 시간과 공간이라고 본다. 시간과 공간은 마치 수학의 x축과 y축처럼 존재에 관해 최소한도의 정보를 주는 가장 보편적인 형식이다. 모든 사물은 시간과 공간 속에 존재하므로 정신 안에도 시간과 공간을 인식하는 기본 형식이 있다(정신과 대상은 악수하고 지내는 사이니까). 즉 시간과 공간은 감성의 두 가지 형식이며, 우리의 정신은 시간과 공간을 직관적으로 이해한다. 나중에 아인슈타인은 상대성이론에서 시간과 공간이 별개의 좌표축이 아니라 시공간으로 통합되어 있다는 사실을 밝히지만, 칸트의 시대는 아직까지 뉴턴 물리학의 시대니까 그 점은 무시하기로 하자.

경험론자들은 이렇게 묻는다. 감각 자료만 가지고 서울에서 대전까지 자동차로 두 시간이 걸린다는 명제(시간)가 참인지를 어떻게 알 수 있는가? 백두산의 높이가 2,744미터라는 명제(공간)가 참인지를 어떻게 알 수 있는가(참이라는 것과 참인지 알 수 있다는 것은 서로 다르다)? 실제로 그

명제들은 경험론이 유일하게 지식의 가능성으로 꼽는 귀납법으로는 증명이 불가능하다. 그러나 칸트에 따르면 그건 참으로 어리석은 질문이다. 시간과 공간은 정신 안에 기본 형식으로(말하자면 '디폴트 값'으로) 내장되어 있기 때문에 우리는 그런 사실을 알 수 있고 또 참이라고 판단할 수 있다. 이때 그 판단은 경험적으로 가능한 게 아니다. 경험되는 사건은 백두산 높이와 서울-대전 간 거리이며, 시간과 공간은 경험 이전의 장치들이다. 그래서 칸트는 그런 인식을 가리켜 선험적 영역이라고 부른다.

선험적transzendental이라는 말은 '초월적'이라는 뜻을 포함한다(칸트는 '선험적, 초월적, 선천적'이라는 용어들 간에 약간씩 의미의 차이를 두고 있으나 셋 다 비슷한 뜻으로 봐도 상관없다). 경험이라면 누구나 말할 수 있지만 선험이나 초월이라는 말을 입에 담기는 어렵다. 인간이 어떻게 경험 이전의, 경험을 초월하는 영역을 형용할 수 있단 말인가? 그러나 칸트가 선험적 영역이라는 말을 그렇듯 과감하게 할 수 있는 것은 시간과 공간이 바깥 세계에 속하는 성질이 아니라 정신 안에 내재하는 성질이라고 보았기 때문이다. 그러므로 선험적이라는 용어에는 그 말에 흔히 따르게 마련인 신비주의적인 색채가 전혀 없다. 물론 신을 도입할 이유도 없다.

시간과 공간은 감성의 형식이므로 일반적인 물체의 존재 방식과 다르다. 칸트도 설명을 위해 편의상 시간과 공간을 물체와 분리했을 뿐, 원래 시간과 공간은 물체와 분리되지 않는다. 즉 시간과 공간은 서울에서 대전까지 가는 데 걸리는 시간, 백두산의 높이로서 경험되는 것이지 그것 자체로 인식되는 것은 아니다(시간과 공간의 개념 자체를 대상으로 연구하는 학자의 경우는 다른 문제다). 하지만 그렇다고 해서 시간과 공간이 경험을 통해 귀납적으로 알 수 있는 것은 아니다. 예를 들어 사과가 둥글다는 관념은 수많은 개별 사과를 보고 얻은 게 아니라 처음부터 둥글다는 공간 개념을 가지고 있기 때문에 그런 관념이 가능한 것이다. 이렇듯 시간과 공간은 개별 사물과 같은 측면이 있는 동시에 다른 측면도 있기 때문에 칸트는 시간과 공간이 경험적으로는 실재적이고 선험적으로는 관념적이라고 말한다.

칸트는 시간과 공간을 감성적 인식의 형식으로 보았으나 어떤 면에서는 실재의 존재 방식이기도 하다. 그래서 신이라면 모르겠지만 인간과 사물을 포함한 어떠한 실재도 시간과 공간으로부터 독립적으로 존재할 수는 없다. 나라는 존재, 내가 다니는 학교, 내가 기르는 강아지는 늘 '언제 어디'라는 제한에 묶여 x축과 y축으로 이루어진 좌표로서 존재한다. 존재가 이럴진대 인식은 말할 것도 없다. 우리는 시간과 공간을 떼어놓고 사물을 인식할 수 없다. 심지어 꿈이나 상상 속의 가상현실조차 그 좌표에서 벗어나지 못한다. 그런 의미에서 시간과 공간은 벗을 수 없는 색안경과 같다. 우리는 삶이라는 게임에 참여하고 있는 이상 그 게임의 규칙에 종속되고 따를 수밖에 없다. 시간과 공간은 바로 그런 규칙에 해당한다. 손으로 공을 만지면 안 된다는 축구의 규칙이 축구 경기를 제약하듯이, 그러나 거꾸로 말하면 그 규칙이 있기에 축구가 성립하듯이, 시간과 공간은 인식을 제약하는 동시에 인식을 가능케 하는 형식이다.

감성이 시간과 공간을 기능으로 가진다면 오성의 기능은 열두 가지 범주로 나뉜다. 이 열두 범주는 세 개씩 네 묶음으로 구성되는데, 굳이 언급하자면 다음과 같다. (1) 양: 통일성, 복수성, 총체성. (2) 질: 실재성, 부정성, 제한성. (3) 관계: 실체성, 인과성, 상호성. (4) 양상: 가능성, 현재성, 필연성. 칸트는 이 범주들을 고안하고 다듬는 데 적지 않은 시간을 들였겠지만 칸트철학을 가지고 조잡한 퀴즈를 푼다거나 칸트를 미치도록 짝사랑하는 경우가 아니라면 그 범주들은 사실 중요하지 않다. 우리에게 중요한 것은 오성의 범주들도 역시 감성의 시간과 공간처럼 정신에 내재한 인식의 도구라는 점이다. 그것들은 실재가 정신에게 전해준 것도 아니고, 정신이 실재로부터 연역해낸 것도 아니며, 오히려 정신이 실재에 '주입'한 것이라고 할 수 있다.

감성이 시간과 공간의 형식을 통해 외부 실재에 대한 감각 자료를 받아들이면 오성은 열두 가지 범주를 통해 그 자료를 해석하고 분류하고 개념화한다. 이것이 인식의 과정이다. 우리의 정신은 자체 내에 인식에 필요한 각종 설비를 갖추고 있는 공장과 같다. 아무리 신상품의 아이디어가 좋아도 공장이 없으면 제품이 생산되지 않는다. 마찬가지로 아무리 외부 실재가 인상적인 감각 자료라고 해도 정신 내부에 그 자료를 가공할 수 있는 설비가 없으면 인식이라는 제품은 만들어지지 않는다. 선천적 종합판단은 정신의 그러한 구조 때문에 분명히 가능하다. 흄은 감성과 오성의 설비를 정신의 바깥에서 찾으려 했기 때문에 파국으로 끝날 수밖에 없었던 것이다.

이렇게 외부의 실재와 정신의 형식이 서로 어울려야만 인식이 가능하다는 사실을 칸트는 다음과 같은 유명한 문장으로 깔끔하게 표현한다. "내용 없는 사유는 공허하고 개념 없는 직관은 맹목적이다." 우리가 어떤 사물을 인식한다는 것은 순전히 정신의 능력만으로 이루어지는 것(내용 없는 사유)도 아니고 그 사물에서 나오는 감각 자료로만 이루어지는 것(개념 없는 직관)도 아니라는 의미다. "배우고 생각하지 않으면 어두우며, 생각하고 배우지 않으면 위험하다." 《논어》의 이 구절은 인식론과 무관하지만 칸트의 말과 비슷한 메시지다.

19세기의 시인 릴케는 아마 칸트를 몰랐겠지만 그가 말하는 젊은 시인과 마도로스의 차이는 칸트의 사상을 다른 식으로 보여준다. 시를 쓰

려면 다양한 경험이 필요하다. 젊은 시인은 많은 시를 읽었고 문학 이론
과 시 작법에 관해 배웠다. 그러나 그 공부는 경험이 뒷받침되지 않았기
에 공허하다. 반면 마도로스는 여러 나라의 수많은 항구를 다니며 숱한
경험을 쌓았다. 그러나 그 경험은 맹목적이기에 마도로스는 시인이 되지
못한다. 젊은 시인은 알지만 보지 못했고 마도로스는 보지만 알지 못하
는 사람이다. 그래서 릴케는 이렇게 말했다.

> 아, 일찍 시를 쓰면 별로 이루지 못한다. 시인은 벌이 꿀을 모으듯 한평생
> 의미를 모으고 모으다가 끝에 가서 어쩌면 10행쯤 되는 좋은 시를 쓸 수 있을
> 지도 모른다. 시란 사람들이 생각하듯 감정이 아니기 때문이다(감정이라면 젊
> 을 때도 충분히 가지고 있다). 시는 체험이다. 한 행의 시를 위해 시인은 많은
> 도시, 사람, 물건 들을 보아야 한다. …… 하지만 체험의 추억을 가지는 것만
> 으로는 충분치 않다. 추억이 많으면 그것들을 잊을 수 있어야 한다. 추억이 되
> 살아올 것을 기다리는 큰 인내가 있어야 한다. 추억이 내 안에서 피가 되고,
> 시선과 몸짓이 되고, 나 자신과 구별되지 않을 만큼 이름 없는 것이 되어야,
> 그때에야 비로소, 아주 가끔 첫 행의 첫 단어가 그 가운데서 떠오를 수 있을
> 것이다.

칸트가 말한 '내용 없는 사유'란 대륙의 합리론이라 불리던 과도한 이
성 중심주의를 비판한 것이며, '개념 없는 직관'이란 영국의 독단적인 경
험론을 비판한 것이다. 릴케가 젊은 시인과 마도로스를 종합했듯이 합리
론과 경험론은 칸트에게서 각각의 모순을 지양하고 종합을 이룬다.

앎의 한계

파국을 맞았던 철학은 되살아났고 위기에 몰렸던 이성은 힘을 되찾았다. 칸트의 코페르니쿠스적 전환으로 수세기 동안 철학자들을 괴롭혀온 난제가 해결되었으며, 대륙과 영국의 철학자들을 갈라놓았던 합리론과 경험론은 한층 높은 차원에서 통합을 이루었다. 이제 철학은 새 출발에 성공한 걸까? 적어도 데카르트 이후 이성을 중심으로 한 근대 철학은 칸트에게서 신기원에 도달했다고 봐도 좋을 듯하다. 이성의 문제에 관한 한 칸트는 거의 완벽하게 모든 문제를 해결했으니까. 하지만 그 이전의 철학적 문제는 어떨까?

칸트가 구해낸 것은 이성이지 철학이 아니었다. 흄의 파국을 타개하고 철학의 돌파구를 연 것은 사실이지만 칸트의 체계에도 아킬레스건이 남아 있었다. 정신의 내부에 인식을 가능케 하는 수단이 있다고 본 획기적인 관점으로 인식론의 문제는 대부분 극복할 수 있었지만 인식론과 존재론이 맞물리는 부분은 여전히 해명되지 않았다. 바꿔 말해 사물의 실체는 칸트로서도 전혀 손을 댈 수 없었다. 이성이 등장하기 이전의 시대, 그러니까 중세철학에서는 실체를 신의 영역에 속하는 것으로 간주했으므로 존재론적 관점이 필요 없었다. 그러나 이성을 토대로 한 철학이라면 그것에 관해서도 이성에 맞는, 즉 합리적인 설명이 가능해야 했다.

어떤 의미에서 칸트의 종합은 절충적인 성격을 지닌다. 실재에서 얻은 감각 자료를 인식의 출발점으로 보는 관점은 경험론을 차용한 것이며, 그 자료를 감성과 오성의 형식으로 인식하는 과정은 합리론을 이어받은 것이다. 물론 기계적인 결합이 아니므로 칸트의 노력을 단순한 절충이라고 폄하할 수는 없겠지만, 뿌리가 그런 만큼 경험론과 합리론의 근본적인 맹

4부 철학의 토대가 흔들리다

점은 칸트도 해결할 수 없었다. 즉 순수이성의 힘으로도 사물 자체를 꿰뚫어볼 수는 없다! 이는 곧 모종의 궁극적인 실재(칸트는 이를 '본체'라고 불렀다)가 존재하며, 우리의 정신은 그 실재를 직접 인식할 수 없다는 입장으로 귀결된다.

이에 대해 칸트는 본체 혹은 물자체(Ding an sich: '사물 자체'라는 뜻인데, 일본식 번역어가 그대로 통용되어 이처럼 해괴한 말이 생겼다)가 존재한다는 것 이외에 별도의 설명을 하지 않았다. 그렇다고 칸트를 비난한다면 생선 가시가 목에 걸렸다고 해서 음식점 주인을 탓하는 격이다. 우리는 근본적이고 궁극적인 실재가 존재한다는 것은 알 수 있지만 그것에 접근할 수는 없다. 우리 인간은 정신에 드러난 감각 자료, 즉 현상만을 가지고 인식의 내용을 구성할 수밖에 없다. 그래서 칸트는 우리의 인식이 현상계에만 국한된다고 말한다(이런 현상의 개념에서 19세기 후반에 현상학이 탄생한다). 현상을 넘어서는 본체에 관해 우리의 정신은 어떠한 경험도, 지각도, 인식도 가질 수 없다. 결국 칸트는 데카르트로부터 시작된 인식 주체와 인식 대상의 이원론을 일면 극복했으나 궁극적으로는 이원론의 덫에서 완전히 빠져나오지 못한 셈이다.

칸트 자신은 이원론이라는 낙인에 억울한 기분이었을 것이다. 그는 현상계를 '진리의 섬'이라고 지칭하면서 주변의 드넓은 바다를 누메나 noumena, 즉 가상의 세계(본체의 세계)라고 규정했을 따름이다. 현상계에서의 앎만 인정하고 나머지 가상계(혹은 예지계)에 관해서는 알 수 없다고 말했을 뿐인데, 그것이 어째서 이원론이란 말인가? 하지만 우리가 듣기에는 플라톤의 일원론적 이원론처럼 알쏭달쏭한 이야기다.

어쨌든 가상의 세계에 관한 앎이 불가능하다면 그 영역에 대한 관심도 끊어야 마땅하다. 그래서 칸트는 전통적 형이상학이 현상계에만 적용할 수 있는 개념들로 본체의 세계까지 다루려 한 것을 단호하게 비판했다. 감성의 직관적 형식인 시간과 공간은 물론이고 총체성, 인과성, 필연성 등 오성의 범주들도 모두 현상계에서나 사용할 수 있는 인식의 도구들이다. 따라서 칸트는 '신', '영혼', '불멸', '세계의 전체성' 따위의 개념들에 관해서는 선천적 종합판단이 불가능하다고 단정했으며, 수천 년 동안 철학-신학에서 가장 중요한 주제로 간주해온 이른바 신에 관한 논증 일체를 부인했다.

감성의 형식과 오성의 범주는 유용한 도구이기는 하지만 그것들을 현상계 이외의 영역에 적용하려는 것은 잘못이다. 칸트는 그 경우 이율배반Antinomie에 봉착할 수밖에 없다고 말한다. 이율배반이란 언뜻 그럴듯해 보이는 한 쌍의 명제가 실은 모순이며 양립 불가능하다는 것을 지칭하는 칸트의 용어다. 이율배반에서 한 명제가 정립명제These라면 그것에 반대되는 명제는 반정립명제Antithese가 된다. 칸트가 이율배반의 사례로 드는 형이상학적 주장은 네 가지다.

(1) 정립: 세계는 시간적으로 시작이 있고 공간적으로 한계가 있다.

반정립: 세계는 시간적으로나 공간적으로 무한하다.

(2) 정립: 모든 실체는 더 단순한 부분들로 이루어져 있다.

반정립: 모든 실체는 단순한 부분들로 나뉘지 않는다.

(3) 정립: 우주의 모든 것은 인과성의 법칙을 따른다.

반정립: 인과성이 관철되는 것은 자연현상뿐이다.

(4) 정립: 절대적이고 필연적인 존재가 존재한다.

반정립: 절대적이고 필연적인 존재는 없다.

4부 철학의 토대가 흔들리다

각각의 쌍에서 정립명제와 반정립명제는 서로 등가적이다. 따라서 어느 하나가 옳다고 믿으면 다른 하나는 자연히 부인할 수밖에 없으므로 양자는 이율배반적 관계에 있다. 문제는 둘 다 검증이 불가능하다는 점이다. 그래서 칸트는 이 명제들의 진위를 검토하기 위해 애쓸 필요가 없다고 말한다(단, (1)번 명제의 쌍을 이용해서 그는 시간과 공간이 감성의 직관적 형식임을 재차 강조한다). 경험되지 않은 대상에 관해서는 정신의 구성활동이 불가능하다. 허구의 세계에 관해 진위를 판독할 수는 없다. 예컨대 실존하지 않는 용의 날개가 있는지 없는지, 다리가 몇 개인지에 관해서는 누구도 유의미한 명제를 제시할 수 없다. 그런 명제들은 모두 인식의 한계를 넘어서 있다.

칸트가 제시한 이율배반의 논법에서 더 중요한 것은 내용보다 형식이다. 칸트에 뒤이어 등장하는 헤겔은 바로 이 이율배반의 개념에 착안해 변증법이라는 독특한 논법을 개발했고, 마르크스는 변증법과 유물론을 결합해 사회주의 철학을 정립했기 때문이다.

도덕을 법칙으로

칸트가 신과 영혼 같은 신학의 주요 주제들을 철학에서 배제한 것은 형이상학을 철학의 본령으로 알고 있는 철학자들과 신학자들의 큰 반발을 불렀다. 하지만 칸트가 형이상학적 논의를 부정한 것은 검증이 불가능하기 때문이지 그 자체가 무의미하기 때문은 아니다. 오히려 칸트는 신, 자유, 영혼의 불멸을 '이성의 세 가지 이념'이라고 규정하면서 우리에게 그런 개념들을 믿을 권리가 있다고 말했다. 그를 비판하는 사람들은 "신을 앞문에서 내쫓고 뒷문으로 들어오게 한 격"이라며 여전히 분개했지만, 칸트는 실상 그런 개념들이 철학의 과제가 아니라고 보았을 뿐 그것들을 쓰레기통에 버리자고 한 것은 아니었다(아마 그는 문학이나 예술의 주제로서는 훌륭하다고 여겼을 것이다).

다만 그는 지식과 믿음은 구분해야 한다고 보았다. 그것들은 감성과 오성으로 인식할 수 없기 때문에 순수이성의 사유 대상이 아니다. 따라서 그 형이상학적 개념들을 수용하기 위해서는 이성의 다른 측면이 필요한데, 칸트는 이것을 실천이성이라고 불렀다. 실천이라는 수식어가 붙은 것은 우리 인간이 현실적으로 그런 개념들을 필요로 한다는 의미다. 칸트가 생각하는 현실적인 필요란 바로 도덕적인 삶을 위한 것이다. 철학사적으로 이 점은 칸트가 프랑스 계몽주의를 계승한다는 측면을 보여준다.

도덕적인 원칙과 규칙은 인식론적으로 보면 선천적 종합판단이 될 수 없지만 실천적으로는 마치 종합판단인 것처럼 취급할 필요가 있고, 또 그것은 충분히 가능하다. 그 필요성은 현실적으로 도덕이 인간의 삶과 사회를 위해 필수적이라는 데서 나온다. 굳이 사회계약론을 들먹이지 않더라도, 사회의 각 개인이 저마다 자신의 이해관계만 관철하려 한다면 사회는 파렴치한 투쟁의 현장이 될 게 뻔하다. 또한 도덕도 종합판단과 같은 진리성을 지닐 수 있다. 도덕은 막연히 사회생활을 위해 지켜야 하는 규준에 불과한 게 아니라 본래 필연적인 의무이고 법칙이기 때문이다. 그래서 순수이성을 논할 때와 마찬가지로 칸트는 실천이성에 관해서도 역시 엄밀한 논증이 가능하다고 본다.

도덕은 물론 선한 의지를 가리키지만 단순히 의지와 동일시되는 것은 아니다. 무엇보다 도덕은 욕망이나 취향과 무관하다. 설사 욕망이나 취향이 선하다 해도 그것 자체로 도덕이 되지는 않는다. 진짜 도덕은 바로

4부 철학의 토대가 흔들리다

의무에서 비롯된다. 예컨대 길을 가다가 걸인을 보았을 때 도와주고 싶은 '마음'에서 가지고 있는 동전을 다 털어주었다면 그것은 칭찬받을 행위이기는 해도 도덕적 행위는 아니다. 똑같은 자선 행위라 해도 의무에서 우러나와야만 도덕적 행위라고 불릴 수 있다. 즉 '도와주고 싶다'가 아니라 '도와줘야 한다'가 되어야 하는 것이다.

도덕이 법칙이고 의무라면 그것은 곧 명령이 된다. 그래서 칸트는 도덕을 정언명령categorical imperative이라고 말한다. 정언명령이 있다면 가언명령도 있을 것이다. 가언명령이란 목적을 상정한다는 점에서 정언명령과 다르다. 예를 들어 "칭찬을 받고 싶으면 선행을 하라."라는 것은 칭찬이라는 목적이 있기 때문에 가짜 도덕, 즉 가언명령이 된다. 칸트가 말하는 정언명령은 단 하나인데, 유명한 도덕적 문구로 전해지고 있다. "너의 행동 준칙이 너만이 아니라 모든 사람에게 보편적 법칙이 될 수 있도록 행동하라." 이 기본형에서 살짝 변형한 정언명령은 이렇다. "자기 자신을 대하듯 남을 대할 것이며, 어떤 경우에도 인간을 수단으로 대하지 말고 목적으로 대하라."

계몽주의를 바탕으로 한 사회계약론에 따르면 사회가 존속하고 발전하기 위해서는 개인들의 욕망이 '합리적으로' 제어되어야 한다. 칸트 역시 도덕을 단순한 행동의 기준으로 바라보는 게 아니라 가장 이성적인 행위라는 관점에서 보고 있다. 도덕은 선택이 아니라 필수다. 모든 사람이 자신의 감정과 성향에 따라 행동한다면 결국 모두가 원하는 자유를 잃게 될 것이다. 자유를 잃는 것은 누구도 원하지 않는다. 이런 이성적인 판단에서 참된 도덕이 나오는 것이다.

칸트는 돈을 빌리는 행위와 거짓말을 예로 들어 설명한다. 흔히 돈을 빌리는 것은 도덕에 위반하는 행위가 아니라고 생각한다. 그러나 만약 한 사회의 구성원들이 모두 돈을 빌리려 한다면 결국 빌려줄 돈이 전혀 남지 않게 될 것이다. 어른들은 어린이에게 거짓말을 하면 안 된다고 가르치지만 왜 그래야 하는지는 설명하지 않는다. 만약 "거짓말을 해야 한다."는 명령이 있다면 모두가 거짓말을 하고 남을 속이려는 생각만 가질 것이므로 사람들 간의 정상적인 의사소통이 불가능할 것이다(무엇보다 거짓말을 해야 한다는 명령 자체도 거짓말이 되니까 형식논리적으로도 성립되지 않는다).

칸트 이전까지 윤리학 이론은 많았으나 도덕이란 인간이 바른 삶을 살아가기 위해 필요한 것이라고 여겼을 뿐 의무이자 법칙이라고는 생각하지 않았다. 또한 윤리학을 특히 중시했던 중세 철학자들은 도덕을 신의 명령으로 이해했을 뿐 인간의 이성을 바탕으로 한다고는 생각하지 않았다. 그런 점에서, 순수이성의 분석에 못지않게 엄밀한 실천이성의 분석을 통해 냉철한 이성으로부터 따뜻한 도덕적 원칙을 끌어낸 칸트의 윤리학은 대단히 독창적이다.

그렇기 때문에 칸트의 도덕적 원칙은 우리가 아는 상식과 다른 점이 있다. 예를 들어 우리는 대부분 동정심에서 다른 사람을 돕는 게 옳다고 보지만 칸트는 그보다 의무감에서 남을 돕는 게 더 도덕적이라고 본다. 물론 그의 윤리학이 반드시 정당한 것은 아니다. 어차피 도덕이란 방법론보다는 실천의 문제니까.

칸트의 독창적인 도덕철학은 언뜻 보면 (도덕을 적극적으로 권장하지 않고 의무로 본다는 점에서) 소극적인 도덕을 주장하는 듯하지만, 실은 그것이 적극적인 도덕보다 더 강력하다. 도덕은 훌륭한 인간이 되기 위해 '해야 하는 것'이라기보다 인간으로서 '안 하면 안 되는 것'이 되기 때문이다. 도덕을 이렇게 보는 관점은 현대사회에서 갈수록 중요해지는 노블레스 오블리주$^{noblesse\ oblige}$와 접목된다.

노블레스 오블리주는 말 그대로 '고결한 의무'인데, 사회의 상류층이 가지는 사회적 의무를 가리킨다. 이것을 도덕의 하나로 여기는 사람은 많지만 칸트가 말하는 도덕으로 바라보는 사람은 드물다. 바꿔 말해 일반적으로 노블레스 오블리주는 실천하면 좋은 것이고 실천하지 않아도 별로 상관이 없는 것으로 여긴다. 하지만 노블레스 오블리주는 원래 역사에서 나온 관념이며, 그 기원과 배경으로 보면 전통적인 도덕보다 칸트의 도덕에 더 가깝다.

고대 로마의 포에니 전쟁에서 지휘관은 지휘관으로의 의무를 가진다는 관념이 노블레스 오블리주를 낳았다. 누구나 전장에서 죽고 싶은 사람은 없다. 전장에서 선봉에 선다면 죽을 확률이 높아지는데, 대개 지휘관은 그 지위상으로 선봉에 서게 된다. 도덕적인 지휘관이라면 스스로 그렇게 하겠지만 그렇지 않은 지휘관이라 해도 그렇게 해야만 한다. 신분이 '노블레스'한 이상 그에 따른 '오블리주'는 피할 수 없는 것이다.

그래서 노블레스 오블리주는 흔히 생각하는 것처럼 도덕적인 상류층의 '시혜' 같은 게 아니다. 그런 거라면 '노블레스'라고 말하면 될 뿐 '오블리주'라는 말이 붙을 이유가 없다. 게다가 그 시혜를 받는 쪽도 기분이 나쁘다. 진정한 노블레스 오블리주는 사회 상류층이 자신의 신분에 불가피하게 따르는 의무를 이행하는 것이다. 그렇기 때문에 수전노처럼 돈을 번 못된 기업주라 해도 그것을 실천해야 한다. 카네기나 록펠러가 마음이 따뜻한 사람이라서 사회적 기부를 한 것은 아니다. 그보다는 사회의 시스템이 상류층에게 노블레스 오블리주를 요구하기 때문에 그렇게 한 것뿐이다. 상류층은 최소한 상류층이라는 지위를 계속 유지하기 위해서라도 노블레스 오블리주를 실천해야 한다. 바로 이 점에서 노블레스 오블리주는 칸트의 도덕철학과 통한다.

칸트의 도덕은 열정적인 도덕이 아니기 때문에 소극적으로 보인다. 하지만 노블레스 오블리주가 그렇듯이 도덕을 의무로 보는 그의 소극적 도덕관은 오히려 가장 적극적인 도덕관이 된다. 그런 칸트의 도덕을 생활에서 완벽하게 실천한다면, 다시 말해 감정에 호소하지 않고 평정심을 유지하면서 도덕심을 발휘할 수 있다면 그야말로 성인군자가 아닐까?

낭만, 자유, 주체성의 시대

18세기 말에서 19세기 초의 유럽 세계는 그야말로 난장판이었다. 중세 질서를 완전히 탈각하고 근대 국민국가 체제가 안정되면서 각개약진하기 시작한 유럽 열강은 오스트리아 왕위 계승 전쟁, 7년전쟁, 나폴레옹 전쟁으로 연이어 맞붙었고, 멀리 아메리카와 인도에서도 치열한 식민지 쟁탈전을 벌였다. 이미 유럽 세계의 패권은 중세의 전통적인 중심이었던 이탈리아와 독일에서 서쪽으로 이동해 영국과 프랑스로 대표되는 서유럽으로 옮겨진 상태였다. 여기서 싹튼 모순이 19세기 제국주의 시대에 더욱 심화되어 20세기에 두 차례 세계대전으로 비화된 것은 주지의 사실이다.

언뜻 보면 이런 현실의 역사는 칸트의 초월적이고 냉철한 이성 철학이 전개된 당시의 지적 분위기와 거리가 먼 듯싶지만 사실 이 시대는 역사와 지성사가 교호하는 전형적인 양태를 보여준다. 우선 아수라장 같은 유럽의 상황은 신이 관장하는 정신적 축이 무너지고 완전한 이성의 시대로 접어들었음을 알리는 신호탄이었다. 물론 인간과 국가가 이성적으로 행동했다는 뜻이 아니라 모든 사태가 인간 이성의 힘으로 진행되었다는 의미다.

신의 대리자인 교회가 국제 질서에서 전혀 역할을 하지 못함에 따라 유럽 각국은 각자 자신의 힘(국력)으로 앞길을 개척해야 했고 거기서 가장 중요한 수단은 전쟁이었다. 이성이 첫 주인공으로 등장한 시대가 하필 비합리가 판치는 혼란기였다면 어딘가 어울리지 않은 듯하지만, 초보 운전으로 거리에 나선 이성이 도로에서 사고를 치지 않는다면 오히려 이상한 일이다(20세기의 아도르노 같은 사람은 베테랑 운전자가 된 뒤에도 이성은 대형 사고를 쳤다고 주장한다). 현실의 역사가 지성사에 미친 영향도 결코 작지 않다. 특히 프랑스혁명으로 인권과 자유의 개념이 유럽 전역에 확산됨에 따라 개인의 자유와 주체성을 강조하는 낭만주의 철학이 성행했으며, 이 흐름이 독일 지역에 전해지면서 문화적으로는 괴테와 실러를 앞세운 질풍노도^{Sturm und Drang} 운동을 낳았고 철학적으로는 칸트철학의 전통과 뒤섞여 특유의 관념론을 형성했다.

그 선두 주자인 피히테(Johann Gottlieb Fichte, 1762~1814)는 칸트의 지적 영향을 크게 받았고 칸트의 칭찬 덕분에 국제적인 명성을 얻은 인물이다. 그가 서른 살에 쓴 책은 인쇄업자의 실수로 글쓴이의 이름이 누락된 탓에 칸트의 저서로 잘못 알려졌으나, 칸트가 곧 그 사실을 부정하고 그 책을 높이 평가해주었던 것이다. 선배를 딛고 넘어서는 게 후학의 도리라면 피히테는 칸트의 은혜를 충분히 갚았다고 할 수 있다.

앞서 말했듯이 칸트의 아킬레스건은 물자체라는 모호한 개념이었다. 그런 게 존재한다는 건 분명하지만 뭔지는 알 수 없다! 결국 칸트는 이렇게 말한 셈이다. 그러나 대체 모르는 게 존재한다는 말이 무슨 필요가 있을까? 뭔지 모르겠다면 차라리 말을 하지 않는 게 낫지, 그건 자신의 체계 속에 그 체계를 파괴할 폭탄을 파묻은 것이나 다름없다. 칸트 스스로가 위기를 자초한 것인데, 피히테가 보기에 그런 난국을 피하는 방법은 간단하다. 애초에 물자체의 개념을 상정할 필요성을 없애면 된다.

칸트는 인식의 근거가 정신의 외부에 있다는 경험론을 극복하기 위해 처음부터 인식 과정을 문제 삼아야 했고, 그러다 보니 자연히 인식의 한계를 설정해야 했으며, 따라서 현상계를 넘어선 모든 것을 물자체의 영역으로 돌릴 수밖에 없었다. 하지만 피히테는 지각이나 이성의 활동으로 이루어지는 인식보다 더 선행하는 메커니즘에 관심을 기울인다. 그것은 바로 '행위하는 나', 즉 자아의 존재다. 자아의 행위는 곧 의지의 소산이다. 이성의 판단을 신뢰하는 것도, 감각을 자료로서 인정하는 것도 바로 자아의 의지다. 이처럼 자아는 모든 것에 앞서 모든 것을 발동시키는 근본적 주체이므로 피히테는 그냥 자아가 아니라 절대적 자아라는 말을 쓴다. 언뜻 생각하면 데카르트의 코기토와 닮은 듯도 하지만, 코기토가 전적으로 인식론적 개념인 데 비해 절대적 자아는 인식론과 존재론의 합일에서 비롯되므로(인식은 행위다!) 데카르트는 물론 칸트보다도 한 걸음 더 나아간 개념이다.

자아의 행위는 필연적으로 자아 이외의 모든 것을 객체화하는 결과를 낳는데, 피히테는 그것을 자아가 아닌 존재, 즉 비아非我라고 부른다. 따라서 비아는 자아의 산물이자 자아의 부정이다. 그러나 자아는 비아를 낳는 데 그치지 않고 자신의 부정이자 대립물인 비아를 다시 통합함으로써 자신을 더욱 발전시킨다. 칸트에게서 이율배반의 명제를 설명하는 데 사용되었던 변증법이 피히테에게서는 인식과 존재의 근본 원리로 업그레이드된다. 그리고 이 변증법의 논리는 헤겔에게서 완성된다. 이렇게 보면 피히테는 칸트와 헤겔이라는 독일 관념론의 두 거봉을 잇는 계곡이다.

정신적 주체인 자아가 물질적 대상인 비아를 낳는다는 주체적 관념론은 그 시대가 아니었다면 성립할 수 없었을 것이다. 영국에서 자본주의라는 새로운 경제 제도가 탄생하고, 프랑스에서 개인의 권리와 자유를 이념으로 하는 혁명이 발발하면서 주체로서의 인간 개인은 역사상 어느 때보다도 존엄하고 지고한 존재로 우뚝 섰다. 이런 현실적·지성적 배경이 있었기에 피히테는 철저히 개인을 중심으로 한 주체적 철학을 전개할 수 있었다.

세계는 아무리 냉철한 필연성이 관철되는 현장이라 해도 어디까지나 인간의 자아가 투사된 무대다. 그리고 인간은 그 엄혹한 세계를 마주한 주체적인 존재다. 격변기였던 탓일까? 칸트와 마찬가지로 피히테도 자신의 철학에서 도덕을 이끌어내며, 이 도덕은 선택 사항이 아니라 법칙이자 명령이라고 말한다. 그러나 칸트가 개인의 도덕에 치중했다면 피히테는 집단의 도덕에 초점을 맞춘다. 분리된 자아는 힘이 제한되어 있으므로 비아에 대응하는 데 한계가 있다. 그래서 자유로운 인간들의 집단이 필요해지는데, 그 정수는 바로 국가다. 피히테는 영국에 이어 프랑스도 국민국가 정치 체제와 자본주의 경제 제도로 무장하고 부국강병을 부르짖는 것에 비해 수많은 영방국가로 분열되어 있는 독일의 상황을 틀림없이 염두에 두었을 것이다. 그의 면모가 철학자보다 〈독일 국민에게 고함〉이라는 애국적인 연설로 후대에 더 잘 알려진 것도 바로 그 점에 기인한다.

피히테의 관념론도 어지간하지만 거기에 한술 더 뜬 사람은 셸링 (Friedrich Wilhelm Joseph von Schelling, 1775~1854)이다. 그는 피히테에게서 절대적 자아의 개념을 받아들여 자연의 영역에까지 확대 적용한다. 다만 여기서 절대적 자아는 슬쩍 절대자라는 개념으로 바뀐다. 셸링은 자아가 비아를 낳는다고 보지 않았기 때문이다. 오히려 그는 자연을 주체로 간주하고, 피히테가 말하는 자아의 자리에 그것을 대입했다. 당연히 피히테는 그런 입장을 거부했지만— 두 사람은 편지로 격렬한 논쟁을 벌였다— 셸링은 정신에서 출발해 자연을 설명하는 칸트와 피히테의 초월철학과 자연을 출발점으로 삼고 정신을 해명하는 자신의 자연철학이 상호 보완적이며 크게 보면 사실상 동일하다고 생각했다. 그래서 그의 철학을 동일철학이라고도 부른다.

데카르트의 기계적인 자연관이나 칸트의 정태적인 자연관이라면 자연과 정신을 하나로 볼 수 없다. 그러므로 셸링은 자연철학의 원조를 스피노자에게서 찾는다. 7장에서 보았듯이 스피노자는 생산하는 자연과 생산되는 자연을 구분함으로써 변증법적 자연관의 단초를 열었다. 셸링은 한 걸음 더 나아가 생산하는 자연을 물질화되기 이전의 정신적 활동과 동일시한다. 여기서 자연과 물질이란 정신이 스스로 외화되어 나타난 현상이다. 스피노자가 재료를 대고 피히테가 레시피를 제공했다면 셸링은 그것으로 자연철학의 훌륭한 요리를 만든 셈이다. 그러나 정작 그 요리를 맛있게 먹은 사람은 따로 있다.

우주를 내 품 안에

칸트, 피히테, 셸링으로 이어지는 독일 관념론의 흐름을 주의 깊게 살펴보면, 각자 이론 체계는 사뭇 다르지만 한 가지 공통적인 흐름이 근저에 깔려 있음을 알 수 있다. 그것은 바로 주체와 객체의 관계를 어떻게 설정할 것이냐이다. 데카르트에서부터 흄에 이르기까지 근대 철학 전반기의 테마가 주로 주체를 설명하는 방법에 관한 것이었다면, 독일 관념론자들은 여기에 객체를 끌어들여 주체-객체의 관계 속에서 인식론과 존재론을 한꺼번에 고찰하려는 입장을 취한다. 이런 문제의식은 주체 논쟁이 어느 정도 마무리되었다는 것을 말해주기도 하지만, 다른 한편으로는 객체와 분리된 주체만의 설명으로는 주체 자체도 충분히 해명할 수 없다는 위기의식의 발로이기도 하다.

철학 자체와 무관한 측면에서 독일 관념론자들은 또 다른 공통점을 가지고 있었다. 전대의 철학자들과 달리 이들은 모두 대학에서 철학 교수를 지냈다. 철학이 하나의 직업으로 자리 잡은 것은 사실상 이 시기가 처음이다. 또한 칸트를 제외한 피히테와 셸링은 교수가 되기 전에 귀족 가문의 가정교사로 일한 적이 있는데, 지금으로 치면 교수가 되기 위한 시간강사와 비슷한 신분이었다. 이 두 사람은 당대 철학의 최고 권위를 자랑하는 칸트를 비판하면서 철학적 명성을 얻었다. 당시 독일 철학계에서 철학자로서 성공하기 위한 노하우는 바로 그것이었다. 신분상으로는 가정교사→철학 교수의 과정을 거치고 철학적으로는 칸트를 비판하는 것! 그 '공식'에 딱 들어맞으면서 피히테와 셸링을 능가한 사람이 바로 헤겔(Georg Wilhelm Friedrich Hegel, 1770~1831)이다.

칸트의 철학은 이미 칸트가 살아 있을 때부터 영향력이 지대했으나 피히테와 셸링을 거치면서 결정적인 결함이 노출되었다. 문제는 역시 물자체다. 칸트는 이성에 의한 인식의 한계를 설정하지 않을 수 없어 물자체를 상정했지만, 그것은 예상외로 두고두고 속을 썩이는 개념이었다. 헤겔도 역시 인식이 불가능한 물자체라면 아예 없느니만 못하다고 보았다. 빛 좋은 개살구도 아니고 존재하기는 하나 알 수는 없다니. …… 차라리 인간이 우주와 세계를 전부 알 수는 없다고 말하면 될 일이지 그 무슨 알

궂은 이야긴가? 결과적으로 칸트는 그 모호한 물자체 때문에 데카르트로부터 시작된 주체와 객체의 분단을 더욱 고착화하지 않았던가?

그 문제를 해결하기 위해 피히테는 모든 것을 주체 속에 때려 넣는 무리수를 두었고 셸링은 자연을 정신과 일체화하는 변종 범신론으로 빠졌다. 둘 다 주체-객체의 분단을 극복하려는 몸부림인데, 헤겔은 그런 조잡한 통일론 이외에 다른 방법은 없는지 고민한다. 당시 질풍노도 운동을 주도한 독일의 시인 실러는 칸트를 가리켜 "왕이 공사에 착수하면 비로소 일꾼들에게 할 일이 생긴다."고 말했다. 칸트 같은 대철학자가 이론 체계를 세워놓으면 하급 철학자들이 주석을 다느라 바빠진다는 뜻이다. 이 말을 들었던 걸까? 헤겔은 일꾼들이 아닌 왕에게서 해결책의 단초를 찾아낸다.

칸트가 경험을 이성과 별개의 것으로 보지 않고 이성의 틀 안으로 끌어들인 것은 좋았다. 헤겔이 이성과 경험이 하나이며 이성을 경험의 객관적 구조라고 본 것은 칸트의 입장을 더욱 강화한 것이다. 그러나 칸트는 이성의 문을 거기서 닫아걸었기 때문에 결국 그 너머를 물자체, 즉 본체의 세계로 간주하지 않을 수 없었다. 그렇다면 분단을 극복하는 방책은 뻔하다. 이성의 영역을 더욱 확대하는 것이다. 이성은 실재하는 세계에 대한 일체의 경험을 아우르는 것이어야 한다. 심지어 현상계를 넘어 본체의 세계까지도.

다만 여기에는 조심해야 할 게 있다. 개별 이성으로 그런 웅대한 작업이 가능하다고 강변한다면 피히테처럼 주관주의의 함정에 빠질 수밖에 없다. 그러지 않으려면 개별 이성의 능력을 훨씬 넘어서는 전체화되고 추상화된 이성, 신적 개념의 이성이 필요하다. 그런 게 없다고? 없으면 하나 만들자. 그래서 헤겔은 절대정신^{absoluter Geist}의 관념을 도입한다. 이것은 어느 개인의 이성이 아니라 모든 이성의 집합보다도 더 큰 총체적 개념의 이성이다.

인간 개개인이 지닌 개별 이성은 인식의 오류를 범할 수 있지만 절대정신은 무오류다. 게다가 절대정신은 단순히 세계를 인식하고 경험하는 데서 더 나아가 세계를 만들어내고 통제한다. 절대정신도 '정신'인 이상 관념인 것은 사실이지만 '절대'이기 때문에 관념만이 아니라 실재의 세계도 포함한다. 그래서 헤겔은 자신의 철학을 '절대적 관념론'이라 불렀다.

그런데 관념론을 노골적으로 표방한 것도 그렇지만 '절대적'이라는 수식어를 서슴없이 갖다 붙인 것도 대단한 배짱이 아닐 수 없다. 절대정신이 관념의 영역에만 머물지 않고 현실을 주관하고 관장한다는 의미를 강조하기 위해 그는 "현실적인 것은 이성적이며 이성적인 것은 현실적이다."라는 유명한 말을 남겼는데, 이렇게 인식론과 존재론을 간단히 통합하는 것 역시 간이 작은 사람으로서는 입에 담기 힘든 말이다.

하지만 칸트와 헤겔의 촌수는 겉보기만큼 그다지 멀지 않다. 어떤 면에서 칸트의 문제점은 한 걸음씩 덜 갔다는 데 있다. 그는 이성을 철저하게 분석하고 비판했으나, 여기서 한 걸음 더 나아가 전체성으로서의 이성이라는 개념에 도달하지 못했다. 또한 코페르니쿠스적 전환을 통해 이성이 세계를 구성한다는 측면에 착안한 것은 옳았으나, 여기서 한 걸음 더 나아가 이성이 세계를 창조한다는 것까지 보지는 못했다. 그 결과 그는 물자체라는 어정쩡한 개념을 도입할 수밖에 없었다. 칸트가 쉰일곱 살이 아니라 삼십 대에 《순수이성비판Kritik der reinen Vernunft》을 펴냈더라면 아마도 만년에는 헤겔과 같은 결론에 도달하지 않았을까?

헤겔은 자신이 칸트의 철학을 완성했으며, 더 나아가 모든 철학적 문제를 해결했다는 자신감을 공공연하게 내보였다. 그는 절대정신을 '신'

이라고 부르기도 했는데, 이것은 그리스도교의 신을 비롯해 어느 특정한 종교의 신과도 무관하다. 또한 절대정신은 사물의 궁극적인 목적이나 제1원인 같은 철학적 절대자의 의미와도 거리가 멀다. 절대정신은 세계와 대립하거나 세계를 상대하는 존재가 아니라 세계 자체이기 때문이다. 이것으로 오랫동안 철학자들을 괴롭혀온 주체-객체의 비극적 분단은 완전히 극복되었다!

역사는 무한히 발전한다?

그냥 정신도 아니고 명색이 절대정신이라면 존재 방식과 운동 방식에서도 개별 이성이나 정신의 경우와는 다를 것이다. 헤겔은 이 점과 관련해 칸트의 실책을 또 한 가지 지적한다. 칸트는 정신의 구조가 개인이나 사회문화적 배경, 역사적 시대와 무관하게 언제나 똑같다고 보았다. 그러나 그건 상식에도 어긋날뿐더러 칸트가 그토록 강조한 비판적 이성에도 맞지 않는다. 칸트가 분석한 이성은 헤겔의 절대정신과 같은 총체적 이성이 아닌 개별 이성이므로 사회적·역사적 차이는 그렇다 치더라도 최소한 개인적 편차는 인정되어야 마땅하다.

헤겔은 칸트의 견해를 정태적이고 몰역사적이라고 비판한다. 칸트는 이성을 수동적으로 보지 않고 세계를 구성하는 적극적인 역할을 부여했지만 이성의 인식적 기능에만 치중하고 말았다. 그런 탓에 분석의 측면에서는 강점을 보였으나 모든 분석이 빠지기 쉬운 정태성에서 벗어나지는 못한 것이다. 그에 비해 헤겔의 절대정신은 개별 이성과 달리 전능할 뿐 아니라 세계를 창조하는 주체이므로 당연히 역동적일 테고 또 역동적

이어야만 한다. 이 절대정신의 본래적인 역동성을 설명하기 위해 헤겔은 칸트-피히테-셸링을 거치면서 조금씩 업그레이드된 변증법을 더욱 정교하게 다듬는다.

칸트의 이율배반은 정립과 반정립을 기본으로 하는 변증법적 논리학의 초보적 개념을 제시했다. 이것을 피히테는 자아와 비아의 관계에 적용했고 여기에 자아가 비아를 통합하는 단계를 추가했다. 헤겔은 이 논리를 받아들여 정립(정)-반정립(반)-종합(합)으로 이루어지는 변증법의 삼각 구도를 완성한다. 여기서 정립과 반정립은 같은 위상이지만 종합은 한 단계 높은 위상이다. 정립과 반정립이 합쳐져 종합을 형성하기 때문이다. 이 과정이 곧 발전이다. 그러므로 변증법은 처음부터 변화와 발전의 개념을 포함하고 있다. 절대정신의 운동은 바로 변증법적 방식을 취한다.

모든 것의 출발점은 순수한 정신이다. 이것을 신이라고 불러도 좋다. 이 순수한 정신에서 순수한 존재가 탄생한다. 순수한 존재는 사유의 대상이 아니며, 지각되거나 상상되지도 않고, 특정한 형태를 취하지도 않는다. 그래서 그 정립에서 나온 반정립, 즉 대립물은 바로 아무것도 아닌 것, 즉 무無다(양자는 대립물이면서 속성은 동일하다). 순수한 존재는 존재의 극한이며 무는 비존재의 극한이다. 따라서 모든 실재(순수한 존재를 제외한 모든 존재)는 이 양 극한 사이에 위치한다. 바꿔 말하면 양 극한 사이에서 모든 실재는 생성된다고 할 수 있다. 즉 순수한 존재(정립)-무(반정립)의 종합은 곧 실재의 생성이다.

이 종합은 다시 새로운 정립을 구성하며, 이 정립은 새로운 반정립을 낳고, 양자는 또다시 새로운 종합을 형성한다. 이렇듯 역사는 영원한 변증법적 발전의 과정이다. 《성서》로 말하자면 최초의 인간 아담이 정립으로 존재했고 그의 갈비뼈에서 반정립인 이브가 나왔고 두 사람의 종합이 아들인 카인이다. 그보다 더 거창한 《성서》의 사례를 든다면, 태초에 신 (정립)이 있었고 이 신이 외화되어 사탄(반정립)이 나온 과정이다. 여기서 종합은 뭘까? 그것은 《성서》의 맨 끝 〈요한계시록〉에 나오는 신과 사탄 의 싸움이다. 물론 그리스도교 《성서》인 만큼 당연히 신이 최종적인 승 리를 거두고 천년왕국을 건설하는 것으로 끝난다. 그 결과가 또다시 어 떤 정립을 이룰지는 알 수 없다. 그러나 사탄을 신에게서 파생된 존재로 본 것은 파격적인 설정이다. 아마 17세기였다면 헤겔은 종교재판을 받고 장작더미 위에서 화형을 면치 못했을 것이다.

이런 변증법적 논리는 종교나 신화보다 역사에서 더 실감나는 사례를 찾을 수 있다. 고대 그리스는 민주주의 이념이 만개한 사회로 알려져 있 다. 투키디데스가 전하는 페리클레스의 유명한 전사자 추모 연설에는 이 런 대목이 나온다. "우리의 정체政體는 …… 정치적 책임이 소수에게 있 지 않고 다수에 골고루 나뉘어 있기 때문에 민주주의라고 불리고 있습니 다. …… 모든 사람이 법 앞에 평등하며, 동시에 개인의 가치에 따라, 즉 각자가 얻은 성과에 기초하여 계급에 의거하지 않고 능력 본위로 공직자 를 선출합니다." 그러나 똑같은 시기, 똑같은 장소에 민주주의의 정반대 인 노예제도가 존재하고 있었다. 민주주의가 정립이라면 노예제도는 반 정립이다. 고대 민주주의는 필연적으로 노예제도를 낳을 수밖에 없었다. 노예들이 사회의 물적 토대, 즉 경제적 생산을 담당하지 않았다면 민주 주의는 물론이고 그리스의 철학과 문화도 탄생하지 못했을 것이다. 하지 만 정립-반정립의 관계가 어느 정도 지속되면 양자의 모순이 점점 커져 결국 종합으로 치닫는다. 시민의 자유와 노예의 예속은 고대 민주주의 사 회를 해체하고 중세 봉건제 사회라는 종합을 낳았다.

4부 철학의 토대가 흔들리다

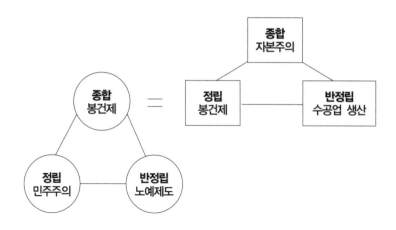

변증법적 논리

현실의 역사는 지성의 역사와 교호한다. 그래서 헤겔은 지성사에서도 변증법적 논리가 적용되는 사례를 찾는다. 플라톤의 관념론이 정립이라면 데모크리토스의 유물론은 반정립이다. 이 대립하는 사상 체계는 아리스토텔레스의 실재론으로 종합된다. 유물론과 관념론은 사상의 선분에서 양 극한에 해당하며, 실재론은 양자의 종합이다. 하지만 실재론은 동시에 또 다른 사상의 선분에서 하나의 극한을 담당한다. 아리스토텔레스의 실재론은 후대에 또 다른 유물론으로 간주되고 플라톤의 사상과 다른 형태의 관념론이 출현해서 나머지 극한에 위치하게 된다.

이렇게 역사는 끝없는 정-반-합의 발전 과정을 통해 진보한다. 고인 물은 썩듯이 평형은 운동을 낳지 않는다. 좋게 말해 안정이지만 실은 변화가 없는 정태성이다. 대립과 모순이 있어야만 평형이 깨지고 운동에 필요한 힘이 생겨난다. 정립과 반정립의 대립이 역사 발전의 동력을 이루는 것은 그런 메커니즘 때문이다.

그런데 종합이 늘 또 다른 정립을 이룬다면 최종적인 종합은 없는 것일까? 이 현기증 나는 변증법적 논리는 무한히 지속되는 것일까?《성서》에도 끝이 있는데 인간세계의 역사에 끝이 없다는 것은 말도 안 된다(시작이 있었음에도 끝이 없다는 것은 논리적으로도 모순이다). 더구나 발전이라면 목적이 있어야 한다. 목적이 없는 발전은 발전 자체를 위한 발전일 뿐이다. 그래서 헤겔은 어딘가에서 변증법적 발전의 논리를 정지시켜야 한다고 생각한다. 더 이상의 발전이 필요 없는 상태, 그것은 역사의 궁극적인 목적이 될 것이다. 헤겔의 철학이 이데올로기로 변질되는 것은 바로 여기부터다.

결론은 이데올로기

헤겔이 철학을 완성했다고 자신한 데는 그럴 만한 근거가 있었다. 플라톤과 아리스토텔레스 이후 철학사 전체를 통틀어도 헤겔과 같은 '종합 철학자'는 보기 드물다. 토마스 아퀴나스는 중세의 논쟁을 해결했을 뿐 정치철학의 성과가 없고, 흄은 역사가로서도 이름을 날렸으나 철학적으로는 경험론에 치우쳤다. 칸트는 위대한 철학자였지만 데카르트 이후 가장 주요한 철학적 쟁점으로 떠오른 인식론의 문제에만 천착했다. 그러나 헤겔은 근대 철학의 전통적 주제인 인식론과 존재론을 넘어 논리학과 윤리학, 역사철학까지 다루었으며, 그것도 초기에 세운 자신의 방법론에 따라 일관되게 논지를 이어갔다.

헤겔은 방법론을 구성하고 그 방법론에 따라 이론을 전개하고 그 이론에서 결론까지 도출함으로써 철학사상 유례가 없는 원맨밴드의 전형을 보여주었다(그가 남긴 철학적 저술의 시간적 순서가 아니라 논리적 순서가 그렇다는 이야기다). 방법론이 절대적 관념론이고 이론이 변증법적 발전의 논리라면 결론에 해당하는 것은 그의 역사철학이다. 그런데 이것은 헤겔의 방대한 사상 체계에서 가장 논란과 말썽이 많은 분야이기도 하다.

헤겔이 말하는 역사란 곧 절대정신이 자기실현을 이루는 과정이다. 그는 이 과정을 동양 사회, 그리스-로마 사회, 독일 사회의 세 가지로 구분한다. "세계의 역사는 통제되지 않은 자연적 의지의 훈련이다. 역사는 그 자연적 의지를 보편적 원리에 복종시키고 그 의지에게 주체적인 자유를 부여한다. 동양은 한 개인이 자유라는 것을 알았고, 그리스-로마는 몇 사람이 자유인 것을 알았으며, 독일은 모든 사람이 자유인 것을 알고 있다." 말하자면 동양은 전제정치이고 그리스-로마는 민주정치이며 독일은 군주정치라는 의미인데, 이런 아전인수도 또 없다. 독일판 중화주의가 등장한 격이랄까?

헤겔은 민주주의보다 왕정이 더 발달한 사회 체제라고 보았다. "독일 정신은 절대 진리를 실현하는 새로운 세계의 정신"이라고 말한 것도 같은 맥락이다. 당시 그는 중국이라는 나라가 존재한다는 것만 알았을 뿐 동양 사회에 관해 거의 알지 못했는데도 그런 발언을 했다는 것은 대담하다기보다 오만에 가깝다.

그는 독일의 역사를 세 시기로 나누었다. 첫째는 독일이 국가로서 처음 탄생한 9세기의 샤를마뉴 시대까지이고, 둘째는 16세기 종교개혁까지이며, 셋째는 그 이후다. 놀랍게도 헤겔은 그 세 시기를 각각 '성부의 나라', '성자의 나라', '성령의 나라'라고 부른다. 이렇게 독일을 노골적으로 찬양하는 헤겔의 입장은 후대의 히틀러에게까지 이어진다. 히틀러는 샤를마뉴 시대에 탄생한 신성로마제국과 19세기 후반에 통일을 이룬 독일제국을 각각 제1제국과 제2제국으로 부르고, 자신이 집권한 나치 독일을 제3제국이라고 불렀던 것이다.

헤겔의 논리에 따르면, 독일은 절대정신이 최고도로 구현된 국가이자 그리스도교의 신성을 완벽하게 담지한 나라다. 그러나 아쉽게도 헤겔의 시대까지, 독일은 수백 개의 영방국가로 분열되어 통일을 이루지 못한 상태였다(중세의 한 축이었던 신성로마제국의 성격 자체가 황제 휘하에 수많은 제후가 각자 자기 영토를 왕국처럼 다스리는 체제였는데, 독일의 통일이 늦어진 것은 중세의 유제인 셈이다). 그래서 헤겔은 자신의 결론을 현실화하기 위해 현실적인 모범으로 삼을 만한 국가를 찾는다. 그것은 바로 당시 독일의 최강국이었던 프로이센이다. 그의 사후 과연 독일은 프로이센에 의해 통일되어 유럽의 강국으로 떠오르지만, 그것은 어두운 전체주의 체제의 서막이었다. 20세기에 들어 그 체제가 두 차례 세계대전을 일으키는 것을 알았다면 헤겔은 뭐라고 했을까?

칸트의 개별 이성 분석을 전체적인 관점에서 비판한 데서 보듯이 헤겔은 개인보다 국가가 논리적으로나 도덕적으로나 앞선다고 생각했다(이성적인 것은 현실적인 것이라고 주장한 헤겔에게서는 논리와 도덕이 구분되지 않는다). 그는 사회를 개인들의 집합에 불과하다고 보지 않고 정신적 실재로 간주했다. 사회의 정점인 국가는 절대정신이 현실화된 형태이며, 사회의 과학과 예술, 종교, 철학 등 모든 문화를 보호하고 육성하는 역할을 한다. 그러므로 개인의 삶은 국가를 위한 것이고 각 개인은 국가의 구성요소라는 점에서 존재의 가치를 찾을 수 있다. 이런 헤겔의 입장은 당시 유럽 세계에서 발흥하던 국민국가의 민족주의 이념을 반영하고 있는데, 어떤 면에서 나치 독일의 철학적 예고라고 할 수 있다. 그보다 우리에게 더 친숙한 사례는 1960~1970년대 우리 사회의 지배 이데올로기다. 1968년에 박정희가 선포했고 1993년까지 교과서에 실렸으며 정부의 공식 행사에서 늘 낭독되었던 국민교육헌장은 "우리는 민족중흥의 역사적 사명을 띠고 이 땅에 태어났다."면서 "나라의 융성이 나의 발전의 근본임을 깨달아야 한다."는 전형적인 국가주의 이데올로기를 강조했다.

이렇게 국가가 신성시되면 국가의 통치 행위에서 주요한 역할을 담당하는 전쟁도 자연스럽게 정당화된다. 헤겔은 전쟁이 사회경제적인 원인에서 비롯되는 게 아니라 국가의 이성적이고 도덕적인 행위라고 본다. 국가들은 서로 자연 상태에 있는 것이므로 국가 내의 법과 도덕에 구애되지 않는다. 개인의 내면적인 도덕이 개인들 간의 관계까지 연장되지 않는 것과 마찬가지다. 따라서 국가의 최고 법은 곧 그 국가의 이익이며, 국익을 위한 전쟁은 부도덕하기는커녕 반드시 필요한 행위다.

개인보다 전체를 우선시하는 사상에서는 영웅이 중요하다. 영웅은 단지 한 개인이 아니라 국가라는 집단을 대표하는 인물이기 때문이다. 헤겔은 프랑스혁명의 결과로 나폴레옹이 집권했을 때 그를 역사의 영웅으로 찬양했다. 그러나 주요 저작인 《정신현상학 Phänomenologie des Geistes》을 탈고하기 바로 직전에 나폴레옹이 예나 전투에서 프로이센을 격파했다는 비보가 전해졌다. 영웅과 국가 중 그는 어느 편을 택했을까? 말할 것도 없이 프로이센이었다. 절대정신을 구현하는 주체인 프로이센이 나폴레옹에게 무참히 깨졌다는 건 어딘가 이상하다. 뭔가 변명이 필요하다. 그래서 그는 "미네르바의 부엉이는 황혼녘에야 날갯짓을 한다."라는 유명한 말을 남겼다. 항아리 속에서 항아리의 참모습을 보지 못하듯이 역사의 과정 속에 있는 사람은 역사의 완성을 알 수 없다는 의미다. 참새가 봉황의 뜻을 어찌 알랴? 자신을 비난하는 세인들이 참새라면 헤겔 자신은 봉황이라는 이야기다.

하지만 참새도 봉황의 뜻을 언제나 모르는 것은 아니다. 게다가 헤겔역시 그 오만한 자신감에도 불구하고 봉황이 아니라 참새에 지나지 않았다. 완성은 곧 종말이며 종말은 언제나 새로운 탄생을 준비한다. 헤겔은변증법적 발전의 논리가 현실적으로는 독일에서, 철학적으로는 자신에게서 종착역에 이르렀다고 여겼지만, 이후의 역사는 그를 배신한다. 독일은 절대정신을 구현한 국가가 못되었고 그의 철학 체계는 또 하나의 정립에 그쳤기 때문이다. 헤겔의 사후에는 모든 철학자가 그를 비판하면서새로운 철학의 출발점을 마련한다.

본체는 의지다

직선적 발전이든 변증법적 발전이든 발전과 진보를 내세우는 태도는 기본적으로 낙관주의에 속한다. 헤겔이 뻔뻔할 만큼 대담한 자신감으로 일관할 수 있었던 것도 따지고 보면 역사는 발전한다는 변증법 특유의 낙관적인 역사관을 가졌기에 가능한 일이다. 그러나 헤겔이 최고의 명성을누리던 시절에 헤겔과 같은 강의 시간에 자신의 강의를 배정할 만큼 권위에 도전하는 자세를 보였던—수강생 수에서는 크게 밀렸지만—쇼펜하우어(Arthur Schopenhauer, 1788~1860)는 헤겔과 정반대인 비관주의적입장에서 헤겔 비판의 신호탄을 쏘았다.

헤겔이 칸트를 계승했다고 표방한 것에 대해서는 당대의 모든 사람이그의 권위 때문에 겉으로 드러내지 못했을 뿐 불편한 기색을 보였다. 그중에서도 가장 눈살을 찌푸린 사람은 쇼펜하우어였다. 칸트는 비록 인간의 정신 속에 세계를 인식할 수 있는 틀이 이미 들어 있다고 보았으나, 그렇다 해도 (경험론의 전통을 버리지 않았으므로) 인식의 근본이 외부 사물에 있다는 것을 부정하지는 않았다. 그런데 그런 입장이 피히테와 셸링을 거치면서 묘하게 주관성 속에 묻힌다 싶더니 급기야 헤겔은 절대정신이라는 희한한 개념을 만들어 모든 것을 그 안에 몰아넣지 않는가? 아무리 주체와 객체의 구분을 해소하려는 의도라고 해도 절대정신은 또 하나의 주체가 아닐까? 말로는 칸트의 선험적 주체를 반대한다고 해놓고 헤겔은 실상 이름만 바꾼 선험적 주체를 주장하고 있는 게 아닐까? 더구나 그 주체가 스스로를 외화시켜 객체를 만든다니 지나가는 개도 웃을 논리다.

쇼펜하우어는 칸트에서부터 다시 시작해야 한다고 주장했다. 칸트로 돌아가자! 일단 경험의 원천이 감각 자료에 있다는 것을 인정하자. 또한 우리의 정신은 그 감각 자료를 그대로 인식할 수 있는 틀을 가지고 있다는 것도 받아들이자. 그렇다면 칸트의 재현인가? 그렇지 않다. 여러 차례 비판을 받았듯이 칸트의 근본적인 문제점은 물자체의 개념에 있다. 피히테도, 셸링도, 헤겔도 모두 문제는 올바로 포착했으나 잘못된 답을 내놓았다. 쇼펜하우어가 보기에 칸트의 잘못은 본체를 상정한 데 있는 게 아니라 본체를 인식할 수 없다고 본 데 있었다.

칸트가 그런 잘못을 범한 이유는 자연과학적 사고방식에서 벗어나지 못했기 때문이다(칸트는 자연과학적 소양도 깊어 뉴턴의 과학에 심취했으며, 회전하는 성운이 중력으로 응축되어 우주가 형성되었다는 유명한 성운설을 제기하기도 했다). 18~19세기는 자연과학의 시대라고 말할 수 있을 정도로 물리학, 화학, 생물학 등의 기초과학과 의학, 공학 등의 응용과학이 크게 발달했다. 아마 칸트는 이런 눈부신 성과에 잠시 눈이 멀었으리라.

자연과학은 어디까지나 현상계를 다루는 학문이다. 그래서 경험과 관찰을 근거로 연구할 수밖에 없고 그런 범위 내에서는 비약적인 발전을 이루었다. 하지만 자연과학의 역할은 현상에 국한되며, 우리 자신과 세계의 실상을 완전히 설명하지는 못한다. 자연과학적 방법으로는 우리의 정신 속에 관념들을 산출하는 진정한 힘에 관해 알 수 없다. 그 힘을 알기 위해서는 현상계의 너머에 있는 실재의 세계로 들어가야 하는데, 그것은 바로 철학으로만 가능하다.

　칸트가 한 걸음만 더 나아갔더라면……. 이렇게 생각한 사람은 헤겔만이 아니다. 쇼펜하우어는 칸트가 본체의 세계에 관한 인식을 너무 빨리 포기했다고 아쉬워한다. 그는 학문적으로는 자연과학에 굴복했고, 상식적으로는 실용성에 굴복했다. 우리는 본체의 세계를 알 수 있다! 그 근거는 공교롭게도 칸트가 외부 사물을 인식할 수 있다고 본 논리와 똑같다. 우리의 정신은 외부 사물을 인식할 수 있도록 처음부터 조직되어 있듯이 본체 역시 알 수 있도록 구조화되어 있다. 쇼펜하우어는 우리가 자기 자신을 대상으로 삼고 자연과학의 피상적 영역을 넘어서서 연구하면 본체를 만날 수 있다고 주장한다. 즉 우리 자신은 본체의 세계로 들어가는 열쇠와 같은 존재다. 어떻게 그런 말을 할 수 있을까? 쇼펜하우어가 생각하는 본체의 세계란 바로 의지이기 때문이다!

　앞서 보았듯이 칸트는 도덕이 철학적으로 정당화되지는 못한다 할지라도 현실적인 목적에서 필요하다고 여겼고 일종의 법칙으로 간주했다. 그런 칸트의 입장을 연장하면 도덕은 현상계에 속하지 않는 것이 된다. 도덕은 감각 자료에서 비롯되는 게 아니라 일종의 종합판단처럼 선험적인 성격을 지니기 때문이다. 도덕은 본체의 세계에 속한다. 그런데 알다시피 도덕은 의지의 작용이 아닌가? 그렇다면 의지가 곧 본체라고 볼 수밖에 없다. 이런 논리에서 쇼펜하우어는 의지가 본체의 세계, 예지계에 속하고 의지를 실천하는 신체는 현상계에 속한다고 보았다.

맹목적인 삶의 의지

이제 칸트식의 이원론은 불필요해졌다. 칸트는 물자체, 즉 본체를 알 수 없다며 포기했지만 본체는 곧 의지이므로 우리의 정신이 인식하지 못할 영역은 아니다. 다만 쇼펜하우어가 말하는 의지는 상식적인 의지와는 차이가 있다. 즉 흔히 생각하는 인간의 결심이나 각오와는 다르다. 또한 상식적인 의지라면 당연히 따라붙게 마련인 의도나 방향이 쇼펜하우어의 의지에는 없다. 그가 말하는 의지는 순수하고 맹목적인 힘이다.

　의지는 여러 가지로 분화될 수 있는 게 아니라 하나로서 존재한다. 이 점은 사물 자체, 본체도 마찬가지다. 칸트는 플라톤의 이데아처럼 본체가 복수로 존재한다고 보았으나, 그것은 좋게 말해 순진한 발상이고 나쁘게 말하면 자기모순이다. 그는 분명히 시간과 공간의 감성적 형식을 현상계에만 국한한다. 현상계에서 시간과 공간은 개체화의 원리로 작용한다. 쉽게 말해 모든 사물은 시간과 공간의 좌표상에 위치하며, 그렇기 때문에 다른 사물과 차이가 생겨 고유하게 존재할 수 있다. 그런데 칸트는 이런 현상계의 존재를 설명하는 개체화의 원리를 본체의 세계에까지 잘못 적용한 탓에 본체를 복수라고 착각한 것이다(이것도 역시 칸트가 저지른 자연과학적 사고방식의 오류다). 차이와 분화가 인정되지 않는 본체의 세계에서는 모든 것이 하나이고 의지 역시 마찬가지다. 하지만 본체로서의 의지는 하나라고 해도 이 의지가 현상계에 드러나는 양태는 매우 다양하다.

의지는 인간 혹은 최소한 생물체와 떼어서 생각할 수 없는 개념이기에 쇼펜하우어의 의지는 처음부터 오해의 여지가 많았고 실제로 숱한 오해를 불러일으켰다. 그러나 그가 말하는 의지는 생물체의 속성이 아니다. 목표도 방향도 없고 의식적인 것도 아니다. 의지는 힘이고 에너지이며, 그렇기 때문에 운동과 변화를 낳는다. 강물이 바다로 흘러가는 운동, 나침반의 바늘이 북극을 가리키는 힘, 사물이 바닥으로 떨어지는 인력 등 모든 것이 의지다. 의지는 지성이나 이성보다 근원적인 것이면서 동시에 지성이나 이성처럼 간사한 측면이 없고 그 자체로 순수하다. 왜? 맹목적이기 때문에!

칸트와 마찬가지로 쇼펜하우어도 세계를 우리의 정신에 주어지는 관념이라고 본다. 그는 관념이라는 용어 대신 표상^{Vorstellung}이라는 말을 쓰지만 뜻은 마찬가지다. 그러나 칸트의 세계와 쇼펜하우어의 세계는 중대한 차이가 있다. 쇼펜하우어는 세계가 표상에만 그치는 게 아니라 의지이기도 하다고 말한다. 그의 주저가 《의지와 표상으로서의 세계^{Die Welt als Wille und Vorstellung}》라는 제목을 취한 것은 그 때문이다. 이 말은 세계가 의지적인 부분과 표상적인 부분으로 나뉘어 있다는 뜻이 아니라 세계는 의지인 동시에 표상이라는 뜻이다. 세계는 본체인 동시에 현상이므로 의지로 볼 수도 있고 표상으로 볼 수도 있다. 철학자는 세계를 의지로 보고 과학자는 세계를 표상으로 본다.

문제는 의지로서의 세계가 매우 어둡다는 점이다. 의지는 곧 힘과 에너지인데 왜 그럴까? 물론 세계에는 생명력이 흘러넘치지만 그 힘은 안타깝게도 맹목적이다. 연어는 알을 낳기 위해 태어난 곳에 회귀하다가 수도 없이 죽어가면서도 맹목적으로 강을 거슬러 오른다. 매미는 땅속에서

4부 철학의 토대가 흔들리다

10년이 넘도록 애벌레로 살다가 한여름 짝짓기가 끝나면 허무하게 죽는다(사실 '애벌레'와 '성충'이란 인간의 관점에서 붙인 이름일 뿐이고, 매미의 입장에서는 땅속에서 굼벵이로 평생을 산 뒤 죽기 직전에 짝짓기만 하러 나온다고 봐야 할 것이다). 쇼펜하우어는 인간의 삶도 별반 다를 게 없다고 말한다. 그의 시대에는 유럽 세계에 포성이 멈추지 않았고, 지금도 세계의 많은 지역에서 테러와 반테러가 끊이지 않는다. 인터넷 포털에 뜨는 뉴스의 태반은 암울한 소식뿐이다. 맹목적인 삶은 공허하고 공허한 것은 비극이다. 더구나 그 비극은 우연적인 게 아니라 필연적이다. 그래서 쇼펜하우어는 자신의 철학을 합리적 비관주의라고 부른다.

우주는 빛과 어둠으로 나뉘지만 빛은 국지적일 뿐이고 근본은 어둠이다. 모든 빛은 어둠에 둘러싸여 있으며, 반대로 어둠이 빛에 둘러싸여 있는 경우는 없다. 마찬가지로, 세계에는 고통과 행복이 공존하지만 행복은 잠시뿐이고 대부분은 고통이다. 어쩌면 행복은 고통을 잠깐 잊게 해주는 것에 불과할지도 모른다. 과연 쇼펜하우어는 쾌락이란 소극적인 상태일 뿐이라면서 "만족은 쉽게 얻을 수도 없고 오래가지도 않는다."고 말한다. 이러한 삶의 질곡에서 벗어나는 방법은 없을까?

자살? 하긴, 괴테의 젊은 베르테르는 자살을 택했고 질풍노도 시대의 많은 베르테르들이 실제로 그 길을 따랐다. 하지만 쇼펜하우어는 낭만주의 시대를 살았으되 낭만주의와는 거리가 멀었고 일흔을 넘기며 잘 살았다. 흔히 쇼펜하우어의 염세주의를 자살과 연관 짓지만, 그것은 후대에 그의 시대와 그의 철학을 착각한 사람들의 발명품이다. 그는 자살 역시 의지로부터의 탈출이 아니라 오히려 (절망적인) 의지의 발현이라고 보았으므로 결코 자살을 해법으로 여기지 않았다. 그가 고통스런 삶을 치유하는 방책으로 제시한 것은 자살이 아니라 예술과 종교다.

당시 추상화가 있었다면 쇼펜하우어는 당연히 미술을 포함시켰으리라. 하지만 1830년대에 사진술이 발명되기 전까지 화가들은 기념사진을 찍듯이 사실적인 그림을 주로 그렸다. 그래서 쇼펜하우어가 치유적 예술의 예로 드는 것은 음악이다. 단, 미술처럼 특정한 이미지를 나타내기 위한 음악은 의지의 소산이라는 성격이 너무 강하므로 안 된다. 그러므로 교향곡과 베토벤처럼 열정적인 음악도 제외된다. 바흐처럼 수학적 형식미가 뚜렷한 음악이 바로 쇼펜하우어가 추천하는 예술이다(음표의 마운틴 구조로 작곡하는 현대의 포스트모던 음악이라면 물론 대환영일 것이다). 아마 그는 바로크 음악도 의외로 매우 관능적일 수 있다고는 생각하지 않았던 듯하다.

그가 의지의 굴레에서 벗어나 자율성을 회복하는 또 다른 방책으로 추천한 종교는 그리스도교가 아니라 인도 종교다. 특히 불교에서 말하는 열반은 의지로부터 해탈하는 최선의 방법이다. 아마 쇼펜하우어는 2000년 만에 환생한 스토아 철학자일지도 모른다. "무無에 대한 어두운 인상을 버려야 한다. …… 아직도 의지로 가득 차 있는 사람들에게는 의지가 완전히 소멸된 뒤 남는 것이 무일 것이며, 그 반대로 의지를 부정한 사람들에게는 세계가 모두 무에 지나지 않는다. …… 무의지, 무표상, 무세계, 우리 앞에는 확실히 무만 있을 뿐이다." 헛되고 헛되며 헛되고 헛되니 모든 것이 헛되도다(《전도서》 1장 2절). 그리스도교의 《성서》에도 이런 구절이 있지만 쇼펜하우어는 서양 철학자들 중에서 무신론자임을 공공연히 표방한 거의 최초의 인물이며, 그리스도교보다는 힌두교와 불교에서, 그것도 아니면 차라리 신비주의와 금욕주의에서 대안을 찾고자 했다. 그러나 그의 삶이 그다지 금욕적이지 않았던 걸 보면 역시 생활과 철학은 분리될 수 있는 게 아닐까?

고독한 주관

굴렁쇠를 가지고 언덕에 오른다. 정상까지 올라온 길은 하나지만 내려가는 길은 무수히 많다. 언덕 꼭대기에서는 굴렁쇠를 아무 방향으로나 굴려도 내려간다. 헤겔이 하나의 길을 통해 철학의 정상에 올랐다고 자신했으나 그가 죽은 뒤 그의 철학은 정상의 굴렁쇠처럼 마구 추락했다. 사방에서 수많은 비판자가 헤겔 철학에 달라붙었다. 오버페이스의 후유증을 탓할 수도 있겠지만 사실 하나의 체계를 정립하는 것과 그것을 비판하는 것은 난이도의 차이가 크니까 헤겔은 좀 억울했을 법하다. 그 비판자들 중에 잔챙이들을 제외하고 쇼펜하우어와 쌍벽을 이루는 사람은 덴마크의 키르케고르(Søren Aabye Kierkegaard, 1813~1855)다.

변증법을 속되게 비판하는 방법 중에 이런 것이 있다. 굴뚝 청소부 두 사람이 굴뚝 청소를 마쳤다. 한 사람은 얼굴이 깨끗하고 한 사람은 더럽다. 누가 세수를 할까? 답은 '둘 다'다. 더러운 사람은 더러우니까 세수하고, 깨끗한 사람은 동료의 얼굴이 더러운 걸 보고 자기 얼굴도 더러운 줄 알고 세수한다. 하지만 답은 '둘 다 아니다'도 된다. 깨끗한 사람은 깨끗하니까 세수하지 않고, 더러운 사람은 동료의 얼굴이 깨끗한 걸 보고 자기도 깨끗한 줄 알고 세수하지 않는다. 키르케고르는 바로 그렇게 변증법이 모든 것을 설명하는 듯하지만 실은 아무것도 설명하지 않는다고 비판했다. 말이 좋아 변증법이지 귀에 걸면 귀걸이요 코에 걸면 코걸이라는 이야기가 아닌가?

무엇보다 키르케고르는 헤겔이 쓸데없이 방대한 철학 체계를 구축해서 모든 걸 설명하려 하는 시도가 못마땅했다. 그런데도 프랑스혁명기의 필로조프처럼 19세기 초반 헤겔 철학은 그냥 '철학'이라는 말로 불릴 만큼 막강한 권위를 과시했다. 그에 대한 반발심에서 키르케고르는 철학자로 자처하지도 않았고―오히려 헤겔에 반대한다는 의미에서 '반反철학자'라고 자칭했다―정식 철학서라 할 만한 저서도 남기지 않았다. 오로지 헤겔을 무너뜨리는 데 전념한 셈이다.

헤겔이 이왕 거창한 체계를 정립했다면 차라리 그 자신이 장담한 대로 모든 걸 그 체계로 설명해야 옳다. 키르케고르는 아무리 헤겔의 철학 체계가 방대하고 정교하다 하더라도 궁극적으로 설명하지 못하는 게 있다고 보았다. 그것은 바로 실존이다. 구체적이고 현실적인 인간존재의 실존은 결코 철학적 사유의 대상이 될 수 없다. 그것은 헤겔의 체계에 미비한 점이 있어서라기보다 원리적으로 불가능하다. 왜 그럴까? 설사 헤겔의 체계가 그 자체로 완벽하다 하더라도 실존을 사유하고 설명할 수 없는 이유는 실존 자체가 불완전하기 때문이다. 완전으로 불완전까지 설명할 수는 없다. 헤겔은 철학의 완벽한 체계를 세우려 애썼으나 애초부터 체계적일 수 없는 요소가 있다는 점은 미처 생각하지 못했다. 헤겔은 완벽한 철학의 궁전을 짓고 다들 들어오라고 소리쳤지만, 아예 집 따위에 정주할 생각이 없는 사람도 있다는 생각은 하지 못했다.

아마 키르케고르는 쇼펜하우어가 자연과학의 표상적 인식과 철학의 의지적 인식을 구분한 논리에서 영향을 받았을 것이다. 표상적 측면이 세계의 총체가 아니듯이 헤겔의 그 '완벽한' 합리성도 세계의 총체에 관철되지는 않는다. 인간존재에는 애초부터 비합리적인 실존의 영역이 있다. 키르케고르는 "사유와 존재는 별개의 것"이라고 말한다. 헤겔의 체계로 거대한 형이상학을 상대할 수 있을지는 몰라도, 그것으로 구체적인 개별 인간의 실존을 설명하려는 것은 모기를 잡으려고 칼을 뽑는 격이다.

키르케고르에게 중요한 진리는 헤겔이 말하는 주관과 객관이 모호한 변증법적 진리가 아니라 실존적이고 주관적인 진리다. 객관적 진리 같은 게 존재하는지도 알 수 없지만 설사 존재한다 해도 나의 실존과는 전혀 무관하다. 나의 모든 실천은 나 스스로의 결단에 따라 이루어지며, 실천의 주체인 나조차 언제나 일관되게 사유하고 행동하지는 않는다. 나는 배가 고파도 굶기를 선택할 수 있고 행복한 삶을 누리면서도 자살을 선택할 수 있는 존재다. 인간에게는 근원적인 비합리성이 있다. 이렇게 불확실하고 우연적이고 비합리적인 나의 실존을 절대정신과 변증법적 논리로 해명할 수 있을까?

키르케고르의 관심은 헤겔처럼 인식론과 존재론을 통합하려 하거나 새롭고 정교한 형이상학 체계를 정립하는 데 있지 않았다. 철저한 주관적 진리에 입각해 자신의 자유를 이해하고 자신의 운명을 스스로 개척할 줄 아는 참된 인간존재가 되려는 것이 그의 의도다. 헤겔에 비하면 말할 수도 없을 만큼 소박해졌다.

삶과 철학을 쉽게 분리할 줄 알았던 '현명한' 쇼펜하우어와 달리 키르케고르는 짧은 생애 동안 자신의 용어대로 '신념의 기사'로 초지일관했다. 그는 마흔을 갓 넘긴 나이에 덴마크 교회를 열렬히 비판하다가 과로한 나머지 건강을 잃고 병원에서 쓸쓸히 죽음을 맞았다. 그러나 같은 시대 독일에는 삶과 철학을 완전히 일체화해 불꽃같은 삶을 살았던 또 하나의 위대한 헤겔 비판자가 있었다.

9장

혁명의 철학, 철학의 혁명

포이어바흐, 마르크스, 벤담, 밀

죽 쒀서 개 준 꼴이랄까? 프랑스혁명이 바로 그랬다. 민중이 들고일어나 낡은 절대주의 체제를 무너뜨렸으나 혁명 지도부는 자유와 인권을 요구하는 민중의 염원과 혁명의 이념을 현실로 이어가지 못했다. 어설픈 공화정이 잠시 들어섰지만 결국 혁명은 용두사미로 끝나버리고, 변질된 앙시앵 레짐인 나폴레옹 체제가 성립되었다. 결말이 좋지 않으면 시작과 과정도 도매금으로 매도되게 마련이다. 유럽을 정복하려는 나폴레옹의 헛된 꿈이 꺾인 뒤 19세기 초의 '유럽연합', 이른바 베르사유 체제는 프랑스혁명의 역사적 성격을 무시하고 일회성 해프닝으로 축소하려 했다. 오스트리아의 재상 메테르니히의 주도하에 빈에 모인 승전국 대표들은 1년 가까이 무도회 같은 회의("회의는 춤춘다")를 질질 끌면서 좋았던 옛날로 돌아가야 한다는 결론에 합의했다.

그러나 세상은 이제 중세의 찌꺼기로 남은 귀족들이 좌지우지할 수 있는 것이 아니었다. 정치권력이야 여전히 그들이 쥐고 있었지만 국력의 핵심인 경제력은 이미 신흥 부르주아지와 산업 자본가의 수중으로 넘어간 상태였다. 바야흐로 본격적인 자본주의의 시대였다. 토지에서 쫓겨난 농민들은 도시로 모여들어 방대한 프롤레타리아층을 형성했으며, 때맞춰 전개된 산업혁명으로 경제적 생산방식은 물론 사회구조 자체가 크게 변화하고 있었다. 정치가 경제의 발목을 잡는 것은 오늘날의 현상만이 아니었다.

지배 세력이 개혁을 거부하면 사회의 상처는 곪고 곪아 혁명으로 터져 나올 수밖에 없다. 빈 회의 이후 유럽 세계는 마치 커다란 가마솥처럼 겉으로는 안정을 되찾은 듯 보였으나 안으로는 혁명의 기운이 부글거리고 있었다. 각국의 의회 선거에서 부르주아지의 이익을 대변하는 자유주의 세력이 속속 승리하는데도 지배층은 여전히 손바닥으로 해를 가리려는 것처럼 탄압으로 일관하는 구태에서 벗어나지 못했다.

프랑스혁명기에도 그랬듯이 사회혁명에는 혁명적 이념이 따르는 법이다. 이념이 혁명을 선도하는 경우는 거의 없다. 혁명적 이념은 사회의 물질적 변화 속에서 탄생한다. 하지만 한 이념의 원천은 당대의 사회 현실과 더불어 그 전대의 이념에서도 찾을 수 있다. 전대의 이념이라면 무엇보다 헤겔 철학이 아닌가? 19세기 초반 혁명적 이념을 낳은 현실적 태반은 정치적으로 구체제의 억압에 맞서서 성장하는 자유주의 세력이었고, 경제적 모태는 산업혁명을 거치면서 영양을 공급받은 자본주의의 발전이었으며, 이념적 기반은 유럽의 지성계를 장악한 헤겔 철학이었다. 그러나 공교롭게도 그런 뿌리에서 자라난 혁명적 이념은 자유주의와 자본주의를 부정하고 새로운 사회경제 체제를 지향하는 사회주의 사상이었다.

행동하는 철학

쇼펜하우어와 키르케고르가 헤겔을 비판하면서 주요 타깃으로 삼은 것은 이성의 개념이었다. 헤겔은 이성의 힘을 극대화해 절대정신을 정점으로 하는 방대한 형이상학의 체계를 만들었고, 그다음에는 거꾸로 이 체계를 가지고 모든 것을 설명했다. 그런 헤겔에 맞서 쇼펜하우어는 세계를 이성 중심적으로 바라보는 입장에 제동을 걸고 의지의 개념을 부각시켰으며, 키르케고르는 인간에게 이성으로 설명되지 않는 비합리성이 있다는 점을 강조했다. 그러나 두 사람은 헤겔 사상의 철학적 측면을 비판했을 뿐 그 정치적 효과에 관해서는 몰랐거나 적어도 침묵했다.

헤겔의 사상이 한 시대를 풍미할 만큼 막강한 영향력을 발휘하지 않았더라면 학문적 비판을 가하는 것만으로도 충분하다. 그러나 이미 헤겔의 생전에 그의 사상은 독일만이 아니라 전 유럽의 지성계로 널리 퍼져나갔고 학문을 넘어 정치적 이데올로기로 자리 잡았다. 이왕 그런 위치에 올랐다면, 프랑스혁명의 이념이었던 자유·평등·박애나 계몽주의-자유주의 정치사상에서 주장하는 인권 같은 보편적이고 도덕적인 가치관에 부합하면 좋겠는데, 문제는 헤겔의 사상이 대단히 보수적이라는 점이었다. "현실적인 것은 이성적이며 이성적인 것은 현실적이다." 헤겔의 이 말은 철학적으로 보면 인식론과 존재론을 통합하는 의미가 있지만, 정치적으로 해석하면 현재의 사회구조가 가장 합리적이고 바람직하므로 개혁이나 혁명 같은 변화가 있어서는 안 된다는 의미다.

헤겔을 학문적으로만 비판하는 것은 무의미하다(그간 헤겔의 형이상학에 던진 돌멩이들도 실은 드넓은 호수에 잔물결만 일으켰을 뿐이지만). 말이 헤겔학파_{學派}이지 실은 헤겔정파_{政派}나 다름없다. 이제는 지엽적인 비판에서 벗어나 헤겔의 사상을 통째로 문제 삼아야 한다. 헤겔을 계승하고자 하는 강단 철학자들인 헤겔 우파와 달리 이들보다 연배가 젊고 진보적인 사상으로 무장한 헤겔 좌파—그래서 '청년 헤겔'이라고도 불렸다—는 헤겔의 체계에 내포된 근본적인 문제점을 파헤치고자 했다. 그 선두 주자인 포이어바흐(Ludwig Feuerbach, 1804~1872)는 헤겔을 완전히 뒤집어 해법을 찾아냈다.

신학자라는 신분이 무색하게도 포이어바흐는 전통적인 신의 개념을 전면 부인했다. 비록 무신론자라고 자칭하지는 않았으나 그는 그리스도교의 신을 환상에 불과한 존재라고 일축했다. 헤겔의 체계에서 모든 것의 시원인 절대정신은 사실상 신을 가리킨다. 절대정신의 외화로 존재의 역사가 시작되므로 헤겔은 "신이 외화된 존재가 곧 인간"이라고 말했다. 그러나 포이어바흐는 이를 거꾸로 뒤집어 "인간이 외화된 존재가 곧 신"이라고 말한다. 신이 인간을 창조한 게 아니라 반대로 인간이 신을 만들었다는 이야기다.

당연히 신은 세계를 창조하지도 않았고 주관하지도 않는다. 신의 필요성이 전혀 없는 건 아니다. 다만 신은 인간이 지닌 무한성의 의식 때문에 필연적으로 생겨났을 따름이다. 그렇게 보면 포이어바흐의 신은 아리스토텔레스의 원동자보다도 못한 존재다. 세계의 궁극적인 원인조차도 되지 못하니까.

하지만 역시 신학자로서의 위치를 완전히 버리지 못했기 때문일까? 포이어바흐가 뒤집은 것은 헤겔 체계의 핵심이 아니었다. 뒤집기에 착안한 것은 좋았으나 정작 뒤집어야 할 것은 신이 아니라 헤겔의 이른바 절대적 관념론이었다. 그와 달리 청년 헤겔 중에서도 열혈 청년이었던 마르크스(Karl Heinrich Marx, 1818~1883)는 헤겔 철학의 근간인 관념론을 뒤집지 않으면 헤겔 철학을 전복할 수 없다고 보았다.

관념론을 뒤집으면 바로 유물론이다. 유물론이라면 관념이나 정신이 아니라 물질이 모든 것의 근본이라고 보는 철학적 관점이 아닌가? 마르크스가 이런 급진적인 입장을 채택한 것은 철학의 개념 자체를 그 이전의 어느 철학자와도 다르게 설정했기 때문이다.

"지금까지 철학자들은 단지 세계를 여러 가지 방식으로 해석하기만 했으나 중요한 것은 세계를 변혁하는 것이다." 마르크스가 스물일곱 살 때 쓴 《포이어바흐에 관한 테제Thesen über Feuerbach》라는 얇은 책자에 나오는 마지막 열한 번째 테제다. 말하자면 철학은 토론이라는 명목으로 떠들어대기보다는 현실의 혁명을 목적으로 삼아야 한다는 것인데, 역사상 철학의 출발점을 이렇게 잡은 철학자는 단 한 명도 없었다. 물론 혁명의 시대인 19세기 중반이었기에 가능한 발상이지만, 마르크스의 그런 설정은 철학의 역사 전체를 관통하는 창대한 지적 흐름을 배경으로 하고 있었다.

철학의 탄생기에 이오니아의 철학자들이 철학의 근본 문제를 "세상 만물의 공통적인 요소는 무엇인가?"로 설정한 이래, 고대 그리스 철학자들은 여기에 윤리와 정치를 추가했고, 중세 철학자들은 신의 논증을 보탰으며, 데카르트를 필두로 근대 철학자들은 인식론에 집중했다. 그 결과 칸트에 이르러 이성 중심의 인식론이 골격을 갖추었고, 헤겔은 그 모든 성과를 종합해 하나의 거대한 형이상학 체계를 정립했다. 그러나 차면 넘치는 게 자연법칙이다. 인간 정신의 산물인 사상도 예외가 아니다. 어떤 면에서 보면 지난 2500년 동안의 철학사는 철학 내적인 체계를 다듬는데 모든 노력을 경주했다고 봐도 과언이 아니다. 옳든 그르든, 또 좋든 싫든 헤겔에게서 그런 체계의 완성을 보았다면 철학의 다음 단계는 당연히 철학의 외부를 향할 수밖에 없다. 물론 마르크스가 혁명의 철학을 주창한 데는 당대의 현실적 배경이 더 큰 이유가 되었을 것이다. 하지만 그의 의도와 무관하게 그의 철학도 역시 철학사적 맥락을 따르고 있다는 것은 분명하다. 특히 자유주의 진영에서 마르크스의 철학을 서양 철학사에서 하나의 '일탈'로 보는 관점을 가지고 있기 때문에 이 점은 더욱 강조할 필요가 있다.

바깥을 향하는 철학, 그것은 곧 지금까지의 사유하는 철학이 아니라 행동하는 철학이다. 과연 마르크스 철학의 핵심 개념은 이론theoria이 아니라 실천praxis이다. 이 실천의 관점에서 유물론을 정립하고자 했기 때문에 마르크스의 유물론은 기존의 유물론과 다르다. 포이어바흐에 관한 첫 번째 테제의 첫 부분에서 그는 이렇게 말한다. "지금까지 모든 유물론의 주된 결함은 사물, 현실, 감성을 대상 또는 관조의 형식으로만 생각했을 뿐 인간적인 감성적 활동으로, 실천으로, 주체적으로 생각하지 못했다는 데 있다." 이렇게 실천을 매개로 하기 때문에 마르크스의 유물론은 인식론을 배경으로 했던 기존의 유물론과 달리 철학의 외부, 즉 사회적 현실과 긴밀히 맞물려 전개된다.

유물론을 택한 이유

고대 그리스의 데모크리토스와 에피쿠로스, 근대 영국의 홉스도 유물론을 주장했지만, 그것들은 모두 인식론이나 윤리학의 관점(즉 철학 내부의 관점)을 취한 유물론이고 기계적인 유물론이었다. 그에 반해 마르크스의 유물론은 주제로 볼 때는 사회적이고 논리적으로 볼 때는 변증법적이라는 점이 다르다. 마르크스는 철학의 대상으로 사회를, 방법으로 헤겔에게서 배운 변증법을 채택했기 때문이다. 그래서 후대의 학자들은 그의 유물론을 변증법적 유물론이라고 부른다. 전대의 유물론에서 다루는 '물질'이 물리적인 물질이라면 마르크스의 유물론에서 다루는 물질은 사회적인 물질, 더 구체적으로는 경제적인 물질이다.

유물론적 관점에서 볼 때 인간은 (헤겔류의) 정신이나 (쇼펜하우어류의) 의지로 남김없이 설명할 수 있는 존재가 아니다. 인간에게는 이념과 선 같은 고상한 관념을 생각할 수 있는 이성도 있지만 욕망과 운동을 특성으로 하는 측면, 다시 말해 신체적 측면도 있기 때문이다(그때까지 신체는 철학의 '외부'에 속했다). 배부른 돼지보다 배고픈 소크라테스가 낫다는 말은 그야말로 배부른 고대 그리스 귀족들이나 할 수 있는 이야기다. 정신이 자유의 왕국에 속한다면 신체는 필연의 왕국에 속한다. 바꿔 말해 인간 생활에서 근본적인 것은 경제적 하부구조이고 나머지는 모두 상부구조에 해당한다. 마르크스의 설명은 이렇다.

인간 생활의 사회적 생산에서 인간은 자신의 의지와 독립적인 불가피한 관계, 물질적 생산력의 특정한 발전 단계에 조응하는 생산관계 속으로 들어간다. 이러한 생산관계의 총체가 사회의 경제적 구조, 즉 진정한 토대를 구성하며, 이것 위에 법적·정치적 상부구조가 올라서고, 여기에 특정한 사회적 의식의 형태들이 조응한다. 물질적 생활의 생산양식은 사회적·정치적·정신적 생활 과정 전반을 제약한다. 인간의 의식이 인간의 사회적 존재를 결정하는 게 아니라 그 반대로 인간의 사회적 존재가 인간의 의식을 결정하는 것이다.

여기에는 변증법적 유물론의 두 가지 대원칙이 나온다. 첫째는 경제적 구조가 토대, 즉 하부구조를 이룬다는 것이고, 둘째는 사회적 존재가 의

4부 철학의 토대가 흔들리다

식을 결정한다는 것이다.

한 사회는 다양한 측면을 가지며, 수많은 구성 요소로 이루어진다. 주택, 관청, 학교, 극장 등 가시적인 요소들이 있는가 하면 법, 정치, 문화, 종교 등 눈에 보이지 않는 요소들도 있다. 그런데 이 모든 요소는 경제를 토대로 하며 직간접적으로 경제적 제약을 받는다. 이를테면 주택의 수와 구조는 경제 규모를 전제로 하고, 관청의 행정에서 가장 중요한 것은 경제적 자원의 배분이며, 학교의 교육은 장차 사회에서 경제를 담당할 인력을 키우는 것을 주요 목표로 하고, 극장의 공연은 경제활동에 지친 사람들의 심신을 달래주는 역할을 한다. 어디 그뿐인가? 법정에서 가장 많이 다루는 사건은 경제적 이권을 둘러싼 소송이고, 정치의 주요 기능은 기업 활동에 관련된 각종 법을 제정하거나 폐기하는 것이며, 문화와 종교는 경제적 승자를 돋보이게 하거나 패자를 위로한다. 이렇게 사회의 모든 사건과 현상은 경제적으로 해석할 수 있다.

존엄한 인간의 고결한 활동을 그렇게 경제적으로만 바라본다면 어딘가 천박하고도 비정한 느낌이 들 수도 있다. 하지만 천만의 말씀이다. 정작 비정하고 냉소적인 것은 마르크스의 유물론을 경제결정론이라고 몰아붙이면서 내심 숨겨진 경제적 속물근성을 위장하려는 표리부동한 지식인들이다.

사회적 존재가 의식을 결정한다는 주장도 마찬가지로 언뜻 기계적이고 냉소적인 것처럼 보이지만 실은 현실을 더 잘 설명해준다. 누구나 자신이 처한 위치, 자신의 존재를 바탕으로 사고방식과 견해를 구성하게 마련이다. 사장과 노동자? 달력의 빨간 날을 아쉬워하고 월급날을 겁내는 사장과, 그날을 기다리며 일하는 노동자가 같은 의식을 갖기는 어렵다. 언론과 공직자? 언론은 공직자 비리를 고발하는 데 열심이고, 공무원은 자신을 철밥통이라고 비난하는 여론이 섭섭할 따름이다. 교사 역시 안에서 본 교사는 밥벌이를 위해 일하는 게 아니라 존경과 '교권'이라는 특별한 권리를 인정받고 싶어하지만 밖에서 본 교사는 단지 임금을 받고 일하는 고용된 노동자일 따름이다. 모든 권력 구조가 그렇지 않은가? 재야 운동가 출신이 정계에 입문하면 흔히 그렇듯이, 권력을 쥐기 전까지는 권력의 모순만 눈에 보이다가도 막상 권좌에 오르면 권력의 단맛만 보이는 게 인지상정이다.

물론 경제가 모든 상부구조를 결정하고 사회적 존재가 말 그대로 한 개인의 의식을 완전히 지배한다면, 그것은 사주팔자가 운명을 결정한다는 것만큼이나 터무니없는 논리가 될 수도 있다. 한날한시에 태어났다고 해서 모두가 같은 삶을 살아가는 것은 아니듯이 경제적 수준이 같은 사회라고 해서 문화의 색깔이 전부 같은 것은 아니며, 사회적 지위가 같다고 해서 누구나 같은 사고방식을 지니게 되는 것도 아니다. 사실 마르크스는 당대에도, 또 후대에도 그런 천박한 해석에 따른 부당한 오해를 많이 받았다. 하지만 그런 기계적 결정론이라면 유물론이라는 말 앞에 '변증법적'이라는 수식어를 붙일 이유가 없다. 마르크스가 예상되는 오해를 감수하면서까지 굳이 유물론을 내세운 이유는 한편으로 경제구조가 지닌 막강한 힘을 현실적으로 인정하기 때문이며, 다른 한편으로는 그 경제구조의 개혁이 바로 사회혁명의 핵심을 이루기 때문이다.

데카르트가 코기토를 철학의 출발점으로 삼고 정신과 신체의 이원론을 정립한 이래 정신은 신체보다 늘 철학적으로 우월한 개념이었다. 정신이 운전사라면 신체는 자동차라는 기계에 불과했다. 그나마 신체를 철학적 주제로 끌어들인 사람은 홉스와 스피노자 정도였고 대다수 철학자들에게 신체란 예측할 수 없는 감정과 불결한 욕망의 덩어리일 뿐 고상

4부 철학의 토대가 흔들리다

한 철학에서 다루기에는 적절치 않은 대상이었다. 그런데 마르크스는 그 관계를 역전시켜 오히려 정신을 신체의 하위로 취급한다. 13장에서 보겠지만, 이런 점은 이성 중심주의에서 벗어나 신체와 욕망을 철학의 영역으로 끌어들이는 20세기 포스트모던 철학의 선구 격이라는 면에서 마르크스 사상의 탈근대적 성격을 보여준다.

마르크스가 정신보다 신체를, 의식보다 존재를 앞세웠다고 해서 비도덕적인 욕망을 옹호하거나 비인간적인 물질주의를 지지한 것은 아니다. 일단 그는 도덕 자체를 경제에 의해 규정되는 상부구조로 보았으므로, 하부구조를 설명하는 그의 유물론에서 곧바로 도덕을 끄집어내는 것은 논리적으로 모순이다. 또한 인간 해방을 위한 사회혁명을 철학의 근본으로 삼은 그가 비인간적인 이념을 품었다고 매도하는 것은 현실적으로 모순이다.

마르크스가 평생의 동지이자 후원자였던 엥겔스(Friedrich Engels, 1820~1895)와 함께 쓴 《독일 이데올로기 Die deutsche Ideologie》에는 그가 꿈꾸는 이상 사회에 관한 감상적인 소묘가 나오는데, 비현실적인 냄새는 풍길지언정 부도덕하고 비인간적인 면모는 전혀 찾아볼 수 없다.

공산주의 사회에서는 누구나 배타적인 활동 영역을 갖지 않으며, 사회가 생산 전반을 통제한다. 그래서 누구든 마음 내키는 대로 오늘은 이 일을, 내일은 저 일을 할 수 있다. 아침에는 사냥을 하고, 오후에는 낚시를 하고, 저녁에는 소를 몰고, 저녁식사를 한 뒤에는 문학비평을 한다. 그러면서도 사냥꾼도, 어부도, 목동도, 비평가도 되지 않을 수 있다.

자본주의적 생산의 비밀

경제적 토대가 사회의 성격을 결정하는 근본 요인이라고 보는 입장을 채택했다면, 가장 급선무는 그 토대를 분석하는 것이다. 마르크스는 헤겔 좌파를 환영할 리 없는 프로이센 정부의 탄압을 피해 영국으로 이주한 뒤, 당시 세계 경제의 리더로 떠오른 영국을 모델로 삼아 첨단의 경제 제도인 자본주의 분석에 들어갔다. 이후 그는 끊임없이 정치 활동에 참여하고 혁명가로 살면서도 자본주의 연구만큼은 평생에 걸친 학문적 업적으로 남기게 된다. 그 결과물이 바로 《자본론 Das Kapital》이다.

자본주의사회가 이전의 모든 사회와 다른 점은 무엇일까? 경제가 사회의 근간이라는 점일까? 그렇지는 않다. 문명이 탄생한 이래, 적어도 농경과 정착 생활을 시작한 이래 인간은 늘 물자를 생산하고 소비하는 경제생활을 영위했으며, 경제는 늘 인간 사회의 토대였다. 선사시대부터 자본주의 이전, 그러니까 봉건시대까지 경제활동의 유형은 숱한 변화를 거치면서 발전했다. 그런데 자본주의 시대는 과거 어느 시대보다도 변화의 폭이 크고 특별한 측면이 있다. 무엇이 그런 차이를 낳았을까?

마르크스는 그것이 바로 상품이라고 보았다. 자본주의는 상품을 생산한다는 점에서 과거 어느 사회와도 다르다. 하지만 왜 상품일까? 상품이야 어느 시대에나 있었던 게 아닐까? 일반적인 의미에서의 상품이라면 그렇다고 볼 수도 있다. 하지만 경제적인 의미에서의 상품은 그렇지 않다. 상품은 인간이 살아가는 데 필요한 물자와 똑같은 개념이 아니다. 상품은 소비를 일차적 목적으로 하지 않고 시장에 내다 팔기 위해, 더 구체적으로는 이윤을 획득하기 위해 생산되는 것이다.

자본주의 이전 시대의 목수는 자신이나 가족이 사용하기 위해 의자를

4부 철학의 토대가 흔들리다

만들었다. 간혹 여분의 의자를 만들면 시장에 내다 팔기도 했으나 그 목적은 어디까지나 목수의 가족이 생활하는 데 필요한 물품, 예컨대 식량이나 의복을 얻기 위한 것일 뿐 이윤 자체를 얻기 위한 것이 아니었다. 그러나 자본주의 시대의 목수는 처음부터 소비를 위해서가 아니라 이윤 획득을 위해서 의자를 생산한다. 한마디로 자본주의적 생산의 목적은 이윤에 있다.

자본주의 시대의 사람들이라고 해서 갑자기 예전 사람들보다 욕심이 많아졌을 리는 없다. 따라서 이윤을 추구하게 된 원인은 인성^{人性} 따위에 있는 게 아니다. 자본주의가 태동한 데는 여러 가지 배경이 있다. 우선 중세의 통합적 질서가 깨지고 유럽 각국이 국민국가를 이루어 각개약진함에 따라 국가가 앞장서서 이익을 추구하는 분위기가 조성되었다. 그것이 정치적으로는 절대주의이고 경제적으로는 중상주의인데, 이는 자본주의의 전 단계다. 그런 흐름에 따라 봉건귀족들도 이익을 추구하기 위해 그전까지 농민들에게 경작을 맡겨두었던 토지를 점유하게 되었고—이 과정이 영국에서는 모직물 산업의 원료가 되는 양을 대량으로 사육하기 위해 농민들을 토지에서 내쫓는 인클로저 운동으로 나타났다—토지에서 쫓겨난 농민들은 도시로 몰려가 공장에서 임금을 받고 일하는 프롤레타리아층을 형성했다. 그와 동시에 시민혁명으로 중세적 신분 질서가 해체되고 개인의 법적 권리가 보장됨에 따라 농민들은 더 이상 영주에게 얽매이지 않아도 되는 자유로운 신분을 얻었다. 이것을 마르크스는 '이중의 자유'라고 말한다. 즉 농민들은 정치적·법적 자유를 얻었고 동시에 토지로부터 자유로워졌다는 의미다(물론 뒤의 자유는 농민들이 원하는 바가 아니지만).

절대주의 체제에서 성장한 부르주아지는 자본주의 시대에 자본계급을 이루었고, 봉건적 착취에 시달리던 농민들은 노동계급을 이루어 자본계급에게 착취당하게 되었다. 칸트라면 뭐라고 했을지 모르지만 마르크스는 자본계급에게 도덕적 결함이 있기 때문에 자본주의적 착취가 이루어지는 것은 아니라고 생각했다. 문제는 도덕이나 철학적 이성이 아니라 자본주의 구조 자체에 있다. 자본주의란 자본가들이 끊임없이 이윤을 추구하여 자본을 확대 재생산하지 않으면 존립할 수 없는 제도다. 바꿔 말해 이윤 추구는 자본가 개개인의 의지와 무관하게 거의 무의식적으로 관철되는 법칙이다. 사실 그런 점을 논외로 한다면 자본가는 고대부터 존재했던 수전노와 다름없다. 그래서 마르크스는 "자본가는 합리적인 수전노이고 수전노는 미친(비합리적인) 자본가"라고 말한다.

그럼 자본가의 유일한 목적인 자본의 확대 재생산은 어떻게 가능할까? 이윤이 있기 때문에 가능하지 않느냐고 대답한다면 반쪽짜리 답이다. 그럴 경우 이윤은 어떻게 생기느냐는 질문이 또다시 성립하기 때문이다. 흔히 이윤은 상품의 제조 원가에 덧붙이는 것으로 생각한다. 이를테면 출판사에서 책이라는 상품을 제작할 때 원고료, 편집비, 디자인비, 종이 값, 인쇄비, 제본비 등의 생산 비용이 한 권당 1만 원이라면 여기에 2000원의 '이윤'을 붙여 책 한 권의 가격을 1만 2000원이라고 정하는 식이다. 이것이 보통 기업에서 상품의 단가를 정하는 방식이다.

하지만 그것은 관행일 뿐 실제로 이윤이 생기는 원리와는 무관하다. 무엇보다 그 논리는 상식적으로도 허점이 있다. 사회에서는 누구나 생산자인 동시에 소비자다. 즉 자본가(예컨대 출판사 사장)는 상품(책)을 생산하지만 동시에 다른 상품(생필품)을 소비해야만 살아갈 수 있다. 그러므로 만약 이윤이 상품의 원가에 보태지는 것이라면 자본가가 생산자로서 얻는 모든 이득은 소비자로서 잃게 된다. 사회 전체로 볼 때도 판매의 총액과 구매의 총액이 같아지므로 이윤이 생겨날 구석이 없다.

이런 모순이 빚어진 이유는 이윤을 생산의 관점에서 보지 않고 유통의 관점에서 보았기 때문이다. 마르크스는 이윤이 상품의 생산 과정에서 이미 상품과 함께 생산된다고 말한다. 물론 시장에서 판매되지 않았으므로 아직 이윤이라고 부를 수는 없지만, 이윤의 원천인 것은 사실이다. 생산 과정에서 생산된 이윤의 전신, 그것을 마르크스는 잉여가치라고 부른다. 자본주의가 자본주의로서 존립할 수 있는 비밀은 바로 잉여가치의 생산이다. 또한 자본주의적 착취가 이루어지는 메커니즘도 바로 잉여가치에 있다.

잉여가치라면 '남은 가치'라는 뜻이니까 잉여가치가 생산된다는 것은 곧 상품의 생산 과정에서 상품의 원래 가치 이외에 별도의 가치가 더 생산된다는 뜻이다. 그런데 이렇게 말할 수 있으려면 가치의 양을 측정할 수 있다는 전제가 필요하다. 상품의 가격이라면 몰라도 가치를 어떻게 측정할 수 있을까? 사람마다, 또 때마다 달라지는 게 가치 아닌가? 천체 관측에 심취한 사람에게는 고급 자동차보다 고성능 천체망원경이 더 절실할 것이며, 운동을 마친 뒤에는 냉수 한 컵이 피자보다 더 꿀맛이지 않은가?

물론 그런 가치도 있다. 하지만 마르크스가 말하는 가치는 그것과 다르다. 그는 가치를 사용가치와 교환가치의 두 측면으로 구분한다(이 구분은 그에 앞서 애덤 스미스도 사용했으므로 마르크스의 창작품은 아니다). 사용가치란 상품의 본래적 가치, 앞에서 본 것처럼 사람마다, 때마다 달라지는 가치를 가리킨다. 사용가치는 상품 자체에 내재하는 속성으로 질적인 가치다. 질적이기 때문에 객관적인 측정이 불가능하다. 그러나 교환가치는 한 상품을 다른 상품과 교환하는 비율을 가리키는 양적인 가치다. 내게 아무런 필요도 없는, 즉 사용가치가 제로인 물건도 그것을 필요로 하는 사람에게는 큰 사용가치를 가질 것이다. 따라서 그 물건은 사용가치만 없을 뿐 교환가치는 분명히 가진다. 상품을 소비하는 측면에서는 사용가치가 더 중요하지만 생산의 관점에서는 교환가치가 더 중요하다. 그래서 마르크스는 교환가치를 그냥 가치라고 줄여 부른다.

교환가치는 질이 아니라 양이기 때문에 측정이 가능하다. 어떻게 측정할까? 무게나 부피는 안 된다. 50돈짜리 금송아지를 3킬로그램짜리 아령과 바꾸거나 노트북 컴퓨터를 강냉이 한 자루와 바꿀 사람은 없을 테니까. 그럼 돈일까? 그것도 아니다. 자본주의에서는 화폐 역시 하나의 상품일 뿐이므로 절대적인 가치 기준이 되지 못한다. 서로 다른 두 상품을 비교하려면 공통적인 요소가 필요하다. 마르크스는 다각형의 면적을 재는 방법을 예로 든다. 모든 다각형은 삼각형으로 분할할 수 있다. 그리고 삼각형의 면적은 알다시피 '밑변×높이÷2'라는 공식에 따라 잴 수 있다. 즉 다각형은 삼각형이라는 공통 요소를 가지기 때문에 언제나 면적을 측정할 수 있다.

여러 상품의 교환가치를 측정하고 비교할 수 있게 해주는 공통 요소, 다각형 속에 숨은 삼각형의 역할을 하는 것은 바로 노동이다. "상품의 사용가치를 무시한다면 거기에는 오직 하나의 속성, 즉 노동 생산물이라는 속성만 남는다. …… 노동 생산물에 투하되어 있는 노동의 유용한 성질도 사라지고, 따라서 노동의 상이한 구체적 형태도 사라진다. 이들 노동은 더 이상 서로 구별되지 않고 모두 동일한 종류의 노동, 즉 추상적 인간 노동으로 환원된다." 상품과 노동은 둘 다 질적인 측면을 지니고 있지만 상품에서 사용가치를 제거하고 노동을 추상화하면 둘 다 양화量化될 수 있다. 마침 노동은 객관적으로 측정할 수 있는 방법이 있다. 그것은 바로 시간이다. 그래서 마르크스는 상품의 가치란 그 상품을 생산하는 데 투입된 노동시간이라고 정의한다(상품의 생산 과정에는 노동과 더불어 원료와 기계도 투입되지만 이 요소들은 그전까지의 다른 노동—즉 원료의 생산과 기계의 발명에 투입된 노동—이 축적된 결과물이므로 마르크스는 그것을 실제의 노동력, 즉 '산 노동'과 대비해 '죽은 노동'으로 간주한다).

자본주의에서는 노동력도 하나의 상품이다. 토지와 신분의 굴레로부터 자유로워진 노동자는 임금을 받고 일정한 시간 동안 노동력이라는 자신의 상품을 제공하기로 자본가와 계약을 맺는다. 잉여가치가 생산되는 비밀은 여기에 있다. 노동력도 상품이므로 노동력의 가치는 그 노동력을 생산하는 데 투입된 노동시간으로 환원할 수 있다. 그런데 노동자가 계약된 노동시간 동안 노동력을 투하해 생산해낸 가치는 단순히 자신의 노동력을 생산·재생산하는 데 필요한 가치가 아니라 그 이상에 해당한다(만약 노동자가 자기 노동력만큼의 가치밖에 생산하지 못한다면 자본가는 노동자를 고용할 필요가 없다). 그 '남은 가치'가 곧 잉여가치다.

자본가가 그 잉여가치를 시장에서 이윤으로 전환하면 노동자를 고용하기 전에 가졌던 원래 자본보다 큰 자본을 얻게 된다. 이리하여 자본의 확대 재생산이 이루어진다. 이런 개별 자본가들의 활동이 사회적으로 집적된 결과가 바로 자본주의적 발전이다.

혁명의 법칙

마르크스가 자본주의 분석에 몰두한 이유는 실천을 중심으로 하는 유물론 철학의 필연적인 귀결이지만, 다른 측면에서 보면 당시 자본주의 선진국인 영국에서 이미 자본주의의 폐해가 역력히 드러나고 있었기 때문이기도 하다. 마르크스는 겨우 여섯 살짜리 아이가 하루 열여섯 시간의 중노동에 시달리는 지옥 같은 산업 현장을 통렬하게 고발하고 있다. 현대사회에서는 전 세계적으로 노동시간을 단축하는 추세로 가고 있지만, 자본주의 초창기에는 오히려 노동시간을 줄이는 게 법적으로 금지되어 있었다. 마르크스가 런던으로 이주하기 얼마 전에 나온 찰스 디킨스의 소설 《올리버 트위스트》는 유럽 최강국으로 발돋움하고 있는 영국 자본주의의 뒤안길을 여실히 보여준다.

무엇이든 태어나고 한창 자라는 시기에는 모든 게 순조롭고 문제가 없게 마련인데, 자본주의는 한창 건강할 때 이미 병리적인 현상을 드러냈으니 괴물이 아니고 무엇이랴? 그래서 마르크스는 처음부터 강력한 반反자본주의적 성향을 밑에 깔고 자본주의 분석을 시도했다. 하지만 자본주의는 사회 발전의 한 단계로서 고유한 역할을 가진다. 자본의 확대 재생산 과정 자체는 노동자에 대한 가혹한 착취이지만 동시에 사회의 경제적 생산력을 비약적으로 성장시키는 탁월한 힘을 발휘했다. 자본주의는 이른바 '파이의 크기'를 키우는 데는 특효약이었다. 성장의 원리를 분배의 원리로 전환할 수 있다면 《독일 이데올로기》에서 묘사한 이상적인 공산주의 사회의 실현이 불가능하지 않으리라. 이렇게 마르크스는 자본주의의 초창기에 이미 사회주의를 꿈꾸고 있었다. 그 근거는 자본주의 내에서 자본주의를 파괴하는 힘이 작동하고 있기 때문이다.

사회의 물질적 생산력은 특정한 발전 단계에 이르면 기존의 생산관계, 또는 이전까지 적합했던 소유관계와 갈등을 빚게 된다. 생산력을 발전시키는 힘이었던 이 관계는 오히려 생산력을 제약하는 질곡으로 변화한다. 그때 사회혁

4부 철학의 토대가 흔들리다

명의 시대가 시작된다. …… 어떠한 사회 질서도 그 내부에서 발전할 여지가 있는 모든 생산력이 발전하기 전까지는 결코 멸망하지 않는다. 또한 그 물질적 존재 조건이 낡은 사회 자체의 태내에서 충분히 성숙하기 전까지는 새롭고 고도한 생산관계가 결코 나타나지 않는다. 그러므로 인간은 항상 자신이 해결할 수 있는 과제만 설정하고 있는 것이다.

생산수단을 소유한 자본가가 노동자를 고용해서 잉여가치를 창출하는 방식으로 전개되는 자본주의적 생산관계는 봉건적 질서에 묶여 있던 생산력을 해방시켜 '사회의 물질적 생산력'을 고도로 발달시켰다. 그러나 이렇게 발달한 생산력은 이내 자본주의적 질서를 위협하는 힘으로 작용하게 된다. 생산력은 꾸준히 성장하지만 생산관계는 한번 자리를 잡으면 쉽게 바뀌지 않기 때문이다. 생산력과 생산관계의 관계는 자라는 청소년의 신체와 옷의 관계에 비유할 수 있다. 몸이 충분히 성장하기 전까지는 옷이 잘 맞으므로 아무 문제도 없다. 품이 넉넉한 옷이 한창 자라는 청소년에게 어울리듯이, 새로운 생산관계가 들어섰을 때 생산력은 비약적으로 성장한다. 또한 기존의 옷을 입은 몸이 충분히 자라기 전까지는 부모가 새 옷을 사주지 않듯이, 낡은 사회의 물질적 조건이 충분히 성숙하기 전까지는 새로운 생산관계가 출현하지 않는다. 그러나 결국에는 옷을 갈아입어야 할 때가 온다. 이때가 바로 사회혁명의 시기다.

마르크스는 자신이 살던 19세기 중반의 서유럽이야말로 바로 그 사회혁명의 시기를 맞고 있다고 보았다. 계몽주의 시대부터 싹튼 사회주의 사상은 19세기에 접어들면서 실험과 진화를 거듭했고, 부르주아지와 더불어 성장한 프롤레타리아는 점차 새 시대의 주역으로 떠올랐다. 혁명 이론과 혁명 주체가 갖춰진 것이다. 특히 독일과 프랑스에서 혁명적 분위기가 역력했던 1848년에 마르크스는 엥겔스와 함께 프롤레타리아의 정치조직으로서 공산주의자 동맹을 결성하고 그 강령으로 《공산당 선언 Manifest der Kommunistischen Partei》을 발표한다.

낡은 사회의 태내에서 새로운 질서가 탄생한다면, 자본주의 안에 자본주의를 파멸시킬 씨앗이 이미 자라고 있다는 이야기다. 그 씨앗을 마르크스는 모순이라고 표현한다. 자본주의의 가장 근본적인 모순은 사회적 생산과 사적 소유의 모순이다. 앞서 목수의 예에서 보았듯이 자본주의 이전의 생산양식에서는 생산이 사회적으로 이루어지지 않았다. 목수는 자신의 필요에 따라 의자를 혼자 힘으로 생산했고 그 의자 혹은 의자를 팔아서 얻은 소득을 혼자 소유했다. 원시시대부터 봉건시대에 이르기까지 인간은 사적 생산과 사적 소유의 방식으로 살아왔다. 물론 저수지나 방앗간처럼 사회가 공유하는 농업 시설도 있었고 공동 작업 방식을 취하는 수공업도 일부 있었지만 그것은 자본주의의 사회적 생산과는 다르다.

가장 큰 차이는 노동자가 생산 과정 전반을 통제하고 생산물의 성격을 처음부터 알고 있다는 점이다. 사회적 생산이란 분업을 기본으로 하는데, 분업 체제에서는 노동자가 하나의 기계 부품과 같은 역할만 할 뿐 생산 과정과 생산물을 전혀 통제하지 못한다. 심지어 노동자는 자신이 만드는 전선이 발전기에 쓰이는지 폭탄의 뇌관으로 쓰이는지 알지 못하며 또 알 필요도 없다.

이처럼 자본주의 체제에서 생산은 사회적으로 이루어지지만, 생산수단과 생산물은 자본가 개인의 것이므로 소유는 사적인 형태를 취한다. 노동자는 상품을 생산하는 대가로 임금을 받을 뿐 상품의 일부분조차 소유할 수 없다. 이러한 모순이 어떻게 자본주의를 파멸로 이끌어갈까? 생산이 사회적이고 소유가 사적이라는 사실은 생산자가 다수이고 소유자가 소수라는 뜻이다. 이것은 곧 자본주의 특유의 경제적 양극화를 설명해준다. 앞서 말했듯이 잉여가치는 상품의 생산 과정에서 상품과 함께 생산되지만 이것이 이윤으로 실현되려면 시장에서 상품이 판매되어야 한다. 그러나 나날이 가난해지는 다수, 구매력이 없는 다수가 어떻게 그 상품을 전량 사줄 수 있을까? 소비가 줄어들고 재고가 많아진다. 자본가의 이윤은 결국 막다른 골목에 처하게 된다. 자본의 확대 재생산은 끝나고 자본주의는 질곡에 빠진다.

이런 논리에서 마르크스는 자본주의라는 생산관계도 나중에는 새로운 생산관계로 대체될 수밖에 없다고 보았다. 자본주의는 장차 자동 붕괴하고 사회주의사회가 도래할 것이다. 다만 봉건 체제에서 자본주의사회로 바뀌는 과정에서도 보았듯이 자본주의에서 사회주의로 이행하는 과정도 자연적으로 이루어지는 것은 아니다. 따라서 혁명을 주동할 세력이 필요해지는데, 이것이 혁명적 프롤레타리아를 중심으로 하는 공산주의 노동자 당이다. 혁명의 이념(사회주의 사상), 조건(자본주의의 자동 붕괴), 주체(공산당)가 구비되었으니 이제 자본주의를 극복하는 사회혁명은 코앞에 이르렀다. 그래서 마르크스는, 사회적으로 자본주의가 번영을 구가하고 개인적으로 평생토록 가난에 시달렸어도 혁명적 낙관주의를 끝내 버리지 않았다.

근대와 현대의 경계에서

마르크스의 기대와는 달리 1848년 유럽 혁명은 사회주의혁명이 아니라 자유주의 혁명이었다. 바꿔 말해 프롤레타리아혁명이 아니라 부르주아지가 권력을 획득한 부르주아혁명이었다. 《공산당 선언》은 "지금까지 존재한 모든 사회의 역사는 계급투쟁의 역사"라는 문구로 시작해서 "프롤레타리아는 잃을 것이라고는 쇠사슬밖에 없으며 얻을 것은 온 세상"이라는 문구로 끝나지만, 아직 자본주의는 젊었고 프롤레타리아의 세상은 오지 않았다. 육순의 나이에 접어들어 멀리 러시아에서 혁명의 분위기가 태동하는 것을 보고 새로 러시아어까지 배우며 혁명적 정열을 불살랐던 마르크스였으나, 아쉽게도 그의 시대에는 사회주의혁명이 일어나지 않았다.

마르크스의 사후 30여 년이 지나 20세기 초반에 최초의 사회주의혁명이 성공했으나 그것은 마르크스가 바라던 혁명이 아니었다. 선진 자본주의사회에서 사회주의로 이행한 게 아니라 후발 제국주의 국가인 러시아에서 발생한 탓에 그의 이론을 검증하는 현실의 사례가 되지는 못했다. 러시아 사회주의혁명은 자본주의의 자체 모순으로 일어나지 않았고 제정러시아의 질곡을 토양으로 한 다소 기형적인 혁명이었다. 그 점은 20세기 중반 중국에서 일어난 사회주의혁명도 마찬가지였다. 마르크스의 이론에 입각한 사회주의혁명은 아직까지도 일어나지 않은 셈이다. 태생의 한계를 극복하지 못한 탓일까? 1990년대 초반에 소련과 동유럽의 현실 사회주의권은 결국 붕괴했다. 하지만 현실 사회주의의 역사적 실패로 진정한 사회주의의 가능성이 사라진 것은 아니다.

어쨌든 자본주의는 적어도 마르크스가 예견한 것보다 훨씬 더 유연하고 신축성이 있었다. 실은 그의 이론대로 생산자 대중이 구매력을 잃고 수요가 부족해지면서 한때 자본주의는 몰락할 듯 보였다. 그러나 마치 빚쟁이가 빚잔치를 벌이는 것처럼 경제공황으로 온갖 모순을 한꺼번에 정리하고 자본주의는 거뜬히 되살아났다(20세기의 경제 대공황도 그렇지만 19세기 후반 제국주의 국가들의 치열한 식민지 쟁탈전도 새로운 시장을 창출하려는 자본주의의 치유책이다. 그 결과가 20세기 초의 제1차 세계대전이었다). 여기에는 고전적인 자본주의처럼 시장의 자유경쟁에 모든 걸 맡기지 않고 국가가 적극적으로 경제에 개입한 덕택이 컸으나 어쨌든 자본주의의 생명력이 다하지 않은 것은 사실이다.

실천의 관점, 유물론, 자본주의 분석으로 이어진 마르크스의 사상은 종합적이고 일관될뿐더러 사회주의혁명을 위해 헌신한 그의 불꽃같은 삶역시 종합적이고 일관된다. 하지만 그의 사상에는 정작 그 자신도 의도하지 않은 몇 가지 중대한 철학적 문제의식이 숨어 있다. 그렇기 때문에 그의 사상은 근대의 완성이자 현대의 시작이며, 근대와 현대의 경계선에 위치한다.

먼저 그의 유물론에 주목할 필요가 있다. 앞서 영국의 홉스와 흄도 그랬거니와 의도적으로 하나의 극단을 강조하는 이유는 다른 측면이 존재한다는 것을 무시하기 때문이 아니다. 즉 물질이 모든 것의 근본이라는 유물론의 전제는 흔히 마르크스를 속되게 이해하는 학자들이 비판하는 것처럼 정신적 측면을 도외시하는 게 아니다. 마르크스의 의도는 사회의 발전 단계에도 자연과학적 법칙성이 관철된다는 점을 강조하려는 데 있었다. 사회에는 경제만이 아니라 정신적·문화적 측면도 존재하지만 그 법칙성을 읽어내기 위해서는 무엇보다 사회의 물질적 성격에 주목하지 않을 수 없다. 그런 점에서 마르크스의 사상은 헤겔이 가정만 하고 그친 역사의 법칙성을 실제로 증명했다고 볼 수 있다.

또한 마르크스의 유물론은 19세기에 팽배한 이성 중심주의의 자유의 지론에 일침을 가했다. 데카르트가 인간 이성을 해방시킨 이후 철학적 추세는 모든 것을 이성 중심주의로 해석하고 인간의 자유의지를 극대화했다. 그 정점은 바로 칸트와 헤겔이었다. 그러나 사회적 존재가 의식을 결정하며 "인간은 자신의 의지와 독립적인 불가피한 관계" 속에 있다고 보는 마르크스의 입장은 이성과 자유의지의 경계선을 분명하게 긋고 있다. 이러한 시각은 곧이어 등장하는 프로이트의 무의식 개념과 맞물리면서 현대 철학의 기본 전제를 이루게 된다.

그보다 더 현대적인 사상의 궤적은 자본주의 분석의 근간을 이루는 가치론에서 찾아볼 수 있다. 앞서 보았듯이 마르크스가 말하는 상품의 개념에는 가치의 두 가지 측면이 포함되어 있다. 이성 중심주의의 전통적인 사상이라면 아마 질적인 측면, 즉 사용가치에 더 비중을 두었을 게 틀림없다. 사용가치는 근대의 특성인 개인적 차이를 드러내지만 교환가치는 개성을 무시하고 그저 가치를 양으로만 환원할 뿐이다. 그러나 마르크스는 오히려 양으로서의 의미만 지니는 교환가치를 중심으로 자본주의 분석을 진행한다. 인간중심주의에서 벗어나 가치(교환가치) 자체를 추구하는 방식을 취한 것이다. 이성이 떨어져 나간 데 이어 인간 자체도 중심에서 탈락하고 있다는 점에서, 마르크스의 사상은 20세기 구조주의 인식론의 예고편이라고 볼 수도 있다.

또한 교환가치의 개념은 실체적 사고에서 관계적 사고로의 전환을 의미한다. 사용가치와 달리 교환가치에는 사회적 관계가 추상되어 있다. 상품의 사용가치는 개별 상품이라는 실체로부터 분리될 수 없으나, 교환가치는 상품 자체보다 상품으로 표상되는 다양한 사회적 관계—이를테면 생산 과정에서의 분업, 유통 과정에서의 시장—를 포함하며, 이것이 상품의 더욱 유의미한 측면이다. 가치는 일단 경제학 용어에 해당하지만, 철학적으로 보면 마르크스의 교환가치는 스피노자가 자연을 실체로 간주하지 않고 양태의 개념을 도입하여 관계적 사고로 파악한 것을 연상시킨다.

4부 철학의 토대가 흔들리다

마르크스는 철학을 위한 철학자도, 경제학을 위한 경제학자도 아니었다. 그는 학문적으로 철학·경제학·사회학·정치학을 아우르는 총체적인 사상을 정립했으며, 더욱이 자신의 사상과 이론을 현실화하기 위해 정력적으로 활동한 혁명가였다. 그러므로 그의 사상에서 단면만을 취해 근대와 현대의 경계선을 찾아내는 것은 사실 그의 의도와도 무관하고 그가 보기에는 전혀 중요하지 않은 측면에 불과하다. 그러나 그것은 거꾸로 그가 의식하지 않은 사이에 지성사의 흐름을 내적으로 수용하면서 또 하나의 징검다리를 덧붙이고 있음을 말해준다(따라서 마르크스를 서양 사상의 적통에서 일탈했다고 보는 일부 보수주의자들의 주장은 헛소리다). 그런 면에서 그의 사상은 현대 철학으로 진입하는 단계라고 해석될 수 있다.

자유주의와 부르주아 철학의 궁합

자본주의를 사회주의의 전 단계로 파악했다는 것은 곧 역사 발전의 '생략'을 인정하지 않는다는 의미다. 그런데도 마르크스는 자유주의적 성격을 지닌 부르주아혁명의 단계에서 사회주의혁명을 시도하는 '생략'을 저질렀다. 자본주의가 만개하고 낡은 질서가 된 뒤 그 폐허에서 나오는 사회주의가 아니라 한창 젊은 나이인 자본주의를 인위적으로 타도하고 혁명을 이루려 한 것이다. 어차피 죽을 환자라도 함부로 사망 선고를 내려서는 안 된다고 보면 그의 판단은 확실히 성급한 감이 있다.

결국 생전에 혁명을 보지 못한 마르크스와 달리 시대의 조류에 맞는 철학을 내세운 사람들은 학문에서나 삶에서나 탄탄대로를 달렸다. 자유주의 시대에 어울리는 철학은 역시 자유주의 철학이다. 마르크스 식으로 말하면 "모든 시대의 지배적 사상은 지배계급의 사상"이므로 자유주의 철학은 당대의 지배계급, 즉 부르주아지의 사상이라고 할 수 있다.

정치에서 흔히 보는 경우지만 야당의 논리는 늘 복잡다단한 데 반해 여당의 논리는 언제나 단순명쾌하다. 권력을 쥔 자가 머리를 복잡하게 굴릴 필요가 없는 것은 예나 지금이나 변함없다. 마찬가지로, 당대의 지배 이데올로기인 자유주의 철학은 난해하고 정교한 마르크스의 철학과 달리 소박하다고 할 만큼 단순하다. 이른바 공리주의를 주창한 벤담(Jeremy Bentham, 1748~1832)이 그렇다. 그는 많은 사람이 행복을 느끼면 그게 바로 옳은 것이라고 생각했다. 행복은 쾌락이고 불행은 고통이다. 진리와 도덕은 멀리서 찾을 게 아니다. 칸트는 고심에 고심을 거듭하며 도덕을 필연의 법칙으로 만들기 위해 애썼지만 벤담은 그의 노력을 가볍게 일축한다. 도덕에 무슨 원인이 있는가? 그저 결과가 좋으면 도덕적일 뿐이다.

최대 다수의 최대 행복! 이것이 벤담의 유명한 모토다. 그가 보기에 이것은 너무도 자명한 공리이므로 굳이 증명하려 애쓸 필요조차 없다. 증명보다 훨씬 중요한 것은, 주관성에 좌우될 수밖에 없는 쾌락을 좀 더 객관적으로 계산하는 방법이다. 당대의 자연과학적 성과에 고무되어 정부의 정책조차 물리학의 법칙처럼 과학적 정확성을 가져야 한다고 생각했던 벤담은 쾌락도 얼마든지 과학적으로 지수화할 수 있다고 믿었다. 이를 위해 그는 쾌락의 범주를 다음의 일곱 가지로 구분한다. 강도, 지속성, 확실성, 근접성(쾌락을 얼마나 빨리 느끼는가?), 생산성(쾌락의 결과로 얼마나 많은 다른 쾌락이 생기는가?), 순수성(쾌락에 따르는 고통이 얼마나 적은가?), 연장성(얼마나 많은 사람들이 쾌락을 함께 경험하는가?). 그는 이 일곱 가지 범주들을 기준으로 점수를 매겨 쾌락과 행복을 계산할 수 있다고

4부 철학의 토대가 흔들리다

말한다. 행복은 성적순이다!

마르크스주의와 공리주의는 인간주의와 관련지어보면 묘하게도 역설적이다. 비인간적이라는 비난을 받았던 마르크스의 사상은 사용가치를 양화하지 못한다는 인간주의적 입장을 취했지만, 벤담의 '인간주의적' 공리주의는 실상 비인간적인 계량화를 통해 쾌락을 재단하고자 한다. 당시의 경제학자들이 이른바 한계효용이라는 얄팍한 개념을 만들어 인간의 욕구를 지수화한 것과 같은 맥락이다. 한계효용의 개념에 따라 1000원이 있을 경우 그 돈으로 효용을 극대화하는 여러 가지 품목의 조합을 열거할 수 있듯이, 벤담은 그 일곱 가지 쾌락 범주의 점수를 매겨 가장 높은 점수를 얻은 행위를 선택해야 한다고 말한다. 그렇게 본다면 라스콜리니코프가 전당포 노파인 아료나 이바노브나를 사회의 기생충으로 여기고 도끼로 살해한 행위는, 다른 범주에서는 어떨지 몰라도 생산성과 연장성에서는 10점 만점을 받을 것이므로 쾌락과 행복을 가져오는 행위가 될 수 있다. '죄'가 아닌 행위에 '벌'을 들이댄 도스토옙스키는 벤담이 보기에 얼마나 딱한 작자인가?

사회가 번영하면 지성은 퇴보하는 걸까? 마르크스의 고발을 보면 성장 일로에 있던 영국 자본주의에서도 현실의 뒤안길이 비참했지만, 그와 대조적으로 벤담의 공리주의는 잘나가는 영국 사회에 걸맞지 않게 지성적으로는 심각한 퇴보다. 언뜻 생각하면 행위의 동기를 따지는 칸트의 윤리학보다 벤담의 도덕은 결과를 중시한다는 점에서 사회적으로 더 유용해 보이기도 한다(이 두 사상은 오늘날까지도 서양의 양대 도덕적 모델을 이룬다). 예를 들어 거짓말은 개인적으로는 부도덕한 짓이지만 한 번의 거짓말로 많은 사람의 생명을 구할 수 있는 경우라면 사회적으로 용인될 수 있을 것이다.

그러나 원리적으로 문제가 있는 도덕은 편법에 불과하다. 공리주의는 유용성과 실용성을 강조하기 때문에 행복과 쾌락이라는 원래의 목표에도 어긋날 가능성이 크다. 이를테면 공리주의적 입장에서는 사회적 소수이자 경제적 약자인 장애인을 사회에서 돌볼 이유가 없다. 그것은 라스콜니코프의 행위와는 정반대로 생산성과 연장성에서 0점을 받을 것이기 때문이다.

그런 문제점 때문에 벤담의 공리주의는 자유주의 시대에 완전히 부합하는 사상이 될 수 없었다. 무엇보다 쾌락을 순전히 양으로만 환산하는 벤담의 관점―교환가치가 아니라 사용가치를 양화시키는 격이랄까?―에서는 질적으로 다른 쾌락의 비교 자체가 불가능해진다. 그래서 밀(John Stuart Mill, 1806~1873)은 쾌락의 계산법을 버리는 게 벤담의 공리주의를 보완하는 길이라고 믿었다.

밀이 특히 걱정한 것은 공리주의를 문자 그대로 받아들일 경우 질적으로 높은 쾌락, 이른바 고급문화의 지평이 사라지리라는 점이었다. "배부른 돼지보다 배고픈 사람이 되는 게 낫고, 배부른 바보보다 배고픈 소크라테스가 되는 게 낫다." 모든 사람이 밀의 주장을 받아들이지는 않는다 해도 배부른 돼지보다 배고픈 소크라테스를 택할 사람들이 엄연히 존재한다는 것은 사실이다. 다소 조악한 논리를 전개한 벤담에 비해 한층 세련된 밀은 분명히 자유주의 지식인에 더 걸맞은 이미지다. 양적인 관점만 앞세운다면 단기적으로는 고급문화가 타격을 입는 데 그치겠지만 장기적으로는 문명의 진보가 멈춰버릴 것이다. 예컨대 벤담이 주장한 공리주의와 '1인 1표'의 개념을 그대로 받아들여 오늘날 영화 산업이 나아갈 길에 관해 국민투표로 방침을 결정한다면 예술성이 높은 영화는 폭력물과 에로물에 완전히 밀려날지도 모른다.

4부 철학의 토대가 흔들리다

밀의 우려에도 타당성이 있는 것은 사실이지만 문제는 무엇이 고급하고 저급한지를 누가 판단하느냐는 데 있다. 이에 대해 밀은 자격을 갖춘 현명한 판관들이 쾌락의 질을 판단해야 한다고 말한다. 하지만 이 방식은 아무래도 객관성을 담보하기 어려울뿐더러 자칫 엘리트주의로 빠질 위험성이 크다. 벤담이 다수라는 괴물로 자신의 이론을 정당화하려 했다면, 밀은 자신의 의도와 달리 현실의 역사보다—히틀러나 스탈린 같은 20세기의 전체주의자들보다—훨씬 일찍 위험천만한 '빅브라더'를 만들어낼 수도 있는 것이다.

사실 정치적인 면에서 밀은 자유주의 사상의 정수라 할 자유방임주의를 주장한 인물이었다. "모든 억제는 억제라는 점에서 악이다." "권력의 힘이 문명사회 모든 구성원의 의지에 반하면서도 올바르게 행사될 수 있는 경우는 오직 다른 사람들에게 위해를 가하는 것을 막는 경우뿐이다." 이런 밀의 주장은 자본주의 초창기에 나온 로크의 정치사상이나 애덤 스미스의 경제사상과 별로 다를 바 없다. 하지만 쾌락의 질을 문제 삼은 데서 알 수 있듯이 그는 당시 첨단의 정치제도인 대의민주주의가 완전한 자유주의를 실현할 수 있다고 보지 않았다. 오히려 벤담 식의 다수결주의와 결부된 민주주의는 소수에 대한 다수의 전제를 빚을 수 있다. 이는 20세기 후반에 등장하는 포퓰리즘을 예견이라도 한 것 같은 날카로운 지적이다.

10장

파괴하고 해체하고 재편하라

니체, 프로이트, 후설, 베르그송

마르크스가 아니라 다른 누구라도 19세기 후반의 유럽 세계를 보면 필경 혁명 전야라고 믿었으리라. 그만큼 현실계와 지성계가 모두 어수선하고 혼란스러운 시기였다. 생산력과 수요의 불균형에 봉착한 자본주의 열강은 새로운 시장을 찾아 해외 식민지 개척을 서둘렀다. 훗날 레닌은 그것을 자본주의 최고이자 최후의 단계라고 보았는데, 결과적으로는 옳지 않았으나 시대의 본질을 제국주의로 파악한 것은 정확했다. 하지만 제국주의에도 선후배 관계는 엄격했다. 영국과 프랑스를 비롯한 선발 제국주의와 뒤늦게 레이스에 참여한 독일과 이탈리아 등 후발 제국주의 사이에는 제한된 식민지를 둘러싸고 점차 위기감이 고조되었다.

그런 위기감은 지성계도 마찬가지였다. 산업혁명을 거치면서 발언권이 높아진 자연과학주의는 실증주의라는 그럴듯한 외피를 쓰고 현실의 영역만이 아니라 정신의 영역까지 지배하려 들었다. 정작 최고이자 최후의 단계를 맞은 것은 데카르트의 코기토였다. 인간 이성은 못하는 일이

4부 철학의 토대가 흔들리다

없었고 손대지 않는 일이 없었다. 이성의 몰락은 바로 그 무소불위의 권좌에 오른 정점에서 시작되었다.

쇼펜하우어가 이성보다 의지를 강조한 것은 헤겔이 절대화한 이성에 작은 균열을 가져왔다. 그가 말하는 의지는 이성의 한 속성이 아니라 비인격적인 힘이었기 때문에 적어도 이성이 손댈 수 없는 영역이 생긴 셈이다. 여기에 마르크스의 유물론은 물질적 세계가 오히려 의식을 결정한다고 봄으로써 이성에 치명타를 가했다. 이성의 왕국은 더욱 볼품없이 쪼그라들었다. 그러나 현실에서 이성의 위력은 여전했다. 이성이 저지른 짓이 20세기에 세계대전으로 귀결되는 참극을 보고서야 이성은 비로소 뼈저린 자기반성을 하게 되지만, 지성사적으로는 이미 19세기 후반에 충분한 경고를 받은 셈이다.

균열은 분열을 부른다. 데카르트에게서 실체로 정립되고, 경험론의 시련을 거치고, 칸트에게서 세계를 구성하는 역할을 부여 받고, 헤겔에게서 절대 권력을 얻기까지 수세기 동안 이성은 견고하고 단일한 인식의 출발점이자 구심점이라는 지위를 누려왔다. 그러나 19세기 후반에 드러난 이성의 정체는 알고 보니 당대의 인기 소설에 나오는 지킬과 하이드였다. 지킬이 내면의 괴물인 하이드를 억누르듯이, 이성은 그동안 자신의 어두운 측면이 눈에 띄지 않도록 꽁꽁 가두는 데 성공했다. 하지만 나중에 가서는 지킬과 하이드 중 누가 자신의 참모습인지 구별하기 어려워졌듯이, 어느 측면이 본래의 이성인지 분간할 수 없는 상태에 이르렀다.

강자의 철학

쇼펜하우어가 절대 이성에 낸 균열을 분열로 증폭시키는 데 결정적인 역할을 한 사람은 니체(Friedrich Wilhelm Nietzsche, 1844~1900)다. 이성을 제대로 공략하는 방법은 역시 의지에서 찾을 수 있었다. 데카르트에서 칸트까지 거치는 동안 이성은 감각과 경험을 통합하는 데 성공했으나 의지만은 늘 이성의 영향권 바깥에 있었기 때문이다. 한때 쇼펜하우어의 계승자로 자처했던 만큼 니체도 이성보다 의지를 앞세웠지만 그 의미와 용도는 정반대다. 쇼펜하우어는 의지를 세계의 악과 불행의 근원으로 여긴 데 비해 니체는 오히려 의지를 적극적이고 긍정적으로 보면서 인간의 능력을 극대화하는 계기로 간주한다.

니체는 쇼펜하우어처럼 의지의 개념을 마냥 확대해서 자연까지 포괄하도록 하지는 않지만 그의 의지도 힘을 뜻하는 것은 마찬가지다. 의지가 적극적이고 긍정적인 힘이라면 그런 의지를 지닌 사람은 곧 강자일 것이다. 칸트의 도덕이 보편적 법칙이고 벤담의 도덕이 쾌락이라는 결과를 가져오는 것이었다면 니체의 도덕은 의지의 소산이며, 그중에서도 강자의 의지를 반영한다. 이런 입장은 당연히 전통적인 윤리학과 멀고, 당대 영국을 무대로 탄생한 자유주의 윤리학과는 아예 상극이다.

"자기 자신을 대하듯 남을 대하라."라고 가르친 칸트, "자신이 원치 않는 행위를 남에게 하지 마라."라고 가르친 밀은 니체에 따르면 '바보들의 도덕'을 설파하고 있다. 때마침 그 시기에 제기되어 커다란 주목을 받은 다윈의 진화론은 니체에게 좋은 전거가 되었다(니체는 다윈의 영향을 받기는 했으나 기본적으로 다윈에게 반대하는 입장이었다). 진화 과정은 승자가 패자를 억누르고, 강자가 약자를 제거하고, 똑똑한 자가 어리석은 자를 지배하는 방향으로 전개되어왔다. 그 과정에서 인류 문명이 발전했고 인간이 소중히 여기는 온갖 가치가 창조되었다.

이런 자연스러운 과정을 역전하려 하고 그것을 부도덕하게 보는 자들이 바로 19세기에 등장한 자유주의 도덕 사상가들이다. 그들은 터무니없게도 강자를 법의 지배에 예속시키려 하고, 겸손을 강요하며, 약자를 보호해야 한다고 주장한다. 그러나 그들의 '상식'과는 달리 역사에서는 약자가 오히려 권력을 조작하고 조직하는 주체인 경우가 많다. 그런데 문제는 그 엄숙주의를 가장한 도덕 사상가들만이 아니다. 2000년의 서양사상사 전체를 관통하는 그리스도교 자체가 더 큰 걸림돌이다. 오른쪽 뺨을 맞으면 왼쪽 뺨을 내밀어라, 순종하는 자가 온 세상을 얻으리라는 《성서》의 가르침은 실상 강자에 대한 두려움을 도덕으로 위장한 것에 불과하다.

자유주의 도덕과 《성서》의 가르침에 대해 마르크스라면 기득권자의 계급적 이데올로기라고 말했겠지만 니체는 오로지 위선과 거짓일 뿐이라고 일축한다. 그런 차이 때문에 해법도 다르다. 마르크스는 소수가 다수를 착취하는 자본주의사회가 끝나면 완전한 사회주의·공산주의 사회로 넘어가기 전에 잠정적으로 다수가 소수를 지배하는 프롤레타리아 독재가 들어서리라고 보았지만, 니체가 보기에 다수란 소수의 뛰어남을 입증하는 도구일 뿐이다.

포이어바흐처럼 니체도 신이 인간을 창조한 게 아니라 (두려움에 가득 찬) 인간이 신을 창조했다고 보았다. 그런데 그는 거기서 한 걸음 더 나아가 "신은 죽었다."라고 단언한다. 마르크스도 무신론자였지만 이 말은 무신론과도 다르다. 그냥 '신은 없다'는 말과 '신은 죽었다'는 말은 의미에서 큰 차이가 있다. 목사의 아들로 자라나 어려서부터 신앙심을 강요당한 데 대한 반발로 치부하기에는 너무도 강경한 반종교적 입장인데, 실상 니체에게는 그럴 만한 근거가 충분했다. "그리스도교는 강자를 파멸시키려 하며, 강자의 자신감을 불안과 양심의 괴로움으로 바꿔놓으려 한다. …… 강자를 지나친 자기 비하와 희생으로 몰락하도록 만든다."

같은 시대라서 그럴까? 니체보다 한 세대쯤 후배인 독일의 작가 헤르만 헤세는 작중 인물 데미안의 입을 빌려 니체처럼 그리스도교의 교리가 약자의 도덕만을 강조하는 것에 불만을 토로한다.《성서》에서는 왜 아벨을 죽인 카인을 악의 화신으로만 몰아갈까? "강한 사람이 약한 사람 하나를 쳐 죽였어. 정말 형제였는지는 중요하지 않아. 결국 모든 인간이 형제잖니. 그러니까 어떤 강자가 어떤 약자 하나를 때려 죽인 거야. 그게 영웅적인 행위였는지 아닌지는 모르지만 어쨌든 다른 약한 사람들이 이제 잔뜩 겁이 난 거야."

그리스도교의 가르침은 강자를 제약하는 것을 넘어 모든 사람에게 노예와 같은 예속 상태를 강요한다. 종교든 무엇이든 어디엔가 의지해야 하는 인간은 주체성을 상실한 것이며, 인간에게 주체성을 내놓으라고 명령하는 것은 살인이나 다름없는 행위다. 그런 거짓된 가르침을 도덕과 교리로 포장하는 짓은 진의를 숨기고 남을 속이기 위한 위선이다.

위선에서 비롯되는 동정은 미덕이 아니라 싸워 이겨야 할 악덕이다. 자신의 삶에 충실한 사람은 동정과 연민을 오히려 치욕스럽게 여긴다. 그런데도 많은 사람들은 남의 동정을 바라고 스스로 노예가 되고자 한다. 이런 노예 상태에서 벗어나 주체성과 진정한 자유를 회복하고 자신의 의지대로 살아가는 인간을 니체는 초인超人, 즉 위버멘슈Übermensch라고 부른다. 영어 번역어는 우리에게 익숙한 슈퍼맨Superman인데, 물론 슈퍼마켓과도 무관하고 영화 속의 슈퍼맨과도 다르다. 고등학교 국어 교과서에서는

4부 철학의 토대가 흔들리다

이육사의 '백마 타고 오는 초인'을 비슷한 이미지로 내세우지만, 니체의 초인은 조국의 광복을 꿈꾸며 광야에 우뚝 선 지사풍의 인물이 아니라 현실의 역사로 보면 효웅에 가까운 이미지다. "사소한 군중의 고통 때문에 슬퍼하지 않고" 때에 따라서는 무자비한 행위도 서슴없이 저지를 수 있는 인물, 니체가 말하는 예는 프로이센의 왕 프리드리히 2세나 나폴레옹 같은 인물이다. 더 거슬러 올라가면 16세기에 마키아벨리가 꿈꾸었던 군주와 같다.

그러나 진정한 초인은 과거 역사 속의 일반적인 영웅들과 근본적으로 다른 점이 있다. 우선 초인은 인간에 대한 환상을 버려야 한다. "대지는 지금 여러 가지 피부병에 시달리고 있는데, 그중 하나가 인간이라는 존재다." 얄팍한 휴머니즘에 바탕을 둔 동정심에 사로잡히지 말아야 하는 것은 물론 모든 인간적 요소를 극복한 존재가 바로 초인이다. 이런 의미에서, 자신이 다스리는 나라의 부국강병을 위해 힘쓴 역사의 위인들이나 외계의 침략에 맞서 전 인류를 구하고자 한 영화 속의 슈퍼맨은 결코 초인 급에 낄 수 없다.

또한 역사 속의 위인들은 자신이 처한 엄혹한 현실과 싸워 자신의 의지를 관철한 사람들이지만, 니체의 진짜 슈퍼맨은 그런 외적 업적을 올린 인물이 아니라 영원히 반복되는 역사 앞에서도 굴복하지 않고 허무에 결연히 맞서는 사람이다. 언덕 위까지 올려놓자마자 곧바로 굴러 떨어지는 바위를 영원히 밀어 올려야 했던 시시포스는 알베르 카뮈 덕분에 허무와 부조리에 고통을 받는 스타로 떴으나 실은 저승사자를 체포한 죄의 대가로 그런 벌을 받은 데 불과했다. 니체의 초인은 죄나 벌과 무관하게 오로지 자신의 굳은 의지와 참된 용기 때문에 영원히 초인적인 노력을 멈출 수 없는 영웅이다.

역사가 영원히 반복되는데도 허무에 빠지지 않는 사람이라면 진짜 영웅일 것이다. 그런데 니체는 왜 역사가 끊임없이 반복된다고 본 걸까?

헤겔은 역사가 발전하고 진보한다고 철석같이 믿었지만 니체가 보는 역사는 거대한 순환 운동을 계속할 뿐이다. 발전과 진보에는 방향이 있고, 방향이 있으면 처음과 끝이 있다. 그러나 역사는 발전하지 않고 순환하기 때문에 방향도 없고 처음과 끝도 없이 영원히 반복된다. 니체는 이런 관념을 영원회귀Ewige Wiederkunft라고 부르는데, 모든 종교를 부정했듯이 불교도 싫어했으므로 불교에서 말하는 윤회와는 다른 의미다. 윤회는 개인의 삶이 한 차례로 끝나지 않고 해탈에 이를 때까지 거듭 태어난다는 뜻이지만, 영원회귀는 대상이 개인이라기보다 역사 전체이고 다른 삶이 아니라 똑같은 삶이 반복된다는 뜻이다.

어떻게 보면 신화와 같은 요소 때문에 진지하게 받아들이기 어려운 발상이다. 그러나 니체가 영원회귀의 관념을 내세운 이유는 그 자체의 의미보다는 역사에 특정한 방향과 목적이 없다는 의미가 더 강하다. 영원회귀를 받아들이면 역사를 주도하거나 변혁하려는 야망은 무의미해진다. 이것은 분명히 허무주의다. 일종의 종말론인 것 같지만 처음과 끝이 없으니 종말론도 아니다. 니체는 역사를 허무하게 보기는커녕 역설적으로 삶의 긍정을 부르짖었다. 진정한 초인은 역사 속에 실재한 영웅보다도 그 허무주의 자체를 자신의 의지가 선택한 현실로 인정하고, 덧없는 삶이 무한히 되풀이되더라도 그 비극적 운명마저 사랑할 줄 아는 인간이다. 니체가 만년에 이르러 광기에 시달린 이유는 그런 초인의 꿈이 헛되다는 걸 깨달았기 때문이 아닐까?

진리는 발명되는 것

독일의 강단 철학자들처럼 니체도 잠시 대학에서 교수 생활을 했지만, 정연한 학술 논문보다 주로 운문이나 경구의 형식으로 글을 썼고 자신의 철학을 체계적으로 정립하려 들지도 않았다. 그래서 형식적 엄정함을 좋아하는 독일 철학자들에게서는 체계성이 부족하다는 이유로 외면을 받았다. 이런 속류 비판에 대한 그의 대답은 촌철살인의 정수를 보여준다. "철학자란 체계를 생각하는 사람이 아니라 문제를 생각하는 사람이어야 한다." 그런 점에서 니체는 "지금까지 철학자들은 단지 세계를 여러 가지 방식으로 해석하기만 했으나 중요한 것은 세계를 변혁하는 것"이라고 했던 마르크스와 통하는 철학의 이단아다.

전통 철학에서 체계를 앞세우는 이유는 뭘까? 일부 강단 철학자들에게는 교수라는 직업을 유지하기 위해서일 수도 있겠지만—학생들을 손쉽게 가르치고 시험문제를 내려면 체계가 필요하니까—더 그럴듯한 이유는 진리를 찾기 위해서다. 다른 학문처럼 철학에서도 체계와 정연한 이론을 갖추고 진리를 발견하는 것이 전통적인 과제였다. 플라톤 이래 마르크스에 이르기까지 2000여 년 동안 이런 학문의 기본 형식은 변하지 않았다. 그런데 진리가 고정불변의 것이 아니라면 어떨까? 발견이 아니라 발명의 대상이라면?

니체는 진리를 묻기 이전에 더 근원적인 물음을 제기해야 한다고 본다. 그것은 바로 "누가, 왜 진리를 묻는가?"다. 데카르트는 "더 이상 의심할 수 없는 자명한 인식의 출발점은 무엇인가?"를 물었고 칸트는 "어떻게 선천적 종합판단이 가능한가?"를 물었지만, 니체는 데카르트가 인식의 출발점을 찾는 이유, 칸트가 선천적 종합판단의 가능성을 묻는 '의도'를 먼저 물어야 한다고 다그친다. 진리란 이미 존재하는 게 아니라 진리를 묻고 찾는 사람이 만들어내는 것이다. 그렇다면 그 의도를 밝히는 작업은 진리가 존재한다는 전제하에 진리를 찾는 전통적인 철학적 작업과는 다를 수밖에 없다. 이때 필요한 것이 바로 계보학系譜學이다.

계보학이란 원래 개인이나 가족의 혈통적 근원을 찾는 학문이다. 쉽게 말하면 족보를 캐는 것을 목적으로 한다. 니체는 젊은 시절 문헌학에 심취한 경험이 있었으므로 계보학적 사고방식에 익숙했다. 모름지기 족보를 따질 때는 특정한 개인 자체에 비중을 두는 게 아니라 그 개인이 족보에서 차지하는 위치를 더 중시한다. 예를 들어 김학원이라는 인물 자체보다는 그가 경주 김씨 몇 대 후손이며, 그의 형제, 부모, 조부모가 누구인지가 더 중요한 것이다. 그러므로 계보학적으로 사고하면 모든 질문의 내용이 달라진다. 가장 큰 차이는 누구나 늘 유용하다고 생각하는 사전적 정의가 무용해진다는 점이다.

국어사전에서 '질서'라는 낱말의 뜻을 찾아보면 "사물 또는 사회가 올바른 상태를 유지하기 위해 지켜야 할 일정한 차례나 규칙"이라고 되어 있다. 물론 이 정의 자체는 문제가 없다. 하지만 중요한 것은 질서의 정의가 아니라 그 낱말을 누가, 어떤 목적에서 사용하는가이다. 예를 들어 1980년대 전두환의 군부독재 체제가 내건 구호 중의 하나로 '질서는 아름답다'는 것이 있었다. 불순한 동기에서 불법적인 수단으로 많은 인명을 희생시키며 권력을 차지한 5공화국 정권이 질서가 아름답다고 애써 강조한 이유는 누구나 알고 있었다. 군부 정권의 목적은 쿠데타로 얻은 권력을 안정적으로 유지하는 데 있었고, 이를 위해서는 질서를 내세울 필요가 있었다. 그렇다면 질서의 정의와 질서가 아름답다는 구호 사이에는 심각한 괴리가 생기게 된다.

그래서 니체는 진리를 묻는 것, 정의를 찾는 것은 모두 위선이며 거짓이라고 본다. 진리와 정의는 고정불변의 것이 아니다. 더 과감하게 말한다면 애초에 없었던 것이다. 《성서》나 고전에서 말하는 게 진리가 아니냐고? 천만의 말씀이다. 그리스도교의 《성서》나 불교의 경전, 고대 그리스의 고전들은 신의 말씀도 아니고 한 개인의 창작물도 아니다. 그것들은 누대에 걸쳐 수많은 사람이 쌓고 덧쌓은 집단 창작물이다. 그리스도교 《성서》의 기본 체제는 그리스도교를 전파하는 데 공헌한 초기 전도사들이 쓴 편지들을 모태로 하며, 호메로스의 서사시는 수백 년 동안 구전으로 전해지다가 어느 시점에서 필사되었을 뿐이다. 따라서 많은 사람들의 믿음과는 반대로 '원본' 같은 것은 없으며, 순수한 진리 따위도 없다.

그럼 우리가 진리라고 믿는 것은 뭔가? 진리 자체보다 누가 진리를 찾는지를 더 중시하는 계보학적 관점에서 보면 진리란 힘이며 의지다. 진리의 정의가 고정불변으로 존재하지 않는다면 진리는 정의하기 나름이라는 이야기다. 따라서 힘 있는 자, 강자가 진리를 정의하게 마련이다(아름다운 질서가 뭔지 정의한 것은 군부 정권이었다). 모든 진리는 힘과 의지에 의해 굴절될 수밖에 없는데, 이 힘과 의지를 니체는 권력의지Wille zur Macht라고 부른다.

진리는 객관적으로 존재하는 게 아니라 힘의 관계에 의해 규정되는 것이다(이는 일종의 상대주의인데, 실증주의가 만병통치약이던 당시의 지적 분위기에도 역행하고 있다). "진리란 무엇인가?"라는 질문은 언뜻 무방향적이고 객관적인 듯 보이지만 "진리를 묻는 자가 누구인가?" 혹은 "진리를 묻는 이유가 무엇인가?"라는 계보학적 질문으로 바꾸면 힘의 관계가 명백히 나타난다. 이 힘이 바로 권력의지다.

정치권력도 포함되겠지만 권력의지는 그보다 더 일상적이고 비가시적인 차원에서 작동한다. 사실 우리말로 번역하다 보니까 '권력'이라는 묵직한 개념이 들어갔을 뿐 원래 독일어 단어는 'Macht', 즉 그냥 일상적인 의미의 '힘'이다. 또한 권력의지는 무의식적이고 맹목적인 성격을 가진다(무의식을 강조했다는 점에서 니체는 나중에 살펴볼 프로이트의 선배다). 힘은 운동을 낳고, 운동은 변화를 일으키며, 변화는 생성을 유발한다. 그러므로 권력의지는 서로 충돌하고 영향을 주면서 세계 내의 모든 운동·변화·생성의 원인이 된다. 그러나 권력의지는 무의식적으로 작동하기 때문에 세계의 목적도, 주체도, 의미도 이루지 않는다. 오로지 가마솥 안의 물처럼 끊임없이 끓어오르고 용솟음칠 따름이다. 앞서 말한 허무주의와 영원회귀, 초인의 개념은 이렇게 권력의지와 버무려진다.

삶은 부단한 생성, 성장, 소멸의 과정이다. 세계는 무수한 힘이 충돌하는 현장이며, 비논리적이고 비합리적이고 충동과 본능만이 지배하는 영역이다. "아무것도 참되지 않고, 모든 것이 허용된다." 맹목적이고 비정한 권력의지만 작동하는 혼탁한 세상에서 삶이 영원히 반복된다면 허무할 수밖에 없다. 그 허무를 딛고 일어서려면 초인의 자세가 필요하다. 이것이 니체의 도덕이며 윤리학이다.

몰락하는 이성, 흔들리는 주체

니체가 후대의 예술가들에게 큰 영향을 미친 이유는 시적 형식을 빌린 문학적 철학 서술을 선보여서가 아니라 선각자와 광인의 경계선에 아슬아슬하게 서 있는 그의 위치 때문이다. 예술은 어느 시대에나 늘 현실의 변화를 앞질러 선도적으로 치고 나가지 않았던가? 변화란 기존의 것을 파괴하는 데서 시작된다. 신을 포함하여 영혼, 도덕, 자유의지, 자아, 계몽 등 기존의 모든 가치를 파괴하고자 했기 때문에 후대에 '망치를 든 철학자'라는 별로 고상하지 못한 별명을 얻은 니체였으나, 특히 그의 망치를 호되게 얻어맞은 것은 이성이었다. 진보에 대한 낙관적 분위기에 젖어 있던 19세기 후반 그 진보를 이루어낸 이성을 타깃으로 삼은 것만으로도 그는 광인 취급을 받기에 충분했다.

모든 것이 권력의지의 소산이라면 우리의 신체, 사유, 언어도 마찬가지일 것이다. 니체는 데카르트가 자명한 인식의 토대라고 본 코기토가 실은 결코 자명하지 않다고 말한다. 그것은 출발점이 아니라 권력의지의 '산물'이며, 어떻게든 인식의 토대를 만들고자 하는 데카르트의 개인적 의지의 산물일지도 모른다. 칸트가 선천적 종합판단이 가능하다는 점을 입증하려 한 것도 당시의 지적 흐름이 권력의지로 작용했기 때문이며, 다른 한편으로는 도덕을 보편 법칙으로 만들고자 한 그의 의지가 반영되었기 때문일 것이다. 그런 경우에는 무의식적인 의지가 아니겠지만.

근대 이성의 출발점과 종착역은 다 허구다. 데카르트와 칸트는 언어의 유혹에 빠졌거나 언어의 유희를 즐겼을 뿐이다. 정작 생각하는 주체는 권력의지인데, 데카르트는 모든 술어에 당연히 주어(주체)가 있어야 한다는 문법의 환상에 빠져 생각하는 자아를 가정했다. 도덕은 결국 권력의지가 만들어내는 산물인데, 칸트는 마치 도덕의 필연적인 법칙이 있는 것처럼 착각했다.

그런데 알고 보면 이런 혼동은 근대 이성에서 시작된 것이 아니다. 니체는 그 근원을 수천 년 전의 플라톤에게로, 더 나아가 그의 스승인 소크라테스에게까지 소급한다. 그가 생각하는 고대 그리스의 황금기는 소크라테스 이전까지다. 그전까지 인간은 자신의 비극적 운명을 통찰하고 삶의 열정과 아름다움을 헤아릴 줄 알았으나 소크라테스의 말장난으로 모든 게 엉망이 되어버렸다. 특히 이데아의 세계가 존재하며 그것이 참된 세계라고 주장한 플라톤과 요단 강 너머에 구원이 있다는 그리스도교의 가르침은 현실을 거부하고 다른 세계를 동경하게 한다는 점에서 거짓과 위선에 불과하고, 좋게 봐줘도 현실을 두려워하는 약자의 철학일 뿐이다. 그래서 니체는 플라톤주의를 '그 공포의 시대'라고 부르며, 그리스도교는 '대중을 위한 플라톤주의'라고 규정한다.

니체의 구분에 따르면 이데아를 관조하는 플라톤 같은 사람은 아폴론적 인간이고, 권력의지에 따라 행동하는 사람은 디오니소스적 인간이다. 그리스 신화에서 아폴론은 냉철한 이성을 지니고 형식과 균형, 질서를 강조하는 반면, 술과 황홀경의 신인 디오니소스는 도취와 창조적 충동을 나타낸다. 아폴론적 요소가 학문이라면 디오니소스적 요소는 예술, 특히 음악이다(아폴론은 원래 법과 예언만이 아니라 시와 음악도 관장하는 신이었으나 니체는 아폴론의 두드러진 특징을 이성으로 보고 있다). 이 두 가지는 늘 별개로 존재하는 게 아니라 때로는 한 개인에게도 공존한다. 아폴론적 균형이 정도를 넘으면 지나치게 지적인 삶을 동경하게 되며, 디오니소스적 도취가 마냥 허용되면 타락으로 빠져들게 된다. 따라서 양자의 조화를 추구하는 것이 올바른 삶이다. 속된 말로 지성과 야성의 조화라고 할까?

헤겔은 비록 관념론의 입장을 취했지만 역사의 진보를 믿었고, 마르크스는 유물론의 입장에서 자본주의를 전복시킴으로써 진보가 가능하다고 보았다. 그에 비해 니체는 정치적으로 대단히 보수적이었다. 그는 영웅과 귀족 지배를 찬양하고 군주적 인간과 우둔한 대중이라는 이분법적 논리로 역사를 바라보았으며, 자본주의의 사적 소유는 물론 그의 시대에 서유럽 여러 나라와 미국, 러시아에서 잇달아 폐지되고 있던 노예제마저 긍정적으로 보았다. 게다가 그 자신이 디오니소스적 편향이 강했던 탓인지 독일 민족주의를 악극으로 고양시키려 했던 바그너를 숭배했고, 그 점에서 20세기 히틀러와 통한다는 후대의 비판까지 받았다.

그러나 정치적인 니체와 철학적인 니체는 사뭇 다르다. 니체의 철학은 강력한 혁명적 성격을 지녔고, 실제로 자유주의 도덕과 진리관, 근대 이성을 중심으로 하는 주체의 철학을 무참하게 파괴했다(20세기 독일 파시즘에 니체가 사상적 배경이 되었다는 일부의 주장은 그런 전복적 성격 때문에 생겨난 억측이다). 이제 이성은 예전처럼 인간의 인식과 경험에서 독보적인 위치를 고수할 수 없게 되었다. 이성 중심주의의 토대였던 주체는 자명하지도 않고 동일성을 가정할 수도 없다. 코너로 몰린 이성과 주체는 곧이어 결정타를 얻어맞게 된다.

'나'도 모르는 '나'

코기토 이래로 이성은 주체의 가장 근본적인 속성이었고 주체는 늘 의식과 동일시되었다. 의식은 주변 세계를 감각·경험·인식하며, 행동의 목표를 정하고 신체를 움직인다. 어찌 보면 데카르트가 코기토를 만들어내기 위해 그렇게까지 애쓸 필요는 없었다. 주체라면 이미 어의상으로 단일하고 동일하고 자명할 테니까. 데카르트가 자기 꾀에 속아 넘어간 이유는 주체라는 '말' 때문이다(그래서 니체는 문법의 환상일 뿐이라고 말한 것이다). 주체라는 말은 얼마든지 동일하고 자명할 수 있지만 주체 자체는 결코 동일하지도, 자명하지도 않다.

철학자가 아니라 정신과 의사였기 때문일까? 정신분석학이라는 새로운 학문을 창시한 프로이트(Sigmund Freud, 1856~1939)는 주체의 분열을 아주 쉽게 증명한다. 그 수단은 바로 꿈이다. 꿈은 누구나 꾸지만 안타깝게도 자신이 원하는 내용을 꿈으로 꿀 수 있는 사람은 아무도 없다. 그렇다면 내 꿈의 내용을 정하는 것, 즉 내 꿈의 '주체'는 누굴까? 물론 나다. 꿈을 꾸는 주체도 나고 꿈을 만드는 주체도 나다. 다만 꿈을 꾸는 주체는 잠들어 있는 현실 속의 나이며, 꿈을 만드는 주체는 꿈속에 등장하는 나다. 나라는 주체가 적어도 둘이 생겼으니 주체의 동일성은 여지없이 깨진다. 게다가 두 주체는 분명히 나의 일부분인데도 서로 직접적인 소통을 하지 못한다. 꿈꾸는 나는 꿈속의 나를 마음대로 조종하지 못하기 때문이다. 이렇게 해서 데카르트의 자명한 자아라는 환상은 산산이 부서진다. 자아는 분열된다. 아니, 처음부터 자아는 분열되어 있었다.

그런 경우는 꿈만이 아니다. 프로이트는 '무심코' 농담이나 실언을 했을 때, 혹은 최면술에 걸린 상태도 꿈과 똑같은 메커니즘이라고 말한다. 아버지와 함께 텔레비전으로 국가 대표 팀의 축구 경기를 보다가 '자기도 모르게' 입에서 욕이 튀어나와 꾸지람을 들은 경험이 누구나 있을 것이다. 나도 모르게 그런 짓을 하는 나도 분명히 나다. 무심코 한 절도도 실정법으로 처벌된다는 것은 곧 그 행위의 주체를 나로 본다는 뜻이다. 그런데 '그런 짓을 한 나'와 '나도 모르는 나'는 같은 나일까? 같은 나라면 왜 서로 모르는 걸까? 술에 취해, 혹은 마약에 취해 평상시 같으면 하지 못할 발언과 행위를 저지르는 나는 과연 평상시의 나와 어떤 관계가 있을까?

여기서 프로이트는 무의식이라는 중대한 개념을 제기한다('의식이 없다'는 뜻이 아니라 '모르는 의식'이라는 뜻이므로 무의식은 적절한 번역어가 아니지만—예를 들면 비非의식이나 반反의식이 더 낫다—이미 널리 알려졌으니 그

4부 철학의 토대가 흔들리다

렇게 쓸 수밖에 없겠다). 평상시의 내가 의식적인 나라면 꿈을 꾸고 실언을 하는 나, 최면술에 걸린 나, 술에 취한 나는 무의식적인 나다. 이성이 지배하는 영역에서 밝고 투명하게 존재하는 의식과 달리 무의식은 어둡고 충동적이고 본능적이다. 무의식이라고 해서 무조건 나쁜 것은 아니지만 어쨌든 의식의 관점에서는 정체 모를 것이기 때문에 불쾌한 것만은 틀림없다. 그러나 의식에게는 불행한 일이지만, 양자는 하나의 정신과 신체 속에 공존할 수밖에 없는 운명이다.

의식은 음울한 무의식을 벌레처럼 징그럽게 여기고 멀리하려 애쓴다. 마치 술에 취해 얼토당토않은 실수를 저지른 기억을 잊고 싶은 것처럼. 의식은 무의식과 한 집을 쓴다는 사실을 부끄럽게 여기고 무의식이 존재하지 않는 듯, 애초부터 존재하지 않은 듯 처신한다. 꿈의 세계, 도취의 세계는 무시된다. 니체의 구분으로 말한다면 아폴론만 적자로서 인정과 칭찬을 받고 디오니소스는 서자로서 철저히 박대를 당하는 셈이다.

그 때문에 니체도 자유주의 철학에 발끈했지만, 프로이트는 아폴론적 요소와 디오니소스적 요소의 균형을 주장한 니체보다 한술 더 뜬다. 의식과 무의식을 등가적으로 보지 않은 것이다. 그는 의식을 무의식이라는 거대한 바다에 떠 있는 빙산의 일각에 불과하다고 본다. 나도 모르는 나가 더 진짜 나라는 이야기다. 어떤 면에서 이는 필연의 왕국을 자유의 왕국보다 심원한 것으로 본 마르크스의 유물론과 통한다. 그래서일까? 프로이트 본인도 만년에 마르크스에 심취했고, 20세기에는 프로이트식 마르크스주의도 생겨났다.

의식은 무의식을 단순히 부정하는 데 그치지 않고 억압한다. 무의식이 평상시에 모습을 드러내지 못하고 꿈과 같은 수단을 빌려 나타나는 이유는 그 때문이다. 억압된 무의식은 콤플렉스(정체 모를 덩어리)를 이루고 이

콤플렉스는 곪은 상처처럼 뜻하지 않은 순간에 터져 나와 히스테리를 일으킨다. 그래서 프로이트는 콤플렉스를 해소함으로써 정신 질환을 치료하고자 했으며, 그 수단으로 자유연상이라는 기법을 창안했다. 그것은 환자 스스로 침잠해 있던 자신의 무의식적 콤플렉스를 의식의 수면 위로 드러내도록 하는 방법인데, 여기서 의사는 환자에게 콤플렉스에 접근할 수 있도록 연상 과정을 도와준다. 환자가 자신의 의식에 떠오르는 생각을 자유롭게 말하다 보면 무의식 속에 억압된 기억이 되살아나게 된다.

무의식을 처음 정면으로 대했을 때 의식은 그 끔찍하고 추악한 모습에 충격을 받지만 그 과정을 극복하고 나면 히스테리를 치료할 수 있다. 예를 들면 어릴 때 성추행을 당했던 사람은 그 무서운 기억을 (의식 속에) 간직하고 싶지 않으므로 무의식 속에 밀어 넣은 채 평소에는 까맣게 잊고 산다. 그러나 그 억압된 무의식은 점점 자라나 신체의 암세포처럼 흉측한 덩어리를 이루고 마침내 질환을 일으키게 된다. 그 콤플렉스를 죽이는 '방사선'은 바로 그것을 두려워하지 않고 정면으로 바라보는 시선이다.

프로이트의 시대와는 달리 현대에는 정신 질환을 심리적인 측면보다 화학적인 측면의 결함으로 간주한다. 설령 질환이 발생하게 된 원인은 심인성心因性일지 몰라도 질환으로 나타났을 때는 신체적인 질환과 마찬가지라는 것이다(두뇌도 신체의 일부니까). 따라서 자유연상이나 최면술 같은 심리 치료보다는 약물을 이용한 화학적 치료를 주로 사용한다. 실제로 우울증이나 정신분열증은 신체의 질병과 다를 바 없으므로 심리 치료에만 맡겨두면 안 된다(우울증을 순전히 신체적으로만 보면 두뇌에서 인간의 기분을 좌우하는 세로토닌이라는 물질이 제대로 생성되지 못하는 증상이다. 따라서 투약으로 세로토닌을 보충해주어야 한다). 그렇게 보면 프로이트의 무의식은 그의 전공인 정신의학보다 철학에 더 큰 영향을 미쳤다고 볼 수 있다.

적어도 무의식이라는 정체불명의 괴물이 내 안에 도사리고 있다는 게 확인된 한, 자아는 하나가 아니다. 사랑을 고백하고 싶은 자아와 거절당할까 두려워 고백하기를 망설이는 자아 중에 어느 것이 진짜 자아라고 단정할 수 있을까? 이메일을 쓸 때 곰곰이 내용을 생각하는 자아와 열심히 자판을 두드리라고 손가락에 명령하는 자아 중에 어느 것이 자아의 참모습이라고 확언할 수 있을까? 여기서 주체, 의식, 자아를 동일하고 자명하게 보는 이성 중심주의 철학, 자유의지를 강조하는 근대적 인간 개념은 해체되기 시작한다.

따지고 보면 우리의 정신만이 아니라 신체도 하나가 아니다. 평소에 나는 언제나 나의 팔과 다리를 마음대로 움직여 원하는 행동을 할 수 있는 것처럼 여기지만, 내 몸속의 기관들은 대부분 불수의근으로 이루어져 있어 내 이성과 의지의 명령을 따르지 않고 자체적으로 움직인다. 하기야 음식물이 몸속으로 들어갔을 때 위장이 자동으로 활동하지 않고 꼭 의식적인 명령을 받아야만 제 기능을 한다면 정상적인 삶이 가능하겠는가? 그런 점에서 불수의근은 '신체의 무의식'이라고 말해도 좋을 것이다. 인간을 완벽하게 닮은 컴퓨터를 개발하는 데 따르는 근본적인 난점은 생명체처럼 의식적인 부분과 무의식적인 부분을 유기적으로 결합하기가 어렵다는 점이다. 컴퓨터는 의식적인 명령을 받아야만 비로소 모든 작업이 가능하니까.

프로이트는 무의식도 의식에 못지않게 체계적이라고 간주하고 무의식을 분석하는 데 총력을 기울였다. 그러나 기본 관점은 옳았어도 그의 이론에는 두 가지 문제점이 있다. 우선 그는 무의식을 거의 성^性으로 환원하고 있는데, 이것은 아마 그가 의사로서 겪은 임상적 경험에서 볼 때 어린 시절의 성적 경험 때문에 콤플렉스를 가지게 된 환자가 많았다는 사실을 토대로 얻은 결론일 것이다. 초기의 프로이트는 리비도(삶의 충동)를 거의 성적인 에너지로 해석했다. 그러나 성이 아무리 무의식에서 중요한 부분이라 해도 그것은 어디까지나 무의식의 일부에 불과하다. 심지어 프로이트는 남자 어린이가 어머니에 대한 애정과 아버지에 대한 적의를 품다가 근친상간의 금기를 알게 된 뒤 거세될지 모른다는 두려움에서 성욕을 억압한다는 오이디푸스콤플렉스(그리스 신화에서 오이디푸스는 운명에 의해 아버지를 죽이고 어머니와 결혼하는 비극적 인물이다)를 주장한다. 하지만 이것은 현실감이 떨어지고 여성의 경우가 완전히 배제된다는 점에서 수긍하기 어려운 개념이다.

그보다 더 큰 문제는 무의식을 설명하는 언어가 무의식적이지 않다는 데 있다. 과학의 언어로 종교를 말할 수 없고 정치의 언어로 예술을 논할 수 없듯이, 무의식의 구조를 체계적으로 기술하기 위해서는 그것에 어울리는 무의식적 언어가 필요하다. 그런데 프로이트의 논리와 용어는 전혀 무의식적이라고 볼 수 없다(그의 저서도 무의식적으로 집필된 건 아니다). 5부에서 보겠지만 이런 언어적인 문제 때문에 훗날 라캉은 언어 자체를 무의식적으로 보았고, 하이데거는 시적 언어로 철학을 서술하는 방식을 실험했으며, 비트겐슈타인은 말할 수 없는 것에는 침묵하라는 명언을 남겼다.

현실에 잠재된 철학의 위기

마르크스가 자본주의의 근본적 문제점을 지적했음에도, 당대에 그의 주장은 아무 탈 없이 잘 굴러가는 자본주의를 불순한 의도로 가로막으려는 혁명분자의 볼멘소리로 들렸다. 마찬가지로, 니체와 프로이트가 진리 같은 것은 없고 의식은 동일하지 않다고 외쳤지만 당시에 그들의 외침은 공허한 메아리에 불과했다. 그럴 만도 한 것이, 20세기 초까지 유럽 세계는 탄탄대로를 달리고 있었다. 세계대전이라는 역사상 초유의 비극을 겪고서야 비로소 지난 세기 선각자들의 목소리가 새삼스럽게 부각되었으니, 지성이 현실보다 앞서 위기를 예고한 전형적인 시대였다.

이 시대에 후설(Edmund Husserl, 1859~1938)이 다시금 인식론의 문제를 들고 나온 것은 19세기의 지적 동력이었던 실증주의에서 위기를 감지했기 때문이다. 실증주의는 주체와 대상(객체)을 마치 애초부터 분리되어 있었던 것처럼 아주 쉽게 분리하고, 주체가 대상을 인식하는 과정이 지극히 자명하다고 가정했다. 놀랍게도 19세기에 자연과학주의를 이끈 것은 바로 그런 소박한 인식론이었다. 파스퇴르가 질병의 원인으로 병원균을 발견할 수 있었던 것은 세균을 객관적 대상으로 삼고 관찰한 결과이며, 오토가 가솔린 엔진을 발명할 수 있었던 것은 열과 동력의 관계를 객관적 대상으로 삼고 연구한 결과다. 이처럼 현실에서 강력한 위력을 발휘하는 실증주의 인식론에 후설이 제동을 건 이유는 뭘까?

실증주의가 본래의 영역에만 머물고 있다면 누가 뭐라고 하겠는가? 그런데 눈부신 현실적 성과에 힘입어 막강한 지적 권력을 가지게 된 실증주의는 점차 모든 것을 설명하는 이론적 틀이 되어가고 있었다. 실증주의의 자연과학적 표현인 자연주의는 모든 사물을 물리적인 것과 심리적인 것으로 구별한 뒤 물리적인 것을 우선시하고 모든 것을 자연법칙으로 설명했다. 사회적 규범이나 도덕적 이념도 예외가 되지 않았다. 또한 실증주의의 인문학적 표현인 역사주의는 형이상학적인 역사의 체계를 가정하고 그것을 기준으로 역사의 모든 것을 오로지 법칙적으로 설명하려 했다. 이와 같은 총체적인 실증주의 운동에 맞서 후설은 그런 지적 풍조를 유럽 학문의 총체적인 위기로 규정했다.

실증주의가 말 그대로 모든 것을 타당하게 설명할 수 있다면 굳이 제동을 걸 이유가 없다. 그러나 모든 것을 명백하게 밝힌다고 자부하는 실증주의는 기실 자체의 뿌리를 밝히지 못한다는 근본적인 문제를 안고 있다. 자연과 역사는 법칙에 의해서만 파악되는 게 아니다. 특히 인간의 삶에 중요한 도덕, 예술, 문화 같은 인간적 요소들은 무감각한 법칙으로 설명하는 데는 한계가 있다. 그러나 더 중요하고 근본적인 문제점은 인식론에 있다. 실증주의는 주체와 대상을 완전히 분리하고 주체가 대상을 분명하게 인식한다는 것을 전제로 하지만, 실은 그 주체와 대상이 둘 다 생각만큼 분명하지 않기 때문이다.

실증주의가 전가의 보도로 삼는 이른바 '객관적 관찰'은 참된 앎을 가져다주지 못한다. 우선 객관적 관찰은 언뜻 쉬워 보여도 실은 가능하지 않다. 19세기 후반에 들어 자연과학에서도 모든 관찰에는 이미 이론이 개재되어 있다는 게 정설로 굳어지기 시작했다. 순수하게 객관적인 관찰이란 불가능하며, 누구도 "아는 만큼 본다."는 원리에서 벗어날 수 없다. 아무리 엄정한 관찰을 하려 해도 뭔가를 관찰하려면 기존의 이론, 즉 '이미 아는 것'이 있기 때문에 그것이 선입견으로 작용해 원하는 것만을 관찰하게 된다. 결국 실증주의는 근본적인 의미에서 엄밀한 지식을 줄 수 없는 것이다. 수학자 출신답게 후설은 철학이란 모든 것의 원리와 뿌리를 다루는 '엄밀학strenge Wissenschaft'이어야만 한다고 믿었다. 그런데 실증주의는 결코 그런 엄밀학의 범주에 들지 못한다. 왜 그럴까? 그 기원은 근대 철학의 시조인 데카르트에게로 거슬러 올라간다.

데카르트가 방법적 회의를 통해 생각하는 주체를 정립한 것은 철학사상의 획기적인 전환이었으나 문제는 거기서 멈춰버린 데 있다. 주체가 확실해졌다 싶은 순간에 그만 대상도 확실하다고 가정해버린 것이다. 그 순간 그는 영원히 돌아올 수 없는 이원론(주체와 대상의 분립, 정신과 신체의 분립)의 다리를 건너버렸다. 만약 거기서 한 걸음 더 나아갔더라면 대상의 존재 자체를 말할 수 없다는 것을 깨달았을 것이다. 그의 체계에서 명증적인 것은 주체일 뿐 대상은 아니다. 설사 주체의 존재가 분명하다 하더라도 주체가 인식하는 대상은 대상 자체가 아니라 주체 안에 들어와 있는 대상일 뿐이다.

그 점을 예리하게 비판한 사람이 칸트다. 칸트는 데카르트의 한계를 극복하기 위해 주체와 대상이 그냥 따로 떨어져 독립적으로 존재하는 게 아니라 주체가 대상을 어느 정도 구성하는 관계에 있다는 점에 착안했다. 그의 결론은 주체 안에 대상을 인식할 수 있는 틀(감성의 형식과 오성의 범주)이 본래 갖추어져 있다는 것이었다. 그러나 칸트 역시 인식의 지평 너머에 물자체의 존재를 가정함으로써 데카르트의 이원론을 완전히 극복하지 못했다. 후설은 칸트가 생활세계Lebenswelt 속에서 언제나-이미 이루어지고 있는 주관-객관의 무상한 넘나듦을 이해하지 못했다고 본다. 그래서 그는 데카르트의 방법적 회의를 1차 전환, 칸트의 선험 철학을 2차 전환이라고 규정한 뒤 3차이자 최종적 전환을 이루는 것을 자신의 철학적 목표로 설정한다.

그렇다면 후설의 철학적 문제 제기도 앞서의 전환들에 못지않게 근원적인 것이어야 할 것이다. 과연 그랬다. 데카르트가 인식의 출발점으로서 주체를 찾았고 칸트가 "어떻게 선천적 종합판단이 가능한가?"를 물었다면 후설은 "의식은 어떻게 가능한가?"를 묻는다(후설은 인식 대신 의식이라는 말을 사용한다). 인간은 어떻게 세계를 경험할 수 있는가? 경험을 경험이도록 해주는 것, 경험을 참으로 만들어주는 것은 무엇인가? 일찍이 플라톤은 그것을 '경이'로, 헤겔은 정신의 자기 대면으로 말한 바 있다. 이와 궤를 같이하여 후설은 그것을 '우주에서 가장 큰 수수께끼'라고 말한다.

언뜻 보면 너무도 당연하고 자명한 의식 과정을 후설이 그렇듯 거창하게 여기고 호들갑을 떠는 이유는 뭘까? 바로 실증주의적 설명을 논박하기 위해서다. 실증주의에서는 의식의 외부에 대상이 독립적으로 존재한다는 전제를 출발점으로 삼지만, 주관-객관은 그렇게 칼로 무 자르듯 쉽고 확연하게 분리되는 게 아니다. 데카르트는 주관과 객관을 별도의 실체처럼 응고시키고 두 실체의 존재가 자명하다고 가정하는 실수를 저질렀다. 칸트는 그렇게 멀어진 주관과 객관의 관계를 상당히 좁히는 데 성공했으나 역시 양자의 관계를 충분히 설명하지는 못했다. 두 사람의 실패를 극복하는 방법은 뭘까?

여기서 후설은 획기적인 해결책을 고안한다. 그것은 지향성志向性의 개념이다. 사실 철학적 인식론의 영역에서가 아니라면 주관-객관의 분리는 그다지 첨예한 문제가 아니다. 일상생활을 살아가는 사람은 누구나 주관-객관을 논하기 이전에 자연스럽게 대상을 의식할 수 있다. 그 이유는 의식이 본래 지향성이라는 속성을 지니고 있기 때문이다. 인간의 의식은 그 자체로 닫힌 자족적인 실체가 아니라 항상 어떤 대상과 관계되는 한에서만 존재할 수 있는 미완결의 본성을 지닌다. 이를 가리켜 후설은 "의식은 언제나 무엇에 대한 의식"이라고 말한다. 즉 의식과 대상은 애초에 떨어져 있는 게 아니다.

의식을 닫힌 실체로 착각한 데카르트의 관점에서 벗어나면 모든 의식에는 반드시 대상이 있다는 것을 깨닫게 된다. 대상이 없는 의식은 있을 수 없으며, 의식이 없는 대상은 무의미하다. 김춘수의 〈꽃〉은 바로 그런 의식과 대상의 관계를 묘사한다.

> 내가 그의 이름을 불러주기 전에는
> 그는 다만
> 하나의 몸짓에 지나지 않았다.

> 내가 그의 이름을 불러주었을 때
> 그는 나에게로 와서
> 꽃이 되었다.

나는 주체이고, 그는 대상이며, 이름을 부르는 것은 지향성이다. 나는 그의 이름을 불러야만 하는 존재이고 그는 나에게로 와서 꽃이 되어야만 하는 존재다. 이처럼 주체와 대상, 주관-객관은 떼어놓을 수 없는 연인이며, 갈라놓으면 서로가 죽을 수밖에 없는 처절한 관계에 있다.

주객 분리의 인습을 버리자

한 걸음만 더 나아갔더라면, 하는 아쉬움을 주는 것은 데카르트만이 아니라 칸트도 마찬가지다. 칸트는 감성과 오성의 기본 형식을 전제함으로써 감각이라는 일차적 경험에 이미 '순수직관'이라는 판단 작용이 개재되어 있음을 밝힌 바 있다. 그 논리를 연장하면 인간의 오성은 일상적인 생활세계에서 이미 의미 부여적 사고 작용을 전개하고 있다는 데 이른다. 이것은 지향성의 바로 전 단계가 아닌가? 칸트에게는 안타까운 일이지만 데카르트와 칸트의 방법을 극한까지 추구하기로 한 후설의 전략은 과연 효과적이었다.

그런데 지향성의 개념을 도입해도 아직 문제는 말끔히 해결되지 않는다. 주관과 객관이 지향성이라는 끈으로 이어져 있다는 것은 그렇다고 치자. 그러면 경험의 어디까지가 주관이고 어디까지가 객관일까? 이 문제를 해결하기 위해 일찍이 로크는 제1성질과 제2성질을 구분했고 칸트는 편의적으로 현상계와 예지계를 분리함으로써 결국 주관-객관의 이원론에서 벗어나지 못했으니, 이 문제는 말하자면 철학사를 관통하는 커다란 골칫거리다. 그러나 후설은 그런 구분이 아예 필요 없다고 단정한다. 그것은 애초에 구분되어 있지 않은 것을 구태여 구분하려는 헛된 노력이다. 오히려 주어진 경험, 즉 현상을 그 자체로, 다른 고려 사항으로부터 분리해 고찰해야 한다. 그래서 후설은 주관-객관으로 구분되기 이전의 원초적이고 근원적인 경험에 '괄호'를 쳐야 한다고 말하며, 이 방법을 현상학적 환원이라고 부른다. 그의 철학에 현상학^{Phänomenologie}이라는 이름이 붙은 것은 그 때문이다.

그렇다면 괄호 안에 관해서는 어떻게 해야 할까? 괄호 안에서는 비록 지향성으로 이어져 있으나 그래도 주관과 객관이 분리된다고 해야 하지 않을까? 그렇지 않다. 그럴 바에는 굳이 괄호를 치고 환원할 이유가 없다. 후설은 주관-객관의 분리가 실증주의적 선입견이라고 보고, 여기서 벗어나려면 괄호 안에 대해서는 판단중지^{epoche}가 필요하다고 말한다. 실증주의적 분석은 상관관계에 있는 두 항을 분리해 파악하려는 자연적이고 인습적인 태도를 바탕에 깔고 있다. 그 주객 분리의 '본능'을 억제하기 위해 후설은 괄호를 치고 환원하는 방식을 도입하는 것이다. 그래야만 선험적이고 순수한 의식으로 돌아갈 수 있고 현상학적 직관(칸트의 순수직관)이 가능해진다.

수학에서 $x+y$라는 식은 두 개의 항으로 이루어져 있다. 그러나 x와 y는 지향성으로 연결되어 있으므로 이 식에 괄호를 치면 $(x+y)$라는 하나의 항이 된다. 이것이 현상학적 환원의 과정이다. 괄호 안에 관해서는 판단중지, 즉 노코멘트다. 새로운 불가지론일까? 예지계의 부활일까? 모르는 것을 모조리 여집합으로 묶어버리는 철학자들의 전통적이고 상투적인 수법일까? 그러나 후설에게는 그럴 만한 근거가 있다. 그는 실증주의자들이 애초에 하나였던 항을 둘로 갈라놓았다고 비난한다. 그렇게 볼 수 있는 이유는, 원래 하나가 아니었다면 생활세계 자체가 존립할 수 없다는 사실이다. 거꾸로 말해서 생활세계가 존재한다는 것은 곧 누구나 그것을 하나의 항으로 의식하고 있다는 것을 의미한다.

플라톤의 이데아론, 중세의 유명론, 영국의 경험론, 칸트의 이원론은 모두 사물의 본질이란 존재하지 않거나 설사 존재한다 해도 인식 주체가 그것을 인식할 수 없다는 입장을 취했다. 하지만 후설의 현상학에서는 그런 종래의 구분이 무의미해진다. 의식의 주체는 단단한 껍질을 가진 실체가 아니라 항상 무엇에 대한 의식, 즉 대상을 지향하는 방식으로 존재하기 때문이다. 의식은 독립적으로 존재하지 않고 항상 '무엇에 대한 의식'으로서 존재한다. 우리에게 필요한 것은 단지 주관-객관을 분리하려는 인습, 실증주의의 장막을 걷어내고 그 지향성을 있는 그대로 보는 태도다.

여기서 후설이 처음에 제기했던 문제가 해결될 수 있는 지평이 열린다. 객관적이고 엄밀한 앎은 어떻게 가능한가? 실증주의의 피상적인 지식, 칸트의 관념적 지식보다 더 근원적이고 더 참된 지식은 어떻게 얻을 수 있는가? 앞서 경험론자들과 칸트처럼 후설도 의식에 주어진 것은 경험뿐이라고 말한다. 다만 기존의 경험이라는 개념에 끈끈하게 눌어붙은 주관-객관 분리의 이미지를 떨쳐내기 위해 그는 경험 대신 현상이라는 용어를 사용한다.

현상학적 인식이란 사물 자체에서 추구하는 것도 아니요 감각 자료에서 저절로 나오는 것도 아니다. 그것은 한마디로 의식 내에서 경험적 현상을 종합하는 것이다. 이때 그 인식의 진리성도 대상에서 구해지는 게 아니라 의식의 종합적 판단을 통해 얻어진다. 예컨대 원뿔이라는 도형이 있다고 하자. 원뿔은 옆에서 보면 삼각형이고 위에서 보면 원이다. 우리는 누구나 하나의 시점視點만 가지고 있으므로 원뿔은 삼각형이거나 원으로 보인다. 그렇다면 이 원뿔을 원뿔로서 인식하도록 해주는 것은 무엇인가? 바꿔 말해, 우리의 특정한 경험을 바로 그 경험이도록 만들어주는 것은 무엇인가?

원뿔이 원뿔로 인식되는 것은 옆에서 본 삼각형과 위에서 본 원을 한데 뭉뚱그릴 수 있는 의식 내부의 작용이다. 즉 우리의 의식은 주어진 현상을 종합할 수 있는 능력을 이미 가지고 있다. 칸트는 감성과 오성의 기본 형식이 인식의 틀을 내재한다고 보는 데 그쳤지만 실은 종합의 능력까지 갖추고 있었다. 이렇게 보면 "어떻게 선천적 종합판단이 가능한가?"라는 칸트의 물음은 처음부터 쓸데없는 질문이었다. 후설 식으로 대답하면 "우리는 선천적 종합판단을 할 수 있는 능력을 원래 지니고 있

4부 철학의 토대가 흔들리다

다."가 된다. 칸트가 한 걸음만 더 나아갔더라면!

후설의 시대에 탄생한 미술 사조 가운데 입체파가 있다. 피카소와 브라크가 주도한 이 유파는 인상파를 거치면서 희석된 전통적인 사실주의를 아예 폐기 처분하고 말 그대로 회화의 '입체화'를 시도했다. 조각이라면 몰라도 회화에서 입체를 운위하는 것은 언뜻 불가능해 보인다. 알다시피 회화는 2차원의 평면에 이미지를 묘사하는 미술 장르다. 그런데 어떻게 입체적인 회화가 가능할까? 피카소가 생각한 방법은 차원을 무시하는 것이었다.

1907년에 피카소가 그린 최초의 입체파 작품인 〈아비뇽의 처녀들〉에 나오는 여자들은 코는 옆을 향하고 눈은 앞을 향하는가 하면 얼굴은 정면인데 몸은 뒷면을 보이는 기괴한 모습이다. 여기서는 사실주의의 기수였던 원근법이 사라지고, 모든 인물이 입체적이기는커녕 평면화되어 있다. 이런 그림이 왜 입체파에 속하는 걸까?

앞에 든 원뿔의 예를 연상하면 알기 쉽다. 피카소가 표현하고자 한 것은 여인의 일부가 아니라 전부다. 흔히 보는 인물화에 나오는 인물은 앞모습이나 옆모습 등 특정한 시점에서 본 모습만 그려져 있다. 그런데도 사실적인 인물화라고 주장한다면 삼각형이나 원만 그려놓고 원뿔이라고 주장하는 격이 아닌가? 3차원의 대상을 하나의 시점에서 본 이미지만으로는 입체적이라고 할 수 없다. 어차피 회화란 2차원의 평면을 사용할 수밖에 없다면 이 평면에 3차원의 모습을 모두 묘사해야 한다. 마치 경험적 현상을 의식이 종합하듯이, 피카소는 여러 가지 시점을 하나의 평면에 종합한 것이다. 오히려 그는 아비뇽의 그로테스크한 처녀들이 더욱 '사실적'이라고 믿었음 직하다. 피카소가 현상학을 알았을 리는 만무하지만 그럼에도 불구하고 현상학적 작품을 그렸다는 것은 사상의 동시대

〈아비뇽의 처녀들〉과 이집트 벽화 피카소의 〈아비뇽의 처녀들〉(위)은 코가 옆을 향하고 눈이 정면을 향한 그로테스크한 모습이다. 다차원을 하나의 평면에 표현하려는 입체파의 의도는 현상학적 종합과 연관된다. 얼굴은 옆을 향하고 몸은 정면을 향한 고대 이집트의 그림(아래)도 현상학적 종합일까.

성을 잘 보여준다.

　그러나 후설도 결국 실증주의적 본능에서 완전히 해방되지는 못했다. 어떻게든 괄호 안의 상태를 설명해야 한다는 강박증 때문에 그는 괄호 안으로 들어가 의식 작용의 양끝을 노에시스(noesis, 의식하는 것)와 노에마(noema, 의식되는 것)로 구분하고 이것을 현상학적 주체와 대상이라고 불렀다. 양자가 모두 의식 내부에 위치한다는 점에서 실증주의적 주체-대상과 동일한 것은 아니지만, 그렇다 해도 후설은 아직 주체의 주술에서 풀려나지 못한 것이다.

Life finds a way

당대 지성계의 챔피언인 실증주의에 대한 후설의 도전은 성공적이었다. 그는 비록 실증주의를 완전히 무너뜨리지는 못했으나 깊은 내상을 안겨주었고, 현상학이라는 참신한 철학 체계를 정립했다. 특히 실증주의적 추론의 출발점인 주관과 객관의 분립이 결코 '실증적'이지 않다는 점을 통렬하게 지적한 것은 실증주의의 뿌리를 뒤흔들기에 족했다. 하지만 그의 현상학은 실증주의의 외부에서 실증주의를 비판한 것이었으므로 아무래도 한계가 있었다. 더욱이 괄호를 치고 환원하고 판단중지를 선언했어도 주관과 객관을 구분하는 인습은 후설의 생각만큼 말끔히 근절되지는 않았다.

　그래서 베르그송(Henri-Louis Bergson, 1859~1941)은 다른 방식으로 비판의 칼을 뽑기로 한다. 후설과 달리 내부적인 실증주의 비판인데, 호랑이를 잡기 위해 호랑이 굴로 들어가는 격이다. 프랑스 태생이라는 점이 그에게는 상당한 강점으로 작용하지 않았을까? 체계를 우선시하는 독일 철학의 전통으로부터 자유로운 베르그송은 후설처럼 새로운 체계를 세우는 거창한 기획을 시도하는 대신, 실증주의가 전가의 보도로 삼는 경험적 관찰의 방식을 수용했으며, 실증주의의 가장 큰 성과인 자연과학에 관한 해박한 지식과 소양을 바탕으로 실증주의를 비판하고자 했다.

그의 타깃은 19세기 중반 이후 학술계를 넘어 일반에까지 널리 퍼지며 거의 상식으로 공인된 진화론이었다. 다윈의 생물학적 진화론과 스펜서의 사회적 진화론은 언뜻 생물 개체와 사회의 생성과 변화를 합리적으로 설명하는 듯싶지만 이론적으로는 치명적인 결함이 있었다. 진화란 장기간에 걸쳐 조금씩 이루어진 변화가 누적된 소산이므로 짧은 기간에 진화의 과정이나 결과를 확인하기란 불가능하다. 따라서 화석의 증거가 필수적인데, 진화론이 발표된 초기에는 화석이 많이 발견되지 않아 이론의 입증이 쉽지 않았다. 더구나 화석 자체도 한 개체에 불과하기 때문에 그 화석이 생물체로 존재했던 시대를 대표한다고 보기는 어려웠다. 그런 탓에 진화론은 필연적으로 기계론적 속성을 띠게 된다. 실증주의의 결정론과 맥을 같이하는 기계론적 진화론의 철학적인 표현은 목적론이고 사회학적인 표현은 기능주의다.

원숭이가 인간으로 진화했다는 것을 가장 쉽게 설명하는 방법은 지금의 인간을 진화의 목적으로 삼는 것이다. 즉 수백만 년 전의 원숭이를 출발점으로 삼지 않고 거꾸로 지금의 인간으로부터 수백만 년 전의 원숭이에까지 거슬러가며 추적하는 방식이다. 이런 방식을 취하면 중간에 이따금씩 연결 고리가 취약해도 전체 논의의 사슬을 쉽게 만들 수 있다. 다만 그 진위는 검증되기 어렵다. 그래서 목적론은 보기에는 그럴듯해도 정밀하게 조사하면 금세 허점이 드러난다.

4부 철학의 토대가 흔들리다

똑같은 모양의 조그만 타일이 가득 붙은 벽이 있다고 가정해보자. 몇 미터 떨어진 곳에서 그 벽에 공을 던지면 수많은 타일 중 어느 하나에 맞을 것은 분명하다. 즉 그것은 필연이다. 그러나 그 공을 어느 특정한 타일에 맞춘다는 것은 야구 투수가 아닌 이상 우연이다. 필연은 설명이 가능하고 우연은 불가능하다. 목적론이 그럴듯해 보이는 것은 그걸 거꾸로 보기 때문이다. 맞은 타일(즉 공의 목적)의 입장에서 보면 왜 그 공이 바로 그곳에 맞았는지 설명하기가 쉬워진다. 특정한 힘과 특정한 방향으로 공을 던졌기 때문에 그 공은 바로 그 타일을 맞힌 것이다. 그런 힘과 방향으로 던지지 않았다면 공은 다른 곳에 맞았을 것이다. 이것이 바로 목적론의 맹점이다.

말이 나왔으니 말이지만, 20세기 후반에 일부 그리스도교권에서 제기되는 창조론은 진화론을 논박하기 위해 탄생했음에도 불구하고 묘하게도 초기 진화론과 같은 목적론적인 설명 방식을 취한다. 창조론을 '과학적으로' 증명하려는 사람들—여기에는 전문 과학자들도 있다—은 생명의 탄생이 워낙 절묘한 타이밍과 조합으로 이루어졌기 때문에 도저히 우연으로 볼 수 없으며, 따라서 신의 기획이 개재하지 않으면 불가능하다고 주장한다. 그러나 그것은 바로 공이 가서 맞은 타일의 입장에서 보았기 때문에 가능한 사고다. 공은 어느 타일이든 맞힐 수 있었지만 맞은 타일(진화와 창조의 목적)이 보기에는 "왜 하필 나인가? 이건 신의 뜻이다." 라고 생각하기 쉬운 것이다.

이런 진화론(아울러 창조론)의 목적론적 성격은 진화론이 상식으로 자리 잡는 데는 크게 기여했으나 이론 체계로서는 커다란 취약점으로 남았다. 아리스토텔레스(부동의 원동자)와 헤겔(절대정신)에서 보았듯이 원래 목적론은 모든 것을 쉽게 설명하지만 동시에 아무것도 제대로 설명하지 못한다. 모든 사물과 현상을 목적에 비추어 설명하면 결과가 원인이 되는 순환론, 동어반복의 성격을 탈피할 수 없다.

생물학적 진화론은 사회학에서 사회유기체론으로 옷을 갈아입는다. 생물체의 각 기관이 쓸모에 의해 발달했듯이, 사회를 형성하는 모든 단위는 사회적으로 필요한 기능을 축으로 발달한다. 또 생물체가 주변 환경에 대응하는 과정에서 적자생존과 자연선택의 원칙에 따라 진화했듯이, 사회체도 환경에 가장 잘 적응한 것이 살아남고 나머지는 멸망한다. 요컨대 부분은 전체를 위해 존재하고 전체는 주변 환경 속에서 생존 투쟁을 벌인다는 게 사회유기체론의 핵심인데, 그런 점에서 일반적 진화론과 마찬가지로 목적론에서 벗어나지 못한다.

젊은 시절 한때 스펜서의 사상에 심취했던 베르그송은 이내 진화론과 사회유기체론의 기계론적·목적론적 문제점을 깨닫고 진화의 개념을 새로이 해석하기 시작한다. '타일'에 고착된 진화론의 관점에서는 모든 게 필연일지 몰라도 공을 던진 사람의 관점에서 보면 진화는 우연이다(제3자의 관점을 가정하더라도 마찬가지다. 이를테면 내가 공을 던지는 모습을 옆에서 보는 사람도 공이 정확히 어느 타일에 가서 맞을지는 알지 못한다). 그렇기 때문에 진화는 필연적인 결과물을 낳는 과정이 아니라 우연적인 창조의 과정이다. 이 점에 착안해 베르그송은 창조적 진화라는 개념을 사용한다.

할리우드 영화로도 유명한《쥐라기 공원》이라는 소설은 통제되지 않은 번식을 막기 위해 유전자 조작으로 암컷만 만든 공룡들이 수정을 통해 알을 낳는다는 것을 모티프로 한다. 실제로 아프리카의 어떤 양서류는 암컷들만 존재하게 되었을 경우 그중 일부가 수컷으로 성전환을 한다고 알려져 있다. 진화가 필연적인 법칙에 따르는 게 아니라 환경에 창조적으로 적응하는 것을 보여주는 사례다. 소설에서는 이런 진화의 창조적 우

4부 철학의 토대가 흔들리다

연성을 "Life finds a way.", 즉 생명 스스로가 살길을 찾는다고 표현했는데, 이 말은 창조적 진화의 핵심을 잘 나타내고 있다. 소설에서 공룡들을 유전적으로 되살려 완벽히 통제된 공원을 만들겠다는, 필연성에 바탕을 둔 기업가의 계획은 결국 생명 자체가 지닌 우연성으로 인해 파멸로 끝난다.

지성은 인간의 불행한 특성

진화론에서 목적을 빼면 생성만이 남는다. 진화는 예정된 목적을 향해 접근하는 과정이 아니라 우연으로 점철된 변화의 과정이며, 무한한 생성의 흐름이다. 모든 진화는 생성이며, 모든 생성은 창조다. 생성의 흐름에서 생명과 물질이 창조된다. 베르그송은 생성의 흐름이 위로 치솟을 때 생명이 생겨나고 아래로 내려갈 때 물질이 생겨난다고 말한다. 그러면 생명과 물질은 어떻게 다를까?

생명의 특징은 연속성에 있다. 병원의 중환자실에서는 하루에도 몇 명씩 사망자가 발생한다. 불과 5분 전만 해도 살아 있던 환자가 지금은 시신이 되어 있다. 죽기 전까지 며칠 동안 의식이 없었기에 죽은 직후에도 환자는 언뜻 보기에는 차이가 없다. 그러나 실은 삶과 죽음만큼 큰 차이가 순간적으로 생겨난 것이다. 이 차이는 무엇일까? 바로 생명의 연속성이 차단되었다는 점이다. 흔히 죽음을 생명이 '끊어지는' 것이라고 말하는데, 생명의 연속성을 잘 포착한 말이다.

생명이 연속적이라는 사실은 너무도 당연한 상식이어서 어떤 면에서는 강조하는 것 자체가 새삼스러워 보인다. 그러나 베르그송은 실증주의자들이 그런 상식을 잊고 있다는 점을 지적한다. 연속성이란 시간을 포함하는 개념이다. 베르그송에 따르면 "살아 있는 것은 생명의 흔적을 시간에 남긴다." 그런데 실증주의는 시간의 차원을 완전히 배제하고 주체가 대상을 관찰하는 것이 언제나 똑같은 결과를 가져다주는 것으로 착각한다. 바위나 구름을 관찰하는 것이라면 그럴지도 모르지만 생명체를 그런 식으로 관찰한다면 살아 있는 것을 죽여서 대상화하는 것과 다름 없다. 그런 관찰의 결과를 진리라고 볼 수 있을까?

생명이 아닌 것은 물질이다. 산과 사막, 바람과 강은 모두 물질이다. 또한 살아 있는 생명도 죽으면 물질이 된다. 환자가 생명이라면 시신은 물질이다. 나무라는 생명체가 수명을 다하고 가공되어 지금 내 책상 위에 놓인 것은 생명이 아니라 책이라는 물질이다. 베르그송은 이원론에 대한 해묵은 거부감을 무시하고 대담하게 생명과 물질의 이원론을 전개한다. 하지만 이번에는 다르다. 기존의 이원론은 늘 주체와 대상의 인식론적 구분에서 비롯되었지만 생명과 물질의 이원론은 그보다 더 근원적인 존재론적 구분이기 때문이다.

생명이 연속성과 시간성을 속성으로 가진다면 물질의 속성은 그 반대로 불연속성과 공간성이다. 생명은 활동성이 있고 물질은 그렇지 못하므로 자칫하면 생명에서 공간성을 연상하고 물질에 시간성을 부여하기 쉽다. 그러나 모든 운동에는 이미 시간의 개념이 전제되어 있다. 생명의 활동도 시간을 포함하며, 활동성이 없는 물질은 오히려 무시간적이고 공간의 차원만을 가진다. 물질은 공간적으로 분리되어 있다는 것 자체를 정의로 포함한다. 달리 말하면 물질은 다른 것과 구분된다는 점에서 물질이다.

베르그송이 이렇게 존재론적 기반을 명확히 다진 의도는 실증주의 인식론의 허구성을 비판하기 위해서다. 실증주의는 존재의 이원성을 구분하지 못하고 생명을 물질처럼, 산 것을 죽은 것처럼 취급하는 오류를 저지르고 있다. 그 이유는 오로지 이성(베르그송의 용어로는 지성)만을 숭상하는 이성 중심주의에 빠진 탓이다. 베르그송에 따르면 지성은 물질을 분석하는 데서만 제 기능을 발휘할 뿐이다. "지성은 무기적인 고체만을 주요 대상으로 삼는다." "물질과 지성은 동일한 뿌리에서 나왔고 동일한 과정으로 자랐다." 이렇게 지성은 인식의 대상을 구분하고 분리해서 고립화한 뒤에, 즉 산 것을 죽은 것으로 만든 뒤에 관찰하고 분석한다. 그렇게 해서 청개구리를 알았다면 그것은 실험실의 청개구리일 뿐 살아 숨쉬는 청개구리는 아니다.

19세기 자연과학의 발달, 산업혁명과 자본주의는 그런 지성의 힘이 최대한 발휘된 결과였다. 물체·운동·힘의 관계를 완벽하게 설명한 뉴턴역학이 그랬고, 자본주의적 생산의 원리를 노동과 분업에서 찾은 애덤 스미스의 경제학이 그랬으며, 심지어 자본주의의 비판을 위해 날카로운 칼날을 벼린 마르크스도 마찬가지였다. 문제는 그 성과에 도취된 나머지 그 방법을 생명에까지 연장해서 적용하려는 발상이다(《쥐라기 공원》에서 생명을 통제하려 했다가 실패한 경험은 19세기 실증주의적 사고방식의 연장인 셈인데, 이런 발상은 21세기인 현재에도 존재한다).

베르그송은 지성이 인간의 불행한 특성이라고 말한다. 수세기 동안 인간의 근본으로, 가장 인간적인 속성으로 군림해왔던 이성이 급전직하하는 순간이다. 데카르트와 칸트, 헤겔이 모두 땅을 치고 울어야 할 판이다. 지성이 아니라면 생명을 올바르게 이해하는 방식은 무엇이어야 할까? 그것은 바로 본능이다. 베르그송은 근엄한 이성을 왕좌에서 끌어내리는 것은 물론, 이성의 절대적 권위에 불만을 품은 낭만주의 시대의 철학자들이 애써 이성의 보좌 역할로 끌어올린 감정조차 내팽개치고 본능을 생명 인식의 수단으로 내세웠다.

상식적으로는 부도덕하고 저열한 이미지의 본능. 학문이라 해도 기껏해야 자연과학이나 심리학의 주제가 되어야 마땅한 본능을 철학적 도구로 삼다니. 철학을 포기하려는 게 아니라면 그럴 수 있을까? 베르그송의 생각은 다르다. 모든 대상을 분리시키고 고정시키는 입장—즉 '고체'의 입장—에서 본다면 늘 변화무쌍하고 예측할 수 없는 본능은 도저히 철학의 울타리 안으로 끌어들일 수 없을 듯하다. 베르그송이 처음부터 생명을 움직이는 것으로 본다는 점을 유념한다면 그의 주장을 충분히 이해할 수 있다. 인식 대상에 인식 수단을 맞춰야 한다는 것은 모든 추론의 기본이다. 대상이 움직인다면 그것을 인식하는 방법도 움직여야 하지 않겠는가? 베르그송과 같은 시대 사람인 아인슈타인은 바로 그 아이디어를 상대성이론이라는 새로운 물리학으로 정립했다.

베르그송이 말하는 본능은 단순한 충동이나 욕망을 가리키는 게 아니다. 그는 본능의 최고 상태를 직관이라고 본다. "직관이란 대상을 반영할 수 있고 무한히 확대할 수 있는 본능을 뜻한다." 지성은 대상을 확대하는 게 아니라 자르고 토막 내서 '고체'처럼 만들어 분석하는 데 능했다. 물리학의 원자, 생물학의 세포, 심리학의 정신 등은 모두 지성의 대상이 되는 고체적 단위들이다. 이런 지성으로는 연속적인 흐름으로 존재하는 생명을 제대로 고찰할 수 없다. 그에 반해 본능과 직관은 대상을 통째로 파악한다. 물질처럼 낱개로 구분되는 대상이라면 모르되 생명처럼 연속적으로 흐르는 대상이라면 흐르는 그대로 바라보는 게 올바른 이해가 아닐까?

물질-지성이 공간과 관련된다면 생명-본능은 시간과 관련된다. 이 시간은 양으로 계산할 수 있는 일상생활의 시간과는 다르다. 생명과 관련된 시간을 가리켜 베르그송은 지속 durée이라고 부른다. 지속은 생명이 존재하고 활동하기 위한 기본적인 조건이다. 모든 생명은 끊임없이 운동하며, 완결된 게 아니라 항상 생성 과정 속에 있다. 따라서 생명을 여러 조각으로 나누지 않고—그렇게 나뉘면 이미 생명이 아니다—총체적으로 파악하기 위해서는 지속의 조건 속에서 생성 과정을 그 자체로 이해해야 한다. 과정을 하나의 단면으로 환원하고 그 단면의 이해를 곧 전체의 이해로 여기는 태도가 바로 실증주의 인식론의 근본적인 오류다.

희미해지는 주체

본능이 생명을 이해하는 올바른 수단이고 본능의 가장 높은 단계가 직관이라면 왜 그동안 직관은 지성에 비해 홀대를 받았을까? 분석적 이성이 지배하는 시대에 직관이 마땅한 가치를 부여 받지 못한 것은 사실 당연하다. 이 시대에는 오히려 직관이 올바른 지식을 저해한다고 여겼고 지성만이 지식의 원천이라고 믿었다. 그러나 베르그송은 지성이 심원한 지식을 줄 수 없다고 단언한다. "직관은 먼 곳에 있는 것에 관한 지식을 준다. 직관과 지성의 관계는 시각과 촉각의 관계와 같다."

촉각은 만져봐야만 발동하는 감각이므로 아주 가깝고 구체적인 대상에 관한 지식을 준다. 물론 대상과 신체적으로 접촉하는 만큼 그 지식은 더없이 생생하다. 그러나 촉각으로 멀리 있는 대상의 지식을 얻을 수는 없다. 그것은 시각을 통해서만 가능하다. 시각은 촉각에 비해 생생함에서는 뒤지더라도 촉각보다 훨씬 광범위한 지식을 줄 수 있다. 그렇다면 두 가지 감각 중에서 어느 것이 우월할까? 말할 것도 없이 시각이다. 예를 들어 다가오는 위험을 피하려면 만져봐야만 아는 촉각보다 시각이 더 큰 장점을 가진다. 본능과 직관이 지성보다 더 참되고 깊은 지식을 줄 수 있다는 베르그송의 말은 촉각과 시각의 관계와 같다.

이성의 시대를 지배했던 경험론과 합리론은 서로 대립하는 것처럼 보여도 실은 둘 다 분석을 인식의 수단으로 삼는다는 점에서 다를 바 없었다. 분석의 특징은 대상을 실체화한다는 데 있다. 경험론은 감각을 실체화함으로써 감각과 인식 주체를 연결하지 못했고, 합리론은 반대로 개념의 분석을 통해 영혼이나 정신을 실체화했다. 실체화하면 일단 이해하기는 쉽다. 대상을 배경과 맥락에서 분리해 오로지 대상 자체만을 관찰할 수 있기 때문이다. 그래서 마치 대상에 관한 명확한 앎을 얻을 수 있을 것 같은 착각을 주기도 한다. 그러나 대상을 실체화하면 항상 대상들 간의 관계가 문제시될 뿐 아니라 운동이 왜 일어나는가를 별도로 설명해야 한다. 특히 다른 대상들과 관계 속에서만 제대로 파악할 수 있는 대상이라면, 그런 분석적 방법은 대상에 관한 고립된 앎조차 준다고 보장할 수 없다. 그런 문제 때문에 고래로 많은 철학자들은 늘 대상을 관찰하면 운동이 사라지고 운동에 집중하면 대상이 희미해지는 모순에 시달려왔다.

그러나 만약 상호 연관된 대상, 운동하는 대상을 연관된 그대로, 운동하는 그대로 총체적으로 인식할 수 있다면 그 문제는 해결된다. 그 방법이 바로 직관이다. 직관은 실체의 개념 대신 과정과 생성으로 대상을 바라보도록 해준다(그래서 베르그송의 철학을 '과정 철학'이라고 부르기도 한다). 운동을 기본 속성으로 가지는 생명은 말할 것도 없거니와 베르그송은 사물 대상마저도 직관으로 파악할 수 있다고 말한다. 그는 활동성이 제로인 완전히 정적인 상태, 죽은 사물은 없다고 본다. 바위도 구름도 완전히 죽은 사물은 아니다. 여기서 지속의 개념은 더욱 확대되어 생명만이 아니라 모든 사물의 존재, 운동과 과정을 위한 조건이 된다. 마침내 베르그송은 사물이 존재하지 않는다는 충격적인 결론에 도달한다.

또 하나의 극단적 관념론인가? 또 다른 흄인가? 그렇지 않다. "사물이나 상태는 우리의 마음이 생성 속에서 포착한 표상이다. 모든 사물은 존재하지 않고 다만 운동만이 존재한다." 베르그송의 이 말은 실체를 보지 말고 운동, 즉 생성과 과정 자체를 주목하라는 뜻이다. 전통적으로 운동은 실체의 움직임으로 여겨졌다. 즉 실체의 존재가 먼저 전제되고 이 실체의 작용을 운동이라고 보는 식이었다. 그 때문에 항상 주어(실체)와 술어(움직임)를 병립시킬 수밖에 없었고, 주체-대상, 주관-객관의 이원론에서 벗어날 수 없었다.

하지만 직관은 주어와 술어가 뭉뚱그려진 전체(예컨대 '움직이는 사물')를 통째로 인식할 수 있으므로 이원론의 덫에 빠지지 않을 수 있다. 후설과 달리 직접 주체-대상을 운위하지 않았음에도, 또 후설과 달리 새로운 형이상학적 체계를 세우지 않았음에도 베르그송 역시 후설과 같이 당대의 철학적 쟁점에 충실했던 셈이다. 후설의 판단중지와 베르그송의 직관 중 어느 방식이 주객 분리를 극복하는 데 더 효과적일지는 각자가 판단할 몫이다.

베르그송이 후설과 다른 점은 또 있다. 후설은 순수 철학적 문제를 해결하는 과제만으로도 벅찼으나 베르그송은 그 이상으로 더 나아갈 수 있었다. 역시 독일식 체계로부터 자유로웠던 덕택일까? 만년에 그는 물질과 생명, 분석과 직관의 대립 구도를 윤리학의 영역에까지 연장한다. 그것은 정적 도덕과 동적 도덕의 대립이다.

정적 도덕에서는 책임이 중시된다. 여기서는 사회의 전통적인 가치관을 보존하고 사회구조의 안정성을 유지하는 게 중요한 목표이며, 이를 위해 개인들에게 여러 가지 제약을 가하는 것도 허용된다. 그런데 이 도덕이 없다면 사회가 붕괴하겠지만 이 도덕만으로 사회의 변화를 기약할 수는 없다. 사실 정적 도덕이 보존하고 유지하려는 사회 자체도 과거에 이루어진 변화의 산물이므로, 크게 보면 변화의 여지가 있어야만 정적 도덕의 목표도 실현될 수 있다. 그래서 동적 도덕이 필요하다. 이것은 동경憧憬의 도덕으로서 기존의 사회 질서에서 벗어나 이상과 창조적 변화를 허용하는 도덕이다. 정적 도덕이 보수주의의 도덕이라면 동적 도덕은 혁명의 도덕이다.

흔히 사회의 존속과 발전을 위해서는 '모범 시민'만 필요한 것으로 생각하지만 베르그송에 따르면 그것은 '닫힌 사회'에 안주하고자 하는 발상에 불과하다. 물론 모범 시민이 나쁘다는 뜻은 아니다. 그러나 생명이 물질보다 우월하고, 직관이 분석보다 중시되며, 철학이 과학을 안내하는 창조적인 사회를 '생성'하기 위한 '과정'은 바른 생활의 시민들이 담당할 수 없다. 그보다는 변화를 꿈꾸는, 기존의 사회 질서에서는 '일탈자'로 분류되는 사람들의 몫이다(이렇게 아웃사이더에게서 혁명의 동력을 찾는 사유는 훗날 들뢰즈에 의해 화려하게 부활한다). 그래서 새는 좌우의 날개로 나는 모양이다.

실은 베르그송 자신이 철학계의 이단아이며 일탈자였다. 데카르트가 이성을 철학의 출발점으로 삼은 이래 주체는 대상을 실체화하는 타성에 젖었고 실체를 이해하는 데 어울리는 분석을 주요 수단으로 삼았다. 이후의 철학사는 대륙의 합리론과 영국의 경험론으로 나뉘어 서로 시너지 효과를 일으키며 발달했지만, 앞서 보았듯이 합리론이나 경험론이나 분석으로 얻은 결과를 실재 자체 혹은 실재의 대체물로 여긴 것은 두 입장이 마찬가지였다. 여기에 주체가 대상을 구성하는 측면이 있다는 점이 추가되었고(칸트의 코페르니쿠스적 전환) 헤겔은 주체를 절대정신의 위치로까지 격상했으나, 대상은 언제나 실체로 남았고 실체적 사유가 철학의 주류를 이루었다. 이런 흐름에 대해 시대에 앞서 제동을 건 선각자들이 스피노자와 흄이었으며, 이 '안티'의 역류를 더욱 거센 물결로 끌어올린 사람이 바로 니체와 베르그송이었다.

존재론과 현상학의 부활	분석철학	구조주의	포스트구조주의와 프랑크푸르트학파
하이데거 | 사르트르 | 메를로퐁티	프레게 | 무어 | 러셀 | 카르나프 | 비트겐슈타인	소쉬르 | 레비 스트로스 | 라캉 | 알튀세르	푸코 | 들뢰즈/가타리 | 데리다 | 리오타르 | 보드리야르 | 하버마스

철학, 출구를 찾아 도약하다

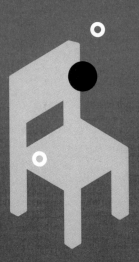

11장

장벽에 부딪힌 **철학**과
한계에 봉착한 **언어**

하이데거, 사르트르, 메를로퐁티, 무어, 프레게, 러셀, 카르나프, 비트겐슈타인

이성의 위기는 불행히도 철학상의 경고로만 끝나지 않았다. 19세기 말 복잡한 외교전 속에서 암중모색기를 거친 뒤 20세기 벽두부터 유럽 세계에는 불길한 전운이 감돌았다. 마침내 1914년에 그것은 그때까지의 인류 역사상 최대 규모의 전쟁으로 비화되었다. 이 제1차 세계대전의 시사적 원인은 사라예보에서 오스트리아 황태자 부부가 암살된 사건이다. 거기서 껍질을 한 꺼풀 벗겨 역사적 원인을 찾아보면 후발 제국주의 국가인 독일과 오스트리아가 식민지 재편을 기도한 제국주의 전쟁이라는 본질이 나온다. 하지만 그보다 더 깊은 근저에는 철학적 원인이 있다. 그동안 폭주 기관차처럼 앞만 보고 질주하던 이성이 드디어 바닥 모를 낭떠러지에 이른 것이다.

물론 세계대전이라는 엄청난 사건을 순전히 이성의 책임으로만 돌릴 수는 없다. 그러나 마르크스가 자본주의의 근본 모순을 지적할 때, 니체가 근엄한 자유주의 이성의 허구성을 폭로할 때, 후설과 베르그송이 실

증주의와 이성 중심주의의 문제점을 비판할 때, 인간 이성이 뼈저린 자기반성을 통해 본래의 건강성을 회복했더라면 그렇게 사태가 비극적으로 치닫지는 않았을 것이다. 그전까지 이성이 인간의 다른 어느 속성보다도—예컨대 감정, 욕망, 본능 같은 것들보다도—도덕과 가까운 것으로 여겨졌다는 사실에 비추어보면 이성의 돌연한 광기는 충격적인 아이러니다.

이성이 무너지자 철학은 데카르트 이래 수백 년간 안주해온 틀을 부술 수밖에 없었다. 이런 지적 위기에서 현대 철학의 두 갈래가 나왔다. 하나는 후설이 정립한 현상학적 방법론을 이어받고, 여기에 19세기에 생겨난 인간학적 전통을 가미한 현상학적 실존주의 또는 실존적 현상학이다. 다른 하나는 전통적인 철학적 주제들을 포기하고 철학의 기능을 논리와 명제의 분석으로만 국한하는 논리실증주의 또는 분석철학이다.

실존적 현상학과 분석철학은 여러 측면에서 극명한 대조를 보이지만, 시대와 탄생한 배경이 같은 만큼 닮은 부분도 있다. 가장 큰 유사점은 언어의 문제다. 현상학을 창시한 후설이 전통적인 주체-대상의 분리를 거부하면서도 그 '인습'에서 완전히 벗어나지 못한 이유는 기존의 철학적 언어를 대체할 만한 새로운 언어를 발견하지 못했기 때문이다(노에시스-노에마의 어설픈 발상이라니!). 이런 문제는 실존적 현상학자들에게도 마찬가지 딜레마가 된다. 또한 분석철학은 철학의 과제를 언어 분석으로 정했기 때문에 처음부터 언어가 가장 주요한 화두일 수밖에 없었다. 비록 철학의 양대 진영에서 언어의 의미는 다르지만 전통적 형이상학을 파괴하는 과정에서 언어의 한계에 맞닥뜨린 사정은 서로 같았다.

그런 점에서 전통적 형이상학을 계승하는 실존적 현상학과 형이상학을 전면 거부하는 분석철학은 크게 보면 서로 분업적인 관계라고 볼 수

502

도 있다(양 진영에 속한 사람들은 터무니없는 소리라고 일축하겠지만). 형이상학의 문제는 필연적으로 언어의 문제로 향할 수밖에 없으며, 언어 분석을 위해서는 개념 이전의 형이상학적 전제가 필요하다. 말하자면 양자의 관계는 서로의 아쉬운 부분이 상대편에게 있는 양상인데, 이들은 과연 정답게 서로의 등을 긁어줄 수 있을까?

다자인의 디자인

"왜 아무것도 없지 않고 뭔가가 있는가?" 17세기에 라이프니츠가 던진 소박한 물음이다. 마치 어린아이가 세계를 처음 보고 경이에 찬 느낌을 지극히 순수하게 토로하는 듯하다. 정말 세계에는 왜 뭔가가 있을까? 라이프니츠는 신의 존재를 설명하기 위한 도입으로 그 질문을 던졌지만 20세기의 지적 맥락에 대입해보면 그것은 존재론의 신호탄이다.

데카르트 이후, 더 멀리 잡으면 플라톤 이후 거의 모든 철학은—중세 신학의 일부를 제외하고—크게 가름할 때 인식론이었다. 앎이란 어떻게 가능한가? 지식은 어떻게 얻어지는가? 진리란 무엇인가? 이런 인식론적 질문이 철학의 근본 물음이었고 앎, 앎에 대한 앎, 진리를 찾는 것이 철학적 탐구였다. 그러나 그런 물음과 탐구가 가능하려면 먼저 존재에 대한 전제가 필수적이다. 일단 앎과 진리가 존재해야만 그것이 무엇이냐는 질문이 성립할 테니까.

존재론은 인식론에 선행한다. 그런데도 인식론이 먼저 발달한 이유는 존재를 당연시했기 때문이다. 존재를 당연시하면 인식론은 형이상학적일 수밖에 없다. 형이상학적 인식론이 한계에 부딪히자 하이데거(Martin

Heidegger, 1889~1976)는 이 질곡을 해소하려면 존재론을 부활해야 한다고 보았다. 하지만 그간 수세기에 걸쳐 인식론에 관한 복잡한 논의가 전개된 것을 감안할 때 이제는 존재론도 과거에 형식적으로 시도되었던 것과는 달라야 한다.

그래서 하이데거의 해법은 '존재하는 것들'이 아니라 '존재 일반'을 추구하는 것이었다. 그의 용어를 쓴다면, 존재자에 관한 관심에 앞서 존재에 대한 관심이 더 근본적이다. 철학사상에 이따금씩 존재론적 문제를 제기한 철학자들이 없었던 것은 아니지만—예컨대 중세 신학자들이나 베르그송—모두들 존재자와 존재를 구분하지 못한 탓에 존재자에 대한 관심을 존재에 대한 관심으로 착각하는 오류를 저질렀다.

"세상 만물의 공통적인 요소는 무엇인가?" 이 초기 자연철학자들의 물음은 존재론적 질문이었으나, 이것은 존재가 아니라 존재자의 존재 방식을 물은 것이었다. "사물의 보편자가 존재하는가?" 이것은 중세의 실재론-유명론의 논쟁에서 쟁점이 된 질문이었으나, 이것 역시 존재 일반에 관한 물음은 아니었다.

왜 그랬을까? 왜 존재자가 아닌 존재 자체에 대한 물음은 없었을까? 과거의 존재론적 질문들은 모두 존재를 인식의 대상으로 가정하고 있었기 때문이다. 즉 존재는 반드시 인식되어야 한다는(혹은 반대로 인식 불가능하다는) 전제가 있었기 때문에 존재론적 질문은 항상 존재자에 관한 관심으로 귀결될 수밖에 없었다. 근대 철학을 그토록 괴롭혔던 주관-객관의 문제도 따지고 보면 인식과 존재가 따로 놀았기 때문에 생겨난 것이었다. 주관-객관이 지향성으로 통합되어 있다는 후설의 주장은 인식과 존재를 통합하는 의미가 있었으나(인식을 "우주에서 가장 큰 수수께끼이자 철학적 경이"라고 말한 것은 그 단초다), 그도 본격적인 존재론으로 넘어가

5부 철학, 출구를 찾아 도약하다

지는 못했다.

그런데 존재에 관한 물음을 던지려는 순간 하이데거는 그전에 해명해야 할 문제가 있다는 것을 깨닫는다. 존재든 존재자든 물음을 제기하는 것은 인간이다. 인간도 존재자의 하나인데 존재에 관한 물음을 제기할 자격이 있을까? 데카르트로부터 실증주의까지 인간은 바로 그런 질문 방식에서 벗어나지 못했기 때문에 인식론의 근원적인 문제점이 노정된 게 아닌가? 인간이 존재에 관해 묻는다는 것은 자칫 실증주의처럼 주관-객관 분리의 도식에 빠지거나, 잘해야 베르그송이 말하는 것처럼 생명에 관한 물음이 물질에 관한 물음으로 전락하는 게 아닐까? 이 문제를 해결하기 위해 하이데거는 인간존재를 독특한 방식으로 새로이 정립한다.

전통적으로 인간은 신체와 정신으로 나뉘는 게 보통이었다. 데카르트는 정신이 신체를 기계처럼 조작한다고 보았고, 마르크스 역시 신체를 필연의 왕국에, 정신을 자유의 왕국에 배정했다. 이렇게 인간은 주인인 정신이 신체를 도구로 이용해 대상들의 세계와 관계하는 존재였다. 그랬기 때문에 인간=주체가 대상=객체를 규정하고 이름 붙이는 인식론의 영역이 열린 것이었다. 그러나 하이데거는 인간이 대상과 완전히 분리된 채로 대상을 마주한 존재가 아니라고 말한다. 인간은 관찰자가 아니라 참여자다. 인간은 정신과 신체로 분화되기 이전에 이미 세계 속에 세계의 일부로서 존재하고 있다.

하이데거는 목수의 예를 든다. 숙련된 목수가 나무에 못을 박고 있다. 겉으로 보이는 행위는 못을 박는 것이지만 실제로 그가 못을 박으면서 주의를 기울이고 있는 것은 망치나 못이 아니다. 그는 오늘 점심으로 뭘 먹을까를 생각하고 있는지도 모르고, 부도 위기에 처한 건설 회사에서 일당이 차질 없이 나올까 걱정할지도 모르고, 입시를 앞둔 자식이 좋은 성적을 올려 장차 가난의 대물림에서 벗어나기를 꿈꿀지도 모른다. 이렇게 다른 생각을 하면서 망치로 못을 박는다는 것은 곧 목수가 지극히 자연스럽게, 망치나 못과 혼연일체가 되어 일상 행위에 참여하고 있다는 의미다. 적어도 망치의 머리가 빠지거나 못이 구부러지는 비정상적인 사태가 없다면 그 일상 행위는 '투명하게' 지속될 것이다. 그리고 못을 다 박고 나면 그는 다시 다른 일상 행위에 몰두할 것이다.

여기서 어떻게 정신과 신체가 분리될 수 있는가? 주관과 객관의 구분이 어떻게 가능한가? 세계에 대한 관찰자가 아니라 참여자의 입장이라면 그런 이원론 따위는 단지 논쟁만을 위한 쟁점이 될 뿐이다(후설이 제기한 생활세계 개념의 확장이다). 우리는 이미 세계에 참여하고 있다. 저녁 식탁에서 음식을 입에 넣고 어떤 각도로, 어떤 힘을 주어 씹으라는 명령을 하지 않아도 이미 씹고 있듯이, 그러면서 마음속으로는 오늘 학교나 회사에서 있었던 일로 상념에 빠져 있듯이, 우리는 의식하기 이전에, 성찰하기 이전에 언제나-이미 세계와 관련을 맺으면서 존재하고 있는 것이다.

데카르트의 코기토도, 칸트의 이성도, 후설의 의식도 모두 사후적인 역할을 할 따름이다. 인간은 어떠한 사고 작용을 하기 전에 이미 세계 내에 처해 있다. 세계는 추론할 수 있는 것이 아니며, 추론할 필요도 없다. 우리는 세계와 함께, 세계 내에서, 세계를 마주하는 존재다. 이런 인간존재의 특성을 포착해 하이데거는 다자인Dasein이라는 개념을 디자인한다.

다자인이란 '거기'를 뜻하는 독일어의 'da'와 '존재'를 뜻하는 'Sein'을 합쳐서 하이데거가 만든 조어인데, 영어로는 'There-Being', 한자어로는 현존재現存在라고 번역한다. 우리말로 표현한다면 '거기 있음'에 해당하는데, 이 말이 더 적합할지 모르겠다. 다자인은 물리적이고 생물학적이고 구체적인 인간을 가리키지만, 하이데거가 굳이 '인간'이라 하지 않고 새로운 용어를 만들어 쓰는 데는 이유가 있다. 기존의 인간 개념이 이성, 의식, 감정 등으로 얼룩져 있기 때문이다. 다자인은 그런 일체의 분화가 일어나기 전의 원초적 인간 개념을 뜻한다.

다자인의 이중적 존재 방식

목수는 망치, 못, 나무, 건설 현장 등으로 구성된 주변 세계를 대상화해 반성적으로 이해하지 않는다. 그보다는 주변 세계를 언제나-이미 알고 있고 참여하고 있다. 그것이 다자인의 의미다. 그런데 혹시 다자인은 또 하나의 주체가 아닐까? 하이데거는 스승인 후설의 선험적 주체와 같은 또 다른 주체를 가정하려는 걸까? 아마 주체라는 말만 들어도 신물이 났을 테니 그럴 리는 없을 것이다. 다자인은 행위의 주체가 아니라 행위 그 자체이며, 상황을 관찰하는 주체가 아니라 상황 그 자체다. 목수의 존재는 바로 건설 현장이라는 상황 속에서 못을 박는 행위와 일치한다. 그래서 하이데거는 다자인을 상황 속에 처해 있는 존재라는 의미에서 '세계-내-존재In-der-Welt-sein'라고 부른다(하이데거는 독일어 특유의 조어 능력과 하이픈을 활용하여 자기만의 용어를 많이 만들었다).

그런데 지금 내 눈앞에 있는 책상과 컴퓨터, 방 안을 뛰어다니는 강아지, 창밖으로 보이는 아까시나무는 어떨까? 그것들도 세계-내-존재가 아닐까? 그것들과 인간존재는 어떻게 다를까? 사물이나 인간 이외의 생물들은 세계를 구성하는 일부일 뿐 세계-내-존재는 아니다. 세계-내-존재라면 세계와의 논리적 연관을 가진 존재라는 뜻인데, 그것들은 세계와 어떤 관계를 맺는 게 아니라 세계와 아무런 거리도 없이 세계에 완전히 포섭된 세계 그 자체다. 그와 달리 인간존재는 세계 속에 존재하면서 세계를 마주하고 있는 유일한 존재다. 야구 경기의 포수는 다른 선수들과 함께 경기에 참여하면서도 혼자서만 다른 선수들과 반대 방향을 취하고 앉아 있다. 이처럼 인간존재는 세계의 일부이면서 세계를 마주 보고 있다. 이것이 다자인의 독특한 존재 방식이다.

다자인은 존재하면서도 스스로의 존재를 문제 삼는 존재다. 인간은 세계의 일부이면서도 세계를 의식하고 규정하며 아울러 자기 자신도 의식하고 규정한다. 그런 점에서 다자인, 인간존재의 존재 방식은 이중적이다. 다자인이 전통적 형이상학에서 말하는 주체의 개념과 다른 점은 바로 거기에 있다. 다자인은 주체의 관점에서 세계를 대상으로 의식하는 게 아니라 그 자신의 존재 자체가 곧 세계에 대한 의식과 동일하다. 목수의 행위가 그 자신과 세계를 일체화했듯이 다자인은 존재와 의식이 통합된 존재 방식을 취한다. 그 결과는 실존^{Existenz}이다.

하이데거는 다자인의 이중적이고 실존적인 존재 방식을 가리켜 초월이라고 말한다. 여기서 초월이란 신과 같은 절대자라든가 시간과 공간의 범주를 넘어서서 존재한다는 의미가 아니라 한편으로는 세계의 일부인 존재자이면서 다른 한편으로는 존재자의 신분을 벗어나 존재 자체를 묻는다는 의미다. 그러므로 초월은 주관과 객관, 정신과 신체, 인간과 세계가 구분되기 이전의 원초적이고 근원적인 존재 방식을 뜻한다. 여기서 후설이 우려했던 주객 분리의 '인습'은 기우였음이 드러난다. 후설이 제안한 획기적인 판단중지는 실상 엄숙하게 선언할 필요도 없이 생활세계 속에서 이미 실천되고 있는 것이다. 목수가 망치로 못을 박는 행위 어디에서도 주객 분리 같은 것은 볼 수 없다.

인간은 의식하기 이전에 행위하고 성찰하기 이전에 실천한다. 내가 먼저 있고 무엇을 보는 게 아니라 나는 '무엇을 보는 것으로서' 있다. 의식과 성찰은 행위의 소산이며, 어찌 보면 행위 자체이기도 하다. 한마디로, 인간은 세계와 지적인 관계를 맺기 이전에 평가적 관계를 맺고 있는 것이다. 달리 말하면 인간이 세계를 대하는 방식은 이성에 앞서 욕망이다. 이런 욕망을 하이데거는 '관심'이라고 부른다(후설의 지향성에 해당하는 개념이다). 인간이 접하는 세계는 실증주의와 자연과학에서 보는 것과 같은 순수하게 객관적인 사물이 아니라 인간의 관심에 의해 물들어 있는 영역이다. 목수가 손에 든 망치라는 연장은 단지 세계의 일부로 존재하는 사물이 아니라 목수가 이미 용도를 알고 있고 목수의 관심이 투영된 사물이다. 하이데거 식으로 말한다면 망치는 '손에-쥐어져-있음'이 아니라 '손에-준비되어-있음'이다.

다자인이 관심을 통해 세계와 연결되고 실천을 통해 세계에 참여한다면 다자인의 고유한 정의는 뭘까? 예를 들어 사전의 표제어로 다자인이 수록된다면 어떻게 정의해야 할까? 그러나 안타깝게도 다자인은 사전에 등재되지 못한다. 정의가 없기 때문이다. 마치 시시때때로 바뀌는 카멜레온의 색깔을 하나로 특정할 수 없듯이 주변 세계와 구분할 수 없이 통합된 다자인은 정의 자체가 불가능하다. 즉 다자인은 본질이 없다. 하이데거는 "다자인의 본질은 실존"이라고 말하지만 이 말은 다자인이 언제나 구체적인 상황 속에 처할 수밖에 없다는 것을 가리키므로 전통적인 (사전적인) 의미에서의 본질과는 무관하다.

인간의 본질이란 없다. 인간은 마치 빈 그릇과 같아서 그 내용물에 따라 정의되는 존재다. "흙을 빚어 그릇을 만들지만 그릇을 쓸모 있게 만드는 것은 그릇 속의 빈 곳"이라고 《도덕경》에서 가르치듯이, 그릇은 그 자체로 용도를 지닌 게 아니라 밥을 담으면 밥이 되고 물을 담으면 물이 될 뿐이다(지향성의 개념을 상기하라). 인간 개인 역시 마찬가지다. 다른 누구도 나를 대상화해 정의할 수 없고, 심지어 나 자신조차 스스로를 고정 불변으로 정의할 수 없다. 나는 나 자신이 실천 속에서 스스로 규정하고 해석하는 존재다. 수천 년 동안 전통적 형이상학에서 숱하게 가정되고 정의되고 수정되었던 인간의 본질, 본성 같은 것은 애초부터 없었다! 인간은 정치적인 동물이다? 신의 피조물이다? 이성적인 존재다? 성선설? 성악설? 다 쓸데없는 소리다. 존재하지 않는 인간의 본성을 가정하고 있으니까.

플라톤을 비롯한 고대 철학자들은 인간의 속성을 본질로 착각했고, 중세 신학자들은 인간을 신의 꼭두각시로 간주했으며, 데카르트 이후 근대 철학자들은 인간을 이성적인 존재라고 가정하고 인식론에만 몰두했다. 그러나 인간은 응고화된 실체가 아니므로 그 자체로는 정의될 수 없다(베르그송 식으로 말하면, 인간을 정의하려는 시도는 생명을 고체화하는 오류다). 인간은 세계를 향해 열린 창문 같은 존재다. 그것도 창문이라는 실체와 동일시되는 것이 아니라 '열려 있음'이라는 상태로 존재한다.

본질이 없다는 말은 뿌리가 없다는 말과 통한다. 자체의 실체적 근거가 없기 때문에 인간존재는 불안을 숙명처럼 안고 살 수밖에 없다. 이 불안은 일반적인 두려움이나 공포와는 다르다. 일상생활에서 우리는 강도를 만나거나 교통사고가 날까봐 겁내지만, 실존적 불안은 특별한 대상 없이 느끼는 기분이다. 그러나 그것은 막연하면서도 생생하고, 도저히 벗어날 수 없는 기분 나쁜 불안이다. 그래서 하이데거는 이런 상태를 '섬뜩하다 unheimlich'고 표현한다. 이 섬뜩한 불안을 잊기 위해 흔히 쓰는 방법은 도망이다. 무근거함에서 비롯되는 실존의 불안에 짓눌린 인간은 거기서 도망치기 위해 허구적 근거를 만들고 그것에 집착한다. 주식과 부동산으로 돈을 불리는 데 몰두하는 것은 가장 천박한 도피의 사례다. 특정한 규범을 세우고 그것에 순응하는 방식—예컨대 종교에 의지하는 삶—은 좀 더 고상해 보이지만 그것도 도피인 것은 마찬가지다.

그런 도피는 인간인 이상 누구나 짊어질 수밖에 없는 실존적 부담에서 비롯되는 것이므로 도덕적으로 비난하기는 어렵다. 그러나 하이데거는 그것을 '타락'이라고 부르며, 일상생활에 파묻힌 '평균적 인간'으로 남으려는 태도라고 비난한다. 그에 따르면 타협을 거부하고 자신의 주체성과 존재 일반에 대한 관심을 끝내 포기하지 않는 자세야말로 인간존재 본연의 모습이다. 키르케고르의 고독한 '신념의 기사'나 니체의 '초인'은 처음부터 일상 윤리로 제기된 개념이 아니었지만, 하이데거의 다자인은 평범한 사람들에게도 실존적 윤리를 요구한다.

존재를 기술하는 언어

의식과 존재가 통합되어 있다면, 인식 주체가 먼저 있고 그다음에 그 주체가 의식 활동을 수행한다고 가정하는 전통적 형이상학은 무너질 수밖에 없다. 그렇다고 해도 형이상학의 질문 방식을 모조리 폐기 처분해야 하는 것은 아니다. 다자인은 비록 세계-내-존재로서 주변 세계와 구분되기 이전의 존재 방식을 가리키지만, 존재하면서 스스로의 존재를 문제 삼는 존재라면 존재를 묻는 과정도 모종의 의식 활동이며 인식이라고 할 수 있다(물론 하이데거라면 그것을 인식이나 의식이라고 부르지 않겠지만). 그렇다면 존재는 어떻게 인식할 수 있을까? 존재를 인식의 대상으로서가 아닌 존재 자체로서 인식하는 방법은 뭘까?

일단 명심해야 할 것은 존재를 물을 때 "존재란 무엇인가?"라는 인식론적 형식의 질문은 잘못이라는 점이다. 이 질문에는 그렇게 묻는 '주체'가 먼저 전제되어 있기 때문이다. 존재자를 묻는다면 그 질문도 충분히 가능하지만 존재의 경우는 다르다. 사실 존재는 묻는 주체를 필요로 하지도 않고 굳이 물으려 애쓸 필요도 없다. 존재는 대상화되지 않을뿐더러 대상화해서 알 수 있는 것도 아니다. 존재는 스스로 모습을 드러낸다. 존재는 스스로를 던져주고, 스스로 길을 트고, 스스로 열어 보이고, 스스로 이미 나타나 있다. 그러므로 우리는 존재를 모르는 게 아니다. 존재를 보고도 보았다는 사실을 깨닫지 못할 뿐이다.

전통적 형이상학에서 주체가 대상을 이해하는 과정은 '인간-인식(혹은 실천)-세계'의 세 가지 축으로 이루어진다. 그러나 하이데거의 현상학적 존재론에서는 그 세 가지가 한데 합쳐지고 어우러진다. 앞서 목수의 예에서 목수가 못을 박는 행위로서 실존하듯이, 존재는 주체가 객체를 대상화하기 이전에 이미 우리 눈앞에 드러나 있다. 따라서 이성이나 의식의 반성을 통해 그 과정을 인식론적으로 분절화하는 것은 쓸데없고 무의미하다.

하지만 인식론적인 설명에 비해 존재론적인 설명은 더 까다롭고 어색하며 심지어 신비주의적으로 여겨진다. 그 이유는 뭘까? 하이데거는 그것이 바로 언어의 구조, 더 정확히 말하면 문법의 구조 때문이라고 말한다(앞에서 보았듯이 니체도 데카르트가 주어에는 마땅히 술어가 있어야 한다는 문법의 환상에 빠져 자아를 가정했다고 비판한 바 있다). 그동안 사용해온 철학적 언어가 모두 형이상학적이고 인식론적이었기 때문에 존재를 기술記述하는 언어가 발달하지 못한 것이다.

음식의 맛을 설명하는 언어로 그릇의 아름다움을 평가할 수는 없다. 존재가 빈 그릇이고 존재자가 음식이라면 존재와 존재자를 형용하는 언어는 서로 달라야만 한다. 하이데거가 하이픈을 마구 써가면서 신조어를 만든 것은 형이상학의 인식론적 전통에서 존재를 기술하는 철학적 언어를 찾을 수 없다는 데서 비롯되는 고뇌를 나타낸다.

그렇다고 해도 존재의 기술 자체를 포기할 수는 없다. 하이데거에 따르면 인간은 '존재의 목동'이고 언어는 '존재의 집'이다. 존재를 양처럼 보살피려면 인간은 어떻게든 존재를 언어로 설명할 수 있어야 한다. 그런 언어는 어디에 있을까? 인식의 포로가 되기 이전의 투명하게 실존하는 존재를 있는 그대로 생생하게 포착할 수 있는 언어는 어떤 것일까? 망치와 한 몸이 된 채 일에 열중하는 목수, 무아지경에 빠져 현을 켜는 바이올린 주자, 연꽃 위에 앉은 파리를 향해 온 신경을 곤두세우는 개구리, 아무도 오지 않는 산기슭에서 살짝 얼굴을 내미는 이름 모를 들꽃, 저녁 산들바람에 잔잔하게 이는 호수의 잔물결, 이런 실존의 다양한 현상들을 형용할 수 있는 언어는 무엇일까?

과학적 이성은 인과 법칙을 우선시하기 때문에 존재를 설명할 수 없다. 또한 철학적 논리는 개념을 중심으로 전개되기 때문에 역시 존재를 설명하지 못한다. 그래서 하이데거는 이성과 논리를 초월한 사고와 언어가 필요하다고 여긴다. 그가 찾아낸 가장 유력한 후보는 바로 시詩다. "언어는 존재의 집이다. 인간은 언어라는 거처에서 거주한다. 사유하는 철학자와 시를 짓는 시인은 이 거처를 지키는 사람들이다. 그들이 언어를 통해 존재의 모습을 나타내고 언어 속에 보존하는 한에서, 존재는 자기 모습을 완전히 열어 보여준다."

하이데거는 지성이나 사유의 힘을 통해 존재를 알아내려 노력하기보다 '존재의 열림'을 기다리는 게 올바른 방법이라고 말한다. 그런 맥락에서, 그는 위대한 철학 이론보다도 자신이 특히 높이 평가한 횔덜린의 시나 반 고흐의 그림이 존재를 훨씬 더 충실하게 보여준다고 믿었다(횔덜린은 19세기 초의 시인이지만 한 세기 동안이나 묻혀 있다가 20세기에 들어서야 인정을 받았는데, 하이데거의 역할이 컸을 것이다). 지성을 중시하는 이성 중심주의 철학에서 푸대접을 받았던 예술이 이성의 힘을 부정하는 하이데거에게서 철학과 동등한 지위를 부여 받은 것은 어찌 보면 지극히 당연한 일이다.

하지만 하이데거가 예술에서 탈출로를 찾은 것은 존재를 다룰 수 있는 적확한 언어를 끝내 찾아내지 못했음을 반증한다고 볼 수도 있다. 언어의 굴레에 빠지지 않고 예술에 의존하지 않으면서 존재에 대한 관심을 유지할 수는 없는 걸까? 그 문제에 도전한 철학자는, 독일어의 아름다움을 보여준 시에서 대안을 찾고자 한 하이데거와는 반대로 프랑스어로 소설을 쓰는 작가였다.

자유의 부담

하이데거의 다자인은 구체적인 개인이 아니라 상황 속에 처한 보편적인 인간존재다. 그는 인간을 고립된 존재로 보지 않고 '타인과 더불어 살아가는 존재[Mitsein]'로 보았으므로, 다자인은 1인칭의 '나'가 아니라 3인칭의 '그'에 더 가까운 개념이다. 하이데거가 굳이 인간이라는 말 대신 다자인이라는 용어를 만들어 쓴 데는 구체적인 개인과 쉽게 등치되는 것을 경계한 의미도 있다. 그는 실존적 윤리의 틀을 제시했으면서도 존재론적 지평에서 벗어나 윤리학으로 빠져드는 것에는 반대했다. 그렇기 때문에 하이데거는 후대에 자신의 사상이 실존주의라고 불리는 것을 못마땅하게 여겼으며, 그의 계승자로 자처한 사르트르(Jean-Paul Sartre, 1905~1980)를 인정하지 않았다(실존주의라는 말을 처음 쓴 사람은 바로 사르트르였다).

그와 달리 사르트르의 관심은 처음부터 존재 일반의 구조를 밝히는 존재론에 있지 않았다. 그는 후설의 현상학과 하이데거의 실존적 현상학을 조합해 구체적인 인간존재의 존재 방식을 해명하고자 했다. 그래서 그는 철학의 출발점으로 의식을 설정한다. 의식은 사물이나 다른 동물이 가지지 못한, 오로지 인간만이 가진 고유한 특징이기 때문이다.

사르트르의 의식은 데카르트의 자아나 근대 이성과 같은 것이 아니다. 인식을 주관한다는 점에서 기능은 비슷하지만 중요한 차이가 있다. 의식은 반성적 의식과 전前반성적 의식의 두 가지로 나뉜다. 근대 철학에서 출발점으로 삼는 자아나 이성은 반성적 의식에 해당한다. 그와 달리 전반성적 의식은 반성과 성찰이 있기 전의 실존적 의식을 가리킨다. 하이데거가 예로 든 목수의 행위나 피아노 연주자의 반사적 손놀림 같은 경우다. 목수나 음악가는 자신의 행동을 일일이 성찰하기 전에 이미 주변 세계와 하나가 되어—즉 주관-객관의 분리를 따지기 이전에—실천적으로 세계 속에 참여한다.

전반성적 의식이 반성적 의식으로 바뀌면 대상화되고 타락한다. 마음에 둔 연인에게 자신의 열정을 담은 장문의 이메일을 보낸다고 해보자. 키보드를 열심히 두드리는 나의 손가락에는 점점 피로와 아픔이 쌓여가지만 오로지 연인에게 어떻게 호소할 것인가에만 정신이 팔린 나는 그 통증의 존재를 알지 못한다. 존재하지만 알지 못하는 것, 그 순수하고 투명한 실존이 바로 전반성적 의식의 상태다. 그러나 통증의 정도가 심해져 극한에 이르면 이윽고 나는 메일의 내용에서 시선을 거두고 통증을 정면으로 의식하게 된다. 이때 통증은 반성적 의식으로 대상화되어 실존성을 잃고 타락하게 된다(아마 그와 동시에 메일에 담긴 나의 진정성도 타락할지 모른다).

그렇다면 그 타락, 그 대상화는 왜 일어나는 걸까? 우리는 왜 그 투명하고 아름다운 전반성적 의식의 상태를 오래 유지하지 못하는 걸까? 그 이유는 의식이 지향성을 근본적 속성으로 가지고 있기 때문이다. 의식은 반드시 '무엇에 대한 의식'일 수밖에 없고, 그 '무엇'이 채워지지 않으면 그 자체로 존재할 수 없다. 그래서 사르트르는 의식을 가리켜 세계를 마주하는 방식으로 존재하는 존재, 즉 대자pour-soi존재라고 부른다. 그 반대로 세계 속의 사물들은 그 자체로 존재할 수 있는 존재이므로 즉자en-soi존재가 된다. 이것은 하이데거가 구분한 존재와 존재자의 사르트르식 해석에 해당한다.

의식이 없는 즉자존재는 자기 충족적으로 존재하지만 대자존재는 다른 존재를 대상으로서 취하지 않으면 존재하지 못한다. 그렇게 보면 대자존재는 마치 초식동물을 잡아먹어야만 살 수 있는 사나운 포식자와 비슷하다. 이를 거꾸로 말하면 대자존재는 자체의 존재 근거가 없다는 의미다. 그렇기 때문에 의식은 곧 무無와 같다. 사르트르의 주요 저작인《존재와 무L'Être et le Néant》는 제목을 통해 바로 그런 의식의 개념을 나타내고 있다. 제목에서 존재être는 즉자존재, 무néant는 대자존재를 가리킨다.

"실존은 본질에 선행한다." 사르트르의 이 말은 대자존재가 본질, 즉 자체적인 근거를 가지지 못하고 늘 안이 텅 빈 실존의 방식으로 존재할 수밖에 없음을 뜻한다. 그래서 대자존재는 결핍과 욕망의 방식으로 존재한다. 자신의 내부가 비어 있기 때문에 의식은 그 결핍을 채우기 위해 끊임없이 외부의 것을 욕망한다. 어머니의 꾸지람을 듣고 홧김에 무작정 집을 나와 저녁때까지 아무것도 먹지 못한 나는 굶주림의 방식으로 존재하며, 한여름에 두 시간 동안 탁구를 치고 난 뒤 물을 찾는 나는 갈증의 방식으로 존재한다. 그러나 허기와 갈증은 충족되고 나면 그뿐 나의 텅 빈 존재를 근본적으로 채워주지는 못한다. 나는 언제나 나 자신을 채울 대상을 찾지만 찾자마자 곧바로 그 대상을 부정하고 다른 것을 찾아 나선다. 목까지 차오른 물을 영원히 마시지 못하는 탄탈로스처럼, 다시 굴러 내릴 바위를 영원히 언덕 위로 올려야 하는 시시포스처럼 나는 항상 실패할 것을 알면서도 바깥의 뭔가를 영원히 찾아야 하는 존재다. 어떤 상대에도 만족하지 못하는 실존적 바람둥이다. 나의 삶은 욕망과 부정이 끝없이 순환하는 공허한 과정이다. 놀라운 역설이지만 바로 여기서 자유가 나온다.

현실에서 자유의 반대는 부자유 또는 구속이지만 철학에서는 필연이다. 즉 자유는 우연에서 비롯된다. 즉자존재는 인과율의 지배를 받지만 대자존재는 인과율로부터 자유롭다. 물론 대자존재의 결핍은 필연적이고 어떤 대상으로도 충족시킬 수 없다. 하지만 그렇다 해도 무엇을 대상으로 취할 것인지는 전적으로 자유(우연)이며, 때로는 결핍을 메우지 않으려 결정하는 것도 자유다. 무란 곧 자유를 뜻한다. 내 안에 아무것도 없다는 것은 그 빈 곳을 어느 것으로도 채울 수 있다는 가능성, 자유를 가리킨다(물론 그 시도는 늘 실패하지만).

문제는 그 자유가 현실에서 긍정적으로 여겨지는 즐거운 자유가 아니라 영원히 내려놓지 못할 짐처럼 부담스러운 자유라는 점이다. 그래서 사르트르는 자유를 '선고된 것'이라고 부른다. 법정에서 형량을 선고 받듯이 자유는 벗어날 수 없는 부담이다. "나는 자유롭도록 선고 받았다. 우리에게는 자유롭지 않을 수 있는 자유가 없다." 심지어 자신의 존재를 포기하는 것도 자유다. "우리에게는 언제든 자살을 선택할 수 있는 자유가 있다." 우리는 자유를 부담이자 숙명으로 짊어지고 있지만, 우리의 삶을 스스로 결정할 수 있는 이상 그것은 절대적인 자유이기도 하다.

절대적이라고 해서 무엇이든 마음대로 할 수 있다는 뜻은 아니다. 우리의 삶은 언제나 상황 속에 처해 있기 때문이다. 때로 그 상황은 우리에게 결단과 선택을 강요하기도 한다. 그러나 상황이 필연적이라 해도 그 상황에서 어떻게 판단하고 행동할지는 우연이고 자유다. 여기서 필연과 자유는 맞물린다.

바로 그런 점 때문에 사르트르는 정치적으로 좌익을 선택했고―그는 한국전쟁이 벌어졌을 때 북한을 지지했다―그의 실존주의는 계급적으로 부르주아 철학임에도 불구하고 1950년대 중반에 잠시 공산주의와 접점을 맺을 수 있었다. 사르트르와 실존주의를 무시하고 경멸했던 하이데거가 나치 독일을 찬양하는 연설을 하고 문화 정책에 관여했던 것과 비교하면 커다란 아이러니다.

타인은 지옥

사르트르는 자유롭지 않을 자유가 없다고 말했지만, 자유가 그토록 부담스러운 것이라면 자유를 반납하는 것도 생각해볼 수 있다. 일단 죽음을 선택하는 자유는 모든 걸 끝장내자는 것이므로 논외다. 죽지 않고 자유의 짐을 내려놓는 길은 없을까? 옛날에는 노예가 되는 길도 있었지만 오늘날 문명사회에서는 노예제가 없으므로 그것도 안 된다. 유일한 방법은 자신을 속이는 것이다. 하지만 결론부터 말하면 이 방법은 결국 실패할 수밖에 없다.

사르트르는 독실한 가톨릭 가문에서 자라난 처녀를 예로 든다. 어느 날 그 처녀는 마음에 드는 청년을 만난다. 청년도 처녀를 마음에 두고 있었으므로 자연스럽게 처녀의 손을 잡는다. 집안의 엄격한 가르침에 따르면 처녀는 그런 짓을 해서는 안 된다. 그러나 이왕 잡힌 걸 어떡하랴? 게다가 마음 깊은 곳에서는 손을 잡히고 싶다는 욕구가 도사리고 있다. 그래서 처녀는 자기 손을 빼내지 않고 그 상황을 합리화하기로 한다. 자신은 그러고 싶지 않았는데 청년이 손을 잡고 놓아주지 않는다고 믿기로 한 것이다. 그러면 양심에 가책을 받지 않고도 청년과 손을 계속 잡고 있을 수 있다.

처녀는 사실 청년과 손을 잡고 싶었으므로 자신을 속인 것이다. 원래 속임수란 속이는 사람만 알고 속아 넘어가는 사람은 몰라야만 성립하는 행위다. 그런데 처녀도, 청년도 손을 잡고 싶은 본능을 이미 알고 있었으므로 처녀의 그 자기기만은 성립하지 않는다. 현실적으로도 그런 상태는 오래 지속되지 못한다. 처녀는 청년과 가까워질수록 점점 깊은 고민의 수렁으로 빠져들 것이다. 그래서 결국에는 다시 부담스런 자유를 짊어지게 될 것이다. 본능에 따를 것이냐, 아니면 가훈에 충실할 것이냐? 처녀는 둘 중 한 가지를 선택해야 한다.

이 세상에 의식을 가진 존재가 나 혼자뿐이라면 그런 곤혹스러운 일은 없을 것이다. 유학에서는 홀로 있을 때도 몸가짐을 조심해야 한다는 뜻으로 신독愼獨이라는 덕을 강조하지만, 방 안에 대자존재가 자기 혼자밖에 없는데 그렇게까지 신경을 쓰는 사람은 거의 드물다. 내가 옷을 홀라당 벗고 있다 해도 책상이나 컴퓨터 같은 사물이 내게 시선을 주지는 않으며, 강아지도 잠시 물끄러미 쳐다볼 뿐 별다른 반응을 보이지는 않는 다(사르트르는 집 안에서 옷을 다 벗고 있는 백인 여자가 하인으로 부리는 흑인 소년의 시선에 전혀 아랑곳하지 않는 사례를 든다. 인종주의 시대에 흑인은 인간이 아니었다!).

그러나 안타깝게도 지구상에는 70억 명이나 되는 대자존재들이 득시글거리고 있으므로 문제는 복잡해진다. 대자존재는 자유를 필연이자 숙명으로 가질 수밖에 없으며, 다른 것을 대상화하는 주체이지 다른 것에 의해 대상화되지 않는 존재다. 그런데 그 '다른 것'도 역시 의식을 가진 대자존재라면 어떨까? 대상화는 곧 타락이니까 모두가 타락해야 하는 걸까?

타인은 원래 대자존재지만 나에게는 즉자존재와 똑같이 대상화된다. 즉 나의 의식에는 다른 사람도 하나의 사물 존재와 마찬가지로 비친다. 그러나 타인은 즉자존재가 아니기 때문에 타인 역시 나를 사물 존재처럼 대상화할 수 있다. 그래서 타인의 시선은 내게 사뭇 위협적이다. 지하철에서 내가 독서에 열중해 있는데 내 앞에 노인 한 분이 섰다. 몇 정거장이 지나도록 나는 앞에 선 사람이 노인인 줄도 모르고 자리를 양보하지 않았다. 한참 뒤에 고개를 들고 그 사실을 깨달았을 때 맞은편에 앉은 사람이 내게 은근히 비웃음을 담은 시선을 보낸다. 내가 언제든 노인을 보면 자리를 양보할 만큼의 도덕의식을 갖춘 사람이라는 걸 그가 어떻게 알겠는가? 나는 다만 앞에 선 사람이 노인이라는 사실을 미처 몰랐을 뿐이다. 그런데도 맞은편에 앉은 사람은 나를 대상화할 뿐 아니라 야비하고 후안무치한 놈이라고 자기 마음대로 규정할 것이다. 타인의 의식 안에서 나는 타락하는 정도가 아니라 난도질을 당한다.

이런 시선의 공격보다 구체적인 위험은 자유에서 타인과 충돌하는 경우다. 추석을 앞두고 귀성 열차표를 예매하기 위해 수많은 사람이 길게 줄을 서 있는 상황을 상상해보라. 내 앞에 선 사람들이 모두 표를 산다면 필경 차표는 동이 날 터이다. 내가 귀성할 수 있는 자유와 타인이 귀성할 수 있는 자유가 첨예하게 대립하는 순간이다. 이런 맥락에서 사르트르는 "타인은 지옥"이라고 말한다.

타인은 나를 대상화함으로써 나의 주체성을 짓밟고 나의 자유를 제한하는 적대적인 존재다. 하지만 동시에 타인은 나를 하나의 주체로서 인정해줄 수 있기 때문에 내게 꼭 필요한 존재이기도 하다. 이런 모순에 찬 상황은 《성서》에 나오는 고래 배 속의 요나의 처지와 같다. 요나가 살려면 고래를 죽이고 밖으로 나가야 하지만 바닷속에서 고래를 죽이면 요나도 죽을 수밖에 없다. 사르트르는 이 모순적 관계를 가장 적나라하게 보여주는 경우가 사랑이라고 말한다. 사랑은 두 사람이 서로를 원하고 아끼는 아름다운 관계처럼 보이지만, 다른 측면에서 보면 주체성을 가진 두 사람이 상대방을 대상화하고 소유하려 하는 위험한 관계이기도 하다.

"두 의도는 서로 대립적이다. 내가 상대방에 대해 주체적인 입장을 취하면 상대방은 대상화되며, 반대로 내가 상대방을 주체로서 취급하면 나는 상대방의 대상이 된다." 그래서 사랑은 사디즘이나 마조히즘으로 빠지기 쉽다. 연인 중 한쪽이 자신의 자유를 행사하면서도 상대방의 자유를 자신의 자유 속에 성공적으로 동화시킨다면 아름다운 사랑이 되지만, 어느 한쪽이라도 상대방의 자유 속에 동화되어버린다면 한 사람은 사디스트가 되고 그 상대방은 마조히스트가 된다. 둘 다 비정상적이고 병적인 사랑이다. 사르트르는 특히 성욕을 가리켜 상대방의 주체성을 상대방의 신체를 통해 소유하고자 하는 가장 원초적인 시도라고 말했다. 그가 만약 한쪽이 상대방의 신체를 학대하면서도 서로 섹스를 즐기는 사도마조히즘적 성욕을 보았다면 뭐라고 말했을까?

신체의 현상학

사르트르의 경고가 없다 해도 서로가 상대방의 주체성과 자유를 있는 그
대로, 살아 있는 채로 수용하는 순수하고 완전한 사랑은 대단히 어렵다.
그래서일까? 평생 동안 시몬 드 보부아르와 계약 결혼의 상태로 살았던
사르트르는 타인과의 가장 바람직한 관계를 형성하려면 상당한 정도의
자기 수양이 필요하다는 결론을 내렸다. 하지만 그런 수양이 말처럼 쉬
울까? 게다가 수양이라는 해법은 얼마나 추상적인가? 하이데거에 이어
또다시 공허하고 까다로운 실존주의 윤리학이 나온 셈이다.

그러나 하이데거나 사르트르와는 달리 메를로퐁티(Maurice Merleau-
Ponty, 1908~1961)는 윤리와도 무관하게, 또 존재론이나 실존주의의 덫
에도 빠지지 않고 후설의 현상학을 충실하고 독창적으로 계승하고자 했
다. 후설에게로 돌아가자는 게 그의 모토였다. 후설이 칸트를 계승, 발전
시켰다고 자부하는 피히테와 셸링, 헤겔을 부정하고 칸트로 돌아가자고
외쳤다면, 메를로퐁티는 후설을 계승, 발전시켰다고 자부하는 하이데거
와 사르트르를 부정하고 후설로 돌아가자고 외친 것이다. 현상학의 출발
점은 원래 존재론이 아니라 인식론이었으므로 그 기본 정신으로 돌아간
다면 당연히 후설이 제기한 근본 문제부터 되짚어야 할 것이다.

앎은 어떻게 가능한가? 앎이라는 '경이'에 대해 후설은 의식과 대상을
지향성으로 잇고 괄호로 묶는 방식으로 해결했다. 그러나 지향성의 개념
만으로 의식과 대상의 관계를 말끔하게 설명할 수는 없었으므로 그는 결

　　　　　　　　　　　　5부 철학, 출구를 찾아 도약하다

국 괄호 안에 대해 판단중지를 선언했고 급기야 선험적 주체를 별도로 설정하는 지경에까지 이르렀다. 이렇게 현상학의 인식론적 기획이 실패로 끝난 이유를 메를로퐁티는 의식과 대상 사이에 누락된 것이 있기 때문이라고 생각한다. 뭐가 빠졌을까? 그것은 바로 신체다.

아무리 의식이 지향성을 가진 비실체적 존재라고 해도 대상을 인식하기 위해서는 모종의 행위가 필요하다. 그래야만 지향성이 작동하는 메커니즘도 더 구체적으로 설명할 수 있다. 후설의 실패는 인식의 과정을 순전히 의식의 작용으로만 이해하고자 했던 데 기인한다. 그런데 행위는 바로 신체의 활동이 아닌가? 메를로퐁티는 신체의 행위를 지각이라고 본다. 지각은 의식과 대상을 관계 짓는 매개의 역할을 하며 모든 앎의 원천이다. "우리는 항상 지각의 세계에서 살고 있다. 다만 우리는 비판적 사고를 통해 지각을 초월하기 때문에 진리에 대한 관념이 지각에 기초를 두고 있다는 것을 자주 잊는다." 이성적 사고는 늘 반성적으로 이루어지므로 지각이 선행된다는 것을 자명하게 여기고 넘어간다는 의미다.

물론 지각은 메를로퐁티가 새로 만들어낸 개념도 아니고, 지각을 인식의 출발점이라고 보는 입장이 그전에 없었던 것도 아니다. 이미 200년 전에 버클리는 "존재하는 것은 지각되는 것"이라고 말한 바 있다. 그러나 메를로퐁티는 경험론과 합리론의 두 전통에서 지각을 바라보는 관점에 모두 문제가 있다고 말한다. 경험론은 지각을 인식의 근원으로 보기는 하지만, 대상에서 주어지는 지각의 자극을 의식이 수동적으로 받아들일 뿐이라고 본다. 그와는 반대로 합리론적 전통은 이성이 본래부터 대상을 지각하는 능력을 가지고 있다고 여기거나(데카르트), 지각 내용을 해석하고 조직할 수 있는 오성의 선험적인 범주가 존재한다고 가정하지만(칸트), 의식의 지적 기능만 지나치게 강조한다는 단점이 있다. 그래서 메를로퐁티는 두 입장의 절충을 모색하는데, 바로 여기에 신체의 역할이 있다.

데카르트가 정신과 신체의 관계를 주체와 도구의 위상으로 규정한 이래 철학에서 신체는 전혀 중요한 요소가 아니었다. 그러나 메를로퐁티는 지각이 우선 신체를 통해 이루어진다는 점을 강조하면서, 신체와 정신이 데카르트가 생각한 것처럼 그렇게 확연히 분리된 게 아니라고 말한다. "신체는 물질도 아니고 정신도 아니며 본질도 아니다." 이 말은 신체의 물질성을 부정하려는 게 아니라 신체가 정신의 일방적인 부림을 받는 예속적 관계에 있지 않다는 뜻이다.

신체는 의식이 세계와 접촉하는 매개의 역할을 하지만, 대상을 의식에 반영하도록 해주는 수동적인 역할에만 그치지 않는다. 신체는 일차적으로 대상을 가공하고 해석한 뒤 그 결과를 의식에 전달한다. 예를 들어 '봄이 왔네.'라고 의식하기 전에 봄이 왔다는 사실을 신체가 먼저 지각하는 것이다. 칸트가 말한 감성의 형식과 오성의 범주 같은 기능을 메를로퐁티는 신체가 담당한다고 보는 셈이다. 혹은 프로이트가 무의식에 부여한 역할을 메를로퐁티는 신체에 부여한다고 할 수도 있다.

이렇게 신체가 의식과 대상을 변증법적으로 매개하는 기능을 한다면 의식과 대상의 개념도 달라진다. 의식은 데카르트의 코기토와 같은 실체적 자아가 아니라 주체라는 인식이 있기 전의 원초적 자아, 메를로퐁티의 말에 따르면 '체험된 자아'가 된다. 오히려 이 자아가 코기토의 모태라고 봐야 할 것이다. 또한 의식에 전달되는 대상 역시 순수하게 사물적인 실체가 아니라 신체에 의해 해석되고 의미화된 존재가 된다. 그렇다면 대상을 있는 그대로 이해하는 길은 포기한 셈이 된다. 현상학적 환원에 의해 참된 앎이 가능하다는 후설의 현상학은 질곡에 부딪힐 수밖에 없다. 그러나 메를로퐁티는 만약 후설이 현상학적 관점을 끝까지 밀고 나갔다면 역시 자신과 같은 결론에 도달했으리라고 장담한다.

메를로퐁티처럼 지각이 인식 과정을 매개하고 해석하는 기능을 하는 것으로 본다면, 지각과 언어의 관계를 설정해야 할 필요가 생겨난다. 언어 역시 지각처럼 대상을 개념화해 의식에 전달하는 역할을 하기 때문이다. 지각과 언어는 어느 것이 먼저일까? 우리는 대상을 지각하고 그 내용을 언어로 표현하는 걸까, 아니면 언어가 있기 때문에 대상의 지각이 가능한 걸까? 이 문제는 현대 철학의 중요한 쟁점인 사유와 언어의 관계와도 관련되는데, 메를로퐁티는 당연히 지각이 선행한다고 본다.

그는 언어 이전의 의미와 언어적 의미를 구분한다. 엄마라는 말을 알지 못하는 아기도 엄마라는 존재를 안다. 아기는 엄마를 언어 이전의 의미로 파악하고 있는 것이다. 물론 이 의미는 나중에 아기가 자라서 엄마라는 말을 통해 엄마를 개념화할 수 있게 되면 달라진다. 이것은 엄마의 언어적 의미다.

언어로 개념화된 의미는 더 추상적이고 과학적이지만 그렇다고 그것이 반드시 더 참된 앎이고 진리라는 보장은 없다. 이를테면 원시인이 느끼는 번개의 의미보다 과학적으로 설명된 번개의 의미가 더 진실한 것은 아니다. 후자는 개념적으로 우월하지만 전자는 지각적으로 우월하다. 첨단 과학으로 예술을 대신할 수는 없는 것과 마찬가지다. 메를로퐁티는 아무리 언어적 의미가 발달해도 원초적인 지각적 의미를 완전히 떼어낼 수는 없다고 말한다. 지각은 본래 신체적인 것이기 때문이다. 아무리 고도한 정신이라도 신체를 탈피할 수는 없다.

그러나 언어의 문제는 메를로퐁티가 생각하는 것처럼 단순하지 않다. 12장과 13장에서 보겠지만, 언어를 무의식적인 것으로 이해하는 입장을 채택할 경우 오히려 지각이나 사유보다 언어가 선행하는 것으로 볼 수도 있다.

현상학이 하이데거의 존재론으로, 사르트르의 실존주의로, 메를로퐁티의 지각의 현상학으로 변모하던 시기에 또 다른 갈래의 철학자들은 언어 자체를 철학의 주제로 삼았다. 전통적 형이상학을 비판적으로 계승한 현상학적 운동과는 달리 그들은 형이상학을 완전히 거부했으며, 놀랍게도 철학이 진리를 탐구하는 학문이라는 기본적인 전제마저도 받아들이지 않았다.

철학은 상식이다

전통적으로 철학은 존재에 관한 궁극적인 앎과 진리, 인생의 목표, 올바른 삶의 정의, 아름다움과 선함의 참된 의미 등을 추구하는 학문으로 여겨졌다. 플라톤과 아리스토텔레스는 물론 아우구스티누스와 토마스 아퀴나스, 데카르트, 칸트, 헤겔, 후설 등 역사상 대다수의 철학자들은 모두 그렇게 생각했다. 흄처럼 기존 철학에서 트집을 잡는 데 주력했던 사람도 인식의 올바름을 증명할 수 없다고 믿었을 뿐 철학적 문제 자체가 잘못되었다고 보지는 않았다. 오늘날에도 일반적인 의미에서 철학은 그런 문제들에 답을 주는 것이라고 간주된다.

그러나 그런 문제들에 대해 누구나 이해할 수 있을 만큼 명료한 답을 준 철학자가 과연 있었던가? 플라톤은 우리가 접하는 사물들의 세계 너머에 이데아가 존재하는 세계가 별도로 있다고 말했지만, 그 이데아의 세계를 경험적으로, 즉 누구나 공감할 수 있는 방식으로 증명하지는 못했다. 헤겔은 세상 만물이 절대정신의 발현이라고 주장했지만, 그 절대정신을 누구나 납득할 수 있도록 구체적으로 설명하지는 못했다. 어찌 보면 그동안 철학은 무수한 문제를 제기해놓고 실상 아무것도 해결하지 못한 셈이다. 아무리 철학에서 중요한 것은 답보다 문제라고 하지만 도대체 이런 철학이 필요하기나 한 걸까?

19세기까지 대륙에서 맹위를 떨쳤던 헤겔 철학은 20세기 초에 정작 고향에서는 힘을 잃고 해협 건너 영국에서 선풍적인 인기를 끌었다. 하지만 오랜 경험론의 전통을 가진 데다 산업혁명과 자본주의를 거치면서 실사구시의 사고방식이 자리 잡은 영국에서 헤겔류의 형이상학이 오래가기는 어려웠다. 과연 18세기에 흄이 대륙의 합리론에 딴죽을 걸었듯이 20세기 초에도 흄의 역할을 한 사람이 등장했다. 대학에 들어갈 때까지 철학이라는 학문이 있다는 것조차 몰랐던 무어(George Edward Moore, 1873~1958)가 바로 그다.

케임브리지에서 고전문학을 공부하기 위해 철학 강의를 들었던 젊은 무어는 헤겔 사상에 경도된 교수들과 사사건건 맞섰다. 그가 주 무기로 내세운 것은 상식이었다. "시간과 공간이 실재하지 않는다고요? 그럼 저는 오늘 점심을 먹기 전에 아침을 먹지 않았다는 뜻입니까? 이 강의실 벽이 바깥의 도서관보다 멀 수도 있다는 뜻입니까?" 새뮤얼 존슨이 버클리에게 돌을 한 번 발로 걷어차보면 돌이 하나의 관념에 불과한지 어떤지 알 수 있을 거라고 비아냥거린 것을 연상케 하는 장면이다. 하지만 존슨의 경박함과는 달리 무어의 자세는 소박하면서도 진지했다.

그는 상식이야말로 자명한 앎이며, 어떤 형태의 지식이든 최종적으로는 상식의 검증을 통과해야만 참된 지식이 될 수 있다고 믿었다. 그렇다면 그동안 위대한 철학자들이 제기한 상식에 어긋나는 철학적 문제와 주장을 어떻게 봐야 할까? 현실은 이데아의 그림자에 불과하다고 말한 플라톤, 인간이나 동물만이 아니라 사물까지도 권력의지를 가지고 있다고 말한 니체는 다 헛소리꾼이란 걸까?

상식을 철학의 출발점으로 삼은 만큼 무어는 함부로 기존의 철학자들을 비난할 만큼 오만하지 않았다. 그는 자신이 그 철학자들의 학설을 부정할 자격을 갖추지 못했음을 인정하고 다른 방식으로 오류를 지적했다. 그에 따르면 그들은 단지 하나의 앎과 다른 앎을 연결할 때 논리적인 착오를 빚었을 뿐이다. 플라톤의 이데아나 니체의 권력의지를 그 자체로 왈가왈부할 수는 없지만, 문제는 그들이 그 개념을 적용하지 말아야 할 곳에까지 적용했다는 사실이다.

그럼 무어는 어떤 것을 철학이라고 생각했을까? 그는 철학의 학설 자체보다 학설을 구성하는 논리를 중시했다. 소박한 품성에 어울리지 않게 그는 자못 호언장담한다. "나는 세계나 과학이 내게 어떠한 철학적 문제도 제시한 적이 없다고 생각한다. 내게 철학적 문제로 제시된 것은 다른 철학자들이 세계와 과학에 관해 언급한 내용뿐이다." 무어는 철학의 목표가 거창한 형이상학을 정립하는 것도, 진리를 추구하는 것도 아니고, 단지 다른 철학자들이 말한 내용의 의미를 명료화하는 것뿐이라고 여겼다. 당시 그 자신은 예상하지 못했겠지만 그의 그런 철학적 입장은 곧 논리실증주의 또는 분석철학이라는 이름으로 철학사상의 커다란 갈래를 형성하게 된다.

그러나 무어가 분석철학에 크게 기여한 부분은 이론 자체보다 철학을 연구하는 자세다. 무어와 후대의 분석철학자들은 철학의 과제를 전통적 형이상학과 다르게 설정한 점에서는 같지만, 무어가 논리를 중시한 반면에 분석철학자들은 명제의 타당성에 관심을 두었다. 그들이 언어를 철학의 근본 문제로 설정한 것은 그런 근거에서였다. 무어는 철학적 사고의 대상이 언어에만 있지 않다고 생각했다. 그 이유는 알기 쉽다. 상식을 지식의 근본으로 삼았으므로 그는 상식을 진술하는 일상 언어를 완벽한 것으로 여겼다. 그러나 후대의 분석철학은 바로 일상 언어에서 모든 지적 혼란이 비롯된다고 보았다.

현상학의 막내 주자인 메를로퐁티가 종국적으로 언어를 주제로 삼은 것에 비해, 분석철학의 선두 주자가 언어를 중시하지 않은 것은 흥미로운 아이러니다. 하이데거, 메를로퐁티 같은 현상학의 갈래만이 아니라 분석철학에서도 언어가 관심의 초점으로 떠올랐다. 이제 현대 철학은 어느 계열에 속하든 언어를 문제 삼지 않으면 안 되는 시점에 이르렀다.

과학적으로 엄밀한 철학이란

무어가 철학에 관심을 가지게 된 동기는 친구인 러셀(Bertrand Russell, 1872~1970)이 제공했다. 러셀은 무어가 소박한 질문으로 교수들의 코를 납작하게 만드는 반란을 부추기고 즐겼으니, 학생 시절에 두 사람은 상당히 의기투합했던 듯하다. 이 관계는 학문적 분업 관계로도 이어진다. 무어가 분석철학의 기본자세를 정립했다면 러셀은 수학을 논리학에 적용한 기호논리학을 정립함으로써 분석철학의 기본 틀을 만들었다.

라이프니츠처럼 수학자 출신으로 논리학을 연구한 사람은 제법 있었어도 수학과 논리학을 직접 접목한 사람은 없었다. 그 작업을 처음으로 한 사람은 프레게(Friedrich Ludwig Gottlob Frege, 1848~1925)였다. 그때까지 논리학은 철학의 한 갈래에 불과했으며, 2000여 년 전에 확립된 아리스토텔레스의 논리학이 여전히 지배적일 정도로 뒤진 분야였다. 후설 같은 독일 관념론자들은 논리학을 당시 성행하던 심리주의로 몰아붙여 판단의 이론으로 격하했다. 이에 대해 프레게는 논리학이 전적으로 객관적이며, 심리적 과정과는 무관하다고 주장했다.

인식의 근본을 이성이나 경험, 감각에 두는 전통적 인식론은 그릇된 전제에서 출발하기 때문에 항상 대상에 관한 인식이 올바른지를 궁극적으로 검증할 수 없다는 문제에 부딪히게 마련이다. 플라톤의 이데아, 중세 철학의 보편자, 칸트의 물자체, 후설의 지향성 등 그 문제를 해결하기 위해 얼마나 많은 철학적 개념들이 만들어지고 사용되었던가? 그에 비해 논리학은 명제나 진술의 타당성을 객관적으로 증명하는 학문이다. 따라서 논리학을 철학의 출발점으로 삼으면 그런 문제점을 미연에 방지할 수 있다.

그런데 논리학을 철학의 주요 분야로 끌어들일 경우 새로운 지식은 어떻게 판단할까? 논리학은 기존의 지식을 검증하는 데는 힘을 쓰지만 새 지식을 다루기는 어렵다는 게 일반적인 견해다. 하지만 그것은 논리학에 관한 오해다. 명제의 타당성을 중시한다고 해서 검증될 수 있는 명제만을 유의미하게 받아들인다는 뜻은 아니다. 명제의 논리만을 따진다면 새로운 지식이 생겨날 수 있겠는가? 또한 아무리 신비적이고 초자연적인 것을 믿지 않는다고 해도 "도깨비를 보았다."라든가 "UFO가 나타났다."라는 명제를 모조리 무의미한 것으로 치부한다면 삶이 얼마나 삭막해지겠는가? 이런 문제를 해결하기 위해 프레게는 명제의 의미[Sinn]와 지시[Bedeutung]를 구분한다(원래 두 단어는 '의미'라는 비슷한 뜻이지만, Sinn은 개념적인 성격이 강하고 Bedeutung은 지칭적인 성격이 강하다). 예를 들어 샛별에 관한 다음 두 가지 명제를 비교해보자.

(1) 샛별은 새벽별이다.

(2) 샛별은 개밥바라기다.

샛별, 새벽별, 개밥바라기는 모두 금성이라는 천체를 지칭한다. 금성은 내행성이므로 새벽이나 저녁에만 볼 수 있는데, 개에게 밥을 주는 저녁 무렵에 뜬다고 해서 개밥바라기라는 이름이 붙었다. 명제 (1)은 샛별의 사전적 뜻만 알면 누구나 참인지 여부를 알 수 있는 동어반복의 명제다(말하자면 "금성은 금성이다"라는 뜻이다). 그에 비해 명제 (2)는 금성이 저녁때도 뜬다는 천문 지식을 알지 못하면 타당성을 판단할 수 없는 명제다. 즉 (1)과 (2)는 서로 지시(금성)는 같지만 의미는 다르다. 이런 식으로 의미와 지시를 구분하면 명제의 타당성을 검토하는 논리학의 테두리 내에서도 새로운 지식을 수용할 수 있게 된다.

러셀은 이러한 프레게의 방법론을 계승해 기호논리학을 확립했다. 드디어 아리스토텔레스의 논리학을 능가하는 논리학의 신기원을 연 것이다. 그 최초의 성과는 삼단논법으로 풀 수 없는 논리적 관계를 해명했다는 점이다. 2장에서 보았듯이 아리스토텔레스가 개발한 삼단논법의 기본형은 이렇다.

(1) 모든 사람은 죽는다.

(2) 소크라테스는 사람이다.

(3) 따라서 소크라테스는 죽는다.

여기서 (1)과 (2)가 참이면 (3)도 참이라는 것이 증명된다. 하지만 이 무소불위의 논법으로도 해결하지 못하는 명제가 있다.

(1) 서현이는 탁구를 잘하거나 농구를 잘한다.

(2) 서현이는 농구를 잘하지 못한다.

(3) 따라서 서현이는 탁구를 잘한다.

여기서도 역시 (1)과 (2)가 참이면 (3)도 참이 된다. 그러나 같은 세 가지 명제로 구성되어 있다 해도 이 경우는 삼단논법과 전혀 무관하다. 삼단논법과 달리 (1)은 확정적인 사태를 나타내는 명제가 아니며, (2)는 독립적인 별개의 명제가 아니라 (1)과 관련을 가진 명제다. 따라서 이 논리는 삼단논법과 다른 방식으로 해명해야 한다. 러셀은 수학의 집합 기호를 사용해 간단히 해결한다.

(1) $P \cup Q$

(2) $\bar{Q}$

(3) $\therefore P$

이렇게 명제함수를 이용하면 명제들의 진위를 수학적으로 엄밀하게 판단할 수 있고, 이 명제들로 구성된 이론 역시 같은 방식으로 판단할 수 있다. 한 이론의 진위를 판독하기 위해서는 이론을 명제로 나누고 명제의 진위를 따져야 한다. 이것이 바로 분석철학의 가장 주요한 방법인 분석이다.

물리학이 원자를, 생물학이 세포를 최소 단위로 다룬다면 철학은 명제를 의미의 최소 단위로 규정한다. 러셀은 철학도 물리학이나 수학처럼 엄밀한 논리로 구성될 수 있다고 믿었다. 모든 사물은 사실fact로 환원된다. 이 원자적 사실에서 출발하는 입장을 논리원자주의logical atomism라고 부르는데, 이 방법이 가능하다면 엉뚱한 기준을 가지고 이론의 진위를 판단하는 데 따르는 지적 낭비와 혼란이 제거될 것이다. 이렇게 철학을 과학에 종속된 것으로 보는 입장을 가리켜 어느 분석철학자는 "과학은 유죄판결을 받기 전까지 무죄인 반면 철학은 무죄판결을 받기 전까지 유죄"라며 과학의 승리를 선언하기도 했다.

러셀은 고지식한 무어나 프레게보다 균형 감각이 있는 편이었다. 아마 그랬기 때문에 세계적인 명사로 이름을 날리고, 정치·사회적으로 활발한 활동을 펼치고, 여러 차례의 결혼과 여성 편력을 겪으며 한 세기 가깝게 장수할 수 있었을 것이다. 그는 전통적인 철학의 과제들을 완전히 무시한 게 아니라 그것들이 철학의 가장 중요한 부분이라고 생각하지 않았을 따름이다. "철학의 가장 중요한 부분은 근본적이라고 간주되고 무비판적으로 수용되는 개념들을 비판하고 명료화하는 데 있다. 예를 들면 정신, 물질, 의식, 인식, 경험, 인과성, 의지, 시간 같은 개념들이다. 나는 이런 개념들이 부정확하고 본질적으로 모호하므로 엄밀한 학문에 포함될 수 없다고 생각한다."

생각은 자유니까 러셀의 입장을 뭐라 할 수는 없다. 그러나 그런 개념들을 버리고 그가 철학적 탐구에 합당하다고 여긴 주제들을 택한다 해도, 과연 그가 제안한 명제함수와 분석적 방법으로 모든 문제가 말끔히 풀릴 수 있을지는 의문이다. 프레게, 무어, 러셀 등이 전통적 형이상학을 비판하는 근거는 사실 매우 단순하다. 그들은 그런 이론이 쓸데없이 난해하다고 여기며, 이론을 구성하는 명제들이 모호하다고 생각한다.

원래 입론立論은 어렵고 입론된 이론에 대한 비판은 쉬운 법이다. 분석철학자들은 마치 지금까지 그렇게 애를 썼어도 진리를 얻지 못했으니 진리 따위는 당장 잊어버리라고 소리치는 철없는 아이들과 같다. 그들은 문제를 푸는 과정은 아무런 가치도 없고 오로지 답을 내지 못했다고 비난할 뿐이다. 게다가 아무도 요구하지 않은 명제의 검증을 하겠다고 나서는가 하면, 자기들 멋대로 철학은 (과학적 의미에서) 정확한 개념을 사용해야 한다고 단정한다. 하지만 그렇게 큰소리치던 그들은 이내 분석철학 자체의 전제가 그다지 엄밀하지 못하다는 것을 깨닫게 된다.

실증적이지 않은 실증주의의 토대

러시아 태생의 미국 물리학자인 조지 가모브는 막스 플랑크의 양자 가설이 발표된 1900년에서부터 폴 디랙이 양전자의 존재를 예언한 1930년까지를 가리켜 "물리학을 뒤흔든 30년"이라고 말한 바 있다. 분석철학자들이 철학도 물리학과 같은 엄밀성을 지녀야 한다고 여기게 된 데는 그 시기의 빛나는 물리학적 성과에 자극 받은 탓이 컸을 것이다. 하지만 철학을 과학에 종속시키면 철학은 무척 단순해지고 초라해진다. 무어와 러셀이 토대를 놓은 논리실증주의는 1920년대 오스트리아의 빈 대학을 중심으로 활동한 빈 학파에서 만개하는데, 논리실증주의가 절정에 달할수록 철학의 위상은 초라해졌다. 급기야 빈 학파를 이끈 카르나프(Rudolf Carnap, 1891~1970)는 철학에도 과학과 똑같은 실증주의적 방법론을 적용해야 한다고 믿었다.

그는 모든 앎을 단 두 가지로 분류한다. 하나는 논리적인 앎이고 다른 하나는 실증될 수 있는 앎이다. 그의 소박한 주장은 일찍이 라이프니츠와 칸트가 말한 분석명제(판단)와 종합명제(판단)의 구분과 대동소이하다. 논리적인 앎은 개념을 통한 앎이므로 인식이 아니라 이해의 대상일 뿐이다. 대상에 관한 실증적인 앎만이 인식이라고 할 수 있는데, 이 앎은 오직 경험을 통해서만 가능하다. 전혀 새로울 게 없는 주장이다. 이미 18세기에 흄도 그런 극단적 경험론을 주장하지 않았던가? 다른 점이 있다면 모든 인식을 파국으로 몰고 간 흄과 달리 카르나프는 실증적인 앎이 될 수 있는 명확한 규준을 제시하고자 한다는 점이다. 그러나 종교, 윤리, 미학 등 일체의 형이상학적 진술이 철학적으로 무의미하다는 논지는 흄보다 더하면 더했지 덜하지 않다.

"형이상학의 모든 영역에서 논리적 분석을 해보면 모든 진술이 전적으로 무의미하다는 결과가 나온다." 의미와 무의미를 어떤 기준에서 가르는지 모르겠지만 어쨌든 카르나프에게 철학은 아주 쉽다. 형이상학의 모든 뿌리를 제거하면 된다. 물론 형이상학 전체를 부정하려는 의도는 아니다. 만약 형이상학이 시처럼 읽힌다면 그것은 좋다. 다만 거기서 더 나아가 다른 영역에서까지 본래의 위선적 성격을 드러내려 하면 안 된다. "자칫하면 형이상학은 마치 실제로 무슨 인식을 주는 것 같은 착각을 불러일으킬 수 있기 때문이다." 카르나프는 세계에 관해 유의미한 진술을 할 수 있는 것은 오직 자연과학의 언어뿐이라고 굳게 믿는다.

그런데 그가 미처 생각하지 못한 게 있다. 자연과학의 명제라고 해서 반드시 검증이 가능하고 실증적인 것은 아니다. 예를 들어 "뱀은 다리가 없다."라는 자연과학의 명제를 보자. 이 명제는 논리적인 앎이 아니라 실증적인 앎이므로 카르나프의 주장에 따르면 경험을 통해 검증되어야 한다. 하지만 여기서 뱀은 코브라나 구렁이 같은 특정한 종류 또는 한국의 뱀, 일본의 뱀처럼 특정한 지역의 뱀을 가리키는 게 아니라 '뱀 일반'을 뜻한다. 따라서 원칙적으로 "뱀은 다리가 없다."라는 명제를 검증하려면 지구상 모든 지역에 사는 모든 종류의 뱀을 조사해야 하는데, 그것은 불가능한 일이다.

이런 난점을 해결하기 위해 포퍼(Karl Raimund Popper, 1902~1994)는 반증 가능성의 개념을 제기한다. 명제가 실증적으로 검증되는 게 가장 좋지만 그럴 수 없을 경우에는 반증 가능성의 기준으로 검증을 대체할 수도 있다는 주장이다. "뱀은 다리가 없다."는 명제를 증명하기 위해 지구상의 모든 뱀을 조사할 수 없다면 그 명제의 반증, 즉 다리가 있는 뱀을 한 마리라도 찾아낼 수 있는지 여부가 검증의 기준이 된다는 것이다. 다리가 있는 뱀은 존재하지 않으므로 그 명제는 참이 된다.

그렇게 해서 한 고비는 넘길 수 있어도 결국 논리실증주의는 근본적인 문제점에 맞닥뜨리게 된다. 그것은 바로 실증주의의 전제가 실증적이냐는 것이다. 카르나프는 대상에 관한 실증적인 앎만이 인식이고 이 앎은 오직 경험을 통해서만 가능하다고 말했는데, 과연 이 진술은 실증될 수 있을까? 예컨대 "모든 명제는 분석명제이거나 종합명제다."라는 명제는 분석명제로 봐야 할까, 종합명제로 봐야 할까? 실증주의의 전제 자체가 실증적이지 않다는 주장은 이미 후설이 제기한 바 있지만 실증주의자들은 정작 그 경고에 주의를 기울이지 않다가 뒤늦게 비로소 문제점을 깨달은 것이다.

고민 끝에 카르나프가 들고 나온 해결책은 철학의 특수성을 강조하는 방법이었다. 어떤 사고나 행위를 특정한 기준에 비추어 옳다거나 그르다고 판단할 수는 있지만, 그 기준 자체는 그 기준으로 판단할 수 없다. 최초의 자는 자로 재서 만든 게 아니다. 현행 도덕으로 "도둑질은 나쁜 짓"이라는 판단은 가능하지만, 현행 도덕 자체가 옳으냐 그르냐는 그 도덕의 판단 대상이 아니다. 만약 같은 기준을 적용한다면 순환논법이요 동어반복이 될 것이다. 이런 난국을 벗어나려면 철학적 진술의 특수성이 전제되어야 한다. 그래서 카르나프는 철학적 언어를 일종의 이상적 언어로 간주하고, 철학적 진술은 다른 학문들의 진술을 검증하는 기준이라고 주장했다.

철학의 영역은 잔뜩 축소해놓고 철학의 전제만큼은 다른 학문보다 훨씬 우위에 있다고 주장하는 격이니, 몹시 궁색해 보인다. 형이상학은 무의미하고 철학은 특별하다! 나쁘게 말하면, 카르나프는 마치 다른 철학자들의 자리는 박탈하고 자신의 철학 교수직만 확고히 굳히려 한 것처럼 보인다.

하지만 카르나프의 그 주장은 분석철학과 과학철학의 초석이 되었다. 카르나프에 따르면 철학의 대상은 언어이며, 철학의 기능은 언어 분석을 토대로 어떤 언어가 가장 이상적인가를 밝히는 데 있다. 물론 그는 답도 미리 준비했는데, 예상하기 어렵지 않다. 그가 생각하는 가장 이상적인 언어는 자연과학적 언어이고 그중에서도 특히 물리학의 언어다. 그는 모든 사물과 현상에 대해 궁극적으로 물리적인 설명이 가능하며, 이 설명이 가장 엄밀한 의미에서 과학적이라고 말한다. 나아가 심리 과정이나 정신 현상도 역시 물리적으로 번역될 수 있다고 주장한다. 다행히도 그런 극단적인 과학주의적 사고는 이후의 분석철학에 그대로 수용되지 않고 언어 분석에 관한 강조만이 분석철학의 기본 흐름이 되었다. 여기에는 때맞춰 등장한 분석철학의 거장이 기여한 바가 컸다.

언어는 세계의 그림이다

여느 논리실증주의자들처럼 비트겐슈타인(Ludwig Josef Johann

Wittgenstein, 1889~1951)이 보기에도 전통적 형이상학이 제기하는 철학적 문제들은 도대체 터무니없었다. 러셀의 애제자로 제1차 세계대전에 참전했다가 이탈리아군의 포로로 지내던 시절에 쓴 《논리-철학 논고 Tractatus Logico-Philosophicus》에서 그는 언어의 구조가 세계의 구조를 그대로 나타낸다고 주장한다. 언어를 통해 실재의 세계를 완벽하게 알 수 있다는 이야기다! 근대 철학의 주 무기였던 이성이 힘을 잃으면서 새로이 철학적 주제로 각광을 받은 언어가 드디어 존재를 완전히 대체하기에 이른 걸까?

비트겐슈타인의 그 주장은 말 그대로 언어로 세계를 남김없이 알 수 있다는 뜻은 아니다. 전통 철학에 관한 그의 견해는 무어보다 러셀에 가깝다. 즉 그는 윤리, 종교, 예술 등 전통 철학의 주제들을 무시하지는 않았다. 다만 그것들은 언어로 표상할 수 있는 세계가 아니라고 여길 뿐이다. 그래서 그는 《논리-철학 논고》에서 이런 유명한 말을 남긴다. "말할 수 있는 것에 관해서는 명확하게 말해야 하지만 말할 수 없는 것에 관해서는 침묵을 지켜야 한다." 언어로 표상할 수 없는 형이상학적 주제들은 말할 수 없는 것, 즉 침묵의 대상이 된다.

그렇다면 철학의 과제는 말할 수 있는 것에 관해 명확히 말하는 일이다. 어떻게 그게 가능할까? 언어는 그림이기 때문에 가능하다. 그림처럼 명확한 것은 없으니까.

언어가 세계를 반영한다는 비트겐슈타인의 말은 곧 언어가 세계의 그림이라는 뜻이다. 불과 100여 쪽의 분량에 명제들에 번호를 매겨 나열하는 독특한 서술 방식을 취한 《논리-철학 논고》의 첫 대목은 이런 구절로 시작한다.

1. 세계는 사건의 집합이다.

1.1 세계는 사물들의 총체가 아니라 사실들의 총체다.

......

1.2 세계는 사실들로 분할된다.

비트겐슈타인은 스승인 러셀의 논리원자주의를 받아들여 세계가 원자적 사실들로 구성되어 있다고 간주한다. 사실을 진술하는 언어는 세계의 모습을 보여주는 그림과 같다.

'언어＝그림'이라고 해서 우리에게 친근한 한자 같은 상형문자를 연상해서는 안 된다. 소의 모습에서 '牛' 자가 나왔고 나무의 모습을 보고 '木' 자를 만든 것은 사실이지만, 비트겐슈타인이 세계의 그림이라고 말하는 언어는 낱말이 아니라 문장을 최소 단위로 한다. 예를 들어 "개가 달린다."라든가 "바퀴는 둥글다." 같은 문장은 실제로 개가 달리는 모습, 둥근 바퀴의 모양을 그림처럼 명확하게 반영한다.

이런 언어관을 가지고 있었으므로 비트겐슈타인은 언어의 유일한 기능이 대상(사실)을 지시하거나 서술하는 데 있다고 보았다. 따라서 언어의 의미는 그것이 지시하는 대상과 일치하는지 여부에 의해 결정된다. 바꿔 말하면 지시하는 대상과 일치하지 않거나 지시 대상이 없는 언어는 무의미하다는 뜻이다. 전통적 형이상학을 이루는 언어가 바로 그런 예에 해당한다. "철학서에서 볼 수 있는 대부분의 명제와 질문은 잘못된 것이 아니라 무의미할 따름이다. 우리는 그런 질문에 답변할 수 없으며, 단지 그것이 무의미하다는 점만 확증할 수 있다."

"세상 만물은 물로 이루어져 있다." 탈레스의 이 주장은 세계를 보여주는 그림이 되지 못한다. "선천적 종합은 가능하다."라는 칸트의 말이나

"실존은 본질에 선행한다."라는 사르트르의 말, 나아가 "태초에 하느님이 천지를 창조하셨다."라는 《성서》의 첫 구절도 마찬가지로 세계에 관한 그림이 아니다. 그러므로 비트겐슈타인은 철학과 종교에 관한 기존의 거의 모든 진술이 무의미하다는 결론을 내린다. 참된 앎을 어떻게 얻을 수 있는지 사색하는 것, 술잔을 기울이며 인생을 논하는 것도 역시 모조리 무의미한 언사가 된다. 그런 말은 지적 흥미와 토론의 재미를 줄지는 몰라도 철학적으로는 아무런 의미도 없다.

이런 비트겐슈타인의 입장은 언뜻 보면 상당히 오만한 듯하다. 실제로 그는 《논리-철학 논고》를 내놓고 모든 철학적 난제를 해결했다면서 철학계에 커다란 파문을 일으킨 뒤 표표히 사라졌다(그 뒤 그는 대학교수 직을 마다하고 한동안 오스트리아 시골의 초등학교 교사로 지냈는데, 소박하게 보일지도 모르지만 사실 그것은 오만의 극치다). 내가 큰 줄기는 잡아놓았으니 나머지 잡일들은 그대들이 하라는 태도라고나 할까?

그러나 비트겐슈타인이 형이상학의 주제들을 완전히 무시한 것은 아니다. 그는 그것들이 무가치하다는 게 아니라 무의미하다고만 말했을 뿐이니까. 그가 형이상학을 통렬하게 논박하는 것을 보고 분석철학의 진영에서는 두 손 들어 환영했으나, 실상 그는 형이상학의 주제들을 전혀 사소하게 여기지 않았다. 《논리-철학 논고》에서 "이 책에서 정작으로 중요한 부분은 생략되어 있다."라고 말한 것은 그의 진심을 보여준다.

형이상학적 질문의 문제점은 중요하지 않다는 데 있는 게 아니라 답을 낼 수 없다는 데 있다. 그 이유는 질문 자체가 잘못되어 있기 때문이다. "답을 언어로 표현할 수 없을 경우에는 질문도 언어로 표현할 수 없다. 질문이 제대로 이루어질 경우에만 답이 가능하다." 그럼 질문이 제대로 이루어지지 않는 이유는 뭘까? 비트겐슈타인은 우리가 매일 사용하는 일상 언어가 왜곡되어 있기 때문이라고 말한다. 일상 언어가 참된 논리적 구조를 지니지 못한 탓에 세계에 관한 충실한 그림이 되지 못하고, 따라서 온갖 혼돈과 착각이 빚어지는 것이다. 이런 난국을 피하려면 진위를 완벽하게 판정할 수 있는 이상적인 언어가 필요하다. 현실에서 그것에 가장 가까운 언어는 자연과학의 언어지만 철학의 과제는 일상 언어의 한계를 극복하고 단점을 보완한 이상理想 언어를 만드는 것이다.

그런데 10년가량 아무런 철학적 발언이나 활동을 하지 않던 비트겐슈타인은 1929년 무렵에 갑자기 철학계에 컴백한다. 게다가 그는 《논리-철학 논고》에서 자신 있게 밝힌 철학적 입장(그림 이론)을 전면적으로 부인한다. 한 사람의 사상이 시기별로 구분되는 것은 흔히 있는 일이지만 철학의 역사상 이렇듯 극적인 전환, 더욱이 스스로가 인정한 전환은 보기 드물다. 그는 자신의 사상에서 어떤 문제점을 발견한 걸까?

언어의 의미는 용도에 있다

언어를 세계의 그림으로 본 것은 그다지 참신하지는 않아도 편리하고 유용한 발상이기는 하다. 언어의 구조를 조사하면 세계의 구조가 다 나오니까. 그래서 비트겐슈타인은 "내 언어의 한계는 내 세계의 한계"라며 언어와 세계를 자신 있게 등치시켰던 것이다. 단, 그게 통하려면 언어가 세계의 완전한 그림이어야만 한다. 형이상학적 주제들은 비트겐슈타인 스스로가 애초에 제외했으므로 상관없지만, 그 이외에 세계의 모든 것은 언어에 의해 그림처럼 표상될 수 있어야 한다. 그런데 언뜻 매끈해 보이는 그 그림 이론에서 문제점이 발견되었다.

"강아지가 침대 위에 있다."와 같은 문장은 분명히 어떤 사실을 지칭하고 있으므로 그림이라고 말하기에 손색이 없다. 그러나 일상 언어 중에서도 세계에 관한 그림이 되지 못하는 문장들이 있다. 어떤 걸까? 일단 처음에 떠오르는 것은 "강아지가 침대 위에 없다."와 같은 문장이다. 실제로 "강아지가 침대 위에 있다."는 그림이 되지만 "강아지가 침대 위에 없다."는 그림이 되지 않는다. "침대 위에 아무것도 없다."라는 문장과는 의미가 크게 다르다. 하지만 비트겐슈타인은 부정문이나 가정문처럼 논리적 상수가 포함된 문장은 그림이 아니라고 규정한 바 있으므로 이런 경우는 논외로 쳐도 되겠다("논리적 상수는 대상을 표상하지 않는다").

그런데 그런 게 아니어도 그림이 되지 않는 문장은 많이 있다. 더구나 평범한 일상생활 속에서 얼마든지 찾을 수 있다. 이를테면 "빌린 돈 갚아라."라든가 "탁구 칠래?" 같은 문장은 지시하는 대상이 없는데도 버젓이 사용되며, 또 누구에게나 쉽게 이해된다. 예전에 일상 언어를 비논리적인 것으로 여겼던 비트겐슈타인은 일상 언어의 풍부하고 다양한 쓰임새에 새삼 놀라지 않을 수 없었다. 그가 미처 고려하지 못한 것은 바로그 점, 언어의 쓰임새였다!

19세기 프랑스의 작가 플로베르는 "시처럼 율동적이면서도 과학의 언어처럼 정확한 문장"을 구사하고자 노력했다. 그래서 그는 각각의 사물마다 정확히 대응하는 낱말은 단 하나뿐이라는 일물일어一物一語의 원칙을 주장했지만—논리실증주의의 문학적 선구자라고 봐야 할까?—그게 옳다면 왜 비슷한 의미의 낱말들이 존재할까?

생물 유기체처럼 살아 움직이는 언어를 특정한 원리나 원칙으로 완벽하게 설명하기란 불가능하다. 낱말이란 고정된 뜻을 지니는 게 아니라 뜻의 그물을 가지므로 비슷한 낱말들끼리는 그물들이 서로 겹치게 마련이

5부 철학, 출구를 찾아 도약하다

다. 물론 중심적인 뜻은 있으나 거기서 멀어질수록 뜻의 그물이 중첩되는 영역도 커진다. 그 뜻의 그물을 규정하는 것은 낱말의 쓰임새, 즉 용도다.

비트겐슈타인이 《논리-철학 논고》에서 제시한 그림 언어의 개념을 폐기한 것은 바로 언어의 용도에 착안했기 때문이다. 그는 새로 바뀐 언어관을 책으로 펴내지는 못했지만 1929년에 케임브리지 대학에서 철학 강의를 시작하면서 20여 년에 걸쳐 강의록을 작성했는데, 이것이 그의 사후에 《철학적 탐구Philosophische Untersuchungen》라는 제목으로 출간되었다(결국 그는 단 두 권의 저서를 냈고 그나마 생전에 출판된 것은 한 권뿐인데도 분석철학의 태두가 될 수 있었다).

《논리-철학 논고》에서 일상 언어의 문제점을 제기하고 철학의 과제를 이상 언어의 확립으로 설정했다면, 《철학적 탐구》에서 그는 그 반대로 일상 언어의 다양하고 다채로운 용도에 주목한다. 예전과 달리 이제는 일상 언어를 '있는 그대로', 즉 일상생활 속에서 사용되고 있는 상태로 받아들이는 게 중요하다. 그래서 그는 "언어에 관해 알려거든 의미를 묻지 말고 용도를 물어라."고 말한다. 언어의 의미에 집착하던 전기의 입장에 비하면 후기에는 180도 달라진 입장이다.

일상 언어에서는 같은 언어가 여러 가지 용도로 사용되는가 하면 때로는 언표된 내용과 정반대의 의미로 사용된다. 따라서 문장 자체보다 문장을 둘러싼 맥락이 더 유의미한 경우가 많다. 예를 들어 건설 현장에서 목수가 "망치!" 하고 외쳤을 경우 그 말은 망치가 뭔지 설명해달라는 뜻이 아니다. 실제로 그렇게 알아듣는 사람도 없다. 누구나 목수가 망치를 건네달라고 말하는 것인 줄 알고 이해한다. 거북 등껍질처럼 논바닥이 갈라지는 혹독한 가뭄 끝에 "비가 오네!"라고 말하는 것과, 폭우로 터진 둑을 간신히 막아놓았는데 비가 또 내릴 때 "비가 오네!"라고 말하는 것은 전혀 다른 뜻이다. 걸핏하면 잘난 체를 하는 얄미운 친구에게 "그래, 너 잘나서 좋겠다."라고 하는 말을 정말 잘나서 부러워하는구나 하고 받아들일 사람은 없다. 이처럼 일상 언어에서의 발언이나 진술은 텍스트보다 그 텍스트를 둘러싼 맥락, 즉 콘텍스트가 더 중요한 경우가 많다(언어가 사실을 말하는 그림이 아닌 또 한 가지 이유다. 그림이라 해도 한 가지 그림인 것은 아니니까).

비트겐슈타인은 언어의 그러한 용도, 맥락을 게임에 비유한다. "'낱말이란 무엇인가?'라는 질문은 '체스에서 말[馬]이란 무엇인가?'라는 질문과 비슷하다. …… 체스의 말이 가지는 의미는 체스 게임에서의 역할이다." 모든 게임에는 규칙이 있다. 바둑의 규칙을 모르면 바둑 게임은 그저 검은 돌과 흰 돌이 아무렇게나 배열된 것에 불과하다. 공을 손으로 만져서는 안 된다는 규칙을 모르면 축구 경기가 성립하지 않는다. 펜타토닉 스케일을 모르면 블루스 음악은 그저 단순한 리듬의 반복으로 들릴 뿐이다. 〈대부 1〉이라는 영화를 보지 못했다면 〈대부 2〉에서 1920년대와 1950년대가 수시로 교체되는 장면을 이해할 수 없다.

또한 게임의 규칙은 하나가 아니고 대부분 복수이며, 그중에는 엄격한 것도 있고 유연한 것도 있다. 그냥 게임도 그렇게 복잡한데 언어 게임이라면 말할 것도 없다. 그래서 비트겐슈타인은 "한 언어를 상상하는 것은 한 생활양식을 상상하는 것"이라고 말한다.

한계에 이른 언어

전기 비트겐슈타인의 언어관이 그림 이론이라면 후기는 언어 게임이다. 전기 비트겐슈타인은 일상 언어의 논리적 결함을 지적하고 이상 언어를 추구했으나, 후기에는 일상 언어를 그대로 관찰하고 분석해 그 용도와 의미를 밝히는 것을 철학의 과제로 삼았다. 정말 극적인 전환이 아닐 수 없다. 그러나 차이에 눈이 팔려 일관성을 보지 못하면 안 된다. 비록 그 자신이 큰 변화를 인정했지만 그럼에도 불구하고 비트겐슈타인의 사상은 전기와 후기에 계속 일관되는 측면이 더 크기 때문이다.

무엇보다 말할 수 없는 것에 관해 침묵해야 한다는 입장은 전혀 달라지지 않았다. 형이상학적 주제들은 전기와 마찬가지로 후기에도 여전히 철학의 바깥으로 밀려나 있다. 비트겐슈타인은 언어 게임에서 규칙이 깨진 결과로 생겨난 게 바로 형이상학이라고 말한다. 그의 표현에 따르면 그것은 "언어가 휴가 간 날"이다. 전기와 후기를 통틀어 그가 생각하는 철학의 기능은 "우리의 지성이 언어에 의해 홀리지 않도록 하는 데 있다." 철학은 세계의 어느 것도 변화시키지 않으며, 다만 세계를 올바르게 이해하도록 해줄 뿐이다. "지금까지 철학자들은 단지 세계를 여러 가지 방식으로 해석하기만 했으나 중요한 것은 세계를 변혁하는 것"이라는 마르크스의 주장이 무색해지는 장면이다.

처음에 비트겐슈타인을 지지했던 실증주의자들은 그가 자기들의 진영에 참여하려 하지 않은 데다 그의 이론이 실상 형이상학을 완전히 무시하지 않는다는 것을 알고는 크게 실망했다(특히 카르나프가 그러지 않았을까 싶다). 그들이 보기에 비트겐슈타인은 일종의 신비주의자였다. "말로 표현할 수 없는 것들이 있다. 그런 것들은 스스로 모습을 드러낸다. 신비적인 것이 바로 그런 것들이다." 이런 비트겐슈타인의 말은 존재가 스스로 열어 보인다는 하이데거의 말이나, 말할 수 있는 것은 이미 도道가 아니라는 《도덕경》의 구절을 연상케 한다.

말할 수 없는 것에 관해서는 침묵해야 하지만, 말을 할 수 없을 뿐이지 그것이 중요하지 않은 것은 아니다. 비트겐슈타인은 다만 형이상학적 주제들을 무가치하게 여긴 게 아니라 단지 언어의 한계 너머에 속한다고 보았을 뿐이다. 그는 언어가 세계를 반영한다고 믿었으나, 인간에게는 언어와 세계의 관계를 객관적으로 판단할 수 있는 관점이 없다고 보았다. 말할 수 없는데, 즉 사유의 대상이 아닌데 어떻게 그 의미를 논할 수 있겠는가? 그렇게 보면 실증주의자들이 형이상학을 무의미하다고 믿은 것은 그들의 체계 내에서조차 정당화될 수 없는 셈이다. 자신들의 입으로 알 수 없다고 규정한 것을 멋대로 무의미하다고 단정했으니까.

사실 형이상학에서도 이미 전통적인 철학의 주제들은 해체되고 있었다. 후설이 꺼져가는 불꽃을 되살리려고 애쓰면서 참된 앎이 어떻게 가능한지 해명하기 위해 천착한 것을 끝으로, 20세기 철학자들은 더 이상 참된 앎, 즉 진리 같은 게 있다고 믿지 않았다(그 점에서, 신을 죽이고 진리의 존재를 부정한 니체는 현대 철학의 선구자다). 진리가 존재하려면 우선 단일하고 고정된 실체로서의 본질이 존재해야 하는데, 그런 본질이 존재한다는 것을 확신할 수 없는 것이다.

언어가 세계를 그대로 반영한다고 본 전기의 그림 이론에서도 사물의 본질 같은 개념이 인정되지 않았으니 후기 비트겐슈타인은 말할 것도 없다. 전통 철학에서는 선善 같은 윤리학의 주제, 아름다움 같은 미학의 주제를 다루었고 선과 아름다움의 본질이 있다고 믿었다. 그러나 비트겐슈타인의 생각은 정반대로, 우리가 '선한 것'과 '아름다운 것'의 실제 사례들을 본 탓에 거꾸로 본질 같은 것을 추상하게 된다고 말한다. "아무리 많은 종류의 게임들을 모두 고려한다 해도 모든 게임이 공통적으로 가진 것, 즉 '게임 일반'과 같은 단일한 본질은 존재하지 않는다. 다만 서로 엇갈리면서도 겹치기도 하는 일련의 유사성은 발견할 수 있는데, 그것은 가족 유사성이다"(가족 유사성을 본질과 착각해서는 안 된다는 그의 말은 중세의 보편자/개별자 논쟁과 비슷한 구조를 보인다. 철학적 문제는 돌고 돈다).

논리실증주의와 마찬가지로 비트겐슈타인도 본질 같은 개념을 추상하게 되는 이유가 언어 구조의 한계 때문이라고 보았다. 결국 언어다! 현상학의 진영에 속하는 하이데거와 메를로퐁티, 분석철학자들, 비트겐슈타인에 이르기까지 현대 철학자들은 사상의 갈래와 무관하게 거의 예외 없이 언어를 철학의 가장 주요한 테마로 삼았다. 다음 장들에서 보겠지만 20세기 사상의 흐름은 어떤 방식으로든 언어를 끌어들인다는 것을 큰 특징으로 한다.

전·후기를 통틀어 비트겐슈타인은 언어와 지시 대상의 관계에 관해서는 아무런 의심도 품지 않았다. 전기의 그림 이론은 물론이고 언어의 용도를 문제 삼은 후기에도, 텍스트에서 콘텍스트로 언어의 지평을 넓히기는 했어도 기본적으로 언어의 기능이 대상을 지시하거나 서술하는 데 있다는 믿음만큼은 버리지 않았다. 하지만 그는 몰랐어도 이미 그의 시대에 언어와 실재의 관계는 도마 위에 올라 있었다. 언어는 과연 실재를 지시할 수 있을까? 상식적으로는 당연해 보이지만 그 시기의 언어학에서 탄생한 구조주의라는 새로운 조류는 당연시된 것을 의문시해야 한다고 주장하고 있었다.

12장

인간은 없다

소쉬르, 레비 스트로스, 라캉, 알튀세르

소크라테스는 알면서도 잘못을 저지르는 사람은 없다고 말했다. 도덕을 알면 덕을 행할 것이요, 미를 알면 미학적으로 살 것이니 앎은 곧 행함이고 삶이다. 이렇게 앎을 중시하는 주지주의적 경향은 철학의 발생기부터 비롯되었다. 그래서 철학의 과제는 당연히 올바른 앎, 진리란 무엇인가였다. 영구불변의 진리를 찾기 위해 고대 철학자들은 피안의 세계를 가정했고 이 관념은 그리스도교를 낳았다. 신이 모든 것을 설명하던 중세에 철학자들은 잠시 진리에 대한 관심을 접고 신을 변증하는 논리를 개발하는 데 온 힘을 기울였다. 종교가 모든 것을 해명하지 못한다고 여긴 근대 철학자들은 인간 이성을 주체로 만들어 본격적인 인식론의 시대를 열었다.

그러나 현대에 접어들어 인식론이 한계에 부딪히자 마침내 소크라테스의 그 단단한 믿음에도 금이 가기 시작했다. 알면 곧 행하리라는 논리는 차치하고라도 궁극적인 앎이란 과연 존재하는 걸까? 진리가 존재한다면 왜 누구나 알 수 있도록 말로 표현하지 못하는 걸까? 여기서 언어의 문제가 대두되었다. 소크라테스의 믿음을 완전히 버리지 못한 하이데거는 시적 신비주의로 포장된 새 언어를 찾으려 했고, 그런 게 있을 리 없다고 생각한 비트겐슈타인은 말할 수 없는 것에 관해서는 침묵해야 한다고 선언했다.

인식론의 한계가 언어의 한계로 전화된 근본적인 이유는 철학적 사유를 이성과 의식에서 시작했기 때문이다. 이성과 의식은 자기 완결적 형이상학 체계를 구축할 수 있었지만, 그 과정에서 체계 안에 들어오지 않는 비합리와 무의식은 배제될 수밖에 없었다. 그러므로 비합리와 무의식을 설명하는 데 필요한 언어를 그 형이상학 체계 안에서 찾을 수 없는 것은 당연했다. 그런데 언어가 무의식이라면 어떨까?

언어와 사유의 관계에서 전통적 형이상학은 대체로 사유가 언어에 선행한다고 보았다(메를로퐁티가 대표적이다). 상식적으로도 생각을 먼저 하고 그것을 언어로 정리해 표현한다는 발상이 더 그럴듯해 보인다. 그러나 언어가 무의식이라면 사정은 달라진다. 무의식은 경험의 차원에 속하지 않고 의식의 통제를 받지 않으므로, 언어는 사유를 표현하는 게 아니라 오히려 사유를 낳는 근원이 된다. 그렇다면 하이데거에게는 좌절을, 비트겐슈타인에게는 포기를 안겨준 근본적 원인이 무엇인지 알 수 있다. 그들은 이성의 언어로 비합리를, 의식의 언어로 무의식을 말하고자 했던 것이다(그들과 같은 시기에 이른바 자동기술법을 도입하여 최면 상태에서 시를 쓰고 그림을 그리고자 했던 초현실주의 시인과 화가 들이 고민했던 것도 같은 맥락이다).

지시 대상이 없는 언어

비트겐슈타인이 《논리-철학 논고》에서 언어가 세계의 그림이라고 말했을 때 기호학과 구조주의 언어학의 창시자인 소쉬르(Ferdinand de Saussure, 1857~1913)가 살아 있었더라면 그게 무슨 헛소리냐며 비웃었을지도 모른다. 그는 언어가 세계를 '올바로' 반영하기는커녕 아예 반영하지도 않는다고 생각했기 때문이다(언어의 최소 단위를 비트겐슈타인은 문장으로 본 데 비해 소쉬르는 낱말로 보았다는 차이는 있다).

후기 비트겐슈타인의 언어 게임 개념에 이르면 그런대로 소쉬르와 접점을 이룰 여지가 생긴다. 비트겐슈타인이 언어 자체보다 그 용도에 주목했듯이 소쉬르도 언어의 의미를 언어 자체가 아니라 언어 구조 내에서의 위치와 기능을 통해 파악하고자 했다. 언어의 실체적 개념을 해체하고자 했다는 측면에서 두 사람의 언어관은 닮은 데가 있다. 그러나 비트겐슈타인은 지시 대상이 없는 언어를 무의미하게 여긴 반면, 소쉬르는 언어 자체에 이미 지시 대상이 없다고 보았다.

소쉬르는 언어를 기호 체계로 간주한다. 각각의 언어 기호는 소리(발음)와 뜻(의미)을 지니는데, 그는 이것을 각각 기표signifiant와 기의signifié라고 부른다. 전통적인 언어 이론에서 기표와 기의는 한 몸이다. 예를 들어 '개'라는 낱말은 애완용으로 기르거나 집과 가축을 지키게 하는 실제 동물인 '개'를 가리킨다. 개라는 말과 실제의 개, 즉 개의 기표와 기의가 일치한다는 것은 상식이다. 그렇지 않다면 어떻게 일상 언어가 성립할 수 있겠는가?

그런데 소쉬르는 바로 그 당연시된 것을 의문스럽게 여긴다. 필연적인 관계가 있는 것처럼 여겨지는 기표와 기의는 실상 자의적인 관계에 있다는 것이다. 자의적인 관계……. 말은 그럴듯하지만 실은 서로 아무런 관계도 없다는 뜻이다. '개'를 '개'라고 부르게 된 것은 순전한 우연이다. '개'는 '소'나 '돼지', '닭'이라고 불러도 아무 상관이 없다. 개를 물고기로 바꿔 부른다고 해서 물에서 살 수 있는 것은 아니다. 즉 '개'라는 낱말에서 실제의 개를 연상할 근거는 전혀 없다. 개를 다른 이름으로 부르지 않는 것은 '개'라는 낱말 자체에 필연적인 근거가 있기 때문이 아니라 단지 언어 체계에서 정해진 약속 때문이다. 쉽게 말해 개는 '소나 돼지가 아니기 때문에' 개다. 개는 짖어도 개라는 낱말은 짖지 않는다(원이라는 낱말은 둥글지 않고, 사탕이라는 낱말은 달지 않다). 우리말의 '개'만이 아니라 한자의 '犬', 영어의 'dog', 프랑스어의 'chien', 독일어의 'Hund'도 모두 마찬가지다.

말이 처음 생겨났을 때는 기표와 기의 사이에 어떤 종류의 연관이 있었을지도 모른다. 의성어에 기원을 둔 이름, 예컨대 매미나 소쩍새처럼 그 동물이 우는 소리에서 나온 이름은 기표와 기의의 관련성을 보여준다(하지만 의성어에서 비롯된 낱말이라 해도 언어마다 기표가 달라질 수 있다. 우리말의 '야옹'이 영어에서는 'mew'로 표기되는 게 그런 예다). 그러나 대부분의 낱말은 까마득한 옛날에 어땠을지 몰라도 현재는 기표와 기의가 전혀 무관하다.

기표와 기의가 무관하다는 것은 곧 언어가 대상을 지시하지 않는다는 이야기다. 언어의 유일한 기능은 대상을 지시하는 데 있다는 비트겐슈타인의 주장이 무색해진다. 기타 논리실증주의자들도 마찬가지 신세가 된다. 그보다 더 큰 문제는 언어 기호의 정의다. 개라는 낱말이 실제 개에서 나온 게 아니라면 어떻게 정의해야 할까?

흔히 정의라고 하면 사전—백과사전이나 국어사전—을 떠올릴 것이다. 그러나 사전식 정의는 두 가지 이유에서 불가능하거나 무의미하다. 첫째, 사전의 정의는 낱말의 본질적인 속성을 설명하는 것인데 언어에는 그런 본질이 없다. 전통적인 의미의 본질이 존재하려면 기표가 기의를 지시해야 하지만 그렇지 못하기 때문에 낱말의 본질적 의미 같은 것은 존재하지 않는다(여기까지는 비트겐슈타인과 크게 다르지 않다).

둘째, 사전의 정의는 그 자체로 완결되지 못하고 또 다른 정의들로 이어지면서 무수한 정의의 연쇄만 낳을 뿐이므로 소용이 없다. 예를 들어 국어사전에서 '개'라는 동물을 찾아보면 "식육목 개과 개속에 속하는 동물. 가장 오래된 가축으로 거의 전 세계에서 사육된다."라고 되어 있다. 이 정의를 완벽하게 이해하려면 식육, 동물, 가축, 사육 등의 의미를 알아야 하고, 나아가 목, 과, 속으로 구분되는 생물 분류 체계도 알아야 한다(물론 정의의 문장을 구성하는 문법 체계도 기본으로 알고 있어야 한다). 그러나 그 개념들을 사전에서 찾는다면 또 다른 개념들이 줄줄이 나올 것이다. 이처럼 사전의 정의는 낱말의 본질을 알려줄 것이라는 우리의 예상과 달리 말들이 현란하게 돌고 돌 뿐 명확한 의미를 전해주지 않는다.

소쉬르의 정의 방식은 사전과 전혀 다르다. 낱말 자체에 본질적 의미가 없기 때문에 그는 낱말의 의미를, 언어 체계 속의 다른 낱말들과 맺는 관계를 통해 정의한다(비트겐슈타인은 용도에 주목했지만 용도는 지시 대상과 분리되지 않는다). 그런데 그런 정의는 말놀이에 불과한 게 아닐까? 아이에게 말을 가르치는 과정을 보자. 어머니는 아이에게 실제의 개 또는 적어도 개의 사진이나 그림을 보여주면서 "이 동물이 개란다." 하고 말한다(그런 점에서 모든 어머니는 실증주의자다). 소쉬르의 방식대로 아이에게 말을 가르친다면 개나 개의 사진 따위는 필요 없고 소, 닭, 돼지 같은 낱말들만 필요할 뿐이다. 개 자체의 정의라기보다 소, 닭, 돼지와의 차이를 이용하는 정의다. 이런 정의가 과연 유의미할까?

아이에게 처음부터 그렇게 말을 가르치는 어머니는 없을 것이다. 그러나 초보적인 수준의 낱말들을 가르치고 나면 어머니는 곧 난관에 봉착한다. 예를 들어 화요일은 어떻게 설명할까? 남쪽이라는 방향이나 중위라는 군대의 계급은 또 어떻게 가르칠까? 화요일, 남쪽, 중위 같은 낱말들은 본래의 의미가 없고 다른 낱말들과의 관계 속에서 의미가 규정된다. 화요일은 월요일과 수요일 사이에 있는 요일이고, 남쪽은 동쪽, 서쪽, 북쪽을 제외한 방향이며, 중위는 소위보다 높고 대위보다 낮은 계급이다. 플러스가 없다면 마이너스를 정의할 수 없다. 플러스는 오로지 마이너스가 아니라는 점에서만 유의미하다. 여기서 중요한 것은 차이다. 차이가 정의를 대체한다. "한 기호의 가장 정확한 성격은 바로 다른 기호들과의 차이다."

비트겐슈타인을 비롯해 분석철학자들도 흔히 체스 게임을 예로 드는데, 그 점에서 소쉬르는 선배다. 킹, 퀸, 비숍, 나이트 등 체스의 말들은 모습이나 명칭이나 모두 그럴듯하지만, 각 말의 기능은 말의 실체에서 나오는 게 아니라 단지 약속에 의해 정해진 것일 뿐이다. 설사 퀸이 우아한 여왕처럼 생긴 말이 아니라 해도 직선과 사선으로 갈 수 있다는 뛰어난 기능은 달라지지 않는다. 캐슬이 직진한다는 것은 캐슬 자체에서 나오는 성질이 아니다. 각 말은 서로 구분될 수만 있다면 모양이야 어떻든 아무런 상관이 없다. 중요한 것은 말들의 차이밖에 없다.

이렇게 언어 기호의 의미는 부정과 차이를 통해서만 가려진다. 실체적 가치가 없고 차이만 있다면, 또 정의가 차이에 의해 내려진다면, 언어에서 중요한 것은 알맹이가 아니라 껍데기인 셈이다. 늘 알맹이에만 주목했던 전통적인 언어관이 힘을 잃는다. 칸트의 코페르니쿠스적 전환을 능가하는 관점의 전환이다. 전통적 형이상학에서 중요했던 동일성과 실체성도 언어학에서 무참하게 무너진다. 동일성보다는 차이가, 실체보다는 관계가 훨씬 더 중요해진다. 소쉬르는 같은 세대에 속하는 니체나 프로이트와 만난 적이 없지만 놀랄 만큼 동시대성을 보여준다. 언어학에서, 철학에서, 정신의학에서 탈현대성은 거듭 확인되고 있다.

언어 구조는 언어를 사용하는 개개인과 무관하게 사회적 약속이라는 점에서 객관적인 구조로 존재한다. 언어 기호의 의미는 흔히 생각하는 것처럼, 또 후대에 비트겐슈타인이 생각한 것처럼 그것을 사용하는 개인들이 부여하는 게 아니라 기호들 간의 차이와 관계, 기호들을 조직하는 규칙에 의해 발생한다. 여기서 구조주의의 기본 개념이 나온다.

드러난 것과 숨은 것

체스의 말들은 차이로 구분되기 때문에 얼마든지 대체가 가능하다. 만약 한쪽 편의 폰을 한두 개 잃어버렸다면 병뚜껑이나 돌멩이를 대신 갖다놓고 게임을 할 수 있다. 그래도 체스의 규칙은 변하지 않는다. 마찬가지로 '개'라는 말을 '소'나 '닭'으로 바꿔도 언어의 규칙, 문법은 달라지지 않는다. 낱말의 차원에서는 차이가 지배하지만 문법의 차원에서는 불변의 구조가 존재한다. 이 문법 구조를 소쉬르는 랑그^{langue}라고 부른다.

랑그와 달리 각각의 발언 행위, 즉 파롤^{parole}은 수시로 변한다. "엉덩이를 차버릴까?"라는 말과 "궁디차삐까?"라는 말은 같은 랑그에서 나왔으나 파롤은 크게 다르다. 이런 사투리만이 아니라 같은 언어를 사용하는 경우에도 파롤은 사람마다 달라지고, 같은 사람이라도 발언을 할 때마다 달라진다. 파롤은 영원히 일회적이며 다시 반복되지 않는다. 그러나 아무리 파롤이 다양하다 해도 그 저변에 깔린 랑그라는 규칙은 변함이 없다. "버릴까 차 엉덩이를?" 이런 식으로 랑그를 인위적으로 파괴하는 경우가 아니라면, 같은 랑그에서 나온 파롤은 무수한 변형에도 불구하고 누구에게나 같은 뜻으로 전해진다. 무한히 다양한 파롤들이 같은 의미를 전달할 수 있는 것은 불변의 랑그가 있기 때문이다.

역사적으로 본다면 아마 각각의 파롤이 쌓이고 쌓여 랑그를 형성했을 것이다. 신종 범죄가 생기면 그것을 다루는 법이 제정되듯이 문법 역시 언제나 사후적으로 성립한다. 즉 문법이 먼저 만들어지고 발언 행위가 이루어지는 경우는 없다. 그러나 일단 문법이 만들어진 뒤에는 개별 발언 행위를 거꾸로 규제하게 된다('기원'을 통해 언어를 설명하려는 시도는 실패한다. 구조가 일단 탄생한 뒤에는 기원이 무의미해진다). 문법은 어느 개인의 창작이 아니라 사회적인 약속이기 때문이다. 따라서 랑그는 각각의 파롤을 규제하며 파롤에 의미를 부여한다. 아이가 말(파롤)을 처음 배울 때는 언제나-이미 존재하는 문법(랑그)을 익혀야 한다. 아이는 문법에 따라 말해야 하며, 반대로 아이의 말이 문법에 영향을 주지는 않는다. 이런 점에서 문법은 일종의 무의식이다.

후기 비트겐슈타인처럼 소쉬르도 생전에는 주요 저작을 펴내지 않았는데, 사후에 후학들이 그의 강의록을 모아 《일반 언어학 강의Cours de linguistique générale》라는 책으로 발간했다. 그 덕분에 그 자신의 의도와는 무관하게 소쉬르는 좁게는 구조언어학, 넓게는 구조주의라는 철학 사조의 선구자로 자리매김하게 되었다. 비록 소쉬르에게 선구자의 명예는 양보했으나 그의 언어학적 사상을 이어받아 구조주의의 기틀을 확립한 사람은 레비 스트로스(Claude Lévi-Strauss, 1908~2009)다.

구조주의는 특별한 사상의 조류라기보다 새로운 방법론이자 인식론의 성격이 강하기 때문에 흔히 다른 학문과 결부된 형태를 취하는 경우가 많다. 소쉬르가 언어학자였듯이 레비 스트로스도 철학이 아니라 사회인류학을 연구했다. 알다시피 인류학은 다양한 사회 형태를 비교·분석하는 학문이다. 서로 다른 대상들을 비교하려면 뭔가 공통적인 요소가 필요하다. 그래서 레비 스트로스는 소쉬르에게서 랑그/파롤의 구조주의적 개념을 차용해 사회를 분석하고 비교하고자 했다. 여기서 개별적인 사회의 형태는 파롤의 층위에 해당하고 모든 사회의 공통점은 랑그에 해당한다.

소쉬르의 랑그/파롤은 레비 스트로스에게서 심층/표층의 이분법으로 나타난다. 표층에서 보면 사회마다 다양한 문화적 특성과 차이가 존재하지만, 모든 사회의 심층에는 사회의 성립과 존속을 가능케 하는 것, 즉 보편적 성질이 있다. 심지어 표층에서는 전혀 달라 보이는 것이라 할지라도 심층에서는 생각하지 못한 공통점이 발견될 수도 있다.

랑그는 개별 파롤들의 근저에 흐르는 규칙이기 때문에 경험의 대상이 아니다. 말을 배우는 아이는 먼저 문법 체계부터 학습하는 게 아니라 반복되는 발언 행위를 통해 무의식적으로 문법을 익힌다. 아이가 의식적으로 발언을 학습하는 동안 문법 구조가 자연스럽게 아이의 무의식 속으로 들어가게 되는 것이다. 여기에 착안한 레비 스트로스는 사회구조를 사회적 무의식이라고 규정한다. 소쉬르와 더불어 프로이트도 차용된다.

그렇다면 그 사회적 무의식을 어떻게 인식할까? 경험의 대상이 아니므로 직접 인식은 불가능하다. 그러나 무의식이 농담, 실수, 꿈을 통해 가끔씩 모습을 드러내듯이 사회구조도 특별한 방식으로 인식할 수 있다. 사실 구조는 그 자체로 인식 불가능한 게 아니다. 구조는 언제나-이미 드러나 있으나 우리에게 너무나 익숙한 탓에 평소에는 당연시되고 넘어갈 따름이다. 다만 개별 무의식은 (프로이트가 자유연상법을 쓴 것처럼) 애써 찾고 캐내야만 알 수 있는 데 비해 사회적 무의식은 당연시된 것을 의문스럽게 여길 때 인식의 대상이 될 수 있다.

구조가 명백히 모습을 드러내도록 하기 위해서는 알리바이, 즉 부재증명의 원리를 사용하면 된다. 우리는 드러난 것^{presence}을 보는 데 익숙하고 숨은 것^{absence}을 보는 데는 익숙하지 못하다. 하지만 드러난 것을 숨기면 숨은 것이 자연히 드러나게 된다. 예를 들어 노래방의 장면을 생각해보자. 한 사람이 노래를 부를 때 듣는 사람은 노래를 듣지 노래방 기계에서 나오는 반주를 귀담아듣지 않는다. 이때 노래는 '드러난 것'이고 반주는 '숨은 것'이다. 그런데 반주를 갑자기 꺼버리면 어떻게 될까? 노래는 전과 같지만 들리는 양상은 크게 달라진다. 아무도 듣지 않은 채 당연시되고 넘어가던 반주가 의식 선상에 떠오르는 것이다. 반주가 있을 때는 반주의 존재를 의식하지 못했으나 반주가 없어질 때는 그 부재를 깨닫는다(11장에서 본 목수의 망치질, 손가락 통증의 투명한 실존도 그런 경우다. 구조주의와 현상학은 서로 전혀 무관할 뿐 아니라 대척적임에도 불구하고 놀랄 만큼 동시대성을 보인다).

영화를 볼 때 영화 전문가가 아니라면 대다수의 관객은 배우들의 연기나 기본 스토리를 쫓아갈 뿐 배경은 별로 눈여겨보지 않는다. 이때 배경은 당연시되고 있다. 그러나 배경이 없거나 배경에서 잘못된 게 눈에 띈다면 사정은 달라진다. 이를테면 사극에 나오는 주막의 벽에 화장지가 걸려 있다거나 주모가 볼펜을 사용한다면 당연히 관객들은 스토리에서 벗어나 그 장면에 주목하게 된다. 당연시되는 것이 의문시되는 순간이다. 영화의 문법에서는 당연시되는 게 당연시된 상태로 남아야 한다. 그래야만 감독이 원하는 장면에 관객의 주의를 모을 수 있다. 하지만 그러기 위해서는 아무도 주목하지 않는 배경에 세심하게 신경을 써야 한다. 누구도 보지 않지만 누구도 보지 않게 하기 위해 의식적인 노력을 기울여야 한다는 역설이 성립한다. 만화가가 아무도 눈여겨보지 않는 배경까지 공들여 그리는 이유도 바로 숨은 것이 계속 숨어 있도록 하기 위해서다.

드러난 것과 숨은 것의 변증법은 사회현상에서도 포착할 수 있다. 국가 주도의 경제성장 전략이 사회 전 부문을 옥죄던 1970년대의 한국 사회에서는 수출 규모와 GNP 같은 가시적인 지표가 드러난 것이었고 그 과정에서 열악한 노동조건과 저임금에 시달린 노동자들은 숨은 것이었다. 개발 전략을 주도한 독재 정권은 국민들에게 드러난 것만 보여주고 숨은 것은 계속 숨어 있도록 하기 위해 언론에 재갈을 물리고 사회를 통제했다.

하지만 여기에는 더 심원한 차원의 드러난 것과 숨은 것도 있다. 이른바 경제개발 5개년 계획 같은 수출 드라이브 정책이 외형적 성공을 거두면서 드러난 것에 관한 한 한국 경제는 곧 선진국의 대열에 합류할 수 있을 듯이 보였다. 그러나 그 가시적 성과의 배후에는 독재 정권조차 의식하지 못한 또 다른 숨은 것이 있었다. 그것은 바로 자본주의의 가장 농밀한 부분에 대한 근본적인 오해, 즉 금융이었다.

산업·상업 자본주의의 원리는 드러난 것이므로 삼척동자라도 이해할 수 있다. 싸게 만들어 비싸게 팔면 산업자본주의요, 싸게 사서 비싸게 팔면 상업자본주의다. 이런 자본주의적 정신은 원시사회에도 있었다. 정작 자본주의를 자본주의로 만드는 것, 숨은 것은 금융이다. 서양에서 자본주의적 금융의 개념이 처음 생겨난 것은 14~15세기에 대항해 시대를 주도한 북이탈리아와 이베리아에서였다. 당시 몇 년씩 걸리던 향료 선단을 구성하기 위해 그 지역에서는 은행, 주식, 보험 등의 금융 제도가 자연 발생적으로 생겨났다. 그 뒤 금융 부문은 수백 년 동안 서양에서 무수한 시행착오를 겪으면서 발전해왔는데, 한국 사회는 20세기에 자본주의가 외부로부터 이식되었으니 그런 역사가 부재했거나 생략된 것이다. 그 구체적 표현이 금융 부실이다.

　허울이 시중은행일 뿐 모든 은행은 사실상 국영이었다. 은행들은 수출 정책에 시녀 노릇만 하면 될 뿐 자체 수익을 창출하려 하지 않았다. 대기업의 부동산을 담보로 잡고 수익이 나지 않아 끙끙댈 경우에도 은행들은 한국은행에서 수혈해주는 돈으로 거뜬히 부도를 면할 수 있었다. 실은 일반 사람들도 은행이 파산한다는 것은 상상하지도 않았다. 금융은 철저히 숨은 것으로 남아 있었다. 결국 그런 관행은 금융의 총체적인 부실화를 가져왔고 그 모순이 쌓여 1997년에 이른바 '외환 위기'로 나타나게 된다. 텔레비전 9시 뉴스에 환율과 신용 평가 등급이 연일 톱기사로 보도될 때에야 비로소 한국 사회는 금융의 중요성을 알았고, 신용이라는 것이 장사꾼의 덕목에 불과한 게 아니라 엄연한 경제 지표의 하나라는 것을 깨달았다. 부실이 표면화되지 않았던 시대에 금융은 숨은 것이었으나―마치 영화 속의 잘못된 배경처럼―문제가 발생하자 금융은 누구나 부실을 목도할 만큼 드러난 것이 되어 경제 위기로 터져 나온 것이다.

　선진사회의 강점은 드러난 것보다 숨은 것에 주목할 줄 아는 안목에 있다. 아무리 외형적인 경제 규모가 커지고 나라 안팎의 살림살이가 좋아진다 해도, 아무리 인터넷이 발달하고 올림픽에서 따는 금메달 수가 많아진다 해도, 숨은 것을 찾아내고 당연시된 것을 의문스럽게 여기는 구조주의적 관점이 없으면 진정한 선진사회는 불가능하다. 숨은 것을 포착하려면 정교함이 필요하다. 선진사회가 누구의 눈에도 쉽게 보이는 경제

성장이나 사회적 인프라의 구축보다 장애인이나 사회적 소수자에 대한 배려를 더 중시하는 이유는 거기에 있다. 이런 정교함은 장차 사회 진화의 핵심 가치로서 갈수록 더욱 중요해질 것이다.

중심에서 밀려난 인간

프로이트가 단편적으로 드러나는 무의식의 징후들을 찾아 무의식의 체계를 밝히고자 했듯이, 레비 스트로스는 사회적 무의식인 사회구조에서 이따금씩 드러나는 징후들을 모아 사회의 보편적인 특성을 파악하고자 했다. 브라질과 폴리네시아의 여러 부족사회를 연구한 결과 그가 찾아낸 것은 놀랍게도 '합리성'이었다. 합리성이라니! 원시적 사회에도 합리성이 있단 말인가?

인류학의 초창기에는 각 사회와 문화의 요소들이 그 사회가 존속하는 데 도움을 주기 때문에 생겨났다는 기능주의적 접근이 일반적이었다. 그러나 이런 관점에서는 사회마다 유용성의 기준이 다르다는 점을 수용할 수 없다. 관점을 전환하면 합리성이라는 개념도 하나의 정의만 있는 게 아니라는 것을 알 수 있다.

레비 스트로스는 이른바 '원시적인' 부족사회에서도 서구의 합리성에 못지않은 정교한 논리가 관철되고 있다는 것을 발견한다. "필리핀의 하누누족은 새의 종류를 75개의 범주로 구분하고, 뱀은 10여 가지, 물고기는 60여 가지로 분류한다. …… 곤충은 108가지로 분류하고 각기 다른 이름을 붙였으며, 개미의 종류만도 13가지나 된다." 또한 하누누족은 계절을 건기와 우기로 나누기 때문에 색깔도 빨강, 파랑, 녹색이 아니라 마

5부 철학, 출구를 찾아 도약하다

른 색, 말라빠진 색, 축축한 색, 끈적끈적한 색 등으로 분류한다. 아마존의 어느 부족은 축축함을 중요한 기준으로 삼기 때문에 두꺼비, 야자수 잎, 겨드랑이를 같은 종류에 속하는 것으로 간주한다. 이렇듯 문화는 각 사회의 고유한 생활 방식과 밀접하게 관련이 있으므로 어느 것이 더 우월하다는 식의 절대적인 가치 평가를 한다는 것은 우스꽝스럽고 '야만적인' 짓이다.

그 반대로 '세련된' 문화에서도 원시적인 사고의 예를 찾아볼 수 있다. 엘비스 프레슬리의 머리카락이 경매에 매물로 나온다든가, 첨단 기업을 이끄는 굴지의 기업가가 점쟁이의 말을 듣고 투자 방침을 결정한다든가, 고도로 발달한 정책 결정 기구를 두고도 룸살롱이나 골프장에서 중요한 정치적 타협이 이루어지는 경우가 그런 예다.

이렇게 '원시적인' 문화와 '세련된' 문화가 혼재하는 양상을 보면 과연 사회 진보라는 게 뭔지 모를 일이다. 오히려 레비 스트로스는 서구적 진보의 개념에 내포된 위험성에 주목한다. "진보에 열광하는 사람들은 자신들이 관심을 가진 좁은 지역 너머에 실제로 인간이 축적해온 무한한 풍요가 있다는 사실에 대해서는 거의 알지 못한다. 그런 입장은 과거에 이루어진 것을 과소평가함으로써 앞으로 우리가 이루어야 할 모든 것을 헐뜯는 셈이다."

이와 같은 인류학적 연구 성과와 더불어 레비 스트로스가 발견해낸 사회의 무의식적 구조는 근친혼의 금지다. 원시사회든 문명사회든 모든 인간 사회는 근친혼을 금지한다는 공통점이 있다. 규칙이 없으면 체스 게임이 성립할 수 없듯이, 근친혼의 금지가 없으면 가족은 성립해도 사회는 성립할 수 없다. 가족 내의 결혼이 금지되어 있기 때문에 한 가족은 반드시 다른 가족과 결혼을 매개로 교류해야 하는데, 그 과정에서 사회가 생겨난다.

근친혼을 금지하는 규칙은 프로이트가 말한 오이디푸스콤플렉스와 통한다. 그리스 신화에서 운명에 의해 아버지를 죽이고 어머니와 결혼하는 오이디푸스는 사회의 성립을 저해하는 장애물이다. 그가 어머니와의 사이에서 낳은 네 자매는 그에게 자식인 동시에 형제다. 이렇게 콩가루 집안만이 존재한다면 사회는 성립할 수 없다. 물론 오이디푸스도 자신을 낳은 어머니와 아버지를 몰랐기 때문에 의식적으로 죄를 지은 것은 아니다. 근친혼의 금지라는 규칙은 어느 누구도 의식하지 못한 채 당연시하는 사회적 무의식으로 작용한다. 어느 사회도 처음부터 근친혼을 금지한다는 규칙을 '의식적으로' 정하고 출발하지는 않았기 때문이다.

여기서 레비 스트로스가 발견한 근친혼의 금지라는 규칙이 과연 실제로 사회가 존립하기 위한 근본 조건인지의 여부는 중요하지 않다(인류학과 철학은 초점이 다르니까). 중요한 것은 레비 스트로스의 '이론'이 아니라 '방법'이다. 17세기의 홉스와 로크(6장), 18세기의 루소(Interlude II)와 같은 사회계약론자들은 사회가 성립하는 메커니즘을 설명하면서 인간의 이해관계를 중시했다. 논지는 약간씩 다르지만 그들은 모두 서로 다른 개인들의 이해관계를 조정하기 위해 사회와 국가가 탄생했다고 주장했다. 그러나 레비 스트로스의 방법은 개인의 이해관계를 중시하지 않으며, 심지어 사회 구성원마저도 배제한다. 사회를 형성하는 것은 근친혼의 금지라는 사회적 무의식이다.

인간의 경험으로 접근할 수 없는 사회구조, 개별 무의식이 아닌 사회적 무의식. …… 구조주의에는 인간의 지평이 없다. 사회의 주체는 구조이지 인간이 아니다. 헤겔류의 절대정신이 부활한 걸까? 그러나 레비 스트로스는 비록 경험의 가치를 부정한다는 측면에서 플라톤에서 헤겔에 이르는 수천 년의 합리론적 전통을 따르고 있지만—이 점에서 소쉬르와 차이가 있다— '발로 뛰는' 인류학을 연구한 만큼 관념론과는 거리가 멀다. 물론 사회는 외형상 인간의 집단이므로 인간의 관점에서 설명하지 않는다면 이상하게 여겨지는 것은 사실이다. 그러나 인간의 이성과 의식을 출발점으로 삼았던 근대 철학의 틀에서 벗어나 무의식을 강조하는 현대적 경향을 고려하면 그 맥락을 충분히 이해할 수 있다.

무의식이 그렇듯이 구조는 직접 경험되지 않지만 모든 개별 경험의 근저에서 보이지 않는 힘으로 작용한다. 약간 과장한다면 인간은 구조의 원격조종을 받는 꼭두각시의 처지인 셈이다. 물론 인간의 자유의지를 전면적으로 부정하는 것은 아니다. 각각의 파롤이 모여 랑그에 장기적으로 영향을 주듯이 어차피 구조를 만드는 것은 인간의 실천이다. 다만 그런 언어적 실천과 문법 구조의 성립은 차원이 다르며 다른 룰이 적용된다. 게다가 그렇게 형성된 구조는 개별적 실천과 무관하게 마치 자체의 생명력을 가진 체계처럼 작동하며, 거꾸로 개별적 실천에 지대한 영향을 미친다(누구나 문법에 따르지 않으면 언어생활에 동참할 수 없으니까). 그렇다면 적어도 근대 철학에서처럼 인간 이성이 강력한 주체로서의 지배적인 지위를 누리지는 못하게 되었다.

주체로부터 출발하거나 주체를 형성 또는 설명하려는 모든 철학적 시도는 주체의 배후에 놓인 구조의 힘을 무시하거나 망각하고 있다. 현상학과 분석철학의 거센 공세에 시달리면서도 근근이 명맥을 유지하던 이성적 주체는 구조주의 앞에서 완전히 무너져 내린다. 인간은 모든 분석과 인식의 중심에서 탈락하고 경험의 가치마저 초라해진다. 멀리는 플라톤 이래, 가까이는 데카르트 이래 무소불위의 권력을 떨치던 이성적 주체는 쓸쓸히 철학사의 뒤안길로 사라진다.

하지만 낡은 문제가 사라진 대신 새로운 문제가 생겨난다. 이성적 주체가 비운 자리는 무의식이 차지할 것이다. 그렇다면 무의식을 어떻게 의식의 언어로 표상할 것인가? 이를 위해서는 먼저 무의식에 대한 체계적 분석이 필요하다. 이 작업은 인류학이 아닌 정신분석학을 연구한 또 다른 구조주의자가 진행한다.

언어는 무의식이다

무의식에 처음 주목한 프로이트도 그랬듯이 무의식을 체계적으로 분석하고자 한 라캉(Jacques Marie Émile Lacan, 1901~1981)도 정신과 의사였다. 원래 무의식도 의식에 못지않게 체계적으로 조직되어 있다고 믿고 무의식을 해명하고자 한 사람은 프로이트였기에 라캉의 기본 모토는 "프로이트에게로 돌아가자."라는 것이었다. 다만 라캉은 프로이트의 정신분석학적 관점을 수용하되 여기에 한 가지를 빼고 한 가지를 더한다. 뺀 것은 프로이트가 정신분석의 주요 도구로 삼았던 성욕의 개념이며, 더한 것은 소쉬르의 구조언어학이다.

프로이트가 발견한 것은 무의식이 의식에 의해 억압되어 있으나 의식처럼 모종의 판단 작용을 하고 의식에 영향을 준다는 사실이었다. 또한 소쉬르는 언어의 의미를 발화자가 부여하는 게 아니라 기호 자체의 소산이라고 간주했다. 라캉은 이 두 가지 입장을 종합해 "무의식은 언어처럼 구조화되어 있다."라는 진단을 내린다. 이 말은 무의식이 체계적이라는 것과 더불어 언어 자체가 무의식이라는 것을 뜻한다. 사유가 선행하고 사유의 내용을 표현하거나 전달하는 수단이 언어라는 전통적인 언어관은 전복된다. 의식적인 주체가 언어를 사용하는 게 아니라 그 반대로 언어가 주체를 규정한다. "내가 말을 하는 게 아니라 말이 나를 통해 드러난다."라는 것이 바로 라캉의 입장이다.

아무리 19세기식 자유의지의 관념이 붕괴했다 하더라도 적어도 말에 관한 한 인간은 완전한 자유의지를 가지고 있다는 게 상식이다. 말은 말하는 사람의 의도를 그대로 전달하는 도구일뿐더러 때로는 거짓말을 하는 것도 말하는 사람의 자유다. 연인에게 나는 "너를 사랑한다."라고 말할 수도 있고 "이젠 네가 싫어졌어."라고 말할 수도 있다. 점심식사로 짜장면을 먹고 싶은데 "짬뽕이 먹고 싶다."라고 말하는 것도 내 자유다. "아, 말도 맘대로 못해?" 좀 심한 이야기를 했다 싶으면 이렇게 말하며 멋쩍게 웃어넘길 수도 있다. 그러나 말도 맘대로 못하는 정도가 아니라 생각도 맘대로 하는 게 아니라면 어떨까?

우리가 말한다는 것은 언어의 규칙에 따른다는 뜻이며, 언어의 규칙에 따른다는 것은 우리가 만들지 않았고 언제나-이미 존재하는 언어 구조에 참여한다는 의미다. 단어와 문장을 선택하는 데 자유의 폭이 전혀 없는 것은 아니지만, 불행히도 우리는 단어, 문장, 문법을 직접 만들어 쓰는 게 아니라 기존의 것들을 가져다 조합할 수 있을 따름이다. 아무리 뛰어난 작곡가나 화가라 하더라도 새로운 음이나 색을 창조하지는 못하고 기존의 음과 색을 빌려다 음악과 미술 작품을 만들 수밖에 없다. 그 음과 색은 언젠가, 누군가가 만들었겠지만 현재의 음악과 미술의 '구조'에 참여하는 창작자의 입장에서는 언제나 '기존의' 음과 색일 뿐이다. 그것은 예술 창작의 심각한 제약인 동시에 창작 행위를 가능하게 하는 조건이다.

소쉬르에 따르면 기표(말)는 기의(말하는 사람의 의도)를 투명하게 전달하기는커녕 기의와 무관하다. 기표가 기의를 반영해 의미를 나타내는 게 아니라 다른 기표들과의 관계에 의해 의미가 결정된다. 언어 구조가 무의식적이기 때문에 이런 기표의 힘은 무의식적으로 작용한다. 라캉은 기표가 가진 강력한 힘, 제약, 강제성을 가리켜 기표의 물질성이라고 부른다. 우리의 말은 의식하지 못하는 사이에 이미 물질적 힘을 지니는 기표의 규칙에 종속되고 예속되어 있다.

　말이 그렇다면 글은 더 심하다. 글은 말보다 더 마음대로 되지 않는다. 인터넷 기사에 한 줄짜리 댓글 다는 거라면 모르지만, 친구에게 간단한 메일 한 통 쓰는 일도 글을 쓰다 보면 뜻대로 되지 않기 일쑤다. 예를 들어 낮에 좀 심하게 다툰 일을 사과하기 위해 친구에게 메일을 쓸 때 기존의 단어와 문장으로 자신의 진심을 완벽하게 담아내기가 얼마나 어려운지 실감하게 된다. 그렇다고 단어를 마음대로 만들고 문법을 멋대로 뜯어고칠 수는 없다. 언어는 사용자의 의지와 무관하게 존재하는 객관적 구조이며 누구나 언어를 사용하는 한 따를 수밖에 없는 사회적 약속이기 때문이다.

　무의식이 거의 배제되고 확실하게 의식적인 언어도 있다. 법조문과 같이 특정한 메시지를 최대한 객관적으로 전달하는 데 주력하는 언어는 비록 기존의 언어 규칙에 종속되더라도 무의식성이 훨씬 덜하다. 이런 경우에는 언어가 의도를 전달하는 수단이라고 말해도 좋을 것이다. 그러나 그런 식으로 전달될 수 있는 것은 지극히 단순한 의도밖에 없다(법조문의 문장이 건조한 것은 그 때문이다). 의식적 언어의 기표는 의미가 고정되어 있으므로 기표 특유의 창조성이 제한된다. 이런 언어는 인간의 언어라기보다 동물의 몸짓이나 거의 다를 바 없다.

　그에 비해 무의식은 사회적 약속에서 비롯되는 기표의 현실적 의미를

5부 철학, 출구를 찾아 도약하다

고려하지 않기 때문에 언어 구조의 속박을 받지 않는다. 그래서 기표와 자유로이 어울려 무의식 특유의 은밀한 의미를 낳는다. 공적인 법조문과 대조적으로 가장 사적인 언어, 기표의 창조성이 무한정 발휘된 언어는 바로 시다. 8장에서 말했듯이 진정한 시인은 릴케가 말하는 추억의 쌓임과 잊음에서 시의 첫 구절을 뽑아낼 줄 아는, 의식과 무의식을 오가는 경계선에 위치해 있다. 시는 무의식적 기표의 의미와 시인이 의식적으로 부여한 의미가 조화된 결과로 탄생한다.

기표의 의미에만 충실할 경우에는 정신병 환자가 된다. 라캉에 따르면 환자가 시인과 다른 점은 환자의 언어가 기표들의 관계를 사적인 범위로만 국한한다는 것뿐이다(그래서 환자는 자신만의 사적인 세계에 머물고 있다). 거꾸로 말하면 참된 시인은 광기를 지니고 있다는 이야기가 된다. 시인은 광인이다! 하이데거에 이어 라캉도 시에서 철학적 언어의 대안을 찾고 있다.

욕망마저 빼앗긴 주체

소쉬르는 기표와 기의가 무관하다고 말했지만 그것은 낱말과 지시체의 관계를 가리키는 것일 뿐—"개라는 낱말은 짖지 않는다"—언어 본래의 기능, 즉 의사소통의 영역을 가리키는 것은 아니다. 기표와 기의의 관계가 항상 자의적이라면 일상생활은 무너지고 말 것이다. 소쉬르는 의사소통에서 기표와 기의의 일치가 가능하다고 여겼다. 그러나 라캉은 기표와 기의 사이에 근본적인 단절이 있다고 본다. 바꿔 말해 언어는 말하는 사람의 의도를 결코 완벽하게 표현하거나 전달할 수 없다. 또한 프로이트는 꿈이나 실수를 통해 무의식의 징후(기표)를 읽을 수 있다고 여겼으나, 라캉은 그 무의식도 억압, 변형 때로는 날조되어 있는 탓에 기의를 온전히 나타내지 못한다고 본다. 소쉬르와 프로이트보다 한 걸음씩 더 나아간 셈이다(방향은 더 비관적이지만). 그렇다면 언어는 어떻게 그런 단절을 뚫고 사회적 기능을 수행하는 걸까?

기표와 기의 사이에 단단한 장벽이 있다면 언어의 기능은 마비된다. 그런데 다행히 그 장벽은 벽돌로 된 게 아니라 성긴 울타리와 같아서 분열된 기표와 기의가 만나는 것을 간헐적으로 허용한다. 하지만 말끔한 만남이 아닌지라 그 만남은 접착제로 붙인 것처럼 찰싹 달라붙지 못하고 끊임없이 겉돈다. 이런 현상을 라캉은 "기표가 기의 위에서 미끄러진다."고 말한다. 이따금 일시적으로 기표와 기의가 제대로 된 만남을 가질 때가 있는데, 라캉은 이 순간을 '카피통(capiton: 의자의 쿠션을 고정하는 장치)'이라고 표현한다. 말과 세계가 절묘하게 맞아떨어지는 순간, 시인은 그런 경험을 비교적 자주 하겠지만 일상적인 예도 있다. 친구한테 사과하는 메일을 보낼 때 까다로운 대목에서 자신의 심정을 적확하게 표현해주는 알맞은 어구를 찾아냈을 때를 카피통에 비유할 수 있다.

언어를 알기 이전의 유아는 기표 자체를 모르기 때문에 당연히 기표와 기의의 분열을 겪지 않는다. 기표의 방해를 받지 않으므로 유아는 기의와 일체화되어 있다. 유아는 거울에 비친 자기 모습을 보고 처음으로 자아를 의식하며, 이 세상에 자기 혼자만 존재하는 것으로 여기는 상상계에 머물고 있다. 이 시기에는 다른 유아를 보고도, 심지어 자기 엄마를 보고도 자기만 인식한다. 말하자면 유아독존(唯我獨尊인 동시에 乳兒獨存)인 셈이다. 그러나 생텍쥐페리가 《어린 왕자》의 첫머리에서 말한 것처럼 어른들은 누구에게나 어린 시절이 있지만 그것을 기억하는 어른은 많지 않다. 따라서 자신이 유아기에 제왕이거나 시인이거나 광인이었다는 사실을 대부분 기억하지 못한다. 유아는 유아독존이므로 제왕이며, 혼자만의 무의식적 상상 속에 살고 있으므로 시인이거나 광인이다.

그러나 말을 배우고 상상계에서 벗어나면 언어의 세계, 즉 상징계로 들어가게 된다. 상징계에서 맨 처음 겪는 일은 이름을 받는 것이다. 이름으로 불리는 순간 아이는 제왕의 지위에서 밀려나 기표들의 세계에 "자신을 등록해야 한다." 이제 아이는 좋든 싫든 그 이름에 포함된 모든 규칙과 질서, 특히 각종 금제를 받아들일 수밖에 없다. 게다가 아무렇게나 표시해도 좋았던 자신의 의사도 기표의 규칙에 따라, 기표의 범위 안에서만 표현해야 한다(대소변을 가리는 행위도 기표가 제약되는 예다. 아이는 예전처럼 아무 데서나 마음대로 대소변을 보지 못한다). 그렇게 하지 않으면 시인혹은 광인으로 취급 받을 텐데 후자의 가능성이 더 클 것은 당연하다. 무엇보다 큰 시련은 언어 구조의 '양육'을 받게 되면서 기표와 기의가 분열되는 경험이다. 라캉은 이것을 최초의 억압 혹은 원초적 억압이라고 부른다.

상징계로 들어가면 하나의 인간으로서 개체성(개성)을 부여 받는 혜택도 누리게 되지만—이름이 그 징표다—그 대가는 혹독하다. 자아와 주체가 형성되었으되 그 자아와 주체의 주인은 내가 아니라 기표다. 따라서 주체는 결코 주체적이지 않다. 주체는 기표의 물질성에서 나오는 강제성에 복종해야 하며, 기표의 장벽 때문에 기의로부터 멀어지고 실재로부터 소외된다. 그와 동시에 본능적 욕구가 언어로 번역되면서 욕망이 된다. 이 욕망은 갈증이나 배고픔 같은 '욕구'와도 다르고 욕망의 의식적 표현인 '요구'와도 구분된다. "욕망은 요구가 욕구로부터 분리되는 지점에서 형태를 취하기 시작한다." 라캉에 따르면 욕망은 근원적인 결핍이다(이 점에서 라캉은 플라톤 이래 사르트르까지 서구 형이상학의 전통을 따르고 있는데, 이와 달리 욕망을 생산적으로 보는 관점—예컨대 스피노자—은 나중에 들뢰즈가 부활시킨다). 그러나 욕망은 존재의 결핍이자 존재하려는 결핍이기도 하다.

유아 시절의 본능적 욕구는 쉽게 충족시킬 수 있었지만 이제 욕망은 언어의 세계에서 언어의 제약을 받으므로 결핍에 직접 다가갈 수 없다. 그래서 욕망은 끝없는 환유를 시도한다. 결핍을 메워줄 대상으로 하나의 기표를 점찍지만 이내 그것을 부정하고 다시 다른 기표를 찾는다. 물론 그 시도는 계속 실패한다. 마치 기표가 기의에 고착되지 못하고 미끄러짐을 반복하듯이(사르트르의 실존철학에서 대자존재가 무근거성을 해소하기 위해 끊임없이 대상을 사냥하지만 늘 실패하는 것과 비슷하다). "결국 그 과정에서 지쳐 욕망은 궁극적으로 스스로의 대상이 되어버린다. …… 욕망은 욕망의 욕망이며 타자의 욕망이다." 여기서 타자란 사르트르가 말하는 것과 같은 '타인'의 의미가 아니라 강력한 물질성으로 주체를 예속시키는 기표를 가리킨다.

주체가 사용하는 언어는 주체의 의도를 담지 못하고 주체가 가진 욕망은 타자의 욕망이 된다. 언어와 욕망은 무의식이므로 주체의 무의식은 곧 주체 안의 타자가 규정하고 통제한다. 그래서 라캉은 "무의식은 타자의 담론이며 타자의 욕망"이라고 말한다.

이제 주체는 완전히 무너졌다. 레비 스트로스가 구조를 내세우며 주체를 중심에서 끌어내려 주변화했다면 라캉은 마지막 남은 주체의 동일성마저 빼앗아버림으로써 주체를 거의 껍데기로 만들었다. 그 결정타로, 라캉은 데카르트의 코기토를 완전히 뒤집는다. "나는 내가 존재하지 않는 곳에서 생각한다. 그러므로 나는 내가 생각하지 않는 곳에서 존재한다."

마르크스주의와 구조주의의 결혼

구조주의의 반주체주의적-반인간주의적 성격을 보면 자칫 구조주의를 오해하기 쉽다. 언어와 무의식의 개념에 경도된 나머지 인간의 자유의지와 합리적 측면을 완전히 팽개쳐버린 비인간적이고 비도덕적인 사상으로 여기는 경우다. 하지만 구조주의는 학문적으로 몰역사적이라는 비난은 받을지언정—구조는 설명해도 구조의 생성 원인과 형성 과정을 설명하지 못한다는 이유에서—도덕적 평가와는 무관하다. 구조주의의 반인간주의는 철학적 관점에서 전통적 주체의 개념을 거부하고자 할 뿐 인간과 인권을 짓밟는 비인간주의와는 전혀 다르다. 즉 구조주의는 인간을 철학적으로 탈중심화하지만 도덕적으로 푸대접하는 것은 아니다. 구조주의 진영에는 레비 스트로스처럼 서구적 시각을 벗어나 진보적이고 보편적인 인류애를 설파한 사람이 있는가 하면, 지난 세기의 마르크스가 그랬듯이 학문과 실천에서 두루 열정적인 활동을 보여준—그리고 비극적으로 삶을 마친—알튀세르(Louis Pierre Althusser, 1918~1990) 같은 사람도 있다.

아무리 학문과 현실 사이에는 어느 정도 괴리가 있다 해도, 인류 역사상 최대의 전쟁과 최대의 비극이 발생한 20세기 초·중반의 혼탁한 시대에 한가하게 언어학과 인류학에 천착했다면 구조주의가 보수성의 의혹을 받는 것은 불가피한 일이다. 그 때문에 구조주의는 정치적으로 보수적이라는 평판을 받았고, 엉뚱하게도 당시 미국 사회학계에서 성행한 대표적인 보수적 사회 이론인 기능주의와 혼동되기도 했다. 실존주의의 사르트르가 제2차 세계대전 때 레지스탕스 운동에 참여하고 그 뒤에도 제3세계의 식민지 해방운동을 적극적으로 지지하면서 몸소 보여준 '행동하는 지성'과 비교하면 구조주의가 초라해 보이는 것은 사실이다(레비 스트로스가 이론적 성과에도 불구하고 사르트르만큼 대중적 지명도를 얻지 못한 이유도 거기에 있다).

그러나 그런 구조주의의 이미지는 알튀세르에 의해 완전히 불식된다. 그는 평생토록 정신병에 시달리면서도 마르크스주의를 재해석하고 쇄신하는 일에 전념했으며, 프랑스 공산당과 긴밀한 연관을 맺고 국제 공산주의 운동에 중대한 이론적 기여를 한 전형적인 진보적 지식인이었다. 알튀세르가 아니었다면 마르크스주의와 구조주의는 영원히 평행선을 그었을 테고, 프로이트가 만년에 시도했다가 실패한 무의식과 마르크스주의의 접목은 이룰 수 없는 꿈으로만 남았을 것이다.

이론적인 견지에서 볼 때 마르크스주의에 반대하는 진영에서 마르크스를 바라보는 시각은 크게 두 가지다. 하나는 《공산당 선언》 이전의 문헌, 예를 들면 《경제학−철학 수고^{Ökonomisch-Philosophische Manuskripte}》나 《신성 가족^{Die heilige Familie}》 같은 저작에 나오는 인간주의적 마르크스를 강조하는 시각이다. 이 시기에 젊은 마르크스는 헤겔의 본질주의와 포이어바흐의 인간주의에서 영향을 받아 소외, 인간의 본질, 유적^{類的} 존재 등의 범주를 바탕으로 사고했고, 소박한 유물론의 단계에 머물렀을 뿐 본격적인 사회 분석에 착수하지는 않았다. 그와 달리 그 뒤의 마르크스는 반^反자본주의적 성격이 뚜렷한 《공산당 선언》과 《자본론》 등의 저작을 발표하며 사회주의와 직접적으로 연결된 과학적 논의를 전개했다.

마르크스주의를 반대하는 또 다른 시각은 이 후기의 마르크스 사상을 경제결정론으로 몰아붙이는 것이다. 사회의 경제적 구조가 정치, 법, 문화, 예술 등 상부구조를 결정한다는 마르크스의 이론은 비인간적이고 환원론적이다. 도덕적으로도 문제가 있을뿐더러 논리적으로도 무리다. 이

5부 철학, 출구를 찾아 도약하다

런 비판의 의도는 뻔하다. 전기의 마르크스를 부각시키고 후기의 마르크스를 부정하면 마르크스주의의 혁명적 성격이 상당히 약화되는 효과가 있다. 혁명가로서의 마르크스를 죽이고 학자로서의 마르크스를 살려낸다. 파괴적인 마르크스를 거세하고 감상적인 마르크스를 부각시킨다. 이것이 마르크스주의를 반대하는 진영의 의도다.

그러나 알튀세르는 그 두 가지 시각을 거부하며, 둘 다 마르크스의 사상을 올바로 독해하지 못한 결과라고 주장한다. 그는 마르크스의 전기와 후기 사이에 인식론적 단절—프랑스의 과학철학자 바슐라르에게서 차용한 개념이다—이 있다고 말한다. 전기 마르크스가 아직 인간주의적 접근에서 벗어나지 못한 데 비해 후기 마르크스는 이론적 반인간주의를 채택하고 과학적 사회 분석을 실천했다. 후기에 접어들면서 마르크스는 전기의 범주들을 버리고 생산양식, 사회구성체, 상부구조, 이데올로기, 계급투쟁 등 인간 개인으로부터 출발하지 않은 과학적 범주들에 천착하게 된다.

알튀세르는 후기 마르크스가 인간 의식을 통해 사회를 해명하려 하는 대신 그 반대로 인간 자체를 사회관계의 담지자로 파악했다고 해석한다. 쉽게 말하면 인간이 사회를 형성한다는 입장이 아니라 사회가 인간을 형성한다는 입장을 취한 것이다. "생산관계의 구조는 생산을 담당하는 사람들이 차지하는 장소와 기능을 결정한다. 그들은 그 지위를 점유하는 데 지나지 않으며, 그런 한에서 기능을 지탱하는 사람들일 뿐이다. 진정한 주체는 그 지위를 점유하거나 기능을 유지하는 사람들이 아니라 생산관계와 정치적 사회관계다."

이렇게 인식론적 단절을 거친 후기 마르크스를 마르크스의 참모습으로 부각시키고 나면 다음 과제는 경제결정론이라는 속된 비판을 극복하는 일이다. 실제로 마르크스는 경제구조를 토대로 간주하고 그 위에 상부구조와 사회적 의식이 조응한다고 보았으며, 사회적 존재가 인간의 의식을 결정한다는 유물론을 주장했다. 바로 이 점을 빌미로 삼아 부르주아 사상가들은 마르크스가 마치 경제 환원론을 주창한 것처럼 몰아붙였고 그의 변증법적 유물론을 기계적 물질론과 동일시했다. 그러나 알튀세르는 프로이트에게서 중층결정^{overdetermination}이라는 개념을 빌려와 이 문제를 해결한다.

마르크스가 헤겔의 변증법을 차용한 것은 사실이지만 양자는 근본적으로 다르다. 헤겔은 단일한 모순과 본질적 총체성을 기반으로 논의를 전개한 데 비해 마르크스의 변증법에서는 복수의 모순과 구조화된 복합적 전체의 개념이 중심을 이룬다(헤겔은 모든 것의 궁극적 원인을 절대정신으로 환원하려 했음을 기억하라). 따라서 마르크스가 경제구조를 토대로 간주한 것은 그것이 상부구조의 모든 요소를 기계적으로 결정한다는 뜻이 아니라 '최종적인 차원'에서 경제구조가 결정 요인으로 작용한다는 뜻이다. 이것이 바로 중층결정의 의미다. 만약 경제결정론에 따른다면 경제구조가 비슷한 사회는 법, 정치, 문화, 이데올로기도 모두 비슷하다고 보아야 하는데, 극단적인 관념론자가 아니라면 그런 비현실적인 발상은 하지 않을 것이다.

경제구조는 상부구조를 최종적인 차원에서 중층적으로 결정한다. 이런 알튀세르의 논지에 따르면 사회의 법, 정치, 이데올로기 등 상부구조의 요소들은 비록 궁극적으로는 경제구조의 구조적인 영향을 받지만 그 범위 내에서는 상대적 자율성을 지니게 된다. 그렇기 때문에 같은 선진 자본주의 국가라 해도 상부구조의 특성은 얼마든지 달라질 수 있으며, 제3세계 국가들의 정치와 이데올로기도 각 사회의 역사와 전통에 따라 다양한 양상을 보이는 것이다.

1950년대에 소련과 중국 사이에 사회주의 노선을 놓고 심한 갈등이 빚어졌을 때 알튀세르는 흐루쇼프의 사회주의적 인간주의와 프랑스 공산당의 인간주의적 마르크스주의를 모두 비난하고 교조적인 중국 공산당의 입장을 지지했다. 그런 처지였기에 알튀세르가 마르크스에 대한 속된 오해를 불식시키고 마르크스주의의 본래 모습을 복원해야 할 필요성을 느낀 것은 당연하다. 그러나 상부구조의 상대적 자율성을 강조하는 과정에서 알튀세르는 이데올로기의 새로운 개념에 눈을 뜨게 된다. 사회과학적 시각에서 철학적 시각으로 넘어가는 순간이다.

이데올로기와 색안경

마르크스주의에서 이데올로기는 보통 지배계급의 이념 또는 허위의식이라는 의미를 지닌다. 이데올로기도 상부구조의 요소인 만큼 사회의 물질적 토대를 반영한다. 하지만 이데올로기는 계급의식처럼 물질적 토대를 거의 있는 그대로 반영하는 게 아니라 사회관계를 은폐하고 위장하는 기능을 한다. 예를 들어 국가 기구는 실제로는 자본계급의 이해관계를 관철하는 도구의 노릇을 하는데도 겉으로는 민주주의를 수호하는 역할을 하는 것처럼 은폐되어 있다. 이데올로기가 지배계급의 이념으로 작용하는 경우다. 또한 기업의 중간 관리자는 자본가가 아니라 엄연한 노동자의 신분인데도 자본가의 입장을 대변하고 때로는 다른 노동자들을 탄압하는 역할을 자임한다. 이것은 이데올로기가 허위의식으로 기능하는 사례다. 대부분 사장이 될 가망이 없는 화이트칼라 노동자들이 기업 경영이나 리더십에 관한 서적을 탐독하는 것도 마찬가지 사례라고 할까?

이데올로기가 허위의식이라면, 이데올로기를 연구하기 위해서는 그것을 가진 인간 주체로부터 출발하는 게 옳은 순서일 것이다. 그런데 알튀세르는 이데올로기의 주인, 주체가 없다고 말한다. 여기서 더 나아가 그는 이데올로기가 '허위의식'이 아니며 심지어 '의식'도 아니라고 간주한다. 알튀세르가 보는 이데올로기는 무의식이다. 주체가 이데올로기를 가지는 게 아니라 그 반대로 이데올로기가 주체를 주체이도록 만들어주는 것이다.

자신이 원해서 태어난 사람은 없고, 자신의 이름을 스스로 지은 사람도 없다. 이것을 가리켜 전통 철학에서는 피투성^{被投性}, 즉 이 세상에 '던져진 존재'라고 말한다. 그렇다면 어느 누구도 태어나면서 정해진 한계를 극복할 수는 없을 것이다. 재벌 집안의 셋째 아들로 자란 '나'는 그 색안경을 결코 벗을 수 없다. 예컨대 아무리 교육을 통해 모든 사람이 평등하다는 것을 배웠어도 남에게 봉사하기보다는 남을 부리는 데 익숙하다. 물론 자유의지와 변화의 여지가 전혀 없지는 않다 해도 근본적으로 나는 내가 선택하지 않은 환경에서 내 의지와 무관한 의식을 지니게 된 존재다. 지금도 나는 스스로 자유롭다고 자부하고 앞으로도 자유롭게 살아가리라고 다짐하지만 가족 관계, 직장에서의 다양한 인간관계, 친구들과의 친분 관계 등 각종 사회관계에 예속되어 있다. 내가 존재한다기보다 마치 누군가가 그때그때 나의 이름을 불러주고 내게 질문을 던져주는 듯한 느낌이다. 이러한 호명^{interpellation}의 관계, 이것을 알튀세르는 이데올로기라고 말한다.

이데올로기는 나라는 주체와 무관하게 언제나 이미 존재해온 것이기에 내가 어찌할 수 없으며, 나는 평소에 그것에 대해 반성적인 의식을 가지지 않고 살아가는 데 익숙하다. 오히려 일상생활에서 나는 이데올로기의 속박을 겪지 않고 자유로이 사는 것처럼 착각한다. 이데올로기는 마치 편한 옷, 아니 속옷처럼 평소에는 입은 것을 느끼지도 못할 만큼 자연스럽다. 그렇기 때문에 이데올로기는 의식이 아니라 무의식이다. 또한 이데올로기는 물질적인 존재 조건 속에서 끊임없이 재생산되므로 단순한 관념이 아니라 강력한 '물질성'을 가진다(라캉이 말한 '기표의 물질성'과 같은 맥락이다). 이데올로기는 주체를 지배하지만 이데올로기 없이는 주체가 될 수 없다는 게 역설이자 비극이다. 이데올로기는 나의 사고와 행동을 제약하는 요소인 동시에 그것을 가능케 하는 요소이기 때문이다.

알튀세르가 이데올로기에 주목한 계기는 사회적 존재가 의식을 결정한다는 유물론의 테제가 그대로 적용되지 않는다는 점이었다. 자본주의 사회의 노동자라면 자신이 착취되고 있다는 사실을 깨닫는 게 당연하고, 사회주의 이념에 적극 동조하는 게 마땅하다. 그런데 현실이 과연 그런가? 대다수 노동자들은 노동자로서의 계급의식을 갖지 못하고, 자신이 자본에 의해 하나의 생산도구로서 이용되고 있다는 것을 의식하지 못하며, 자신의 노동이 잉여가치를 낳는다는 것을 알지 못한다. 심지어 자본가들의 게임인 부동산, 주식, 나아가 도박과 경마에도 쉽게 빠져든다. 그 이유는 뭘까?

노동자가 자본주의의 근본 모순을 깨닫지 못하는 이유는 자본의 착취 과정이 이데올로기로 은폐되어 있기 때문이다(이를 마르크스는 노동과 노동력의 차이로 설명한 바 있다). 하지만 그것은 자본가의 음모도 아니고 노동자의 무지도 아니다. 착취 과정은 어느 개인의 의도와 무관하게—노동자에게는 물론 자본가에게도—무의식적으로 진행되고 있기 때문이다.

그렇다면 자본주의적 착취를 근절하려는 수단도 달라져야 한다. 전통적인 경제투쟁이나 정치투쟁만이 아니라 이데올로기 투쟁이 병행되어야 하며, 노동계급만의 과제가 아니라 광범위한 대중의 공동 전선이 필요하다. 이는 알튀세르가 마르크스를 재해석한 결과가 아니라 마르크스의 사상에 이미 내재해 있는 것이다. 프롤레타리아의 해방운동은 프롤레타리아만이 아니라 부르주아지도 해방시킬 것이라는 마르크스의 말은 바로 그것을 의미한다.

20세기의 자본주의가 여러 차례 근본 모순이 표출되고 혹독한 경제공황의 경험을 거치는 상황에서도 여전히 경제 제도로서 살아남은 것은 잉여가치를 창출하는 메커니즘이 그다지 단순하지 않다는 것을 반증한다. 현실적으로 그 양태는 계급 구성이 다양해지고, 정치적 민주주의와 복합적으로 결합되고, 복지국가의 개념이 성장하는 것으로 나타났다. 따라서 이런 변화를 수용해 마르크스주의를 업그레이드하지 않으면 자본주의를 극복하는 운동은 불가능하다. 알튀세르는 그것이 마르크스를 올바로 이해하는 길이라고 말한다. "가장 중요한 것은 혁명의 주역들을 적시에 인식하기 위해 구체적 상황을 구체적으로 분석하는 일이다."

마르크스주의와 구조주의, 마르크스와 프로이트를 결합하려는 알튀세르의 시도는 그 성공 여부를 논하지 않더라도 구조주의가 다룰 수 있는 영역이 얼마나 넓고 포괄적인지 잘 보여준다. 그런 점에서 구조주의는 수천 년의 연력을 지닌 전통적 형이상학의 체계에 충분히 대응할 만한 용량을 내재하고 있다. 철학적으로도 반인간주의와 무의식을 강조하는 구조주의의 특징은 주체와 이성을 중심으로 하는 형이상학과 정면으로 대립한다. 그래서 20세기 후반의 현대 철학은 크게 구조주의의 변용, 즉 포스트구조주의와 전통적 형이상학의 흐름을 계승하는 사조의 대립을 특징으로 한다.

13장

미완성의 '포스트'

....

푸코, 들뢰즈/가타리, 데리다, 리오타르, 보드리야르, 하버마스

동질적인 문명권을 형성하고 있는 유럽 세계에도 지역마다 차이와 특색이 있다. 봉우리 하나 넘으면 말씨가 달라지듯이 역사와 문화에서의 차이는 당연한 것이지만 흥미로운 사실은 지적 토양도 달라진다는 점이다. 앞 장에서 다룬 구조주의 사상가들은 거의 프랑스 철학자들이며, 11장에서 본 분석철학자들은 대부분 영국 철학자들이다(비트겐슈타인도 오스트리아 태생이지만 주로 영국에서 활동했다). 반면에 독일은 후설과 하이데거에서 보듯이 형이상학적 전통이 강하다. 이런 지적 지형은 지금도 크게 달라지지 않았다.

국적으로 지적 전통을 따지는 것은 올바른 태도가 아니겠지만 현실적으로 나라마다 현저한 차이가 드러나는 것은 사실이다. 대체로 프랑스 철학자들은 새로운 것을 지향하는 성향이 강하며, 독일 철학자들은 여전히 이론의 체계성을 강조한다. 사르트르와 메를로퐁티로 이어지는 현상학적 전통이 끊어지고 구조주의가 지배적인 위치를 차지한 현상은 변화를 쉽

게 수용하는 프랑스의 특성을 단적으로 보여준다. 현상학은 처음부터 형이상학적 전통의 적자였으니까.

하지만 구조주의는 언어학에 뿌리를 두고 인류학의 방법론으로 발달한 만큼 철학적 연관성에 다소 문제가 있었다. 그래서 라캉과 알튀세르 이후의 프랑스 철학자들은 기본적으로 구조주의의 골격―언어에 대한 관심과 무의식의 비중―을 유지하면서도 여러 갈래로 다양하게 변화해 나갔다. 이런 경향을 통칭해 흔히 포스트구조주의post-structuralism라고 부른다. '포스트모더니즘'이라는 용어도 자주 사용되는데, 이것은 포스트구조주의와 다른 점도 있지만 내용적으로나 시기적으로 얼추 비슷하다(하지만 모더니즘의 경험이 없는 우리 사회 같은 지적 토양에 '포스트'모더니즘이 통용될 수 있는지는 의문이다).

영미권의 철학적 풍토는 분석철학의 전통을 이어받아 여전히 언어 분석을 철학의 가장 중요한 과제로 삼고 있다. 다만 미국의 경우에는 19세기에 탄생한 프래그머티즘(실용주의)이 여러 가지 인접 학문의 방법론으로 응용되고 있다는 점이 특색이다. 독일의 지적 상황도 역시 언어철학의 성향이 강세를 보이는 가운데 독일 특유의 비판철학도 전통을 이어가고 있다.

이렇게 보면 현대 서양 철학에서 최대의 화두이자 공통분모는 언어라는 점이 극명하게 드러난다. 하지만 언어를 보는 관점과 언어를 다루는 방법에서는 뚜렷한 차이가 있다. 언어철학에서는 언어의 의미와 논리를 밝히는 게 철학의 과제이자 목표인 데 반해, 포스트구조주의는 구조주의의 무의식적 언어관을 이어받아 다양한 양상으로 발전하고 있다. 따라서 언어철학에서는 주체의 문제 자체를 버렸으나, 포스트구조주의에서는 비록 이성적 주체의 지평은 사라졌어도 어떤 방식으로든 주체(무의식적 주체?)의 문제를 다뤄야 한다는 과제를 안고 있다.

사물이 먼저냐, 말이 먼저냐?

철학을 국적으로 말할 경우 독일적이면서도 프랑스적인 색채가 강한 철학자는 바로 니체다. 그는 강자의 도덕을 옹호했고 당시 독일 민족주의를 음악적으로 표현한 바그너의 악극에 심취했던 반면, 철학의 체계성을 의도적으로 거부하고 전통적 형이상학을 파괴하는 지적 혁명성을 선보였다. 그래서 니체는 독일의 후학들보다 오히려 후대의 프랑스 철학자들에게 지대한 영향을 미쳤다. 프랑스의 대표적인 포스트구조주의 철학자인 푸코(Paul-Michel Foucault, 1926~1984)는 스피노자와 더불어 서양 철학의 주류에서 한 걸음 벗어난 니체를 직계 선배로 받아들였다.

데카르트 이후 근대 철학의 성격을 한마디로 요약하면 인식론적 기획이라고 말할 수 있다. 그러나 인식이라는 용어를 사용하려면 먼저 전제되어야 할 것이 있다. 그것은 바로 주체다. 인식이란 주체가 세계를 이해하는 과정을 가리킨다. 그러나 11장과 12장에서 보았듯이 근대 철학이 헤겔에게서 종착역에 도달한 뒤부터 주체의 개념은 갈수록 희미해졌고 구조주의에 이르러서는 아예 철학의 무대에서 공식 퇴장해버렸다.

이제 주체란 없다. 주체를 전제로 하는 인식이라는 용어도 더는 사용할 수 없다. 그래서 푸코는 인식 대신 지식이라는 말을 쓴다. 푸코가 말하는 지식이란 일반적인 앎 전체를 가리키는 개념이다. 흔히 생각하는 과학이나 역사의 지식만이 아니라 운전을 할 줄 아는 것도 지식이며 김치찌개를 잘하는 음식점을 아는 것도 지식이다.

니체가 진리를 묻기 전에 누가 어떤 이유에서 진리를 묻는가를 물으라고 했듯이, 푸코의 관심은 지식의 내용에 있지 않다. 중요한 것은 누가 어떤 의도로 지식을 구성하고 누가 어떤 이유에서 그 구성물을 지식이라고 규정하는가이다. 그런데 지식을 구성하고 규정한다는 말은 무슨 뜻일까? 알다시피 지식이란 세계에 관한 앎이다. 새로운 대상이 발견되면 새로운 지식이 생겨나고 기존의 대상에 관해 더 상세히 알게 되면 그만큼 지식은 쌓이고 발전한다. 예를 들면 암석에 관한 지식이 쌓여 지구의 나이를 측정할 수 있게 되는 식이다. 지식은 대상을 설명하는 방식인데, 왜 대상이 아니라 구성하는 사람의 의도를 따져야 할까?

　푸코는 지식에서 대상은 중요하지 않다고 생각하며, 지식이 발전해왔다는 견해도 거부한다. 지식은 사물(사실)을 설명하는 말(담론)로 이루어진다. 상식적으로 생각할 때 지식에서 중요한 것은 말보다 사물이다. 우선 설명해야 할 사물이 있어야 그것에 관한 담론이 생겨날 수 있기 때문이다. 세포와 유전자라는 '사물'을 다루는 것은 생물학이라는 지식이며, 자원의 생산과 분배라는 '사실'을 다루는 것은 경제학이라는 지식이다. 세포와 유전자, 자원의 생산과 분배라는 대상이 없다면 지식도 있을 수 없다. 그러므로 지식이라고 하면 먼저 연상되는 것은 대상이다. 하지만 푸코가 초점을 맞추는 것은 그 반대로 대상이 아니라 그것을 둘러싼 담론이다. 말과 사물 가운데 더 중요한 것은 사물이 아니라 말이다(언어 기호의 의미는 지시 대상에서 나오는 게 아니라 다른 기호들과의 관계에서 정해진다는 게 구조언어학의 기본 테제였음을 기억하라).

　자원의 생산과 분배는 인류 초기의 원시사회부터 있었지만 18세기에 와서야 경제학이라는 담론으로 구성되었고, 세포와 유전자는 수억 년 전부터 생물에게 있었지만 19세기에야 생물학이라는 담론으로 구성되었다. 태양계가 처음 형성되었을 때부터 지구는 태양의 주위를 돌고 있었으나 2세기에 프톨레마이오스의 천동설이 확립된 이후 수천 년 동안 인간은 태양이 지구의 주위를 돈다고 여겼다가 16세기에야 비로소 그렇지 않다는 것을 알게 되었다. 명왕성은 수십억 년 전부터 늘 태양의 주위를 돌고 있었지만, 1930년에 처음 발견되어 행성으로 분류되었다가 2006년 국제천문연맹에 의해 행성에서 탈락하고 소행성으로 재규정되었다. 그전까지 천문학자들은 행성을 '태양 주변을 도는 구[球] 모양의 천체'라는 담론으로 정의했으나 이것이 '공전 궤도 근처에 있는 천체 가운데 압도적인 천체'라는 담론으로 바뀐 것이다. 사물은 언제나 그대로일 뿐 변하지 않는다. 변하는 것은 늘 사물을 설명하는 말, 담론이다.

철학이라는 지식도 마찬가지다. 철학의 태동기에 그리스 철학자들은 원질이라는 '사물'을 두고 여러 가지 담론을 구성했다. 탈레스는 원질을 물이라고 보았고, 아낙시메네스는 공기라고 말했으며, 헤라클레이토스는 불이라고 규정했다. 중세철학에서도 신이라는 '사물'을 주제로 숱한 신학자들이 숱한 종교회의를 열어 다양한 담론을 구성했다. 이쯤 되면 담론이 사물에서 비롯되는 게 아니라 담론이 담론을 낳는다고 봐야 할 것이다. 대상을 설명하기 위해 지식을 생산하는 게 아니라 지식이 지식을 생산한다.

근대적 사고에서는 사물과 그것에 관한 담론이 일치하거나 적어도 상당한 관련성을 가진다고 보았다. 그러나 소쉬르가 그전까지 당연시되었던 언어와 지시 대상의 관련성을 부정했듯이, 지식과 대상은 예상외로 관련성이 크지 않다. 철학보다 늘 한 걸음 앞서 나가는 예술 분야에서는 이미 대상과 무관한 창작의 실험이 이루어지고 있다. 현대 작곡가들 중에는 음악으로 특정한 주제—슬픔이나 사랑—를 표현한다는 근대적인 발상을 버리고, 순수하게 기호적으로만 작곡하는 사람들이 있다. 예를 들면 악보에서 음표들의 배열이 산과 골짜기의 모양을 지닌다는 점에 착안해 시각적으로 작곡하는 경우다. 또한 소설가가 기본 줄거리를 구성하지 않고 등장인물들만 설정한 뒤 인물들이 스스로 살아 있는 것처럼 움직이게 하는 방식으로 스토리를 엮어나가는 소설 작법도 있다(물론 이런 예술 작품들이 얼마나 예술적 가치를 지니는지는 별도로 평가해야 할 문제다).

푸코가 실제로 드는 사례는 광기다. 광기는 언제나 존재했고 예로부터 같은 '사물'로 존재해왔으나 광기를 규정하는 담론은 시대마다 달라졌다. 중세 사람들은 광기를 일종의 예지적인 재능으로 여겼다. "광인과 연인과 시인은 다 상상력으로 머릿속이 꽉 찬 패거리다." 셰익스피어가 《한여름 밤의 꿈》에서 말했듯이 광인은 시인에 견줄 만한 특별한 상상력을 지닌 존재였다. 근대 초기에도 광기는 철학의 신무기인 이성으로 설명될 수 없는 특별한 영역에 속했다. 이때까지만 해도 광기의 의미는 부정적이지 않았다. 그러나 본격적인 이성의 시대로 접어들면서 광기는 윤리적인 결함으로 취급되었고 광인은 병원에 격리되었다. 이때가 바로 종합병원이 탄생한 시기다. 뒤이어 19세기에 정신분석학이라는 지식이 탄생하면서부터 광기는 정신 질환으로 공식 규정되었다. 병원이 병을 만든 격이다.

결국 광기는 이성이 힘을 얻는 것과 동시에 불명예를 뒤집어쓰게 되었다. 이성은 자신의 잣대로 정상과 비정상을 구분하고 광기를 비정상의 범주에 가두었으며(종합병원), 결국에는 광기를 질환으로 몰아붙이는 정밀한 지식 체계(정신분석학)까지 만들었다(이성의 산물인 정신분석학이 무의식의 개념을 제기한 것은 아이러니다). 그러나 푸코는 지식의 담론이 달라짐으로써 부당한 대우를 받게 된 광인들에게 한 가닥 희망을 던져준다. 이성이 문명을 지배하게 된 시기는 문명의 역사 전체에 비춰보면 그다지 긴 세월이 아니라는 것이다.

"18세기 말에 고전적 사고의 토양이 사라졌듯이, 특정한 지식의 배열이 무너진다면 마치 바닷가 모래톱에 그려진 얼굴이 파도에 씻겨나가듯이 인간도 지워질 것이다." 여기서의 인간이란 물론 이성을 만능으로 아는 이성적 주체를 가리킨다. 이성을 중심으로 하는 인간주의란 18세기 말에 등장한 '이상한' 관점이며 특정한 지식의 배열에 불과하므로 마냥 오래가지는 못하리라는 의미다. 니체가 '신의 죽음'을 선언했다면 그의 제자를 자처한 푸코는 '인간의 죽음'을 선언한다.

타자의 목소리

특별한 재능으로 각광을 받다가 비정상적인 것으로 취급되고 급기야 정신병원에 감금되어버린 광기의 전락 과정을 보면 "무엇이 정상이고 무엇이 비정상인가?"를 묻게 된다. 그러나 푸코의 질문 방식을 이해한다면 그렇게 묻는 것은 잘못이다. 바른 물음은 "누가 혹은 무엇이 정상과 비정상을 구분하는가?"가 되어야 한다. 그 답은 이성이다. 이성은 정상과 비정상을 가르는 장벽을 쌓는다. 장벽의 재료는 지식이다. 여기서 지식의 내용이나 성격은 별로 중요하지 않다. 어떤 지식이든 정상과 비정상, 동일자와 타자를 갈라주는 울타리의 역할만 하면 된다.

그래서 지식의 주요 기능은 구분이 된다. 흔히 지식은 뭔가를 알려주고 가르쳐주는 것이라고 생각하지만 지식의 더 보편적인 기능은 이것과 저것을 가르는 데 있다. 그렇게 구분하기 위해서는 먼저 이것과 저것이 서로 다르다는 점, 즉 차이를 알아야 한다. 예를 들어 나비에 관한 지식이라면, 나비가 어떤 모습이고 무엇을 먹고 사느냐는 것보다 나비가 어떤 과, 어떤 목에 속하고 호랑나비와 부전나비는 어떻게 다른지가 더 중요하다. 실제로 인류가 지식을 추구하게 된 기원은 차이를 아는 데서 비롯되었다. 인간은 강과 호수가 다르다는 인식을 먼저 한 다음 강에 관한 지식과 호수에 관한 지식을 추구하고 축적하기 시작했다.

지식의 구분 기능은 필연적으로 배제를 낳는다. 구분이란 뭔가를 선택하기 위한 전략이다. 그런데 선택은 동시에 배제를 포함한다. A와 B를 구분하고 A를 선택하면 B는 자연히 배제될 수밖에 없다. 예를 들어 "제2차 세계대전은 반유대주의를 이념적 무기로 내세운 히틀러라는 전쟁광이 일으킨 전쟁이다."라는 지식을 선택하면, 그 밖에 가능한 설명들—"17세기부터 시작된 근대 유럽 세계의 국민국가 운동이 마무리된 전쟁", "제1차 세계대전에서 패한 후발 제국주의 세력이 파시즘으로 재무장하고 선발 제국주의와 대결한 전쟁", "자본주의의 경제적 모순이 정치적으로 표출된 전쟁" 등—은 모두 배제된다.

특정한 개인이 지식을 만들고 구분과 선택을 하는 게 아니기 때문에 그 구분, 선택, 배제의 과정은 무의식적으로 진행된다. 그 결과 선택된 것은 동일자$^{\text{le même}}$가 되고 배제된 것은 타자$^{\text{l'autre}}$가 된다. 이 과정이 누적되면 들리는 것은 온통 동일자의 목소리뿐이고 타자의 목소리는 침묵하게 된다. 이것이 지금까지의 역사다.

선택된 것은 드러나 있기 때문에 알기 쉽지만 배제된 것은 숨겨져 눈에 띄지 않는다. 드러난 것은 우리에게 중요한 것처럼 느껴지는 반면 숨은 것은 너무나 익숙한 탓에 당연시된다. 그래서 역사는 선택된 것을 중심으로 진행되고 서술된다. 그래도 여기까지는 괜찮다. 문제는 그게 마치 역사의 전체인 양 포장된다는 점이다. 그것은 드러난 것의 역사일 뿐 역사의 전부가 아니다. 역사가 승자의 기록으로만 남는다면 패자의 기록은 은폐된다. 이성애자의 역사에서는 동성애가 인류 역사만큼이나 오래되었다는 사실이 숨겨진다. 빛나는 위인들만 강조하는 역사에서는 그 위인들이 실은 우리와 똑같은 욕망의 덩어리였다는 점이 가려진다. 따라서 역사를 온전히 복원하려면 숨은 것의 역사, 침묵한 타자의 목소리를 드러내야 한다. 이것은 어떻게 찾아낼 수 있을까?

과거를 찾아내는 방식은 두 가지다. 우선 역사학이 있다. 역사학은 전해지는 문헌과 자료로 과거를 밝혀내는 학문이다. 그러므로 무엇보다 논거가 확실하다는 장점이 있고, 문헌과 자료만 풍부하다면 해당 시대를 어느 정도 정확하게 조명할 수 있다. 하지만 역사학의 장점은 동시에 단점이 된다. 문헌과 자료는 지식의 산물이므로 의식적으로든 무의식적으로든 배제되고 누락된 게 반드시 있게 마련이다.

역사의 서술도 지식의 기록이기 때문에 항상 뭔가를 드러내는 동시에 다른 것을 감춘다. 김부식이 《삼국사기》를 편찬하면서 한반도 고대 삼국의 역사는 일목요연하게 정리되었으나, 그가 참고한 《삼한고기》나 《해동고기》 등 유학 이념에 맞지 않은 옛 역사서들은 실전되었다(김부식이 의도적으로 폐기했을 가능성도 있다). 또 《명종실록》은 16세기 중반 조선의 역사를 말해주지만 그 역사에서 배제된 임꺽정 같은 천민들의 사정은 홍명회 같은 작가의 상상력에 의존할 수밖에 없게 되었다. 역사 문헌에 정사正史와 야사野史가 병존하는 것은 그런 이유에서다.

그런 역사학으로는 원래 숨겨진 것, 타자의 역사를 다룰 수 없다. 그렇다면 다른 방식이 필요해지는데, 푸코는 그것이 고고학이라고 말한다. 왜 고고학까지 필요할까?

사실 타자의 역사는 전통적인 개념의 역사가 아니다. 동일자의 역사에서 타자는 연속적인 역사를 이루지 못하고 무의식처럼 묻혀 있으며 흔적으로만 남게 된다. 흔적을 찾아내는 데 필요한 학문은 역사학이 아니라 고고학이다. 역사학이 문헌과 자료로 과거를 복원한다면 고고학은 이미 버려진 유적과 유물에서 과거를 캐내는 학문이다. 그래서 푸코는 역사가 아닌 고고학의 방법으로 숨겨진 타자의 목소리를 찾고자 한다. 그가 광기, 범죄, 성 등의 주제에 초점을 맞춘 이유는 그것들이 이성에 의해 배제되어온 대표적인 타자이기 때문이다.

앞서 이성이 광기를 배제하는 과정을 보았지만, 광기처럼 본래 반이성적일 수밖에 없는 '타자'가 아닌 경우—광기는 말 그대로 비이성^{insanity}, 즉 이성^{sanity}이 없다는 뜻이다—간혹 이성은 어느 정도 관용을 베풀어 그것을 수용하기도 한다. 예를 들어 이성의 관점에서 범죄는 광기처럼 대극적인 타자는 아니므로, 이성은 범죄를 배제하는 대신 순화하는 전략을 구사한다.

군주제의 시대에 범죄자를 처벌하는 방식은 끔찍한 처형이었다. 이는 범죄에 대한 보복적인 의미와 더불어 백성들에게 공포를 불러일으키려는 의도를 담고 있었다. 그런데 18세기부터 처벌 방식은 훈육으로 바뀐다. 이 시기에는 근대 이성이 문명의 기준으로 확고히 자리 잡았으므로, 인간주의 이념이 생겨나면서 범죄자도 인간이라는 사고방식이 형성된 것이다. 그 결과 처형 대신 감시의 수단이 발달한다. 이 시기에 공리주의를 주창한 바 있는 벤담은 소수의 감시자가 모든 수용자를 감시할 수 있는 파놉티콘^{Panopticon}이라는 일종의 원형 감옥을 제안해 감옥 개선의 선구자로 꼽혔다(실은 그의 제안도 당시에는 지나치게 급진적이라는 이유로 정부 당국이 받아들이지 않았다). 이런 감시하에 죄수들은 규칙적인 생활을 하면

5부 철학, 출구를 찾아 도약하다

서 각종 시험과 훈련을 받아야 한다.

이런 방식이 범죄자만이 아니라 사회 일반에 적용되면서 모든 인간은 조련되고 개조될 수 있다는 모델화된 인간 개념이 생겨난다. 푸코는 이를 '생체권력biopower'의 개념으로 설명한다. 개인을 규범적 판단으로 통제하고, 개인의 삶을 이성이 미리 정한 정상성의 기준에 부합시키는 것이다. 침대보다 키가 크면 다리를 잘라내고 침대보다 작으면 몸을 잡아 늘리는 그리스 신화의 프로크루스테스, 이것이 바로 현대 이성이 행사하는 생체권력의 기능이다. 그 목적은 단순히 개인을 규제하는 것만이 아니라 이성의 규범에 동질화해 권력에 순응하는 종속적 인간으로 만드는 데 있다. 이제 지식은 곧 권력이 되었다.

아는 것이 힘이다?

고고학은 타자의 목소리를 찾아내는 방법으로 유용하지만, 흔적과 자취를 탐구하는 학문이므로 지식의 생성 과정을 추적하기는 어렵다. 이를 위해서는 정적인 연구 이외에 동적인 연구가 필요하다. 그래서 푸코는 니체의 방법에서 계보학을 차용한다. 10장에서 보았듯이 계보학은 지식의 내용을 탐구하는 게 아니라 지식이 형성되고 변형되는 과정과 조건을 탐구하는 학문이다. 계보학적 탐구를 통해 니체는 진리란 없고 진리를 규정하는 데 작용하는 권력만 있다는 결론을 내렸다. 이것을 이어받아 푸코는 지식과 권력을 일치시킨다.

지식과 권력이라니까 왠지 난해한 개념 같지만 실은 아주 일상적인 용어들이다. 프랑스어에서는 영어의 'can'에 해당하는 조동사로 'savoir'와

'pouvoir'를 쓴다. 둘 다 '할 수 있다'는 뜻이지만 구체적으로 보면 savoir 는 '할 줄 안다'는 의미이고 pouvoir는 '할 수 있는 힘(능력)이 있다'는 의미다. 조동사로 사용될 정도라면 푸코가 특별한 개념어를 구사하려 한 게 아니라는 점을 알 수 있다. 따라서 우리의 일상용어로 바꾸면 savoir는 지식보다 앎, pouvoir는 권력보다 힘이라는 말이 어울린다. 영어에서도 savoir는 knowledge로, pouvoir는 power로 번역하므로 역시 일상적인 용어다.

그런 점에서 푸코의 savoir=pouvoir는 16세기에 베이컨이 말한 "아는 것이 힘이다^{Knowledge is power}."와 비슷하다고 할까? 물론 의미는 전혀 다르다. 번역어가 그렇게 굳어졌으니 어쩔 수 없다 치더라도 푸코가 말하는 지식을 특별한 학문 체계에 국한되는 것으로 이해하면 안 되며, 권력도 가시적인 권력만 연상해서는 안 된다.

앎=힘, 지식=권력이 의미하는 것은 간단하다. 범죄를 다루는 방식에서 보듯이 지식이 포함하고 배제하는 기능을 하기 위해서는 모종의 힘이 반드시 필요한데 이것이 바로 권력이다. 여기서 권력이란 정치권력처럼 소유하고 행사하는 주체가 있는 권력도 포함하지만, 그보다는 무의식적으로 작용하는 힘에 더 가깝다. "국가는 권력관계의 그물 위에 존재하는 상부구조일 뿐이며, 실제로 인간의 육체를 규정하고 성이나 가족 관계 등을 규제하는 것은 사회 전체에 퍼져 있는 섬세한 권력의 그물이다."

국가권력이 지나치게 비대해지는 것은 당연히 우려할 만한 일이나 이것은 가시적인 권력이므로 차라리 덜 위험하다. 누구의 눈에도 확연히 드러나므로 그 권력이 부당할 경우 타도하려는 움직임도 쉽게 일어난다. 진짜 위험한 것은 푸코가 말하는 것처럼 '사회 전체에 퍼져 있는 섬세한 권력의 그물'이다. 이것은 쉽게 보이지 않기 때문에—즉 평소에는 당연시되기 때문에―매우 부당하게 행사된다고 해도 의식으로 알아차리지 못한다.

국가권력의 폭력성을 나타내는 가장 대표적인 사례는 파시즘이다. 제2차 세계대전이 발발하기 직전인 1930년대 중반에 나치 독일의 파시즘은 정치권력의 독재와 전횡에서 생겨난 게 아니라 독일 국민의 상당수가 지지했다는 데 진정한 위험성이 있었다(이 점에서 1970년대 우리 사회를 얼룩지게 했던 박정희의 유신 독재 체제와 구별된다. 독재는 독재자가 국민의 반대를 무릅쓰고 정치권력을 마음대로 행사하는 것이지만 파시즘은 대중이 정권을 지지한다는 차이가 있다). 그 이유는 파시즘이 대중에게 내면화되어 '섬세한 권력의 그물', 즉 미시파시즘으로 자리 잡았기 때문이다. 그래서 당시의 독일 국민은 그 권력에 내재된 폭력성을 알지 못하다가 세계대전으로 폭발한 뒤에야 비로소 깨달았던 것이다.

지식이 권력의 지원을 받는 것과 마찬가지로 권력의 행사에는 항상 지식이 동원된다. 광기의 사례에서 보았듯이 광인이라는 특정한 사람들의 사고와 행동을 정신 질환으로 규정하고, 그들을 정신병원이라는 특정한 장소에 감금하는 권력의 행사에는 정신병리학이라는 지식 체계가 큰 역할을 했다. 17세기에 조르다노 브루노를 화형에 처하고 갈릴레이를 법정에서 떨게 만들었던 권력의 배후에는 천동설이 종교의 가르침에 부합한다는 지식이 있었다.

현대사회에서 지식=권력의 밀착 관계는 은밀하게 작용하기 때문에 어찌 보면 정경유착이나 권언유착과 같은 '큰 권력'보다 더 위험하다. 종합병원의 젊은 의사는 의학의 전문 지식을 가졌다는 이유에서 연로한 환자, 권력이나 금력을 가진 환자, 심지어 의학 이외에 다른 분야에서는 의사보다 더 많은 지식을 가진 환자에게 '선생님'으로 군림하면서 독보적인 권력을 행사한다. 마찬가지로, 사회적 경험이 보잘것없는 법정의 새파란 판사는 법률의 전문 지식을 가졌다는 이유에서 모든 피고인을 재판할 뿐 아니라 때로는 사건과 무관한 자신의 도덕과 가치관을 설교하고 강요한다. 신문이나 텔레비전에 등장하는 각종 현안의 전문가들은 자신의 지위에서 나오는 권위를 배경으로 사회적 이슈에 관해 때로는 지극히 상식적인 견해도 마치 자신의 독창적인 견해인 것처럼 포장한다.

이렇듯 권력의 배후에는 지식이 작용하고 있기 때문에 권력은 가시적인 폭력보다 훨씬 세련된 수단으로 개인들을 통제할 수 있으며, 특정한 유형의 합리성을 기반으로 가질 수 있다. 게다가 권력이 그 소유주 자신도 모르게 무의식적으로 행사되기 때문에 권력자는 양심의 거리낌조차 느끼지 않는다. 자신이 민주적이라고 여기는 교사는 학생들에게 어떤 의견이든 자유롭게 제기하라는 너그러운 태도를 보이지만, 이미 교사의 권위가 당연시되는 교실에서 학생들은 어떤 질문이 허용되고 어떤 질문이 허용되지 않는지 무의식적으로 안다. 텍스트는 "무슨 말이든 자유롭게 할 수 있는 기회를 주겠다."이지만, 그 콘텍스트로 작용하는 권력관계는 예컨대 선생님에게 욕을 하는 행위는 처음부터 배제하고 금지한다.

지식=권력의 교묘한 유착 관계가 표출되는 방식에는 세련된 것만 있지 않다. 사회의 정교한 부문에서 지극히 속된 방식으로 나타나는 경우도 많다. 공식적으로는 대학에서 교수가 박사 학위논문을 심사할 때 가장 중요하게 봐야 할 것은 당연히 논문의 내용이다. 그러나 그것은 공식적인 절차일 뿐이고 실제로는 논문의 질이 아니라 각주에 얼마나 많은 참고 문헌이 인용되었는가에 따라—심지어 어떤 인맥에 속해 있는가에 따라—교수 임용이 결정되는 경우가 비일비재하다. 때로는 이미 해당자가 정해진 상황에서 논문이 절차상의 도구로만 이용되는 경우도 있다. 그런 지식인 집단의 '세련된' 권력 행사는 아파트 경비가 외부 차량을 단속할 때 휘두르는 '거친' 권력과 전혀 다를 바 없다. 전문적 지식=권력과 일상적 지식=권력이 혼합된 재미있는 사례는 의사가 라틴어로 처방전을 쓰고 약사가 아스피린을 갈아서 주는 것에서도 볼 수 있다. 그 의도는 환자가 자신의 증상이 가벼운 감기인 줄 알지 못하게 하고 자신이 받은 약이 아스피린인 줄 모르게 하기 위해서니까.

지식=권력의 위험한 유착은 분명히 이성 만능주의에서 비롯된 것이지만 푸코는 그 관계를 끊는 길이 이성을 폐기하는 데 있다고 보지는 않는다. 또한 비판철학의 아도르노(Theodor Wiesengrund Adorno, 1903~1969)처럼 도구적 이성의 비대화를 막고 비판적 이성을 복원해야 한다는 거창한 기획을 외치지도 않는다. 그가 원하는 것은 이성의 한계를 정하자는 것이다. 이성으로 모든 것을 통제할 수 있다는 믿음을 버려야 한다. 이성이 강조하는 인과성이나 필연성이 삶의 영역 어디에나 관철될 수 있다는 생각은 큰 착각이다. 과도한 의욕으로 어깨에 힘이 들어간 이성을 바로잡기 위해서는 예측 불가능성과 우연성의 관념이 도입되어야 한다. 그렇게 해서 이성이 보완된다면 푸코가 꿈꾼 '행복한 실증주의'가 실현될 수도 있을 것이다.

생산하는 욕망

푸코는 온건한 편이었다. 그는 이성의 근본적인 문제점을 통렬하게 지적했어도 이성에 바탕을 둔 문명 자체를 부정하지는 않았다. 또 그는 마르크스주의에 큰 관심을 가졌으나 반자본주의 혁명 같은 것을 꿈꾸지는 않았다. 그러나 푸코의 절친한 친구이자 사상적 벗인 들뢰즈(Gilles Deleuze, 1925~1995)는 훨씬 더 급진적인 입장을 취하면서 이성의 기획 전체를 파괴하고자 했으며, 자본주의 체제를 뿌리째 뒤엎고자 했다. 푸코가 현대사회의 개혁을 지향했다면 들뢰즈는 혁명을 추구한다.

니체를 추종한 것은 푸코와 같지만 그 밖에도 들뢰즈는 스피노자, 흄, 베르그송 등 서양 철학사의 주류에서 약간 일탈한 철학자들에게서 지적 영향을 많이 받았다. 이렇게 아웃사이더의 계보를 탄 탓일까? 그는 스스로 자신의 철학을 공상과학소설에 비유할 만큼 특유한 개념들을 만들어 사용했으며, 정신과 의사이자 좌익 활동가였던 가타리(Pierre Félix Guattari, 1930~1992)와의 공동 연구를 통해 놀랍게도 정신분석학과 정치경제학의 통합을 시도했다.

니체에게서 차용한 내용은 푸코와 비슷하다. 현실 세계는 여러 가지 차별화된 힘들이 상호 중첩적으로 작용하는 무대다. 이 힘들은 기본적으로 권력의지라고 볼 수 있고, 따라서 계보학으로 설명할 수 있다. 그런데 들뢰즈는 또 스피노자와 베르그송을 배합한다. 니체의 권력의지, 스피노자의 생산하는 자연, 베르그송의 창조와 생성이 종합되고, 여기에 구조주의적 방법론도 동원된다. 이런 철학적 수단으로 그는 어떤 테마를 다루려는 걸까? 그것은 바로 욕망이다.

19세기까지 욕망은 철학의 버젓한 주제로 간주되지 못했다. 이성이 지배하는 시대에 욕망은 이성의 어두운 그림자로 여겨졌고, 인간을 부도덕으로 이끄는 주요한 원인으로 취급되었다. 굳이 철학사에서 전례를 찾자면 플라톤이 욕망을 '빈 구멍'으로 규정한 정도였다. 그러다가 이성의 단단한 장벽에 금이 가기 시작하면서 드디어 욕망은 현대 철학의 범주 안에 들어왔으나 플라톤적 욕망의 이미지는 쉽게 사라지지 않았다. 사르트르와 라캉은 욕망에 대해 부정적인 시선을 거두고 상당한 철학적 비중을 할당했지만, 욕망을 결핍 또는 상실로 본 것은 플라톤과 크게 다르지 않았다. 그러나 들뢰즈와 가타리는 욕망을 뭔가가 결핍된 것으로 보는 대신 뭔가를 생산하는 힘으로 보는 획기적인 관점을 채택했다.

상식적으로 볼 때 욕망은 의식에 속하며, 질적인 속성을 가진다. 의식에 속하는 이유는 자신에게 무엇이 결핍되어 있는지 아는 데서 욕망이 비롯되기 때문이고, 질적인 속성을 가지는 이유는 그 부족한 것을 정확히 채워 넣어야 하기 때문이다. 하지만 욕망의 대상이 그 결핍된 부분과 딱 들어맞는 경우는 없다. 그래서 사르트르는 의식이 욕망의 대상을 찾는 순간 곧바로 그것을 부정하고 다른 대상을 찾아 나선다고 말했으며, 라캉은 욕망이 끊임없이 새로운 기표를 찾아 헛된 환유를 되풀이한다고 보았다. 그러나 들뢰즈와 가타리는 그들과 정반대의 입장을 취한다. 즉 욕망은 무의식이며, 질적인 속성이 아니라 양적인 속성을 가진다. 욕망은 부족한 것을 메우려는 게 아니라 새로운 것을 생산하고 창조하려는 무의식적 의지다. 무의식에는 금지가 없기 때문에 욕망은 부정과 환유 같은 복잡한 작용을 할 필요가 없다.

욕망은 심리적 에너지이며 기계적인 흐름이다. "욕망은 기계처럼 부릉거리고 삐걱거리며 항상 뭔가를 생산한다." 그런데 이렇게 욕망을 규정할 경우 두 가지 오해가 있을 수 있다. 하나는 모든 것을 기계적으로 설명하려는 기계론이고 다른 하나는 생명력이라는 허구적 관념을 가정하는 생기론이다. 들뢰즈와 가타리가 말하는 기계란 부분과 전체가 유기적인 관계를 가지고 부분이 전체를 위해 존재하는 일반적인 기계를 가리키는 의미가 아니다(이 차이를 명확히 하기 위해 그들은 기계라는 뜻으로 기계론의 색채가 짙은 méchnique 대신 machinique라는 용어를 쓴다). 또한 욕망의 생산 활동은 무의식적으로 진행되기 때문에 생기론과도 무관하다.

들뢰즈와 가타리가 오해를 감수하면서 굳이 기계라는 생경한 개념을 도입한 이유는 무엇일까? 그들은 욕망의 주체를 (인간이 아닌) 기계라고 부른다. 이것은 욕망에서 인격성을 떼어버리려는 의도다. 욕망이라고 하면 그것을 소유한 주체를 인간으로 보기 쉽기 때문이다. 욕망이 비인격적이고 무의식적인 것이라면 인간의 속성이 아니다. 따라서 사회, 제도, 국가도 모두 기계가 된다. 이 욕망하는 기계를 가리켜 두 사람은 신체라고 부르는데, 이것 역시 인격성과는 무관한 개념이다.

무의식의 개념을 도입하는 철학자들이 거의 예외 없이 봉착하는 문제가 있다. 무의식을 설명하기 위해 의식의 언어를 사용할 수밖에 없다는 점이다. 이것은 말 그대로 범주 착오에 속하지만, 문학이라면 몰라도 철학적 서술은 분명히 의식적으로 이루어지므로 어쩔 수 없는 딜레마다. 무의식을 받아들이지 않은 철학자들, 예컨대 하이데거와 비트겐슈타인이 철학적 언어의 한계를 느낀 것도 같은 맥락이다. 들뢰즈와 가타리가 기계와 신체라는 비인격적인 용어를 도입한 의도는 바로 거기에 있다. 무의식의 영역을 마치 사물 존재처럼 설명할 수 있다면 그 문제를 해결할 수 있으니까.

정신분석학의 초기에 무의식은 '극장'의 역할이었다. 즉 무의식은 꿈이나 최면 상태를 통해 의식으로 볼 수 없는 영역을 보여주는 기능을 했다. 그러나 이렇게 의식이 무의식을 대면하고 설명해야 하는 구도에서는 무의식을 제대로 다루기란 영원히 불가능하다. 그래서 들뢰즈와 가타리는 무의식을 극장에서 '공장'으로 용도 변경한다. 무의식은 이제 뭔가를 보여주는 소극적인 기능이 아니라 끊임없이 뭔가를 욕망하고 생산하는 적극적인 기능을 한다.

들뢰즈와 가타리가 말하는 생산의 개념은 전혀 관념적인 의미가 아니다. 그들은 욕망하는 생산이 곧 사회적 생산과 일치한다고 믿는다. 사회적 장場은 역사적으로 규정된 욕망의 생산물이다. 일찍이 프로이트의 사상과 마르크스주의를 결합하려 시도한 사람은 프로이트 자신도 있고 라이히(Wilhelm Reich, 1897~1957)도 있었지만, 들뢰즈와 가타리처럼 양자를 완벽하게 통합한 경우는 없었다. 심지어 그들은 두 가지 생산을 하나로 통합하려는 게 아니라 애초부터 하나의 생산만이 존재한다는 입장을 취한다.

이를 위해서는 먼저 생산은 합리적이고 욕망은 비합리적이라는 발상부터 버려야 한다. 기존의 경제학과 '리비도 경제학'은 원리적으로 하나다. 욕망하는 생산이라는 점에서는 자본의 흐름이나 리비도 에너지의 흐름이나 다를 게 없다. 다만 제도상의 구별 때문에 사회적 생산의 분석에서는 다른 용어를 사용할 따름이다.

서로 전혀 다르게 여겨지는 두 가지 생산과 두 가지 경제학을 하나로 통합할 수 있는 이유는 욕망이 심리 영역에 머물지 않고 사회적 관계 전체에 투여되기 때문이다. 들뢰즈는 역사에서 그 점을 확인한다. 카이사르라는 개인(의 욕망)이 루비콘 강을 건너는 사건, 클레오파트라와 사랑에 빠지는 사건, 브루투스에게 암살되는 사건을 일으킨 게 아니라 루비콘 강을 건너고 클레오파트라와 사랑에 빠지고 브루투스가 암살을 기도하는 사건들의 계열이 카이사르를 만든 것이다. "파리 코뮌, 드레퓌스 사건, 종교와 무신론, 스페인 내전, 파시즘, 스탈린주의, 베트남 전쟁, 68년 5월 사태, 이 모든 것은 무의식의 복합체를 구성한다."

욕망의 흐름을 통제하라

인간 개인의 욕망이든 국가 기구의 욕망이든, 생산하는 욕망은 늘 예측할 수 없는 방향으로 튀고 걷잡을 수 없는 결과를 낳는다. 그래서 사회가 존립하기 위해서는 욕망을 어느 정도 조절하고 통제할 필요가 있다. 들뢰즈와 가타리는 그 방식을 코드화라고 부른다. 코드^{code}는 원래 기호학에서 나온 용어지만, 무의식적 관점에서는 기호와 인간, 사회가 거의 구분되지 않으므로 실제로 기호학적 의미와 크게 다를 바 없다. 이 코드화의 양태와 정도에 따라 역사적 사회를 구분할 수 있다.

우선 동물 집단은 욕망을 통제할 필요가 전혀 없으므로 코드화의 개념 자체도 존재하지 않는다. 동물의 상태에서 벗어난 인간 집단은 원시사회를 이루는데, 들뢰즈와 가타리는 이것을 원시 영토 기계라고 부른다. 이 시기에는 다양한 욕망이 다양한 코드로 통제된다. 그래서 겉으로는 욕망의 흐름이 차단되지 않는 것처럼 보이지만 그 근저에는 사회를 성립할 수 있게 해주는 최소한의 통제 메커니즘—레비 스트로스가 말한 근친혼의 금지도 그런 메커니즘의 한 예다—이 작동한다. 이때는 모든 활동이 대지에 고착되어 있어 욕망의 흐름이 활발하지 않다. 그러나 국가가 탄생하는 다음 단계로 접어들면 욕망은 서서히 본색을 드러낸다.

고대사회, 즉 전제군주 기계는 새로운 발명품인 국가를 신체로 삼는다. 이때는 원시 영토 기계와 정반대로 모든 욕망이 전제군주로 인격화된 국가에 의해 통제되고 통합된다. 이렇게 욕망이 단일한 코드로 묶이는 것을 들뢰즈와 가타리는 초코드화라고 말한다. 문제는 코드화의 강도를 높여도 타고난 야성을 가진 욕망의 흐름을 완전히 봉쇄할 수는 없다는 점이다. 길들여지지 않는 욕망은 결국 빈틈을 찾아 조금씩 새어 나가기 시작한다. 그에 따라 욕망이 대지에서 벗어나는 탈영토화가 제한적으로 일어난다.

전제군주 기계의 속성을 잘 보여주는 사례는 동아시아의 역사에서 찾을 수 있다. 중화 문명권의 왕조들은 나라 안의 모든 토지가 왕(국가)의 것이라는 왕토 사상을 기본 이념으로 삼았다. 모든 욕망을 토지로 초코드화한 것이다. 그러나 공식적으로는 그랬어도 현실적으로 모든 토지를 국가가 직접 관리할 수는 없었다. 화폐경제가 취약했던 시절이므로 관리들의 녹봉은 돈이 아니라 땅으로 지급되었는데, 모든 토지가 국가의 것이니 토지의 소유권 자체를 내줄 수는 없었다. 그래서 소유권이 아니라 조세를 수취할 수 있는 권리, 즉 수조권을 관리들에게 내주었다. 물론 현직 관리가 퇴임하거나 사망하면 그 토지의 수조권은 도로 국가에 귀속되는 식이었다.

이 초코드화 전략은 성공했을까? 아니다. 백성들보다도 사직의 보존을 우선시했던 강력한 이 전제군주 기계도 탈영토화를 원천 봉쇄하지는 못했다. 수조권은 원칙적으로 반납되어야 하는데도 한번 관리에게 넘어가면 관행상 그 가문의 재산이 되었고 자연스럽게 상속되었다. 그런 상황에서 새 관리들이 계속 임용되었으니 당연히 토지는 금세 부족해질 수밖에 없었다. 이런 현상 때문에 동양식 왕조들은 대부분 중기 이후 농민들에 대한 착취가 가중되고, 귀족들의 토지 겸병이 일어나 경제구조가 무너져버렸다.

더 넓은 국제적인 무대에서 욕망의 초코드화가 드러난 사례는 11세기 이후 중국의 역사에서 볼 수 있다. 기원전 3세기에 정치적 중심인 북중국과 경제적 중심인 강남을 아우르는 중앙집권적 고대 국가가 성립한 이후 역대 한족 제국들은 중원을 노리는 북방의 유목 민족에게 몹시 시달렸다(차이가 배제를 낳는다는 푸코의 설명은 지식만이 아니라 현실 역사에서도 검증된다. 최초의 통일 제국이 들어서면서 중화 문명권이 확정되었고—즉 차이가 생겨났고—여기서 배제된 만리장성의 이북과 강남의 이남은 '오랑캐'로 규정되었다). 급기야 11세기부터는 유목 왕조가 한족 왕조와 맞교대로 중국 대륙을 지배하는 역사가 전개된다(송→원→명→청). 이는 한족 농경 왕조의 초코드화가 북방 유목 왕조의 탈코드화에 서서히 밀려나는 과정이다. 결국 중국의 기나긴 왕조시대를 마감한 것은 유목 왕조인 청 제국이었다. 중화 제국 특유의 인위적인 중앙집권화가 유목 제국 특유의 무의식적이고 자연스러운 욕망의 흐름 앞에 무너진 셈이다.

마지막 단계인 자본주의사회, 즉 문명 자본주의 기계의 신체는 화폐자본이다. 이 시기에는 초코드화와 탈코드화(다원적 코드화), 탈영토화와 재영토화가 공존한다. 일단 자본주의가 성립하기 위해서는 탈영토화가 반드시 필요하다. 대지에 고착된 잠재적 노동력을 해방시켜야 하기 때문이다. 하지만 그렇다고 해서 탈영토화가 무제한적으로 방치되면 노동력을 결집해 이용하는 게 불가능해진다. 그래서 자본주의는 한편으로 탈영토화를 조장하면서 다른 한편으로 재영토화를 추진해야 한다. 마르크스가 말한 임금노동자의 이중적 자유—토지로부터의 자유와 도시에서 얻은 법적·정치적 자유—가 탈영토화의 과정이라면 도시에 온 노동자가 새로이 자본에 예속되는 것은 재영토화에 해당한다.

또한 자본주의에서는 욕망의 흐름이 끊임없이 다원화되지만 그와 동시에 자본이라는 단일한 중심으로 초코드화되어야 한다. 자본주의는 겉으로 개성을 강조하면서도 안으로는 획일화를 추구한다. 텔레비전 광고가 그 점을 잘 보여준다. 광고에서는 독특하고 개성적인 디자인의 청바지라는 점을 강조하지만 그 광고의 실제 목적은 똑같은 획일적 디자인의 청바지를 대량으로 판매하려는 데 있다. "이 세상에 하나밖에 없는 당신의 아이를 위해 맞춤 이유식을 권합니다." 이 광고 문구가 순수하게 사실이라면 그 이유식을 제조하는 기업은 자본주의적 기업이 아니다. 말은 "대한민국 1퍼센트"라지만 그 카피를 채택한 기업의 내심은 국민의 1퍼센트만 소비자로 삼는 데 만족하려는 생각이 없다. 이런 자본주의의 이중성은 자본주의 기계가 (욕망의) 극단적 다양화와 (자본의) 극단적 획일화가 공존하는 사회체임을 말해준다.

들뢰즈와 가타리는 그 세 단계의 역사적 사회체에 각각 정신적 장애를 대입한다. 욕망이 대지에 고착된 원시사회에서는 욕망과 대상이 일체화되는 도착증이 생겨난다. 초코드화가 진행되는 고대사회에서는 욕망이 하나의 대상으로 집중되는 편집증이 일어난다. 초코드화와 탈코드화가 병행되는 자본주의사회에서는 당연히 분열증이 지배적이다. 결국 자본주의는 분열증이 비정상적이기는커녕 오히려 정상적인 사회가 된다.

그렇다면 사회주의 체제는 어떨까? 1917년 러시아 사회주의혁명은 인류 최초의 사회주의국가를 낳았으며, 1949년 중국 혁명은 자본주의와 대립하는 사회주의 세계 체제를 형성했다. 그러나 현실 사회주의는 20세기를 넘기지 못하고 결국 좌초하고 말았다. 들뢰즈와 가타리는 그 원인이 자본주의를 올바로 극복하지 못한 탓이라고 본다.

현실 사회주의는 이념적으로는 탈영토화와 탈코드화를 추구했으나 결과적으로 또 다른 재영토화와 초코드화에 그치고 말았다. 사회주의혁명이 성공하자마자 신경제정책으로 자본주의적 요소를 도입할 수밖에 없었던 소비에트러시아는 이내 정치제도마저도 관료제화하는 경향을 끝내 극복하지 못했다. 동양 역사의 특수성을 등에 업고 공산주의의 토착화를 시도한 중국은 혁명 직후인 1950년대에 자본주의적 기업의 종합체에 해당하는 인민공사를 세우고 대약진운동으로 자본주의적 요소를 도입했다. 특히 정치적으로 볼 때 옛 소련과 중국이 혁명 이후에도 내내 1인 지배 체제에서 벗어나지 못한 것은 초코드화에 단단히 얽매여 있음을 반증한 다(북한 사회주의는 그 모든 현실 사회주의 모순의 결정체다).

마르크스의 예측이 옳았던 걸까? 낡은 제국 체제에다 자본주의가 발달하지 못했던 러시아와 중국에서 일어난 사회주의혁명은, 선진 자본주의사회에서 자본주의가 극복되어야 한다는 역사적 유물론의 결론에 결국 배치될 수밖에 없었던 걸까?

분열증의 가속화: 혁명의 길

들뢰즈와 가타리가 말하는 혁명은 마르크스의 사회혁명과는 다르다. 자본주의를 넘어서는 길은 자본의 착취를 근절하는 데 있는 게 아니라 정신적 차원에서 발견된다. 마르크스는 사회적 생산과 사적 소유의 모순을 중시했으나, 자본주의 체제의 진정한 모순은 분열증을 필연적으로 조장할 수밖에 없으면서도 동시에 지나친 분열증을 억제해야 한다는 데 있다. 분열증을 봉쇄하면 이윤이 발생할 여지가 사라지며, 그렇다고 분열증이 지나치면 자본주의 체제 자체가 붕괴한다. 즉 분열증은 필요하지만 '분열자'는 필요하지 않은 게 자본주의다. 그래서 자본주의는 정신분석이라는 장치와 오이디푸스라는 수단으로 분열증을 억압하고 치환하고 재영토화하려 한다.

프로이트가 말한 오이디푸스콤플렉스는 치료라는 명분으로 무의식을 억압하기 위한 수단이다. 따라서 그것은 자본주의에서 과도화되기 쉬운 분열증을 통제하는 데 유용한 역할을 한다. 하지만 자본주의에서 해방되기 위해서는 분열증을 더욱 가속화해야 한다. 그래서 들뢰즈와 가타리는 "억압의 오이디푸스적 함정과 그 모든 영토를 파괴하라."고 부르짖는다. 이것이 그들의 주요 저작인 《앙띠 오이디푸스 L'Anti-Œdipe》의 기본 취지다.

분열증을 기반으로 하는 자본주의적 현실은 파편화되어 있고 무질서가 지배한다. 이것을 그대로 둔다면 탈코드화와 탈영토화가 이루어져 결국 자본주의는 붕괴의 길로 나아갈 것이다. 그러나 정신분석과 오이디푸스로 분열증을 억압할 수 있기 때문에 자본주의는 새로운 통합력과 추진력을 얻게 된다(현실의 역사에서 그것은 국가가 개입하는 수정자본주의 같은 유연한 대응의 형태로 나타났다). 따라서 반자본주의의 길은 오이디푸스를 거부하고 분열증을 가속하는 것이다. 분열증은 현실의 파편화와 무질서를 있는 그대로 볼 수 있게 해주며, 자본주의를 해체로 이끄는 근본적 에너지다.

자본주의를 수호하는 도구로 이용되는 기존의 정신분석은 욕망을 개인에게로 내재화하지만 올바른 분열증 분석은 욕망을 사회적 장에서 이해한다. 그러면 개인적 욕망과 사회적 현실이 접속되어 개인적 차원과 사회적 차원이 구분되지 않는다. 이때 욕망의 흐름은 자연스럽게 탈코드화되고 탈영토화된다. 이것이 바로 욕망의 흐름을 다양한 방식으로 포획하는 자본주의적 장치로부터의 탈주이며 참된 의미의 혁명이다.

그 혁명의 길은 고전적 혁명처럼 거칠고 사나운 과정이 아니라 섬세하고 정교한 과정이다. 그 이유는 분열증 자체가 양면적이기 때문이다. 분열증을 가속하는 것은 한편으로는 혁명으로 나아가는 길이지만 자칫 지나치면 분열자를 양산하기 쉽다. 분열자는 자본주의에만이 아니라 이후의 새로운 사회 체제에도 불필요한 요소다. 혁명에 필요한 것은 시인이지 광인이 아니다. 경계를 돌파^{breakthrough}하면 시인이 되지만 그 과정에서 붕괴^{breakdown}하면 광인으로 전락한다. 역사에는 그런 사례가 있다. 바로 파시즘이다.

그동안 파시즘에 관한 기존의 역사적 분석에는 세 가지 층위가 있었다. 가장 천박한—아울러 서구의 일부 저급한 학자들이 환영하는—분석은 히틀러를 위시한 희대의 전쟁광 또는 정신병자들이 대중을 호도하여 구성한 체제라고 보는 관점이다. 이 경우 파시즘은 빛나는 서구 역사의 어두운 사생아처럼 취급되며, 문명의 부작용쯤으로 격하된다. 그와 달리 고전적 마르크스주의에서는 파시즘을 자본주의의 정치경제적 위기로 설명한다. 이 경우 파시즘은 서구 역사의 필연적이고 법칙적인 소산이 된다. 세 번째는 라이히의 심리적 분석이다. 이 관점에서는 파시즘의 대중 조작이 성립할 수 있는 대중심리적 조건이 강조된다. 독일 국민의 상당수는 경제적·계급적 차이에도 불구하고 반유대주의에 심정적으로 동조했으며, 스스로 억압당하는 마조히즘을 선택했다. 욕망의 조작이 계급적 이해관계를 압도한 경우다. 여기서 중요한 것은 사회경제 혹은 이데올로기가 아니라 욕망이 무의식적으로 투여되었다는 점이다.

그에 비해 들뢰즈와 가타리가 분석하는 파시즘은 분열증이 탈주를 꿈꾸다가 좌절한 사례다. 즉 분열증을 가속화하기 위해 재영토화를 거부하는 과정에서 탈주의 선을 돌파하지 못하고 붕괴한 것이다(이런 분석은 파시즘이 잘되었다면 혁명으로 이어질 수도 있었다는 위험한 뉘앙스를 가진다). 이 경우 탈주의 선은 파괴의 선으로 바뀐다. 분자적 욕망들이 서로 접속되지 않고 하나의 대상에 고착될 경우 그와 같은 파괴적 힘이 생성된다. 그런 점에서 파시즘의 탄생은 현실 사회주의가 실패한 원인과 닮은 데가 있다(이념적으로 파시즘과 공산주의는 서로 견원지간이었으니 아이러니다).

들뢰즈와 가타리는 탈코드화되고 탈영토화된 운동을 리좀Rhizome이라는 용어로 비유한다. 리좀이란 뿌리를 닮은 줄기를 뜻하는데, 단일한 뿌리를 중심으로 하는 나무 구조의 위계성과 대비되는 복수성을 나타낸다. 튼튼한 뿌리에서 총체적이고 정합적으로 자라는 나무와 달리 리좀은 하나의 모델로 환원되지 않는다. 마치 연蓮의 뿌리처럼 리좀은 점이 아니라 수평적 선의 구조이고 무작위적이며, 기원이나 종말이 없고 순수한 생성 운동을 전개한다. 설명과 이해를 위해서는 나무 구조가 알기 쉽지만 실제 현실은 리좀적으로 구성되어 있으므로 현실을 올바로 인식하려면 리좀적인 사고가 필요하다.

그러나 우리는 리좀의 선적 구조를 그대로 인식하기 어렵기 때문에 그것을 점으로 세분한 뒤 연결하는 방식으로, 즉 분절적으로 인식하며 분절화된 선들을 여러 층으로 분류한다. 이렇게 성층화된 구조에서 몰mole은 재영토화와 초코드화를 가리키며, 분자molecule는 탈영토화와 탈코드화를 가리킨다(몰과 분자는 화학의 용어인데, 쉽게 말해 몰은 분자들이 집적된 덩어리라고 보면 된다). 이때 분자적 분절성은 자칫하면 몰적 분절성으로 집적되고 결정화될 수도 있고, 반대로 일체의 분절성을 회피하는 절대적 운동으로 연결될 수도 있다. 전자가 파괴의 선이고 후자가 탈주의 선이다.

이처럼 탈주와 파괴, 혁명과 좌절, 시인과 광인은 한 끗 차이다. 비유하자면, 오토바이를 자기 해방의 수단으로 이용하면 히피 또는 철학자가 되지만 속도 자체에 탐닉하면 폭주족이 되는 것과 같다.

탈주의 꿈은 기본적으로 노마드(nomad, 유목민)의 것이다. 이들은 정착민의 속성인 국가 사회에 내재화되기를 거부하고 늘 국가 외부로 탈주하는 성향을 지닌다. 여기서 노마드는 긍정적인 분열증과 리좀적 속성을 지닌 탈현대적 주체를 상징하는 개념이지만 실제 역사적으로 존재했던 유목 민족과도 무관하지 않다. 들뢰즈와 가타리는 노마드가 발견한 '전쟁 기계'는 원래 탈영토화와 생성의 운동이었고 국가 장치에 대해서는 외재적이었다고 말한다. 고대 로마제국과 이슬람 제국의 전쟁은 이 점에서 좋은 대비를 이룬다. 같은 정복 전쟁이라도 로마의 경우에는 국가 체제를 갖춘 뒤 국가가 팽창을 위해 전쟁 기계를 의식적으로 이용한 것이고, 이슬람의 경우에는 국가 체제를 갖추는 과정에서 전쟁 기계가 무의식적으로 작동한 것이다. 이것이 정착민과 노마드의 차이다.

들뢰즈와 가타리가 꿈꾸는 새로운 차원의 혁명은 탈코드화와 탈영토화를 향한 노마드의 혁명이다. 이것은 억압되지 않는 욕망을 있는 그대로 좇는 혁명이며, 욕망의 흐름을 자연스럽게 표출하는 혁명이다. "욕망은 혁명을 바라지 않는다. 욕망 자체가 혁명적이다." 혁명적 힘은 욕망을 현실과 접속하는 데서 나오는 것이지, 욕망을 표상의 형태로 환원하여 재영토화하는 데서 나오지 않는다는 뜻이다.

이런 혁명은 어떻게 가능할까? 들뢰즈와 가타리는 총체적인 혁명의 방향만 제시했을 뿐 구체적인 혁명론을 정립하는 데까지 이르지는 못했다. 하지만 그들의 이론에 따르면 적어도 혁명의 주체는 명백하다. 이 혁명은 말하자면 여의도의 정치꾼들이나 강남의 졸부들, 흔히 말하는 사회 엘리트층이 주도할 수 없다. 또한 마르크스가 앞장세운 프롤레타리아나 마오쩌둥이 믿은 농민 같은 근대적 혁명 주체가 담당할 수도 없다. 단결과 통일 같은 구호는 혁명을 앞당기기는커녕 파괴하기 때문에 국가나 정부도 혁명의 주체가 되지 못한다.

탈현대적 혁명의 주체는 계급의식으로 무장된 집단이 아니라 무의식적 욕망을 있는 그대로 표출할 줄 아는 집단이다. 현실적으로 보면 그들은 재영토화의 논리가 가장 약한 사회 주변부에 위치한 집단이다. 예를 들면 장애인이나 동성애자 같은 사회적 소수자, 히피나 보헤미안 같은 사회의 아웃사이더가 그들이다(물론 그중에서 분열증을 내면화할 줄 모르고 분열증에 매몰되어버린 분열자는 제외다). 그들은 탈현대적 혁명의 주력이 되거나 적어도 훌륭한 첨병으로서 기능할 것이다.

안타깝게도 구조주의-포스트구조주의 철학자들은 이념이나 이론과 달리 개인적으로는 혁명에 접근하지 못하고 붕괴해버린 삶을 보여주었다. 알튀세르는 정신착란 속에서 평생의 동지였던 아내를 교살하고 정신병원에서 생을 마쳤고, 푸코는 에이즈로 사망했으며, 들뢰즈는 일흔의 나이에 투신자살로 삶을 마감했다. 탈현대의 탈주를 꿈꾸었으나 정작 그들의 생애는 자기 파괴적 탈주에 그치고 만 것이다.

수취인 불명의 텍스트

푸코는 들뢰즈에게 "20세기는 장차 그의 세기가 될 것"이라는 찬사를 보냈고, 들뢰즈는 푸코의 저작들을 독창적으로 해석한 《푸코Foucault》라는 책을 써서 답사를 대신했다. 그럴 정도로 두 사람은 비록 연구의 초점은 달랐어도 철학적 기획과 문제의식은 닮았다. 가장 큰 공통점은 구조주의의 맥을 이으면서 무의식적이고 미시적인 차원에서 작동하는 권력과 억압의 문제를 테마로 삼았다는 점이다. 하지만 두 사람은 일종의 사회철학에 치중했고 순수하게 철학적인 사유의 측면에는 그다지 주력하지 않았다. 그들에 비해 포스트구조주의의 철학적 논의에 주력한 사람으로는 데리다(Jacques Derrida, 1930~2004)를 꼽을 수 있다.

전통적으로 프랑스 철학은 선도적으로 문제를 제기하는 역할을 맡았고 독일 철학은 체계화에 강했으나, 현대 철학에서는 그 관계가 역전되는 경우도 있다. 푸코와 들뢰즈가 독일의 니체에게서 영향을 받았듯이 데리다는 독일 철학자인 하이데거의 문제의식을 이어받았다. 11장에서 보았듯이 하이데거는 형이상학의 한계에 이르러 언어의 문제에 봉착했다. 그는 언어를 '존재의 집'이라고 명명하는 데 만족했을 뿐 체계적인 언어 분석까지 들어가지는 않았다. 데리다는 하이데거가 멈춘 곳을 출발점으로 삼는다.

그러나 그는 곧장 언어로 들어가기 전에 우회로를 거치기로 한다. 언어는 결국 소통의 문제이고 소통을 위해서는 해석이 전제되어야 한다. 그래서 그의 관심은 언어학이 아니라 해석학으로 향한다. 해석학의 주제는 읽기와 쓰기이고 대상은 텍스트다. 텍스트라면 원래 문장 형태의 메시지를 뜻하지만 데리다가 말하는 텍스트는 글에만 국한되지 않는다. 그의 텍스트는 책만이 아니라 영화, 음악 등의 예술, 정책이나 법의 형태를 취하는 권력의 메시지, 나아가 일상적 대화까지도 아우르는 의미다.

전통적인 관점에 따르면 텍스트는 발신자가 수신자에게 보내는 메시지다. 책은 저자가 독자들에게 특정한 주제에 관한 자신의 이론이나 견해를 전달하는 수단이고, 영화는 감독이 관객들에게 영상으로 자신의 이야기를 보여주는 매체이며, 정책은 정부가 국민에게 필요한 정보를 알리는 통로다. 이런 텍스트들이 제대로 작동하기 위해서는 텍스트란 이미 결정된 객관적인 의미를 담은 '빈틈없는' 매개물이라는 전제가 필요하다. 빈틈이 없기 때문에 해석의 여지도 없다. 간혹 의미가 분명하지 않을 경우에는 콘텍스트, 즉 맥락을 참고로 추론할 여지는 있으나 이런 주관적 독해의 관점은 처음부터 배제된다.

그보다 진일보한 해석학적 관점을 제시한 사람은 가다머(Hans-Georg

Gadamer, 1900~2002)다. 그는 우선 텍스트를 문학과 비문학으로 구분한다(데리다와 달리 그의 텍스트는 문헌으로 국한된다). 비문학적 텍스트의 해석은 전통적 방식과 마찬가지로 텍스트의 객관성이 당연시되며, 저자와 독자가 '합의'에 도달하는 과정을 중시한다. 그러나 문학적 텍스트는 다르다. 이 경우에는 저자가 뒤로 물러앉고 언어 자체가 전면에 등장한다.

문학작품의 해석은 저자나 등장인물의 의도로 환원되지 않고 텍스트 자체에 뿌리를 둔다. 따라서 독자의 지평이 넓어지고 해석의 여지가 커진다. 저자는 비극을 썼다 해도 독자는 그것을 희극으로 읽을 수 있다. 심지어 작품에 따라서는 끝없는 독해의 연쇄만 존재하는 경우도 있다. 해석에는 원래 해답은 있어도 정답이란 없는 법이다. 어느 날 아침 갑자기 흉측한 벌레로 변신한 그레고르 잠자라는 등장인물을 고독한 존재의 은유로 해석하든 문자 그대로의 벌레로 보든 독자의 마음이다. 저자인 카프카의 의도도 참조는 될지언정 작품 해석과는 무관하다. 이렇게 문학작품은 저자의 의도와 다른 해석이 얼마든지 가능하며, 텍스트가 발신된(즉 작품이 발표된) 이후에는 저자조차 한 사람의 해석자에 지나지 않는다.

언뜻 보면 가다머는 문학 텍스트를 해석하는 전통적 관점의 한계를 극복한 듯하다. 그러나 데리다는 가다머가 저자와 텍스트를 완전히 분리시키지 않았다고 지적한다. 가다머는 독자에게 무한한 해석의 지평을 열어주는 것 같으면서도 결국 '원래 말해진 것', 즉 텍스트의 기원과 연결된 끈을 완전히 놓지 않고 있다. 이럴 경우, 특히 해석이 대단히 다양해지게 되면 또다시 기원이 최종적인 해석의 준거점으로 부활하게 된다. 이를테면 난해한 문학작품을 놓고 해석이 분분했을 때 결국 작가의 의도를 묻게 되는 경우다. 그래서 데리다는 텍스트를 해석할 때 기원의 유혹에서 벗어나 저자의 의도를 완전히 무시해야 한다고 주장한다. 이는 해석학이라기보다 의미론에 가까운 입장이다.

이리하여 텍스트의 저자가 해석의 지평에서 사라졌다. 그러나 데리다는 저자를 없애는 데 만족하지 않고 놀랍게도 텍스트의 독자도 없다고 말한다. 텍스트라는 메시지는 발신자도, 수신자도 없다는 것이다. 발신자가 텍스트를 작성할 때는 대개 수신자를 염두에 둔다. 비문학작품은 말할 것도 없고 문학작품도 마찬가지다. 데리다도 그 명백한 사실을 부인하는 것은 아니다. 그러나 발신자의 염두에 있던 수신자는 나중에 텍스트가 공개되었을 때의 그 수신자가 아니다. 물론 인물로 보면 같은 사람이겠지만 처음의 수신자는 발신자의 머릿속에 있다는 점에서 어찌 보면 가공의 인물이다.

두 수신자가 동일하다면 수신자는 텍스트를 해석하는 데 일종의 특권을 가졌다고 볼 수도 있을 것이다. 하지만 두 수신자가 다르기 때문에 특권적 수신자란 없으며 발신자조차도 그런 특권을 주장할 수 없다. 쉽게 말해 글을 쓰는 사람의 손을 떠나는 순간 그 글은 공론의 영역으로 들어가며, 누구도 그 의미를 판단하는 독점적 권리를 가지지 못한다는 이야기다.

이렇게 해서 발신자도 수신자도 사라지고 오로지 텍스트만 남게 된다. 텍스트는 기원(발신자)도 없고 목적(수신자)도 없다. 마치 출발역도, 종착역도 없이 마냥 달리는 은하철도 999와 같다고 할까? 의미를 생성하고 이해하는 그 두 주체를 해체하고 나면 텍스트는 곧 구조주의에서 말하는 구조와 같은 위상이 된다.

그렇다면 텍스트를 해석할 때 그것을 둘러싼^{con-} 콘텍스트에 주목하는 방식은 어떨까? 이렇게 맥락을 해석의 보조 도구로 여기는 것도 전통적 관점의 하나다. 그러나 데리다는 그 방법도 거부한다. 오히려 "기호는 그 맥락과 단절하는 힘을 가진다."라는 게 데리다의 생각이다. 언어 기호는 특정한 맥락, 원래 발생한 맥락과 유리되어 새로운 맥락을 무한히 창출할 수 있다. 무한하다는 것은 곧 없다는 뜻과 통한다(어떤 사건의 원인이 무한히 많다면 그 사건의 원인은 없는 것이나 마찬가지다).

맥락은 문장의 의미를 확정하거나 이해를 도와주기는커녕 문장의 해석을 통해 사후적으로 해석되는 대상일 뿐이다. 하나의 문학비평이 또 다른 비평의 대상이 되는 것과 마찬가지다. 원본은 없고 무한한 사본만 생산된다는 점에서 종교의 경전도 다를 바 없다. 역사적으로 경전을 둘러싸고 언제나 무한한 해석이 제출되었다는 사실이 그 점을 말해준다. 앞서 니체와 푸코는 콘텍스트가 텍스트보다 넓은 의미의 그물을 지닌다고 보았으나 데리다는 그것조차 별도의 해석 대상이라고 보고 있다.

상식과 달리 텍스트는 통일적인 실체가 아니라 처음부터 분할적으로 구성되어 있다. 학교의 글쓰기 교육에서는 흔히 모순이 없이 일관적으로 글을 쓰는 것을 기본으로 가르치지만, 사실 모순과 불완전함은 텍스트의 결함이 아니라 고유한 특성이다. 따라서 텍스트 전체를 일관되게 독해하려는 시도는 처음부터 실패가 예고된 기획이다. 이를 강조하기 위해 데리다는 다른 사람의 글과 자신의 글을 완전히 뒤섞어 구분할 수 없게 된 사례를 보여준다. 하긴, 모든 책이 그렇지 않은가? 오로지 저자의 머릿속에서 100퍼센트 나온 글이나 책은 없다. 서양 철학사를 다룬 지금 이 책도 실은 '책으로 쓴 책'이라는 점에서 저술이나 창작이라기보다는 독해의 한 방식이다. 물론 이 책을 읽는 여러분도 저자의 의도와 무관하게 나름의 독해를 실천하고 있는 것이다.

그렇다면 데리다가 제시하는 새로운 독해의 방법이 뭔지 알 수 있다. 텍스트에서 고정된 의미나 진리를 찾기보다는 모순과 불일치에 주목해야 한다. 그리하여 새로운 해석을 창출하는 게 진정한 독해 과정이다. 한 개념의 내용은 고유한 의미가 없으므로 다른 맥락에 놓일 경우 전혀 다른 의미를 가지게 된다. 그럴 경우 그것을 해석상의 난점이나 불편을 주는 요소로 여기지 말고 자연스럽게 받아들일 수 있는 자세가 필요하다. 그것은 기표의 불완전성이 아니라 언어 자체의 불완전성과 관련이 있기 때문이다. "진리는 겉으로 드러날 수 있는 게 아니고 단지 끝없는 해석만이 존재한다." 이것이 데리다가 말하는 해체적 독해다.

형이상학의 해체를 위해

전통적 해석이 맞닥뜨린 어려움은 전통적 형이상학의 한계와 통한다. 형이상학은 자기 완결성을 지닌 거대한 체계로 발전해왔다. 체계란 원래 닫힌 것이기 때문에 형이상학은 늘 자체 안에 기원을 두었고, 모든 질문과 답, 진리가 자체 안에서 해결되는 형태를 취했다. 게다가 아직까지는 모든 진리를 얻지 못했지만, 형이상학은 자체의 체계를 꾸준히 확장하다 보면 궁극적인 앎에 도달할 수 있으리라는 진리 낙관주의를 조장했다.

그런 낙관적 무드에 제동을 건 사람이 하이데거였다. 형이상학의 한계 너머를 어렴풋이 본 그는 형이상학 외부의 것들, 말할 수 없는 것을 말해야 하는 언어적 질곡에 처했다(비트겐슈타인은 침묵하라고 권고했지만). 그것은 말하자면 무의식을 의식의 언어로, 차이를 동일성의 언어로, 분산을 일관성의 언어로, 구조를 경험의 언어로, 존재를 존재자의 언어로 말해야 하는 장벽이었다.

독해를 해체하려는 데리다의 기획은 종착역에 이른 그 방대한 형이상학 체계를 해체하기 위한 과정의 일부다. 그래서 그는 하이데거가 화두로 남긴 언어의 문제에서 출발해야 했다. 독해의 경우와 마찬가지로 언어의 해석에서도 메시지의 발신자와 수신자 따위는 존재하지 않는다. 텍스트의 저자와 독자 사이에 시차가 있는 것처럼 언어를 말하는 사람과 듣는 사람 사이에도 시차가 있기 때문이다.

소쉬르의 경우에서 보았듯이 한 낱말의 의미를 사전식으로 정의하려는 시도는 계속 다른 낱말들의 의미로 치환되고 중첩되어 결국 실패할 수밖에 없다. 라캉은 이것을 기표가 기의에 닿지 못하고 끊임없이 미끄러진다고 표현한 바 있다. 소쉬르와 라캉을 종합하면, 언어의 의미는 '차이'에 의해 규정되며 늘 동시적으로 확정되지 못하고 끊임없이 '지연'된다는 결론이 나온다. 이 차이와 지연의 개념에 착안해 데리다는 차연(差延, différance)이라는 새로운 용어를 만들었다. 차이라면 'différence'라고 표기해야 옳지만 그는 의도적으로 'e' 대신 'a'를 써서 구분하고 있다(프랑스어에서 두 단어의 발음은 똑같다). 프랑스어의 동사 différer는 '다르다'는 뜻과 '미루다'는 뜻을 함께 가지고 있으므로 데리다는 차이의 의미를 포함하면서도 표기가 다른 용어를 만들어낸 것이다.

특정한 진술이나 개념화는 흔히 생각하는 것처럼 한 번에 완결되는 게 아니라 계속 지연되며, 이 반복되는 지연을 통해 차이를 생성한다. 차이가 그렇듯이 차연도 무의식적이다. 그러므로 진술이나 텍스트의 의미는 주체(저자나 독자)가 의식적으로 부여하는 게 아니라 차연을 통해 무의식적으로 형성된다. 더 정확히 말하면 차연은 모든 개별적 인식과 경험 속에 개입하면서 흔적을 남기는데, 이 흔적이 의미를 생산하는 것이다.

흔적이라면 시간을 배제할 수 없다. 데리다가 굳이 말장난 같은 방법으로 차연이라는 개념을 만들어낸 의도는 그 시간성을 나타내기 위해서다(차이에는 시간성의 개념이 없다). 그는 서양 철학의 전통을 로고스 중심주의이자 음성 중심주의라고 규정한다. 음성은 차연과 반대로 무시간성(동시성)을 특징으로 하며, 문자와 반대로 주인(주체)이 확실하다. 음성은 주인이 그것을 내는 동시에 그것을 듣는다. 이렇게 동시적이고 완결적이기 때문에 음성은 항상 자명하고 명증적이다. 형이상학 특유의 자기 동일성과 자기 완결성은 바로 여기서 비롯되었다. 또한 그렇기 때문에 형이상학은 자체의 내용과 기원을 확인하는 것 이외에 새로운 영역으로 나아갈 수 없었다.

음성은 일회적이고 반복되지 않는다. 덕분에 자명하다는 장점은 있지만 마냥 일회적으로만 머물면 보존성이 없다. 그런 점을 보완하기 위해 문자가 도입되었다. 문자는 처음부터 음성에 종속되었고 음성의 의미를 보존하기 위한 수단이자 장치였다. "태초에 말씀이 계시니라. 이 말씀이 하느님과 함께 계셨으니 이 말씀은 곧 하느님이시니라." 이 〈요한복음〉의 첫 구절은 바로 신의 음성으로 시작한다. 《성서》는 그 음성을 보존한 기록에 불과하다. 신의 음성은 로고스^{logos}, 즉 말씀인데, 이것을 다른 말로 바꾸면 바로 이성이다. 결국 음성 중심주의는 곧 로고스 중심주의이자 이성 중심주의가 된다. 음성 중심주의가 무너지면 이성도 붕괴하고 형이상학도 해체된다.

아리스토텔레스 이후 서양 사상사의 지배적 흐름은 문자를 음성보다, 글쓰기를 말하기보다 열등한 것으로 간주하는 태도였다. 이성이 파악한 사물의 본질을 말로 표현하는 것이 일차적인 재현이었고, 글은 언제나 부차적인 재현에 머물렀다. 그런데 말이 보존을 위해 글로 바뀌는 데서 해석은 억압된다. 《성서》의 원본보다—원본 같은 게 있는지 모르지만—수많은 주석본이 더 큰 위력을 가지는 것은 그 때문이다. 이렇게 억압되어

5부 철학, 출구를 찾아 도약하다

온 해석을 복원해 감춰진 목소리를 드러내는 게 데리다가 시도하는 해체의 요체다. 그런 점에서 그의 해체는 푸코의 고고학적 관심과 통한다.

전통적인 독해관에는 억압적 권력을 바탕으로 합의를 강요하는 정치적 함의가 숨어 있다. 텍스트가 아니라 텍스트의 해석이 권위와 권력을 행사하는 것이다. 예를 들어 한국전쟁은 과거의 역사적 사건이었고 시대에 따라 달라지는 게 아니지만, 전쟁에 대한 특정한 독해는 냉전 시대에 억압적 반공 이데올로기를 생성하는 데 크게 기여했다. 독도는 과거에 무인도였으므로 누구도 역사적으로 소유권을 주장할 수 없음에도 불구하고 독도를 둘러싼 한일 간의 특정한 독해는 아주 오랜 역사까지 끌어들였다. 이런 지배 담론의 가장 해악적인 측면은 바로 다양한 관점을 용인하지 않는 데 있다. 데리다는 파시즘 분석까지 들어가지는 않지만, 지배 담론의 파시즘적 성격은 해체의 지평이 더 넓어져야 한다는 점을 시사한다.

거대 담론 허물기

형이상학을 해체하고 음성 중심주의를 극복하자! 이런 데리다의 철학적 기획은 이해할 수 있다. 그런데 그가 내놓은 대안은 다소 엉뚱했다. 그는 음성으로부터 완전히 해방된 문자를 새로 만들려 한 것이다. 그것을 그는 에크리튀르(Écriturea: 문자 일반을 뜻하는 프랑스어)라고 불렀는데, 음성처럼 주인이 없이도 존재할 수 있고 익명적으로 자체의 흔적을 남길 수 있는 문자를 가리킨다.

문자는 혼자 만들어 쓴다고 생겨나는 게 아니다. 그래서 구조주의의 원조인 소쉬르는 문자를 약속이라고 말했다. 데리다는 아쉽게도 문자의 이름만 정했을 뿐 그 내용은 채우지 못했다. 문패만 있고 정작 집은 없는 셈이다. 그렇게 보면 데리다는 방대한 형이상학에 정면으로 도전하고 해체를 부르짖었으나, 오히려 그 자신이 또 하나의 거창한 목표를 설정하고 그것에 짓눌려버린 감이 있다. '포스트모던'이라는 용어—원래는 형용사였는데 포스트모더니즘이라는 명사로 발전했다—를 처음으로 사용한 리오타르(Jean-François Lyotard, 1924~1998)는 혹시 형이상학이라는 거대 담론을 해체하려는 데리다의 기획 자체도 또 하나의 거대 담론이라고 비판하지 않을까?

실제로 리오타르는 데리다보다 한결 더 노골적이면서도 파상적으로 형이상학을 공격한다. 무엇보다 그는 현대와 같은 산업화되고 정보화된 사회에서 이성의 긍정적인 역할은 더 이상 없다고 극단적으로 선언한다. 한때 사회 발전의 추동력이었던 이성은 이제 폐차되기 직전의 낡은 자동차와 같은 신세가 되어버렸다.

현대는 과거와 같은 통합적인 사회 체계가 아니며, 동질성보다 차이가 훨씬 더 중요한 시대다. 과거에는 사회의 각 부분이 단일한 목적 아래 결집될 수 있었지만(예컨대 왕조 사회나 현대의 독재 정권은 그럴 수 있다) 지금은 그런 게 전혀 불가능하다. 부분은 전체를 위해 존재하는 게 아니라 독자적인 존재와 운동 방식을 가진다. 세계를 하나의 화폭에 담아 거대한 그림을 그리던 시대는 이미 끝났다. 이제는 현대 세계에 관한 올바른 상을 얻으려면 수많은 작은 화폭에 각각의 부분을 정밀하게 담아내야 한다. 방대한 형이상학으로 세계의 기원과 모든 현상을 설명하려는 기획은 완전히 파산했다.

이것은 억압적 형이상학만의 문제가 아니다. 한때 마르크스주의자였

5부 철학, 출구를 찾아 도약하다

던 리오타르는 인간 해방을 지향하는 혁명적 이념조차 거대 담론의 일반적인 폐해에서 벗어나지 못한다고 말한다. 마르크스는 프롤레타리아혁명이란 단지 프롤레타리아 한 계급만이 아니라 착취계급인 부르주아지도 해방시키는 총체적인 혁명이라고 주장했다. 그러나 리오타르에 따르면 전체적이고 총체적인 것은 모두 무의미하다. 전체를 대상으로 하는 시도는 어떤 것이든 역사적으로 실패했으며, 탈현대에는 더욱더 그럴 수밖에 없다. 거대 담론은 항상 '통합'이라는 목적을 전제로 하기 때문에 결국 그릇된 목적론으로 귀결되게 마련이다. 그래서 리오타르는 마르크스주의를 인간 해방의 '신화'라고 규정하고, 낡은 계몽주의의 기치를 현대에 되살리려는 환상이라고 단정한다. 계몽, 자유, 해방 같은 근대의 거창한 이념들은 중세의 신을 대체한 데 불과하다.

작은 것이 아름답다. 한때는 규모가 기[...]다주는 효율성이 중요했지만 [...] 지금은 부문별 정교화가 점차 중요한 시[...]다. 또한 한때는 보편적인 진보의 환상이 해방을 가져오리라고 믿었으[...] 지금은 그것이 오히려 현대 사회의 그늘을 더욱 깊게 만들었다는 점[...] 드러났다. 이런 리오타르의 입장은 문명의 기획을 통째로 부인하는 듯[...]하다. 그러나 전체가 부분들을 관할하고 부분들이 전체를 위해 기능하[...]않는다면, 다시 말해 부분과 전체의 유기적인 통합성을 배제한다면 지[...]의 생산은 어떻게 가능할까? 혹시 그것은 문명의 포기가 아닐까? 리오[...]르는 현대의 루소가 되려는 걸까?

리오타르가 아무런 대안도 없이 과거의 가치관을 부정한 것은 아니다. 전체가 사라지면 다원성의 시대가 된다. 그것은 파괴가 아니라 새로운 생산이다. 형이상학 체계에서 생산이라고 믿었던 것들은 알고 보면 동어반복이자 지식의 순환에 불과했다. 마치 서로 지급보증을 해주면서 버텼던 문어발식 재벌 기업처럼, 형이상학에서는 각 부분이 다른 부분을 정당화하고 근거가 되어주면서 전체 체계의 덩치만 비대해졌던 것이다.

리오타르는 자연과학의 발전에 지대한 역할을 했다고 간주되는 실증주의도 실은 전혀 지식을 생산하지 못했다고 말한다. 실증주의는 검증과 관찰을 기본으로 한다. 그런데 검증이란 언제나 이미 있는 것을 정당화하는 데 불과하며, 관찰은 언제나 이론을 전제하는 방식으로, 즉 이론 의존적theory-laden으로 진행된다. 무엇을 검증할지는 기존의 체계가 말해주며, 무엇을 관찰할지는 기존의 이론이 지시하고 있다. 따라서 실증주의는 늘 이미 알고 있는 것을 확인하기만 했고, 늘 아는 만큼 보는 데 그칠 따름이었다.

다원성이 지배하는 포스트모더니즘의 시대에는 전체를 고려하지 않기 때문에 전체와의 관계를 통해 각 부분의 정당성이나 근거를 마련하려 애쓸 필요가 없다. 지식을 위한 지식을 낳았던 낡은 합의의 모델은 더 이상 통하지 않는다. 유용성도 없고 생산성도 없다. 굳이 합의가 필요한 상황이 닥칠 경우에는 전체적 합의가 아니라 국부적이고 부문적인 합의로 대체하면 된다. 이렇게 보면, 전통적 형이상학의 진영에서는 포스트모더니즘의 파괴적 성격을 과장하지만 포스트모더니즘은 파괴가 아니라 새로운 생산을 지향하는 사조다.

리오타르는 거대 담론의 억압과 폭력성을 경계하는 점에서 푸코나 들뢰즈/가타리, 데리다와 맥을 같이한다. 어찌 보면 이것은 새로운 형태의 해방 이념일 수도 있다. 들뢰즈/가타리의 혁명론이 새로운 방식의 혁명을 제시하는 것처럼, 리오타르의 포스트모더니즘은 특정한 이념이나 이론이 거대 담론화하는 것을 피하고 특정한 권력을 부각시키지 않으면서 사회의 각 부분이 억압되지 않고 다양하고 이질적인 생활양식과 사고방식을 조화시키는 실험을 제안한다.

현실보다 더 현실적인 시뮬레이션

리오타르의 이론이 은연중에 미시적 혁명을 제시하는 데 비해, 보드리야르(Jean Baudrillard, 1929~2007)는 들뢰즈/가타리보다도 더 노골적으로 혁명을 주장한다. 그런데 묘한 점은 그 혁명이 가상에 뿌리를 두고 있으면서도 현실보다 더 현실적이라는 사실이다.

합리적 이성에서 출발한 근대사회는 '재현' 체계를 근간으로 삼았다. 재현^{representation}이란 말 그대로 '다시^{re} 현실화^{presentation}한다'는 뜻이므로 원본의 존재를 전제로 한다. 즉 실재가 존재하고 그 실재를 모방한 이미지가 종속적으로 존재하는 이원론적 질서다. 사실 이런 질서는 근대적 산물이 아니라 플라톤의 이데아론 이래 서양 철학사 전체를 관류하는 사유 방식이지만, 그것이 사유의 차원에만 머물지 않고 사회 전반에 확산되기 시작한 것은 역시 근대에 생겨난 현상이다.

이 재현 체계는 동일성, 통합성, 안정성을 기본으로 한다. 형이상학적 사유는 이원론인데 어떻게 통합과 안정이 가능할까? 이원론을 이루는 두 항이 동등한 지위를 가진다면 불가능하지만, 한 항이 다른 항을 종속시키는 불균등한 이원론이기 때문에 가능하다(플라톤의 일원론적 이원론을 상기하라). 즉 재현 체계 속의 이미지는 원본에 해당하는 실재를 사본처럼 반영한다. 사본의 품질은 원본에 얼마나 가까운가에 의해 결정된다. 마찬가지로 재현 이미지는 실재와 비슷한 정도에 따라 등급이 매겨진다. 이것이 근대적 사유의 본질이다.

그러나 보드리야르는 탈현대에 접어들어 그런 관계가 변화했다고 말한다. 포스트모더니즘의 시대에는 실재와 이미지, 원본과 사본을 구분하는 전통적인 이원론이 사라지고 양자가 동일해지는 시뮬라크르(simulacre, 모방), 즉 시뮬레이션의 시대다(전체를 통괄하는 거대 담론이 무너지고 부분들이 독자적으로 작용한다고 본 리오타르의 입장과 통한다). 시뮬레이션으로 만들어진 실재는 현실의 실재와 달리 가상이고 환상이므로 전통적인 실재처럼 사실성을 갖지는 않는다. 그런데도 기존의 실재 이상으로 현실적인 힘을 발휘하며 오히려 기존의 실재가 했던 역할을 빼앗는다. 원본은 발언권을 잃고 사라진다. 원본이 없기 때문에 시뮬레이션은 '흉내 낼 대상이 없는 이미지', 즉 독자적으로 존재할 수 있는 이미지가 된다. 이렇게 시뮬레이션으로 만들어진 새로운 개념의 실재를 보드리야르는 하이퍼리얼리티hyper-reality라고 부른다. 과거였다면 원본 없는 이미지는 공허하고 초라했겠지만, 현대사회에서는 현실을 대체하고 때로는 지배하기도 한다.

　현대의 전쟁이 그 점을 보여주는 좋은 예다. 완전히 컴퓨터화된 현대식 미사일을 발사할 때 병사는 컴퓨터 화면 속의 이미지만을 상대한다. 물론 그 이미지는 현실의 미사일을 나타내고 있지만 병사가 관심을 두는 것은 이미지 기호일 뿐 그 지시 대상이 아니다. 실제로 그는 화면상에서 미사일이 목표물에 명중하면 임무를 훌륭하게 완수한 것이다. 설사 미사일에 문제가 생겨 화면과 달리 실제로는 빗나갔다 하더라도 그것은 병사의 책임이 아니므로 그는 상관에게서 징계를 당하지 않는다. 그런 의미에서 보드리야르는 "걸프 전쟁은 일어나지 않았다."고 말한다. 현실보다 더 현실적인 상징의 맥락에서 보면 1990년에 미국이 이라크를 대대적으로 폭격해서 수십만 명의 사상자를 낸 걸프 전쟁은 '비사건non-event'이고,

2001년에 여객기 두 대가 뉴욕의 세계무역센터 건물을 강타한 9·11 사태는 '절대적 사건^{absolute event}'이다!

보드리야르는 이렇게 실재를 스스럼없이 이미지로 대체하는 관계를 경제학에도 적용한다. 이미지와 현실의 새로운 관계를 확장하면 전혀 새로운 개념의 경제학이 탄생한다. 아무리 가상 세계가 고도로 발달한 오늘날이라 해도 그 근저에는 현실이 있다. 인터넷 쇼핑몰을 서핑하는 궁극적 목적은 그 가상 세계에 전시된 현실적인 물건을 구매하기 위해서다. 인터넷 게임의 가상 캐릭터에 열광하는 이유는 결국 현실에 존재하는 나의 정신과 신체를 만족시키기 위해서다. 이렇듯 이미지의 세계는 현실 세계를 반영하며, 현실 세계로 피드백되어야만 의미가 있다. 그러나 보드리야르는 하이퍼리얼리티의 현실에서 이미지 기호들은 현실과 교환되지 않는다고 말한다. 오히려 기호들은 기호들끼리 서로 교환된다. 바로 여기서 기존의 정치경제학에서 사용하는 사용가치나 교환가치와 다른 기호가치의 개념이 나온다.

루이비통 핸드백이 여느 핸드백보다 특별히 사용하기 편리하다거나 더 많은 물건을 넣을 수 있는 것은 아니다. 롤렉스 시계보다 시간이 정확하고 기능이 많은 시계는 얼마든지 있다. 따라서 루이비통 핸드백과 롤렉스 시계가 사용가치의 면에서 여타의 핸드백이나 시계보다 우월한 요소는 전혀 없다. 탈현대에 이른바 '명품'의 효과는 실용성, 간편성, 아름다운 디자인 같은 고전적인―아울러 근대적인―가치에 있는 게 아니라 소유자의 부와 지위를 나타내는 기호가치에 있다(그러므로 명품을 가지려는 욕구는 그냥 속물적이고 천박한 게 아니라 기호가치에 대한 욕구다). 더구나 이 기호가치는 결코 관념적이거나 비실용적인 게 아니다. 기호가치는 일류 호텔의 레스토랑이나 고급 백화점에 들어갈 때, 심지어 은행에 대출을 받으러 갈 때도 소유자에게 현실적인 이득을 가져다준다. 루이비통 핸드백과 롤렉스 시계로 무장한 부부가 문전박대를 당할 가능성은 없으니까.

자본주의 초창기에 마르크스가 사용가치보다 교환가치를 중시한 것은 혁신적 관점이었다. 포스트모더니즘의 시대에 그 두 가치보다 기호가치를 중시한 보드리야르의 관점은 또 하나의 중대한 혁신이다. 기호는 라캉이 말하는 물질성을 가지며, 푸코가 말하는 권력을 행사한다. 마르크스가 생산을 초점으로 자본주의 분석을 위한 정치경제학을 정립했다면, 보드리야르는 기호가치가 중요한 역할을 하는 소비를 초점으로 삼아 '기호의 정치경제학'을 시도한다(그는 마르크스의 《정치경제학 비판^{Zur Kritik der politischen Ökonomie}》을 염두에 두고 《기호의 정치경제학 비판^{Pour une critique de l'économie politique du signe}》이라는 책을 펴냈다).

그러므로 그가 말하는 혁명도 마르크스주의의 고전적인 혁명과는 크게 다르다. 마르크스주의 정치경제학에서는 가치를 생산하는 유일한 수단인 노동을 핵심 개념으로 삼지만, 기호의 정치경제학에서 볼 때 노동은 실재적인 힘이 아니라 여러 기호 중 하나에 불과하다. 보드리야르는 노동에서 본질적인 것은 생산이 아니고 그에 선행하는 코드화, 표시화, 억압의 기능이라고 본다. "모든 노동은 기본적인 억압, 통제, 규칙의 묶음이며, 장소와 시간에 얽매인 일이라는 형태로서, 어디에나 존재하는 코드에 따라 생활 전체에 침투한다." 물론 노동이 전통적인 의미에서의 경제적 생산을 아예 하지 않는다는 뜻은 아니다. 보드리야르의 의도는 그런 노동의 의미가 점차 축소되고 노동의 초점이 코드와 규범의 재생산으로 이동하는 것을 밝히려는 데 있다.

혁명의 과제는 여전히 해방이지만 해방의 의미와 그것을 이루는 수단은 크게 달라졌다. 탈현대사회에서는 정치권력이나 자본가 권력을 타도하는 게 아니라 인간과 노동을 억압하고 구속하는 코드를 분쇄하는 것이 혁명의 새로운 목표다. 전통적인 혁명론이나 투쟁은 과거의 코드를 재생산할 뿐이므로 더 이상 적합하지 않고 설사 성공한다 해도 새로운 억압의 코드로 기능할 가능성이 높다(현실 사회주의의 전체주의적이고 권위주의적인 체제가 그 점을 보여준 바 있다). 탈현대의 혁명은 코드를 전복하는 기호의 혁명이어야 한다. 보드리야르가 전통적인 혁명 이념에서 동의하는 부분은 자본주의 체제를 가속화해 포화 상태에 이르도록 한 다음 스스로 붕괴하게 해야 한다는 점이다. 그런 점에서 보드리야르는 마르크스가 처음 제기했고(자본주의의 경제적 자동 붕괴) 들뢰즈가 다른 측면에서 계승한 혁명론(분열증을 가속하라)과 맥을 같이하고 있다.

주체와 의사소통

포스트구조주의-포스트모더니즘의 사상은 대체로 이성과 주체의 전통적인 지위를 부정하고, 무의식과 우연, 비합리성의 측면을 부각시키면서 마르크스주의의 해방 이념을 다양하게 변주하는 방식으로 전개된다. 그러나 이성의 기획을 해체하지 않으면서 고전적인 해방 이념을 지지하는 지적 흐름이 완전히 사라진 것은 아니다. 그 대표 주자인 하버마스(Jürgen Habermas, 1929~)는 근대 이성의 소산인 계몽주의의 합리성을 비판적으로 계승한다는 자세로 포스트구조주의-포스트모더니즘의 파상적 공세에 맞선다.

 포스트모더니즘을 말하려면 주체, 이성, 계몽의 효용성이 끝났다는 전제가 필요하다. 그러나 하버마스는 그 전제가 과연 유효한지 묻는다. 이성과 계몽의 기획은 돌이킬 수 없을 정도로 완전히 실패한 걸까? 만약 그렇다면 그 실패를 입증할 수 있을까? 의식과 주체는 무의식과 구조 앞에서 완전히 무기력하기만 한 걸까? 무의식을 운위하는 것 역시 의식 활동이 있고서야 가능한 게 아닐까? 이성의 힘을 부인하는 것 역시 이성의 또 다른 힘이 아닐까?

하버마스에 따르면 이성은 비판을 통해 끊임없이 발전하는 것이지 폐기하고 말고 할 게 아니다. 이성의 능력은 아직 충분히 검증되지 않았을 뿐더러 인간에게는 이성 이외에 달리 수단도 없다. 물론 이성에 문제가 전혀 없는 것은 아니지만 이성은 그간의 발전 과정을 통해 자정 능력이 충분하다는 사실을 분명히 보여주었다. 이런 하버마스의 주장은 제2차 세계대전에서 파시즘의 광기를 이성의 힘으로 잠재웠다는 논리 혹은 미국을 상대로 끊임없이 발생하는 테러에 대해 이른바 '전쟁 억지력'을 내세우는 신냉전주의 논리와 어딘가 닮은 데가 있다. 조금 부작용이 있더라도 결국 다 잘될 테니 믿어달라고 말하는 듯하다. 그러나 하버마스는 이성의 최대 무기가 바로 이성 자체를 비판하고 반성하는 힘에 있다는 것을 굳게 믿는다.

이성의 힘을 인정한다면 주체를 쉽게 포기하는 것 역시 근시안적 견해임을 알게 된다. 주체철학(주체를 견지하는 철학을 가리키는 용어로, 북한의 지배 이데올로기인 주체사상과는 전혀 무관하다) 혹은 의식철학의 포기는 실증주의 비판에서 시작되었는데, 실증주의에 반대하는 입장은 하버마스도 마찬가지다. 실증주의적 사고는 주체와 대상의 분리를 당연시한다. 이는 바꿔 말하면 주체와 대상을 존재론적으로 동등한 실체로서 간주하는 것이다. 이럴 경우 주체는 세계의 주인이라는 위치를 획득하거나 세계 속의 사물과 같은 위상이 되는데, 하버마스는 둘 다 주체에 대한 지나친 단

624

순화라고 단정한다.

실증주의를 비판한 현상학에서는 그 대안으로 주체의 이중적 존재 방식을 제안했다. 11장에서 보았듯이 하이데거는 주체를 세계 속에 존재하면서 동시에 세계를 대상화하는 다자인으로 정의한 바 있다. 그러나 그런 구도에서는 분열된 주체를 근본적으로 치료할 방법이 없다. 후설이 결국 노에시스라는 선험적 주체를 가정하게 된 것도, 또 하이데거가 주체를 언어라는 미지의 영역으로 신비화한 것도 그런 딜레마의 표현이다.

하버마스에 따르면 주체와 대상의 분열은 처음부터 문제 삼을 필요가 없었다. 어떤 의미에서 주체와 대상의 관계는 자꾸 분열된 것처럼 보기 때문에 그렇게 보이는 것뿐이다. 분석적 선입견을 버리면 상식이 보인다. 다른 사람과 내가 대화를 나누고 소통한다는 것은 이미 내가 살아 있다는 사실, 언어를 구사할 줄 안다는 사실, 인간이 사회를 이루고 있다는 사실을 자명하게 보여준다. 여기서 하버마스는 상호주관성^{intersubjectivity}이라는 개념을 제안한다. 주체와 대상은 분열된 게 아니라 생활세계 속에서 이미 상호주관성으로 묶여 있다. 주체는 언어를 통해 상호작용에 참여하고 있기 때문에 주관과 객관을 논하기 이전에 상호주관적인 관계에 있다. 대놓고 말하지는 않지만 하버마스는 후설로 돌아가자고 소리 없이 외치고 있다.

쉬운 말을 어렵게 할 줄 안다는 게 철학자의 능력이라고 했던가? 하이데거는 쓸데없이 괴상한 신조어들을 만들어가면서 부심할 필요가 없었다. 하버마스는 일상생활에서 이미 무리 없이 작동하고 있는 인식과 소통의 메커니즘을 굳이 문제 삼는 이유가 뭐냐고 따진다. "인식 주체가 자기 자신뿐만 아니라 세계 속의 실체들을 대상화하는 태도는 더 이상 특권화될 수 없다. 상호 이해의 패러다임에서 근본적인 것은 그게 아니라,

세계 내의 존재에 관해 서로 의견을 나눔으로써 자신들의 행위 계획을 조정하는 상호작용의 참여자들이 가진 실천적인 태도다. 자아가 언어 행위를 실행하고 타자가 그것에 관해 자신의 입장을 밝히면, 두 사람은 상호 인격적인 관계를 시작하는 것이다."

지극히 상식적인 이야기다. 그렇다면 중요한 것은 주체와 대상의 분열이 아니라 주체와 다른 주체 간의 의사소통이다. 상호주관성이 성립하기 위해서는 주체들 간의 의사소통이 최대한 투명하게 이루어져야 한다. 하버마스는 의사소통에 왜곡된 요소가 없는지, 의사소통 과정에서 장애물은 없는지에 주목한다. 과연 진짜 문제는 바로 거기에 있었다. 하버마스에 따르면 현대사회는 "의사소통이 체계적으로 왜곡되어 있다."라는 특성을 가진다.

시에 가까운 철학적 언어가 필요하다는 하이데거의 발상, 기표가 기의에 닿지 못하고 미끄러진다는 라캉의 생각, 담론이 지식=권력에 의해 왜곡되어 있다는 푸코의 구도는 모두 일상적 언어의 영역과 연관이 있다. 이런 측면에서는 그들과 노선이 전혀 다른 분석철학자들의 언어 분석도 마찬가지다. 그런데 하버마스 식으로 표현하면 그것은 사적 의사소통의 문제다. 그들이 그런 논지를 펼친 근본적 이유는 그 의사소통에 문제가 발생했기 때문이다. 하버마스는 그 문제를 해결하려면 사적 영역만이 아니라 공적 영역에서의 왜곡된 의사소통도 함께 보아야 한다고 말한다.

사적 영역의 대화는 사회적 가치와 규범이 구체적 형태로 드러나는 소통 과정이며, 공적 영역의 대화는 정치 체제에 의해 대중의 지지를 생산하는 과정이다. 현대사회에서는 이 두 영역의 의사소통이 모두 심각하게 왜곡되어 있다. "사적 영역은 경제 제도에 의해 침해당하고, 공적 영역은 행정제도에 의해 침해당한다. 자발적이어야 할 의견과 의사가 관료제를 통해서만 형성되고 대중의 지지를 동원하는 계획에 의존한다. 정치적 결정과 정당의 활동이 동일성을 강조하면서 구체적인 생활의 맥락으로부터 이탈한다."

거기서 나오는 가장 큰 폐해는 상호주관성을 담보하는 생활세계가 무너진다는 점이다. 하버마스는 이것을 '생활세계의 식민지화'라고 표현한다. 생활세계란 원래 후설의 현상학에서 나온 개념이다. 후설은 이렇게 말한 바 있다. "생활세계는 등 뒤에서 참여자들을 받쳐주는 배경으로서, 우리는 그것을 직관적으로 알고 있다. 그것은 아무런 문제점도 없고 분해될 수도 없는 총체적인 배경이다." 후설은 생활세계가 존재한다는 사실 자체가 실증주의적 주관/객관 분리의 오류를 말해준다고 보았는데, 하버마스는 후설의 그 관점에 상호주관성의 개념을 추가했다. 상호주관성이 가능하다는 사실은 곧 참여자들이 생활세계의 존재와 기능을 직관적으로 이해하고 있다는 뜻이다.

그러나 수도관이 오염되어 있다면 아무리 수돗물이 깨끗해도 수도꼭지로 나오는 물은 더러울 수밖에 없다. 현대사회에서는 자본축적의 논리와 정치 행정의 관료적 체계가 생활세계의 고유한 영역을 위협한다. 더구나 그런 왜곡과 갈등은 경제와 정치 분야만이 아니라 문화적 재생산, 사회적 통합, 사회화 등의 분야에서도 광범위하게 일어난다. 이렇게 체계적으로 왜곡된 생활세계의 의사소통을 어떻게 복원할 수 있을까?

끝나지 않은 이성의 기획

문제 인식은 같다. 앞서 푸코, 들뢰즈, 가타리, 데리다, 리오타르, 보드리야르 등 포스트구조주의-포스트모더니즘 계열의 사상가들과 마찬가지로 하버마스도 자본과 권력의 지배와 억압으로부터의 해방을 부르짖는다. 하버마스는 생활세계의 왜곡을 바로잡고 상호주관성에 의한 투명한 의사소통 구조를 확립하는 것이 중요하다고 말하는데, 사용하는 개념은 달라도 취지는 대동소이하다. 그러나 그가 제시하는 해법은 이성을 동력으로 한다는 점에서 포스트구조주의-포스트모더니즘의 사상가들과는 정반대다.

주체의 주 무기는 예나 지금이나 이성이다. 하버마스는 비록 전통적 형이상학을 재현하려 하지는 않지만 근대 이성의 힘을 여전히 철석같이 믿고 있다. 결자해지結者解之라 했던가? 이성이 오류를 저질렀다면 그것을 바로잡는 일도 당연히 이성의 몫이어야 한다.

물론 이성 자체가 오염되었다면 불가능한 해법이다. 그러나 의사소통을 왜곡하고 생활세계를 식민지화한 주범은 분명히 이성이지만 그것이 이성의 전부는 아니다. 비판철학의 대명사인 프랑크푸르트학파의 대표적 사상가이자 하버마스의 직계 선배였던 아도르노는 현대사회에서 문제를 일으킨 이성은 도구적 이성이라고 규정한 바 있다. 근대의 문턱에 이성은 해방적 역할을 담당했으나 그 뒤 점차 지나치게 비대해지면서 "다른 모든 도구를 제작하는 데 필요한 보편적인 도구"가 되었는데, 이것이 바로 도구적 이성이다. 하버마스는 이 아이디어를 빌려 이성을 인지적-도구적 이성, 규범적-도덕적 이성, 표현적-미학적 이성의 세 가지로 분류한다. 여기서 분란을 일으키는 말썽꾸러기 이성은 첫 번째일 뿐이고 나머지는 아직 제대로 기능하고 있다.

그러므로 이성의 시대가 끝났다는 판단은 틀렸거나 아니면 시기상조다. 현대사회가 지나치게 이성 중심적이라는 생각은 완전한 착각이다. 현

628

대의 문제는 이성의 과도함이 아니라 오히려 이성의 부족함에서 비롯된다. 인지적-도구적 이성만이 과도할 뿐 나머지 이성은 모두 턱없이 모자란 상태다. 이성의 현재 위상은 몸만 자랐을 뿐 판별력은 아직 부족한 청소년과 같다. 다 성장하지 않은 청소년을 두고 "네 인생은 안 봐도 뻔하다."라는 식으로 말하면 곤란하다. 지금 단계에서 무엇보다 긴요한 일은 이성 자체가 지닌 비판적 기능을 회복하고, 도구적 이성 이외에 다른 이성들이 제 목소리를 찾도록 하는 것이다.

이성이 본래 지닌 해방적 힘, 그리고 그 힘을 일깨우기 위한 계몽주의적 노력은 여전히 유효하다. 소통 행위의 이론을 전개하기 전에 하버마스는 이미 그 인식론적 근거를 마련해놓았다. 그는 애초부터 순수한 인식과 지식을 부정하고, '관심'의 개념을 인식과 관련지어 인식의 사회적 연관성을 주장했다.

이런 인식론적 관심을 하버마스는 기술적 관심, 실천적 관심, 해방적 관심의 세 가지로 구분한다. 기술적 관심은 자연을 통제하고 지배하려는 관심이다. 이것은 분석과 관찰을 기본으로 삼는 실증주의적 자연과학과 사회과학으로 탐구되며, 노동을 통해 구체화된다. 실천적 관심은 일상생활과 타인의 이해를 목표로 하는 관심이며, 역사와 해석학의 지식으로 탐구된다. 여기서는 언어를 통한 이해가 중요하다. 해방적 관심은 왜곡된 의사소통과 억압적 권력으로부터 해방을 얻기 위한 관심이다. 이것을 다루는 학문은 비판적 사회과학인데, 사실상 철학과 같은 기능이다.

그렇다면 하버마스가 생각하는 철학이 무엇인지 분명해진다. 전통적으로 학문은 자연과학과 정신과학(인문학)으로 나누는 게 보통이었다. 하버마스가 여기에 비판적 사회과학, 즉 철학을 추가한 의도는 철학에 방향타의 역할을 맡기기 위해서다. 자연과학과 정신과학은 양면의 칼이다.

자연과학은 자연의 맹목적인 힘으로부터 인간을 해방시키는 역할을 하지만, 과학 이성이 핵무기를 개발한 데서 보듯이 부정적이고 파괴적이며, 때로는 자연의 힘보다 더 맹목적으로 작용한다. 또 정신과학은 인간에 관한 설명, 인간의 자기 계발에 도움을 주지만, 지배계급의 이데올로기를 강화하고 종교나 민족에 관한 그릇된 해석으로 국제적 전쟁의 빌미를 제공하기도 한다. 그래서 양자를 조정하고 이끄는 학문이 필요한데, 이것이 바로 철학이다. 분석철학은 철학이 다른 학문들의 언어와 논리를 점검하는 기능을 맡고 있다는 점에서 철학을 메타 학문으로 여겼으나, 하버마스는 철학이 맹목적인 도구적 이성을 감시해야 한다는 다른 맥락에서 철학의 특권적 지위를 강조한다.

철학의 기능은 대화를 왜곡하고 자유로운 의사소통을 가로막는 폭력을 뿌리 뽑음으로써 자율과 책임성에 바탕을 둔 인류 발전을 촉진하는데 있다. 이를 위해서는 주체를 포기하고 이성을 불신하기는커녕 그 반대로 주체의 역할을 극대화하고 이성의 힘을 강화하여 자기반성적 비판 정신을 회복해야 한다. 특별한 해법이라기보다는 다분히 교과서적이면서도 차분한 결론이다.

하버마스는 철학의 궁극적 목적이 인간 해방에 있다는 마르크스주의의 이념, 그리고 그 목적은 이성을 통해서만 이룰 수 있다는 계몽주의의 틀을 버리지 않는다. 하지만 교과서도 시대에 맞게 수정되어야 한다. 그래서 하버마스는 마르크스주의와 계몽주의에 프로이트를 추가한다.

하버마스는 데리다와 푸코의 사상에 적극적으로 공감하지는 않았어도 큰 관심을 보였으므로 그가 프로이트에게 눈길을 돌린 데는 아마 그와는 대척적인 입장에 있는 포스트구조주의의 영향이 적지 않았을 것이다. 마르크스와 프로이트를 접목하려는 시도는 독보적인 게 아니지만, 실제로 프로이트는 하버마스의 소통 이론에 중요한 여백을 메워준다. 그는 마르크스가 인간의 창조적 행위를 노동으로만 환원한 것을 아쉬워한다. 노동이 아무리 중요한 변수라 해도 그것은 어디까지나 도구적 행위일 뿐 의사소통의 행위는 아니다. 그에 비해 프로이트의 정신분석학은 방법적 자기 성찰을 구체화한 유일한 학문이다. 정신분석 과정에서 환자는 자기 성찰의 계기를 얻을 수 있으며, 의사와 환자는 상호주관성으로 연결되어 있다. 하버마스는 의사와 환자의 대화에서 체계적으로 왜곡된 의사소통이 극복되는 좋은 보기를 찾는다. 그러나 개인 주체들에게 통하는 해법을 사회적 차원에 어떻게 적용할 수 있는지에 관해서는 대안을 내놓지 못하고 있다.

이성의 기획이 여전히 유효하다는 하버마스의 주장은 일단 논리적으로는 반박할 수 없다(이성으로는 더 이상 안 된다는 주장을 논리적으로 증명할 수 없는 것과 마찬가지다). 누구도 이성의 종말을 보지는 못했고, 문명이 지속되는 한 아무도 그것을 보지 못할 것이기 때문이다. 최소한 그런 점에서 하버마스는 현대의 지적 지형에서 한자리를 차지할 자격을 지닌다. 다만 그는 전통적 이성의 연장선에서 해법이 가능하다는 점을 구체적으로 보여야 할 지적 의무를 가지고 있다. 굳이 하버마스의 논리를 적용한다면, 이성의 시대가 끝났다는 포스트구조주의-포스트모더니즘의 판단은 또 다른 이성—그러나 전과는 전혀 다르게 환골탈태한 이성—의 정립을 겨냥하고 있는지도 모른다.

사회혁명의 시대는 지나간 걸까? 활화산 같은 에너지로 사회의 총체적인 변혁을 통해 해방의 이념을 현실적으로 구현하려는 노력은 다시 오지 않는 걸까? 이성의 시대가 지났다고 보는 진영이나, 아직 이성의 기획이 끝나지 않았다고 보는 진영이나 이제 더 이상 근대적인 사회혁명을 내세우지는 않는다. 그리고 앞으로의 혁명은 훨씬 더 정교하고 섬세한 과정일 것이라고 예측한다. 하지만 다른 측면에서 보면, 그들이 그런 이야기를 할 수 있는 것은 그들의 사회가 현대/탈현대의 경계선에 위치해 있기 때문이다. 아직 탈현대는커녕 봉건적이거나 고대적인 요소가 잔존해 있는 전 세계 대부분의 사회의 경우 그들의 이론이 어떤 역할을 할지, 또 고전적인 사회혁명의 여지가 얼마나 될지는 아무도 모르는 일이다.

'포스트' 이후의 철학

2500여 년에 걸친 방대한 서양 철학사의 핵심을 한 문장으로 표현한다면, "인간이 세계에 관한 올바른 앎을 얻는 과정"이라고 요약된다. 여기 포함된 세 가지 계기, 즉 '인간-인식(앎)-세계'를 해명하는 것이 철학의 과제다. 더 현대적인 형태로 변환하면 '주체-언어(또는 감각, 경험)-대상'으로 표현할 수 있다.

그 세 계기가 그 순서대로 탐구된 것은 아니다. 철학사의 시간순으로 바꾸면 '세계(대상)→인간(주체)→인식(언어)'이다. 초기 그리스의 자연철학은 먼저 세계를 문제 삼았고, 소크라테스와 스토아철학, 중세철학-신학은 인간을 알고자 했으며, 17세기부터는 데카르트를 선봉으로 인식론의 시대가 개막되었다.

그러나 주체의 자명성을 전제로 하는 근대 인식론은 19세기에 접어들면서 위기를 드러내기 시작했다. 19세기 후반에는 주체의 동일성이 의문시되었고, 곧이어 견고하다고 여겨졌던 대상의 동일성마저 흔들렸다('주체-언어-대상'의 구도에서 주체와 대상이 희미해지면 남는 것은 언어밖에 없다. 분석철학이 언어를 신무기로 들고 나온 것은 이런 맥락에서다).

마르크스의 유물론은 합리주의의 균열을 가져왔고, 니체가 근대적 진리관을 거부한 것은 인식의 상대성을 야기했으며, 프로이트가 도입한 무의식은 인식 주체의 동일성에 결정타를 먹였다. 후설은 칸트철학과 실증주의의 주관/객관 분리를 극복하기 위한 방법론으로 현상학을 제시했으나 미완에 그쳤고, 하이데거는 형이상학적 지평에 발을 두고 탈근대적 사유를 시도함으로써 언어의 문제를 부각시켰다.

그런 배경에 힘입어 20세기에 등장한 구조주의는 처음부터 노골적인 탈인간화, 탈주체화의 기치를 높이 세웠다. 이제 주체는 동일성만이 아니라 고유한 본질성도 잃었다. 니체는 신을 죽였고 구조주의는 주체를 죽였다. 전통 철학의 골격을 형성했던 형이상학은 주체의 죽음과 더불어 웅장한 잔해를 남기고 쓰러졌다.

구조주의를 계승한 포스트구조주의는 아직 그 총체적인 윤곽이 드러나지 않은 상태다. 푸코는 권력을, 들뢰즈는 욕망을 분석의 틀로 삼고, 데리다는 해체적 방법론을 통해 신개념의 형이상학을 정립하고자 한다. 어떤 의미에서는 철학자마다 '시안'을 개진하는 느낌이다. 그러나 그 이론적 실험들의 근저에는 공통적인 합의가 깔려 있다.

탈현대의 철학적 사유는 이성, 의식, 확실성, 일관성, 연속성 등 근대적 사유의 틀을 버리는 대신 언어, 무의식, 불확실성, 모순, 단절에 초점을 맞춘다. 또한 기계적 인과성과 필연성을 버리고 예측 불가능성과 우연성의 관념을 도입한다. 여기서 흥미로운 점은 사유의 동시대성이다. 탈현대 철학의 문제의식은 현대물리학의 사유와 통한다. 근대와 현대의 경계에 섰던 아인슈타인은 "신은 주사위놀이를 하지 않는다."라며 우연성을 거부했으나, 양자역학의 초석을 놓은 보어는 "우연은 단순한 우연이 아니라 그 자체로 물리학 법칙의 일부"라고 말했다.

혼자 공부하는 이들을 위한 최소한의 지식: 철학

불연속과 단절이라고 해서 과거의 모든 것과 결별하는 것은 아니다. 게다가 그렇게 하려 해도 되지 않는 일이다. 푸코, 들뢰즈, 데리다, 보드리야르에게서 보듯이 탈현대 사상가들은 이성의 시대를 종식시키고자 했으면서도, 계몽주의에서 발원하고 마르크스주의를 통해 강화된 인간 해방이나 자유 같은 '전통적인' 이념들은 그대로 계승하고 있다. 그들이 권력의 분석에 집중한 이유는 권력이 바로 그 이념들을 억압하기 때문이다. 철학적 주체로서의 인간은 거부해도 도덕적 주체로서의 인간은 수용하는 셈이다.

하지만 그들의 견해에 누구나 100퍼센트 공감하기는 어렵다. 현대 세계는 어느 때보다도 동시성이 강력할 뿐 아니라 각각의 사회마다 큰 편차가 여전히 남아 있다. 탈현대 사상가들이 주로 비판하는 권력은 정치나 법에서 나오는 거시 권력보다 일상적이고 비공식적으로 작동하는 미시 권력이다. 그들이 속한 서유럽 사회에서는 그 권력의 비중이 훨씬 더 클 것이다. 민주주의가 성숙한 사회라면 적어도 가시화된 권력의 부정은 제도적으로 차단되어 있다.

그런데 민주주의의 성숙도가 낮거나 민주주의라는 개념조차 부재한 사회라면 어떨까? 푸코가 말하는 것처럼 권력이 지식에 기반을 두고 섬세하게 행사되는 게 아니라 훨씬 적나라하게, 심지어 원시적이고 야만적인 방식으로 표출되는 사회라 해도 그들의 사상이 먹힐까? 그런 사회에서 푸코의 권력 비판이 얼마나 유용할까? 들뢰즈가 말하는 욕망의 흐름이 얼마나 유의미할까? 보드리야르의 기호가치는 언감생심이 아닐까? 그렇다면 겨우 형식 민주주의가 정착되는 과정에 있는 우리 사회의 경우에도 탈현대의 철학적 사유가 수용될 수 있는 범위와 한계는 제한적일 수밖에 없다(한 예로, 서구적 현대성과 우리가 말하는 현대성은 의미가 다르다).

물론 사회의 성격이 다르다고 해서 탈현대 사유의 이론적·실천적 가치가 부정되는 것은 아니다. 푸코가 역사적 탐구와 비서구 사회의 연구를 통해 자신의 방법론을 입증하려 한 데서 알 수 있듯이, 탈현대 사유는 특정한 시대나 문화권만을 대상으로 하지 않는다. 그러므로 비록 서구 사회에서 배태된 것이지만 그 기본 이념은 다른 사회에도 충분히 적용할 수 있다.

탈현대 사유를 포함한 현대 철학은 아직 정형화된 상태가 아니다. 냉전 시대 이후 뚜렷한 경향성을 드러내지 않으면서 어지럽게 전개되고 있는 현실의 역사와 마찬가지로, 현대 철학도 난해하고 복잡한 양상을 보이면서 뚜렷한 궤적을 그리지는 않고 있다. 그러나 현재까지의 동태로 보아 향후의 철학적 변화를 어느 정도 예측하는 것은 가능하다. 그 방향은 크게 두 가지로 볼 수 있다.

첫째, 그동안 배제되어왔던 것들을 수용하는 흐름이 더욱 강화될 것이다. 무의식과 구조, 모순과 단절, 감정과 욕망 등 현대 철학에서 새로이 철학의 영역으로 들어온 개념들은 앞으로 점점 더 중요한 역할을 할 것이다. 그 개념들을 받아들여 철학은 과거와 다른 차원의 체계화를 이루어야 한다는 과제를 안고 있다. 그런 점에서 들뢰즈와 푸코의 '시안'은 절반의 성공을 보여준다.

둘째, 향후의 철학적 사유는 어떤 방식으로든 주체를 처리해야 한다. 비록 이성적 주체를 죽였다 해도 주체가 영원히 철학에서 누락될 수는 없다. 주체를 일방적으로 제거해버리면 탈현대 사상가들을 내내 괴롭혔던 이론적 문제—이를테면 무의식을 의식의 언어로, 욕망을 반성적 언어로 말해야 하는 문제—가 해소되지 않는다. 따라서 어떤 형태의 주체일지는 모르지만 주체는 결국 재설정될 것이다. 또한 주체와 더불어 대상도 재정립될 것이다.

변하는 게 있는가 하면 변하지 않는 것도 있다. 지금까지 철학의 전 역사를 통틀어 내내 불변이었던 측면은 앞으로도 그렇게 남을 것이다. 그 대표적인 것이 철학 특유의 진보성이다. 철학은 언제나 현실을 주도하는 진보적인 역할을 했다. 때로는 현실의 변화가 철학에 앞서기도 했으나, 철학은 그때마다 현실의 변화를 수용하고 세계를 이끄는 새로운 사고의 틀을 제시했다. 민주주의가 제도화되기 전에 민주주의 철학이 선행했던 고대 그리스와 17세기 영국의 사례가 그 점을 말해준다.

철학의 비판적 기능 역시 변하지 않을 것이다. 철학은 탄생할 때부터 눈에 보이는 것이든 그 배후에 있는 것이든 진리를 찾고 탐구하는 자세를 견지했다. 진리를 확정할 수 없는 시대가 되었다 해도 정확한 앎, 궁극적인 앎을 추구하는 철학의 기본 정신은 달라지지 않았고 앞으로도 그럴 것이다. 사실 철학은 그렇지 않으면 존속할 수도 없고 존재할 이유도 없다. 그렇기 때문에 설령 모든 학문이 사라지거나 통폐합된다 해도 철학만은 고유한 자리를 지킬 것이다.

기원전 3000년경 메소포타미아의 우루크를 길가메시가 지배했다. 역사와 신화, 마법과 철학의 경계에 해당하는 그의 이야기는 기원전 7세기에 인류 최초의 서사시로 기록되었다.

기원전 13세기 모세가 이스라엘 백성들을 데리고 이집트를 탈출하면서 유대교가 창시되었다. 트로이 전쟁이 벌어졌다.

기원전 11세기 중국인들의 정신적 고향인 주나라가 건국되었다. 예(禮)의 이데올로기에 근거한 최초의 중국식 왕조였다.

기원전 9세기 호메로스가 트로이 전쟁을 배경으로 한 서사시 〈일리아스〉와 〈오디세이아〉를 구술했다.

기원전 8세기 그리스인들이 이탈리아 남부와 시칠리아에 식민시들을 건설하면서 마그나그라이키아의 모태가 성립되었다.

기원전 770~221 중국의 춘추전국시대. 중국식 제국의 기틀이 마련되었고 제자백가가 활동했다. 이 시기는 마침 그리스철학이 성립된 시대와 일치하는데, 야스퍼스는 동서양의 사상적 토대가 확립된 이 시기를 '차축시대'라고 불렀다.

기원전 6세기 이오니아의 밀레투스에서 철학이 태동했다. 탈레스를 비롯한 최초의 철학자들은 후대에 밀레투스학파로 알려졌다. 중국의 공자가 전통적인 예의 관념에 인(仁)의 관념을 보태 유학 사상을 정립했다.

기원전 5세기 페르시아 전쟁을 승리로 이끈 아테네가 페리클레스 시대의 번영기를 맞았다. 소크라테스가 자연철학을 인간철학으로 전환시켰다.

기원전 431~404 펠로폰네소스 전쟁에서 패배한 아테네가 그리스 세계의 주도권을 스파르타에 넘겨주었다. 그와 더불어 그리스 고전 문명이 쇠퇴하기 시작했다.

기원전 4세기 아테네는 몰락하고 있었지만 이런 현실을 배경으로 향후 수천 년 동안 서양 철학의 양대 기둥이 되는 플라톤과 아리스토텔레스가 활발한 지적 활동을 전개했다. 알렉산드로스의 동방 원정으로 헬레니즘 시대가 열렸다.

기원전 2세기 포에니 전쟁에서 승리한 로마가 지중해의 패자로 등극했다. 난세의 현실을 배경으로 금욕주의를 내세운 스토아학파가 지적 흐름을 이끌며 그리스도교의 철학적 기반을 마련했다.

기원전 27 아우구스투스가 황제로 즉위하면서 로마제국이 시작되었다. 현실의 역사에서 로마제국은 유럽 세계의 중심이 되지만 제국 시대의 철학적 발전은 미약했다.

기원후 1세기 그리스도가 그리스도교를 창시했다. 당시에는 이 신흥 종교가 장차 유럽 세계의 정신사를 좌우하게 될 줄 아무도 몰랐다.

3세기 플로티노스가 신플라톤주의 철학을 전개했다. 그의 의도와 무관하게 신플라톤주의는 플라톤 철학과 그리스도교의 친화력을 더욱 강화하는 역할을 했다.

313 로마 황제 콘스탄티누스가 밀라노 칙령으로 그리스도교를 공인했다.

325 니케아 공의회가 열려 그리스도교의 기본 교리를 공식적으로 확정했다. 여기서 이단으로 몰린 아리우스파는 게르만 세계와 동방에 널리 퍼져 그리스도교권의 확대에 기여했고, 멀게는 이슬람교의 탄생에 영향을 주었다.

4세기 아우구스티누스가 그리스도교를 철학적으로 변호하는 종교철학의 시대를 열었다. 이로써 철학의 중세가 개막되었다.

451 칼케돈 공의회에서 삼위일체론이 채택되어 그리스도의 신성(神性)이 공식 확정되었다. 그러나 이를 부정하는 종파는 단성론을 내세우면서 이단 논쟁을 계속했다.

476 로마제국이 멸망했다. 동로마, 즉 비잔티움 제국은 이후에도 1000년 동안 존속하지만 서유럽 세계의 역사는 중세로 접어들었다.

610 마호메트가 신의 계시를 받아 이슬람교를 창시했다. 622년 그는 종교 탄압을 피해 메카에서 메디나로 이주하는데(헤지라), 이것이 이슬람력으로 원년이 되었다.

6~9세기 중세의 암흑시대. 이 기간에 철학은 신앙에 완전히 눌려 거의 발달하지 못했다. 유럽 각지의 수도사들이 고전 사상을 보존한 탓에 미약하게나마 철학의 촛불이 꺼지지 않

을 수 있었다.

726 비잔티움 황제 레오 3세가 성상파괴령을 내렸다. 이후 비잔티움 제국에서는 여러 차례 종교회의가 열려 성상 파괴 논쟁을 벌였다.

800 프랑크의 왕 샤를마뉴가 로마 교황에게서 로마 황제의 제관을 받으면서 신성과 세속이 분업 관계를 유지하는 중세 특유의 질서가 자리를 잡았다.

9세기 요하네스 스코투스 에리우게나가 중세 최대의 신학적·철학적 쟁점인 신앙과 이성의 관계를 제기했다. 그는 이성을 중시함으로써 탈중세적인 입장을 선보였다.

10세기 수도원을 중심으로 스콜라철학이 발달하면서 보편자/개별자를 놓고 실재론/유명론의 대립이 빚어졌다.

11세기 안셀무스가 신의 존재론적 논증을 시도했다. 여전히 이성은 신앙에 종속되었으나 점차 이성의 비중이 커지고 있었다. 이슬람권의 이븐 시나(아비세나)가 아리스토텔레스의 철학을 체계화했다. 십자군 원정이 시작되면서 서유럽 세계가 다른 문명권들에 관해 본격적으로 알기 시작했다.

1054 로마의 서방교회와 콘스탄티노플의 동방교회가 최종적으로 분열되었다. 오늘날까지 이어지는 로마가톨릭과 동방정교의 분립이 시작되었다.

12세기 아벨라르가 아리스토텔레스의 철학을 서유럽에 소개했다. 에스파냐의 아랍 철학자인 이븐 루슈드(아베로에스)가 이 중 진리론으로 신학과 철학을 화해시켰다. 중국에서 주희가 성리학을 정립했다. 성리학은 약해진 한족 제국의 이데올로기로 개발된 것이었으나 공자가 유학을 창시한 이래 유학의 역사상 가장 큰 변혁이었다.

13세기 토마스 아퀴나스가 스콜라철학을 집대성했다. 이는 중세철학의 완성이자 종언이었다. 그는 중세철학의 양대 쟁점인 신앙/이성, 실재론/유명론의 문제를 절충으로 매듭지었다. 둔스 스코투스는 토마스와 비슷한 입장을 취하면서도 주지주의 대신 의지주의를 강조했고, 아리스토텔레스의 철학을 완전히 부활했다.

14세기 영국의 윌리엄 오컴이 '오컴의 면도날'로 유명론의 입장을 강화했다. 르네상스의 물결이 서유럽 세계를 휩쓸면서 중세가 해체되기 시작했다. 페트라르카가 스콜라철학을 비판했다.

1377 서유럽의 로마가톨릭교회가 분열되었다. 이후 교황이 두 명, 때로는 세 명이나 존재하면서 교황권이 크게 실추되었다.

혼자 공부하는 이들을 위한 최소한의 지식: 철학

15세기 미란돌라가 신앙의 영역에서도 인간의 이성과 자유의지가 중요하다고 주장했다. 르네상스 인문주의를 대표하는 에라스뮈스가 교회를 성토했다. 아프리카 항로와 대서양 항로가 개척되어 서유럽 세계가 역사상 최초로 다른 문명권과 직접 교류하기 시작했다.

1492 에스파냐가 800년간의 아랍 지배에서 벗어나 서유럽 문명권에 편입되었다. 콜럼버스가 아메리카에 가면서 그곳에 유럽 문명이 이식되기 시작했다.

1517 독일의 마르틴 루터가 비텐베르크 교회의 정문에 교회의 면죄부 판매를 비난하는 95개조 반박문을 붙인 것을 기화로 종교개혁이 시작되었다.

1534 영국의 헨리 8세가 수장령을 반포해 영국국교회를 창립하고 영국식 종교개혁을 완성했다. 일찌감치 종교 문제를 해결한 덕분에 영국은 곧 대륙 국가들을 누르고 유럽 세계를 제패하게 되었다.

1543 코페르니쿠스가 지동설을 주창했다. 이로써 수천 년 동안의 우주관이었던 천동설이 무너졌다.

1620 베이컨이 아리스토텔레스의 논리학을 바탕으로 과학적 귀납법을 주장했다.

1618~1648 최후의 종교전쟁이자 최초의 근대적 영토 전쟁인 30년전쟁이 벌어졌다. 베스트팔렌 조약으로 근대 유럽 세계의 원형이 탄생했으나, 교회의 권위가 무너진 탓에 이후 서유럽 세계에는 대규모 국제전과 조약이 잇달았다. 이 진통은 20세기 중반 제2차 세계대전으로 새로운 질서가 구축됨으로써 종결된다.

1637 30년전쟁에 참전한 데카르트가 "나는 생각한다, 그러므로 나는 존재한다."라는 근대 철학의 대명제로 인식론적 전환을 시도했다.

1651 홉스가 근대적 유물론을 부활하고 국가를 계약의 산물로 봄으로써 사회계약론의 맹아를 틔웠다.

1677 스피노자가 데카르트를 독창적으로 해석하여 독특한 합리론을 펼쳤다. 그는 실체로서의 이성을 부정함으로써 20세기 철학자들에게서 탈근대·탈현대 사상의 비조로 간주되었다.

1688 영국이 명예혁명으로 최초의 의회민주주의 국가를 수립했다.

1690 로크가 관념과 지식의 단계를 구분함으로써 경험론을 바탕으로 한 정교한 인식론을 전개했으며, 의회민주주의 정치철학의 토대를 구축했다.

1695 라이프니츠가 단자의 개념을 제시하고 예정조화설로 이성과 신앙의 근대적 해결책을

도모했다.

1710 버클리가 "존재하는 것은 지각되는 것"이라는 명제로 극단적 경험론을 주장했다.

1739 흄이 "인간이란 지각의 다발에 불과하다."라고 말하면서 자아의 동일성을 부정했다. 이런 입장은 철학의 파국을 빚었으나, 결과적으로는 주체의 해체를 주장하는 현대 철학의 한 모태가 되었다.

1748 몽테스키외가 삼권분립의 개념을 주장해 근대 민주주의 이념의 기반을 닦았다.

1762 루소가 사회계약론의 이념을 정립해 민주주의 정치철학을 체계화했다. 그는 영국식 의회민주주의를 최선의 제도로 보지 않고 일반의지라는 개념을 내세워 국가주의적 성향을 보였다.

1776 미국이 영국의 식민지 지배에서 독립했다. 후대의 학자들은 미국을 '로크의 정치철학이 완전히 구현된 국가'로 간주했다.

1781 칸트가 인식의 능동성과 구성적 측면을 강조함으로써 경험론과 합리론을 극적으로 화해시켰다. 그는 자신의 성과를 가리켜 '코페르니쿠스적 전환'이라고 부르며 자신감을 보였다.

1789 프랑스혁명이 일어났다. 이 사건을 계기로, 영국에 제도화되었고 프랑스에 이념화되었던 민주주의 사상이 유럽 대륙 전체로 퍼졌다. 벤담이 공리주의 학설을 정립했다.

1792 피히테가 절대적 자아의 개념으로 주관/객관의 일체화를 시도했다.

1800 셸링이 피히테의 자아 개념을 자연의 영역까지 연장하는 동일철학을 전개했다.

1807 헤겔이 절대정신이라는 개념을 내세워 칸트의 물자체를 극복하고자 했다.

1816 헤겔이 변증법을 새로이 부활해 철학의 논리학으로 만들었다. 플라톤에게서 시작된 서양의 형이상학적 전통이 완성되었다.

1819 쇼펜하우어가 칸트의 물자체를 극복하기 위해 주체의 개념을 버리고 의지의 개념을 정립했다. 이것은 19세기 탈주체철학의 신호탄이었다.

1821 헤겔이 역사를 절대정신이 자신을 실현하는 과정으로 파악했다. 이런 관점에서 그는 국가에 절대적 성격을 부여하고 프로이센을 이상적 국가로 보았는데, 이는 나중에 독일 파시즘의 사상적 기원이 되었다.

1841 포이어바흐가 "인간이 외화된 존재가 곧 신"이라며 전통적 신학과 헤겔 철학을 비판했다.

1846 키르케고르가 헤겔 철학의 전체주의적 속성을 반박하고 인간 개인의 주체성을 강조했다.

1848 프랑스와 독일에서 자유주의 혁명의 분위기가 팽배한 가운데 마르크스와 엥겔스가 《공산당 선언》을 발표하여 자본주의를 극복하기 위한 대안을 제시했다.

1859 밀이 자유의 질적 가치를 주장하며 공리주의 이념을 정교화했다. 다윈이 진화론을 발표하여 생명 과정에 대한 과학적 성찰을 가능케 했다. 마르크스가 변증법적 유물론을 사회와 역사에 관한 철학으로 전환시켰다.

1864 제1인터내셔널이 창립되어 마르크스의 사회주의 이론에 바탕을 둔 국제 공산주의 운동이 개시되었다.

1867 마르크스가 상품과 노동 과정의 분석을 통해 자본주의적 생산의 비밀이 잉여가치의 창출에 있다고 주장했다.

1879 프레게가 의미와 지시를 구분하여 논리학에서도 지식의 생산이 가능함을 증명했다.

1886 니체가 자유주의 도덕과 그리스도교의 가르침을 노예와 약자의 도덕이라고 비난하며 "신은 죽었다."라고 선언했다.

1887 니체가 진리를 추구하는 전통적 철학의 과정을 거부하고, 모든 진리는 권력의지에 의해 굴절되어 있다고 주장했다. 니체의 이런 관점과 계보학적 접근 방식은 20세기의 포스트구조주의 철학에 반영되었다.

1889 베르그송이 생명의 시간성을 제기함으로써 생명에 대한 실증주의적 접근을 비판했다. 또한 그는 생성 과정 자체를 주관/객관의 구분으로부터 떼어내 독자적인 흐름으로 파악하고, 운동과 연속성을 직관적으로 인식하는 방법을 제안했다.

1895 프로이트가 인간의 의식을 무의식이라는 바다에 떠 있는 빙산의 일각에 불과하다고 주장했다. 이 무의식의 개념은 주체와 이성을 중심으로 하는 전통적 형이상학의 해체에 결정적으로 기여했다.

1905 아인슈타인이 특수상대성이론을 발표했다. 과학 이론에서 나온 상대성의 개념은 철학에서 주체의 동일성을 무너뜨리는 데 간접적으로 기여했다.

1913 후설이 현상학을 창시했다. 그 목적은 지향성으로 주체와 대상의 분리를 막고, 현상학적 환원과 판단중지를 통해 선험적 인식의 지평을 열려는 데 있었다.

1914~1918 인류 역사상 최대의 전쟁인 제1차 세계대전이 벌어졌다. 선발 제국주의와 후발

제국주의가 대결한 전형적인 제국주의 전쟁이었다.

1916 소쉬르가 언어기호를 기표와 기의로 구분하고 양자는 서로 아무런 연관성도 없다고 주장했다. 그의 언어학은 20세기의 대표적인 사조인 구조주의로 이어졌다.

1917 러시아 제정이 붕괴하고 최초의 사회주의국가인 소비에트러시아가 탄생했다.

1922 무어가 철학의 임무는 상식을 옹호하고 설명하는 데 있다고 주장했다. 이것을 계기로 철학의 과제를 일상 언어의 분석으로 국한하는 분석철학적 전통이 생겨났다. 비트겐슈타인이 언어는 세계를 있는 그대로 반영하는 그림의 역할을 한다는 언어철학을 정립했다.

1927 하이데거가 현상학을 바탕으로 존재론을 부활하고, 다자인이라는 새로운 비주체적 개념을 제안했다. 존재론적 관점에서 형이상학적 철학 언어의 한계에 봉착한 그는 시에서 새로운 철학적 언어를 찾았다. 하이젠베르크가 물체의 위치와 운동을 동시에 측정할 수 없다는 불확정성 원리를 발표했다. 그 철학적 표현은 인식의 근원적인 한계와 형이상학의 해체였다.

1929 미국에서 자본주의의 모순이 집약적으로 표현된 경제 대공황이 발발했다. 비트겐슈타인이 초기의 언어관을 버리고 언어의 용도에 주목하는 새로운 언어철학으로 노선을 전환했다.

1933 독일 역사 전체를 통틀어 가장 이상적인 국가로 간주되었던 바이마르공화국이 히틀러의 집권으로 무너졌다.

1936 카르나프가 철학에도 과학과 똑같은 실증주의적 방법론을 적용해야 한다고 주장했다.

1939~1945 제1차 세계대전의 규모를 뛰어넘는 제2차 세계대전이 벌어졌다. 제1차 세계대전의 패전 세력이 파시즘으로 무장하고 선발 제국주의에 재도전한 이 전쟁이 끝나면서, 17세기 30년전쟁 이후 유럽의 근대를 얼룩지게 했던 국제전의 역사가 종식되고 새로운 국제 질서가 수립되었다.

1943 사르트르가 후설과 하이데거를 계승해 실존철학을 정립하고, 인간 의식의 무근거성을 주장했다.

1945 메를로퐁티가 지각을 신체의 행위로 파악하는 독특한 현상학을 전개함으로써 신체가 철학의 범주로 편입되었다. 그 입장을 계승하여 현대 철학에서는 신체의 특성인 욕망도 철학의 범위 안에 끌어들이게 되었다.

1961 레비 스트로스가 프로이트의 무의식을 사회적 무의식으로 확대하고, 구조주의 인식론을 제안했다. 그 핵심은 인간을 주체의 위치에서 완전히 끌어내리고 그 자리를 구조로 대체하는 것이었다.

1965 알튀세르가 프로이트의 사상을 접목해 마르크스주의를 재해석했다.

1966 라캉이 프로이트의 정신분석학과 소쉬르의 구조주의 언어학을 결합해 욕망을 중심으로 하는 구조주의 정신분석학을 정립했다.

1960년대 푸코가 지식과 권력을 등치시키고 지식과 역사에 관한 고고학적·계보학적 탐구로 타자의 목소리를 발굴해야 한다고 주장했다. 구조주의를 확대 발전시킨 그의 이론은 포스트구조의로 불린다.

1967 데리다가 하이데거의 철학과 구조주의를 결합해 새로운 형이상학을 모색했다.

1972 들뢰즈와 가타리가 비주체적이고 비인격적인 욕망을 중심으로 정신분석학과 정치경제학을 결합하는 원대한 시도를 선보였다. 그들은 욕망의 흐름을 기준으로 역사를 분석하고, 분열증을 가속화해야 한다는 독창적인 탈현대의 혁명론을 제시했다.

혼자 공부하는 이들을 위한 최소한의 지식: 철학

혼자 공부하는 이들을 위한 최소한의 지식: 철학

혼자 공부하는 이들을 위한 최소한의 지식: 철학

혼자 공부하는 이들을 위한 최소한의 지식: 철학

혼자 공부하는 이들을 위한 최소한의 지식: 철학

혼자 공부하는 이들을 위한 최소한의 지식: 철학

지식의 고수 남경태의 철학사 가이드

1판 1쇄 발행일 2007년 3월 20일
2판 1쇄 발행일 2012년 10월 2일
3판 1쇄 발행일 2020년 8월 17일
3판 2쇄 발행일 2023년 2월 13일

지은이 남경태

발행인 김학원
발행처 (주)휴머니스트출판그룹
출판등록 제313-2007-000007호(2007년 1월 5일)
주소 (03991) 서울시 마포구 동교로23길 76(연남동)
전화 02-335-4422 **팩스** 02-334-3427
저자·독자 서비스 humanist@humanistbooks.com
홈페이지 www.humanistbooks.com
유튜브 youtube.com/user/humanistma **포스트** post.naver.com/hmcv
페이스북 facebook.com/hmcv2001 **인스타그램** @humanist_insta

편집주간 황서현 **편집** 김주원 **디자인** 김태형
용지 화인페이퍼 **인쇄** 청아디앤피 **제본** 민성사

ISBN 979-11-6080-402-7 03100